La renonciation en droit de l'aide sociale

Lauréats - Prix scientifique L'Harmattan

La collection Lauréats - Prix scientifique L'Harmattan publie chaque année les thèses et mémoires de master primés en sciences humaines et sociales, droit, littérature et critique littéraire.

Dernières publications

Catherine TCHENG BLAIRON, *MOOC : engagement et apprentissage. L'ingénierie pédagogique au service de l'apprenance,* 2020.
Nadège LANGBOUR, *Littérature de jeunesse : la construction du lecteur,* 2020.

Johanna Benredouane

La renonciation en droit de l'aide sociale

Recherche sur l'effectivité des droits sociaux

Préface de Virginie Donier et Elsa Forey

L'Harmattan

5-7, rue de l'École-Polytechnique ; 75005 Paris

http://www.editions-harmattan.fr/

ISBN : 978-2-343-21510-5
EAN : 9782343215105

À mes parents
À ma sœur
À Claude

Cet ouvrage est issu de la thèse de doctorat en droit public soutenue par Johanna Benredouane à l'Université Bourgogne-Franche-Comté le 22 mai 2018 et dirigée par les Professeurs Virginie Donier et Elsa Forey.

La thèse a été soutenue devant un jury composé de

M. Michel BORGETTO
Professeur à l'Université Panthéon-Assas (Paris II)

Mme Véronique CHAMPEIL-DESPLATS
Professeur à l'Université Paris Nanterre

Mme Virginie DONIER
Professeur à l'Université Toulon, directrice de thèse

M. Xavier DUPRÉ DE BOULOIS
Professeur à l'Université Panthéon-Sorbonne (Paris I)

Mme Elsa FOREY
Professeur à l'Université Bourgogne Franche-Comté, directrice de thèse

M. Yan LAIDIÉ
Professeur à l'Université Bourgogne Franche-Comté

SOMMAIRE

Table des abréviations 13

Préface 17

Introduction 19

Partie I
L'existence de la renonciation en droit de l'aide sociale 41

Titre I
La possibilité de conceptualiser la renonciation aux droits à l'aide sociale 43

Chapitre I
La recherche d'un critère pour conceptualiser la renonciation 45

Chapitre II
L'application du critère identifié en droit de l'aide sociale 59

Conclusion du Titre I 106

Titre II
Les possibilités juridiques de renoncer aux droits à l'aide sociale 107

Chapitre I
La renonciation abdicative : une renonciation à un droit acquis 109

Chapitre II
La renonciation non abdicative : une renonciation à l'exercice d'un droit subjectif 179

Conclusion du titre II 227

Conclusion de la partie I 229

Partie II
La mise en œuvre de la renonciation en droit de l'aide sociale 231

Titre I
La mise en œuvre de la renonciation, reflet de l'ambivalence de la figure de l'usager 233

Chapitre I
La renonciation-liberté ou la figure de l'usager autonome 237

Chapitre II
La renonciation-imposée ou la figure de l'usager-assujetti 275

Conclusion du Titre I 331

Titre II
Les effets de la renonciation aux droits à l'aide sociale 333

Chapitre I
La perte encadrée d'une prérogative ou d'un droit 335

Chapitre II
L'irrévocabilité de la renonciation en question 367

Conclusion du titre II 391

Conclusion de la partie II 393

Conclusion générale 395

Bibliographie 403

Index thématique 435

TABLE DES ABRÉVIATIONS

AAH	Allocation aux adultes handicapés
ACS	Aide pour une complémentaire santé
ACTP	Allocation compensatrice pour tierce personne
ADA	Allocation pour demandeur d'asile
AFDA	Annales de la Faculté de droit d'Aix
AJ fam.	*Actualité juridique Famille*
AJ pénal	*Actualité juridique Pénal*
AJDA	*Actualité juridique Droit administratif*
AJFP	*Actualité juridique Fonctions publiques*
al.	Alinéa
al.	*alii auctores* (autres auteurs)
AME	Aide médicale de l'État
APA	Allocation personnalisée d'autonomie
APD	Archives de philosophie du droit
APL	Aide personnalisée au logement
Art.	Article
ASH	*Actualités sociales hebdomadaires*
ASPA	Allocation de solidarité aux personnes âgées
Ass.	Assemblée
ATA	Allocation temporaire d'attente
Bull. civ.	*Bulletin des arrêts des chambres civiles et sociale de la Cour de cassation*
c/	Contre
CA	Cour d'appel
CAA	Cour administrative d'appel
CASF	Code de l'action sociale et des familles
Cass.	Cour de cassation
Cass. ass.	Cour de cassation - Assemblée plénière
Cass. civ.	Cour de cassation - Chambre civile
Cass. soc.	Cour de cassation - Chambre sociale
CCAS	Commission centrale d'aide sociale

CCH	Code de la construction et de l'habitation
CDAS	Commission départementale d'aide sociale
CE	Conseil d'État
CE ass.	Conseil d'État - Assemblée du contentieux
CE sect.	Conseil d'État - Section du contentieux
CEDH	Convention européenne de sauvegarde des droits de l'homme et des libertés fondamentales
CESEDA	Code de l'entrée et du séjour des étrangers et du droit d'asile
Chron.	Chronique
CJA	Code de justice administrative
***CJA*S**	*Cahiers de jurisprudence de l'aide sociale*
CJCE	Cour de justice des Communautés européennes
CJUE	Cour de justice de l'Union européenne
CMU	Couverture maladie universelle
CMU-C	Couverture maladie universelle complémentaire
Coll.	Collection
Comm.	Commentaire
Comm. centr.	Commission centrale d'aide sociale
Concl.	Conclusions
Cons.	Considérant
Cons. const.	Conseil constitutionnel
Contra	Solution contraire
CrEDH	Cour européenne des droits de l'homme
CRPA	Code des relations entre le public et l'administration
CSP	Code de la santé publique
CSS	Code de la sécurité sociale
CURAPP	Centre Universitaire de Recherches sur l'Action Publique et le Politique
D.	*Recueil Dalloz*
D.H.	*Recueil hebdomadaire de jurisprudence Dalloz*
D.P.	*Recueil périodique et critique mensuel Dalloz*
DALO	droit au logement opposable
DC	Contrôle de constitutionnalité des lois ordinaires, lois organiques, des traités, des règlements des Assemblées
DDHC	Déclaration des droits de l'homme et du citoyen du 26 août 1789
dir.	sous la direction de
Dr. adm.	*Droit administratif*
Dr. soc.	*Revue Droit social*
Droits	*Droits, Revue française de théorie, de philosophie et de culture juridiques*
Éd.	Édition
EDCE	Études et documents du Conseil d'État

EHPAD	Établissement d'hébergement pour personnes âgées dépendantes
Ex.	Exemple
Fasc.	Fascicule
GASS	Les grands arrêts du droit de la sécurité sociale
Gaz. Pal.	*La Gazette du Palais*
ibid.	*Ibidem*
IGAS	Inspection générale des affaires sociales
Impr.	Imprimerie
Inf. soc.	*Informations sociales*
Infra	Ci-dessous
JCl. Administratif	*Juris-Classeur Administratif*
JCl. Libertés	*Juris-Classeur Libertés*
JCP Adm.	*La Semaine juridique. Administrations et Collectivités territoriales*
JCP G	*La Semaine juridique. Édition générale*
JCP S	*La Semaine juridique. Social*
JO	*Journal officiel de la République française*
Jur.	Jurisprudence
Lebon	*Recueil Lebon*
LGDJ	Librairie générale de droit et de jurisprudence
LPA	*Les Petites Affiches*
Obs.	Observations
Op. cit.	*Opere citato* (ouvrage cité)
Ord.	Ordonnance
p.	Page(s)
Pan.	Panorama de jurisprudence (Gazette du Palais)
PCH	Prestation de compensation du handicap
PFRLR	Principes fondamentaux reconnus par les lois de la République
Pouvoirs	*Pouvoirs, revue française d'études constitutionnelles et politiques*
PPE	Prime pour l'emploi
PUAM	Presses universitaires d'Aix-Marseille
PUF	Presses universitaires de France
PUG	Presses universitaires de Grenoble
QPC	Question prioritaire de constitutionnalité
RA	*Revue administrative*
RCC	*Recueil des décisions du Conseil constitutionnel*
RCLJ	*Revue critique de législation et de jurisprudence*
RDAS	Règlement départemental d'aide sociale
RDLF	*Revue des droits et libertés fondamentaux*
RDP	*Revue de droit public et de science politique en France et à l'étranger*
RDSS	*Revue de droit sanitaire et social*

RDT	*Revue de droit du travail*
Rec. CE	*Recueil Lebon des décisions du Conseil d'État*
Rééd.	Réédition
Réf.	Référé
Rép.	Répertoire
Req.	Requête
RTDSS	*Revue trimestrielle de droit sanitaire et social*
RFAP	*Revue française d'administration publique*
RFAS	*Revue française des affaires sociales*
RFDA	*Revue française de droit administratif*
RFDC	*Revue française de droit constitutionnel*
RIDC	*Revue internationale de droit comparé*
RIEJ	*Revue interdisciplinaire d'études juridiques*
RJS	*Revue de jurisprudence sociale*
RMI	Revenu minimum d'insertion
RRJ	*Revue de la Recherche juridique Droit prospectif*
RSA	Revenu de solidarité active
RTD civ.	*Revue trimestrielle de droit civil*
S.	*Recueil Sirey*
suiv.	Suivant
Supra	Ci-dessus
t.	Tome
TA	Tribunal administratif
TAHC	Travaux associations Henri Capitant
TPS	*Revue Travail et Protection sociale*
Trad.	Traduction
Vol.	Volume

PRÉFACE

Peut-on renoncer à un droit social et, plus précisément, à l'aide sociale, c'est-à-dire à un droit dont l'objet est de répondre à une situation de besoin ? La question peut sembler incongrue et dénuée de sens de prime abord car le débat en la matière porte davantage sur la nécessité de garantir plus de droits et non sur la possibilité d'y renoncer. Pourtant, la renonciation correspond à une réalité mise en exergue et étudiée, dans un premier temps, par la sociologie. Les juristes ne s'étaient pas encore réellement appropriés cette réalité dans le champ de l'aide sociale, les travaux relatifs à la renonciation restaient en effet jusqu'ici cantonnés au champ du droit civil ou visaient, plus largement, les droits fondamentaux, en délaissant le champ des droits-créances. La thèse de Johanna Benredouane vient ainsi éclairer un angle mort de la recherche juridique avec pour dessein de mieux appréhender les formes et les raisons d'être de la renonciation en droit de l'aide sociale.

Cette thèse permet surtout de comprendre d'une part, que les droits-créances peuvent être concernés par le phénomène de renonciation et d'autre part, quel est le rôle du droit, entendu ici au sens de norme, dans l'existence des différentes formes de renonciation. Si la renonciation existe, c'est en partie parce que les règles applicables à l'aide sociale le permettent, voire l'encouragent indirectement et sans doute, inconsciemment, dans certains cas. Le droit n'est pas neutre, ainsi que le démontre la thèse de Madame Benredouane, en ce sens qu'il crée parfois des situations de complexité qui ne peuvent qu'engendrer un phénomène de renonciation. L'un des intérêts de cette recherche est de permettre au lecteur de mieux appréhender les causes de la renonciation, lesquelles peuvent être inhérentes à la personne susceptible de bénéficier de l'aide sociale, ou extérieures à celle-ci, la raison étant alors à rechercher, au moins partiellement, dans la complexité et l'inefficacité du droit. La thèse apporte par conséquent une vision renouvelée de la question de l'effectivité des droits sociaux car il ne s'agit pas de s'interroger sur le degré de réalisation de ces droits, comme la doctrine l'a souvent fait, mais plutôt d'analyser les raisons qui expliquent que ces droits puissent ne pas être mis en œuvre car le bénéficiaire, potentiel ou avéré, y a renoncé. Et à cet égard, la thèse démontre que la renonciation peut être le fruit d'une manifestation de volonté, mais qu'elle peut aussi être le résultat d'une situation subie.

Par ailleurs, l'étude de Johanna Benredouane dépasse le seul cadre de l'analyse juridique *stricto sensu* afin d'interroger, dans une perspective de science administrative, la relation entre l'administration et l'usager. Dans le champ de l'aide sociale, cette relation prend une tournure particulière puisque l'usager est titulaire de droits-créances, l'administration étant alors perçue comme le débiteur. Cela a pendant longtemps justifié la position d'assujetti à laquelle les usagers de l'aide sociale ont été soumis, position qui a cependant été atténuée par l'introduction de la logique de contractualisation. Le contrat, que l'on a par exemple mis en œuvre dans le cadre des minima sociaux à l'instar du Revenu Minimum d'Insertion, puis du Revenu de Solidarité Active, a été présenté comme une manière de rééquilibrer la relation entre administration et administrés. Le discours administratif fait du contrat un instrument de concertation et de recherche du consentement des deux parties, spécialement du bénéficiaire de l'aide sociale, et ce, afin d'introduire une plus grande individualisation de l'aide apportée ainsi qu'une plus grande responsabilisation de l'usager. L'objectif peut sembler louable, mais la thèse démontre qu'il n'est nullement atteint, le bénéficiaire de l'aide sociale n'a en réalité jamais complètement quitté sa position d'assujetti. Le droit de l'aide sociale n'a en effet guère progressé dans sa capacité à faire en sorte que le bénéficiaire se saisisse des règles de droit et les utilise à son avantage.

C'est finalement une réflexion sur les lacunes de l'État Providence que nous livre l'étude de Johanna Benredouane. En cela, elle complète opportunément les travaux menés sur l'effectivité des droits sociaux centrés essentiellement sur la justiciabilité, en apportant un regard renouvelé sur l'efficacité du droit et sur la capacité ou l'incapacité de la norme à atteindre l'objectif qu'elle s'est initialement fixé. La thèse exhorte *in fine* le législateur et le pouvoir exécutif à ne pas se limiter à l'affirmation de droits de solidarité, mais à veiller à ce que leurs conditions de mise en œuvre les rendent véritablement accessibles. Le diable se cache souvent dans les détails… C'est ce que suggère opportunément cette recherche dont l'écho devrait, selon nous, dépasser le seul cadre académique afin d'alimenter la réflexion sur le devenir de l'État-Providence et sur les réformes à envisager afin de garantir une plus grande justice sociale.

Virginie DONIER,
Professeure à l'Université de Toulon

Elsa FOREY,
Professeure à l'Université de Bourgogne-Franche-Comté

INTRODUCTION

1. La renonciation en droit de l'aide sociale, oxymore, car alliance inattendue entre deux termes en apparence contradictoires, loin de n'être qu'une simple figure de style, est un objet d'étude juridique. Le terme de renonciation désigne communément un abandon, un désaveu, un reniement, une abdication et, en droit, l'acte par lequel on abandonne ses droits[1]. Échappe alors à l'esprit commun que la renonciation, cet acte qui « semble né sous le signe du découragement, de l'extinction, de la mort »[2], cette « faux dont s'arme l'individu lorsqu'il entend mettre fin à la vie de l'une de ses prérogatives »[3], puisse intéresser le droit à l'aide sociale, droit lié « à un impératif fort : faire vivre son titulaire »[4]. Cette incompréhension transparaît dans la négation par une partie de la doctrine de la possibilité de renoncer à un droit à l'aide sociale. Aussi a-t-il été affirmé « qu'il ne saurait y avoir de renonciation valable à ce droit »[5], que l'administré « ne peut renoncer même par un engagement de sa part au bénéfice de la législation d'aide sociale »[6] ou encore que « l'assisté ne peut pas renoncer à son droit à l'aide sociale ni implicitement ni expressément »[7]. Pourtant, nul doute que certaines personnes souhaitent abandonner leurs droits en raison, notamment, de la lourdeur des démarches nécessaires à leur obtention, de la crainte d'être stigmatisées, de leur volonté de percevoir une aide plus avantageuse ou encore de leur refus de certaines conditions d'obtention et de conservation de ces droits.

2. Ce rejet de la renonciation de la sphère du droit de l'aide sociale pose question dans la mesure où elle est un instrument juridique universel d'un

---

[1] SOURZAT (C.), *La renonciation en procédure pénale*, Paris, LGDJ, coll. Bibliothèque des sciences criminelles t. 56, 2013, p. 1.

[2] *Ibidem.*

[3] *Ibid.*

[4] BORGETTO (M.) et LAFORE (R.), *Droit de l'aide et de l'action sociales*, Issy-les-Moulineaux, LGDJ, coll. Domat droit public, 9e éd., 2015, p. 116.

[5] Voir la note sous l'arrêt *Roux* : CE, 5 juillet 1958, *Roux*, *Revue de l'aide sociale*, 1959, p. 225.

[6] DU BOIS DE GAUDUSSON (J.), *L'usager du service public administratif*, Paris, LDGJ, coll. Bibliothèque de droit public t. CXV, 1974, p. 131.

[7] ALFANDARI (E.) et TOURETTE (F.), *Action et aide sociales*, Paris, Dalloz, coll. Précis, 2011, 5e éd., p. 98, n° 43.

point de vue historique et au sein des différentes branches du droit. Historiquement, nul doute que « Les renonciations sont de tout temps, on en rencontre à toute époque, car il n'a jamais existé une loi, faite en vue des combinaisons les plus ordinaires des intérêts, qu'on n'ait eu parfois et exceptionnellement le désir d'en écarter l'application »[8]. Au Moyen Âge, la renonciation connaît un important développement *via* l'insertion dans les actes juridiques de clauses de renonciation par lesquelles leurs auteurs manifestaient leur intention de résister à l'introduction du droit romain[9]. Ces renonciations ayant pour uniques points communs « le fait de l'abandon qui servait à les qualifier, et l'hostilité à la loi comme raison d'être »[10] - éléments insuffisants pour « caractériser une institution » -, les juristes tentèrent de soumettre à une théorie générale l'ensemble des renonciations, qu'elles soient abdicatives ou translatives, principales ou accessoires, réalisées à titre gratuit ou onéreux[11]. Dès le XVe siècle, les auteurs abandonnent l'étude générale de la renonciation et lui préfèrent l'étude individuelle de chaque renonciation. Ainsi, les renonciations à la succession, à la prescription ou encore à l'hypothèque légale de la femme mariée font l'objet d'études particulières[12]. Il faudra attendre le début du XXe siècle pour voir à nouveau la doctrine tenter d'élaborer une théorie générale de la renonciation[13]. Pour ce faire, elle ne cherche pas à y intégrer toutes les situations qui avaient pu précédemment être qualifiées de renonciation, mais, au contraire, à dégager les traits caractéristiques des situations d'abandon de droits insusceptibles d'être rattachées à d'autres catégories juridiques connues. La continuité des recherches doctrinales portant sur la renonciation traduit l'universalité de cet instrument juridique, universalité qui se dévoile également à travers son usage dans les différentes branches du droit : droit civil[14], droit du travail[15],

---

[8] MEYNIAL (E.), « Des renonciations au Moyen-Âge et dans notre ancien droit », *Nouvelle Revue historique de droit français et étranger*, 1900, p. 108.

[9] *Ibid.*, p. 110 et suiv.

[10] BREDIN (J.-D.), « Les renonciations au bénéfice de la loi en droit privé français », TAHC, Paris, Librairie Dalloz, 1959-1960, t. XIII, p. 358.

[11] *Ibid.*

[12] CARBONNIER (J.), « Les renonciations au bénéfice de la loi en droit privé. Rapport général », TAHC, Paris, Librairie Dalloz, 1959-1960, t. XIII, p. 284-285.

[13] LESSONA (S.), « Essai d'une théorie générale de la renonciation en droit civil », *RTD civ.*, 1912, p. 361-387 ; DUCOIN (C.), *Essai d'une théorie générale de la renonciation en droit civil français*, Lyon, J. Poncet, 1913, 192 p. ; SIBICIANO (N.), *Théorie générale des renonciations en droit civil français*, Paris, R. Pichon et R. Durand-Auzias, 1932, 263 p. ; RAYNAUD (P.), « La renonciation à un droit. Sa nature et son domaine en Droit civil », *RTD civ.*, 1936, p. 763-809.

[14] DREIFUSS-NETTER (F.), *Les manifestations de volonté abdicatives*, Paris, LGDJ, coll. Bibliothèque de droit privé t. 185, 1985, 245 p.

[15] CAMERLYNCK (G.-H.), « La renonciation du salarié », *Dr. soc.*, 1960, p. 628-632 ; VACARIE (I.), « La renonciation du salarié », *Dr. soc.*, 1990, p. 757-768 ; JEAMMAUD (A.), « La renonciation du salarié », *Droit ouvrier*, 1997, p. 535-543 ; RADÉ (C.), « L'ordre public social et la renonciation du salarié », *Dr. soc.*, 2002, p. 931-938 ; ; CARSIN (X.), *La renonciation en droit du travail*, thèse soutenue à l'Université Panthéon-Sorbonne le 2 février 2006, dactyl., 667 p. ; MOULY (J.), « La renonciation du

droit pénal[16], droit administratif[17] et droits fondamentaux[18]. Alors que, à l'occasion de ces réflexions, les auteurs soulignent tantôt le caractère *a priori* « paradoxal, voire iconoclaste », de la renonciation aux droits et libertés de l'homme conférés à leurs titulaires dans un souci de protection[19], tantôt son caractère « profondément contraire à l'esprit du droit familial »[20] ou ses traits caractéristiques peu compatibles « avec l'esprit et les données générales du droit administratif »[21], tous ont néanmoins conclu à l'existence de la renonciation dans chacune des branches du droit étudiées.

3. Dès lors, bien que tout un chacun puisse être « généralement fort peu enclin à envisager la configuration dans laquelle un individu souhaiterait se comporter en sens exactement opposé à ce qu'il est attendu qu'il fît »[22] - « l'abandon de son droit au lieu de son exercice »[23] -, la renonciation en droit de l'aide sociale mérite d'être étudiée. Il est d'ailleurs parfois fait expressément référence à la renonciation du bénéficiaire à son droit à l'aide sociale par le juge[24] et par la doctrine[25]. Dans ce dernier cas cependant, le terme est surtout utilisé lors des réflexions sur le non-recours aux droits à l'aide sociale, c'est-à-dire sur les situations dans lesquelles une personne

---

salarié entre ordre public social et déréglementation : un nouvel état des lieux », *in* SACHS (T.) (dir.), *La volonté du salarié*, Paris, Dalloz, coll. Thèmes et commentaires, 2012, p. 113-131.

16 PIN (X.), *Le consentement en matière pénale*, Paris, LGDJ, coll. Bibliothèque des sciences criminelles t. 36, 2002, 724 p. ; SOURZAT (C.), *La renonciation en procédure pénale*, *op. cit.*

17 AUBY (J.-M.), « La renonciation au bénéfice de la loi en droit public français », TAHC, Paris, Librairie Dalloz, 1959-1960, t. XIII, p. 511-536 ; BLUMANN (C.), *La renonciation en droit administratif français*, Paris, LGDJ, coll. Bibliothèque de droit public t. CXIII, 1974, 498 p.

18 FRUMER (P.), *La renonciation aux droits et libertés. La Convention européenne des droits de l'homme à l'épreuve de la volonté individuelle*, Bruxelles, Bruylant et Éditions de l'Université de Bruxelles, Collection de droit international, 2001, 752 p. ; DIJOUX (R.), *La contractualisation des droits fondamentaux*, Paris, L'Harmattan, coll. Logiques juridiques, 2012, 582 p. ; ARROYO (J.), *La renonciation aux droits fondamentaux. Étude de droit français*, Paris, éd. Pedone, coll. Publications de l'Institut international des droits de l'homme, 2016, 669 p.

19 FRUMER (P.), *La renonciation aux droits et libertés. La Convention européenne des droits de l'homme à l'épreuve de la volonté individuelle*, *op. cit.*, p. 1.

20 LAPOYADE-DESCHAMPS (A.), « Les renonciations en droit de la famille », *D.*, 1993, p. 259.

21 BLUMANN (C.), *La renonciation en droit administratif français*, *op. cit.*, p. 2.

22 HENNETTE-VAUCHEZ (S.), « Une dignitas humaine ? Vieilles outres, vin nouveau », *Droits*, 2008, n° 48, p. 78.

23 DREIFUSS-NETTER (F.), *Les manifestations de volonté abdicatives*, *op. cit.*, p. 40.

24 Comm. centr., 25 février 1964, *Vivier*, *Revue de l'aide sociale*, 1964, p. 227 ; Comm. centr., 19 mars 1965, *Dame Podda*, *D.*, 1965, p. 104 ; *RTDSS*, 1965, p. 157, note Vught.

25 Par exemple : WILLMANN (C.), « La renonciation du chômeur : entre tolérance/ignorance et interdiction/sanction », *RDSS*, 2012, n° 4, p. 657-667 ; ROMAN (D.), « Les enjeux juridiques du non-recours au droit », *RDSS*, 2012, n° 4, p. 603-613 ; VAN OORSCHOT (W.) et MATH (A.), « La question du non-recours aux prestations sociales », *Recherches et Prévisions*, 1996, n° 43, p. 5.

« ne bénéficie pas d'une offre publique, de droits et de services, à laquelle elle pourrait prétendre »[26]. Quoique d'aucuns aient estimé qu'une distinction entre non-recours et renonciation ne serait pas juridiquement pertinente dans le champ du chômage, des aides à l'emploi et de l'aide sociale[27], l'assimilation de ces notions qui désignent indubitablement des situations d'abandon de droits pose question. Si l'usage du terme « renonciation » par la doctrine ne saurait donc permettre, à lui seul, de conclure à l'existence de la renonciation, il met en exergue, en droit de l'aide sociale, un phénomène d'abandon de droits qui ouvre la voie à une réflexion en termes de renonciation. Avant de présenter son intérêt (§ 2) et ses finalités (§ 3), le champ de l'étude de la renonciation en droit de l'aide sociale doit être précisé (§ 1).

§ 1. La détermination du champ de l'étude

4. De prime abord, s'intéresser à la renonciation en droit de l'aide sociale en tant qu'elle est « un mécanisme qui va à l'encontre de la recherche du profit »[28] peut sembler vain. La prégnance de la représentation morale et politique de « l'homme économique », *l'homo œconomicus*, - représentation dans laquelle les individus sont « supposés être entièrement mus par la seule dictature du calcul économique »[29] et leurs actions tournées vers la recherche de la satisfaction « de besoins illimités par une accumulation de richesses »[30] - amène à penser que nul ne peut renoncer délibérément à un gain financier[31]. L'abandon de droit est pourtant une réalité en droit de l'aide sociale. Pour appréhender ce phénomène juridiquement, la notion de renonciation doit être précisée (A) et le champ matériel de l'étude délimité, car les frontières entre les composantes traditionnelles du droit de la protection sociale - l'aide sociale, l'action sociale et la sécurité sociale - sont poreuses (B).

---

[26] WARIN (P.), « Qu'est-ce que le non-recours aux droits sociaux ? », *La Vie des idées* (revue en ligne), 2010, http://www.laviedesidees.fr/Qu-est-ce-que-le-non-recours-aux.html

[27] WILLMANN (C.), « La renonciation du chômeur : entre tolérance/ignorance et interdiction/sanction », *op. cit.*, p. 657.

[28] DREIFUSS-NETTER (F.), *Les manifestations de volonté abdicatives*, *op. cit.*, p. 39.

[29] RIGAUDIAT (J.), « Le revenu social d'activité : une réforme en faux-semblants », *Esprit*, 2009, n° 1, p. 113.

[30] ANDREANI (T.), « Un être de raison. Critique de l'*homo œconomicus* », Syllepse, 2000, p. 12 cité par VACARIE (I.), ALLOUACHE (A.), GINON (A.-S.), FERKANE (Y.), LEROY (S.), « Crise de l'État-providence ou crise de la régulation économique ? », *Dr. soc.*, 2008, p. 1107.
Cette figure de l'homme a d'ailleurs investi le champ de toutes les sciences sociales et sous-tend différentes politiques publiques, y compris en droit de l'aide sociale. Jacques Rigaudiat montre d'ailleurs que cette logique est au fondement du RSA. RIGAUDIAT (J.), « Le revenu social d'activité : une réforme en faux-semblants », *op. cit.*

[31] VAN OORSCHOT (W.) et MATH (A.), « La question du non-recours aux prestations sociales », *op. cit.*, p. 5.

A. La délimitation de l'objet de l'étude

5. Quelques auteurs, avant même que la question du non-recours ne devienne une problématique fondamentale en droit de l'aide sociale, avaient conscience de l'existence d'un phénomène d'abandon de droits. Dans leurs travaux, certains ont pointé, à propos du RMI, la « liberté de ne pas s'insérer »[32] ou, à propos de l'aide médicale, le fait que « trop de personnes en détresse n'y ont pas trouvé le soutien nécessaire parce qu'elles n'ont pas pu ou pas souhaité y recourir »[33]. Les situations d'abandon de droit en la matière sont toutefois difficiles à identifier. Pour autant, comme le précise Caroline Bugnon à propos du non-recours au juge des bénéficiaires de l'aide sociale, une réflexion sur les causes et les enjeux du phénomène d'abandon de droit, bien que peu perceptible pour le juriste, « mérite [...] sa place au sein de la discussion, au nom du respect de la solidarité nationale et de l'exigence de justice sociale »[34].

6. Il appartient au juriste qui souhaite étudier la renonciation en droit de l'aide sociale de faire sortir de l'ombre les situations d'abandon de droit, de les faire passer du domaine de l'invisible à celui du visible. Ces situations peuvent être identifiées, d'abord, dans les décisions de justice où n'apparaissent pourtant ni le terme « renonciation » ni le terme « renoncer ». Le non-recours et la renonciation sont, assurément, rarement au cœur d'un litige. En effet, le juge n'est saisi par un bénéficiaire n'ayant pas exercé son droit à l'aide sociale ou y ayant renoncé que si celui-ci conteste l'avoir abandonné et les bénéficiaires renoncent souvent à leur droit à exercer un recours devant le juge pour disposer des prestations sociales auxquelles ils ont droit[35] en raison de la complexité des règles procédurales et de leur inadéquation avec l'urgence des situations sociales[36]. Néanmoins, les situations d'abandon de droit se révèlent parfois à travers les faits des décisions de justice ; « si le mot est absent, il reste que la chose, elle, est bien présente »[37]. Dans l'ordonnance du 5 novembre 2014 rendue à la suite de l'exercice d'un référé-liberté devant le tribunal administratif de Nice afin d'obtenir la suspension de l'exécution de l'arrêté du préfet accordant le concours de la force publique pour assurer l'exécution de la décision de

---

[32] LABORDE (J.-P.), « RMI et liberté éléments pour une première approche », *Dr. soc.*, 1990, p. 34.

[33] LIGNEAU (Ph.), « L'aide médicale moribonde ? », *in Drôle(s) de droit(s). Mélanges en l'honneur d'Élie Alfandari*, Paris, Dalloz, 2000, p. 390.
Voir également BADEL (M.), *Le droit social à l'épreuve du revenu minimum d'insertion*, Talence, Presses universitaires de Bordeaux, 1996, p. 398.

[34] BUGNON (C.), « Vulnérabilité et accès au juge : l'accès au juge de l'aide sociale », *in* DONIER (V.) et LAPÉROU-SCHENEIDER (B.) (dir.), *L'accès au juge. Recherche sur l'effectivité d'un droit*, Bruxelles, Bruylant, 2013, p. 485.

[35] BUGNON (C.), « Vulnérabilité et accès au juge : l'accès au juge de l'aide sociale », *op. cit.*, p. 474.

[36] *Ibid.*, p. 481.

[37] BORGETTO (M.), « Secours publics et service public », *in* GUGLIELMI (Gilles J.) (dir.), *Histoire et service public*, 2004, Paris, PUF, Collection Politique d'aujourd'hui, p. 37.

justice résiliant le bail et prononçant l'expulsion[38], il ressort ainsi des faits énoncés que la requérante, alors qu'elle avait été informée des possibilités offertes par la loi DALO du 5 mars 2007, n'y a pas eu recours[39]. Pareillement, les faits énoncés dans une décision de la Commission centrale d'aide sociale rendue le 4 novembre 2004 à la suite d'un recours contre une décision de récupération laissent entrevoir la renonciation d'une petite-fille, pour le compte de sa grand-mère, au bénéfice de l'aide sociale pour la prise en charge des frais d'hébergement dans le but que soit rétablie, à taux plein, l'allocation compensatrice[40]. Ces situations peuvent être identifiées, ensuite, à l'aide des travaux menés dans d'autres disciplines, en particulier la sociologie et la science politique, puisque les juristes ne sont pas « les mieux armés pour mesurer les conditions d'application concrètes de la règle de droit »[41] alors même qu'« il paraît évident (et peu contesté) qu'il ne peut y avoir de connaissance du droit sans prise en compte des effets sociaux du droit (ce que fait la sociologie générale) et de la place qu'occupe le droit comme ressource dans les relations sociales »[42]. Dans un tout autre domaine, Marie-Anne Cohendet affirme d'ailleurs que certaines recherches effectuées par des sociologues ou des politistes comportent des éléments d'analyse intéressants pour l'étude juridique de l'effectivité du droit et, par conséquent, « peuvent et doivent compléter une analyse juridique de cette question, mais elle ne saurait s'y substituer »[43].

7. Les situations d'abandon de droits identifiées ne sauraient cependant être qualifiées de renonciation sans qu'ait été préalablement déterminé le sens de cette notion considérée par certains comme « mouvante, insaisissable, finalement impossible à ramener à l'unité »[44]. Or, aucun consensus n'existe quant au sens de cette notion. La renonciation, avant de faire l'objet d'une théorie générale, se révélait être une notion aux contours incertains. Il n'était pas rare que la doctrine qualifie certaines opérations juridiques de « renonciations conventionnelles »[45], de « renonciations

---

[38] CE ord., 5 novembre 2014, *Mme C.*, req. n° 385431, *RDSS*, 2015, p. 170, note Donier (V.).

[39] DONIER (V.), « Expulsion locative, droit au logement et référé-liberté : réflexions sur quelques incohérences. Note sous CE, ordonnance, 5 novembre 2014, *Mme C.*, n° 385431 », *RDSS*, 2015, p. 178.

[40] Comm. centr., 4 novembre 2004, *Mme B.*, dossier n° 032186, *CJAS*, n° 2005/1.

[41] ROMAN (D.), « Les enjeux juridiques du non-recours au droit », *op. cit.*, p. 605.

[42] MILLARD (É.), *Théorie générale du droit*, Paris, Dalloz, coll. Connaissance du droit, 2006, p. 54.
Dans le même sens, Marie-Anne Cohendet affirme que « les juristes peuvent parfaitement prendre en compte des éléments extra-juridiques pour étudier les règles de droit tout en restant des juristes, exactement comme un médecin peut prendre en compte des éléments de chimie, sans pour autant que l'on puisse prétendre qu'il fait de la chimie au lieu de la médecine » (COHENDET (M.-A.) « Le système des variables déterminantes » *in Mélanges en l'honneur de Jean Gicquel*, Paris, Montchrestien, 2008, p. 121).

[43] COHENDET (M.-A.), « Cohabitation et constitution », *Pouvoirs*, 1999, n° 91, p. 39.

[44] BREDIN (J.-D.), « Les renonciations au bénéfice de la loi en droit privé français », *op. cit.*, p. 355.

[45] La remise de dette était souvent qualifiée de « renonciation conventionnelle ».

translatives »[46] ou de « renonciations *in favorem* »[47]. Dans la mesure où le seul point commun entre toutes ces renonciations était « le fait matériel de l'abandon tout nu »[48], tandis que la nature de cet abandon, son objet, ses causes différaient d'un cas à l'autre, la renonciation s'apparentait à « un acte par lequel une personne abdique ou abandonne un droit qui lui appartient »[49]. Bien que la diversité des situations de renonciation en droit civil ait rendu difficile l'élaboration d'une théorie générale, une partie de la doctrine civiliste a, dès le début du XXe siècle, tenté de donner à la notion de renonciation une unité dans sa forme et dans ses effets. Selon la définition élaborée par la doctrine classique qui a longtemps prévalu, la renonciation « est l'acte par lequel une personne, au moyen d'une manifestation unilatérale de volonté en général libre dans ses formes, abdique, dans le but de l'éteindre [...], sans la volonté de le transmettre à un tiers, un droit actuel ou futur qui lui appartient ou d'empêcher ce droit de naître »[50]. La renonciation est dès lors envisagée comme « un acte de volonté unilatéral et abdicatif d'un droit »[51].

8. En raison de l'impossibilité, *via* l'application de la théorie classique, d'appréhender la réalité de la renonciation dans d'autres branches du droit et, tout particulièrement, dans celle du droit administratif et des droits fondamentaux, d'autres définitions moins restrictives de la notion de renonciation ont été élaborées par la doctrine. Certains auteurs abandonnent le critère de forme - le caractère unilatéral de la renonciation - et recentrent la notion de renonciation autour de l'idée de manifestation d'une volonté abdicative de l'auteur de l'acte. La renonciation est alors définie comme « tout acte juridique où s'exprime une volonté abdicative »[52]. D'autres

---

46 Par cette expression, il faut entendre une opération juridique consistant en l'abandon d'un droit par son titulaire et emportant transfert du droit à une autre personne.

47 L'expression « renonciation *in favorem* » doit être entendue comme la renonciation à une succession réalisée par un héritier au profit d'un ou de plusieurs de ses cohéritiers ou héritiers de rang subséquent (article 783 du Code civil). Elle est considérée comme une sorte de renonciation translative.

48 MEYNIAL (E.), « Des renonciations au Moyen-Âge et dans notre ancien droit », *op. cit.*, p. 118.

49 AUBRY (C.) et RAU (C.), *Cours de droit civil français d'après la méthode de Zachariae*, Paris, Marchal et Billard, 4e éd., 1871, t. IV, p. 200.

50 DUCOIN (C.), *Essai d'une théorie générale de la renonciation en droit civil français*, *op. cit.*, p. 175.

Cette définition est très proche de celle donnée par Silvio Lessona pour qui la renonciation est « une manifestation unilatérale de volonté accompagnée ou suivie, en matière de droits réels, d'un abandon matériel et dont le but est d'éteindre, sans le transmettre à un tiers, un droit actuel appartenant ou devant appartenir ultérieurement au renonçant, ou d'empêcher ce droit de naître ». LESSONA (S.), « Essai d'une théorie générale de la renonciation en droit civil », *op. cit.*, p. 387.

51 RAYNAUD (P.), « La renonciation à un droit. Sa nature et son domaine en Droit civil », *op. cit.*, p. 791.

52 DREIFUSS-NETTER (F.), *Les manifestations de volonté abdicatives*, *op. cit.*, p. 39. Dans le même sens voir également FRUMER (P.), *La renonciation aux droits et libertés. La*

n'hésitent pas à prendre davantage encore de distance avec la définition élaborée par la doctrine classique en envisageant la renonciation comme un acte non abdicatif portant non pas sur la titularité du droit - à savoir sur la propriété ou l'appropriation de ce droit par son titulaire[53] -, mais sur son exercice[54]. Elle revêt alors la forme d'un engagement, par un acte juridique, à ne pas exercer un droit ou une liberté ou à l'exercer dans un sens déterminé[55], voire, celle du non-exercice d'un droit, car, si la renonciation, abdicative ou non abdicative, est généralement appréhendée par la doctrine comme un acte juridique se distinguant du non-exercice d'un droit qui ne manifeste pas l'expression d'une volonté suffisamment précise pour constituer un acte juridique[56], une partie de la doctrine pour l'heure minoritaire, à l'instar d'Olivier de Schutter et Julie Ringelheim, estime que la renonciation peut notamment signifier « ne pas exercer une liberté qui nous est reconnue, que nous aurions donc le droit d'exercer »[57], c'est-à-dire qu'elle peut consister dans le non-usage d'un droit par son titulaire. Différentes acceptions de la notion de renonciation coexistent, si bien que cette notion ne recouvre pas une réalité juridique unique. Pour que puissent être identifiées les situations de renonciation en droit de l'aide sociale, deux voies se dessinent : choisir l'une ou l'autre de ces définitions doctrinales ou rechercher l'essence de la renonciation en dégageant les éléments invariants et communs à l'ensemble de ces définitions.

9. La seconde option semble préférable pour éviter l'écueil consistant à choisir de façon aprioristique l'une des définitions proposées par la doctrine, alors que, d'une part, en l'absence d'une définition législative ou jurisprudentielle de la renonciation, rien ne justifie de retenir ou d'écarter, *a priori*, l'une ou l'autre de ces définitions et que, d'autre part, si la doctrine s'appuie généralement sur la jurisprudence pour étudier et définir la notion

---

Convention européenne des droits de l'homme à l'épreuve de la volonté individuelle, *op. cit.*, p. 13.

[53] SÉVELY-FOURNIÉ (C.), *Essai sur l'acte juridique extinctif en droit privé. Contribution à l'étude de l'acte juridique*, Paris, Dalloz, coll. Nouvelle bibliothèque de thèses, 2010, p. 247, note n° 965.

[54] Sur cette distinction voir HYDE (A.-A.), *Les atteintes aux libertés individuelles par contrat. Contribution à la théorie de l'obligation*, Paris, IRJS Éditions, 2015, 653 p. et ARROYO (J.), *La renonciation aux droits fondamentaux. Étude de droit français*, *op. cit.*

[55] ARROYO (J.), *La renonciation aux droits fondamentaux. Étude de droit français*, *op. cit.*, p. 30 ; DUPRÉ DE BOULOIS (X.), *Droits et libertés fondamentaux*, Paris, PUF, coll. Licence droit, 2010, p. 46-47 ; GATHEM (G.), STROWEL (A.), « La renonciation aux droits de la personnalité : l'indice d'obligations ? », *in* DUMONT (H.), OST (F.) et VAN DROOGHENBROECK (S.) (dir.), *La responsabilité, face cachée des droits de l'homme ?*, Bruxelles, Bruylant, 2005, p. 504 et suiv.

[56] GRAMMATIKAS (G.), *Théorie générale de la renonciation en droit civil. Étude parallèle du droit français et du droit hellénique*, Paris, LGDJ, 1971, 194 p.

[57] SCHUTTER (O. de) et RINGELHEIM (J.), « La renonciation aux droits fondamentaux. La libre disposition du soi et le règne de l'échange », *in* DUMONT (H.), OST (F.) et VAN DROOGHENBROECK (S.) (dir.), *La responsabilité, face cachée des droits de l'homme*, Bruxelles, Bruylant, 2005, p. 445.

de renonciation[58], le chercheur en droit de l'aide sociale est confronté à la rareté des décisions de justice ayant pour objet la renonciation du bénéficiaire à son droit. Or, selon la définition retenue, le non-recours est d'emblée inclus ou, au contraire, exclu du champ de l'étude puisque, s'il est un objet d'étude juridique[59], il n'est assurément pas un acte juridique. L'étude de la renonciation en droit de l'aide sociale suppose donc, non pas de rechercher et d'analyser les situations correspondant à l'une des définitions de la notion de renonciation élaborée par la doctrine, mais d'identifier les situations de renonciation à l'aide des éléments invariants et communs à l'ensemble de ces définitions afin de pouvoir les analyser.

10. Les traits saillants de la renonciation peuvent être dégagés, car les définitions de la notion de renonciation élaborées par la doctrine, en dépit de leurs différences, ont certains points en partage. La cause de la renonciation est toujours la volonté du renonçant de se dépouiller d'une prérogative attachée à un droit en abandonnant la titularité du droit ou son exercice. La renonciation n'est donc jamais fortuite puisque le dépouillement est volontaire et intervient en toute connaissance de cause. La renonciation n'est jamais, non plus, un moyen au service d'une fin[60]. En ce sens, elle n'emporte pas, par elle-même, transfert du droit à autrui. Son objet, qu'elle soit abdicative ou non-abdicative, est une prérogative, c'est-à-dire l'attribut d'un droit, son contenu[61]. Cette caractéristique, qui pourrait paraître trop évidente pour devoir être formulée, mérite en réalité d'être mise en exergue en ce qu'elle fait de la renonciation une notion juridique et la différencie du renoncement[62], lequel peut porter sur un objet autre qu'un droit tel qu'un acte médical, la conclusion d'un contrat, une réforme législative ou encore l'organisation d'un concours[63]. Son effet est la perte de la prérogative attachée au droit. Cette perte est définitive lorsque la renonciation est abdicative, car, portant sur la titularité du droit c'est-à-dire « le rapport à la chose »[64], elle fait sortir le droit du patrimoine du renonçant[65], tandis qu'elle

---

58 Pour exemple : AUBY (J.-M.), « La renonciation au bénéfice de la loi en droit public français », *op. cit.* ; BLUMANN (C.), *La renonciation en droit administratif français*, *op. cit.* ; FRUMER (P.), *La renonciation aux droits et libertés. La Convention européenne des droits de l'homme à l'épreuve de la volonté individuelle*, *op. cit.*

59 ROMAN (D.), « Les enjeux juridiques du non-recours au droit », *op. cit.*, p. 603-613.

60 DUCOIN (C.), *Essai d'une théorie générale de la renonciation en droit civil français*, *op. cit.*, p. 16.

61 CORNU (G.), *Vocabulaire juridique*, Association Henri Capitant, Paris, PUF, coll. Quadrige, 10e éd., 2014, « Prérogative ».

62 Sur le renoncement en droit public, voir « Le renoncement en droit public », colloque organisé à Toulouse les 10 et 11 octobre 2019 par l'IMH et l'IRDEIC sous la direction de Nathalie Jacquinot.

63 CE, 17 septembre 2018, *Société Le Pagus*, n° 407099, *Rec. CE* (tables), note J. Benredouane, *BJCL*, janv. 2019.

64 SÉVELY-FOURNIÉ (C.), *Essai sur l'acte juridique extinctif en droit privé. Contribution à l'étude de l'acte juridique*, *op. cit.*, p. 247.

65 RAYNAUD (P.), « La renonciation à un droit. Sa nature et son domaine en Droit civil », *op. cit.*, p. 782.

est temporaire lorsque la renonciation prend la forme d'un engagement à ne pas exercer un droit ou à l'exercer dans un sens déterminé, ou la forme du non-exercice du droit, car elle porte, dans ces cas-là, uniquement sur l'exercice d'un droit. Alors qu'il a parfois été considéré que le seul point commun entre toutes les renonciations est « un fait matériel : l'abandon »[66], la renonciation est un acte ou un fait juridique qui a pour seul but et pour effet direct l'abandon d'une prérogative. Peuvent, dès lors, être identifiées les situations de renonciation en droit de l'aide sociale, sans que soit exclue, dans le même temps, la possibilité que coexistent, en la matière, plusieurs formes de renonciation.

B. La délimitation du champ matériel de l'étude : le droit de l'aide sociale *stricto sensu*

11. Si le système de protection sociale se caractérisait, à l'origine, par la coexistence de dispositifs relativement autonomes en ce qui concernait leur finalité, leur construction juridique et leur fonctionnement, il se singularise désormais par sa complexité[67]. À la Libération, période où commencèrent à coexister en France les trois grandes formes d'intervention en matière de protection sociale - la sécurité sociale, l'aide sociale et l'action sociale -, l'identification de chacune de ces formes passait par la juxtaposition d'un critère organique et d'un critère matériel[68]. Alors que le premier renvoyait aux organes ou aux institutions accordant les prestations sociales, le second renvoyait aux principes et règles organisant leur régime. Dès lors, constituaient des prestations d'aide sociale celles qui étaient délivrées par les collectivités publiques et qui, répondant à un état de besoin, ne nécessitaient aucune contribution préalable de leurs bénéficiaires et étaient soumises à une condition de ressources. À l'inverse, étaient considérées comme des prestations de sécurité sociale celles qui étaient délivrées par des organismes de sécurité sociale, qui ne pouvaient être ouvertes sans cotisations préalables et qui, reposant sur la survenance d'un risque social, n'étaient pas soumises à une condition de ressources. Or, ce modèle fut très rapidement détricoté par la superposition et l'interpénétration des logiques de protection[69]. À côté des prestations de sécurité sociale « classiques » attachées à la survenance du risque et alimentées par des cotisations, sont intégrées dans le dispositif de sécurité sociale, dès les années 1950, des prestations non contributives et généralement soumises à condition de ressources. Avec la mise en place de ces prestations non-contributives fonctionnant comme des minima sociaux telles que l'allocation aux adultes handicapés ou l'allocation de solidarité

---

[66] BREDIN (J.-D.), « Les renonciations au bénéfice de la loi en droit privé français », *op. cit.*, p. 357.
[67] BORGETTO (M.), « Le droit de la protection sociale dans tous ses états : la clarification nécessaire », *Dr. soc.*, 2003, p. 636-648.
[68] *Ibid.*, p. 637.
[69] BORGETTO (M.) et LAFORE (R.), *Droit de l'aide et de l'action sociales*, *op. cit.*, p. 91.

aux personnes âgées, la logique assistancielle, propre à l'aide sociale, a intégré le dispositif de sécurité sociale dont les droits étaient en principe liés au versement d'une contribution préalable acquittée sous la forme d'une cotisation. Les institutions de sécurité sociale peuvent ainsi délivrer des prestations universelles obéissant à une logique d'assurance, des prestations non contributives ciblées et obéissant à une logique assistancielle, ou encore des prestations universelles, mais non contributives, obéissant à une logique mixte[70]. Le brouillage des frontières s'accentue à partir de la fin des années 1980, en particulier avec la mise en place du revenu minimum d'insertion qui relève, « de manière totalement inédite, des trois grands domaines d'intervention du droit de la protection sociale »[71], de la couverture maladie universelle, ou encore de l'allocation personnalisée d'autonomie, sorte de « prestation non contributive de solidarité nationale »[72]. Dès lors, le contenu du droit de l'aide sociale peut varier selon le critère adopté : critère matériel ou critère organique.

12. Les caractéristiques de la renonciation étant intrinsèquement liées à la nature des droits sur lesquels elle porte, il paraît essentiel de ne s'intéresser qu'à ceux qui sont soumis à un régime juridique similaire. En dépit des multiples dérogations aux principes directeurs permettant classiquement de distinguer les prestations d'aide sociale des prestations de sécurité sociale - subsidiarité par rapport à la famille, caractère alimentaire et recours en récupération pour les premières et non pour les secondes - et des procédures contentieuses spécifiques[73] - compétence des tribunaux de l'ordre administratif d'un côté et de l'ordre judiciaire de l'autre -, il semble possible d'identifier le régime juridique des droits à une prestation sociale en fonction de leur caractère contributif ou non, c'est-à-dire de la logique assurantielle ou assistancielle qui les sous-tend. Dès lors, l'ensemble des prestations sociales non contributives, qu'elles soient soumises à conditions de ressources ou non, qu'elles soient servies par l'État et les départements ou par les organismes de sécurité sociale, entre dans le champ de l'étude. Cette approche permet de ne pas exclure, d'une part, les prestations relevant plutôt de l'aide sociale telles que l'allocation personnalisée d'autonomie[74], l'ancien revenu minimum d'insertion ou le revenu de solidarité active qui revêtent « un caractère assistanciel très marqué »[75] et, d'autre part, les prestations intégrées au dispositif de sécurité sociale de façon artificielle ou acrobatique qui « avaient naturellement vocation à entrer dans le giron de l'aide

---

[70] BORGETTO (M.), « Le droit de la protection sociale dans tous ses états : la clarification nécessaire », *op. cit.*, p. 638.

[71] *Ibid.*

[72] *Ibid.*, p. 640.

[73] *Ibid.*, p. 644.

[74] L'APA a été qualifiée par la Commission centrale d'aide sociale de « prestation de solidarité à charge du département » « assimilable à une prestation d'aide sociale légale ». Comm. centr., 4 avril 2005, *Mlle D.*, dossier n° 040650, *CJAS*, n° 2005/6.

[75] BORGETTO (M.) et LAFORE (R.), *Droit de l'aide et de l'action sociales*, *op. cit.*, p. 101.

sociale »[76] telles que l'allocation de solidarité aux personnes âgées ou encore l'allocation aux adultes handicapés qui, « réservées à des personnes en situation de besoin », « sont une réponse à l'indigence et participent à la lutte contre la pauvreté, ce qui est une finalité traditionnelle de l'aide sociale »[77].

§ 2. L'intérêt de l'étude

13. L'apport de l'étude de la renonciation en droit de l'aide sociale est double. Elle représente l'occasion de se questionner sur la pertinence des différentes théories de la renonciation élaborées depuis le début du XXe siècle et, par conséquent, de participer à l'évolution constante de cette notion dans les différentes branches du droit (A). Elle représente, également, une voie nouvelle pour s'intéresser à l'effectivité des droits sociaux puisque les droits énoncés aux dixième et onzième alinéas du Préambule de la Constitution de 1946 sont « au fondement de droits individuels à obtenir une prestation matérielle »[78] et, plus précisément, des droits à l'aide sociale (B).

A. Contribuer à la théorie de la renonciation

14. « S'il est une matière dans laquelle la notion de renonciation a été étudiée c'est certainement le droit privé »[79]. Bien que le droit civil constitue sans aucun doute le domaine de prédilection de la renonciation puisque c'est dans cette branche du droit qu'a été élaborée la théorie classique de la renonciation, le droit du travail et le droit pénal sont des branches du droit dans lesquelles la doctrine depuis la fin des années 1990 s'est également intéressée à la renonciation. Dans le domaine des droits fondamentaux - domaine de réflexion relevant davantage des publicistes que des privatistes -, la renonciation est, là encore, essentiellement étudiée comme un acte relevant du droit privé dans la mesure où elle est généralement saisie dans les relations entre personnes privées[80].

---

[76] BADEL (M.), « Subsidiarité et aide sociale : quelle actualité ? », *RDSS*, 2007, p. 1082.

[77] *Ibid.*, p. 1083.
Voir également LAFORE (R.), « Variation sur la frontière du social », *in Drôle(s) de droit(s). Mélanges en l'honneur d'Élie Alfandari*, Paris, Dalloz, 2000, p. 356.

[78] GAY (L.), *Les « droits-créances » constitutionnels*, Bruxelles, Bruylant, Collection de droit public comparé et européen, 2007, p. 270 et suiv. et GAY (L.), « Les droits sociaux constitutionnels en France : particularisme ou "normalisation"? », *in* GAY (L.), MAZUYER (E.), NAZET-ALLOUCHE (D.) (dir.), *Les droits sociaux fondamentaux. Entre droits nationaux et droit européen*, Bruxelles, Bruylant, Coll. À la croisée des droits, 2006, p. 88 et suiv.

[79] SOURZAT (C.), *La renonciation en procédure pénale*, *op. cit.*, p. 25.

[80] ARROYO (J.), *La renonciation aux droits fondamentaux. Étude de droit français*, *op. cit.*, p. 21.
Voir également : DIJOUX (R.), *La contractualisation des droits fondamentaux*, *op. cit.* ; MAURIN (L.), *Contrat et droits fondamentaux*, Paris, LGDJ, coll. Bibliothèque de droit privé

L'appropriation de la notion d'abord par le droit civil dès le début du XXe siècle, puis par le droit privé plus largement, s'explique sans aucun doute par le fait que, en droit public, il s'est posé la question de savoir « Comment transposer une notion reposant sur les idées d'autonomie de la volonté, de liberté individuelle dans un système juridique dominé par les idées de puissance publique, d'autorité, de satisfaction des besoins collectifs »[81]. Or, rares sont les auteurs à avoir tenté de dénouer ce paradoxe. Seuls Jean-Marie Auby et Claude Blumann, en droit administratif français, ont cherché à appréhender le phénomène de renonciation dans son ensemble sans s'enfermer dans le cadre particulièrement restrictif érigé par la théorie classique au début du XXe siècle. En dépit du regain d'intérêt que suscite la notion de renonciation à compter des années 1990, la doctrine publiciste est restée à l'écart des réflexions qui lui ont donné un nouveau souffle puisque les rares auteurs à s'intéresser à la renonciation en droit public ont repris la définition élaborée par Claude Blumann[82]. Aussi l'étude de la renonciation en droit de l'aide sociale représente-t-elle une occasion de revisiter la notion de renonciation en droit public.

B. Contribuer aux réflexions sur l'effectivité des droits sociaux

15. L'étude peut paraître dépourvue d'intérêt, car le constat selon lequel seule une infime proportion des personnes éligibles à une prestation y renonce volontairement pourrait conduire à conclure, comme cela a parfois été le cas pour le non-recours, « que ce problème n'est pas et ne peut pas être très grave »[83] et, par conséquent, qu'il ne s'agit d'un problème sérieux ni pour les personnes elles-mêmes ni pour les administrations en charge de verser ces prestations ni pour les décideurs politiques. Pourtant, les quelques juristes à s'être penchés sur le non-recours[84] - notion dont les liens avec celle de renonciation seront étudiés plus loin - soulignent qu'avec « la question du non-recours se pose celle de l'effectivité des droits, et spécialement des droits sociaux »[85]. Or, cette question présente un intérêt certain, non

---

t. 545, 2013, 514 p. ; HYDE (A.-A.), *Les atteintes aux libertés individuelles par contrat. Contribution à la théorie de l'obligation*, *op. cit.*

81 BLUMANN (C.), *La renonciation en droit administratif français*, *op. cit.*, p. 439.

82 SYMCHOWICZ (N.), « Les renonciations de la personne publique à l'application du contrat », *AJDA*, 1998, p. 770 ; ALHAMA (F.), « Transaction et renonciation à l'exercice du recours pour excès de pouvoir », *RFDA*, 2017, p. 503 ; COLIN (F.), « La renonciation, moyen d'assouplissement du droit administratif », *LPA*, 2015, n° 23, p. 6-13.

83 VAN OORSCHOT (W.) et MATH (A.), « La question du non-recours aux prestations sociales », *Recherches et Prévisions*, *op. cit.*, p. 5.

84 BORGETTO (M.), « L'accès aux droits sociaux : quelle effectivité ? », *in* DU CHEYRON (P.) et GÉLOT (D.) (dir.), *Droit et pauvreté*, ONPES et DREES-MiRe, 2008, p. 105-125. Voir également le dossier intitulé *Le non-recours aux droits* publié dans la *RDSS* (*RDSS*, 2012, n° 4).

85 ROMAN (D.), « Les enjeux juridiques du non-recours au droit », *op. cit.*, p. 603-613 ; FRANÇOIS-LUBIN (B.), « L'effectivité des droits sociaux au prisme du non-recours », *LPA*, 2018, n° 7, p. 5 et suiv.

seulement parce que « Le champ des droits de l'homme, plus précisément des normes qui déclarent, reconnaissent, définissent, attribuent des droits de l'homme, est certainement celui où l'écart entre l'existence de la norme et l'effectivité de son application est le plus grand, surtout dans le champ des droits sociaux »[86], mais encore parce que l'effectivité des droits sociaux constitue d'une part une exigence inhérente à la norme juridique qui est « faite pour régir le réel, et pour se traduire dans les faits »[87] et, d'autre part, une exigence sociale dans la mesure où l'ineffectivité engendre un accroissement de la pauvreté[88]. Le plan gouvernemental contre la pauvreté et pour l'inclusion sociale de janvier 2013 soulignait d'ailleurs que « le renoncement des personnes à l'aide théoriquement organisée pour elles est un frein puissant à l'efficacité des politiques de solidarité », et en déduisait la nécessité « d'interroger nos dispositifs de solidarité et d'établir les raisons pour lesquelles les personnes modestes qu'ils sont supposés aider s'en détournent »[89].

16. Il a quelquefois été considéré qu'une norme permissive, dont la caractéristique est d'attribuer un droit sans faire naître d'obligation à la charge de son destinataire qui, dès lors, est libre d'user ou non de la faculté qui lui est offerte, ne peut pas être ineffective, car « on ne saurait pousser la notion d'effectivité, pour les lois permissives, jusqu'à cette conséquence que tout ce qui est permis devrait être effectivement appliqué »[90]. Ainsi, « l'effectivité de la loi qui consacre une liberté d'agir se situe non dans

---

[86] BOBBIO (N.), *L'Età dei diritti*, Turin, Einaudi, 1997, p. 66, cité et traduit par CHAMPEIL-DESPLATS (V.), « Effectivité et droits de l'homme : approche théorique », *in* CHAMPEIL-DESPLATS (V.) et LOCHAK (D.) (dir.), *À la recherche de l'effectivité des droits de l'homme*, Nanterre, Presses universitaires de Paris Nanterre, coll. Sciences juridiques et politiques, 2008, p 11.

[87] RIVERO (J.), « Sur l'effet dissuasif de la sanction juridique », *in Mélanges offerts à Pierre Raynaud*, Paris, Dalloz, 1985, p. 675.

[88] Selon le rapport du Comité national d'évaluation du RSA en 2011, il existe un lien entre le taux de non-recours et celui de pauvreté. En l'absence de non-recours, l'impact du RSA activité sur le taux de pauvreté serait trois fois plus élevé : le RSA activité réduirait le taux de pauvreté de 0,7 point (de 13,6 % à 12,9 %) en l'absence de non-recours, contre 0,2 point en présence de non-recours. Cela signifie que 250 000 personnes restent en situation de pauvreté du fait du non-recours au RSA activité. BOURGUIGNON (F.), Comité national d'évaluation du RSA, *Rapport final*, décembre 2011, p. 72.
Voir également OKBANI (N.), « Le non-recours, révélateur d'une redistribution manquée », *in* EYDOUX (A.) et GOMEL (B.) (coord.), *Apprendre (de l'échec) du RSA. La solidarité active en question*, Rueil-Malmaison, Wolters Kluwer, coll. Liaisons sociales, 2014, p. 145-153.

[89] Comité interministériel de lutte contre les exclusions, *Plan pluriannuel contre la pauvreté et pour l'inclusion sociale*, p. 5.

[90] CARBONNIER (J.), *Flexible droit. Pour une sociologie du droit sans rigueur*, Paris, LGDJ, 10e éd., 2001, p. 138-139.
Voir également AUVERGNON (P.), « Une approche comparative de la question de l'effectivité du droit du travail », *in* AUVERGNON (P.) (dir.), *L'effectivité du droit du travail : à quelles conditions ?*, Actes du séminaire international de droit comparé du travail, des relations professionnelles et de la sécurité sociale, 2006, p. 10.

l'action, mais dans la liberté même, c'est-à-dire dans le pouvoir de choisir l'inaction aussi bien que l'action »[91]. Au regard des approches diverses de la notion d'effectivité, cette vision amenant à refuser que les normes permissives qui sont à l'origine des droits sociaux ou qui les concrétisent par la mise en place d'aides sociales puissent être ineffectives doit toutefois être relativisée. Elle n'a de sens que lorsque l'effectivité du droit est comprise « comme la conformation du comportement des individus au prescrit de la règle »[92], acception selon laquelle une norme est considérée comme effective « si les sujets de droit la respectent ou si les autorités chargées de son application sanctionnent sa violation »[93]. Si la renonciation en droit de l'aide sociale n'est pas un vecteur pour appréhender l'effectivité des droits sociaux quand « l'effectivité d'une règle de droit correspond au fait que celle-ci soit respectée ou, à défaut, sanctionnée »[94] - approche qui ignore la diversité et la spécificité des normes juridiques[95] -, elle peut l'être à partir du moment où la notion d'effectivité est comprise différemment.

17. La notion d'effectivité qui renvoie toujours au passage de l'énoncé de la norme juridique à sa concrétisation ou à sa mise en œuvre dans le monde[96] est envisagée tantôt dans le cadre des rapports droit/application du droit, tantôt dans celui plus large des relations droit/société[97]. La première approche, adoptée principalement par les juristes, « repose sur une compréhension de la dialectique entre le droit et sa concrétisation, dans une visée interne au système juridique, c'est-à-dire exclusivement normative »[98], elle est limitée aux relations entre normes juridiques, tandis que la seconde, particulièrement utilisée dans les travaux de sociologie du droit, tient compte des rapports entre le droit et la réalité sociale. C'est essentiellement cette première approche selon laquelle l'effectivité renvoie au « degré de mise en œuvre » d'un énoncé caractérisé par son degré de généralité et d'abstraction, au sein du droit positif inférieur, par le législateur, par les autorités administratives et par les autorités juridictionnelles qui a été mobilisée par la doctrine à l'occasion des réflexions sur l'effectivité des droits sociaux dans la mesure où elle s'est longtemps focalisée sur leur concrétisation par le

---

[91] *Ibid.*, p. 138-139.
[92] LEROY (Y.), « La notion d'effectivité du droit », *Droit et société*, 2011, n° 3, p. 721.
[93] LEROY (Y.), *L'effectivité du droit au travers d'un questionnement en droit du travail*, Paris, LGDJ, coll. Bibliothèque de droit social t. 55, 2011, p. 271.
[94] LEROY (Y.), « La notion d'effectivité du droit », *op. cit.*, p. 722.
[95] *Ibid.*
[96] CHAMPEIL-DESPLATS (V.), « Effectivité et droits de l'homme : approche théorique », *op. cit.*, p. 14.
[97] RANGEON (F.), « Réflexions sur l'effectivité du droit », *in Les usages sociaux du droit*, Paris, PUF, coll. CURAPP, 1989, p. 126.
[98] ROULHAC (C.), *L'opposabilité des droits et libertés*, thèse soutenue à l'Université Paris Nanterre le 16 novembre 2016, dactyl., p. 339.

législateur et sur leur applicabilité par le juge[99]. Toutefois, si la concrétisation des droits sociaux par des normes inférieures ainsi que la garantie de leur respect par des voies judiciaires sont nécessaires pour qu'ils se réalisent[100], cette approche de l'effectivité est partielle puisqu'elle ignore la question de l'écart entre le « droit en vigueur et la réalité sociale qu'il est censé ordonner »[101], alors « qu'il ne peut y avoir de connaissance du droit sans prise en compte des effets sociaux du droit (ce que fait la sociologie générale) et de la place qu'occupe le droit comme ressource dans les relations sociales »[102]. Or, l'étude de la renonciation en droit de l'aide sociale permet précisément d'aborder la question de l'effectivité des droits à l'aide sociale et, par ricochet, des droits sociaux, dans le cadre des relations droit/société - à savoir sous un angle distinct de celui souvent adopté par la doctrine - puisque qu'elle apporte un éclairage aussi bien sur la question de la « réception » de la norme que sur celle de l'accès au bien garanti[103].

18. L'effectivité, pensée comme la « réception » de la norme, peut s'entendre comme l'utilisation d'un modèle de référence pour l'action dès lors que la norme est comprise comme un modèle, c'est-à-dire comme un outil « fixant comment des "choses" les plus diverses [conduites ou actions humaines, opérations juridiques, effets d'un acte, etc.] doivent être »[104] et non comme une règle de conduite sanctionnée[105]. Est alors « effective la règle utilisée par ses destinataires comme modèle pour orienter leurs actions »[106]. Dans cette acception de la notion d'effectivité, l'utilisation de la norme comme modèle procède des autorités chargées de l'application du droit ainsi que des destinataires de la loi[107]. Comme le montre Cédric Roulhac à propos du droit au logement reconnu par la

---

[99] HEUSCHLING (L.), « "effectivité", "efficacité", "efficience" et "qualité" d'une norme / du droit. Analyse des mots et des concepts », *in* FATIN-ROUGE STEFANINI (M.), GAY (L.), PINI (J.) (dir.), *Autour de la qualité des normes*, Bruxelles, Bruylant, 2010, p. 44-46.
Pour exemple : BORGETTO (M.) et LAFORE (R.), *La République sociale. Contribution à l'étude de la question démocratique en France*, Paris, PUF, coll. La politique éclatée, 2000, p. 232 et suiv.

[100] DONIER (V.) et ICARD (P.), « Propos introductifs », *in* DONIER (V.) et LAPÉROU-SCHENEIDER (B.) (dir.), *L'accès au juge. Recherche sur l'effectivité d'un droit*, Bruxelles, Bruylant, 2013, p. 21-22 ; PORTA (J.), *La réalisation du droit communautaire. Essai sur le gouvernement juridique de la diversité*, Clermont-Ferrand, Fondation Varenne, Paris, LGDJ, Collection des thèses, 2007, t. 1, p. 23.

[101] LASCOUMES (P.), « Effectivité », *in* ARNAUD (A.-J.) (dir.), *Dictionnaire encyclopédique de théorie et de sociologie du droit*, Paris, LGDJ, Bruxelles, Story-Scientia, 1988, p. 131.

[102] MILLARD (É.), *Théorie générale du droit*, *op. cit.*, p. 54.

[103] ROULHAC (C.), *L'opposabilité des droits et libertés*, *op. cit.*, p. 343.

[104] JEAMMAUD (A.), « Le concept d'effectivité du droit », *in* AUVERGNON (P.) (dir.), *L'effectivité du droit du travail : à quelles conditions ?*, *op. cit.*, p. 39.

[105] Voir JEAMMAUD (A.), « La règle de droit comme modèle », *D.*, 1990, p. 199-210.

[106] ROULHAC (C.), *L'opposabilité des droits et libertés*, *op. cit.*, p. 346.

[107] *Ibid.*

« loi Besson »[108], il est possible de considérer que les dispositions qui tendent à favoriser l'accès ou le maintien dans un logement des personnes en difficulté sont effectives lorsque les acteurs habilités concrétisent le cadre général au niveau local et que les individus accomplissent les démarches pour bénéficier d'une aide de la collectivité[109]. Une norme est effective quand les autorités compétentes ont mis en place le dispositif et quand les bénéficiaires en font usage. Cette acception de la notion d'effectivité est questionnée par la renonciation et le non-recours puisqu'elle dépend en partie de la capacité des acteurs, en l'occurrence des bénéficiaires de l'aide sociale, à se saisir des facultés qui leur sont offertes. Dès lors, ils constituent un angle intéressant pour appréhender l'ineffectivité « statistique », considérée « par rapport à la société » et non par rapport à l'individu[110], car le « taux d'utilisation » de la norme détermine son degré d'effectivité et, par conséquent, d'ineffectivité[111]. Dans la mesure où le refus de la norme, ou le désintérêt à son égard, traduit son ineffectivité[112], renonciation et non-recours figurent au rang de la multitude d'effectivités et d'ineffectivités individuelles qui sont la cause de l'ineffectivité statistique[113].

19. L'étude de la renonciation et du non-recours permet également d'appréhender l'effectivité des droits sociaux au sens de l'accès au bien garanti, de la jouissance de l'avantage promis par les textes[114]. Le développement de cette approche de l'effectivité, « Souvent implicite dans les discours doctrinaux et peu conceptualisée »[115], est révélateur d'une « tendance de la part d'auteurs de la doctrine juridique à chercher et, finalement, à "sonder" la réalisation des droits et libertés au plus près de la réalité sociale »[116]. Cette conception de l'effectivité est sous-jacente à bon nombre de réflexions autour des droits sociaux et des droits à l'aide sociale. La raison en est sans doute que la non-perception d'une aide sociale, que le bénéficiaire l'ait sollicitée ou non, emporte les mêmes conséquences : le renforcement des situations de pauvreté[117] et d'exclusion[118]. Or, si

---

108 Loi n° 90-449 du 31 mai 1990 visant à la mise en œuvre du droit au logement, *JO* n° 0127 du 2 juin 1990 p. 6551.

109 ROULHAC (C.), *L'opposabilité des droits et libertés*, *op. cit.*, p. 347.

110 La distinction entre ineffectivité statistique et individuelle est opérée par CARBONNIER (J.), *Flexible droit. Pour une sociologie du droit sans rigueur*, *op. cit.*, p. 142 et suiv.

Voir également HEUSCHLING (L.), « "effectivité", "efficacité", "efficience" et "qualité" d'une norme / du droit. Analyse des mots et des concepts », *op. cit.*, p. 34-35.

111 MINCKE (C.), « Effets, effectivité, efficience et efficacité du droit : le pôle réaliste de la validité », *RIEJ*, 1998, p. 131.

112 RANGEON (F.), « Réflexions sur l'effectivité du droit », *op. cit.*, p. 126.

113 CARBONNIER (J.), *Flexible droit. Pour une sociologie du droit sans rigueur*, *op. cit.*, p. 145.

114 ROULHAC (C.), *L'opposabilité des droits et libertés*, *op. cit.*, p. 348.

115 *Ibid.*

116 *Ibid.*

117 WARIN (P.), *Le non-recours aux politiques sociales*, Fontaine, PUG, coll. Libres cours politique, 2016, p. 45.

l'effectivité est « un objet d'indispensable inquiétude pour les juristes soucieux de convaincre qu'ils ne s'enferment pas dans "l'univers abstrait des règles" et sont attentifs à l'inscription de celles-ci dans les pratiques sociales »[119] et s'il semble particulièrement « "logique, sinon nécessaire, que l'on s'attache à apprécier les effets concrets ou l'efficience de ces instruments juridiques de changement ou d'amélioration des données socio-économiques" que constituent les règles de droit »[120], ces effets, en droit de l'aide sociale, dépendent de la perception effective d'une aide ou de l'accès effectif à un service public. Cette conception de l'effectivité sous-tend d'ailleurs non seulement les dispositifs mis en œuvre par les lois, du 1er décembre 1988 relative au revenu minimum d'insertion[121], du 29 juillet 1998 relative à la lutte contre les exclusions[122], du 27 juillet 1999 portant création d'une couverture maladie universelle[123] ou encore du 5 mars 2007 instituant le droit au logement opposable[124], qui, prenant acte de l'ampleur du phénomène d'exclusion, font de l'accès aux droits le cœur des politiques de lutte contre la pauvreté et les exclusions[125], mais elle sous-tend aussi nombre de réflexions doctrinales sur l'accès aux droits sociaux[126]. Dans les deux cas, la réalisation de l'objet du droit est « conçue à travers l'accès au bien »[127]. Cela transparaît dans le vocable utilisé puisque ce n'est plus uniquement l'effectivité de la norme qui est recherchée ou étudiée, mais l'« accès effectif » aux droits[128]. Néanmoins, quoique « La construction du

---

[118] Dans la logique instaurée par la loi du 29 juillet 1998, le déficit dans l'accès à certains droits fondamentaux, y compris sociaux, est une cause de l'exclusion sociale. BORGETTO (M.), « L'accès aux droits sociaux : quelle effectivité ? », *op. cit.*, p. 106.

[119] JEAMMAUD (A.), « Le concept d'effectivité du droit », *op. cit.*, p. 36.

[120] LEROY (Y.), « La notion d'effectivité du droit », *op. cit.*, p. 717.

[121] Loi n° 88-1088 du 1er décembre 1988 relative au revenu minimum d'insertion, *JO* du 3 décembre 1988 p. 15119.

[122] Loi n° 98-657 du 29 juillet 1998 d'orientation relative à la lutte contre les exclusions, *JO* n° 175 du 31 juillet 1998 p. 11679.

[123] Loi n° 99-641 du 27 juillet 1999 portant création d'une couverture maladie universelle, *JO* n° 0172 du 28 juillet 1999 p. 11229.

[124] Loi n° 2007-290 du 5 mars 2007 instituant le droit au logement opposable et portant diverses mesures en faveur de la cohésion sociale, *JO* n° 55 du 6 mars 2007 p. 4190.

[125] ROMAN (D.), « Le juge et les droits sociaux : vers un renforcement de la justiciabilité des droits sociaux ? », *RDSS*, 2010, p. 793.

[126] BORGETTO (M.), CHAUVIÈRE (M.), FROTIÉE (B.) et RENARD (D.), *Les débats sur l'accès aux droits sociaux entre lutte contre les exclusions et modernisation administrative*, Dossier d'études de la CNAF, septembre 2004, n° 60, 77 p. ; BORGETTO (M.), « L'accès aux droits sociaux : quelle effectivité ? », *op. cit.*, p. 105-125.

Voir également le numéro de la revue *Informations sociales* consacré à « L'accès aux droits » (*Informations sociales*, 2004, n° 120).

[127] ROULHAC (C.), *L'opposabilité des droits et libertés*, *op. cit.*, p. 348.

[128] Voir l'article L. 115-1 du CASF.

Michel Borgetto, lorsqu'il s'intéresse aux obstacles à l'accès effectif aux droits sociaux que représentent certaines inadaptations des règles propres à certains droits et à la manière dont ces droits sont gérés et mis en œuvre sur le plan institutionnel, lie la question de l'effectivité à celle de l'accès au bien. BORGETTO (M.), « L'accès aux droits sociaux : quelle effectivité ? », *op. cit.*, p. 105-125.

thème de l'"accès effectif aux droits" [ait] marqué un temps important de la réflexion sur la réalisation des droits sociaux »[129], force est de constater que les juristes sont peu nombreux à s'y être intéressés et qu'ils le sont encore moins à l'avoir fait indépendamment de la question de l'accès au juge. Cette approche de la notion d'effectivité comme accès au bien garanti continue d'être mobilisée dans les travaux récents sur la justiciabilité des droits sociaux[130], mais, si étudier la renonciation en droit de l'aide sociale revient à se pencher sur la question de l'accès effectif aux services publics ou aux droits, l'effectivité entendue comme l'accès au bien garanti est abordée sous un angle différent, sans doute trop souvent ignoré par la doctrine[131], puisqu'elle est déconnectée, pareillement, de la question de l'accès au juge[132] et de celle de la justiciabilité des droits sociaux[133].

20. En définitive, la renonciation en droit de l'aide sociale est révélatrice des limites de la réalisation des droits sociaux, car la volonté du bénéficiaire, indispensable à l'acquisition ou la conservation d'un droit à l'aide sociale, est une « condition juridique »[134] de son effectivité. Cette volonté faisant défaut lors de l'usage de la renonciation, cette dernière est une cause d'ineffectivité des droits sociaux puisque les « causes d'ineffectivité ne sont autres que les conditions de l'effectivité »[135] et inversement. Son étude présente l'avantage de se décentrer de la problématique de l'accès au juge et

---

C'est également la démarche poursuivie par Isabelle Sayn qui se demande « Dans quelle mesure les droits reconnus par notre droit sont-ils effectivement accessibles ? Dans quelle mesure la reconnaissance de droits s'accompagne-t-elle de dispositifs procéduraux contribuant à assurer la possibilité d'y accéder effectivement ? ». SAYN (I.), « La place des outils procéduraux dans l'accès au droit et à la justice des plus pauvres », *in* DU CHEYRON (P.) et GÉLOT (D.) (dir.), *Droit et pauvreté*, ONPES et DREES-MiRe, 2008, p. 139.

[129] ROULHAC (C.), *L'opposabilité des droits et libertés*, *op. cit.*, p. 336.

[130] JOUBERT (S.), « Le droit au logement versus loi DALO : enseignements contentieux pour la justiciabilité des droits sociaux », *RDSS*, 2010, p. 823-834 ; DONIER (V.), « Le droit d'accès aux services publics dans la jurisprudence : une consécration en demi-teinte », *RDSS*, 2010, p. 800-811 ; BOT (O. le), « La justiciabilité des droits sociaux dans le cadre des procédures d'urgence », *RDSS*, 2010, p. 812-822.

[131] À l'exception de Michel Borgetto. BORGETTO (M.), « L'accès aux droits sociaux : quelle effectivité ? », *op. cit.*, p. 105-125.
Voir également le dossier *Le droit à... De l'émergence à l'effectivité*, *Inf. soc.*, 2000, n° 81.

[132] Approche que l'on retrouve dans les travaux de Xavier Prétot ou d'Isabelle Say. PRÉTOT (X.), « Des droits sociaux au droit au procès. L'importance de la garantie juridictionnelle des droits », *Inf. soc.*, 2004, n° 120, p. 116-125 et SAYN (I.), « La place des outils procéduraux dans l'accès au droit et à la justice des plus pauvres », *op. cit.*, p. 138-159.
Voir également MAGORD (C.), *Le parcours contentieux de l'aide sociale*, thèse soutenue à l'Université Jean-Monnet-Saint-Étienne le 12 mai 2015, dactyl., 544 p.

[133] Voir notamment l'ouvrage sous la direction de Diane Roman : *« Droits des pauvres, pauvres droits ? ». Recherches sur la justiciabilité des droits sociaux*, Paris, Mission de recherche droit et justice, novembre 2010, 461 p.

[134] BÉTAILLE (J.), *Les conditions juridiques de l'effectivité de la norme en droit public interne : illustrations en droit de l'urbanisme et en droit de l'environnement*, thèse soutenue à l'Université de Limoges le 7 décembre 2012, dactyl., p. 28 et suiv.

[135] *Ibid.*, p. 22.

de son rôle dans l'accès aux droits sociaux et de se préoccuper plus largement de leur contenu, car c'est dans ce contenu que résident les éléments d'explication de la renonciation du bénéficiaire de l'aide sociale à ses droits.

§ 3. Les finalités de l'étude

21. L'étude de la renonciation en droit de l'aide sociale entend lever le voile sur une réalité juridique dont l'existence est trop souvent niée ou admise sans qu'aucune justification théorique et juridique ne soit fournie et dont la forme aussi bien que le régime juridique sont méconnus. Pour ce faire, l'existence de la renonciation en droit de l'aide sociale doit d'abord être démontrée, ce qui suppose d'écarter les doutes relatifs à la possibilité conceptuelle et juridique de renoncer en droit de l'aide sociale (Partie I). Cette étape, qui implique un travail de clarification conceptuelle important, nécessite également de s'intéresser à la nature et à la spécificité des droits à l'aide sociale. Après avoir démontré la possibilité de renoncer aux droits à l'aide sociale, il devient possible d'étudier la mise en œuvre de la renonciation qui, en la matière, est susceptible de revêtir certaines spécificités compte tenu de la vulnérabilité des publics visés et de la particularité des droits concernés (Partie II). La renonciation étant heuristique[136], son étude permet d'appréhender la place du bénéficiaire au sein du droit de l'aide sociale, car l'étude de la renonciation révèle « la sphère d'autonomie qu'une matière reconnaît à l'individu »[137], c'est-à-dire le degré de liberté qui lui est consenti par rapport à un autre acteur le laissant libre de se déterminer ou de se gouverner[138]. Or, cette sphère d'autonomie pose question en droit de l'aide sociale dans la mesure où, si le bénéficiaire, usager d'un service public, a longtemps été considéré comme un « "usager" mis en tutelle »[139], cette conception a été fortement ébranlée puisque, depuis la mise en place du revenu minimum d'insertion par la loi du 1er décembre 1988, émergent « des formes renouvelées de l'assistance dans lesquelles la recherche de l'adhésion du bénéficiaire est requise, notamment au travers de dispositifs contractuels qui structurent la prise en charge »[140]. Alors que s'atténue la figure de l'usager enfermé dans un statut légal et réglementaire auquel il ne peut prendre part, les idées dominantes d'insertion, de non-discrimination ou encore d'accès aux droits font poindre

---

[136] SOURZAT (C.), *La renonciation en procédure pénale*, *op. cit.*, spé. p. 21.
[137] *Ibid.*, p. 2.
[138] HURPY (H.), *Fonction de l'autonomie personnelle et protection des droits de la personne humaine dans les jurisprudences constitutionnelles et européennes*, Bruxelles, Buylant, coll. Droit de la Convention européenne des droits de l'homme, 2015, p. 29 et suiv.
[139] LAFORE (R.), « Un nouveau paradigme pour l'action sociale. L'usager, la personne, le citoyen », *in* LAFORE (R.) (dir.), *Refonder les solidarités. Les associations au cœur de la protection sociale*, Paris, Dunod, 2016, p. 204-205.
[140] *Ibid.*, p. 198.

une autre vision de ce que doit être l'action sociale, entraînant une réévaluation de la place des bénéficiaires, voire de la conception que l'on s'en fait. Le bénéficiaire se voit placé au centre des dispositifs d'aide sociale. Il semble être la « mesure » de toute intervention le concernant : « c'est sa situation singulière (ses "besoins") qui doit être prise en compte pour construire ce qui va dorénavant constituer un cheminement (son "parcours") vers son inclusion, ce sont ses aspirations qui doivent être accueillies et valorisées (ses "demandes" et "aspirations"), et c'est son adhésion à la fois aux finalités et aux modalités de son "accompagnement" qui conditionne le succès »[141]. Il n'est cependant pas certain que cette conception du bénéficiaire de l'aide sociale ait entièrement remplacé celle de l'usager assujetti. Aussi l'étude de la renonciation conduit-elle à mettre en exergue l'ambivalence de la subjectivisation de cette branche du droit administratif, dès lors que, tout en mettant au jour l'existence de droits publics subjectifs des bénéficiaires de l'aide sociale et le renforcement notable de la prise en compte de leur situation particulière par l'administration, elle dévoile la domination encore prégnante de l'administration sur les administrés en la matière.

Partie I. L'existence de la renonciation en droit de l'aide sociale

Partie II. La mise en œuvre de la renonciation en droit de l'aide sociale

[141] *Ibid.*, p. 203.

[illegible] [illegible] que [illegible] été [illegible] sont [illegible] constituant [illegible] l'exploitation de la plage [illegible] [illegible] [illegible] [illegible] [illegible] bénéficiait souvent [illegible] [illegible] [illegible] [illegible] [illegible] [illegible] toute [illegible]

[illegible] [illegible] [illegible] [illegible] [illegible] [illegible] [illegible] [illegible] [illegible]

PARTIE I

L'EXISTENCE DE LA RENONCIATION EN DROIT DE L'AIDE SOCIALE

22. Bien que la doctrine ne se soit jamais véritablement penchée sur la renonciation en droit de l'aide sociale, il arrive qu'au détour d'une phrase ou d'une note de bas de page elle exclut qu'il puisse être renoncé à un droit à l'aide sociale. Certes, dans l'arrêt *Roux*[142], il est affirmé que le préfet d'Eure-et-Loir n'était pas fondé à contester la décision de la Commission centrale d'aide sociale qui avait admis le requérant hospitalisé en chambre particulière au bénéfice de l'aide sociale et donc à considérer que ce dernier, en demandant une chambre particulière, avait implicitement renoncé au bénéfice de l'aide sociale dans la mesure où « aucune disposition de la loi du 14 juillet 1905 et du décret du 29 novembre 1953 ne subordonne les droits d'un infirme au bénéfice de l'Aide sociale, dans le cas où il est hospitalisé avant que ce bénéfice ne lui soit accordé, aux conditions matérielles de cette hospitalisation », tandis que dans la décision *Dame Podda*[143] est énoncé le principe selon lequel l'engagement par avance à ne pas recourir à l'aide sociale « ne saurait faire échec à la législation d'aide sociale française telle qu'elle résulte notamment, d'une part, des lois et des décrets sur l'aide sociale, d'autre part, de la convention européenne d'assistance sociale et médicale du 11 déc. 1953 ». Si, de ces décisions, la doctrine n'hésite pas à déduire l'impossibilité de renoncer implicitement ou explicitement à un droit à l'aide sociale[144], elles sont en réalité susceptibles de faire l'objet d'une interprétation divergente. Aussi apparaît-il nécessaire de mettre en doute les conclusions qu'en a tirées la doctrine.

---

[142] CE, 5 juillet 1958, *Roux*, *Revue de l'aide sociale*, 1959, p. 225.

[143] Comm. centr., 19 mars 1965, *Dame Podda*, *D.*, 1965, p. 104 ; *RTDSS*, 1965, p. 157, note Vught.

[144] ALFANDARI (E.) et TOURETTE (F.), *Action et aide sociales*, Paris, Dalloz, coll. Précis, 5e éd., 2011, p. 98.
Voir également DU BOIS DE GAUDUSSON (J.), *L'usager du service public administratif*, Paris, LDGJ, coll. Bibliothèque de droit public t. CXV, 1974, p. 131.

23. Pour ce faire, l'impossibilité conceptuelle de renoncer, « impossibilité absolue »[145], doit être dissociée de l'impossibilité juridique, « impossibilité temporaire et contingente »[146] intrinsèquement liée à la conception de l'ordre public[147], car « une renonciation peut être rationnellement concevable, sans être toujours licite »[148]. Aussi faut-il d'abord chercher à résoudre la question de savoir si la renonciation aux droits à l'aide sociale est conceptuellement envisageable. L'étude de la nature des droits à l'aide sociale permet d'apporter une réponse à cette question. Si la doctrine a été récalcitrante à reconnaître les prestations d'assistance comme de véritables droits au profit de leurs bénéficiaires, les droits à l'aide sociale peuvent aujourd'hui être qualifiés de droits publics subjectifs. Une telle qualification permet d'envisager qu'ils puissent faire l'objet d'une renonciation (Titre I). Cette première question résolue, il convient, ensuite, de tenter d'apporter une réponse à celle de savoir s'il est possible, juridiquement, de renoncer aux droits à l'aide sociale. La réponse varie en fonction du caractère abdicatif ou non abdicatif de la renonciation aux droits à l'aide sociale (Titre II).

---

[145] CARBONNIER (J.), « Les renonciations au bénéfice de la loi en droit privé. Rapport général », Paris, Dalloz, TAHC, 1959-1960, t. XIII, p. 292.
[146] *Ibid.*
[147] *Ibid.*, p. 286.
[148] *Ibid.*

TITRE I

LA POSSIBILITÉ DE CONCEPTUALISER LA RENONCIATION AUX DROITS À L'AIDE SOCIALE

24. La question de la possibilité conceptuelle de renoncer aux droits à l'aide sociale prime celle de sa licéité, car si la nature de la prérogative l'empêche de faire l'objet d'une renonciation, « l'examen de sa licéité est superflu »[149]. La possibilité de renoncer a longtemps été intrinsèquement rattachée à la notion de droits subjectifs *stricto sensu* - expression qui désigne une conception restrictive de cette notion selon laquelle un droit subjectif est une prérogative appropriée par son titulaire. Par la suite, le lien entre les notions de renonciation et de droit subjectif s'est distendu. Ce mouvement initié lors des réflexions sur la renonciation au bénéfice de la loi[150] s'est poursuivi, si bien qu'à la fin des années 1990, la doctrine n'est plus unanime sur le fait que les droits subjectifs *stricto sensu* constituent l'objet exclusif de la renonciation et admet, parfois, qu'il puisse être renoncé « au bénéfice de la loi » ou au droit objectif[151]. Traduction du souhait de la doctrine de ne plus enfermer la notion de renonciation dans le cadre étroit de la théorie classique, cette évolution conduit, dans le même temps, à entourer la question de la nature des droits pouvant faire l'objet d'une renonciation d'un certain flou. Aussi, pour s'assurer de la possibilité de conceptualiser la renonciation aux droits à l'aide sociale, apparaît-il nécessaire, avant de déterminer la nature des droits à l'aide sociale (Chapitre II), d'identifier et de qualifier l'objet commun à l'ensemble des approches doctrinales de la notion de renonciation (Chapitre I).

---

149 GRAMMATIKAS (G.), *Théorie générale de la renonciation en droit civil. Étude parallèle du droit français et du droit hellénique*, Paris, LGDJ, 1971, p. 43.
150 *Travaux de l'Association Henri Capitant*, Paris, Librairie Dalloz, 1959-1960, t. XIII.
151 JEAMMAUD (A.), « La renonciation du salarié », *Droit ouvrier*, 1997, p. 538. Voir CARSIN (X.), *La renonciation en droit du travail*, thèse soutenue à l'Université Panthéon-Sorbonne le 2 février 2006, dactyl., 667 p. et SOURZAT (C.), *La renonciation en procédure pénale*, Paris, LGDJ, coll. Bibliothèque des sciences criminelles t. 56, 2013, 447 p.

CHAPITRE I

La recherche d'un critère pour conceptualiser la renonciation

25. La renonciation étant conçue par la théorie classique comme un acte unilatéral dans sa forme et abdicatif dans ses effets, c'est-à-dire comme un acte ayant pour seul résultat « de faire sortir le droit sur lequel il porte du patrimoine du renonçant »[152], elle constitue un acte de disposition[153]. La possibilité de renoncer se trouve alors intrinsèquement rattachée à la notion de droits subjectifs *stricto sensu* dans la mesure où la renonciation suppose la pleine disponibilité de l'objet du droit. La remise en cause du lien entre renonciation et droit subjectif *stricto sensu* à la suite des nombreux élargissements de la notion de renonciation rend difficile l'identification de l'objet de la renonciation (Section I). Si, eu égard aux évolutions de la notion de renonciation, il ne peut plus être réduit aux droits subjectifs *stricto sensu*, la notion de droits subjectifs ne doit pas, pour autant, être d'emblée écartée d'une démarche consistant à appréhender *in abstracto* l'objet de la renonciation. La disponibilité du droit étant un élément clé pour conceptualiser la renonciation indépendamment de la question de sa forme juridique et de sa licéité, et la libre disposition du droit étant inhérente à la notion de droits subjectifs, cette notion se révèle être d'un grand intérêt pour déterminer le cadre conceptuel dans lequel la renonciation peut être pensée dans la mesure où elle permet d'identifier et de qualifier abstraitement l'objet de la renonciation indépendamment de sa forme abdicative ou non abdicative (Section II).

---

152 RAYNAUD (P.), « La renonciation à un droit. Sa nature et son domaine en Droit civil », *RTD civ.*, 1936, p. 782.

153 SOURZAT (C.), *La renonciation en procédure pénale*, Paris, LGDJ, coll. Bibliothèque des sciences criminelles t. 56, 2013, p. 49.

SECTION I. LES INCERTITUDES ENTOURANT L'OBJET DE LA RENONCIATION

26. Durant la première moitié du XXe siècle, en dépit des divergences doctrinales affectant la définition de la notion de droits subjectifs, un lien étroit reliait les notions de droits subjectifs et de renonciation (§ 1). La conjugaison des conceptions restrictives de l'une comme de l'autre de ces notions a cependant incité nombre d'auteurs à élargir le cadre trop exigu forgé par la théorie classique de la renonciation (§ 2).

§ 1. Le lien traditionnel entre les notions de droits subjectifs et de renonciation

27. La relation intrinsèque entre les notions de droit subjectif et de renonciation transparaît non seulement au travers des définitions que donnent certains auteurs de la notion de droits subjectifs (A), mais aussi au travers de la définition de la renonciation avancée par la théorie classique. La renonciation, définie par la doctrine classique comme un acte unilatéral et abdicatif, constitue un acte de disposition[154]. Or, seul un droit que la personne détient et dont elle est maître peut être abandonné définitivement[155], à savoir un droit subjectif *stricto sensu* (B).

A. La renonciation, élément d'identification des droits subjectifs

28. La théorie classique de la renonciation relie étroitement la notion de renonciation à celle de disponibilité juridique comprise comme « le pouvoir d'administrer c'est-à-dire d'accomplir la plupart des actes juridiques »[156] au titre desquels figure la renonciation. À l'inverse, la disponibilité de l'objet du droit, et parfois plus spécifiquement la renonciation, a longtemps constitué un élément d'identification, voire de définition, de la notion de droits subjectifs[157].

29. Pour Winscheid et Savigny, le droit subjectif est « une puissance de volonté ou un pouvoir de volonté accordé par l'ordre juridique »[158]. Si la volonté du sujet n'est pas souveraine - ce sont les normes de droit objectif qui posent des règles de conduite dont la mise en œuvre relève de la volonté

---

[154] SOURZAT (C.), *La renonciation en procédure pénale*, *op. cit.*, p. 49.

[155] BLUMANN (C.), *La renonciation en droit administratif français*, Paris, LGDJ, coll. Bibliothèque de droit public t. CXIII, 1974, p. 3.

[156] ZENATI-CASTAING (F.) et REVET (T.), *Manuel de droit des personnes*, Paris, PUF, coll. Droit fondamental Manuels, 2006, p. 119.

[157] Ce n'est cependant pas le cas de la définition donnée par Ihering selon laquelle le droit subjectif est un intérêt juridiquement protégé, car elle n'établit aucun lien entre le droit subjectif et le pouvoir de disposition.

[158] Cité par Jean-Louis Bergel. BERGEL (J.-L.), *Théorie générale du droit*, Paris, Dalloz, coll. Méthodes du droit, 5e éd., 2012, p. 39.

du bénéficiaire[159] - le pouvoir de volonté commande autant l'exercice du droit que sa disposition. Par conséquent, le titulaire d'un droit subjectif est non seulement libre d'exercer ou non la prérogative prévue par la loi, mais encore de le céder, de le modifier ou de l'abandonner[160]. Dans cette acception de la notion de droits subjectifs « Chaque rapport de droit nous apparaît comme une relation de personne déterminée par une règle de droit, et cette règle déterminante assigne à chaque individu un domaine où sa volonté règne indépendante de toute volonté étrangère »[161]. La renonciation est donc sous-jacente au noyau dur du droit subjectif - « la libre maîtrise et l'exclusivité du pouvoir »[162] - puisque celui-ci est présenté comme l'attribution d'un pouvoir individuel à la disposition de la volonté du titulaire du droit[163].

30. En dépit du regard critique que Jean Dabin et Paul Roubier portent sur cette définition, au cœur de leur théorie se retrouve également la possibilité de disposer de l'objet du droit. L'un et l'autre mettent en avant le lien entre pouvoir de disposer et droit subjectif. Pour Jean Dabin, le droit subjectif qui est « appartenance-maîtrise » établit une relation d'appartenance entre l'objet et le sujet du droit. La chose appartenant au sujet, il en est le maître[164]. Ainsi, le droit subjectif « est faculté d'agir *en maître* sur la chose qui fait l'objet du droit »[165]. Or, la maîtrise, corollaire de l'appartenance, consiste « en un *pouvoir de libre disposition de la chose*, objet du droit »[166] susceptible d'aller jusqu'à la « domination » ou à l'« assujettissement de la chose »[167]. La libre disposition permet au sujet « non seulement d'agir, mais de choisir : entre l'action et l'abstention pure, ainsi qu'entre les diverses formes de l'action, jusqu'à la disposition de la chose ou du droit inclusivement »[168]. La renonciation alors comprise comme un acte d'abandon définitif d'un droit en est la traduction la plus aboutie, mais ne constitue pas un critère de la notion de droits subjectifs, car « les

---

159 GHESTIN (J.) et GOUBEAUX (G.), *Traité de droit civil. Introduction générale*, Paris, LGDJ, 1990, 3e éd., p. 136.

160 GRAMMATIKAS (G.), *Théorie générale de la renonciation en droit civil. Étude parallèle du droit français et du droit hellénique*, *op. cit.*, p. 64 ; GHESTIN (J.) et GOUBEAUX (G.), *ibid.*, p. 136-137.

161 SAVIGNY (von F.-C.), *Traité du droit romain*, t. 1, trad. fr. Ch. Guenoux, Paris, Firmin Didot Frères, 1840, p. 323 cité par ROULHAC (C.), *L'opposabilité des droits et libertés*, thèse soutenue à l'Université Paris Nanterre le 16 novembre 2016, dactyl., p. 463.

162 OST (F.), *Droit et intérêt. Entre droit et non-droit : l'intérêt*, GÉRARD (P.), OST (F.) et VAN DE KERCHOVE (M.) (dir.), Bruxelles, Publications des Facultés universitaires Saint-Louis, 1990, vol. 2, p. 24.

163 ROCHFELD (J.), *Les grandes notions du droit privé*, Paris, PUF, coll. Thémis droit, 2013, 2e éd., p. 149.

164 DABIN (J.), *Le droit subjectif*, Paris, Dalloz, 1952, p. 87.

165 *Ibid.*, p. 90.

166 *Ibid.*, p. 89.

167 *Ibid.*

168 *Ibid.*, p. 91.

modalités de la maîtrise varient selon la nature de la chose assujettie »[169]. La définition de Paul Roubier, en revanche, joint étroitement les notions de renonciation et de droit subjectif. Elle fait de la disposition, entendue cette fois au sens strict « comme renonciabilité et transmissibilité », un critère du droit subjectif[170]. Pour l'auteur, droits et devoirs s'entrecroisent dans des « situations juridiques »[171]. Certaines situations juridiques sont dites « objectives », car elles « comportent souvent plus de charges que de droits véritables »[172] ; elles reconnaissent de façon prédominante des devoirs plutôt que des droits, les titulaires ne pouvant alors librement s'en détacher[173]. Les situations juridiques subjectives sont, à l'inverse, « des situations régulièrement établies, soit par acte volontaire, soit par la loi, desquelles découlent principalement des prérogatives qui sont à l'avantage de leurs bénéficiaires, et auxquelles ils peuvent d'ailleurs en principe renoncer »[174]. Ces situations juridiques constituent des droits subjectifs lorsque les bénéficiaires peuvent prétendre à une prérogative qui, « enclose dans certaines conditions auxquelles la loi a subordonné l'existence du droit subjectif, constitue un véritable bien qui est à la disposition de son titulaire »[175] et à laquelle il peut renoncer puisque le droit subjectif est pour lui une prérogative appropriée par le sujet[176]. Paul Roubier conçoit ainsi la faculté de renonciation comme inhérente au droit subjectif[177].

B. Les droits subjectifs *stricto sensu* objets exclusifs de la renonciation

31. La théorie classique pense la renonciation comme l'abandon « unilatéral, gratuit et sans espoir de retour »[178] d'un droit. En faisant de la renonciation un acte abdicatif et unilatéral, la doctrine classique restreint de façon drastique son champ d'application. Seuls les droits subjectifs *stricto sensu* - au sens de la définition particulièrement restrictive élaborée

---

169 ROULHAC (C.), *L'opposabilité des droits et libertés*, *op. cit.*, p. 471.
Sur ce point voir *infra* n° 45.

170 Précisons que l'auteur entend substituer à la notion de droits subjectifs celle de situation juridique subjective bien qu'il continue de faire usage des deux expressions. ROUBIER (P.), *Droits subjectifs et situations juridiques*, Paris, Dalloz, coll. Philosophie du droit, 1963, p. 53. Selon lui, « qu'importe qu'on parle du droit de propriété ou de la situation juridique de propriétaire ? C'est une seule et même chose ». ROUBIER (P.), « Le rôle de la volonté dans la création des droits et des devoirs », *APD*, 1957, p. 31.

171 GHESTIN (J.) et GOUBEAUX (G.), *Traité de droit civil. Introduction générale*, *op. cit.*, p. 140.

172 ROUBIER (P.), *Droits subjectifs et situations juridiques*, *op. cit.*, p. 2.

173 Exemples de situations objectives : incapacité, responsabilité, mariage, filiation, etc. (*Ibid.*).

174 *Ibid.*, p. 73.

175 *Ibid.*, p. 128.

176 *Ibid.*, p. 430.

177 *Ibid.*, p. 118-119.

178 BLUMANN (C.), *La renonciation en droit administratif français*, *op. cit.*, p. 2.

par Paul Roubier selon laquelle « n'est droit subjectif qu'une prérogative appropriée »[179] - peuvent faire l'objet d'une renonciation[180]. La notion de droits subjectifs n'est, il est vrai, pas utilisée par Pierre Raynaud dans son article considéré comme « fondateur »[181]. Pour autant, celui-ci fait bien des droits subjectifs *stricto sensu* l'objet exclusif de la renonciation. Le champ de la renonciation est cependant plus étroit que celui des droits subjectifs *stricto sensu.* Alors que Paul Roubier, pour qui la renonciation abdicative est une caractéristique des droits subjectifs, conçoit les droits de propriété, de créance, de succession et d'auteur comme des droits subjectifs[182], Pierre Raynaud refuse qu'il puisse être renoncé aux droits de créance. Cet écart n'est pas lié à une conception différente de la notion de droits subjectifs, mais au fait que Paul Roubier, qui considère les droits subjectifs comme des prérogatives appropriées par les sujets dont ils peuvent disposer comme de véritables biens, ne réduit pas la renonciation à un acte unilatéral[183], c'est-à-dire à un acte qui ne peut « en principe produire d'effet qu'autant qu'il exprime l'intérêt d'une seule personne »[184]. Or, pour Pierre Raynaud, l'unilatéralité est un critère de définition de la renonciation. Dès lors, elle ne peut produire d'effet que si elle n'atteint pas la sphère juridique d'autrui[185]. La renonciation ne peut donc porter que sur un droit subjectif, mais pas sur n'importe quel droit subjectif.

32. Dans la mesure où la doctrine classique considère la renonciation comme un acte abdicatif et unilatéral, certains droits ne sont pas « renonçables », même s'ils sont considérés comme des droits subjectifs. L'unilatéralité de la renonciation « conduit à ce qu'elle ne puisse avoir pour objet qu'un droit réel ou une action »[186], car le droit de créance unit le créancier titulaire du droit et le débiteur de l'obligation. Or, l'obligation est un lien de droit entre deux personnes qui ne peut être rompu par la volonté d'une seule d'entre elles. L'extinction d'une obligation suppose non seulement la volonté du créancier, mais également l'acceptation du débiteur. Le créancier ne pouvant renoncer unilatéralement à son droit de créance et,

---

179 GHESTIN (J.) et GOUBEAUX (G.), *Traité de droit civil. Introduction générale, op. cit.*, p. 140.

180 BLUMANN (C.), *La renonciation en droit administratif français, op. cit.*, p. 3.
Voir également SOURZAT (C.), *La renonciation en procédure pénale, op. cit.*, p. 49 et suiv. ; HOUTCIEFF (D.), « Renonciation », *Répertoire de droit civil Dalloz*, 2016.

181 L'article de Pierre Raynaud se voit qualifier d'article « fondateur » par la doctrine au sens qu'en donne GAUTIER (P.-Y.), « Les articles fondateurs (réflexions sur la doctrine) », *in* GAUTIER (P.-Y.), *Le droit privé à la fin du XXe siècle. Études offertes à Pierre Catala*, Paris, Litec, 2001, p. 255-271, spéc. p. 259.
Voir CARSIN (X.), *La renonciation en droit du travail*, thèse soutenue à l'Université Panthéon-Sorbonne le 2 février 2006, dactyl., p. 27 et SOURZAT (C.), *ibid.*, p. 30.

182 ROUBIER (P.), *Droits subjectifs et situations juridiques, op. cit.*, p. 2.

183 *Ibid.*, p. 433 et suiv.

184 CARSIN (X.), *La renonciation en droit du travail, op. cit.*, p. 31.

185 *Ibid.*

186 SOURZAT (C.), *La renonciation en procédure pénale, op. cit.*, p. 55.

ce faisant, éteindre l'obligation[187], les droits réels qui consistent en un rapport entre une personne et une chose[188] constituent le domaine privilégié de la renonciation dans la mesure où leur abandon ne nécessite pas l'intervention d'un tiers[189]. Étant opposables à tous, mais ne dépendant de personne, il appartient logiquement à leurs titulaires de les abdiquer par leur seule volonté[190]. Aussi aucun intérêt distinct de celui du titulaire du droit réel n'est-il susceptible de constituer un obstacle à la rupture unilatérale du lien qui l'unit à cette chose : il est libre, « il peut disposer seul de son droit qui n'existe qu'entre lui et la chose »[191].

33. Les droits subjectifs *stricto sensu* constituent, selon la théorie classique, l'objet exclusif de la renonciation mais, parce qu'elle est conçue comme un acte unilatéral, ses caractéristiques excluent, de fait, certains droits subjectifs de son champ d'application. Ce lien entre les notions de renonciation et de droits subjectifs s'est ensuite distendu sous l'influence d'un mouvement doctrinal revisitant la notion de renonciation.

§ 2. La remise en cause du lien entre les notions de droits subjectifs et de renonciation, la diversification de l'objet de la renonciation

34. Restreinte par la doctrine classique aux droits subjectifs *stricto sensu*, la notion de renonciation a une portée pratique limitée. L'intitulé du thème de réflexion proposé pour les Journées de l'Association Henri Capitant de 1960[192] - « Les renonciations au bénéfice de la loi » - témoigne de la volonté d'une partie de la doctrine que soit engagée une réflexion sur l'objet de la renonciation. S'interrogeant alors sur la pertinence de la théorie véhiculée depuis le début du siècle « sous sa forme classique de renonciation aux droits subjectifs »[193], certains auteurs dénouent le lien étroit entre les notions de renonciation et de droit subjectif pour penser d'autres hypothèses de renonciation.

35. La prise de distance de certains auteurs avec la théorie classique de la renonciation les conduit à faire des droits de créance et du droit objectif un objet possible de la renonciation. Pour la première fois depuis la construction de la théorie classique de la renonciation, une partie de la doctrine admet que

---

[187] RAYNAUD (P.), « La renonciation à un droit. Sa nature et son domaine en Droit civil », *op. cit.*, p. 778-779.
[188] *Ibid.*, p. 778.
[189] SOURZAT (C.), *La renonciation en procédure pénale*, *op. cit.*, p. 46.
[190] BRETON (A.), « Théorie générale de la renonciation aux droits réels. Le déguerpissement en droit civil français », *RTD civ.*, 1928, p. 265.
[191] RAYNAUD (P.), « La renonciation à un droit. Sa nature et son domaine en Droit civil », *op. cit.*, p. 778.
[192] *Travaux de l'Association Henri Capitant*, Paris, Librairie Dalloz, 1959-1960, t. XIII.
[193] CARBONNIER (J.), « Les renonciations au bénéfice de la loi en droit privé. Rapport général », Paris, Dalloz, TAHC, 1959-1960, t. XIII, p. 285.

la renonciation puisse porter non seulement sur une prérogative individuelle constituant un droit subjectif au sens strict, « techniquement défini comme droit subjectif et d'ores et déjà acquis », mais aussi qu'il puisse être renoncé à « un bénéfice légal »[194] - la renonciation dérive alors « plus ou moins vers la renonciation objective, vers la renonciation aux règles de droit »[195] -, à une règle de droit ou à un ensemble de règles de droit « sans qu'il soit besoin de spécifier tous les droits subjectifs faisant l'objet de renonciations détaillées »[196]. L'objet de la renonciation qui peut, selon les conceptions de la notion défendues par les auteurs, tout aussi bien être un droit réel, un droit de créance, une faculté, un bénéfice légal, un statut ou une règle de droit apparaît alors dans toute sa diversité.

36. L'ouverture du domaine de la renonciation a représenté un intérêt certain puisqu'elle a permis d'élargir le champ de la réflexion à des situations qui en étaient jusque-là exclues. Ce n'est d'ailleurs sans doute pas un hasard que ce soit dans le cadre des réflexions sur la renonciation au bénéfice de la loi initiées par l'Association Henri Capitant que les publicistes se sont intéressés pour la première fois à cette notion. Les droits subjectifs *stricto sensu* étant particulièrement limités dans la vie juridique des administrés, ils se résumaient le plus souvent, pour les auteurs acceptant de faire usage de cette notion, aux droits découlant « d'une situation juridique très proche dans sa nature du droit privé » tels que le « droit contractuel » ou le droit à réparation[197], l'étude de la renonciation aux droits subjectifs *stricto sensu* revêtait donc, jusque-là, un intérêt limité. Dans le même temps, elle a conduit à mettre en avant les différents objets sur lesquels peut porter la renonciation sans que puisse être identifié abstraitement un objet commun à l'ensemble des renonciations, démarche qui aurait pourtant permis de mettre au jour la condition de la possibilité conceptuelle de renoncer. Le droit public, plus encore que le droit privé, illustre cette situation. En droit administratif, les auteurs, dans une approche inductive partant « de la réalité jurisprudentielle »[198] pour tenter de dégager une théorie de la renonciation, déterminent les possibilités *juridiques* de renoncer. Considérant que la renonciation peut porter sur des « droits » qui sont quelquefois « des droits subjectifs au sens classique et qui sont plus souvent des droits à caractère général et objectif dont la dénomination et la qualification juridique

---

194 V. *Ibid.* ; BREDIN (J.-D.), « Les renonciations au bénéfice de la loi en droit privé français », *op. cit.*
Contra F. DREIFUSS-NETTER (F.), *Les manifestations de volonté abdicatives*, *op. cit.* ; HOUTCIEFF (D.), « Renonciation », *op. cit.*
195 CARBONNIER (J.), « Les renonciations au bénéfice de la loi en droit privé. Rapport général », *op. cit.*, p. 287-288.
196 *Ibid.*, p. 292.
197 BLUMANN (C.), *La renonciation en droit administratif français*, *op. cit.*, p. 15 et CHAPUS (R.), *Droit administratif général*, Paris, Montchrestien, coll. Domat droit public, 14e éd., 2000, t. 1, p. 774-775.
198 BLUMANN (C.), *La renonciation en droit administratif français*, *op. cit.*, p. 6.

soulèvent des problèmes qu'il n'y a pas lieu d'examiner ici »[199], ils éludent la question de la possibilité conceptuelle de renoncer. Attachées à se différencier de la théorie classique issue d'une construction *in abstracto* ni la théorie de la renonciation en droit administratif de Claude Blumann ni les contributions de Jacques Dehaussy et de Jean-Marie Auby ne permettent donc de déterminer abstraitement l'objet sur lequel peut porter la renonciation des personnes privées en droit administratif.

37. La possibilité de renoncer, initialement rattachée à la notion de droit subjectif *stricto sensu*, en a progressivement été dissociée par la doctrine. Le lien entre renonciation et droit subjectif *stricto sensu* a été remis en cause par les nombreux élargissements de la notion de renonciation, sans que l'objet de la renonciation, qui apparaît dans toute sa diversité, ne soit ramené à l'unité.

SECTION II. L'IDENTIFICATION DE L'OBJET DE LA RENONCIATION : UN DROIT SUBJECTIF LATO SENSU

38. Après qu'une partie de la doctrine a mis au jour l'hétérogénéité de l'objet de la renonciation, certains travaux sur la renonciation menés à partir des années 1990, en relativisant la césure entre renonciation aux droits subjectifs et renonciation au droit objectif, laissent entrevoir l'existence d'un objet unique et commun à l'ensemble des renonciations dont il convient d'identifier les caractéristiques essentielles (§ 1), avant de chercher à le qualifier juridiquement (§ 2), puisque la possibilité conceptuelle de renoncer est conditionnée par l'objet de la renonciation.

§ 1. L'unité de l'objet de la renonciation

39. La remise en cause du lien entre les notions de droit subjectif *stricto sensu* et de renonciation a fait ressortir la diversité des situations de renonciation et, avec elles, de leur objet pouvant être un droit subjectif *stricto sensu*, un bénéfice légal, une faculté ou encore une règle de droit. Derrière cette diversité apparente, se cache en réalité un objet commun à l'ensemble des situations de renonciation. Toutes portent, *in fine*, sur une prérogative (A) dont la libre disposition constitue une caractéristique essentielle (B).

A. L'objet de la renonciation, une prérogative

40. En refusant de faire des droits subjectifs *stricto sensu* l'unique objet de la renonciation, la doctrine envisage la possibilité qu'il soit renoncé au

---

[199] AUBY (J.-M.), « La renonciation au bénéfice de la loi en droit public français », *TAHC*, Paris, Librairie Dalloz, 1959-1960, t. XIII, p. 514.

droit objectif. Toutefois, le caractère excessif de la césure entre la renonciation au droit objectif et la renonciation aux droits subjectifs est désormais souvent mis en avant, car « Si elle se justifie conceptuellement, l'analyse consistant à scinder rigoureusement la prérogative abdiquée de la règle qui la consacre procède, semble-t-il, d'une vision par trop rigide et exclusive des rapports du droit objectif et des droits subjectifs »[200]. Déjà en 1960, le Doyen Carbonnier mettait en lumière les faiblesses d'une telle scission en affirmant que « dès que l'on n'a plus affaire à un droit subjectif caractérisé, techniquement défini, et d'ores et déjà acquis, dès que l'on n'a plus affaire à une renonciation stricte, la renonciation à une prérogative individuelle implique, qu'on le veuille ou non, la renonciation à une règle de droit objectif » de sorte que « la renonciation objective reparaît sous la renonciation de type subjectif »[201] et vice-versa, car « renoncer à une règle de droit ou même à un ensemble de règles de droit, à une institution juridique, c'est au fond [...] renoncer à des droits subjectifs, [...] aux prérogatives individuelles qui naissent de la règle de droit ou de l'institution juridique considérée »[202]. Si la fragilité de la dichotomie entre renonciation au droit objectif et renonciation aux droits subjectifs est effleurée par le Doyen Carbonnier, il y voit cependant une utilité certaine puisque la renonciation au droit objectif présente l'avantage d'être une opération globale qui permet de renoncer en bloc à une règle de droit ou à un ensemble de règles de droit sans avoir à préciser tous les droits subjectifs faisant l'objet de renonciation[203].

41. Cet avantage purement pratique semble être d'une moindre portée d'un point de vue théorique. Aussi, postérieurement à ces premières réflexions, la remise en cause de cette séparation a-t-elle constitué un moyen pour la doctrine de montrer l'unité de l'objet de la renonciation. Se demandant si la renonciation à un droit acquis est « autre chose qu'une renonciation au bénéfice des règles dont le renonçant tient ce droit ou qui fondent indirectement son acquisition » ou si « "l'acte par lequel une personne se prive par avance d'un avantage auquel elle pourrait normalement prétendre un jour" et dénommé "renonciation" par le Code civil - telle la renonciation à une succession ouverte [...] ou à une prescription non acquise [...] - décline [...] autre chose que le bénéfice de la loi »[204], Antoine Jeammaud estime que c'est la substance de l'opération qui doit compter. Dès lors, afin de dépasser le clivage apparent entre renonciation au droit objectif et renonciation aux droits subjectifs, l'auteur recourt au concept de norme qui recouvre, selon la définition qu'il en donne,

---

200 PÉRÈS-DOURDOU (C.), *La règle supplétive*, Paris, LGDJ, coll. Bibliothèque de droit privé t. 421, 2004, p. 241.

201 CARBONNIER (J.), « Les renonciations au bénéfice de la loi en droit privé. Rapport général », *op. cit.*, p. 287.

202 *Ibid.*, p. 291.

203 *Ibid.*, p. 292.

204 JEAMMAUD (A.), « La renonciation du salarié », *Droit ouvrier*, 1997, p. 538.

les concepts de règle de droit (étatique ou professionnel) et d'acte juridique singulier (contrat faisant "la loi des parties" ou décision unilatérale)[205]. Xavier Carsin s'inscrit dans la même lignée en considérant d'une part que, dès lors qu'un bénéficiaire abandonne une prérogative, il met en échec l'application de la norme juridique qui l'a instituée et, d'autre part, que la mise à l'écart d'une règle de droit emporte l'abdication des prérogatives qu'elle prévoit. Ces deux opérations produisent pour lui des effets similaires - la perte d'une prérogative - et posent les mêmes problèmes juridiques[206].

42. Les auteurs qui relativisent la dichotomie entre renonciation aux droits subjectifs et renonciation au droit objectif mettent ainsi au cœur de leur définition de la renonciation la notion de prérogative individuelle. Dès lors, « qu'il s'agisse d'une prérogative ayant fait l'objet d'une appropriation subjective ou de la mise à l'écart d'une règle de droit instituant une prérogative, le renonçant se prive toujours du bénéfice d'une norme juridique »[207]. Sa volonté n'ayant aucune prise sur cette norme, il renonce à la prérogative qu'elle attache à une situation juridique dans laquelle il est susceptible d'être placé[208], car « ce n'est jamais la règle qui forme l'objet de la volonté abdicative mais la seule prérogative qu'elle consacre au profit de son titulaire »[209]. En définitive, l'objet de la renonciation est une prérogative attachée par une norme, de caractère général ou individuel, à une situation juridique donnée.

43. Bien que l'étude de la renonciation en droit de l'aide sociale contredise l'affirmation selon laquelle renonciation au droit objectif et renonciation aux droits subjectifs, compris comme des prérogatives appropriées, produisent nécessairement des effets analogues et posent des problèmes juridiques similaires[210], ces réflexions sur l'atténuation d'une séparation stricte suivant l'objet de la renonciation présentent deux intérêts. D'une part, elles mettent au jour l'existence d'un objet unique sur lequel pourraient porter aussi bien la renonciation abdicative que la renonciation non abdicative - une prérogative - et, d'autre part, elles lèvent un obstacle à la possibilité de conceptualiser la renonciation à des droits n'étant pas des droits subjectifs *stricto sensu* dans la mesure où il est plus aisé de concevoir que le renonçant détienne un pouvoir de disposer sur une prérogative que sur une règle de droit.

---

205 *Ibid.*

206 CARSIN (X.), *La renonciation en droit du travail, op. cit.*, p. 56.

207 *Ibid.*, p. 58.

208 *Ibid.*

209 PÉRÈS-DOURDOU (C.), *La règle supplétive, op. cit.*, p. 234.

210 CARSIN (X.), *La renonciation en droit du travail, op. cit.*, p. 56. Voir également SOURZAT (C.), *La renonciation en procédure pénale, op. cit.*, p. 69.

B. La particularité de l'objet de la renonciation, la libre disposition

44. L'objet commun à l'ensemble des approches de la notion de renonciation est une prérogative - l'attribut d'un droit, son contenu[211]. Pour pouvoir faire l'objet d'une renonciation, celle-ci doit être attachée à un droit à la libre disposition de son titulaire puisque la libre disposition constitue un élément indispensable à la conceptualisation de la renonciation. Cela vaut aussi bien pour la renonciation abdicative dans la mesure où, étant définie comme « l'acte par lequel une personne met fin à l'existence d'un droit dont elle est titulaire », elle apparaît comme « un aspect particulier du pouvoir général de disposition »[212] que pour la renonciation non abdicative, dès lors que la libre disposition n'est pas réduite à la seule possibilité d'accomplir un acte de disposition par lequel le patrimoine d'une personne est entamé ou engagé[213].

45. Étant plus ou moins absolue, la libre disposition peut consister en une maîtrise totale du droit en permettant à son titulaire de renoncer à sa titularité et donc d'abandonner de façon définitive l'objet de son droit, ou en une maîtrise de son exercice uniquement, et offrir la possibilité à son titulaire d'être libre de l'exercer ou de ne pas l'exercer, voire de s'engager à ne pas l'exercer. En ce sens, la notion de libre disposition « rend compte au premier chef d'une latitude reconnue au sujet dans son rapport au droit ou à la chose »[214]. Pour Jean Dabin, le droit subjectif est « appartenance-maîtrise ». La maîtrise consiste « en un *pouvoir de libre disposition de la chose*, objet du droit »[215] et la libre disposition - qui doit être distinguée de la notion d'acte de disposition -, quant à elle, va jusqu'à un pouvoir de domination ou d'assujettissement[216]. La libre disposition confère au propriétaire, par exemple, la liberté de faire ce qu'il veut d'une chose, d'accomplir l'ensemble des actes matériels d'utilisation et d'exploitation possibles selon la chose en question, d'en tirer parti pour lui-même ou pour autrui ou, au contraire, n'en tirer aucun parti et, enfin, d'« agir sur sa substance matérielle, la modifier, la transformer, la détruire ou encore, par voie de disposition juridique, aliéner son droit même sur la chose, en tout ou partie, à titre onéreux ou à titre gratuit »[217]. La libre disposition est toutefois, pour l'auteur, « plus ou moins absolu[e] selon que la chose soumise à appartenance est purement matérielle, ou qu'elle touche la personne humaine »[218]. Les choses

---

211 CORNU (G.), *Vocabulaire juridique*, Association Henri Capitant, Paris, PUF, coll. Quadrige, 10e éd., 2014, « Prérogative ».

212 MARTIN de la MOUTTE (J.), *L'acte juridique unilatéral. Essai sur sa notion et sa technique en droit civil*, Paris, Recueil Sirey, 1951, p. 104.

213 Sur le risque de confusion voir PICHARD (M.), *Le droit à. Étude de la législation française*, Paris, Economica, coll. Recherches juridiques, 2006, p. 190.

214 LOISEAU (G.), *Le nom. Objet d'un contrat*, Paris, LGDJ, coll. Bibliothèque de droit privé t. 274, 1997, p. 18.

215 DABIN (J.), *Le droit subjectif*, Paris, Dalloz, 1952, p. 89.

216 *Ibid.*

217 *Ibid.*, p. 90.

218 *Ibid.*, p. 104.

matérielles se prêtent à la disposition la plus totale tandis que « les biens dans lesquels la personne humaine est engagée soit activement, soit passivement ne sont susceptibles que d'une disponibilité relative »[219]. Concernant les droits de la personne « ayant pour objet des biens - vie, liberté... - qui font corps avec le sujet lui-même, dont ils constituent l'*être* avant de composer l'*avoir*, le sujet en a la libre disposition et la maîtrise certes, mais seulement dans une certaine mesure, qui consiste à en jouir, à les conserver, à les exercer, non pas toujours à les aliéner ou à les détruire »[220]. Marc Pichard donne d'ailleurs à ce propos, *via* l'étude du droit à aliments, un exemple particulièrement éclairant pour le droit de l'aide sociale[221]. En raison du caractère personnel de la créance d'aliments, celle-ci n'est ni transmissible ni saisissable et son caractère d'ordre public empêche d'y renoncer. Pour autant, selon l'auteur, « le créancier est bien maître de son droit à aliments, véritable droit subjectif »[222], car la maîtrise du droit subjectif « signifie uniquement que le pouvoir sur le bienfait relève de la volonté du titulaire »[223].

46. Il a pu, il est vrai, être affirmé que « la conception de Jean Dabin fondée sur une idée de maîtrise très largement entendue n'offre guère d'utilité pour déterminer les prérogatives dont la nature permet ou interdit une abdication »[224], mais cela ne vaut que lorsque la renonciation est comprise comme un acte abdicatif. Qu'elle soit conçue comme l'abandon d'un droit par son titulaire, c'est-à-dire comme un dépouillement total et irréversible[225], comme un engagement, par un acte juridique, à ne pas exercer un droit ou à l'exercer dans un sens déterminé, ou comme le non-exercice d'un droit, la renonciation suppose la libre disposition du droit auquel est attachée la prérogative, libre disposition ne traduisant pas uniquement la possibilité de se séparer d'un droit en l'aliénant ou en l'abdiquant, mais renvoyant également à celle d'exercer ou de ne pas exercer un droit. La disponibilité, élément inhérent à la notion de renonciation, si elle ne garantit pas que le droit auquel la prérogative est attachée puisse faire l'objet d'une renonciation abdicative, permet donc d'envisager que son titulaire puisse, *a minima*, renoncer à l'exercice du droit auquel elle est attachée.

---

[219] *Ibid.*, p. 91.
[220] *Ibid.*, p. 92.
[221] Les droits à l'aide sociale sont définis comme des droits alimentaires. BORGETTO (M.) et LAFORE (R.), *Droit de l'aide et de l'action sociales*, Issy-les-Moulineaux, LGDJ, coll. Domat droit public, 9e éd., 2015, p. 116-117 ; ALFANDARI (E.) et TOURETTE (F.), *Action et aide sociales*, Paris, Dalloz, coll. Précis, 5e éd., 2011, p. 78-79.
[222] PICHARD (M.), *Le droit à. Étude de la législation française*, *op. cit.*, p. 190.
[223] *Ibid.*
[224] CARSIN (X.), *La renonciation en droit du travail*, *op. cit.*, p. 68.
[225] HYDE (A.-A.), *Les atteintes aux libertés individuelles par contrat. Contribution à la théorie de l'obligation*, Paris, IRJS Éditions, 2015, p. 85.

§ 2. La qualification juridique de l'objet de la renonciation

47. Qualifier l'objet commun à l'ensemble des approches de la renonciation de prérogative est une démarche insuffisante dès lors que le terme de prérogative recouvre des situations diverses, « fort dissemblables »[226]. Loin d'être inutile dans la mesure où cette première étape a révélé la possibilité de ramener à l'unité l'objet de la renonciation, elle ouvre au contraire une voie pour le préciser. Dans cette optique, la notion de droits subjectifs ne doit pas être immédiatement tenue à l'écart d'une démarche cherchant à qualifier l'objet de la renonciation puisque, même si la doctrine s'accorde pour affirmer qu'« il existe sans doute autant de définitions du droit subjectif que d'auteurs pour s'intéresser à la question »[227], la libre disposition du droit est inhérente à la notion de droits subjectifs.

48. Bien que la notion de droits subjectifs ait été difficilement acceptée en droit public en raison, notamment, des fortes réticences de la doctrine à « placer la puissance publique en position d'obligée »[228], elle est à même, aujourd'hui, de désigner l'objet abstrait de la renonciation en droit privé comme en droit public. Elle ne doit alors pas être comprise comme une prérogative appropriée, car seule la renonciation abdicative exige que la prérogative ait fait l'objet d'une appropriation subjective pour qu'il puisse y être renoncé puisque « Nul n'abdique que ce qu'il possède »[229], mais comme un pouvoir d'exiger - reconnu par une norme générale ou individuelle dans un but personnel socialement légitime -, un certain comportement, afin de se procurer un avantage moral ou matériel que l'ordre juridique a, expressément ou implicitement, considéré comme licite[230].

49. Cette acception de la notion de droits subjectifs développée par Norbert Foulquier contient les deux caractéristiques de l'objet de la renonciation précédemment identifiées. Un droit subjectif est une prérogative, un pouvoir d'exiger un certain comportement pour se procurer un certain avantage, qui n'est pas nécessairement appropriée puisque ce pouvoir d'exiger est reconnu par une norme générale ou individuelle. Ce droit est, en outre, à la libre disposition de son titulaire. Selon l'auteur, « Le droit subjectif implique la libre disposition dont la finalité n'est pas prescrite,

---

226 CARBONNIER (J.), « Les renonciations au bénéfice de la loi en droit privé. Rapport général », *op. cit.*, p. 286.

227 GUTMANN (D.), « Droit subjectif », *in* ALLAND (D.) et RIALS (S.) (dir.), *Dictionnaire de la culture juridique*, Paris, Lamy, PUF, 2003, p. 533.

228 ROULHAC (C.), *L'opposabilité des droits et libertés*, *op. cit.*, p. 474.

229 RIGAUX (F.), « Les renonciations au bénéfice de la loi en droit civil Belge », Paris, Dalloz, TAHC, 1959-1960, t. XIII, p. 399.

230 FOULQUIER (N.), *Les droits publics subjectifs des administrés. Émergence d'un concept en droit administratif français du XIXe au XXe siècle*, *op. cit.*, p. 405.
Voir notamment LACHAUME (J.-F.), « Quels droits publics subjectifs pour les usagers des services publics ? », *in Les droits publics subjectifs des administrés*, Travaux de l'AFDA, LexisNexis, coll. Colloques et Débats, 2011, p. 118.

autrement que par l'idée d'épanouissement - dans la limite de l'ordre social - de son titulaire »[231]. Ce faisant, il fait de la libre disposition une caractéristique du droit subjectif. S'agissant du droit de vote, il voit par exemple dans l'abstention un acte de disposition du droit de vote « sous la forme d'une renonciation temporaire »[232]. Or, cette approche de la libre disposition, qui fait d'ailleurs écho aux origines individualistes et libérales du droit subjectif[233] véhiculant l'idée qu'il n'y a pas de droit subjectif « sans liberté du choix de son usage »[234], correspond à celle qui caractérise l'objet de la renonciation.

50. L'idée même de renonciation étant étroitement liée à celle de disponibilité, la définition de la notion de droits subjectifs de Norbert Foulquier permet de qualifier l'objet de la renonciation indépendamment de son caractère abdicatif ou non abdicatif. En droit de l'aide sociale, et plus largement en droit public, lorsque l'objet de la renonciation de l'administré porte sur l'exercice de la puissance publique[235], la notion de droits *publics* subjectifs pourra être mobilisée pour le qualifier juridiquement, car elle n'est qu'une spécification du concept général de droits subjectifs[236].

* * *

51. La recherche de l'objet abstrait de la renonciation a permis de mettre en évidence le rôle de la notion de droit subjectif pour penser la renonciation. La notion de droits subjectifs *lato sensu* est essentielle à la théorie de la renonciation en droit administratif en général et, plus précisément, à la conceptualisation de la renonciation en droit de l'aide sociale, car lorsqu'elle est définie comme le pouvoir d'exiger un certain comportement de la part des personnes publiques pour se procurer un avantage moral ou matériel que l'ordre juridique a considéré comme licite[237], elle implique la libre disposition du droit par son titulaire et rend, dans le même temps, la renonciation conceptuellement envisageable.

---

[231] *Ibid.*, p. 404.
[232] *Ibid.*, p. 533.
[233] MALAURIE (P.) et AYNÈS (L.), *Droit civil. Introduction générale*, Paris, Éditions Cujas, 1994, p. 41.
[234] PICHARD (M.), *Le droit à. Étude de la législation française*, *op. cit.*, p. 189.
[235] FOULQUIER (N.), *Les droits publics subjectifs des administrés. Émergence d'un concept en droit administratif français du XIXe au XXe siècle*, *op. cit.*, p. 407.
Dans le même sens voir CHOUMENKOVITCH (I.), *Les droits subjectifs publics des particuliers*, Paris, éd. impr. Arthur Rousseau, 1912, p. 143.
[236] ROULHAC (C.), *L'opposabilité des droits et libertés*, *op. cit.*, p. 474-475.
[237] FOULQUIER (N.), *Les droits publics subjectifs des administrés. Émergence d'un concept en droit administratif français du XIXe au XXe siècle*, *op. cit.*, p. 405.

CHAPITRE II

L'application du critère identifié en droit de l'aide sociale

52. Le critère dégagé pour déterminer la possibilité conceptuelle de renoncer et, par conséquent, pour délimiter le cadre dans lequel la renonciation peut être pensée doit être appliqué en droit de l'aide sociale. L'étude de la construction du droit de l'aide sociale témoignant de l'embarras à reconnaître les bénéficiaires de l'assistance et de l'aide sociale comme détenteurs de véritables droits, il n'est pas certain que les droits à l'aide sociale puissent être qualifiés de droits publics subjectifs. En effet, plusieurs siècles ont été nécessaires pour que l'assistance soit consacrée par le législateur comme une obligation de la société. Ayant longtemps été perçue comme un devoir moral relevant de la charité privée - cadre dans lequel l'assistance ne peut être envisagée comme un droit, mais uniquement comme une obligation purement morale -, l'assistance se résumait aux hospices et hôpitaux ainsi qu'aux bureaux de bienfaisance inexistants dans bon nombre de communes[238]. Seuls le service des enfants assistés et celui de la protection des enfants du premier âge[239] fonctionnaient régulièrement. Dans la seconde moitié du XVIIIe siècle se développe une critique du système d'assistance basé sur la charité[240]. Des voix s'élèvent alors pour affirmer que le rôle de l'assistance publique est de fournir « un minimum de secours [qu'] il est impossible qu'un malheureux ne reçoive pas »[241]. À partir du Congrès international de l'assistance publique de 1894 et sous l'influence de la doctrine solidariste émerge un consensus : l'État doit intervenir à titre principal pour fournir un minimum d'assistance. Cette redistribution des rôles entre l'intervention publique et l'intervention privée se traduit par l'élaboration d'une législation affirmant le principe d'assistance obligatoire.

238 BARTHÉLEMY (J.), « L'effort charitable de la troisième République », *RDP*, 1910, p. 340.

239 Service instauré par la loi Roussel du 23 décembre 1874.

240 Sur ce point voir ROMAN (D.), *Le droit public face à la pauvreté*, Paris, LGDJ, coll. Bibliothèque de droit public t. 221, 2002, p. 35 et suiv.

241 Propos tenus lors du Congrès international de l'assistance publique de 1894. Cité par RENARD (D.), « Assistance publique et bienfaisance privée, 1885-1914 », *Politiques et management public*, 1987, v. 5, n° 2, p. 117.

Avec la IIIe République s'opère ainsi un tournant dans l'histoire de l'assistance par l'adoption de plusieurs « grandes lois d'assistance ». Afin que l'accès aux soins médicaux soit possible sur l'ensemble du territoire, y compris dans les campagnes, la loi du 15 juillet 1893 relative à l'assistance médicale gratuite garantissant des soins médicaux pour les malades français privés de ressources pose, par exemple, le principe de l'obligation pour les autorités locales de mettre en place un service médical[242]. En reconnaissant dans cette loi, mais aussi dans celle du 14 juillet 1905 relative à l'assistance obligatoire aux vieillards, aux infirmes et aux personnes incurables et dans celle du 27 juin 1904 relative à l'assistance à l'enfance la législation, « une véritable obligation d'assister »[243], le législateur réalise un changement de perspective : « il ne faut pas que l'assisté se présente comme un solliciteur humilié, qui tend la main ; le législateur l'invite à se présenter dans l'attitude fière d'un créancier qui réclame un droit »[244]. Dans le même temps, il s'est, toutefois, refusé à énoncer expressément un droit à l'assistance.

53. Même s'il est aujourd'hui admis que les grandes lois d'assistance ont effectivement été la source de droits subjectifs au profit de leurs bénéficiaires[245], au début du XXe siècle, les auteurs considèrent *quasi* unanimement que les bénéficiaires ne disposent pas d'un droit à l'assistance et, à partir de 1953[246], d'un droit à l'aide sociale, mais d'une « aptitude légale » ou d'une « vocation légale » à bénéficier des dispositions mises en place. Ce n'est qu'à partir des années 1970 que, sous l'influence de la jurisprudence et de l'abaissement de certains obstacles idéologiques, vont progressivement être reconnus un véritable droit aux prestations d'aide sociale, puis un droit subjectif à ces prestations (Section I). Cette qualification est aujourd'hui encore incertaine, car les auteurs qui recourent à la notion de droits subjectifs pour qualifier les droits à l'aide sociale ne s'appuient pas toujours sur la même définition de cette notion. La qualification des droits du bénéficiaire en droit de l'aide sociale doit donc être confrontée à la définition fonctionnelle de la notion de droits publics subjectifs précédemment identifiée afin de déterminer dans quelle mesure la renonciation est conceptualisable en la matière (Section II).

---

242 GAXIE (L.), « Du "droit individualiste" au "droit social". Une histoire de la juridicisation du social (1789-1939) », *Raison publique* (revue en ligne), 2012, http://www.raison-publique.fr/article496.html

243 RENARD (D.), « Assistance publique et bienfaisance privée, 1885-1914 », *op. cit.*, p. 112.

244 BARTHÉLEMY (J.), « L'effort charitable de la troisième République », *op. cit.*, p. 365.

245 *Contra* : DUPEYROUX (J.-J.), « Quelques réflexions sur le droit à la sécurité sociale », *Dr. soc.*, 1960, n° 5, p. 296.

246 Décret n° 53-1186 du 29 novembre 1953 portant réforme des lois d'assistance.

SECTION I. LE PROCESSUS DE RECONNAISSANCE D'UN DROIT SUBJECTIF AUX PRESTATIONS D'AIDE SOCIALE

54. Sous l'influence de la doctrine solidariste, le législateur de la IIIe République pose expressément le principe d'obligation d'assistance de la collectivité à l'égard des plus démunis. Alors que le principe même de l'obligation d'assistance est accepté par la grande majorité de la doctrine de l'époque qui, tout comme Léon Duguit[247] et Maurice Hauriou[248], n'hésite pas à reconnaître l'existence d'un réel devoir de l'État d'assurer des secours, elle refuse, pour autant, de considérer les aides consacrées par les grandes lois d'assistance comme des droits au profit des indigents. Ce faisant, elle s'oppose à ce que l'affirmation du principe de l'obligation d'assistance ait pour corollaire la reconnaissance d'un droit subjectif à l'assistance (§ 1). Quoique cette conception des droits à l'assistance n'ait pas été sans répercussion sur celle des droits à l'aide sociale s'y substituant à la suite de l'adoption du décret du 29 novembre 1953, s'observe à partir des années 1970 une évolution amenant la doctrine à concevoir les droits à l'aide sociale d'abord comme de véritables droits puis comme des droits subjectifs (§ 2).

§ 1. Le refus de la reconnaissance de droits au profit des bénéficiaires de l'assistance

55. La question de la nature des droits découlant des grandes lois d'assistance adoptées sous la IIIe République a divisé la doctrine de l'époque. Si, aujourd'hui, la doctrine considère que les auteurs du début du XXe siècle refusaient de reconnaître un droit subjectif au secours, ce terme était peu utilisé pour déterminer la nature des aides mises en place par le législateur de la IIIe République puisque la doctrine publiciste de l'époque rejetait *quasi* unanimement la notion même de droit subjectif. Elle est, en particulier, niée par Léon Duguit. Même si cela n'apparaît pas toujours très clairement dans ses propos, il écarte l'usage de cette notion à deux niveaux. Il n'accepte pas de reconnaître les droits subjectifs, non seulement comme des droits innés de l'individu ayant leurs bases dans le droit naturel, mais encore comme une notion permettant de mieux comprendre les relations juridiques, c'est-à-dire comme une « construction juridique ordinaire, comme des artifices techniques pour l'élaboration dogmatique du droit »[249]. Pour autant, presque tous refusent pour des raisons essentiellement

---

[247] DUGUIT (L.), *Traité de droit constitutionnel*, Paris, E. de Boccard, 3e éd., 1930, t. III, p. 686.

[248] Selon lui, « c'est à un véritable devoir, non pas à un vague sentiment d'humanité, que la société obéit ». HAURIOU (M.), « Des services d'assistance », *Revue d'économie politique*, 1891, p. 615.

[249] PESET (M.), « Philosophie et science dans l'œuvre de Léon Duguit », *RDP*, 1971, p. 365.

idéologiques[250] de considérer les droits à l'assistance comme des droits subjectifs (A), alors même que, comme le souligne Carlos-Miguel Herrera à propos des droits sociaux, « Il est paradoxal […] que la négation de droits reconnus dans des textes juridiques en vigueur […] se fasse au nom du "droit" »[251]. Aussi convient-il d'observer « de quelle manière se construit ce passage de l'idéologie au juridique »[252] (B).

A. Les obstacles idéologiques à la reconnaissance d'un droit à l'assistance

56. Les administrativistes de la première moitié du XXe siècle s'accordent pour reconnaître l'existence d'un devoir ou d'une obligation de l'État d'assurer des soins aux malades et des moyens de subsistance aux vieillards, aux infirmes et aux incurables. Tout en rejetant l'existence d'un droit subjectif à l'assistance - compris comme un droit inné de l'individu qui aurait son fondement dans le droit naturel - Léon Duguit, notamment, ne s'oppose pas à l'idée que pèse sur l'État une obligation de venir en aide aux plus démunis, l'État étant subordonné à une règle de droit supérieure à lui « qu'il ne crée pas et qu'il ne peut pas violer »[253]. Il découle de la subordination de l'État au droit que, si l'État ne peut tout faire, il est cependant des choses qu'il est obligé de faire[254]. Ces obligations positives trouvent, pour l'auteur, leur fondement dans la règle de droit qui « impose à tous l'obligation de ne rien faire qui soit contraire à la solidarité sociale et de faire tout ce qu'ils peuvent pour assurer le développement de cette solidarité. La règle de droit ainsi fondée et ainsi comprise s'impose à tous, gouvernés et gouvernants »[255]. L'activité individuelle étant le facteur de la solidarité sociale, l'État est tenu de ne rien faire qui porterait atteinte au libre développement de cette activité et, en sus, d'adopter toutes les lois et d'organiser tous les services qui permettent aux individus de la développer. Il a donc le devoir juridique d'assurer gratuitement un minimum d'instruction, de donner à tous ceux qui sont en état de travailler la possibilité de se procurer par un travail des moyens de subsistance et de donner assistance à ceux qui, en raison de leur âge, de leur infirmité ou de leur maladie, sont dans l'impossibilité de travailler[256]. Pour l'auteur, dans les

---

250 Dans le même ordre d'idée, Benoît Plessix parle d'obstacles « politico-institutionnels ». PLESSIX (B.), « Droits publics subjectifs des administrés et doctrine de la IIIe République », *in Les droits publics subjectifs des administrés*, Travaux de l'AFDA, LexisNexis, coll. Colloques et Débats, 2011, p. 36.

251 HERRERA (M.-C.), « L'engagement de la doctrine : l'exemple des débats sur la catégorie des droits sociaux », *in* DOCKÈS (dir.), *Au cœur des combats juridiques. Pensées et témoignages de juristes engagés*, Paris, Dalloz, coll. Thèmes et commentaires, 2007, p. 73.

252 *Ibid.*

253 DUGUIT (L.), *Traité de droit constitutionnel*, *op. cit.*, t. III, p. 589-590.

254 *Ibid.*, p. 674.

255 *Ibid.*, p. 677-678.

256 *Ibid.*, p. 686.

États modernes, et tout particulièrement en France, le législateur a d'ailleurs reconnu expressément certaines de ces obligations et a organisé des services publics pour en assurer la réalisation en adoptant, notamment, les lois du 15 juillet 1893, du 27 juin 1904 et du 14 juillet 1905[257]. Maurice Hauriou, qui se montre également hostile à toute idée de créance des indigents sur l'État, estime quant à lui que l'État a un devoir social de fraternité qu'il a charge de remplir au moyen de la création de services publics[258]. Ce devoir qui échoit à la société d'assister tous les individus qui ne sont pas en état de lutter « pour la vie » du fait de leur âge, de la maladie ou encore de la misère[259] est le corollaire de sa part de responsabilité, car « si son organisation était meilleure, il n'y aurait sans doute pas autant de pauvres, autant de malades »[260]. À l'instar de ces deux auteurs, nombre des administrativistes de l'époque reconnaissaient *quasi* unanimement l'existence d'un devoir de l'État[261], mais rejetaient, dans le même temps, celle « d'un droit légal à l'assistance liant l'administration »[262], c'est-à-dire d'un pouvoir d'exiger de la part de l'administration la délivrance d'une prestation d'assistance.

57. Ce rejet est intrinséquement lié au fait que, sous l'influence des idées « politico-économiques libérales auxquelles adhérait la *quasi* totalité des administrativistes d'alors », la notion de droits publics subjectifs n'arrive pas à pénétrer le droit public[263]. Elle apparaît comme un instrument susceptible de légitimer les revendications des particuliers à l'encontre des personnes publiques, que cela soit en matière politique, économique ou sociale[264]. L'assistance, telle qu'élaborée par la législation sociale de la IIIe République, a d'ailleurs cristallisé le refus de la doctrine de reconnaître l'existence de droits publics subjectifs : « L'anathème politique et idéologique jeté sur les droits à l'assistance » dont la notion de droit public subjectif aurait pu faciliter l'avènement explique, au moins en partie, le rejet par la doctrine française de cette notion de droit public subjectif[265]. Elle exclut l'idée que les bénéficiaires de l'assistance puissent opposer des droits subjectifs à l'État et détenir de tels droits sur la puissance publique, c'est-à-dire qu'ils soient en mesure d'exiger dans leur propre intérêt un exercice spécifique de la

---

257 *Ibid.*, p. 675-676.

258 PLESSIX (B.), « Droits publics subjectifs des administrés et doctrine de la IIIe République », *op. cit.*, p. 40.

259 HAURIOU (M.), « Des services d'assistance », *op. cit.*, p. 615.

260 *Ibid.*, p. 616.

261 BARTHÉLEMY (J.), « L'effort charitable de la troisième République », *op. cit.*, p. 366.

262 GAY (L.), *Les « droits-créances » constitutionnels*, Bruxelles, Bruylant, Collection de droit public comparé et européen, 2007, p. 101.

263 FOULQUIER (N.), *Les droits publics subjectifs des administrés. Émergence d'un concept en droit administratif français du XIXe au XXe siècle*, Paris, Dalloz, coll. La Nouvelle bibliothèque des thèses, 2003, p. 519.

264 *Ibid.*

265 *Ibid.*, p. 542.

puissance publique[266]. En effet, « admettre que l'assistance sociale était un droit subjectif, c'était rompre avec la tradition libérale de 1789, abandonner la conception des libertés publiques impliquant de la part de l'État de simples abstentions d'agir et reconnaître, à l'inverse, que l'individu posséderait des droits-créances sur l'État l'obligeant à exécuter des actions positives de prestation, notamment dans les matières si controversées de l'économie et du social »[267]. La doctrine considère que les particuliers ne peuvent avoir des droits à ce que leur soient fournies par les personnes publiques des prestations matérielles pour améliorer leurs conditions de vie[268]. Ainsi, Maurice Hauriou concède que, théoriquement, le droit à l'assistance est envisageable, mais il condamne l'existence d'obligations positives en matière d'assistance par conviction politique. Cela ressort tout particulièrement de sa note sous l'arrêt du Conseil d'État *Élections d'Ille-sur-Tet*[269]. Ce texte, manifeste pour la reconnaissance de l'inéligibilité des « assistés » aux fonctions municipales[270], témoigne du refus de l'auteur d'accepter la solution du Conseil d'État qui reconnaît pourtant de façon explicite l'existence d'un droit à l'assistance découlant de la loi du 14 juillet 1905. Maurice Hauriou se demande si « cette considération du droit à l'assistance des vieillards devait être aussi opérante que le Conseil d'État l'a cru ». Pour lui, « la loi du 14 juillet 1905 a reconnu le droit des vieillards à l'assistance ; c'est entendu. Mais en quoi consiste ce droit ? [...] Le droit consiste uniquement à être inscrit sur la liste d'assistance ; mais il ne porte nullement sur la quotité du secours. Le vieillard indigent n'est pas créancier d'une somme déterminée ; il a seulement le droit à être inscrit sur la liste, c'est-à-dire à prendre part à la distribution ».

58. Ce refus de reconnaître un droit subjectif à l'assistance s'inscrivait pourtant dans un contexte où la doctrine avait pleinement conscience du fait que l'État même « idéalisé comme État-gendarme, était par nature un prestataire de services »[271]. La doctrine a été obligée d'admettre, parallèlement au fait que l'État était garant des libertés classiques ainsi que

---

266 PLESSIX (B.), « Droits publics subjectifs des administrés et doctrine de la IIIe République », *op. cit.*, p. 36.

267 *Ibid.*

268 FOULQUIER (N.), *Les droits publics subjectifs des administrés. Émergence d'un concept en droit administratif français du XIXe au XXe siècle*, *op. cit.*, p. 544-545.

269 CE, 19 février 1909, *Élections d'Ille-sur-Tet, Rec. CE,* p. 190 ; *S.*, 1909, III, p. 33, note Hauriou.

270 Selon Hauriou, « un jour viendra où la coalition des secourus, des assistés et des dégrevés d'impôts sera électoralement maîtresse des communes rurales ; ils seront la majorité, ils feront les élections, ils constitueront les conseils municipaux ». « Ce vieillard est symbolique ; cet édile calamiteux sera suivi de beaucoup d'autres, et, si l'on n'y met ordre, nous serons administrés par la cour des miracles ». Hauriou sous l'arrêt CE, 19 février 1909, *Élections d'Ille-sur-Tet, S.*, 1909, III, p. 33, note Hauriou.

271 La garantie de l'ordre public nécessite, par exemple, l'accomplissement d'une prestation. FOULQUIER (N.), *Les droits publics subjectifs des administrés. Émergence d'un concept en droit administratif français du XIXe au XXe siècle*, *op. cit.*, p. 544.

d'un ensemble de services au profit des particuliers, l'existence d'obligations administratives positives. Elle a dû reconnaître que pesaient sur l'État des obligations de mettre la puissance publique au service des administrés. Le Conseil d'État sanctionnait, d'ailleurs, dans des domaines autres que l'assistance publique il est vrai, les obligations positives des personnes publiques. Il a notamment, à plusieurs reprises, fait découler de la liberté religieuse des obligations positives de l'État. Dans l'arrêt *Commune de Sarzeau*[272], était en cause l'arrêté pris par le préfet du Morbihan annulant la délibération en date du 19 août 1906 par le conseil municipal accordant un crédit de 480 francs en vue de l'organisation d'un service d'aumônerie dans l'école primaire de la commune. Bien que le juge ait rejeté la demande de la commune au motif que la délibération n'était pas conforme aux dispositions de l'article 2 de la loi du 9 décembre 1905, il laisse entendre que dans cet article le législateur a, tout en interdisant à l'État, aux départements et aux communes toutes dépenses relatives à l'exercice des cultes, introduit une dérogation. Celle-ci leur permet d'inscrire dans leurs budgets les dépenses relatives à des services d'aumônerie et « destinées à assurer le libre exercice des cultes dans les établissements publics tels que lycées, collèges et écoles » lorsque, dans ces établissements, le personnel interne ne peut prendre part « au dehors aux exercices religieux ». Cette interprétation de la loi de 1905 et des obligations qu'elle est susceptible de faire peser sur les personnes publiques est confirmée par le Conseil d'État dans l'arrêt *Sieurs Aubrun et Villechenoux et dame Baudet*[273]. En l'espèce, les requérants demandaient l'annulation pour excès de pouvoir de la décision par laquelle le préfet de la Seine avait rejeté implicitement leur demande d'ouverture dans le groupe hospitalier de Villejuif d'un local réservé au culte. Le juge considère que le préfet était tenu d'assurer le libre exercice des cultes dans les établissements hospitaliers dépendant de son autorité en application des articles 1 et 2 de la loi du 9 décembre 1905. Ce faisant, il estime que les autorités préposées à la gestion de ces établissements sont tenues, non seulement de ne pas faire obstacle à l'exercice de leur culte par les pensionnaires, mais encore « de prendre les mesures indispensables pour permettre à ceux-ci de vaquer, dans l'enceinte même de ces établissements, aux pratiques de leur culte, lorsqu'en raison de leur état de santé ou des prescriptions des règlements en vigueur ils sont hors d'état de sortir »[274]. Il

---

[272] CE, 24 décembre 1909, *Commune de Sarzeau*, *Rec. CE*, 1909, p. 1029.

[273] CE sect., 28 janvier 1955, *Sieurs Aubrun et Villechenoux et dame Baudet*, *Rec. CE*, 1955, p. 50.

[274] Cette solution se rapproche de celle retenue dans un arrêt rendu le même jour : CE sect., 28 janvier 1955, *Association professionnelle des aumôniers de l'enseignement public*, *Rec. CE*, 1955, p. 51-52.

En l'espèce, l'Association professionnelle des aumôniers de l'enseignement public demandait l'annulation pour excès de pouvoir de la décision du 29 janvier 1952 par laquelle le ministre de l'Éducation nationale refusait d'autoriser la création d'un service d'aumônerie au lycée Chaptal à Paris. Le Conseil d'État estime « qu'en accordant aux autorités compétentes la faculté d'inscrire aux budgets de l'État, des départements et des communes, les dépenses

considère ainsi que l'article 1er de la loi de 1905 n'implique pas uniquement une obligation d'abstention de l'État, mais qu'il l'oblige également à empêcher les atteintes indirectes à la liberté religieuse. Pour Norbert Foulquier, « l'interprétation que le Conseil d'État donna de l'article 1er de la loi du 9 décembre 1905 [...] fut la preuve que le droit administratif connaissait des droits individuels à des interventions normatives et matérielles de la part de l'administration et était parfaitement susceptible d'en assurer l'effectivité »[275]. Certes, en ce début de siècle, il n'était pas question d'étendre aux revendications sociales la jurisprudence du Conseil d'État en matière de liberté religieuse, mais cela n'était que le fait d'un choix politique[276].

59. Dans la mesure où les obligations d'abstention de l'État pouvaient s'analyser comme des obligations de faire au profit des intérêts des particuliers, il était parfaitement envisageable d'appréhender les droits à l'assistance comme de véritables droits publics subjectifs. Pourtant, il n'en fut rien. Même si la doctrine a dû, par la force des choses, admettre que des obligations incombaient à l'État, elle a continué de refuser d'y voir des droits conférés aux particuliers. Cela passait, soit par un rejet total de la notion de droit public subjectif, soit par un refus d'étendre cette notion à l'assistance.

B. Les obstacles juridiques à la reconnaissance d'un droit de l'assistance

60. Lors de la tentative de définition par certains auteurs de la nature des droits découlant des lois sociales, les termes « droit », « droit individuel » ou encore « droit *de* créance » reviennent fréquemment. Léon Duguit s'interroge ainsi sur l'existence d'un *droit* des administrés au fonctionnement du service public, dont celui de l'assistance[277], tandis que Gaston Jèze et Maurice Hauriou se questionnent sur l'existence de « droits individuels » ou « de droits de créance » à l'assistance[278]. En refusant, dans sa grande majorité, de voir dans les dispositifs d'assistance des droits, des « droits individuels » ou « des droits de créance », la doctrine de l'époque refusait, en fait, d'y voir des droits subjectifs. Il est possible, par exemple, de déceler la notion de droits subjectifs dans l'usage que fait Léon Duguit du

---

relatives à des services d'aumônerie, le législateur a reconnu que, dans certains établissements, le libre exercice des cultes ne peut être sauvegardé que par l'institution de tels services à l'intérieur desdits établissements ».

[275] FOULQUIER (N.), *Les droits publics subjectifs des administrés. Émergence d'un concept en droit administratif français du XIXe au XXe siècle*, *op. cit.*, p. 548.

[276] *Ibid.*, p. 549.

[277] DUGUIT (L.), « De la situation des particuliers à l'égard des services publics », *RDP*, 1907, p. 419.

[278] JÈZE (G.), *Les principes généraux du droit administratif. Le fonctionnement des services publics*, Paris, Dalloz, rééd. 2011 (version de 1926), t. 3, p. 38 et suiv. et HAURIOU (M.), *Précis de droit administratif et de droit public*, Paris, Dalloz, 12e éd., 2002, p. 138 et suiv. et 697 et suiv.

terme « droit » lorsqu'il aborde la question de l'existence d'un droit au fonctionnement du service public[279]. Selon lui, « si par le mot droit on entend le pouvoir appartenant à une personne déterminée d'exiger d'une autre l'accomplissement d'une prestation concrète, sous une sanction sociale, dans les pays modernes par une action en justice, le particulier n'a certainement pas un droit au fonctionnement des services publics. Il n'a point le pouvoir d'exiger des gouvernants, par une action en justice, l'organisation d'un service public, et, ce service étant organisé, l'accomplissement des prestations concrètes qu'il implique ». Or, transparaît, à travers ces propos, la définition de la notion de droits subjectifs proposée par Roger Bonnard selon laquelle « le droit subjectif est le pouvoir d'exiger de quelqu'un, en vertu d'une règle de droit objectif, quelque chose à laquelle on a intérêt, sous la sanction d'une action en justice ; le contenu de la chose exigible étant fixé immédiatement soit par le droit objectif, soit par un acte juridique individuel »[280]. Aussi, bien que les lois sociales adoptées sous la IIIe République consacrent une véritable obligation légale d'assistance[281], l'existence de droits subjectifs à l'assistance est-elle mise en doute par plusieurs publicistes de l'époque. Une dissociation est donc établie entre le devoir ou l'obligation pesant sur la collectivité en matière d'assistance et l'existence d'un droit public subjectif de l'administré. Une telle distinction aboutit à considérer que l'État a le devoir d'organiser des services d'assistance, mais que l'administré ne détient, pour autant, aucun droit subjectif. D'un point de vue juridique, le refus de faire découler des lois d'assistance des droits subjectifs trouve une justification « dans le climat doctrinal de la IIIe République, imprégné d'une théorie générale de l'usager du service public où prédominent nettement des théories objectivistes »[282].

61. L'idée même de service public, telle que théorisée par l'École de Bordeaux, a empêché « de traduire les demandes des usagers à l'obtention des prestations de service, en termes de droit individuels »[283] et, par conséquent, a conduit la doctrine à rejeter l'existence de droits subjectifs à l'assistance[284]. Partant du constat que l'usager du service public se trouve dans une situation légale et règlementaire, c'est-à-dire « objective »[285], l'existence d'un droit au service public est niée. Cette négation trouve une explication dans le fait que le terme « droit » ne pouvant que signifier « droit

---

[279] DUGUIT (L.), « De la situation des particuliers à l'égard des services publics », *op. cit.*, p. 419-420.

[280] BONNARD (R.), « Les droits publics subjectifs des administrés », *RDP*, 1932, p. 707.

[281] BORGETTO (M.), *La notion de fraternité en droit public français. Le passé, le présent et l'avenir de la solidarité*, Paris, LGDJ, coll. Bibliothèque de droit public t. 170, 1993, p. 450-452 et BEC (C.), *Assistance et République*, Paris, Les éditions de l'Atelier, coll. Le social en acte, 1994, p. 113-122.

[282] ROMAN (D.), *Le droit public face à la pauvreté*, *op. cit.*, p. 264.

[283] *Ibid.*

[284] *Ibid.*

[285] DUGUIT (L.), *Traité de droit constitutionnel*, Paris, E. de Boccard, 3e éd., 1927, t. II, p. 71-72.

de créance »[286], la « situation objective ne peut être assimilée à celle d'un "créancier" du service public dispensateur de prestations »[287]. Le fait que l'usager ne soit pas à même de demander au juge de contraindre l'État à lui assurer le fonctionnement régulier du service, la seule voie de droit dont il dispose pour défendre ses intérêts étant le recours pour excès de pouvoir, est révélateur de la situation objective dans laquelle il se trouve et de l'absence « de lien de droit » entre l'État et l'administré obligeant le premier envers le second[288]. L'usager placé dans une situation entièrement déterminée par la loi et par le règlement ne dispose que du pouvoir de déclencher l'application de ces règles de droit[289]. Lorsqu'il remplit les conditions fixées par la loi, il a seulement la possibilité d'exiger que le service fonctionne dans les conditions légales et réglementaires. Seul le recours pour excès de pouvoir étant ouvert aux usagers, la preuve est faite qu'il n'existe pas de droit individuel puisque, traditionnellement, celui-ci ne tend pas à reconnaître des droits, mais à sanctionner les devoirs de l'administration en annulant ses actes irréguliers[290]. Dans cette perspective, « l'essentiel n'est pas le droit individuel de l'administré, mais, au contraire, le fait qu'une personne publique soit assujettie à des devoirs vis-à-vis d'autrui ; ce dernier devient alors bénéficiaire de l'accomplissement des devoirs qui existent à son égard »[291]. L'obligation de l'administration, « devoir légal », ne fait pas naître un droit de l'usager au service, mais lui confère une « aptitude légale » ou une « vocation légale » à bénéficier du service qui lui permet d'obtenir le respect par l'autorité administrative des devoirs qui lui sont imposés. Aussi, pour Léon Duguit, dire que « la loi de 1905 a reconnu aux vieillards de 70 ans et aux incurables un droit à l'assistance » est inexact, « la vérité, c'est que le vieillard de 70 ans et l'incurable sont dans cette situation légale qu'ils peuvent faire annuler par la juridiction compétente toute décision administrative qui serait prise en violation de la loi de 1905 »[292]. Ce faisant, lui et ses disciples contestent tout droit, au sens de droit de créance - c'est-à-dire d'un droit personnel en vertu duquel une personne peut exiger d'une autre l'accomplissement d'une prestation consistant à donner, faire ou ne pas faire quelque chose[293] - ou, dirions-nous aujourd'hui, au sens de droit

---

286 DU BOIS DE GAUDUSSON (J.), *L'usager du service public administratif*, Paris, LDGJ, coll. Bibliothèque de droit public t. CXV, 1974, p. 123.

287 ROMAN (D.), *Le droit public face à la pauvreté*, *op. cit.*, p. 264.

288 DU BOIS DE GAUDUSSON (J.), *L'usager du service public administratif*, *op. cit.*, p. 124.

289 *Ibid.*

290 *Ibid.*, p. 126.

291 *Ibid.*, p. 125.

292 DUGUIT (L.), *Traité de droit constitutionnel*, *op. cit.*, t. II, p. 73.

293 CORNU (G.), *Vocabulaire juridique*, Association Henri Capitant, Paris, PUF, coll. Quadrige, 10e éd., 2014, « Créance », p. 249.

La notion revêt ici une signification plus large qu'en droit constitutionnel puisque le terme « créance » ne vise pas uniquement la seule obligation de nature positive, mais également

subjectif, au profit des titulaires de situations objectives et générales. Rien d'étonnant alors à ce que la théorie du service public ait constitué un support théorique afin de dénier à l'indigent tout droit à l'assistance.

62. La position adoptée par Maurice Hauriou doit être précisée, car le fait qu'il reconnaisse à l'usager un « droit réel » pourrait laisser entendre qu'il accepte l'existence d'un droit subjectif à l'assistance. Or, ce n'est pas le cas puisqu'il estime que l'administré « est simplement placé par la loi dans une certaine situation ou doté d'un certain statut » qui lui offrira la possibilité de profiter du service quand celui-ci sera organisé[294]. Sa théorie institutionnelle lui permettant de définir la situation de l'indigent par son aptitude à bénéficier des avantages publics, il considère que « l'aptitude à bénéficier des avantages de l'assistance publique est un statut réel qui permet à l'indigent de profiter des services librement organisés par l'administration, mais qui ne lui donne aucun droit à réclamer des secours en dehors du fonctionnement des services organisés »[295]. Il est, d'après lui, « dans la logique du régime administratif, avec puissance publique, que les indigents n'aient pas un droit de créance individuel à l'assistance et qu'ils ne puissent pas intenter une action en justice contre l'administration publique pour se faire délivrer un secours déterminé »[296]. La jouissance des secours est subordonnée à la création d'un statut de l'indigent qui se compose du domicile de secours et de l'inscription sur la liste des indigents[297]. Avoir la possibilité de demander son inscription sur les listes d'assistance ne suffit pas à établir l'existence d'un véritable droit du bénéficiaire de l'assistance, car il n'a pas le pouvoir de faire organiser effectivement le service d'assistance ; l'administration est libre quant à l'organisation du service et à la détermination du taux des allocations. Il s'agit d'un droit « de nature administrative » puisque le « droit individuel » de l'indigent s'arrête à la réclamation de son inscription sur les listes d'assistance. Les commissions ne sanctionnent donc pas un droit subjectif de l'individu qui ferait peser sur l'administration l'obligation positive de fournir des secours[298]. En application de sa théorie sur la situation des administrés par rapport à l'administration publique et aux services publics, Maurice Hauriou soutient que les particuliers ne peuvent s'immiscer dans la création et le fonctionnement des services publics[299]. Il en déduit que, de la même manière qu'il n'a pas un droit de créance contre l'administration pour exiger d'elle une prestation de service, l'administré n'a pas de moyens juridiques pour la contraindre à organiser un service déterminé : « le service fonctionnera

---

celle consistant « à ne pas faire quelque chose ». Voir GAY (L.), *Les « droits-créances » constitutionnels*, *op. cit.*, p. 9.

294 HAURIOU (M.), *Précis de droit administratif et de droit public*, *op. cit.*, p. 138-139.

295 *Ibid.*, p. 697 et suiv.

296 *Ibid.*

297 *Ibid.*

298 *Ibid.*

299 *Ibid.*, p 138.

quand l'administration le jugera à propos, de par sa propre initiative »[300]. En revanche, une fois le service organisé, « les administrés ont le droit d'en bénéficier »[301]. Mais, il s'agit d'un « droit réel » sur une chose, l'avantage public, et non « d'un droit de créance direct de l'administré contre l'État »[302]. Or, si la possession de ce droit réel met l'individu dans une certaine situation opposable à la société, il appartient à la catégorie des droits objectifs[303]. Pour Jules Baby, qui adhère à la théorie élaborée par Maurice Hauriou, ces droits ont quelque chose de virtuel dans la mesure où ils ne sont acquis qu'après avoir été exercés et prennent alors un contenu positif qui est un pouvoir réel et actuel, en l'occurrence, le pouvoir de réclamer des secours. En revanche, dans leur état virtuel, ces droits se présentent sous la forme du statut réel de l'indigent qui confère l'aptitude à bénéficier des avantages publics[304]. Il en déduit que le droit à l'assistance pour les indigents n'est pas une créance sur les services d'assistance, « c'est simplement le droit pour l'indigent d'être placé par des décisions administratives dans une certaine situation légale, à être inscrit sur une certaine liste d'assistance de façon à pouvoir bénéficier des secours s'ils sont distribués »[305].

63. La doctrine, refusant de considérer que les lois d'assistance consacrent un droit au secours au profit de leurs bénéficiaires, s'appuie sur la jurisprudence administrative et judiciaire qui, si elle semble confirmer son point de vue, est plus ambiguë qu'elle n'y paraît. En effet, cette idée est essentiellement exprimée par le commissaire du gouvernement Jagerschmidt sous l'arrêt du Conseil d'État du 10 mars 1899[306], bien plus que par le juge. Dans cet arrêt, le Conseil d'État était saisi de deux recours par la commission administrative des hospices du Havre. Le second recours, qui nous intéresse ici tout particulièrement, était un recours en appel contre une décision du conseil de la préfecture du département de la Seine-Inférieure rendue à l'encontre de la commune de Sanvic et du département de la Seine-inférieure[307]. Dans ce deuxième cas d'espèce, un indigent avait trouvé refuge une nuit dans le four d'une briqueterie située dans cette commune. Il fut gravement brûlé et se présenta quinze jours plus tard à l'hôpital du Havre où

---

[300] *Ibid.*

[301] *Ibid.*, p 139.

[302] DU BOIS DE GAUDUSSON (J.), *L'usager du service public administratif*, *op. cit.*, p. 126.

[303] BABY (J.), *Le statut de l'indigent*, Toulouse, Impr. Sud-Ouest, 1910, p. 40.

[304] *Ibid.*

[305] *Ibid.*, p. 58.

[306] CE, 10 mars 1899, *Hospices du Havre* (deux espèces), *S.*, 1900, III, p. 33, concl. Jagerschmidt.

[307] Le premier était un recours pour excès de pouvoir contre un arrêté du préfet de la Seine-Inférieure. Dans ce premier cas d'espèce, les hospices avaient soigné des personnes tombées malades en dehors du territoire de la commune du Havre. La commission administrative des hospices du Havre s'était adressée au représentant du service d'assistance médicale gratuite, le préfet, pour lui demander le remboursement des frais engagés. Ses demandes avaient alors été rejetées.

il fut admis pour y être soigné. La commission administrative des hospices du Havre a souhaité, quelque temps après, faire régulariser l'admission au titre de l'assistance médicale gratuite, mais s'est vu opposer un refus du maire comme du préfet. À l'appui de leur recours, les hospices du Havre invoquent l'article 1er de la loi de 1893 reconnaissant un droit à l'assistance médicale gratuite à tout français privé de ressources. Si, pour les hospices, « ce droit au secours médical existe »[308], le commissaire du gouvernement rejette cet argument. De son avis, « malgré les expressions de l'article 1er qui créent une apparence trompeuse, le droit à l'assistance médicale n'est pas inscrit dans la loi de 1893. Ce que cette loi établit, c'est l'obligation pour les communes et les départements d'organiser partout un service d'assistance gratuite et d'y affecter certaines ressources. Le devoir d'assistance, l'obligation légale et pécuniaire des collectivités, n'a pas comme corrélatif un droit à l'assistance, un droit individuel à réclamer le bénéfice du secours médical gratuit »[309]. Pour justifier son refus de voir dans la loi de 1893 un droit individuel à l'assistance, le commissaire du gouvernement Jagerschmidt s'appuie, d'une part sur les travaux préparatoires de la loi qui mentionnent que « même restreinte à l'assistance médicale, la proclamation du droit à l'assistance se heurterait à bien des critiques et serait de nature à engager gravement la responsabilité pécuniaire et morale de la collectivité »[310] et, d'autre part, sur le fait que « les réclamations contre ces opérations ne peuvent être portées que devant la commission de révision cantonale qui statue souverainement. Le candidat à l'assistance gratuite ne peut pas aller devant un juge pour discuter avec le service compétent de son indigence ou de son aptitude au secours gratuit. Il n'est donc pas de recours contentieux contre les décisions des commissions administratives compétentes »[311]. Pour Jagerschmidt, il n'existe pas de droit à l'assistance ; il s'agit, tout au plus, d'un devoir légal de l'administration. Si, dans cette décision, le juge ne confirme pas expressément l'existence d'un droit à l'assistance dans la mesure où il ne conclut pas que l'hôpital s'était acquitté provisoirement de la dette de la collectivité, il n'exclut pas non plus cette idée puisqu'il rejette la réclamation des hospices du Havre au motif que l'admission du sieur Chiny dans cet hôpital n'avait pas eu lieu dans les conditions prévues par la loi de 1893. D'ailleurs, dans l'arrêt *Élections d'Ille-sur-Tet* rendu le 19 février 1909, le Conseil d'État a estimé que l'assistance aux vieillards à laquelle avait été admis le sieur Rosals-Bourrat sur le fondement de la loi du 14 juillet 1905 était donnée en vertu du droit

308 Conclusions du commissaire du gouvernement Jagerschmidt sur CE, 10 mars 1899, *Hospices du Havre* (deux espèces), *S.*, 1900, III, p. 33, concl. Jagerschmidt.

309 *Ibid.*

310 *JO* doc. parl. d'août 1890 p. 921-922 cité par le commissaire du gouvernement Jagerschmidt dans ses conclusions sur CE, 10 mars 1899, *Hospices du Havre* (deux espèces), *S.*, 1900, III, p. 33, concl. Jagerschmidt.

311 Conclusions du commissaire du gouvernement Jagerschmidt sur CE, 10 mars 1899, *Hospices du Havre* (deux espèces), *S.*, 1900, III, p. 33, concl. Jagerschmidt.

que le bénéficiaire tenait de la loi elle-même et non d'une décision discrétionnaire d'une autorité administrative[312]. En revanche, la cour d'appel de Rouen, dans son arrêt du 19 janvier 1905[313], a considéré que la loi des 7-13 août 1851 sur l'assistance publique n'a pas consacré un droit de l'indigent à l'assistance publique et que « en réglant les conditions de l'admission de l'indigent dans un établissement hospitalier, a créé en sa faveur une simple aptitude aux secours sans lui reconnaître aucun droit »[314]. La cour voit dans les dépenses d'hospitalisation non pas une dette à la charge de l'assistance publique, mais « une obligation morale ». Dans sa note sur l'arrêt, Dalmbert précise que « L'indigent n'a jamais le droit d'exiger les secours ; il a seulement l'aptitude de les recevoir [...] la loi n'a créé, en faveur de ces malades, qu'une simple aptitude aux secours »[315].

64. Quelques rares auteurs acceptent cependant, déjà à l'époque, de reconnaître l'existence d'« un droit individuel à l'assistance »[316]. Pour Henry Berthélemy, « l'assistance administrative, c'est, en fait, proclamer le droit à l'assistance »[317]. Lorsque l'assistance est organisée en service public, les secours sont destinés à des catégories de personnes déterminées par les lois et règlements et « quiconque appartient à ces catégories reçoit ainsi du législateur un droit à l'assistance, comme nous avons tous un droit véritable au fonctionnement des services administratifs »[318]. Pour l'auteur, « Il n'est pas raisonnable de parler du devoir légal d'assister […] sans admettre qu'à ce devoir légal correspond un droit individuel »[319]. Il est rejoint par Joseph Barthélemy, Daniel Lebé ou encore H. Derouin, A. Gory et F. Worms. Ces derniers, en particulier, considèrent que les lois adoptées, le 15 juillet 1893 relative à l'assistance médicale gratuite, le 14 juillet 1905 relative à l'assistance obligatoire aux vieillards, aux infirmes et aux personnes incurables ainsi que celles relatives à l'assistance aux familles nombreuses et aux femmes en couches ont bien conféré à leurs bénéficiaires un droit au secours, car un droit est reconnu lorsque la loi précise le service qui doit être rendu, la nature et l'étendue du secours, le moyen pour le service de se procurer les ressources nécessaires et la juridiction devant laquelle la personne potentiellement bénéficiaire peut demander la

---

312 CE, 19 février 1909, *Élections d'Ille-sur-Tet*, *Rec. CE*, p. 190 ; *S.*, 1909, III, p. 33, note Hauriou.
Voir également les conclusions du commissaire du gouvernement Tardieu : CE, 10 avril 1908, *Ministre de l'Intérieur et sieur Garde*, *Rec. CE*, p. 410, concl. Tardieu.
313 CA Rouen, 19 janvier 1905, *S.*, 1905, II, p. 273, note Dalmbert.
314 *Ibid.*
315 Note Dalmbert sous CA Rouen, 19 janvier 1905, *S.*, 1905, II, p. 273, note Dalmbert.
316 BERTHÉLEMY (H.), *Traité élémentaire de droit administratif*, Paris, Rousseau et cie, 13e éd., 1933, p. 978 et 986.
317 BERTHÉLEMY (H.), « Préface de la première édition », DEROUIN (H.), GORY (A.) et WORMS (F.), *Traité théorique et pratique d'assistance publique*, Paris, L. Larosse, 1re éd., 1900, p. IX.
318 BERTHÉLEMY (H.), *Traité élémentaire de droit administratif*, *op. cit.*, p. 986.
319 *Ibid.*, p. 1001.

réformation de la décision de refus ou, à défaut, l'autorité pouvant contraindre l'établissement à la secourir[320]. Pour ces auteurs, l'obligation ne peut donc se concevoir sans un droit corrélatif : « obligation et droit ne sont que la face et l'envers [...] d'une même idée »[321]. Quoique le législateur ait refusé de reconnaître un droit à l'assistance, ils estiment que les grandes lois d'assistance, en pratique, ont créé un droit pour l'individu qui remplit les conditions qu'elle prévoit pour son admission à l'assistance[322]. Les conditions suffisamment précises posées par le législateur pour obtenir des aides, de même que la possibilité d'exercer un recours pour excès de pouvoir afin de forcer l'administration à respecter son obligation de secours, traduisent l'existence d'un droit individuel à l'assistance[323].

65. Ces voix dissidentes, alors même qu'elles n'ont pas réussi à s'imposer en raison du climat doctrinal de l'époque imprégné des théories objectivistes[324], en remettant en cause les positions doctrinales majoritaires de l'époque qui réfutaient *quasi* unanimement l'existence d'un droit subjectif à l'assistance opposable à l'administration, ont ouvert la voie à la reconnaissance de la possibilité de considérer les aides découlant des lois d'assistance comme des droits subjectifs.

§ 2. La reconnaissance progressive d'un droit subjectif aux prestations d'aide sociale

66. Après avoir vigoureusement réfuté l'existence d'un droit à l'assistance au début du XXe siècle, la doctrine se fait plus discrète. Sans doute, la mise en place de la sécurité sociale qui était censée « se substituer à la législation sur l'assistance et diminuer le domaine d'application de celle-ci »[325] n'y est pas totalement étrangère. Néanmoins, à partir des années 1970, s'observe une évolution amenant la doctrine à concevoir les droits à l'aide sociale comme de véritables droits (A), puis comme des droits publics subjectifs (B).

---

320 DEROUIN (H.), GORY (A.) et WORMS (F.), *Traité théorique et pratique d'assistance publique*, Paris, Recueil Sirey, 3e éd., 1914, t. 1, p. 6 et p. 346.
321 LÉBÉ (D.), *Assistance des vieillards, des infirmes et incurables privés de ressources. Loi du 14 juillet 1905*, Bordeaux, Impr. Y. Cadoret, 1909, p. 56.
322 *Ibid.*, p. III-IV.
Dans le même sens, Joseph Barthélemy estime que le trait essentiel et caractéristique de la loi du 14 juillet 1905, « c'est la transformation en droit pour l'assisté de l'allocation qui lui est servie ». La loi du 14 juillet 1905 « a créé au regard de l'obligation imposée à la société, un droit positif pour l'individu et lui a octroyé la garantie d'un recours contentieux devant un tribunal émanant de l'élection ». BARTHÉLEMY (J.), « L'effort charitable de la troisième République », *op. cit.*, p. 352 et p. 365.
323 FOULQUIER (N.), *Les droits publics subjectifs des administrés. Émergence d'un concept en droit administratif français du XIXe au XXe siècle*, *op. cit.*, p. 394.
324 ROMAN (D.), *Le droit public face à la pauvreté*, *op. cit.*, p. 264.
325 GRAILLE (E.), *Services publics d'assistance*, Paris, Sirey, Les Cahiers administratifs, 1947, 2e éd., p. 4.

A. La reconnaissance d'un droit aux prestations d'aide sociale

67. Alors que sous la IIIe République, certains auteurs, peu nombreux il est vrai, s'autorisaient déjà à reconnaître l'existence d'un droit à l'assistance, le refus de la doctrine administrativiste majoritaire d'accepter l'existence de tels droits a longuement perduré, y compris après la transformation de l'assistance en aide sociale réalisée par le décret du 29 novembre 1953[326]. Ce refus fait écho à celui, plus général, de reconnaître l'existence d'un droit du candidat-usager au fonctionnement du service, c'est-à-dire « à l'établissement du lien juridique qui servira de base à l'obtention des avantages publics et qui consacre son droit aux prestations »[327], car si les œuvres de Roger Bonnard et de Bruno Kornprobst « rencontrèrent un succès d'estime, elles ne changèrent pas le *credo* de la doctrine dominante »[328]. En effet, l'idée selon laquelle les particuliers ne peuvent invoquer un droit à l'encontre des personnes morales de droit public est très ancrée : ils disposent uniquement d'une aptitude légale à bénéficier des services créés[329]. Ainsi, lorsqu'ils font partie de l'une des catégories pour lesquelles le service est établi et qu'ils remplissent les conditions posées pour obtenir une aide sociale, ils n'ont pas un droit à recevoir une telle aide, mais « une aptitude légale à recevoir un secours d'une quantité déterminée par les textes »[330] puisque, en dehors de la mise en œuvre de la responsabilité administrative, ils n'ont que la possibilité de demander l'application objective des lois et règlements[331]. Dès lors, « parce que l'expression droit au service public risquait d'entraîner une confusion avec le droit subjectif aux yeux des partisans de la thèse objectiviste, et qu'ils critiquaient l'idée même de droit subjectif, ceux-ci ont été conduits à nier l'existence d'un droit au service public »[332].

68. Bien que l'idée de l'existence d'un droit subjectif à l'obtention d'une prestation continue d'être réfutée par la doctrine, dès les années 1970, une évolution s'observe dans les termes utilisés par certains auteurs qui acceptent de faire usage du mot « droit ». Reprenant la distinction élaborée par Léon Duguit entre situations juridiques objectives et situations juridiques subjectives, ils qualifient les droits contenus dans les premières situations de

---

326 Décret n° 53-1186 du 29 novembre 1953 portant réforme des lois d'assistance.

327 DU BOIS DE GAUDUSSON (J.), *L'usager du service public administratif*, *op. cit.*, p. 120.

328 FOULQUIER (N.), *Les droits publics subjectifs des administrés. Émergence d'un concept en droit administratif français du XIXe au XXe siècle*, *op. cit.*, p. 178.

329 ROLLAND (L.), *Précis de droit administratif*, Paris, Dalloz, coll. Petits précis Dalloz, 8e éd., 1943, p. 569.

330 *Ibid.*

331 MESCHERIAKOFF (A.-S.), *Droit des services publics*, Paris, PUF, coll. Droit administratif, 1991, p. 217.

332 DU BOIS DE GAUDUSSON (J.), *L'usager du service public administratif*, *op. cit.*, p. 123.

droits objectifs et ceux contenus dans les secondes de droits subjectifs[333]. Ceux-ci, tout en refusant de reconnaître la nature subjective du droit à l'obtention d'une prestation[334], admettent l'existence d'un droit objectif à l'obtention d'une prestation et veillent dans le même temps, par le vocable utilisé, à ne pas gommer la fonction fondamentale de l'activité de service public dans la société qui est de servir l'intérêt général[335]. Le raisonnement de Jean du Bois de Gaudusson est particulièrement représentatif de cette évolution. Il accepte qu'il puisse exister au profit des administrés « un droit au service »[336], et donc potentiellement un droit aux prestations d'aide sociale, à partir du moment où l'administration est légalement obligée d'accorder un avantage à l'administré et où celui-ci dispose d'un moyen pour sanctionner une violation de cette obligation. Or, c'est le cas du bénéficiaire de l'aide sociale, non seulement parce que le juge contrôle les motifs du refus de la demande et qu'il est en mesure d'apprécier si le requérant « remplit l'état d'indigence »[337], même quand l'administration dispose d'un certain pouvoir d'appréciation pour déterminer si les conditions requises sont remplies[338], mais aussi parce que le bénéficiaire peut exercer un recours afin que son droit lui soit reconnu. Parce qu'un droit subjectif n'existe que sur la base d'un titre juridique particulier[339], que « le droit subjectif suppose que son titulaire puisse y renoncer ou en disposer »[340], et qu'il considère que les éventuels bénéficiaires du service public ne sont en mesure ni de transmettre leur droit ni de renoncer au bénéfice de la législation, y compris en matière d'aide sociale[341], Jean du Bois de Gaudusson refuse toutefois de reconnaître aux administrés un droit subjectif « au service public » alors qu'il accepte de reconnaître un droit au service public.

69. Cette évolution quant à la perception des droits à l'aide sociale passe relativement inaperçue puisque, à la différence des droits à l'assistance consacrés par le législateur sous la IIIe République, elle n'a fait l'objet d'aucun débat au sein de la doctrine. Cette reconnaissance silencieuse qui

---

333 MELLERAY (F.), *Essai sur la structure du contentieux administratif français. Pour un renouvellement de la classification des principales voies de droit ouverte devant les juridictions à compétence générale*, *op. cit.*, p. 186.

334 DU BOIS DE GAUDUSSON (J.), *L'usager du service public administratif*, *op. cit.*, p. 122 et suiv.

335 GUGLIELMI (Gilles J.), KOUBI (G.), *Droit du service public*, Paris, Montchrestien, coll. Domat droit public, 3e éd., 2011, p. 754.

336 DU BOIS DE GAUDUSSON (J.), *L'usager du service public administratif*, *op. cit.*, p. 131-132.

337 *Ibid.*, p. 138-139.

338 *Ibid.*, p. 137-138.

339 On retrouve cet usage restrictif de la notion de droits subjectifs chez plusieurs administrativistes au cours de la seconde moitié du XXe siècle : Voir notamment CHAPUS (R.), *Droit administratif général*, *op. cit.*, p. 774-775 ou encore AUBY (J.-M.) et DRAGO (R.), *Traité des recours en matière administrative*, Paris, Litec, 1992, p. 623.

340 *Ibid.*, p. 131.

341 *Ibid.*

contraste avec la multiplication des travaux sur la nature des droits-créances énoncés par le Préambule de 1946 n'est sans doute pas sans lien avec leur proclamation. Même si la doctrine a longtemps refusé de reconnaître dans les dispositions les énonçant des normes juridiques[342], elle avait « conscience que les droits de l'homme prenaient une nouvelle dimension qui bouleversait le rapport des administrés et de l'État »[343]. Cela transparaît d'ailleurs à travers les propos de Jean du Bois de Gaudusson qui, après avoir reconnu un droit au service public[344], précise que cette présentation de la situation de l'usager « a l'avantage d'être conforme au contexte sociologique, politique et même psychologique de la société contemporaine »[345] puisqu'elle participe au mouvement qui tend à doter l'administré d'un statut positif, c'est-à-dire d'un « droit des individus à certaines prestations que l'État est tenu - politiquement ou juridiquement - de leur fournir »[346]. Ce mouvement qui naît du développement sous la IIIe République de l'idée « que l'État est lié par le droit, et qui plus est, par un droit qui l'oblige à développer ses activités »[347] s'accroît avec l'adoption du Préambule de la Constitution de 1946 « dont il convient de rappeler le parti pris anti-libéral »[348] comportant des dispositions « prescrivant à l'État de pourvoir à des besoins de l'individu dans les domaines de l'économie et du social »[349]. Selon Jean du Bois de Gaudusson, la consolidation de certaines fins en valeurs, *via* ces prescriptions qui ont pour but d'instituer « une sorte de minimum vital », « tend à faire de ce qui n'était il y a quelques décennies qu'une simple faculté une véritable obligation pour l'État, un véritable droit pour l'individu »[350]. Aussi estime-t-il qu'aux droits de l'homme classiques s'ajoutent « des droits tout aussi importants tels que celui de disposer d'un lit dans un hôpital, de recevoir un enseignement, d'être assisté, d'obtenir un logement »[351]. En précisant que ces droits ne deviennent effectifs qu'après une intervention juridiquement facultative du législateur[352], l'auteur laisse entendre que ce n'est pas tant la reconnaissance de la valeur juridique des

---

342 VEDEL (G.), *Manuel élémentaire de droit constitutionnel*, Paris, Recueil Sirey, 1949, p. 326 ; LAFERRIÈRE (J.), *Manuel de droit constitutionnel*, Paris, Domat-Montchrestien, 1947, p. 964-965.

343 FOULQUIER (N.), *Les droits publics subjectifs des administrés. Émergence d'un concept en droit administratif français du XIXe au XXe siècle*, *op. cit.*, p. 554.

344 DU BOIS DE GAUDUSSON (J.), *L'usager du service public administratif*, *op. cit.*, p. 131 et suiv.

345 *Ibid.*, p. 150.

346 *Ibid.*

347 REDOR (M.-J.), *De l'État légal à l'État de droit. Évolutions des conceptions de la doctrine publiciste française 1879-1914*, Aix-en-Provence, PUAM, coll. Droit public positif, p. 315 cité par DESWARTE (M.-P.), « Droits sociaux et État de droit », *RDP*, 1995, p. 961.

348 DESWARTE (M.-P.), « Droits sociaux et État de droit », *op. cit.*, p. 961.

349 DU BOIS DE GAUDUSSON (J.), *L'usager du service public administratif*, *op. cit.*, p. 150.

350 *Ibid.*

351 *Ibid.*, p. 150-151.

352 *Ibid.*, p. 151.

dispositions du Préambule de 1946 qui transforme l'administration en « une administration de prestations » et conduit à reconnaître des droits de plus en plus nombreux permettant de bénéficier de prestations que la consécration de dispositions qui sont « l'expression d'un certain état d'esprit, l'affirmation d'un idéal [...] l'énoncé de principes moraux et politiques »[353]. Dès lors, c'est probablement davantage l'acceptation de l'évolution du rôle de l'État, bien plus que le contenu du droit de l'aide sociale, qui explique la reconnaissance d'un droit des bénéficiaires à l'aide sociale.

70. Cela tend d'ailleurs à être confirmé par le fait que certains auteurs, rares il est vrai dans les années 1950, estiment qu'avec le décret du 29 novembre 1953 portant réforme des lois d'assistance a été maintenue la forme spécifiquement française de l'assistance, à savoir « l'existence de conditions particulières justifiant l'intervention des collectivités (vieillesse, infirmité, maladie, etc.) » ainsi que « la reconnaissance d'un droit à l'assistance quand les conditions particulières fixées par la loi sont constatées »[354]. Ce faisant, tout en affirmant que l'aide sociale constitue effectivement un droit pour son bénéficiaire, ces auteurs laissent entendre que cela était déjà le cas avant l'adoption de ce décret puisqu'il est considéré que ce décret « n'apporte en fait aucun changement profond » et « ne modifie aucun des principes fondamentaux sur lesquels repose actuellement l'assistance »[355]. Pour exemple, l'article 179 du Code de la famille et de l'aide sociale issu du décret n° 59-143 du 7 janvier 1959 était, jusqu'à l'adoption de la loi du 26 juillet 1992[356] et du décret du 26 mars 1993[357], la « transcription presque littérale de la loi de 1895 »[358]. Dès lors, jusqu'à leur entrée en vigueur, le régime de cette aide était purement discrétionnaire puisqu'il imposait que chaque situation individuelle soit appréciée individuellement sans référence à une quelconque norme législative et règlementaire fixant, notamment, le niveau de revenu au-dessous duquel le demandeur était manifestement dans l'incapacité de se soigner sans l'aide de la collectivité publique[359]. Alors qu'il n'est mis fin à l'appréciation discrétionnaire des commissions d'admission par la mise en place d'un critère objectif de revenu qu'à partir de 1993[360], la doctrine n'a pas attendu

---

353 LAFERRIÈRE (J.), *Manuel de droit constitutionnel*, *op. cit.*, p. 965.

354 RAIN (E.), « La réforme des lois d'assistance », *RA*, 1953, p. 350.
Dans le même sens voir LAPORTE (A.), « La réforme de la législation sur l'aide sociale », *Dr. soc.*, 1954, p. 103.

355 *Ibid.*

356 Loi n° 92-722 du 29 juillet 1992 portant adaptation de la loi n° 88-1088 du 1er décembre 1988 relative au revenu minimum d'insertion et relative à la lutte contre la pauvreté et l'exclusion sociale et professionnelle, *JO* n° 175 du 30 juillet 1992, p. 10215.

357 Décret n° 93-648 du 26 mars 1993 relatif à l'aide médicale et à l'assurance personnelle et modifiant le Code de la sécurité sociale, *JO* n° 74 du 28 mars 1993 p. 5370.

358 RAYNAUT (M.) ET DESSAINT (L.), « La réforme de l'aide médicale », *Santé publique*, 1993, n° 4-5, p. 6.

359 *Ibid.*

360 *Ibid.*, p. 11.

cette évolution pour admettre l'existence d'un droit à l'assistance médicale. Si, en soi, cela n'a rien de très surprenant dans la mesure où la doctrine n'hésite pas, à l'heure actuelle, à affirmer que les lois d'assistance consacraient des droits[361], cela met en exergue les ressorts idéologiques ayant sous-tendu le refus, puis l'acceptation, de regarder les dispositifs d'assistance d'abord, et d'aide sociale ensuite, comme de véritables droits.

B. La reconnaissance d'un droit subjectif aux prestations d'aide sociale

71. Il faut attendre la fin des années 1980 pour que certains auteurs acceptent de qualifier les droits à l'aide sociale de droits subjectifs. Pour Élie Alfandari et Florence Tourette, « La reconnaissance expresse d'un droit à l'aide sociale n'est pas indispensable », il suffit que le législateur construise le droit à l'aide sociale comme un droit subjectif[362]. Or, ils estiment que c'est précisément ce qu'il a fait pour la plupart des formes de l'aide sociale en désignant un débiteur, en établissant des statuts objectifs qui serviront à déterminer les créanciers et en leur donnant la possibilité de faire valoir leurs droits[363]. Pour Michel Borgetto et Robert Lafore, pour qu'un droit puisse être qualifié de droit subjectif, il doit tout d'abord s'agir d'une prérogative individuelle reconnue aux personnes par le droit objectif. Ce droit doit ensuite être propre à un sujet de droit qui doit alors être en mesure de le faire valoir face aux tiers. Enfin, les caractéristiques propres du sujet doivent être prises en compte lors de son attribution[364]. Le droit à l'aide sociale remplit selon eux ces trois conditions, car la réglementation, lorsqu'elle construit les prestations d'aide sociale, désigne un débiteur, élabore un statut objectif définissant les créanciers potentiels et met en place des protections et des garanties à leur profit pour faire valoir leur droit. De plus, pour qu'un droit soit effectivement attribué à un individu, il est nécessaire que le demandeur ait préalablement fait preuve de son état de besoin. Le droit à l'aide sociale se distingue du droit objectif parce que les instances d'admission sont aptes à apprécier ce besoin et l'absence de moyens alternatifs pour y subvenir, tandis qu'un droit ne conditionnant l'obtention d'une prestation qu'à la réunion de critères réglementaires ne mettant pas en cause la situation personnelle des individus reste, selon eux, un droit objectif.

---

[361] BORGETTO (M.), *La notion de fraternité en droit public français. Le passé, le présent et l'avenir de la solidarité*, *op. cit.*, p. 456.
Contra : DUPEYROUX (J.-J.), « Quelques réflexions sur le droit à la sécurité sociale », *Dr. soc.*, 1960, n° 5, p. 296.
[362] ALFANDARI (E.) et TOURETTE (F.), *Action et aide sociales*, Paris, Dalloz, coll. Précis, 5e éd., 2011, p. 111.
[363] *Ibid.*
[364] BORGETTO (M.) et LAFORE (R.), *Droit de l'aide et de l'action sociales*, Issy-les-Moulineaux, LGDJ, coll. Domat droit public, 9e éd., 2015, p. 118.

72. Une première explication à cette reconnaissance doctrinale expresse en droit de l'aide sociale réside, sans doute, dans le fait que cette discipline est à la jonction du droit public et du droit privé. Quoiqu'elle soit classiquement rattachée au droit public, l'étude du droit de l'aide sociale impose de nombreuses incursions en droit privé[365] et, par conséquent, représente un domaine d'étude aussi bien pour les publicistes que pour les privatistes. Or, ces derniers étant familiarisés avec la notion de droits subjectifs firent montre, à l'instar d'Élie Alfandari[366], de moins de réticences envers cette notion. Il est fort probable que cette qualification influença le regard porté par l'ensemble de la doctrine, y compris publiciste, en la matière[367], et ce, d'autant plus qu'en droit public, les années 1990 ont, semble-t-il, « marqué un retour en grâce de la notion de droit subjectif »[368] en raison d'un « mouvement général de subjectivisation de la pensée juridique en France »[369] ainsi que d'« un bouleversement des représentations qui ont peu à peu fait tomber les obstacles à la réception du concept »[370]. Non seulement le développement des jurisprudences constitutionnelle et européenne a eu pour conséquence d'enserrer « l'action des pouvoirs publics dans un réseau de contraintes d'intensité variable, mais néanmoins sanctionnées »[371] mettant ainsi à mal l'idée « que le pouvoir discrétionnaire des pouvoirs publics était [...] antinomique avec l'existence de droits des individus »[372], mais encore « le droit public a perdu une partie de sa superbe »[373] et a découvert que l'intérêt général, « si souvent mis en avant pour justifier la suprématie des droits de la puissance publique sur ceux des administrés envisagés individuellement », n'était plus la seule raison d'être du service public : nombre de services publics sont prioritairement tournés

---

365 MAGORD (C.), *Le parcours contentieux de l'aide sociale*, thèse soutenue à l'Université Jean-Monnet-Saint-Étienne le 12 mai 2015, dactyl., p. 7.

366 ALFANDARI (E.), *Le droit aux aliments en droit privé et en droit public. Unification des notions et des contentieux de l'obligation alimentaire et de l'aide sociale*, 2 vol., Poitiers, 1958, dactyl., p. 50 et suiv.

Cette qualification est utilisée par Élie Alfandari dans la version de son manuel de 1974. ALFANDARI (E.), *Aide sociale, action sociale*, Paris, Dalloz, coll. Précis Dalloz, 1974, 680 p.

367 Michel Borgetto et Robert Lafore utilisent le terme de droit subjectif dans la version de leur manuel de 1998. BORGETTO (M.) et LAFORE (R.), *Droit de l'aide et de l'action sociales*, Paris, Montchrestien, coll. Domat droit public, 1996, p. 59 et suiv.

368 ROULHAC (C.), *L'opposabilité des droits et libertés*, thèse soutenue à l'Université Paris Nanterre le 16 novembre 2016, dactyl., p. 488.

369 *Ibid.*

370 *Ibid.*, p. 489.

371 *Ibid.*

372 *Ibid.*

Sur ce point voir FOULQUIER (N.), *Les droits publics subjectifs des administrés. Émergence d'un concept en droit administratif français du XIXe au XXe siècle*, *op. cit.*, p. 257 et suiv.

373 LACHAUME (J.-F.), « Quels droits publics subjectifs pour les usagers des services publics ? », *in Les droits publics subjectifs des administrés*, Travaux de l'AFDA, LexisNexis, coll. Colloques et Débats, 2011, p. 117.

vers la satisfaction des usagers[374]. D'ailleurs, au-delà de la doctrine de l'aide sociale, certains administrativistes n'hésitent désormais plus à affirmer l'existence d'un droit public subjectif à la délivrance de la prestation au profit des usagers, et notamment des bénéficiaires de l'aide sociale[375], dès lors qu'ils remplissent les conditions d'obtention de la prestation[376].

73. Une seconde explication réside dans les évolutions qui ont affecté le droit à l'aide sociale et, en particulier, dans le mouvement engagé à la fin des années 1990 recentrant l'aide sociale sur la « personne »[377]. L'invention de « l'insertion » dans le cadre du revenu minimum d'insertion laisse entrevoir des formes renouvelées d'assistance nécessitant la recherche de l'adhésion du bénéficiaire. Cette tendance est systématisée avec l'adoption de la loi du 29 juillet 1998 qui, en se focalisant sur « l'accès aux droits » et en « fixant un objectif de retour à la "normale" des personnes prises en charge en matière d'emploi, de logement, de santé, de formation, etc., postule une nécessaire réévaluation des aspirations et des capacités de ces dernières pour construire leur accompagnement »[378]. Elle sera ensuite déclinée, notamment dans le domaine de l'aide aux personnes en situation de handicap à travers la notion de « projet de vie »[379]. Nul doute que ce nouveau « souci de l'usager » ne soit « un symptôme d'une transformation des façons de concevoir et donc aussi d'organiser l'action sociale »[380]. Alors que les bénéficiaires, usagers d'un service public, ont longtemps été considérés comme des « bénéficiaires d'usages collectifs pensés sur le fondement d'un universel visant à transcender les intérêts particuliers dont les siens, "l'intérêt général" »[381], ce nouvel usager se voit placé « au centre », « l'intervention collective se construisant à partir de ses "besoins", de façon à en faire l'acteur de ce qu'il convient non plus de dénommer une "prise en charge", mais une "prise en compte" »[382].

74. Une dernière explication réside dans le fait que la Cour européenne des droits de l'homme a considéré que les droits au versement de prestations de sécurité sociale à caractère contributif, tels que le droit à des prestations

---

[374] *Ibid.*

[375] PLESSIX (B.), « Le juge administratif, le contentieux de l'aide sociale et l'application du droit civil. Note sous Conseil d'État, Section, 19 novembre 2004, *Ramond et Roche* (2 arrêts) », *RFDA*, 2005, p. 376 ; BARTHE-GAY (C.), « Les normes permissives en droit administratif français », *RRJ*, 2004, p. 241.

[376] LACHAUME (J.-F.), « Quels droits publics subjectifs pour les usagers des services publics ? », *op. cit.*, p. 123.

[377] LAFORE (R.), « Un nouveau paradigme pour l'action sociale. L'usager, la personne, le citoyen », *in* LAFORE (R.) (dir.), *Refonder les solidarités. Les associations au cœur de la protection sociale*, Paris, Dunod, 2016, p. 198.

[378] *Ibid.*

[379] Loi n° 2005-102 du 11 février 2005 pour l'égalité des droits et des chances, la participation et la citoyenneté des personnes handicapées, *JO* n° 36 du 12 février 2005 p. 2353.

[380] LAFORE (R.), « Un nouveau paradigme pour l'action sociale. L'usager, la personne, le citoyen », *op. cit.*, p. 198.

[381] *Ibid.*, p. 209.

[382] *Ibid.*

d'assurance maladie[383], le droit à des prestations d'assurance contre les accidents du travail[384] ou encore le droit à l'octroi d'une rente d'invalidité[385] ainsi que les prestations relevant de l'aide sociale[386], ont un caractère civil au sens de l'article 6 § 1 de la CEDH. Dans l'arrêt *Salesi*, elle juge que l'intéressée « ne se voyait pas concernée dans ses rapports avec l'administration en tant que telle, usant de prérogatives discrétionnaires ; atteinte dans ses moyens d'existence, elle invoquait un droit subjectif de caractère patrimonial, résultant des règles précises d'une loi ». La Cour européenne des droits de l'homme élargit ainsi l'application des dispositions de l'article 6 § 1 de la Convention relatives au droit au procès en matière civile à l'ensemble des litiges qui mettent en jeu des droits subjectifs de caractère patrimonial[387]. Dès lors, c'est parce qu'elle appréhende les droits à l'aide sociale comme des droits subjectifs de caractère patrimonial qu'elle accepte d'y voir des « droits de caractère civil » au sens de l'article 6 § 1 de la CEDH. Alors que le juge administratif avait, dans un premier temps, écarté l'application de l'article 6 § 1 dans ses décisions *Cohen*[388] et *Mme Gabeur*[389] au motif qu'un litige relatif aux conditions d'attribution de l'allocation compensatrice ou aux revenus à prendre en compte pour le calcul du revenu minimum de la personne handicapée travaillant et étant hébergée en centre d'aide par le travail ne constituait pas une contestation sur des droits et obligations de caractère civil, il fait dans un second temps application de la jurisprudence *Salesi* en reconnaissant au droit à l'allocation compensatrice, prestation sociale à destination des personnes handicapées, un caractère « civil » au sens de l'article 6 § 1 de la CEDH et, ce faisant, admet implicitement le caractère subjectif du droit à cette prestation sociale[390]. Comme le souligne Diane Roman, si le fait de qualifier les droits aux prestations sociales de « droits de caractère civil », n'impliquant pas une protection substantielle des droits sociaux, mais uniquement une garantie procédurale, a une incidence assez faible, cela « traduit une évolution certaine de la conception des droits des assurés et assistés sociaux »[391]. En outre, « D'une façon plus audacieuse encore, la jurisprudence européenne a expressément considéré que le droit à l'attribution des prestations sociales est un droit patrimonial au sens des stipulations de l'article 1er du Protocole

[383] CrEDH, 29 mai 1986, *Feldbrugge c/ Pays-Bas*, req. n° 8562/79.
[384] CrEDH, 29 mai 1986, *Deumeland c/ Allemagne*, req. n° 9384/81.
[385] CrEDH, 24 juin 1993, *Schuler-Zgraggen c/ Suisse*, req. n° 14518/89.
[386] CrEDH, 29 février 1993, *Salesi c/ Italie*, req. n° 13023/87.
[387] PRÉTOT (X.), « La protection sociale est-elle soluble dans le droit de propriété ? », *in Drôle(s) de droit(s). Mélanges en l'honneur d'Élie Alfandari*, Paris, Dalloz, 2000, p. 165-166.
[388] CE, 14 décembre 1988, *Cohen*, req. n° 49883, *RDSS*, 1989, p. 269, obs. Ligneau (Ph.).
[389] CE, 17 mars 1993, *Mme Gabeur*, req. n° 94562, *Rec. CE* (tables), p. 571 ; *RDSS*, 1993, p. 493, concl. Chatelier ; *RDSS*, 1993, p. 543, obs. Kessler (F.).
[390] CE sect., 27 mars 1997, *Département de la Saône et Loire et Centre communal d'action social de La Rochelle* (2 espèces), *Rec. CE*, p. 106 et 108 ; *RDSS*, 1998, p. 560, concl. Daussun.
[391] ROMAN (D.), *Le droit public face à la pauvreté*, *op. cit.*, p. 301.

n° 1 »[392] en vertu duquel « toute personne physique ou morale a droit au respect de ses biens. Nul ne peut être privé de sa propriété que pour cause d'utilité publique et dans les conditions prévues par la loi et les principes généraux du droit international ». Si, jusqu'alors, les droits aux allocations de sécurité sociale et d'aide sociale étaient considérés comme des « droits subjectifs de caractère patrimonial », à compter de l'arrêt *Gaygusuz*, ils sont qualifiés de « droits patrimoniaux »[393]. La Cour européenne des droits de l'homme qualifie de « droit patrimonial » le droit à une allocation d'urgence pour les chômeurs[394] - allocation qui était subordonnée au versement préalable de contributions à la caisse d'assurance chômage - ainsi que le droit à l'allocation aux adultes handicapés[395]. Les juges judiciaire et administratif n'ont toutefois pas attendu la décision *Koua-Poirrez c/ France*[396] pour faire application du Protocole n° 1 dans le cadre de litiges concernant des prestations non-contributives. Ont été qualifiés de droit patrimonial l'allocation supplémentaire du Fonds national de solidarité par le premier[397], les allocations familiales[398] et le revenu de solidarité active par le second. En effet, le Conseil d'État a jugé dans une décision du 10 juillet 2015 « que le droit au RSA, qui est prévu par la législation applicable, doit être regardé comme un droit patrimonial au sens de l'article 1er du premier protocole additionnel à la convention européenne de sauvegarde des droits de l'homme et des libertés fondamentales »[399]. Aussi n'est-il guère surprenant que, dans une décision de 2014, la Commission centrale d'aide sociale ait pour la première fois expressément qualifié les droits à l'aide sociale de droits subjectifs des bénéficiaires[400]. Alors même que cette notion était parfois utilisée par les parties pour développer leur argumentation[401], elle avait, jusqu'alors, uniquement reconnu l'existence d'un droit aux prestations d'aide sociale. Elle l'avait fait en affirmant, dans sa décision *Sieur R.*[402], que les dispositions législatives relatives à l'aide médicale instituaient « au profit de leurs bénéficiaires un véritable droit à l'allocation mensuelle qu'elles créent » ou encore, dans sa

---

392 *Ibid.*, p. 302-303.
393 CrEDH, 16 septembre 1996, *Gaygusuz c/ Autriche*, req. n° 17371/90, *D.*, 1998, p. 438.
394 CrEDH, 16 septembre 1996, *Gaygusuz c/ Autriche*, req. n° 17371/90, *D.*, 1998, p. 438.
395 CrEDH, 30 septembre 2003, *Koua-Poirrez c/ France*, req. n° 40892/98, *JCP G*, 2004, I, 107, n° 20 chron. Sudre (F.).
396 CrEDH, 30 septembre 2003, *Koua-Poirrez c/ France*, req. n° 40892/98, *JCP G*, 2004, I, 107, n° 20 chron. Sudre (F.).
397 Cass. soc., 14 janvier 1999, *M. Bozkurt*, n° 97-12487, *Bull. civ.* V, n° 24 ; *Dr. soc.*, 1999, p. 215, note Favard (J.) ; *JCP*, 1999, II, 10082, note Sudre (F.).
398 CE ass., 5 mars 1999, *M. Rouquette, Mme Lipietz et autres*, *Rec. CE*, p. 37 ; *RFDA*, 1999, p. 357, concl. Maugüé.
399 CE, 10 juillet 2015, *Mme B.*, req. n° 375887, inédit au recueil Lebon.
400 Comm. centr., 12 décembre 2014, *M. X.*, dossier n° 130616, *CJAS*, n° 2015/3.
401 MAGORD (C.), *Le parcours contentieux de l'aide sociale*, *op. cit.*, p. 369.
Pour exemples : Comm. centr., 30 novembre 2012, *Mme X.*, dossier n° 120148, *CJAS*, n° 2013/3 ; Comm. centr., 26 octobre 2011, *Mlle X.*, dossier n° 110473, *CJAS*, n° 2012/3.
402 Comm. centr., 26 juillet 1956, *Sieur R.*, *GASS*, Paris, Dalloz, 1998, 2e éd., n° 74.

décision *Lainé*[403], rendue quelques mois plus tard, en jugeant que la Commission départementale de la Manche ne pouvait légalement rejeter la demande d'aide sociale pour soins médicaux et fournitures pharmaceutiques présentée par le requérant, car « une circulaire ne saurait avoir pour effet de priver d'un droit établi par la loi une personne manifestement incapable de faire l'avance de ses frais médicaux et pharmaceutiques, et de supporter le ticket modérateur ». Dans sa décision *Dame Dumont*[404], c'est plus largement le droit à l'aide sociale qui est expressément reconnu par la Commission centrale d'aide sociale. En l'espèce, elle affirme « qu'il résulte de l'ensemble des dispositions législatives et règlementaires sur l'Aide sociale [...] que les prestations d'Aide sociale, loin d'être des « avances » consenties par les collectivités d'assistance [...], constituent, pour les intéressés, un droit qui leur est légalement acquis dès que les Commissions et juridictions compétentes ont constaté qu'ils remplissaient les conditions auxquelles le Code de la Famille et de l'Aide Sociale et les décrets pris pour son application subordonnent lesdites prestations ». Or, dans sa décision du 12 décembre 2014, la Commission centrale d'aide sociale fait référence, pour la première fois et à plusieurs reprises, au « droit subjectif, individuel et fondamental de l'assisté à l'aide sociale »[405]. Cette qualification jurisprudentielle traduit l'évolution de la conception des droits des bénéficiaires de la protection sociale[406].

75. La levée des obstacles idéologiques à la reconnaissance de droits subjectifs des bénéficiaires de l'aide sociale, les mutations que le droit à l'aide sociale a connues depuis la fin des années 1980 et les évolutions impulsées par la Cour européenne des droits de l'homme quant à la qualification jurisprudentielle des droits à l'aide sociale ont conduit la doctrine à accepter de qualifier les droits à l'aide sociale de droits subjectifs, alors même qu'elle s'y était longtemps refusé. Les différentes approches doctrinales de la notion de droits subjectifs nécessitent toutefois de conforter cette qualification en recourant à la définition fonctionnelle de la notion de droits subjectifs précédemment identifiée afin de s'assurer que la renonciation à ces droits est envisageable.

---

403 Comm. centr., 11 octobre 1956, *Lainé*, *Revue de l'aide sociale*, 1958, p. 40.

404 Comm. centr., 20 mars 1959, *Dame Dumont*, *Revue de l'aide sociale*, 1959, p. 168, concl. Barbet.

405 Comm. centr., 12 décembre 2014, *M. X.*, dossier n° 130616, *CJAS*, n° 2015/3.

406 ROMAN (D.), *Le droit public face à la pauvreté*, *op. cit.*, p. 302.

SECTION II. L'APPLICATION DE LA DÉFINITION FONCTIONNELLE DE LA NOTION DE DROITS SUBJECTIFS EN DROIT DE L'AIDE SOCIALE

76. Revenir à la notion de droits subjectifs permet de s'assurer que la renonciation en droit de l'aide sociale est conceptualisable. Cette démarche est nécessaire, car, même si la doctrine est moins réticente à recourir à la notion de droits subjectifs pour qualifier les droits à l'aide sociale[407], elle ne s'appuie pas toujours sur la même définition de la notion[408]. Or, toutes les approches de la notion de droits subjectifs ne permettent pas de faire de cette notion un critère pour s'assurer de la possibilité rationnelle de renoncer à un droit. Aussi convient-il de faire application du critère précédemment identifié - le droit subjectif compris comme un pouvoir d'exiger un certain comportement de la part des personnes publiques afin de se procurer un certain avantage moral ou matériel considéré comme licite par l'ordre juridique[409] - pour déterminer l'étendue de la possibilité conceptuelle de renoncer en droit de l'aide sociale.

77. Le pouvoir d'exiger pouvant aussi bien être reconnu par une norme générale ou individuelle, ce critère doit être appliqué, en droit de l'aide sociale, à deux niveaux distincts : en amont, avant l'intervention du législateur, car la création d'un service public de l'aide sociale est une obligation constitutionnelle pour les pouvoirs publics[410], et en aval, après l'intervention du législateur pour concrétiser les droits sociaux-créances. De prime abord, les droits-créances « ne se prêtent guère à une analyse en termes de renonciation »[411]. Cette intuition mérite cependant d'être vérifiée non seulement parce que ces droits constituent des droits fondamentaux - droits qui ne sont pas, par nature, évincés du domaine de la renonciation -, mais encore parce qu'il n'est pas inenvisageable qu'ils puissent être qualifiés de droits subjectifs. Bien que durant plusieurs années, calquant le *vinculum juris* - le rapport de droit - entre l'administration et

---

407 ALFANDARI (E.), *Aide sociale, action sociale*, Paris, Dalloz, coll. Précis Dalloz, 1974, 680 p. ; BORGETTO (M.) et LAFORE (R.), *Droit de l'aide et de l'action sociales*, Paris, Montchrestien, coll. Domat droit public, 2e éd., 1998, 778 p.
Voir également : BADEL (M.), *Le droit social à l'épreuve du revenu minimum d'insertion*, Talence, Presses universitaires de Bordeaux, 1996, p. 394 et suiv. ; PRÉTOT (X.), *Les grands arrêts du droit de la sécurité sociale*, Paris, Dalloz, 2e éd., 1998, p. 610.

408 Ainsi, à la différence de Michel Borgetto et de Robert Lafore, par exemple, Maryse Badel se fonde sur les définitions proposées par Jean Dabin et Paul Roubier, pour qualifier de droit subjectif le droit à l'allocation de revenu minimum d'insertion. BADEL (M.), *ibid.*, p. 297 et suiv.

409 FOULQUIER (N.), *Les droits publics subjectifs des administrés. Émergence d'un concept en droit administratif français du XIXe au XXe siècle*, *op. cit.*, p. 405.

410 MAGORD (C.), *Le parcours contentieux de l'aide sociale*, *op. cit.*, p. 350.

411 ARROYO (J.), *La renonciation aux droits fondamentaux. Étude de droit français*, Paris, éd. Pedone, coll. Publications de l'Institut international des droits de l'homme, 2016, p. 46.

l'administré sur l'obligation au sens civiliste du terme[412], la doctrine n'ait conçu l'existence de ce lien de droit qu'entre deux personnes nommément désignées et, par là même, comme découlant d'un acte individuel[413], il est désormais admis que « l'administration se lie à une masse indifférenciée d'individus, sans renier la dimension contraignante et donc juridique de ce lien »[414] et, par conséquent, qu'il puisse être impersonnel. Le rapport de droit peut donc reposer sur une disposition constitutionnelle, législative ou encore réglementaire.

78. La doctrine, il est vrai, refuse majoritairement d'appréhender les droits-créances comme des droits subjectifs. Bertrand Mathieu et Michel Verpeaux considèrent que « les droits sociaux dits de créance [...] ne sont pas des droits subjectifs, mais des objectifs dont la prise en compte s'impose à l'État et qui jouent en quelque sorte un rôle correcteur au regard des principes d'essence libérale »[415]. Cependant, cet avis n'est pas partagé par Norbert Foulquier pour qui « les dispositions du Préambule ne sont plus seulement des directives destinées exclusivement au législateur. Elles confèrent aux particuliers des droits dont ils peuvent revendiquer le respect et, plus précisément, la réalisation qui est à la charge des personnes publiques »[416] et seraient traitées comme des droits publics subjectifs positifs par le juge administratif[417]. Au vu de ces considérations, seule l'application de la notion de droits subjectifs telle que préalablement définie est en mesure d'infirmer ou, au contraire, de confirmer la possibilité conceptuelle de renoncer aux droits sociaux créances consacrés par les dixième et onzième alinéas du Préambule de la Constitution de 1946 (§ 1) et aux droits à l'aide sociale les concrétisant (§ 2).

---

412 FOULQUIER (N.), *Les droits publics subjectifs des administrés. Émergence d'un concept en droit administratif français du XIXe au XXe siècle*, *op. cit.*, p. 205 et suiv.

413 FOULQUIER (N.), « Rapport de synthèse », *in Les droits publics subjectifs des administrés*, Travaux de l'AFDA, LexisNexis, coll. Colloques et Débats, 2011, p. 237.

414 *Ibid.*, p. 237-238.

415 MATHIEU (B.) et VERPEAUX (M.), *Contentieux constitutionnel des droits fondamentaux*, *op. cit.*, p. 428.

Voir également MAGORD (C.), *Le parcours contentieux de l'aide sociale*, *op. cit.*, p. 308 et CAMAJI (L.-E.), *La personne dans la protection sociale. Recherche sur la nature des droits des bénéficiaires de prestations sociales*, Paris, Dalloz, coll. Nouvelle bibliothèque de thèses, 2008, p. 31-32.

Contra : GUSY (C.), « Les droits sociaux sont-ils nécessairement injusticiables ? », *in* GREWE (C.) et BENOÎT-ROHMER (F.) (dir.), *Les droits sociaux ou la démolition de quelques poncifs*, Strasbourg, Presses universitaires de Strasbourg, Collections de l'Université Robert Schuman, 2003, p. 37.

416 FOULQUIER (N.), *Les droits publics subjectifs des administrés. Émergence d'un concept en droit administratif français du XIXe au XXe siècle*, *op. cit.*, p. 563.

417 *Ibid.*, p. 568.

§ 1. La qualification juridique des droits sociaux créances[418]

79. Mettant en avant la distinction entre « droit-créance » et « droit de créance », certains auteurs considèrent que « Les droits-créances reconnus par le droit public français ne présentent pas les caractères d'exigibilité d'une créance née de rapports de droit privé »[419]. Pourtant, d'autres n'hésitent pas à affirmer que « ramenée à la sphère du droit public, cette notion de créance trouve également à s'appliquer »[420]. Dès lors que l'existence d'un pouvoir d'exiger un certain comportement de la part des personnes publiques est au cœur de la définition de la notion de droit public subjectif, se pose la question de savoir s'il existe une distinction entre le pouvoir d'exiger découlant d'un droit de créance et celui découlant d'un droit-créance. Qu'en est-il des droits sociaux créances constitutionnels dont la satisfaction suppose l'intervention de l'État ? Certes, les individus, titulaires des droits énoncés aux dixième et onzième alinéas du Préambule de la Constitution de 1946 dans la mesure où « le pronom "tous" [est] synonyme dans le texte constitutionnel de chacun »[421], sont considérés comme des créanciers par rapport à l'État. Néanmoins, s'il est débiteur à l'égard des créanciers « de la satisfaction de certains besoins essentiels par le biais d'interventions positives concrètes »[422], ceux-ci sont-ils pour autant titulaires d'un véritable pouvoir d'exiger de telles interventions positives susceptible de permettre de qualifier les droits sociaux créances de droits publics subjectifs ? Pour le savoir, il est possible de s'intéresser à leur justiciabilité.

---

418 Notre réflexion se cantonnant aux droits consacrés dans le Préambule qui sont à la fois des droits « sociaux », au sens de droits proclamés par les normes constitutionnelles « dans le champ social (droits des travailleurs, droit à des prestations, droit aux services publics), afin de réduire les injustices économiques et dans une perspective de justice sociale » (ROMAN (D.), « La justiciabilité des droits sociaux ou les enjeux de l'édification d'un état de droit social », *in* ROMAN (D.) (dir.), *« Droits des pauvres, pauvres droits ? ». Recherches sur la justiciabilité des droits sociaux*, Paris, Mission de recherche droit et justice, novembre 2010, p. 5), et des droits-créances au sens de droits impliquant une attitude active de la part de l'État (FAVOREU (L.) et *al.*, *Droit des libertés fondamentales*, Paris, Dalloz, coll. Précis, 6e éd., 2012, p. 350), nous utiliserons pour les désigner le terme de « droits sociaux créances ».

419 RAPOPORT (C.), « L'opposabilité des "droits-créances" constitutionnels en droit public français », VIe Congrès Français de Droit Constitutionnel. 50e Anniversaire de la Constitution de 1958, Association Française de Droit constitutionnel, 26-27 septembre 2008, p. 4, accessible en ligne : http://www.droitconstitutionnel.org/congresParis/comC8/RapoportTXT.pdf

420 BOYER-CAPELLE (C.), *Le service public et la garantie des droits et libertés*, thèse soutenue à l'Université de Limoges le 10 juillet 2009, dactyl., p. 35.

421 GRÜNDLER (T.), « Le juge et le droit à la protection de la santé », *RDSS*, 2010, p. 835 et suiv.

422 BOYER-CAPELLE (C.), *Le service public et la garantie des droits et libertés*, *op. cit.*, p. 35.

80. Bien que l'action en justice ne soit pas un élément de définition des droits subjectifs et ne fasse que « parfaire le droit subjectif »[423], l'étude de la justiciabilité des droits sociaux créances permet d'en révéler la nature puisque le recours au juge est un moyen pour les créanciers de réclamer la réalisation d'un droit et, par suite, d'exercer leur pouvoir d'exiger. Cependant, démontrer qu'un droit est justiciable ne suffit pas pour prouver l'existence d'un pouvoir d'exiger du créancier, car la justiciabilité « est binaire »[424]. La justiciabilité normative « concerne le contentieux des normes » et permet de « sanctionner des règles portant atteinte à des principes qui leur sont supérieurs dans l'échelle de la pyramide des normes », tandis que la justiciabilité subjective « désigne la capacité des normes à être portées par un particulier devant un juge afin d'obtenir une satisfaction individuelle »[425]. La première permet donc « *a minima* d'invoquer en justice un droit ou un "principe" pour s'opposer à des mesures générales visant à diminuer le niveau de la protection en cause », alors que la seconde suppose l'existence d'un droit subjectif dont un individu peut obtenir le respect en justice en raison de son exigibilité[426]. Seule la justiciabilité subjective dévoile l'existence d'un droit subjectif. Or, l'étude de la justiciabilité des droits sociaux créances révèle que, s'ils sont justiciables puisqu'ils constituent des normes de référence pour le contrôle du Conseil constitutionnel (A), et parfois pour celui du Conseil d'État (B), il s'agit d'une justiciabilité normative et non subjective.

A. La justiciabilité normative des droits sociaux créances devant le Conseil constitutionnel

81. En reconnaissant la valeur constitutionnelle du Préambule du 1958 et, par ricochet, de celui de 1946[427] dans sa décision du 16 juillet 1971[428], le

423 FOULQUIER (N.), *Les droits publics subjectifs des administrés. Émergence d'un concept en droit administratif français du XIXe au XXe siècle*, *op. cit.*, p. 295 et suiv. et p. 405.

424 BALLOT (E.), *Étude critique des droits fondamentaux*, thèse soutenue le 18 février 2012 à l'Université François-Rabelais de Tours, 2012, p. 165.
L'expression a été utilisée à l'origine par Guy Braibant. BRAIBANT (G.), *La Charte des droits fondamentaux de l'Union européenne*, Paris, Seuil, coll. Points-essais, 2001, p. 44-46 et BRAIBANT (G.), « L'environnement dans la Charte des droits fondamentaux de l'Union européenne », *Cahiers du Conseil constitutionnel*, 2003, n° 15, p. 160.
Sur l'application de cette distinction voir : ROMAN (D.), « Les droits sociaux : des droits à part entière ? Éléments pour une réflexion sur la nature et la justiciabilité des droits sociaux », *in* DU CHEYRON (P.) et GÉLOT (D.) (dir.), *Droit et pauvreté*, ONPES et DREES-MiRe, 2008, p. 39-57.

425 BALLOT (E.), *Étude critique des droits fondamentaux*, *op. cit.*, p. 166.

426 ROMAN (D.), « La justiciabilité des droits sociaux ou les enjeux de l'édification d'un état de droit social », *op. cit.*, p. 6.

427 Il avait déjà reconnu la valeur constitutionnelle du Préambule en réalité un an auparavant, en 1970 (Cons. const., n° 70-39 DC, 19 juin 1970, *Traités des communautés européennes*, *RCC*, p. 15). Il fait alors application du Préambule qu'il cite expressément dans les visas de sa décision. Il s'agissait ici du contrôle d'un traité international et cette décision a, semble-t-il, moins marqué les esprits que celle rendue un an plus tard.

Conseil constitutionnel laisse penser qu'il entend veiller au respect de l'ensemble des dispositions du Préambule de la Constitution de 1946, y compris celles formulées de façon générale telles que les principes particulièrement nécessaires à notre temps. Cela sera confirmé quelques années plus tard, car en 1975, sur le fondement de l'alinéa 11 suivant lequel non seulement la Nation « garantit à tous, notamment à l'enfant, à la mère et aux vieux travailleurs, la protection de la santé, la sécurité matérielle, le repos et les loisirs », mais encore suivant lequel « Tout être humain qui, en raison de son âge, de son état physique ou mental, de la situation économique, se trouve dans l'incapacité de travailler a le droit d'obtenir de la collectivité des moyens convenables d'existence », le Conseil constitutionnel accepte de reconnaître la valeur constitutionnelle du droit à la santé[429]. Quoique n'ait pas été en cause une prestation sociale puisque cet alinéa était invoqué, au contraire, comme « fondement d'un droit de défense opposable à l'État »[430], il contrôlera par la suite également les dispositions législatives mettant en place ou modifiant des droits à l'aide sociale, tels que l'aide médicale, au regard du droit à la santé énoncé dans cet alinéa[431]. En outre, sur le fondement de l'alinéa 11 du Préambule de 1946, il a reconnu une valeur constitutionnelle au droit à la protection sociale et à la sécurité matérielle[432]. Il n'hésite alors pas à examiner, au regard de l'alinéa 11, la constitutionnalité de dispositions législatives instaurant ou modifiant, non seulement des prestations de sécurité sociale non contributives - relevant dans leur logique de l'aide sociale - telles que l'allocation aux adultes

---

[428] Cons. const., n° 71-44 DC, 16 juillet 1971, *Liberté d'association*, *RCC*, p. 29.

[429] Cons. const., n° 74-54 DC, 15 janvier 1975, *Loi relative à l'interruption volontaire de la grossesse*, *RCC*, p. 19.

[430] GAY (L.), *Les « droits-créances » constitutionnels*, *op. cit.*, p. 192.
En l'espèce, les auteurs de la saisine contestaient la constitutionnalité des dispositions de l'article 3 de la loi relative à l'interruption volontaire de la grossesse autorisant l'avortement durant les dix premières semaines de la grossesse notamment sur le fondement de sa non-conformité aux principes réaffirmés par le Préambule de la Constitution. En l'occurrence, c'était le droit à la santé de « l'enfant » qui était mis en avant (le Conseil constitutionnel considère « qu'aucune des dérogations prévues par cette loi [...] ne méconnaît le principe énoncé dans le préambule de la Constitution du 27 octobre 1946, selon lequel la nation *garantit à l'enfant la protection de la santé*, non plus qu'aucune des autres dispositions ayant valeur constitutionnelle édictées par le même texte ») Cons. const., n° 74-54 DC, 15 janvier 1975, *Loi relative à l'interruption volontaire de la grossesse*, *RCC*, p. 19, cons. 10, *D.*, 1975, p. 529, note Hamon (F.).

[431] Cons. const., n° 93-325 DC, 13 août 1993, *Loi relative à la maîtrise de l'immigration et aux conditions d'entrée, d'accueil et de séjour des étrangers en France*, *RCC*, p. 224, cons. 122 à 127 ; Cons. const., n° 2003-488 DC, 29 décembre 2003, *Loi de finances rectificative pour 2003*, *RCC*, p. 480, cons. 16 à 18. ; Cons. const., n° 2010-622 DC, 28 décembre 2010, *Loi de finances pour 2011*, *RCC*, p. 416, cons. 31 à 36.

[432] Cons. const., n° 86-225 DC, 23 janvier 1987, *Loi portant diverses mesures d'ordre social*, *RCC*, p. 13, cons. 16 et 17.

handicapés[433] ou encore l'allocation supplémentaire du fonds national de solidarité[434], mais aussi des prestations d'aide sociale comme la prestation spécifique dépendance[435] ou l'aide médicale de l'État[436].

82. Toutefois, le seul fait que les droits sociaux créances puissent être invoqués devant le Conseil constitutionnel afin qu'une disposition législative soit déclarée inconstitutionnelle ne saurait conduire à conclure à l'existence d'un pouvoir d'exiger. Par son contrôle, le juge constitutionnel reconnaît uniquement la justiciabilité normative des droits sociaux créances dans la mesure où il se contente d'examiner la conformité d'une disposition législative aux droits énoncés aux dixième et onzième alinéas du Préambule de la Constitution de 1946. À la différence de la justiciabilité subjective qui permet d'obtenir du juge la satisfaction individuelle d'un droit, la justiciabilité normative permet *a minima* d'invoquer en justice un droit afin de s'opposer à des mesures diminuant le niveau de la protection concernée[437]. Pour Guy Braibant cela signifie que, si un État a reconnu un droit à l'aide au logement, « l'autorité qui l'a accordée ne peut plus le retirer ni même le réduire »[438]. Or, selon Diane Roman, cette « clause de non régression » est typiquement illustrée par le contentieux constitutionnel prévu à l'article 61 de la Constitution[439]. Le contentieux constitutionnel des droits sociaux créances en est le parfait exemple. D'une part, aucun dispositif ne permet de sanctionner l'inertie du législateur. Ce « manque de procédure »[440] empêche que ces droits puissent faire « l'objet d'une demande de mise en œuvre » devant le juge constitutionnel[441]. Dès lors, « la protection contre les atteintes positives imputables au législateur est exclusive de toute protection contre les atteintes négatives émanant de ce même législateur »[442]. D'autre part, le contrôle qu'exerce le juge constitutionnel est limité. Il

---

433 Cons. const., n° 2001-447 DC, 18 juillet 2001, *Loi relative à la prise en charge de la perte d'autonomie des personnes âgées et à l'allocation personnalisée d'autonomie*, *RCC*, p. 89, cons. 4 à 8.

434 Cons. const., n° 86-225 DC, 23 janvier 1987, *Loi portant diverses mesures d'ordre social*, *RCC*, p. 13, cons. 16 et 17.

435 Cons. const., n° 96-387 DC, 21 janvier 1997, *Prestation spécifique dépendance*, *RCC*, p. 23, cons. 7 et suiv.

436 Cons. const., n° 97-393 DC, 18 décembre 1997, *Allocations familiales*, *RCC*, p. 320, cons. 30 à 34 ; Cons. const., n° 2010-622 DC, 28 décembre 2010, *Loi de finances pour 2011*, *RCC*, p. 416, cons. 36 ; Cons. const., n° 2012-654 DC, 9 août 2012, *Loi de finances rectificative pour 2012 (II)*, *RCC*, p. 461, cons. 71.

437 ROMAN (D.), « La justiciabilité des droits sociaux ou les enjeux de l'édification d'un état de droit social », *op. cit.*, p. 6.

438 BRAIBANT (G.), « L'environnement dans la Charte des droits fondamentaux de l'Union européenne », *op. cit.*, p. 160.

439 ROMAN (D.), « La justiciabilité des droits sociaux ou les enjeux de l'édification d'un état de droit social », *op. cit.*, p. 7.

440 DEBENE (M.), « Le Conseil Constitutionnel et "les principes particulièrement nécessaires à notre temps" », *AJDA*, 1978, p. 538.

441 *Ibid.*, p. 538.

442 FLAUSS (J.-F.), « Les droits sociaux dans la jurisprudence du Conseil constitutionnel », *Dr. soc.*, p. 653.

s'assure que la marge de manœuvre importante dont dispose le législateur pour la concrétisation des droits sociaux n'aboutisse pas à la négation de la substance de ces droits, à leur dénaturation[443], sachant que les choix opérés et les modalités retenues par le législateur sont, dans leur grande majorité, déclarés conformes à la Constitution[444]. En outre, lors de son contrôle des dispositions abrogeant ou modifiant une loi antérieure, il vérifie que le législateur ne prive pas de « garanties légales des exigences de caractère constitutionnel »[445] ; manière pour lui d'affirmer que l'adoption de mesures législatives ne doit pas porter atteinte au contenu minimum des droits-créances, « de rappeler au législateur les obligations résultant pour lui de sa soumission au texte fondamental »[446]. Dans l'ensemble des décisions dans lesquelles la violation de l'alinéa 11 est invoquée, il précise ainsi que s'il appartient au législateur de choisir les modalités concrètes pour le mettre en œuvre, « l'exercice de ce pouvoir ne saurait aboutir à priver de garanties légales des exigences de caractère constitutionnel »[447]. Concrètement, cela

---

443 BORGETTO (M.) et LAFORE (R.), *La République sociale. Contribution à l'étude de la question démocratique en France*, Paris, PUF, coll. La politique éclatée, 2000, p. 234.

444 BERNAUD (V.) et PRÉTOT (X.), « Droit constitutionnel social », *JCl. Administratif*, fasc. n° 1443.

Pour exemple : Cons. const., n° 93-325 DC, 13 août 1993, *Loi relative à la maîtrise de l'immigration et aux conditions d'entrée, d'accueil et de séjour des étrangers en France*, *RCC*, p. 224, cons. 124 et suiv. ; Cons. const., n° 86-225 DC, 23 janvier 1987, *Loi portant diverses mesures d'ordre social*, *RCC*, p. 13, cons. 14 à 17 ; Cons. const., n° 99-416 DC, 23 juillet 1999, *Loi portant création d'une couverture maladie universelle, RCC*, p. 100, cons. 7 à 11 et Cons. const., n° 97-393 DC, 18 décembre 1997, *Allocations familiales*, *RCC*, p. 320, cons. 30 à 34.

La seule invalidation d'une mesure aménageant les conditions d'accès à une prestation sociale a été faite sur le fondement du principe d'égalité : Cons. const., n° 89-269 DC, 22 janvier 1990, *Loi portant diverses dispositions relatives à la sécurité sociale et à la santé*, *RCC*, p. 33, cons. n° 35. Voir BORGETTO (M.), « Le Conseil constitutionnel, le principe d'égalité et les droits sociaux », *in Frontières du droit, critique des droits. Billets d'humeur en l'honneur de Danièle Lochak*, Paris, LGDJ, 2007, p. 239-246 et GAY (L.), « L'égalité et la protection sociale dans les premières décisions QPC du Conseil constitutionnel : un bilan mitigé », *RDSS*, 2010, n° 6, p. 1061-1076.

445 Grégory Mollion rappelle que le but d'une garantie légale est de protéger les droits constitutionnels. MOLLION (G.), « Les garanties légales des exigences constitutionnelles », *RFDC*, 2005, n° 62, p. 259.

446 GAY (L.), *Les « droits-créances » constitutionnels*, *op. cit.*, p. 347 et p. 353 et suiv.

447 Le Conseil constitutionnel affirme expressément que le législateur ne peut priver de « garanties légales » le droit à la protection de la santé (Cons. const., n° 90-287 DC, 16 janvier 1991, *Loi portant dispositions relatives à la santé publique et aux assurances sociales*, *RCC*, p. 24, cons. 24. Cons. const., n° 2003-488 DC, 29 décembre 2003, *Loi de finances rectificative pour 2003*, *RCC*, p. 480), l'objectif constitutionnel relatif à la possibilité de disposer d'un logement décent (Cons. const., n° 94-359 DC, 19 janvier 1995, *Diversité de l'habitat*, *RCC*, p. 176, cons. 8), l'exigence constitutionnelle de mise en œuvre d'une politique de solidarité nationale en faveur des personnes défavorisées (Cons. const., n° 2011-123 QPC, 29 avril 2011, *Mohamed T*, *RCC*, p. 213 (décision sur l'AAH) et Cons. const., n° 2009-599 DC, 29 décembre 2009, *Loi de finances pour 2010*, *RCC*, p. 218, cons. 100 et 101) ou encore le droit à la protection et au développement de la famille (Cons. const., n° 97-393 DC, 18 décembre 1997, *Allocations familiales*, *RCC*, p. 320, cons. 32 et 33).

peut conduire le Conseil constitutionnel à déclarer inconstitutionnelles les dispositions législatives supprimant un régime légal de prestations existant sans le remplacer par un système globalement équivalent[448] ou supprimant un service public constitutionnel d'aide sociale[449].

83. Alors qu'il ne fait aucun doute que la justiciabilité des droits sociaux créances dans le cadre de l'article 61 de la Constitution est une justiciabilité normative, la question se pose de savoir s'il en est de même lorsque ces droits sont invoqués dans le cadre de la procédure de la question prioritaire de constitutionnalité prévue à l'article 61-1 de la Constitution. Comme le souligne Claire Lagrave, « dépassant le cadre classique du contrôle *a priori* et, de fait, nécessairement abstrait, l'on aurait pu penser, dès lors, que la QPC consacrerait l'apparition d'un contentieux subjectif de protection des droits des individus »[450]. En effet, les contrôles de constitutionnalité exercés *a posteriori* sont parfois des contrôles concrets qui relèvent du contentieux subjectif lorsque leur but n'est pas la défense de l'ordre constitutionnel, mais celle d'un droit fondamental lié à une situation individuelle[451], d'un droit subjectif de la personne. Or, le contrôle exercé par le Conseil constitutionnel dans le cadre de la QPC est un contrôle abstrait qui relève du contentieux objectif[452] et qui n'a pas pour fonction « de trancher concrètement un litige afin de savoir si les droits fondamentaux du requérant ont été ou non violés

---

Cette jurisprudence n'empêche cependant nullement la modification par le législateur d'une loi antérieure, y compris dans un sens plus restrictif. Il peut ainsi restreindre les conditions et les modalités d'accès aux prestations sociales en instituant, par exemple, une condition de résidence pour les prestations de sécurité sociale non contributives (Cons. const., n° 86-225 DC, 23 janvier 1987, *Loi portant diverses mesures d'ordre social*, *RCC*, p. 13, cons. 15 à 18) ou en mettant sous conditions de ressources les allocations familiales (Cons. const., n° 97-393 DC, 18 décembre 1997, *Allocations familiales*, *RCC*, p. 320, cons. 28 à 32).

448 BORGETTO (M.) et LAFORE (R.), *Droit de l'aide et de l'action sociales*, *op. cit.*, p. 74.

449 BORGETTO (M.) « La notion de service public constitutionnel face au droit de la protection sociale », *in Mélanges en l'honneur de Jean-François Lachaume. Le droit administratif : permanence et convergence*, Paris, Dalloz, 2007, p. 83-100.

Bien que la doctrine ne soit pas unanime sur les services publics qu'il convient de ranger dans cette catégorie, il apparaît que la majorité des auteurs y intègrent la santé et l'aide sociale. Ainsi, pour Pierre Esplugas, « le procédé naturel permettant la réalisation [des « droits-créances] est sans nul doute le service public » ; la concrétisation des « principes économiques et sociaux » implique l'organisation de services publics (ESPLUGAS (P.), *Conseil constitutionnel et service public*, Paris, LGDJ, coll. Bibliothèque constitutionnelle et de science politique t. 80, 1994, p. 29-30 et p. 70 et suiv.).

Dans la mesure où ces services publics correspondent à une exigence constitutionnelle, le législateur « ne saurait supprimer ceux qu'il a accepté de créer sans violer, par là même, la Loi fondamentale » (BORGETTO (M.) et LAFORE (R.), *La République sociale. Contribution à l'étude de la question démocratique en France*, *op. cit.*, p. 235-236).

450 LAGRAVE (C.), « Le caractère concret du contrôle de constitutionnalité *a posteriori* dans les modèles espagnol, italien et français », *in* GAY (L.) (dir.), *La question prioritaire de constitutionnalité. Approche de droit comparé*, Bruxelles, Bruylant, coll. À la croisée des droits, 2014, p. 237.

451 DISANT (M.), *Droit de la question prioritaire de constitutionnalité. Cadre juridique, Pratiques jurisprudentielles*, Rueil-Malmaison, Lamy, coll. Lamy Axe du droit, 2011, p. 103.

452 *Ibid.*

in casu »[453]. Aussi la mise en place de la question prioritaire de constitutionnalité n'a-t-elle pas ouvert la voie à la reconnaissance d'une justiciabilité subjective des droits sociaux créances : « une fois renvoyée au Conseil constitutionnel, la question de constitutionnalité est constitutive d'un contentieux objectif dans l'intérêt du droit »[454], et ce, même si « la procédure de QPC n'est pas totalement dépourvue de dimension subjective ne serait-ce qu'en raison du lien qu'elle entretient avec un véritable litige »[455]. D'ailleurs, les décisions rendues dans le cadre de la procédure de QPC relatives aux droits sociaux créances ne diffèrent pas des solutions retenues par le Conseil constitutionnel dans le cadre de son contrôle de constitutionnalité *a priori*. Cela transparaît nettement dans la décision QPC *Mohamed T*[456]. Le juge réaffirme non seulement qu'il appartient au législateur, pour satisfaire l'exigence constitutionnelle de mise en œuvre d'une politique de solidarité nationale en faveur des personnes défavorisées découlant du onzième alinéa du Préambule de la Constitution de 1946, « de choisir les modalités concrètes qui lui paraissent appropriées », mais encore qu'il lui est loisible « de modifier des textes antérieurs ou d'abroger ceux-ci en leur substituant, le cas échéant, d'autres dispositions », d'adopter « des modalités nouvelles dont il lui appartient d'apprécier l'opportunité et qui peuvent comporter la modification ou la suppression de dispositions qu'il estime excessives ou inutiles » dans la limite où l'exercice de ce pouvoir ne prive pas de garanties légales des exigences de caractère constitutionnel. Cette décision dévoile la volonté du Conseil constitutionnel de ne pas introduire « une dissociation entre le contrôle abstrait *a priori* et le contrôle abstrait *a posteriori* » afin « d'assurer la cohérence » entre ces deux contrôles[457]. La justiciabilité des droits sociaux créances devant le Conseil constitutionnel est donc une

---

453 DUBOUT (É.), « Section 2. Quelle efficacité structurelle du procès constitutionnel ? », *in* CARTIER (E.) (dir.), *La QPC, le procès et ses juges. L'impact sur le procès et l'architecture juridictionnelle*, Paris, Dalloz, coll. Méthodes du droit, 2013, p. 212.

454 Rapport sur le projet de loi organique (n° 1599) relatif à l'application de l'article 61-1 de la Constitution, J.-L. Warsmann, Assemblée nationale, 2009, n° 1898, p. 14.
Sur ce point voir DUPRÉ DE BOULOIS (X.), « Le contentieux administratif entre identité objective et conversion subjective », *in* ARLETAZ (J.) et BONNET (J.) (dir.), *L'objectivation du contentieux des droits et libertés fondamentaux. Du juge des droits au juge du droit ?*, Paris, éd. Pedone, coll. Publications de l'Institut international des droits de l'homme, 2015, p. 9-22 et BONNET (J.), « La QPC et l'intérêt du justiciable », *in* ARLETAZ (J.) et BONNET (J.) (dir.), *L'objectivation du contentieux des droits et libertés fondamentaux. Du juge des droits au juge du droit ?*, Paris, éd. Pedone, coll. Publications de l'Institut international des droits de l'homme, 2015, p. 23-42.

455 DUPRÉ DE BOULOIS (X.), « La QPC comme supermarché des droits fondamentaux ou les dérives du contentieux objectif des droits », *RDLF*, 2014, chron. n° 2.

456 Cons. const., n° 2011-123 QPC, 29 avril 2011, *Mohamed T.*, *RCC*, p. 213.
Sur cette décision voir GAY (L.), « Reconnaissance du droit constitutionnel à la protection sociale dans le cadre de la QPC », *RFDC*, 2011, p. 834 et suiv.

457 Commentaires aux Cahiers sous la décision Cons. const., n° 2011-123 QPC, 29 avril 2011, *Mohamed T.*, *RCC*, p. 213.

justiciabilité normative qui ne saurait révéler le caractère éventuellement subjectif de ces droits.

B. Le refus de la justiciabilité subjective des droits sociaux créances par le Conseil d'État

84. La justiciabilité des droits sociaux créances peut également être étudiée dans le cadre des recours exercés devant le juge administratif. Elle est directement en lien avec la question de leur applicabilité directe. Lorsque la légalité d'un acte administratif est contestée pour des motifs fondés sur la violation de la Constitution, le juge administratif doit faire face à deux situations distinctes. Soit une loi s'interpose entre la Constitution et cet acte formant alors un « écran infranchissable »[458] pour le juge qui ne pourra apprécier la légalité de l'acte qu'en fonction de la seule loi, soit aucune loi n'est intervenue en la matière, le juge administratif est alors à même d'apprécier directement par rapport à la disposition constitutionnelle, si elle est considérée comme d'applicabilité directe, la légalité de l'acte administratif. Les normes sont d'applicabilité directe si elles énoncent un droit ou une obligation à destination des particuliers et si elles ne nécessitent pas l'adoption d'une mesure complémentaire pour produire un effet[459]. Cependant, l'applicabilité directe des droits sociaux créances ne traduit pas obligatoirement l'existence de droits publics subjectifs. Pour que cela soit le cas, il faut que le juge accepte d'en faire directement application afin qu'un individu puisse en obtenir le respect en justice en vue de l'obtention d'une satisfaction individuelle. Or, s'il accepte de faire directement application des alinéas 10 et 11 du Préambule de 1946 lors du contrôle de la légalité d'un acte règlementaire, le Conseil d'État s'y refuse lors du contrôle de la légalité d'un acte individuel.

85. La Haute juridiction administrative fait, par exemple, directement application du principe de solidarité nationale en faveur des familles découlant des alinéas 10 et 11 du Préambule lors de son contrôle de la légalité d'un acte réglementaire[460]. En l'espèce, l'association requérante demande au juge administratif l'annulation du décret du 21 janvier 2011 relatif aux modalités de calcul de la part des allocations familiales suspendues ou supprimées en cas d'absentéisme scolaire. À cette occasion, elle demande au Conseil d'État de renvoyer au Conseil constitutionnel la question de la conformité aux droits et libertés garantis par la Constitution de la loi du 28 septembre 2010 qui institue un mécanisme de suspension des allocations familiales à titre de sanction à la suite d'un manque d'assiduité

---

458 ODENT (R.), *Contentieux administratif*, Paris, Dalloz, 2007, t. 1, p. 184.

459 ROBLOT-TROIZIER (A.), « L'applicabilité directe du Préambule de la Constitution de 1946 », *in* GAUDEMET (Y.) (dir.), *Le Préambule de la Constitution de 1946*, Paris, Éditions Panthéon-Assas, 2008, p. 29-30.

460 CE, 15 juin 2011, *Association justice pour toutes les familles*, req. n° 347581, *Rec. CE* (tables), p. 1168.

scolaire. La demande de question prioritaire de constitutionnalité est rejetée par le juge administratif qui, lors de son contrôle, s'inscrit dans la lignée de la jurisprudence constitutionnelle. Le Conseil d'État reprend en substance l'analyse faite par le Conseil constitutionnel dans sa décision *Allocations familiales*[461] dans laquelle il déduisait des alinéas 10 et 11 du Préambule de 1946 une exigence constitutionnelle impliquant la mise en œuvre d'une politique de solidarité nationale en faveur de la famille. Le Conseil d'État avance, à son tour, que cette exigence peut être concrétisée par le droit aux prestations familiales ou par d'autres mesures paraissant appropriées au législateur et « susceptibles de revêtir la forme de prestations, générales ou spécifiques, directes ou indirectes, apportées aux familles tant par les organismes de sécurité sociale que par les collectivités publiques ». Il considère que les dixième et onzième alinéas du Préambule « ne font pas obstacle à ce que le bénéfice des allocations familiales soit subordonné à une condition d'assiduité scolaire » étant donné que la suspension fait suite à un absentéisme scolaire « sans motifs légitimes ni excuses valables » et que le versement sera rétabli de façon rétroactive si aucune absence n'est constatée dans le délai d'un mois[462]. Dans cette décision, la Haute juridiction administrative accepte donc l'applicabilité directe des alinéas 10 et 11 du Préambule. Il en est de même pour le droit à des moyens convenables d'existence énoncé à l'alinéa 11 du Préambule de 1946[463]. Ce droit a été invoqué devant le Conseil d'État pour contester la légalité de décisions administratives concernant des prestations sociales. Pour le juge administratif, le montant mensuel auquel le revenu minimum d'insertion a été fixé - aide sociale de « subsistance » - ne porte pas atteinte à l'alinéa 11 du Préambule, car d'autres aides ont été prévues[464].

86. L'opposabilité des droits sociaux créances à l'administration tend d'ailleurs à se renforcer en raison de l'affaiblissement de la théorie de la loi-écran[465]. Alors que cette théorie a été, à plusieurs reprises, le fondement du refus de la Haute juridiction administrative de contrôler la conformité d'un

---

[461] Cons. const., n° 97-393 DC, 18 décembre 1997, *Allocations familiales*, *RCC*, p. 320.

[462] Laurence Gay s'interroge sur le fait que le Conseil d'État ne fasse pas mention de la situation dans laquelle la persistance de l'absentéisme conduirait à la suppression définitive des allocations pour la période concernée. Elle considère que cela signifie que cette possibilité est implicitement jugée conforme aux alinéas 10 et 11 du Préambule de 1946. GAY (L.), « Droit à la protection sociale (dont droit de la sécurité sociale) dans les QPC », *Nouveaux cahiers du Conseil constitutionnel*, 2012, n° 34, p. 187.

[463] Notons que l'alinéa 11 du Préambule est également invoqué devant le juge pour faire valoir le droit à la protection de la santé. Il est alors appliqué directement par le juge administratif, mais en tant que « droit-liberté » puisqu'il s'agit de s'assurer que le pouvoir réglementaire ne porte pas atteinte à ce droit. CE, 26 juillet 2011, *Assoc. Fnath accidentés de la vie*, req. n° 337065, *Rec. CE* (tables), p. 1167.

[464] CE, 5 mai 2000, *Pinault*, req. n° 205043, inédit au recueil Lebon et CE, 24 mars 2006, *Jean-Claude A.*, req. n° 274838, inédit au recueil Lebon.
Voir également : CE, 30 juin 2003, *Karmadine*, req. n° 246590, *Rec. CE*, p. 294. CE, 26 avril 2013, *Association Act Up*, req. n° 353401, inédit au recueil Lebon.

[465] CE Sect., 6 novembre 1936, *Arrighi*, *Rec. CE*, p. 966.

acte administratif, notamment à l'alinéa 11 du Préambule[466], ce constat doit aujourd'hui être nuancé, car dans certains cas l'écran que forme l'interposition d'une loi entre la Constitution et l'acte administratif contesté peut être considéré comme « transparent ». Le commissaire du gouvernement Abraham définit l'écran transparent dans ses conclusions sous l'arrêt *Quintin* comme une « notion qui s'applique à une loi qui, tout en renvoyant à l'autorité réglementaire le soin de définir certaines règles, ne contient en elle-même aucune règle de fond de nature à faire obstacle à ce que soient critiquées les dispositions réglementaires adoptées au regard des règles de fond de niveau supra-législatif »[467]. Cela signifie que la « théorie de la loi-écran » empêche le juge administratif de contrôler un acte administratif au regard de la Constitution uniquement si un vice d'inconstitutionnalité trouvant sa source dans la loi est invoqué : soit de manière directe lorsque le requérant soulève expressément une exception d'inconstitutionnalité, soit de manière indirecte lorsque la disposition réglementaire attaquée reprend en substance une disposition législative[468]. À partir du moment où le vice est propre à l'acte administratif, et ce, même s'il s'agit d'un décret d'application d'une loi, le juge peut examiner sa conformité avec les dispositions de la Constitution ; « En cas de vice propre du décret, la loi devient alors un "écran transparent" »[469]. L'arrêt *Confédération française démocratique du travail et autres*[470] s'inscrit dans la lignée de cette interprétation de l'écran transparent tout en traduisant une évolution quant à la portée de « l'écran législatif » qui se trouve réduit à peau de chagrin[471]. Après avoir exprimé son refus de contrôler la conformité de la condition d'activité posée par le législateur aux exigences constitutionnelles résultant des dixième et onzième alinéas du Préambule de

---

466 CE sect., 23 avril 1997, *GISTI*, req. n° 163043, *Rec. CE*, p. 142 ; *RFDA*, 1997, p. 585, concl. Abraham.

467 Conclusion d'Abraham sur l'arrêt CE, 17 mai 1991, *Quintin*, *RDP*, 1991, p. 1429, concl. Abraham.

468 Pour un exemple plus récent, voir l'arrêt CE, 13 juillet 2007, *Département de la Vendée*, req. n° 297286, inédit au recueil Lebon.

469 Conclusions de Yann Aguila sur l'arrêt CE ass., 3 octobre 2008, *Commune d'Annecy*, req. n° 297931, *Rec. CE*, p. 322 ; *RFDA*, 2008, p. 1147, concl. Aguila.

D'ailleurs, déjà en 1992, Favoreu et Thierry Serge Renoux écrivaient qu'il ne peut être « tiré de la jurisprudence administrative relative à l'écran législatif une sorte de présomption de non-invocabilité des normes constitutionnelles à l'encontre des actes administratifs car les précédents sont moins nombreux qu'on ne le dit ». FAVOREU (L.) et RENOUX (T. S.), *Le contentieux constitutionnel des actes administratifs*, Paris, Sirey, coll. Droit public, 1992, p. 23.

470 CE, 27 octobre 2011, *Confédération française démocratique du travail et autres*, req. n° 343943, *Rec. CE* (tables), p. 1096. Voir MAHÉ (S.) et ROUSTAN DE PÉRON (J.), « Le décret d'application du "RSA jeunes" à l'épreuve du Conseil d'État », *JCP A*, 2012, n° 10-11, p. 2080.

471 CASSIA (P.), « Nouvelles variations sur la hiérarchie et l'agencement des normes internes, internationales et de l'Union européenne. Note sous Conseil d'État, 6 décembre 2012, Société Air Algérie », *RFDA*, 2013, p. 655.

la Constitution de 1946 lors de l'examen de la constitutionnalité du décret d'application du « RSA jeunes », le Conseil d'État accepte expressément de contrôler la conformité d'un décret d'application[472] d'une loi à des dispositions de valeur constitutionnelle, à savoir « de vérifier si les mesures prises pour l'application de la loi n'ont pas elles-mêmes méconnu » certaines exigences constitutionnelles[473]. Le juge considère que le moyen est opérant, car il vise la disposition d'application « en elle-même », la « valeur ajoutée » par rapport à la loi, fruit de la marge d'appréciation laissée par le législateur au pouvoir réglementaire[474]. Cette jurisprudence n'est pas, en tant que telle, un véritable bouleversement dans l'appréciation que fait le juge administratif de « l'opacité » de l'écran créé par la disposition législative entre son décret d'application et la Constitution en matière d'aide sociale. Il avait déjà accepté de réaliser un tel contrôle auparavant, notamment dans son arrêt *Pinault*[475] ou, plus récemment, dans son arrêt *Collectif des accidentés du travail, handicapés et retraités, pour l'égalité des droits*[476]. Néanmoins, cet arrêt marque une évolution du fait de la ténuité du lien entre la disposition législative et la disposition du décret d'application dans le cas d'espèce[477].

87. Si l'affaiblissement de la portée de la « théorie de la loi-écran » laisse présager un accroissement des contrôles de constitutionnalité des actes administratifs directement par rapport aux alinéas 10 et 11 du Préambule

---

472 L'article L. 262-7-1 du CASF précisait les détails du nouveau dispositif. Le gouvernement avait uniquement à prévoir la durée d'activité.

473 Le *quantum* d'activité fixé par le règlement litigieux a ainsi été jugé conforme aux dixième et onzième alinéas du Préambule de la Constitution de 1946.

474 Ce cas d'espèce est très proche de l'illustration du « vice propre » donnée quelques années plus tôt par le commissaire du gouvernement Yann Aguila. Il évoquait alors « l'hypothèse où une loi poserait le principe d'une enquête publique et où un décret d'application viendrait préciser la durée de cette enquête, par exemple 2 jours. Si un requérant critiquait une telle durée de 2 jours comme étant trop brève et, donc, méconnaissant le principe de participation, le moyen serait, bien évidemment, parfaitement recevable. Il s'agirait en effet d'un vice propre du décret, et la seule existence d'une loi ne saurait alors délier le pouvoir réglementaire de son obligation de respecter le principe de participation ». Conclusions de Yann Aguila sur l'arrêt CE ass., 3 octobre 2008, *Commune d'Annecy*, req. n° 297931, *Rec. CE*, p. 322 ; *RFDA*, 2008, p. 1147, concl. Aguila.

475 CE, 5 mai 2000, *Pinault*, req. n° 205043, inédit au recueil Lebon.

476 CE, 23 avril 2007, *Collectif des accidentés du travail, handicapés et retraités, pour l'égalité des droits (CATRED) et autres*, req. n° 283311, *AJDA*, 2007, p. 205. En l'espèce, la loi exigeait une condition de résidence pour l'accès à l'allocation pour adulte handicapé. Le décret d'application contesté fixait à une durée de trois mois cette condition législative de résidence. Le Conseil d'État, conformément aux conclusions du commissaire du gouvernement Christophe Devys qui proposait une extension de la jurisprudence *Quintin*, a considéré qu'en dépit de l'existence d'une loi posant des règles de fond, la requérante pouvait utilement mettre en cause la constitutionnalité du décret d'application. Voir CASSIA (P.), « Nouvelles variations sur la hiérarchie et l'agencement des normes internes, internationales et de l'Union européenne. Note sous Conseil d'État, 6 décembre 2012, Société Air Algérie », *op. cit.*, p. 655.

477 Voir également CE, 26 avril 2013, *Association Act Up*, req. n° 353401, inédit au recueil Lebon.

de la Constitution de 1946, toujours est-il que ce contrôle concerne uniquement les actes règlementaires et non les actes individuels : la Haute juridiction administrative considère que les droits qui sont énoncés aux dixième et onzième alinéas du Préambule de la Constitution de 1946 ne s'imposent à l'autorité administrative que dans les conditions et limites définies par la loi ; le requérant ne saurait utilement les invoquer indépendamment des dites dispositions[478]. Dans son arrêt *Préfet de police*[479] elle affirme, par exemple, « que le principe posé par les dispositions du préambule de la Constitution du 27 octobre 1946 [...] ne s'impose à l'autorité administrative, en l'absence de précision suffisante, que dans les conditions et les limites définies par les dispositions contenues dans les lois ou dans les conventions internationales incorporées au droit français ». Cette attitude cache un refus de reconnaître la justiciabilité subjective des droits sociaux créances, car en invoquant les alinéas 10 et 11 du Préambule à l'appui de leur recours, les requérants demandent directement la réalisation des droits qu'ils consacrent. Comme cela a pu être souligné à propos de l'article 7 de la Charte de l'environnement, celui-ci ne peut être valablement invoqué à l'encontre d'un acte administratif individuel en l'absence de mesures législative et réglementaire d'application, car « Toute autre solution supposerait qu'il consacre un droit général de participer en matière d'environnement, et qu'en dehors des dispositifs prévus par la loi et le règlement [...] toute personne pourrait exiger d'être consultée avant l'adoption d'une décision publique ayant un impact sur l'environnement »[480]. Aussi, le commissaire du gouvernement Yann Aguila considère qu'un « principe constitutionnel trop général peut difficilement servir de base directe à la reconnaissance d'un droit subjectif au profit d'un particulier. En revanche, il peut normalement toujours être invoqué dans le cadre d'un recours pour excès de pouvoir contre un acte réglementaire »[481]. La distinction entre l'applicabilité directe des droits sociaux créances selon qu'ils sont invoqués lors du contrôle d'un acte règlementaire ou d'un acte individuel conforte la classification des recours contentieux en droit administratif proposée par Fabrice Melleray conduisant à distinguer les recours holistes qui visent à répondre à l'intérêt de la collectivité des recours

---

478 ROBLOT-TROIZIER (A.), « L'applicabilité directe du Préambule de la Constitution de 1946 », *op. cit.*, p. 41.

479 CE, 28 juillet 2004, *Préfet de police*, req. n° 253927, inédit au recueil Lebon.

480 FOUCHER (K.), « La consécration du droit de participer par la Charte de l'environnement : quelle portée juridique ? », *AJDA*, 2006, p. 2319.

481 Yann Aguila estime, dans ses conclusions sur l'arrêt *Commune d'Annecy*, que cette solution n'est en rien remise en cause par l'arrêt *Association « France Terre d'Asile »* (CE, 27 septembre 1985, *Association « France Terre d'Asile »*, req. n° 44484, *Rec. CE*, p. 263) dans lequel le juge écarte un moyen tiré de la méconnaissance du droit d'asile contre un décret réglementaire, en estimant que ce principe ne s'impose pas au pouvoir réglementaire en l'absence de précisions suffisantes. « Cette solution est datée et, sans doute aujourd'hui dépassée, surtout au regard du principe du droit d'asile ». CE Ass., 3 octobre 2008, *Commune d'Annecy*, req. n° 297931, *Rec. CE*, p. 322 ; *RFDA*, 2008, p. 1147, concl. Aguila.

individualistes qui tendent à la satisfaction des intérêts des requérants[482]. Or, dans ce second cas, le contrôle du respect de la légalité garantit la protection d'un droit subjectif puisque, comme le soulignait René Chapus, « Dire qu'un recours pose exclusivement une question de légalité ne signifie pas que, de la réponse faite par le juge à cette question, des droits subjectifs ne puissent résulter »[483]. Dès lors, en refusant de reconnaître la justiciabilité subjective des droits sociaux créances, le juge les exclut de la notion de droits publics subjectifs.

88. Cette conception des droits sociaux créances est d'ailleurs confirmée par le refus du juge administratif de les intégrer dans la catégorie des libertés fondamentales au sens de l'article L. 521-1 du Code de justice administrative alors que, non seulement « La procédure de référé-liberté se situe quant à elle dans un registre purement subjectif »[484], mais encore que c'est précisément sur le terrain du référé-liberté que les requérants sont le « plus naturellement enclins à demander au juge de contraindre l'administration à leur verser une prestation »[485]. Sont exclus du champ du référé-liberté le droit à la santé[486] ou encore le droit à un logement décent[487]. Ces décisions « semblent marquer une réticence du juge à admettre leur protection en justice »[488] dans la mesure où « Ce type de droit n'accède au référé-liberté que pour autant que le législateur en a assuré la règlementation définissant de manière précise les conditions et la procédure d'octroi de la prestation, ses bénéficiaires et ses "débiteurs" »[489]. Cependant, lorsque le législateur est intervenu en matière d'aide sociale, les dispositions du Code de l'action sociale et des familles peuvent être invoquées à l'appui d'une requête en référé-suspension[490] ou en référé-liberté[491].

---

482 MELLERAY (F.), *Essai sur la structure du contentieux administratif français. Pour un renouvellement de la classification des principales voies de droit ouverte devant les juridictions à compétence générale*, Paris, LGDJ, coll. Bibliothèque de droit public t. 212, 2001, 466 p.

483 CHAPUS (R.), *Droit du contentieux administratif*, Paris, Montchrestien, coll. Domat droit public, 13e éd., 2008, p. 223.

484 DUPRÉ DE BOULOIS (X.), « Le contentieux administratif entre identité objective et conversion subjective », *op. cit.*, p. 15.

485 BROYELLE (C.), « Le Préambule de 1946 est-il utile au juge administratif ? », *op. cit.*, p. 67.

486 CE ord., 8 septembre 2005, *Garde des Sceaux, ministre de la Justice c/ Bunel*, req. n° 284803, *Rec. CE*, p. 388.
Voir BOT (O. le), « La justiciabilité des droits sociaux dans le cadre des procédures d'urgence », *RDSS*, 2010, p. 821.

487 CE ord., 3 mai 2002, *Association de réinsertion sociale du Limousin et autres*, req. n° 245697, *Rec. CE*, p. 168.

488 ROMAN (D.), « Les droits sociaux : des droits à part entière ? Éléments pour une réflexion sur la nature et la justiciabilité des droits sociaux », *op. cit.*, p. 55.

489 DUPRÉ DE BOULOIS (X.), « Le contentieux administratif entre identité objective et conversion subjective », *op. cit.*, p. 17-18.

490 CE 22 août 2002, *Département des Bouches-du-Rhône*, req. n° 247068, *AJDA*, 2002 p. 1245.

89. L'étude de la jurisprudence du Conseil constitutionnel et celle du Conseil d'État révèlent le refus de ces deux instances de considérer comme des droits publics subjectifs les droits énoncés aux dixième et onzième alinéas du Préambule de la Constitution de 1946. Si leur « justiciabilité normative » ne fait certes aucun doute, leur « justiciabilité subjective », traduction du pouvoir d'exiger un comportement d'une personne publique afin de se procurer un certain avantage moral ou matériel, n'est pas admise. Se trouve ainsi confortée l'impossibilité rationnelle de renoncer au « droit à l'aide sociale » consacré par le onzième alinéa du Préambule de la Constitution de 1946[492].

§ 2. La qualification juridique des droits à l'aide sociale

90. Quoique incessibles, car ne pouvant faire l'objet d'aucune transmission à titre gratuit ou onéreux, et insaisissables, les droits à l'aide sociale ne sont pas nécessairement exclus du domaine de la renonciation puisque ces caractéristiques découlent du caractère personnel des droits à l'aide sociale : étant attachés à la personne même de leurs bénéficiaires, les droits à l'aide sociale ne peuvent profiter qu'à leurs titulaires. Ces caractéristiques constituent assurément une limite à la disponibilité des droits à l'aide sociale, mais, dès lors qu'il est admis que la libre disposition d'un droit est plus ou moins absolue, rien n'empêche de considérer que les titulaires en ont la libre disposition. Ce sera le cas si les droits à l'aide sociale peuvent être qualifiés de droits subjectifs dans la mesure où la libre disposition est un attribut des droits subjectifs. Or, l'étude du droit de l'aide sociale confirme que le bénéficiaire dispose à l'égard de la collectivité débitrice du pouvoir d'exiger (B) une prestation d'aide sociale (A).

A. La prestation d'aide sociale, un avantage matériel

91. Le droit subjectif d'un administré doit lui permettre de se procurer un certain avantage moral ou matériel que l'ordre juridique a, expressément ou implicitement, considéré comme licite[493]. Derrière le terme « avantage », se profile l'idée d'un intérêt personnel de l'administré. Or, il est aujourd'hui admis que l'aide sociale, à l'instar de l'ensemble des services publics[494], confère aux bénéficiaires une prestation dans le but de satisfaire, certes, l'intérêt général, mais aussi leur intérêt individuel. Ne constituant pas le

---

491 CE ord., 10 février 2012, *Fofana*, req. n° 356456, *Rec. CE* (tables), p. 835 (concernant le droit à l'hébergement d'urgence).

492 BORGETTO (M.), « Aide et action sociales : définitions, principes, orientation », *JCl. Administratif*, fasc. n° 218-10, § 29.

493 FOULQUIER (N.), *Les droits publics subjectifs des administrés. Émergence d'un concept en droit administratif français du XIXe au XXe siècle*, *op. cit.*, p. 405.

494 LACHAUME (J.-F.), « Quels droits publics subjectifs pour les usagers des services publics ? », *op. cit.*, p. 115-116.

fondement, « *l'idée justificative* du principe d'aide sociale »[495], l'un comme l'autre guident néanmoins l'intervention du législateur en la matière. En effet, l'aide sociale - droit alimentaire - est présentée comme un droit ayant pour cause le besoin, c'est-à-dire « un état de fait, [...] un manque qui produit des effets de droit : bénéficier de prestations visant à faire cesser le manque »[496]. Sa finalité est donc la satisfaction des « besoins individuels de survie »[497]. Par conséquent, les prestations d'aide sociale constituent un avantage matériel, « et sans doute aussi "moral" »[498], que le bénéficiaire peut se procurer en raison du pouvoir d'exiger qu'il détient.

92. Cet avantage revêt différentes formes selon le besoin auquel il tente de répondre. Les prestations d'aide sociale peuvent ainsi être servies en nature ou en espèce. L'aide sociale en espèce prend la forme de sommes d'argent versées directement aux bénéficiaires - allocations, pensions ou bourses - afin de pourvoir à un besoin général, comme c'est le cas du revenu de solidarité active[499], ou de satisfaire un besoin particulier tel que le logement[500], la santé avec la prise en charge des frais d'hospitalisation et des soins ambulatoires[501], ou encore l'accès au juge avec la prise en charge des frais de justice pour ceux dont les ressources sont insuffisantes[502]. L'aide sociale en nature, quant à elle, prend la forme d'un service, d'interventions concrètes. L'accueil en établissement de mineurs, de personnes handicapées ou de personnes âgées constitue une aide sociale en nature, tout comme certaines prestations à domicile, les soins et les services ménagers pour les personnes dépendantes notamment. Quelle que soit sa forme, l'aide sociale est donc une prestation individuelle que l'administré peut exiger de l'administration.

B. Le pouvoir d'exiger la délivrance d'une prestation d'aide sociale

93. Le pouvoir d'exiger découle de l'existence d'un rapport de droit qui, « en permettant à un individu d'exercer un "certain pouvoir respectivement aux autres, parfois à un tel autre en particulier", implique nécessairement tant des droits que des obligations correspondantes »[503]. Or, les rapports

---

495 BORGETTO (M.) et LAFORE (R.), *Droit de l'aide et de l'action sociales*, *op. cit.*, p. 42. À l'inverse, Élie Alfandari et Florence Tourette voient dans l'intérêt individuel le véritable fondement de l'aide sociale. ALFANDARI (E.) et TOURETTE (F.), *Action et aide sociales*, *op. cit.*, p. 110.
Voir *infra* n° 151 et suiv.

496 BORGETTO (M.) et LAFORE (R.), *Droit de l'aide et de l'action sociales*, *op. cit.*, p. 116.

497 *Ibid.*, p. 119.

498 MAGORD (C.), *Le parcours contentieux de l'aide sociale*, *op. cit.*, p. 358.

499 Articles L. 262-1 et suiv. du CASF.

500 Par exemple l'APL (articles L. 351-1 et suiv. du CCH).

501 Article L. 251-2 du CASF.

502 Loi n° 91-647 du 10 juillet 1991 relative à l'aide juridique, *JO* n° 0162 du 13 juillet 1991, p. 9170.

503 HYDE (A.-A.), *Les atteintes aux libertés individuelles par contrat. Contribution à la théorie de l'obligation*, Paris, IRJS Éditions, 2015, p. 53.

entre l'administration et les administrés peuvent être appréhendés comme des rapports de droit, même s'ils découlent d'actes généraux et impersonnels, car, pour Norbert Foulquier, lorsqu'il adopte une disposition constitutionnelle, législative ou encore règlementaire, l'État « se lie - dans les limites du contenu de cet acte - à l'égard de l'ensemble des administrés »[504]. Le pouvoir d'exiger peut donc être reconnu par une norme générale ou individuelle. La reconnaissance d'un « *vinculum juris erga omnes* » est particulièrement importante parce qu'elle ouvre la possibilité de concevoir les droits à l'aide sociale comme des droits subjectifs des administrés avant même qu'ils aient été acquis et, par conséquent, « individualisés », *via* l'adoption d'un acte administratif individuel. Le droit subjectif étant un pouvoir d'exiger quelque chose de quelqu'un, correspond à ce pouvoir une obligation à la charge de celui à qui s'adresse l'exigence[505]. Aussi, afin de savoir s'il existe un droit public subjectif à la délivrance d'une prestation d'aide sociale, est-il nécessaire de rechercher si un tel comportement est juridiquement imposé à l'administration[506].

94. En droit de l'aide sociale, le pouvoir d'exiger « un certain comportement de la part des personnes publiques », en l'occurrence une action positive, en vue de la délivrance d'une prestation sociale, découle de la loi. Il porte sur l'exercice de la puissance publique par la personne publique[507] puisque l'administré, lorsqu'il remplit les conditions d'attribution, dispose du pouvoir d'exiger que la collectivité débitrice désignée comme telle par la loi agisse afin de lui attribuer une prestation sociale. Le législateur, à qui il revient de mettre en œuvre les dixième et onzième alinéas du Préambule de la Constitution de 1946, détermine lors de la création d'un dispositif d'aide sociale la collectivité débitrice chargée de délivrer la ou les prestations sociales et met ainsi à sa charge une obligation juridique. En vertu de l'article L. 121-1 du CASF, cette collectivité est le département dans lequel les bénéficiaires ont leur domicile de secours. Néanmoins, l'État est dans l'obligation de prendre en charge certaines aides limitativement énumérées par l'article L. 121-7 du CASF telles que l'aide sociale engagée en faveur des personnes dont la présence sur le territoire métropolitain résulte de circonstances exceptionnelles et qui n'ont pu choisir librement leur lieu de résidence ou des personnes pour lesquelles aucun domicile fixe ne peut être déterminé, ou encore l'aide médicale de l'État.

95. Pour être bénéficiaire du pouvoir d'exiger, le destinataire des prestations, à savoir selon l'article L. 111-1 du CASF « toute personne

---

504 FOULQUIER (N.), « Rapport de synthèse », *op. cit.*, p. 237-238.

505 BONNARD (R.), « Les recours juridictionnels des administrés », *in Annuaire de l'Institut international de droit public*, Paris, PUF, 1932, p. 56.

506 « L'existence d'un devoir, d'une obligation à caractère positif ou négatif à la charge de l'administration, voilà le critérium qui permet de décider s'il y a droit public subjectif pour l'administré ». BONNARD (R.), « Les recours juridictionnels des administrés », *op. cit.*, p. 56.

507 MAGORD (C.), *Le parcours contentieux de l'aide sociale*, *op. cit.*, p. 371.

résidant en France », doit remplir les conditions posées par le législateur et le pouvoir règlementaire. Cette exigence, élément de définition de la notion de droit public subjectif, est d'ailleurs expressément mentionnée par le législateur qui précise que « toute personne résidant en France bénéficie, si elle remplit les conditions légales d'attribution, des formes de l'aide sociale telles qu'elles sont définies par le présent code »[508]. Est établi par le législateur, pour chaque prestation sociale, un statut objectif qui permet de déterminer les créanciers de la collectivité débitrice[509], c'est-à-dire qu'il prévoit les conditions requises pour que la situation du particulier lui donne droit à l'aide sociale. Par conséquent, « le droit à une prestation d'aide sociale, quelle que soit la prestation, est systématiquement conditionné, même concernant les prestations dites "universelles" »[510]. Dans le cadre du revenu de solidarité active, « toute personne résidant en France de manière stable et effective, dont le foyer dispose de ressources inférieures à un "montant forfaitaire", a droit au revenu de solidarité active dans les conditions définies au présent chapitre »[511] : elle doit, notamment, être âgée de plus de vingt-cinq ans ou assumer la charge d'un ou plusieurs enfants nés ou à naître, être française ou titulaire depuis au moins cinq ans d'un titre de séjour l'autorisant à travailler, sauf exceptions prévues par le législateur, ou encore ne pas être élève, étudiante ou stagiaire[512]. Le droit aux prestations universelles, à savoir aux prestations qui sont ouvertes à tous, car non soumises à une condition de ressources[513], est également conditionné. Le demandeur de l'allocation personnalisée d'autonomie ne détiendra un pouvoir d'exiger l'attribution de la prestation que s'il est âgé de plus de 60 ans[514], s'il remplit la condition de perte d'autonomie évaluée à l'aide d'une grille nationale et définie par voie réglementaire et s'il réside de façon stable et régulière en France[515].

96. Les conditions posées par le législateur et le pouvoir règlementaire pour l'obtention d'un droit à l'aide sociale suffisent pour que le demandeur détienne le pouvoir d'exiger l'attribution d'une prestation, car le droit à l'aide sociale existe avant qu'une décision individuelle soit prise par l'autorité d'admission. Celle-ci ne crée par le droit. Elle constate que les conditions légales sont remplies[516] et ne peut en aucun cas ajouter des conditions qui ne sont pas prévues par la loi et, de la sorte, limiter le pouvoir de l'administré d'exiger de l'administration la délivrance d'une prestation

---

[508] Article L. 111-1 du CASF.
[509] ALFANDARI (E.) et TOURETTE (F.), *Action et aide sociales*, *op. cit.*, p. 111.
[510] MAGORD (C.), *Le parcours contentieux de l'aide sociale*, *op. cit.*, p. 357.
[511] Article L. 262-2 du CASF.
[512] Article L. 62-4 du CASF.
[513] BORGETTO (M.), « Le droit de la protection sociale dans tous ses états : la clarification nécessaire, *Dr. soc.*, 2003, p. 638.
[514] Article R. 231-1 du CASF.
[515] Article L. 232-1 du CASF.
[516] BADEL (M.), *Le droit social à l'épreuve du revenu minimum d'insertion*, *op. cit.*, p. 385.

d'aide sociale. La Commission centrale d'aide sociale a ainsi jugé qu'une Commission d'aide sociale ne pouvait, sans excéder ses pouvoirs, subordonner l'attribution des allocations pécuniaires attribuées à un mineur de quinze ans aveugle, pendant la période des vacances scolaires, à la condition qu'il soit placé dans une colonie de vacances pour aveugles à laquelle seraient versées directement les sommes dont il s'agit[517].

97. Une nuance doit cependant être apportée, car le législateur laisse parfois un pouvoir discrétionnaire à la collectivité pour attribuer une prestation prévue par le Code de l'action sociale et des familles. La prise en charge par le service de l'aide sociale à l'enfance d'un jeune majeur de moins de vingt et un ans éprouvant des difficultés d'insertion sociale faute de ressources ou d'un soutien familial suffisants en est un exemple - en dehors de l'hypothèse dans laquelle un mineur pris en charge par l'aide sociale à l'enfance atteint la majorité en cours d'année scolaire ou universitaire. Le sixième alinéa de l'article L. 222-5 du Code de l'action sociale et des familles prévoit que « Peuvent être également pris en charge à titre temporaire par le service chargé de l'aide sociale à l'enfance les mineurs émancipés et les majeurs âgés de moins de vingt et un ans qui éprouvent des difficultés d'insertion sociale faute de ressources ou d'un soutien familial suffisants ». La collectivité ne se voit imposer aucune obligation de prendre en charge les jeunes majeurs âgés de moins de vingt et un ans et, corrélativement, ceux-ci ne détiennent aucun pouvoir d'exiger de la collectivité une telle prise en charge. Ils n'ont, dès lors, pas de droit subjectif à l'aide sociale à l'enfance. Pour autant, on ne saurait en déduire trop rapidement que les prestations d'aide sociale ne sont pas nécessairement des droits subjectifs, car, à bien y regarder, la prise en charge par le service chargé de l'aide sociale à l'enfance des mineurs émancipés et des majeurs âgés de moins de vingt et un ans qui éprouvent des difficultés d'insertion sociale relève, en réalité, davantage de l'action sociale - notion qui désigne l'ensemble des interventions librement ou discrétionnairement mises en œuvre par divers acteurs afin de remédier aux carences des autres formes d'aide ou d'améliorer les autres formes de protection sociale[518] - que de l'aide sociale. Cette aide s'apparente à ce que certains auteurs qualifient « d'action sociale sous contrainte légale »[519], c'est-à-dire à des intervention prévues par la réglementation et mises à la charge de collectivités publiques qui disposent alors d'une marge de latitude plus ou moins étendue pour leur mise en œuvre. Dans le cadre de la prise en charge des jeunes majeurs, la contrainte légale se traduit notamment par le fait que, si la collectivité débitrice peut préciser les critères au vu desquels il doit être procédé à l'évaluation de la situation des demandeurs, elle ne peut fixer une condition nouvelle « conduisant à écarter par principe du bénéfice des prestations des

---

517 Comm. centr., 24 mars 1964, *Tacite*, *Revue de l'aide sociale*, p. 224.

518 BORGETTO (M.) et LAFORE (R.), *Droit de l'aide et de l'action sociales*, *op. cit.*, p. 98.

519 *Ibid.*, p. 122.

personnes qui entrent dans le champ des dispositions législatives applicables »[520]. Le seul fait que le Conseil d'État ait, dans un arrêt du 3 juin 2019[521], estimé que, lorsqu'il statue sur un recours dirigé contre une décision refusant une prise en charge par le service de l'aide sociale à l'enfance, il lui appartient, « eu égard tant à la finalité de son intervention qu'à sa qualité de juge de plein contentieux, non de se prononcer sur les éventuels vices propres de la décision attaquée, mais d'examiner la situation de l'intéressé » et « d'annuler, s'il y a lieu, cette décision en accueillant lui-même la demande de l'intéressé s'il apparaît, à la date à laquelle il statue, eu égard à la marge d'appréciation dont dispose le président du conseil départemental dans leur mise en œuvre, qu'un défaut de prise en charge conduirait à une méconnaissance des dispositions du code de l'action sociale et des familles relatives à la protection de l'enfance », n'y change rien. L'extension du plein contentieux à cette situation ne traduit pas la reconnaissance de l'existence d'un droit subjectif des jeunes majeurs de moins de 21 ans. Il s'agit essentiellement, d'après les conclusions du rapporteur public, de ne pas laisser subsister un îlot d'excès de pouvoir « dans un ensemble de contentieux sociaux passés à la pleine juridiction », même si, à la différence des autres prestations d'aide sociale concernées, « la prestation en débat ne constitue pas à proprement parler un droit »[522]. La prise en charge des jeunes majeurs est conçue par le législateur comme une faculté et non comme une obligation pour les départements. On retrouve d'ailleurs la logique de certaines prestations d'action sociale librement ou discrétionnairement mises en œuvre par les collectivités. Lorsque la prestation en question présente un caractère gracieux, elle ne constitue pas un droit pour les personnes qui la sollicitent, et ce, même si elles satisfont aux conditions de son attribution. Le juge administratif a ainsi considéré que revêtait un caractère « gracieux » une décision d'attribution d'une allocation exceptionnelle prévue par le règlement municipal des prestations d'aide sociale facultatives de la ville de Paris[523]. Cette décision relevant du pouvoir discrétionnaire de l'administration, elle est libre d'apprécier s'il convient de délivrer ou non la prestation. Or, les droits publics subjectifs sont incompatibles avec l'existence d'un pouvoir discrétionnaire reconnu à l'administration[524]. L'administré n'est pas en mesure d'en exiger la délivrance. Dès lors que l'attribution d'une prestation est à la discrétion de la

[520] CE, 29 mai 2019, *Département du Bas-Rhin*, req. n° 417406, *Rec. CE* (tables) et CE, 29 mai 2019, *Département de l'Isère*, n° 417467, *Rec. CE* (tables). Voir RIHAL (H.), « Les virtualités contentieuses éphémères du règlement départemental d'aide sociale », *AJDA*, 2019, p. 2496.

[521] CE, sect., 3 juin 2019, *Département de l'Oise,* req. n° 419903 A, concl. Decout-Paolini, *Rec. CE* ; AJDA 2019. 1568, chron. Malverti et Beaufils.

[522] *Ibid.*

[523] CAA Paris, 22 janvier 2015, *M. C.*, req. n° 14PA02561, inédit au recueil Lebon.

[524] LACHAUME (J.-F.), « Quels droits publics subjectifs pour les usagers des services publics ? », *op. cit.*, p. 123.

collectivité débitrice - ce qui peut être le cas d'une prestation d'action sociale ou d'une prestation d'action sociale « sous contrainte légale » prévue par le Code de l'action sociale et des familles, mais jamais celui d'une prestation d'aide sociale -, il n'y a pas de droit public subjectif à la délivrance.

98. En définitive, en raison de l'obligation mise à la charge d'une personne morale publique par la loi, lorsqu'il remplit les conditions, le bénéficiaire dispose d'un pouvoir d'exiger une prestation d'aide sociale, avant même qu'une décision individuelle la lui ait octroyée puisque la décision préalable de l'autorité administrative conditionne la mise en œuvre du droit public subjectif, mais nullement son existence[525]. Ce pouvoir d'exiger a été renforcé par la mise en place par le législateur de garanties pour que le créancier puisse faire valoir son droit[526], notamment celle d'un recours devant les juridictions spécialisées de l'aide sociale et, depuis la loi du18 novembre 2016 de modernisation de la justice du XXIe siècle[527], devant le juge de droit commun - le juge judiciaire ou le juge administratif.

* * *

Le droit de l'aide sociale a été marqué par le refus de la doctrine, tantôt en raison de considérations idéologiques, tantôt en raison d'une certaine philosophie juridique, de reconnaître l'existence de droits à l'assistance. Ces réticences ont influencé pendant de nombreuses années la doctrine majoritaire dans sa manière de concevoir les droits à l'aide sociale, branche du droit dans laquelle se côtoyaient alors des « faux droits de l'homme »[528] et des faux droits subjectifs. Pourtant, exclure toute possibilité de renonciation aurait été précipité. La recherche de l'objet de la renonciation a permis de mettre en évidence le rôle de la notion de droits subjectifs pour penser la renonciation. Il était alors nécessaire d'étudier la nature des droits à l'aide sociale pour déterminer s'ils pouvaient revêtir une telle qualification. Confirmée, cette qualification permet d'envisager la renonciation aux droits à l'aide sociale, dans la mesure où la libre disposition du droit est une caractéristique des droits subjectifs. D'ailleurs, n'a-t-il pas été souligné à propos du revenu minimum d'insertion que « le sujet n'est pas obligé d'exercer son droit pour le posséder et peut tout à fait user ou ne pas user de son droit » et que, parce qu'il en a la libre disposition, « Il peut décider de le négliger ou, au contraire, de le faire valoir »[529] ? Rien ne fait dès lors

[525] *Ibid.*, p. 122.

[526] BORGETTO (M.) et LAFORE (R.), *Droit de l'aide et de l'action sociales*, *op. cit.*, p. 118.

[527] Loi n° 2016-1547 du 18 novembre 2016 de modernisation de la justice du XXIe siècle, *JO* n° 0269 du 19 novembre 2016. VIALETTES (M.), « Les juridictions sociales : vers un grand aggiornamento ? », *RFDA*, 2017, p. 25-28 ; ORIF (V.), « Les nouveaux blocs de compétences », *Dr. soc.*, 2017, p. 618-623.

[528] FELDMAN (J.-F.), « Le comité de réflexion sur le Préambule de la Constitution et la philosophie des droits de l'homme », *D.*, 2009, p. 1036-1039.

[529] BADEL (M.), *Le droit social à l'épreuve du revenu minimum d'insertion*, *op. cit.*, p. 398.

obstacle à ce que la « possibilité juridique »[530] de renoncer aux droits à l'aide sociale puisse être étudiée dans un cadre conceptuel, d'ores et déjà circonscrit, duquel sont exclus les droits sociaux créances.

CONCLUSION DU TITRE I

99. La notion de droits publics subjectifs offre la possibilité d'appréhender de manière abstraite l'objet de la renonciation des administrés. Certes, la question de la « valeur ajoutée » de la notion de droits publics subjectifs vis-à-vis de l'usager du service public par rapport à la conception classique des droits reconnus à cet usager au titre de situations légales ou règlementaires a légitimement pu être soulevée[531]. Si la réponse apportée se révèle être quelque peu décevante au regard des discussions doctrinales entourant historiquement cette notion, car il semblerait que la notion de droits publics subjectifs ait essentiellement comme vertu la reconnaissance de l'usager du service public comme créancier de la puissance publique[532], elle est pourtant d'un intérêt certain en ce qu'elle « donne à voir le droit autrement »[533]. Aussi, comme le souligne Norbert Foulquier, le même arrêt du Conseil d'État peut être interprété par un tenant des thèses objectivistes comme par un tenant des thèses subjectivistes puisque, « Par elle-même, l'acceptation du droit subjectif ne provoque pas l'arrêt »[534]. Or, dans le cadre de l'étude de la renonciation, le regard posé grâce à cette notion sur le droit de l'aide sociale est fondamental : il permet de conceptualiser la possibilité de renoncer et, ce faisant, de délimiter le cadre dans lequel la renonciation peut être pensée

Voir également LABORDE (J.-P.), « RMI et liberté éléments pour une première approche », *Dr. soc.*, 1990, p. 33-36.

530 CARBONNIER (J.), « Les renonciations au bénéfice de la loi en droit privé. Rapport général », Paris, Dalloz, TAHC, 1959-1960, t. XIII, p. 292.

531 LACHAUME (J.-F.), « Quels droits publics subjectifs pour les usagers des services publics ? », *op. cit.*, p. 128.

532 *Ibid.*, p. 129.

533 FOULQUIER (N.), « Rapport de synthèse », *op. cit.*, p. 233.

534 *Ibid.*

TITRE II

LES POSSIBILITÉS JURIDIQUES DE RENONCER AUX DROITS À L'AIDE SOCIALE

100. Il a parfois été avancé qu'il était impossible de renoncer au bénéfice de la législation d'aide sociale[535]. La doctrine s'est appuyée sur une décision *Dame Podda* rendue par la Commission centrale d'aide sociale[536] dans laquelle il était considéré que la demande d'allocation mensuelle d'aide aux grands infirmes ne pouvait être refusée à la requérante sur le fondement d'un engagement à ne pas recourir à l'aide sociale pris par son fils, débiteur d'aliments, lors de son rapatriement de Tunisie. Le juge estime « qu'à supposer même que le fils ait pu valablement, en se portant fort pour sa mère, renoncer par avance à jamais recourir à l'aide sociale au nom de cette dernière, un tel engagement ne saurait faire échec à la législation d'aide sociale française ». De là à exclure toute possibilité de renoncer aux droits à l'aide sociale, il n'y a qu'un pas que la doctrine a franchi de façon, somme toute, quelque peu précipitée. En réalité, seules sont exclues par cette décision, pour des raisons attachées à la nature des droits à l'aide sociale, les renonciations sous forme d'engagements « perpétuels, inconditionnés et absolus ».

101. En envisageant qu'un individu puisse s'abstenir de demander le bénéfice de l'aide sociale, ou y renoncer lorsqu'il perçoit légalement des prestations d'aide sociale, Vught, dans sa note sous la décision *Dame Podda*, ne laisse-t-il pas précisément entrevoir la possibilité juridique de renoncer aux droits à l'aide sociale ? Si la possibilité juridique de renoncer aux droit à l'aide sociale ne fait plus guère de doute, son étendue doit être précisée. Celle-ci est intrinséquement liée au degré d'acquisition du droit, puisqu'il est juridiquement possible d'abandonner la titularité d'un droit à l'aide sociale lorsque celui-ci est acquis, alors que la renonciation ne peut porter que sur son exercice tant que celui-ci n'est pas acquis. Coexistent, ainsi, deux formes de renonciation aux droits à l'aide sociale : une renonciation abdicative (Chapitre I) et une renonciation non-abdicative (Chapitre II).

---

535 DU BOIS DE GAUDUSSON (J.), *L'usager du service public administratif*, Paris, LDGJ, coll. Bibliothèque de droit public t. CXV, 1974, p. 131.

536 Comm. centr., 19 mars 1965, *Dame Podda*, *D.*, 1965, p. 104 ; *RTDSS*, 1965, p. 157, note Vught.

1.

[illegible]

CHAPITRE I

La renonciation abdicative : une renonciation à un droit acquis

102. Affirmer que les droits à l'aide sociale sont des droits publics subjectifs ne permet pas d'en déduire *ipso facto* qu'ils peuvent faire l'objet d'une renonciation abdicative, et ce, malgré les liens longtemps tissés entre renonciation et droits subjectifs. En effet, la notion de renonciation a été fortement marquée par l'approche particulièrement restrictive dont elle a fait l'objet au cours de la première moitié du XXe siècle, approche empêchant son usage dans d'autres branches que le droit civil. Ce n'est qu'à partir de la réflexion sur la renonciation « au bénéfice de la loi » menée dans le cadre des Travaux de l'Association Henri Capitant[537] que les auteurs ont accepté d'apporter des assouplissements à la théorie classique de la renonciation, en particulier, en ne faisant plus de l'unilatéralité de l'acte un critère de la notion. Émerge ainsi une notion de renonciation identifiée par son seul caractère abdicatif et susceptible de s'épanouir dans les différentes branches du droit privé comme dans celles du droit public (Section I). L'étude de cette approche de la notion de renonciation permet d'appréhender l'une des formes de la renonciation en droit de l'aide sociale, la renonciation abdicative (Section II).

SECTION I. LES CARACTÉRISTIQUES DE LA RENONCIATION ABDICATIVE

103. Les vicissitudes de la notion de renonciation au cours des siècles traduisent la difficulté à appréhender juridiquement un acte par lequel le titulaire d'un droit choisit « pour faire valoir son intérêt l'inverse de ce que l'on attendait de lui : l'abandon de son droit au lieu de son exercice »[538]. Dès le Moyen Âge, les juristes tentent d'élaborer une théorie générale applicable

[537] *Travaux de l'Association Henri Capitant*, Paris, Librairie Dalloz, 1959-1960, t. XIII.
[538] DREIFUSS-NETTER (F.), *Les manifestations de volonté abdicatives*, Paris, LGDJ, coll. Bibliothèque de droit privé t. 185, 1985, p. 40.

à l'ensemble des renonciations, qu'elles soient abdicatives ou translatives, principales ou accessoires, réalisées à titre gratuit ou onéreux[539]. Confrontés à l'échec de leurs prédécesseurs, à partir du XVe siècle, les auteurs les étudient individuellement. Bien que la renonciation se présente comme « un concept mouvant, insaisissable, finalement impossible à ramener à l'unité »[540], la doctrine redouble d'efforts au cours de la première moitié du XXe siècle pour en élaborer une théorie générale. Cette « théorie classique »[541] marque durablement le contenu de cette notion. En la concevant comme un acte abdicatif unilatéral portant sur un droit subjectif *stricto sensu*, elle l'appréhende sous un angle particulièrement étroit. Ainsi comprise, elle exclut « la plupart des abandons et se réduit à un très modeste emploi »[542] et son décalage avec la réalité qu'elle était censée recouvrir est tel qu'elle apparaît comme une sorte de fiction. Face à l'impossibilité pour la notion de renonciation ainsi conçue d'embrasser l'ensemble des situations d'abandon volontaire d'un droit, la doctrine s'est affranchie de la théorie classique. Elle sort de la gangue formée par la théorie classique afin de concevoir une notion de renonciation qui ne soit ni trop restrictive, pour pouvoir aborder de manière globale les problèmes soulevés par l'abandon de droits, ni trop large, pour conserver l'unité de la notion. La notion de renonciation se voit alors ramenée à son seul caractère abdicatif (§ 1), l'unilatéralité, qui l'a un temps caractérisée, ne constituant plus un critère pertinent pour la définir (§ 2).

§ 1. La renonciation, manifestation d'une volonté abdicative

104. La particularité de la renonciation réside dans l'objet de la volonté de l'auteur de l'acte : pour qu'il y ait renonciation, les effets de droit recherchés par celui-ci doivent nécessairement consister en l'abandon définitif d'un droit[543] (A). Cette volonté abdicative doit, de surcroît, être

---

[539] BREDIN (J.-D.), « Les renonciations au bénéfice de la loi en droit privé français », Paris, Dalloz, TAHC, 1959-1960, t. XIII, p. 358.

[540] *Ibid.*, p. 355.

[541] L'expression « théorie classique » est utilisée par Frédérique Dreifuss-Netter, par Claire Sourzat et par Xavier Carsin pour désigner la théorie de la renonciation telle qu'élaborée par Pierre Raynaud. L'expression « doctrine classique » désigne, quant à elle, les partisans de cette théorie. Voir respectivement DREIFUSS-NETTER (F.), *Les manifestations de volonté abdicatives*, *op. cit.* ; CARSIN (X.), *La renonciation en droit du travail*, thèse soutenue à l'Université Panthéon-Sorbonne le 2 février 2006, dactyl., p. 27, et SOURZAT (C.), *La renonciation en procédure pénale*, Paris, LGDJ, coll. Bibliothèque des sciences criminelles t. 56, 2013, p. 30.

[542] BREDIN (J.-D.), « Les renonciations au bénéfice de la loi en droit privé français », *op. cit.*, p. 379.

[543] La doctrine parle de renonciation *à un doit*, mais la renonciation abdicative porte moins sur le droit lui-même que sur sa titularité. La titularité d'un droit signifie la propriété ou l'appropriation de ce droit par son titulaire. SÉVELY-FOURNIÉ (C.), *Essai sur l'acte juridique extinctif en droit privé. Contribution à l'étude de l'acte juridique*, Paris, Dalloz, coll. Nouvelle bibliothèque de thèses, 2010, p. 247 ; HYDE (A.-A.), *Les atteintes aux libertés*

manifestée pour être une véritable « volonté juridique » et ainsi produire des effets juridiques (B).

A. L'existence de la volonté abdicative

105. En reconnaissant que « renoncer ce n'est pas transmettre, c'est abdiquer »[544], point qui n'avait pas été clairement tranché par la doctrine antérieure qui étudiait entre autres « les renonciations translatives », la théorie classique érige la volonté abdicative en caractéristique essentielle de la renonciation[545]. La spécificité de la renonciation liée à la volonté du titulaire d'un droit de le faire sortir de son patrimoine lui confère une autonomie par rapport aux autres actes juridiques. En effet, lorsqu'il s'agit de renonciation, l'abandon définitif du droit est la finalité, le but de l'acte, tandis qu'il n'est qu'un moyen pour un certain nombre d'actes juridiques produisant des effets extinctifs. Le renonçant abandonne son droit sans se préoccuper d'autre chose ; seuls sont en présence le droit et son titulaire[546]. Cette caractéristique permet à la doctrine classique de distinguer la renonciation des actes d'aliénation[547] car, dans un tel cas, le prétendu renonçant ne poursuit pas l'abandon d'un droit, mais cherche à le transmettre, soit à titre gratuit, auquel cas l'acte pourra être qualifié de donation, soit à titre onéreux, il s'agira alors d'une vente ou d'une cession[548]. Les actes translatifs sont donc exclus du domaine de la renonciation. Certes, à la suite d'une renonciation, il arrive que le droit abandonné soit transféré, alors que le caractère purement abdicatif de la renonciation empêche normalement que le sort du droit abandonné soit réglé par le renonçant. Toutefois, le transfert du droit abdiqué est alors une conséquence de la volonté du législateur et n'est jamais une conséquence de la volonté du renonçant[549]. L'acquisition du droit abdiqué à la suite d'une renonciation résulte uniquement de l'application de dispositions législatives et n'est pas attribuable à la volonté du renonçant. Yves Seillan illustre ses propos en s'appuyant sur l'article 786 du Code civil[550] d'après lequel la part du

---

individuelles par contrat. Contribution à la théorie de l'obligation, Paris, IRJS Éditions, 2015, p. 95 et suiv.

544 DUCOIN (C.), *Essai d'une théorie générale de la renonciation en droit civil français*, Lyon, J. Poncet, 1913, p. 15.

545 GRAMMATIKAS (G.), *Théorie générale de la renonciation en droit civil. Étude parallèle du droit français et du droit hellénique*, Paris, LGDJ, 1971, p. 24.

546 DUCOIN (C.), *Essai d'une théorie générale de la renonciation en droit civil français*, *op. cit.*, p. 16.

547 Selon Cornu, il faut entendre par aliénation « toute opération par laquelle celui qui aliène transmet volontairement à autrui la propriété d'une chose ». CORNU (G.), *Vocabulaire juridique*, *op. cit.*, « Aliénation », p. 54.

548 SIBICIANO (N.), *Théorie générale des renonciations en droit civil français*, Paris, R. Pichon et R. Durand-Auzias, 1932, p. 5-6.

549 *Ibid.*, p. 71 et suiv. et p. 74.

550 Aujourd'hui, article 805 du Code civil.

renonçant accroît à ses cohéritiers[551]. L'avantage que tire l'héritier subséquent de la renonciation n'est qu'indirect. La renonciation et la dévolution du droit qui s'ensuit apparaissent comme deux opérations juridiques distinctes. La transmission ultérieure du droit abdiqué n'est pas rattachable à l'acte abdicatif, car « la renonciation est consumée, par l'accomplissement du seul abandon »[552].

106. La renonciation abdicative est à même d'engendrer une dualité d'effet. Elle peut avoir un effet extinctif ou un effet « exclusif », c'est-à-dire qu'au lieu d'être extinctive en éteignant un droit actuel, elle empêche ce droit de naître[553]. Comme le souligne Claire Sourzat, « le message véhiculé par la volonté qui s'exprime pour exclure la naissance d'un droit est, psychologiquement, parfaitement équivalent à celui dont résulte celui qui diffuse une volonté produisant un effet extinctif »[554] et, dans un cas comme dans l'autre, l'acte entraîne la disparition du droit. En fait, l'effet varie en fonction de l'objet de la renonciation puisque, « par définition, l'extinction ne concerne que des situations dont le processus de formation est achevée »[555]. L'acte est exclusif lorsque le droit sur lequel s'exerce la volonté abdicative est futur, tandis qu'il est extinctif dès lors que le droit est déjà né.

B. La manifestation de la volonté abdicative

107. La renonciation contient toujours un élément psychologique, la volonté d'abandonner un droit, « état de conscience mouvant et

---

551 SEILLAN (Y.), « L'acte abdicatif », *RTD civ.*, 1966, p. 694.

552 SIBICIANO (N.), *Théorie générale des renonciations en droit civil français*, *op. cit.*, p. 75.

553 Cette caractéristique a été énoncée assez tôt par Silvio Lessona qui définissait la renonciation comme l'acte de volonté ayant pour objet « d'éteindre sans le transmettre à un tiers, un droit actuel ou d'empêcher ce droit de naître ». LESSONA (S.), « Essai d'une théorie générale de la renonciation en droit civil », *RTD civ.*, 1912, p. 360.
La distinction est faite par Xavier Pin. Lorsque le consentement abdicatif empêche un droit de naître, il a un effet exclusif tandis que lorsqu'il éteint un droit déjà né, il a un effet extinctif. PIN (X.), *Le consentement en matière pénale*, *op. cit.*, p. 346.
Précisons que certains auteurs, en raison de l'effet exclusif que peut avoir la renonciation, la distingue de l'acte abdicatif qui ne pourrait avoir qu'un effet extinctif. Celui aurait pour unique but et pour effet l'extinction du droit.
Voir SEILLAN (Y.), « L'acte abdicatif », *op. cit.*, p. 693, et SÉVELY-FOURNIÉ (C.), *Essai sur l'acte juridique extinctif en droit privé. Contribution à l'étude de l'acte juridique*, *op. cit.*, p. 324-325.

554 SOURZAT (C.), *La renonciation en procédure pénale*, *op. cit.*, p. 43.

555 Pour exemple, l'acquiescement au jugement, selon Catherine Sévely-Fournié, produit un effet exclusif en empêchant un nouveau lien d'instance de naître tandis que le désistement d'instance produit un effet extinctif dans la mesure où il éteint un lien d'instance déjà né et ne peut, par définition, intervenir que tant que l'instance est pendante devant la juridiction.
SÉVELY-FOURNIÉ (C.), *Essai sur l'acte juridique extinctif en droit privé. Contribution à l'étude de l'acte juridique*, *op. cit.*, p. 218-219.

insaisissable »[556] qui ne crée rien de définitif tant qu'il n'est pas extériorisé. La volonté abdicative du renonçant doit être manifestée pour produire l'effet de droit recherché. « La manifestation est le fait de rendre apparent, volontairement ou non, ce qui jusqu'alors ne l'était pas »[557]. Se rattache à une manifestation, selon Pierre Godé, tout ce qui permet de connaître la volonté interne d'une personne, y compris les indices et les signes. Le silence, généralement perçu comme le fait de ne rien dire ou de ne rien faire[558], recouvre tout comportement ne pouvant être considéré comme une manifestation. La manifestation de volonté, qu'elle soit expresse ou tacite, est toujours une volonté communiquée : la première est une volonté spécialement manifestée qui peut tout aussi bien être véhiculée par la parole, l'écrit ou encore par des gestes codifiés[559], tandis que la seconde n'est pas formellement exprimée, elle est sous-entendue. Au vu de la gravité des conséquences de la renonciation, les auteurs ont de tout temps été préoccupés par la question de savoir si la manifestation de la volonté abdicative devait nécessairement être expresse ou pouvait être tacite.

108. La jurisprudence, tout comme les théoriciens de la renonciation, a toujours fait preuve de souplesse quant au choix des modalités d'expression de la volonté abdicative. La renonciation peut être issue d'une manifestation de volonté expresse ou tacite. Si la parole et l'écrit constituent l'unique moyen pour manifester expressément une volonté abdicative puisqu'aucun langage gestuel codifié n'est en mesure d'exprimer une renonciation[560], la renonciation tacite est susceptible, quant à elle, soit d'être véhiculée par la parole ou l'écrit, dès lors qu'ils ne servent « qu'accessoirement à exprimer la volonté abdicative »[561], soit d'être déduite d'un comportement. Cependant, dans la mesure où toute manifestation de volonté tacite, « quoique visant à une autre fin, laisse apercevoir, d'une façon non douteuse, l'intention de son auteur »[562], seul un comportement ne laissant aucun doute sur la volonté de renoncer du titulaire du droit[563] sera à même de manifester tacitement sa renonciation. Une certaine liberté prévaut donc en la matière. Le juge, faisant application du principe *renunciatio non praesumitur,* refuse néanmoins de reconnaître l'existence de présomption de renonciation[564], sauf lorsque la

556 MARTIN de la MOUTTE (J.), *L'acte juridique unilatéral. Essai sur sa notion et sa technique en droit civil*, Paris, Recueil Sirey, 1951, p. 17.

557 GODÉ (P.), *Volonté et manifestations tacites*, Paris, PUF, 1977, p. 22.

558 *Ibid.*, p. 22.

559 DREIFUSS-NETTER (F.), *Les manifestations de volonté abdicatives*, *op. cit.*, p. 65-66.

560 *Ibid.*, p. 66.

561 *Ibid.*, p. 66.

562 SIBICIANO (N.), *Théorie générale des renonciations en droit civil français*, *op. cit.*, p. 147.

563 BREDIN (J.-D.), « Les renonciations au bénéfice de la loi en droit privé français », *op. cit.*, p. 361.

564 RAYNAUD (P.), « La renonciation à un droit. Sa nature et son domaine en Droit civil », *op. cit.*, p. 774.

présomption est prévue par le législateur[565]. Il s'interdit de la sorte de conclure qu'il est probable, au vu de l'ensemble des faits, que l'acte ait été accompli[566], car la présomption de renonciation, à la différence de la renonciation tacite à un droit, est porteuse de l'idée de conjecture à laquelle renvoie étymologiquement le terme « présumer »[567]. La volonté abdicative est, assurément, « l'élément spécifique par excellence » de la renonciation[568]. Pour autant, elle a parfois été affublée d'une autre caractéristique : l'unilatéralité.

§ 2. L'éviction de l'unilatéralité comme critère de la renonciation

109. Pour faire de la renonciation une notion autonome par rapport à d'autres institutions, La doctrine classique l'a parée d'une autre qualité essentielle : l'unilatéralité (A). Ce critère de forme a ensuite été délaissé par la doctrine qui, s'affranchissant de l'emprise de la théorie classique, entreprend de rechercher l'essence de la renonciation (B).

A. L'unilatéralité, critère formel de la renonciation pour la doctrine classique

110. En faisant de l'unilatéralité un critère de la renonciation, la doctrine classique a tenté de différencier la renonciation d'institutions juridiques voisines. La démarche de Raynaud est particulièrement éclairante[569]. Pour déterminer les contours de la notion de renonciation, il commence par écarter les actes qualifiés de renonciations - « renonciations conventionnelles et « renonciations translatives » - se rattachant à des catégories juridiques connues. Avant même d'avoir défini la notion de renonciation, l'auteur en soustrait donc les actes qui, eu égard à leur régime juridique, peuvent relever du droit des contrats, car admettre que la renonciation puisse être conventionnelle, alors que de nombreuses conventions impliquent l'abandon de droits, aurait conduit à « enlever toute spécificité à la notion », à « la confondre avec celle de contrat »[570]. Or, la renonciation intéressait la doctrine classique précisément parce qu'elle était susceptible d'être « l'exemple type de l'acte unilatéral » et de constituer, de ce fait, une

---

[565] Lorsque la présomption est prévue par le législateur, elle s'impose au juge. Charles Ducoin donne deux exemples tirés du Code civil : la remise présumée de dette et la renonciation présumée à la communauté par la femme séparée de corps ou divorcée. DUCOIN (C.), *Essai d'une théorie générale de la renonciation en droit civil français*, *op. cit.*, p. 92.

[566] SIBICIANO (N.), *Théorie générale des renonciations en droit civil français*, *op. cit.*, p. 149.

[567] *Ibid.*

[568] GRAMMATIKAS (G.), *Théorie générale de la renonciation en droit civil. Étude parallèle du droit français et du droit hellénique*, Paris, LGDJ, 1971, p. 24.

[569] RAYNAUD (P.), « La renonciation à un droit. Sa nature et son domaine en Droit civil », *op. cit.*

[570] BLUMANN (C.), *La renonciation en droit administratif français*, *op. cit.*, p. 3.

technique juridique originale[571]. L'unilatéralité est donc envisagée comme une qualité substantielle de la renonciation puisqu'elle permet de « lui donner en quelque sorte une personnalité qui la distingue des institutions juridiques voisines »[572].

111. La volonté d'isoler l'acte unilatéral, situation rare en droit civil[573], a poussé la doctrine classique à reconnaître l'existence de conventions ayant un effet abdicatif tout en leur refusant la qualification de renonciation. Ce critère a ainsi exigé les « sacrifices les plus lourds »[574] puisqu'il a conduit à exclure du domaine de la renonciation les actes couramment qualifiés de renonciations conventionnelles. De telles « renonciations » résultant d'un accord de volonté relèvent, selon la doctrine classique, du cadre juridique des conventions et non de celui de la renonciation, car derrière les apparences se cacherait un simple contrat dont le mode de conclusion, l'objet et les effets seraient soumis au régime juridique des contrats[575]. L'intérêt de ce critère étant de « dresser une barrière entre les renonciations véritables et celles qui ne le sont pas »[576], plusieurs opérations juridiques parfois désignées sous le terme de renonciation ont été étudiées par la doctrine classique pour être ensuite exclues, en raison de leur caractère conventionnel, du domaine de la renonciation. Parmi elles, figure la remise de dette souvent présentée comme une renonciation du créancier à ses droits[577]. Pierre Raynaud refuse pourtant de considérer cet acte juridique comme une renonciation dans la mesure où les remises de dette sont soumises à un régime juridique relevant du droit des contrats, contrairement aux renonciations qui relèvent d'un régime juridique autonome[578]. La doctrine s'est également intéressée aux différents procédés au moyen desquels un plaideur abandonne une procédure en cours. Alors que l'acquiescement au jugement et le désistement d'action constituent des renonciations, le désistement d'instance s'est vu refuser cette qualification. L'instance constitue le lien juridique qui unit les deux parties au procès. Chaque partie est susceptible d'avoir un intérêt dans le fait qu'une décision judiciaire soit rendue. Dès lors, le désistement d'instance qui porte sur le lien

---

571 *Ibid.*, p. 452-453.

572 LESSONA (S.), « Essai d'une théorie générale de la renonciation en droit civil », *op. cit.*, p. 367.

573 Claire Sourzat rappelle l'emprise de la théorie générale du contrat en droit civil à l'époque du fait de la présence prépondérante dans le droit positif et, tout particulièrement dans le Code civil, de règles relatives au contrat et non à l'acte juridique. SOURZAT (C.), *La renonciation en procédure pénale*, *op. cit.*, p. 60.

574 BREDIN (J.-D.), « Les renonciations au bénéfice de la loi en droit privé français », *op. cit.*, p. 362.

575 BLUMANN (C.), *La renonciation en droit administratif français*, *op. cit.*

576 GRAMMATIKAS (G.), *Théorie générale de la renonciation en droit civil. Étude parallèle du droit français et du droit hellénique*, *op. cit.*, p. 17.

577 Planiol et Ripert, *Traité élémentaire*, t. II, n° 604 cité par RAYNAUD (P.), « La renonciation à un droit. Sa nature et son domaine en Droit civil », *op. cit.*, p. 769.

578 *Ibid.*, p. 769.

d'instance nécessite un accord entre les parties. L'instance ne pouvant être abandonnée qu'avec l'assentiment du défendeur, le désistement d'instance a été écarté du domaine de la renonciation.

112. Le choix de la doctrine classique a pu être justifié par le fait qu'en matière de renonciation « Il faut choisir entre deux solutions également décevantes. Ou bien s'engager sur la voie suivie par la doctrine moderne, comprendre la renonciation comme un acte juridique autonome, irréductible, qui, en raison même de la rigueur de ses traits, exclut la plupart des abandons et se réduit à une technique d'un très modeste emploi. Ou alors, vouloir saisir la renonciation dans tous ces aspects, lui garder son efficacité, son agressivité, qui supposent la variété des formes et des caractères, mais alors rejeter toute ambition de construction et ne connaître les renonciations que par leur domaine »[579]. Ce constat n'a cependant pas empêché la doctrine contemporaine de remettre en cause l'unilatéralité comme critère de la renonciation, faisant, dans le même temps, de la volonté abdicative la caractéristique essentielle de la renonciation.

B. La volonté abdicative : critère exclusif de la renonciation

113. En 1960, la publication des travaux sur la renonciation de l'association Henri Capitant a constitué une première prise de distance de la doctrine de droit privé comme de droit public par rapport à la théorie classique de la renonciation. La remise en cause de cette théorie portait essentiellement sur deux points : la place de la forme de l'acte juridique dans la définition de la renonciation et son objet limité par la théorie classique aux droits subjectifs *stricto sensu*. À partir de ce moment, se dégageant du joug de la théorie classique, certains auteurs se refusent à considérer l'unilatéralité comme l'une des caractéristiques prérequises de la renonciation. En dissociant les renonciations unilatérales des « prétendues renonciations conventionnelles », la doctrine classique définit la notion de renonciation essentiellement par sa forme. Une importance déterminante est ainsi octroyée au support juridique de la renonciation. Or, cet élément est considéré comme secondaire pour une partie de la doctrine contemporaine[580] qui voit dans le choix d'ériger l'unilatéralité en critère de la renonciation une approche partiale sous-tendue par la volonté de faire de la renonciation un acte juridique autonome[581]. Claude Blumann, notamment, s'interroge sur les critères utilisés par la doctrine classique pour qualifier un acte de

---

[579] Jean-Denis Bredin distingue les renonciations à un droit des renonciations à la loi qu'il considère comme n'étant généralement ni abdicatives ni unilatérales. BREDIN (J.-D.), « Les renonciations au bénéfice de la loi en droit privé français », *op. cit.*, p. 379.

[580] BLUMANN (C.), *La renonciation en droit administratif français*, *op. cit.*, p. 452 et suiv.

[581] Pour Claude Blumann, la notion de renonciation a été construite *in abstracto* par la doctrine privatiste. Mais, « la réalité s'est montrée rebelle » et le décalage entre la théorie et la pratique est apparu trop important. Il estime que l'élaboration d'une nouvelle conception de la renonciation s'impose. BLUMANN (C.), *La renonciation en droit administratif français*, *op. cit.*, p. 6.

renonciation : « N'est-ce pas en tout premier lieu la volonté, l'intention, le but réel poursuivi par un individu qui va permettre de qualifier un acte juridique ? N'est-ce pas, en définitive, la volonté de se dépouiller qui crée l'acte juridique renonciation, quel que soit ensuite le moule juridique dans lequel cette volonté va s'incarner ? »[582]. À travers ce questionnement, affleure une réflexion sur l'essence de la renonciation. Pour la doctrine contemporaine, la substance de cette notion réside dans l'intention du titulaire d'une prérogative de l'abandonner, car la forme de l'acte n'a aucune incidence sur son régime juridique (1). Plutôt que la forme de l'acte, c'est la nature de la volonté de son auteur qui doit permettre de le qualifier juridiquement, c'est-à-dire de le faire entrer dans une catégorie juridique préexistante en lui reconnaissant les caractéristiques essentielles de la catégorie de rattachement afin le soumettre ensuite au régime juridique propre à cette catégorie d'actes juridiques[583]. Cette position entraîne un élargissement du domaine de la renonciation (2).

1. L'unité du régime juridique des actes juridiques ayant pour but l'extinction d'un droit par son titulaire

114. La différence de régime juridique découlant de la forme de l'acte abdicatif a été un argument longtemps invoqué par la doctrine classique pour exclure du domaine de la renonciation les actes conventionnels. Pour la doctrine classique, admettre l'existence de renonciations conventionnelles impliquait d'expliquer une partie de leur régime par la théorie générale du contrat, excluant ainsi la possibilité de forger une théorie générale de la renonciation. Toutefois, pour la doctrine contemporaine, une telle analyse « est fondée sur une conception dépassée des effets du contrat réduisant ceux-ci à la création d'obligations entre les parties »[584]. Elle résulte d'une confusion entre la force obligatoire, qui découle de l'article 1134 du Code civil selon lequel « Les conventions légalement formées tiennent lieu de loi à ceux qui les ont faites », et le contenu obligationnel du contrat. Ainsi, pour Pascal Ancel, « Dire que le contrat a force obligatoire c'est dire que l'accord des parties crée une nouvelle norme juridique »[585]. Or, la norme obligatoire produite par l'ensemble des actes juridiques ne doit pas être confondue en matière contractuelle avec le contenu obligationnel. Le contrat crée une norme juridique, comparable à celle résultant de la loi[586]. Denys de Béchillon considère pareillement que le contrat engendre une

[582] *Ibid.*, p. 453.
[583] CORNU (G.), *Vocabulaire juridique*, *op. cit.*, « Qualification », p. 835.
[584] CARSIN (X.), *La renonciation en droit du travail*, *op. cit.*, p. 41.
[585] ANCEL (P.), « Force obligatoire et contenu obligationnel du contrat », *RTD civ.*, 1999, p. 771.
[586] Hans Kelsen distingue le « contrat en tant que fait créateur de droit » des normes contractuelles créées par ce contrat. KELSEN (H.), *Théorie pure du droit*, trad. EISENMANN (C.), Paris, Dalloz, coll. Philosophie du droit, 1962, p. 346.

norme[587] puisque le cocontractant est tenu d'exécuter son obligation au risque de voir sa responsabilité contractuelle engagée sur le fondement de la faute. Les parties ont l'obligation de respecter l'engagement contractuel et, en ce sens, le contrat donne naissance à une norme objective « une obligation de comportement *inter partes* »[588]. Plusieurs effets sont susceptibles de découler d'une norme contractuelle : la création d'un rapport d'obligation, l'extinction, le transfert d'un droit, ou encore la création d'un droit ou d'une situation juridique nouvelle. La norme née du contrat s'impose aux parties du fait de sa force obligatoire. Il est alors envisageable qu'une même norme ayant un effet abdicatif puisse provenir tout aussi bien d'un contrat, d'une convention ou d'un acte unilatéral. La renonciation doit, dès lors, être appréhendée indépendamment de l'acte support de la volonté abdicative.

115. L'étude du caractère irrévocable de la renonciation conforte l'absence d'incidence de la forme de l'acte abdicatif sur son régime juridique. Par l'expression « irrévocabilité d'un acte », s'entend l'interdiction pour l'auteur de l'acte de manifester une volonté contredisant absolument une manifestation de volonté précédente, cherchant ainsi à la détruire[589]. Il ressort de l'esprit de la renonciation que l'abandon d'un droit ou d'une prérogative réalisé à travers une renonciation se fait sans volonté et sans possibilité de retour.

116. La doctrine classique a fait découler de l'unilatéralité le caractère irrévocable de la renonciation. Cette caractéristique est celle, plus généralement, des actes juridiques unilatéraux puisque ceux-ci, contrairement aux actes conventionnels, sont en principe toujours irrévocables. Pour Jacques Martin de la Moutte, « Il n'est pas douteux que cette irrévocabilité parfaite de l'acte unilatéral soit une conséquence pure du caractère unilatéral de l'acte »[590]. Ce lien est fait également en matière de renonciation par la doctrine classique qui estime que l'unilatéralité a pour « conséquence pratique [...] le caractère irrévocable de la renonciation à un droit »[591]. L'irrévocabilité est d'ailleurs la clé de voûte de l'argumentation tendant à exclure les actes abdicatifs conventionnels de la sphère de la renonciation[592]. L'analyse des effets de la manifestation de volonté

---

[587] Selon lui, il faut entendre par norme « la signification d'une proposition à caractère impératif ». BÉCHILLON (D. de), « Le contrat comme norme dans le droit public positif », *RFDA*, 1992, p. 16.

[588] *Ibib.*, p. 24.

[589] MARTIN de la MOUTTE (J.), *L'acte juridique unilatéral. Essai sur sa notion et sa technique en droit civil*, *op. cit.*, p. 311-312. Selon Cornu, « Qui ne peut être rétracté au gré de celui l'a fait ; qui échappe au repentir volontaire de son auteur ». CORNU (G.), *Vocabulaire juridique*, *op. cit.*, « Irrévocable », p. 575.

[590] MARTIN de la MOUTTE (J.), *L'acte juridique unilatéral. Essai sur sa notion et sa technique en droit civil*, *op. cit.*, p. 314.

[591] RAYNAUD (P.), « La renonciation à un droit. Sa nature et son domaine en Droit civil », *op. cit.*, p. 774.

[592] *Ibid.*, p. 766 et p. 774.

abdicative a permis à la doctrine classique de conclure à une différence de régime juridique selon la forme de l'acte juridique support de cette volonté. Les renonciations unilatérales étant irrévocables dès la manifestation de la volonté abdicative et les actes abdicatifs conventionnels étant, quant à eux, révocables jusqu'à l'acceptation de l'offre par l'autre partie, ils seraient soumis à un régime juridique diffèrent. La rupture occasionnelle du lien unissant l'unilatéralité d'un acte et son irrévocabilité résulterait d'une volonté du législateur de tenir compte de situations particulières. C'est le cas en matière de succession lorsqu'il a prévu la rétractation de la renonciation afin d'éviter la vacance d'une succession[593].

117. Pour la doctrine contemporaine, l'irrévocabilité de la renonciation doit cependant être détachée de la forme de l'acte. Lorsque la renonciation est unilatérale, le renonçant est engagé dès qu'il a, expressément ou tacitement, manifesté sa volonté. Dans le cadre d'une renonciation conventionnelle, la renonciation ne devient irrévocable qu'après l'accord des parties. Cette différence s'explique pour Xavier Pin par le fait qu'un « acte de renonciation, quel qu'il soit, ne devient irrévocable qu'au moment où se produit l'effet abdicatif »[594]. L'irrévocabilité de la renonciation ne découle pas du caractère unilatéral de l'acte, l'existence d'actes unilatéraux révocables[595] le prouve, mais de son caractère abdicatif[596]. Que la renonciation soit unilatérale ou conventionnelle, dès la réalisation de l'effet abdicatif, elle n'est plus rétractable. En dissociant le caractère irrévocable de la renonciation de sa forme unilatérale, la doctrine contemporaine démontre l'unité du régime juridique auquel sont soumis les actes juridiques ayant pour but l'extinction d'un droit par son titulaire indépendamment de leur forme unilatérale ou conventionnelle[597].

---

593 *Ibid.*, p. 774.
Voir également les exemples mentionnés par MARTIN de la MOUTTE (J.), *L'acte juridique unilatéral. Essai sur sa notion et sa technique en droit civil*, *op. cit.*, p. 315-316.

594 PIN (X.), *Le consentement en matière pénale*, *op. cit.*, p. 353.

595 Jacques Martin de la Moutte montre que certains actes unilatéraux tels que le testament, l'émancipation ou encore la renonciation à succession échappent à la règle de l'unilatéralité. Pour autant, l'auteur ne voit pas dans ces exceptions une altération du principe de l'irrévocabilité de l'acte unilatéral. MARTIN de la MOUTTE (J.), *L'acte juridique unilatéral. Essai sur sa notion et sa technique en droit civil*, *op. cit.*, p. 311 et suiv. Solange Mirabail, en revanche, distingue nettement l'unilatéralité de l'acte de son caractère irrévocable. Elle considère que le principe est la liberté de l'individu de revenir sur une volonté précédemment exprimée. Les atteintes à cette liberté ne peuvent être justifiées que par les nécessités de la vie sociale. C'est donc le respect des droits d'autrui qui justifie une limitation à la liberté de se rétracter. Selon elle, « sont rétractables toutes les manifestations de volonté à l'exception de celles qui ont pour conséquence de créer ou de reconnaître des droits au profit d'autrui ou de concourir à cette création ou à cette reconnaissance, sous réserve que cette conséquence soit liée au maintien de la volonté originaire et que son intérêt pour autrui ne disparaisse pas avec la rétractation ». MIRABAIL (S.), *La rétractation en droit privé français*, Paris, LGDJ, coll. Bibliothèque de droit privé t. 284, 1997, p. 50.

596 SOURZAT (C.), *La renonciation en procédure pénale*, *op. cit.*, p. 54 et suiv.

597 AUBY (J.-M.), « La renonciation au bénéfice de la loi en droit public français », *op. cit.*, p. 523.

118. La prise de distance de la doctrine avec la théorie classique est d'ailleurs confortée par l'étude du droit positif. L'indifférence de la forme comme critère de la renonciation ressort des silences du législateur. En l'absence de précisions relatives à la forme des actes porteurs d'une volonté abdicative, il les soumet implicitement et indistinctement au même régime juridique. Ainsi, en n'établissant aucune distinction en fonction de la forme de l'acte, l'article 2250 du Code civil[598], qui prohibe toute renonciation anticipée à la prescription, soumet toute manifestation d'une intention d'abandon de cette prérogative au même régime juridique. Un raisonnement analogue peut être mené concernant la renonciation à l'autorité parentale[599] ou encore l'interdiction aux parties d'un contrat de travail de renoncer par avance au droit de se prévaloir des règles relatives au licenciement[600]. Le législateur, sauf exceptions, n'accorde aucune importance à la forme de l'acte de renonciation et, de ce fait, réduit la pertinence de la distinction réalisée par la doctrine classique.

119. Cette indifférence se retrouve également dans le traitement par le juge administratif du désistement d'action et du désistement d'instance. Les désistements d'action et d'instance sont tous deux porteurs d'une volonté d'abandonner un droit. Le désistement d'action, renonciation « à la prétention qui sert de fondement à la requête »[601], emporte renonciation à faire valoir ultérieurement la prétention soumise au juge. Le désistement d'instance, en revanche, ne porte que sur l'instance introduite. Si les délais le permettent, le demandeur a la possibilité de présenter devant le juge une nouvelle requête portant sur le même objet[602]. Le désistement d'instance est exclu du domaine de la renonciation par la théorie classique du fait de sa forme conventionnelle prévue par l'article 395 du Code de procédure civile. Cette caractéristique empêche la doctrine classique de faire entrer cette opération juridique dans le domaine de la renonciation alors qu'elle traduit la volonté du demandeur d'abandonner son droit sans intention de le transmettre[603] et qu'elle présente un contenu psychologique identique au désistement d'action[604]. En droit public, le désistement d'instance est prévu

---

[598] Article selon lequel « Seule une prescription acquise est susceptible de renonciation ».
[599] Article 376 du Code civil.
[600] Article L. 1231-4 du Code du travail : « L'employeur et le salarié ne peuvent renoncer par avance au droit de se prévaloir des règles prévues par le présent titre » (ancien article L. 122-14-7). Voir sur ce point CARSIN (X.), *La renonciation en droit du travail*, *op. cit.*, p. 34, et SOURZAT (C.), *La renonciation en procédure pénale*, *op. cit.*, p. 68.
[601] BLUMANN (C.), *La renonciation en droit administratif français*, *op. cit.*, p. 156.
[602] CE sect., 1er octobre 2010, *Époux Rigat*, req. n° 314297, *Rec. CE*, p. 352, concl. Boucher ; *AJDA*, 2010, p. 1855 et p. 2202, chron. Botteghi (D.) et Lallet (A.).
Jusqu'à cet arrêt, le désistement était réputé être un désistement d'action tant en ce qui concerne les écritures des parties qu'en ce qui concerne la décision du juge en donnant acte. Par cette décision, le Conseil d'État renverse la présomption et se rapproche ainsi de la procédure civile.
[603] MARTIN de la MOUTTE (J.), *L'acte juridique unilatéral. Essai sur sa notion et sa technique en droit civil*, *op. cit.*, p. 143-144.
[604] SOURZAT (C.), *La renonciation en procédure pénale*, *op. cit.*, p. 54-55.

par l'article R. 636-1 du Code de justice administrative[605] qui, tout comme la jurisprudence, n'impose aucune forme particulière[606]. Dans le cadre d'un recours pour excès de pouvoir, l'administration n'étant pas « partie » au litige[607] qui porte avant tout sur un acte, le désistement ne peut être qu'unilatéral. L'administration, défenderesse, n'a pas à donner son accord. Le juge est tenu de donner acte d'un désistement pur et simple auquel rien ne s'oppose[608]. Quand bien même l'administration donnerait son accord au désistement du demandeur, celui-ci serait inopérant et n'aurait pas pour conséquence de rendre l'offre du demandeur irrévocable. Dès lors que la volonté de se désister, formulée par le demandeur, est conforme aux conditions de fond et de forme exigées, le juge est tenu de donner acte du désistement. Dans le cadre d'un recours de plein contentieux, en revanche, le désistement d'instance peut tout aussi bien être unilatéral ou conventionnel. Le juge s'en tient à un principe d'indifférence des formes, le consentement du défendeur est possible, il n'est cependant jamais obligatoire[609]. L'administration défenderesse est en mesure d'accepter l'offre de désistement du demandeur, mais le juge accepte également que le désistement d'instance résulte d'une manifestation de volonté unilatérale du demandeur[610]. Le refus du défendeur n'est pas suffisant pour faire obstacle à l'interruption de l'instance, le juge peut donner acte du désistement[611]. Qu'il soit unilatéral ou conventionnel, le désistement d'instance est soumis au même régime juridique : une fois manifestée, l'acceptation de l'offre de

---

605 Selon l'article R. 636-1 du CJA, « Le désistement peut être fait et accepté par des actes signés des parties et adressés au greffe ».

606 Certains auteurs considèrent qu'il fixe comme condition que l'acte dans lequel est manifestée la volonté de désistement soit écrit et signé (PEISER (G.), « Incidents de procédure », *Répertoire de contentieux administratif*, 2007, n° 133), tandis que d'autres estiment qu'il se contente de prévoir l'une des formes possibles de l'acte de désistement (BOTTEGHI (D.) et LALLET (A.), « "*I'll be back*" : le désistement d'instance prime le désistement d'action », *AJDA*, 2010, p. 2202). L'usage du verbe « pouvoir » dans l'article R. 636-1 du CJA laisse penser que cette seconde interprétation serait plus juste.

607 Voir CE ass., 21 avril 1944, *Société Dockès frères*, *Rec. CE*, p. 120.

608 CE, sect., 7 avril 1967, *Ministre de l'Équipement c/ Monschein*, req. 70432, *Rec. CE*, p. 152.

609 Pour un avis allant dans le sens de Claude Blumann, voir Chapus. CHAPUS (R.), *Droit du contentieux administratif*, Paris, Montchrestien, coll. Domat droit public, 13e éd., 2008, p. 953 ; BOT (O. le), *Contentieux administratif*, Bruxelles, Larcier, coll. Paradigme, 3e éd., 2016, p. 247, et BROYELLE (C.), *Contentieux administratif*, Issy-les-Moulineaux, LGDJ, coll. Manuel, 3e éd., 2015, p. 186-187.

610 Le juge apprécie les raisons pour lesquelles le défendeur refuse d'accepter le désistement. Si elles ne sont pas valables, il considère que le refus est inopérant (TA Caen, 13 avril 1962, *Hue c/ Secrétariat d'État à la Reconstruction et au Logement et Secrétariat d'État au Budget*, *D.*, 1962, p. 523, note Gabolde (Ch.)).

611 CE, 29 novembre 1937, *Sieur X.*, *Rec. CE*, p. 973 : « Cons. que le désistement susvisé du sieur X...est pur et simple et que la circonstance que le ministre des Finances ne l'a pas accepté ne fait pas obstacle à ce qu'il en soit donné acte ».

Cependant, dans un tel cas, le juge reste saisi des conclusions reconventionnelles. CE sect., 5 mars 1971, *Ville de Toulouse c/ Sieur Roumengou*, *Rec. CE*, p. 196.

désistement du demandeur, bien que facultative, rend le désistement irrévocable[612] alors que, jusqu'à cette acceptation ou jusqu'à l'intervention du juge, à défaut d'acceptation, l'offre de désistement est révocable[613]. Le désistement d'instance en droit public témoigne de l'identité des effets entre la renonciation réalisée par un acte unilatéral et celle réalisée par un acte conventionnel et, dans le même temps, de l'importance moindre de la forme de l'acte juridique de renonciation.

120. L'identification d'une unité de régime entre les renonciations de forme conventionnelle ou de forme unilatérale représente un indice laissant supposer l'appartenance de ces actes à une même catégorie juridique[614]. Aussi la doctrine contemporaine, en mettant en exergue l'absence de différence de régime juridique en fonction de la forme de l'acte qui incarne la volonté abdicative, met-elle en lumière la faiblesse de la théorie classique. L'exclusion de l'unilatéralité comme critère de définition de la notion de renonciation entraîne un élargissement de son domaine.

2. L'élargissement du domaine de la renonciation

121. L'édification d'une nouvelle conception de la renonciation a permis de qualifier de renonciation des actes juridiques pourtant distincts de l'archétype élaboré par la doctrine classique. La juxtaposition des critères d'abdicativité et d'unilatéralité conférait à la renonciation un domaine limité aux droits réels, à l'action et à quelques prérogatives légales telles que la prescription ou la succession, rendant par là même cette notion inapte à recouvrir l'ensemble des actes juridiques reposant sur une volonté d'abandonner un droit. La remise en cause par la doctrine de l'unilatéralité comme critère de la renonciation amène à un élargissement du domaine de la renonciation. Nouvellement définie comme « un acte juridique ayant pour objet l'extinction d'un droit, sans translation de ce droit à un tiers »[615], la renonciation embrasse désormais l'ensemble des actes juridiques manifestant l'intention du titulaire d'un droit de l'abandonner. Cette conception permet à la doctrine d'intégrer des actes jusqu'à présent exclus du domaine de la renonciation du fait de leur forme.

122. En droit privé, la remise en cause de l'unilatéralité comme critère de la renonciation permet à la doctrine de qualifier de renonciation l'ensemble des actes dans lesquels est exprimée une volonté abdicative. Il est alors admis que la renonciation, lorsqu'elle n'est pas unilatérale, se réalise

---

612 CE, 6 novembre 1959, *Époux Huet*, *Rec. CE* (tables), p. 1068. Toutefois, si le défendeur accepte le retrait de l'offre de désistement bien qu'il l'ait déjà acceptée, alors celui-ci est toujours possible. Voir également CE, 7 juillet 1948, *Époux Herrerias*, *Rec. CE* (tables), p. 663.

613 CE, 4 novembre 1932, *Séguala*, *Rec. CE*, p. 912.

614 BERGEL (J.-L.), « Différence de nature (égale) différence de régime », *RTD civ.*, 1984, p. 263.

615 BLUMANN (C.), *La renonciation en droit administratif français*, *op. cit.*, p. 455.

principalement dans les conventions abdicatives que sont la remise de dette et le désistement d'instance ainsi que dans les transactions[616], contrats synallagmatiques, dont la nature abdicative est controversée[617]. En effet, certaines transactions consistent en l'abandon réciproque des parties au litige de leur droit d'agir en justice. Elles sont qualifiables de renonciation dans la mesure où, si une partie souhaite reprendre le litige auquel il a été mis fin par la transaction, ses prétentions seront rejetées. D'autres transactions, en revanche, se caractérisent par le fait que la contrepartie à la renonciation à l'action de l'une des parties est une obligation de l'autre partie au contrat de faire ou de donner. L'abdication est alors conditionnelle, car l'effet abdicatif ne se produit pas de façon immédiate, il est subordonné à l'exécution par l'autre partie de la prestation prévue par la transaction[618]. Une fois la prestation effectuée, la volonté abdicative produira ses effets. En qualifiant les transactions de renonciation, la doctrine privatiste rompt définitivement avec la théorie classique.

123. La doctrine de droit public n'est pas en reste puisque la scission avec l'approche trop étroite de la renonciation par la théorie classique lui permet d'accueillir dans le champ de la renonciation non seulement des actes conventionnels, mais encore des opérations qui n'arrivent pas à se couler « dans le moule de la renonciation unilatérale ou de la renonciation contractuelle »[619]. Ainsi peuvent contenir une renonciation les contrats conclus spécifiquement pour que l'une des parties puisse abandonner un droit tels le désistement d'instance de forme conventionnelle et les transactions, ou encore les clauses d'un contrat ayant un autre objet que l'abandon d'un droit telles les clauses d'irresponsabilité incluses dans certains marchés publics[620]. Mais, surtout, le dépassement du critère de forme permet à la doctrine de penser le désistement d'action ou la renonciation à un acte administratif - telle que la renonciation à une décision individuelle portant nomination ou avancement d'un individu dans la fonction publique ou dans un ordre honorifique ou la renonciation à un acte administratif assurant directement ou indirectement une prestation à un individu[621] - comme de véritables renonciations malgré la particularité de ces opérations juridiques liée au fait que ni l'un ni l'autre ne voient le jour au travers d'un acte purement unilatéral ou d'un acte conventionnel. Concernant le désistement d'action, le juge doit donner acte du désistement du requérant, tandis que concernant la renonciation au bénéfice d'un acte

---

616 La transaction est une convention « par laquelle les parties, au lieu de faire valoir leur droit d'agir en justice, préfèrent l'abdiquer sans avoir reçu satisfaction ». DREIFUSS-NETTER (F.), *Les manifestations de volonté abdicatives*, *op. cit.*, p. 56.

617 *Ibid.*, p. 48 et suiv.

618 SOURZAT (C.), *La renonciation en procédure pénale*, *op. cit.*, p. 58.

619 BLUMANN (C.), *La renonciation en droit administratif français*, *op. cit.*, p. 441.

620 AUBY (J.-M.), « La renonciation au bénéfice de la loi en droit public français », *op. cit.*, p. 520.

621 BLUMANN (C.), *La renonciation en droit administratif français*, *op. cit.*, p. 113 et suiv.

administratif, la manifestation de volonté unilatérale du destinataire de l'acte doit être sanctionnée par l'administration, auteure de l'acte abandonné, *via* le retrait ou l'abrogation de l'acte. L'abandon de l'unilatéralité comme condition de forme de la renonciation conduit donc les publicistes à admettre non seulement qu'une personne privée peut souhaiter le retrait ou l'abrogation d'une décision administrative favorable dont elle est bénéficiaire, mais encore qu'elle peut être en mesure de renoncer aux droits qu'elle tient de cette décision[622].

124. Sous le poids des travaux de la doctrine moderne élargissant la définition de la notion de renonciation élaborée par la doctrine classique, la renonciation n'est plus obligatoirement une manifestation de volonté abdicative unilatérale portant sur un droit subjectif *stricto sensu,* mais se caractérise par un élément subjectif, une volonté d'abandon, et par un élément objectif, l'abandon pur et simple d'un droit sans transmission volontaire de celui-ci à un tiers[623]. Cette démarche, qui lui a permis de poser un regard nouveau sur le droit positif et d'identifier, au sein des différentes branches du droit, des situations de renonciation jusque-là ignorées par la théorie classique, ouvre la voie pour saisir la manifestation concrète de la renonciation abdicative en droit de l'aide sociale.

SECTION II. LA RENONCIATION ABDICATIVE À UN DROIT À L'AIDE SOCIALE

125. L'étude des agissements des bénéficiaires de l'aide sociale laisse entrevoir trois manières différentes d'exprimer leur volonté de rejeter un droit à l'aide sociale : le refus d'en faire la demande auprès de l'autorité compétente, l'engagement de ne pas l'exercer[624] et le refus d'un droit à une aide sociale acquis par une décision administrative individuelle. Bien que les droits à l'aide sociale constituent des droits publics subjectifs avant même que l'administration prenne une décision attribuant une aide à un individu, ils ne peuvent être l'objet d'une renonciation abdicative tant qu'une telle décision n'est pas intervenue. Le bénéfice d'un droit à l'aide sociale ne peut être définitivement abandonné qu'à partir du moment où le droit a fait l'objet d'une appropriation[625]. Or, cette appropriation ne résulte pas de la seule qualité de « droit subjectif », mais de l'évolution du droit dans le temps qui permet son acquisition.

126. Il peut sembler quelque peu singulier de s'intéresser aux droits acquis à propos de la renonciation - acte manifestant la volonté du titulaire

---

622 Voir GIGON (É.), *La volonté des personnes privées en droit administratif*, thèse soutenue à l'Université Paris 1 Panthéon-Sorbonne le 8 décembre 2017, dactyl., p. 396.
623 BLUMANN (C.), *La renonciation en droit administratif français*, *op. cit.*, p. 442.
624 Voir *infra* n° 215 et suiv.
625 SEILLAN (Y.), « L'acte abdicatif », *op. cit.*, p. 714.

du droit de s'en départir - alors qu'ils sont traditionnellement étudiés dans le cadre du retrait et de l'abrogation de l'acte administratif unilatéral afin de concilier protection du titulaire du droit à travers la stabilité de sa situation juridique et besoin d'adaptabilité de l'administration[626]. Toutefois, au-delà du fait que l'acquisition d'un droit paraisse déterminante pour appréhender les possibilités de renonciation abdicative en matière d'aide sociale dans la mesure où elle s'accompagne d'une certaine maîtrise « matérielle » du droit par son titulaire indispensable à toute renonciation abdicative, l'acquisition permet surtout de circonscrire « naturellement » la renonciation et, ainsi, de la rendre licite en limitant ses conséquences sur ces droits d'ordre public (§ 1). Une fois le droit acquis, le bénéficiaire d'un droit à l'aide sociale pourra y renoncer, mais la particularité de l'objet de la renonciation influera sur la forme de la renonciation (§ 2).

§ 1. L'objet de la renonciation abdicative en droit de l'aide sociale

127. Les pourtours de la renonciation sont étroitement liés à la notion d'ordre public. Il est généralement admis qu'il est interdit de renoncer aux droits d'ordre public. Mais, « Ce qu'on appelle droits d'ordre public, ce sont précisément ceux auxquels la loi interdit de renoncer, de telle sorte que la difficulté reste entière lorsque la loi ne dit rien »[627], ce qui est précisément le cas en droit de l'aide sociale, domaine dans lequel le législateur fait très peu référence à la notion de renonciation et, qui plus est, jamais pour l'interdire. Le silence du juge étant tout aussi éloquent, les liens entre la législation de l'aide sociale et l'ordre public doivent être étudiés indépendamment de la question de la licéité de la renonciation aux droits à l'aide sociale. Cette démarche permet de déterminer l'étendue de la possibilité juridique de renoncer, car, même si la législation de l'aide sociale est d'ordre public, toute possibilité de renonciation aux droits à l'aide sociale n'est pas exclue (A) : ils pourront, une fois acquis par leur bénéficiaire, être abandonnés par celui-ci (B).

A. Les liens étroits entre la législation de l'aide sociale et l'ordre public

128. Les notions d'ordre public et de renonciation entretiennent des liens étroits puisque d'aucuns ont pu user de « la théorie des renonciations pour préciser la notion d'ordre public, ou se servir de la théorie de l'ordre public pour fixer le domaine des renonciations »[628]. Pour déterminer l'étendue de la possibilité juridique de renoncer aux droits à l'aide sociale, la question se

---

626 AUBY (J.-M.), « L'abrogation des actes administratifs », *AJDA*, 1967, p. 131.

627 CAPITANT (H.), note sous Cass. civ., 12 décembre 1921, *Dame Harguindeguy c/ cons. Barrière*, *Dalloz jurisprudence générale*, 1922, p. 153.

628 BREDIN (J.-D.), « Les renonciations au bénéfice de la loi en droit privé français », *op. cit.*, p. 371.

pose de savoir si la loi dont est issu le droit abandonné intéresse l'ordre public qui « constitue un obstacle classique à l'efficacité de toute manifestation individuelle de volonté »[629]. Dans sa décision *Dame Podda*[630], la Commission centrale laisse entendre que la législation de l'aide sociale intéresse l'ordre public et que, pour ce motif, il est impossible d'y renoncer. Cette relation entre la législation de l'aide sociale et l'ordre public doit être confortée (1) avant que puisse être envisagée la possibilité que toute renonciation aux droits à l'aide sociale ne soit pas, pour autant, juridiquement impossible (2).

1. La législation de l'aide sociale : une législation qui intéresse l'ordre public

129. Il ne fait guère de doute que la législation de l'aide sociale peut être considérée comme d'ordre public. La Commission centrale d'aide sociale l'a implicitement reconnu en 1965 en soutenant « qu'à supposer même que le fils ait pu valablement, en se portant fort pour sa mère, renoncer, par avance, à jamais recourir à l'aide sociale au nom de cette dernière, un tel engagement ne saurait faire échec à la législation de l'aide sociale française telle qu'elle résulte notamment, d'une part, des lois et des décrets sur l'aide sociale, d'autre part, de la convention européenne d'assistance sociale et médicale du 11 déc. 1953 »[631]. Si la formulation retenue par le juge n'affirme pas clairement le caractère d'ordre public de la législation de l'aide sociale, Vught, dans sa note, le fait en considérant que « Compte tenu notamment du caractère alimentaire ou subsidiaire de l'aide sociale, la législation qui en fixe les conditions d'application touche à l'ordre public, au sens large du terme, puisqu'elle traduit la volonté du législateur d'assurer à tout citoyen et, dans certaines conditions, à tout étranger résidant en France un minimum de ressources indispensables à sa simple subsistance »[632]. Or, selon lui, ce caractère suffit « pour que l'application de la législation de l'aide sociale ne puisse pas être écartée ou modifiée au moyen de conventions »[633]. Ce faisant, il s'appuie sur le caractère d'ordre public de la législation de l'aide sociale pour en exclure toute dérogation. Il passe néanmoins assez rapidement sur le fondement d'un tel rattachement à la notion d'ordre public qui serait le fait « du caractère alimentaire ou subsidiaire de l'aide sociale ». L'ordre public renvoyant à l'essence de la société ou de son droit[634] (a), l'étude des

---

[629] PIN (X.), *Le consentement en matière pénale*, *op. cit.*, p. 307.
[630] Comm. centr., 19 mars 1965, *Dame Podda*, *D.*, 1965, p. 104 ; *RTDSS*, 1965, p. 157, note Vught.
[631] *Ibid.*
[632] *Ibid.*
[633] *Ibid.*
[634] MENY (Y.) et DUHAMEL (O.), *Dictionnaire de droit constitutionnel*, Paris, PUF, 1992, p. 683.

fondements du droit de l'aide sociale permet de mettre au jour les liens existant entre la législation de l'aide sociale et l'ordre public (b).

a. La définition de la notion d'ordre public

130. La notion d'ordre public revêt « une pluralité de sens selon le contexte juridique de son invocation »[635]. Afin de déterminer les liens existant entre les droits à l'aide sociale et cette notion dont le contenu fluctue selon le lieu et l'époque[636], il convient « d'aborder le concept d'ordre public de façon globale, en écartant ses dimensions évolutives pour ne retenir que ses permanences »[637].

131. Cette démarche bute sur la dualité de l'application de la notion au sein du système juridique. Alors que l'ordre public désigne parfois, voire presque systématiquement dans certaines branches du droit comme le droit administratif, « un objet [...] qu'il appartient à la police administrative de maintenir ou de rétablir contre les troubles qui pourraient l'affecter ou l'affectent déjà »[638], d'autres fois il désigne le caractère de certaines règles qui s'imposent aux titulaires d'un « pouvoir de produire des effets de droit par leur agissement »[639]. La dualité des figures de l'ordre public, qui tantôt réduit les libertés matérielles, tantôt limite la volonté, ne dit rien, en tant que telle, de la substance de l'ordre public. En revanche, elle révèle la fonction de la notion d'ordre public dans l'argumentation et le système juridique : « la promotion de valeurs jugées essentielles »[640]. Il devient alors possible d'opter pour une conception unitaire de l'ordre public afin d'être en mesure d'appréhender ce que cette notion recouvre en substance.

132. Est « d'ordre public, ce qui est si important qu'est mise en question l'essence de la société ou de son droit »[641]. L'ordre public exprime ainsi juridiquement « les points névralgiques de l'organisation sociale »[642] d'une société qui repose sur un ordre de valeurs, il « fonde dans le droit » et protège les valeurs sociales les plus importantes pour la société[643]. La notion d'ordre public peut donc conduire à la restriction de certaines libertés, soit en maintenant un ordre face à certains désordres prenant la forme

---

635 RENARD (S.), *L'ordre public sanitaire (Étude de droit public interne)*, thèse soutenue à l'Université de Rennes I le 24 juin 2008, dactyl., p. 45.

636 La CJCE a d'ailleurs précisé que « les circonstances d'ordre public peuvent varier d'un pays à l'autre et d'une époque à l'autre » (CJCE, 4 décembre 1974, *Van Duyn c/ Home Office*, aff. 41-74, pt. 18).

637 RENARD (S.), *L'ordre public sanitaire (Étude de droit public interne)*, *op. cit.*, p. 46.

638 COMBACAU (J.), « Conclusions générales », *in* REDOR (M.-J.) (dir.), *L'ordre public : ordre public ou ordres publics ? Ordre public et droits fondamentaux*, Bruxelles, Bruylant, coll. Droit et Justice, 2001, p. 419.

639 *Ibid.*, p. 420.

640 *Ibid.*, p. 427.

641 MENY (Y.) et DUHAMEL (O.), *Dictionnaire de droit constitutionnel*, *op. cit.*, p. 683.

642 VINCENT-LEGOUX (M.-C.), *L'ordre public. Étude de droit comparé interne*, Paris, PUF, coll. Grandes thèses du droit français, 2001, p. 14.

643 *Ibid.*, p. 523.

d'« agissements matériels », soit en empêchant les titulaires d'un pouvoir de produire des effets de droit de l'exercer en toute liberté[644]. Tandis que le premier cas renvoie à la notion d'ordre public au sens, bien connu en droit administratif, de maintien de la sécurité, de la tranquillité et de la salubrité publiques, le second renvoie à la règle posée à l'article 6 du Code civil selon lequel « on ne peut déroger, par des conventions particulières, aux lois qui intéressent l'ordre public et les bonnes mœurs ». Bien qu'elle ne fasse référence qu'aux dérogations par la voie conventionnelle, l'interdiction de déroger à une règle d'ordre public est étendue aux renonciations qui doivent « se briser sur l'intérêt public »[645].

133. L'ordre public constitue un obstacle à tout acte juridique, y compris aux renonciations, qui irait à l'encontre d'un « intérêt supérieur » ou d'une valeur essentielle dont il est l'expression juridique.

b. Les fondements des droits à l'aide sociale révélateurs de leur lien avec l'ordre public

134. Historiquement, la prévention des troubles à l'ordre public a représenté une justification et la principale finalité de l'intervention du législateur dans le domaine social. Il s'agissait avant tout de répondre à un objectif sécuritaire en réduisant les risques de délinquance. L'ordre public concerné était alors uniquement compris comme un objet que la police administrative devait maintenir ou rétablir face aux troubles qui pourraient l'affecter ou l'affectaient déjà[646]. Aussi ce lien entre la législation de l'aide sociale et l'ordre public ne dit-il rien d'une éventuelle impossibilité d'écarter ou de renoncer aux droits à l'aide sociale. Revenir sur les fondements, indissociables, communs à l'ensemble des droits à l'aide sociale constitue alors une démarche nécessaire pour mettre en lumière le lien étroit qu'ils entretiennent avec les valeurs fondamentales de notre société et de son droit et, en particulier, avec la fraternité et la solidarité - fondements historiques de l'assistance et de l'aide sociale (I) -, et avec la dignité - fondement plus récent puisque ce n'est que dans l'immédiat après-guerre que le principe de dignité de l'être humain est devenu un principe central pour protéger l'homme contre les fléaux de la misère, « la matrice intellectuelle présidant à la reconnaissance des droits sociaux »[647] (II).

---

644 COMBACAU (J.), « Conclusions générales », *op. cit.*, p. 419-420.

645 BREDIN (J.-D.), « Les renonciations au bénéfice de la loi en droit privé français », *op. cit.*, p. 371.

646 COMBACAU (J.), « Conclusions générales », *op. cit.*, p. 419.

647 ROMAN (D.), *Le droit public face à la pauvreté*, Paris, LGDJ, coll. Bibliothèque de droit public t. 221, 2002, p. 428.

I. La fraternité et la solidarité, fondements historiques de la législation de l'aide sociale

135. Nul doute, pour la doctrine contemporaine, que « l'aide sociale légale est la manifestation tant de la solidarité nationale que de la fraternité »[648], puisque la fraternité - « sentiment de solidarité et d'amitié éprouvé à l'égard d'une ou de plusieurs personnes qui, sans être frères, se traitent néanmoins comme des frères »[649] - et la solidarité - « relation entre personnes ayant conscience d'une communauté d'intérêts, qui entraîne, pour les unes, l'obligation morale de ne pas desservir les autres de leur porter assistance »[650] - constituent toutes deux les fondements historiques des dispositifs de solidarité.

136. Quoique le concept de fraternité n'ait été en mesure de fonctionner « comme un principe fondamental, capable, à lui seul, de légitimer la République sociale »[651] qu'au cours des deux décennies précédant la Révolution de 1848, il avait eu auparavant une influence diffuse, mais non négligeable, dans sa légitimation. En raison de la place qu'occupait le concept de fraternité dans la pensée politico-juridique de l'époque, il s'était vu promu au rang de principe général d'action et, ce faisant, avait conduit à l'adoption de diverses mesures dont des mesures de solidarité envers les plus démunis[652]. Dès lors, loin de n'être qu'un simple sentiment, la fraternité se présentait comme un principe devant inspirer l'action du constituant comme celle du législateur[653] et son invocation permettait d'asseoir la légitimité des droits sociaux. Dans les années qui précédèrent l'avènement de la IIe République et dans les mois qui suivirent, l'influence du principe de fraternité s'intensifia. Aussi, les partisans de la reconnaissance du droit à l'assistance et du droit à l'instruction gratuite et obligatoire pour chacun n'hésitèrent-ils pas à soutenir que « dans un État républicain [...], la société doit à tous les citoyens des moyens d'existence, c'est la loi de la fraternité »[654]. La fraternité se vit érigée au « rang de principe général devant irriguer l'ensemble du droit public positif » et « constitua sans conteste, en même temps que la principale justification théorique de la République sociale, le fondement direct d'un certain nombre de droits et de dispositions

---

648 DONIER (V.), *Le principe d'égalité dans l'action sociale des collectivités territoriales*, Aix-en-Provence, PUAM, coll. Collectivités locales, 2005, p. 50.

649 Rapport du Conseil constitutionnel français, *La Fraternité*, *in* Association des Cours constitutionnelles ayant en partage l'usage du Français, 3e Congrès sur le thème « La fraternité », Ottawa, juin 2003, p. 266.

650 *Le Petit Robert. Dictionnaire alphabétique et analogique de la langue française*, texte remanié et amplifié sous la direction de REY-DEBOVE (J.) et REY (A.), Paris, Le Petit Robert, 2013.

651 BORGETTO (M.) et LAFORE (R.), *La République sociale. Contribution à l'étude de la question démocratique en France*, Paris, PUF, coll. La politique éclatée, 2000, p. 67.

652 *Ibid.*, p. 69-70.

653 *Ibid.*, p. 71.

654 DUCOUX (F.-J.), *Guide de l'électeur républicain*, 1849, p. 26, cité par BORGETTO (M.) et LAFORE (R.), *ibid.*, p. 75.

destinés à mettre en œuvre celle-ci »[655]. Cependant, avant même la chute de la IIe République, alors que la notion de solidarité monte en puissance, l'idée de fraternité connaît un net déclin. Ce déclin s'explique par la conjonction de deux considérations : l'une juridique et l'autre politique. En premier lieu, la fraternité, en raison de sa dimension affective, se révèle incapable d'être traduite dans le Droit et, par conséquent, de fonctionner comme un principe « réellement normatif [...] et pleinement efficient »[656]. En second lieu, elle est de plus en plus en inadéquation avec le contexte intellectuel et idéologique de l'époque en raison de ses origines chrétiennes qui sont difficilement conciliables avec le combat laïc et anti-clérical naissant ainsi qu'en raison de sa vocation à nier les conflits de classe en décalage avec l'essor des idées socialistes[657].

137. Dans un mouvement inverse, le concept de solidarité s'impose en lieu et place de celui de fraternité. Il semble en adéquation avec « l'univers théorique et mental nouveau » marqué par les progrès de la science biologique et médicale qui mettent en évidence la loi vitale de la solidarité[658] et par l'essor de la sociologie qui rejette toute conception idéaliste. Parce que la solidarité appartient à la langue juridique et peut donc « passer toute entière dans le Droit »[659], elle apparaît comme un fondement solide pour le développement des droits sociaux. Le concept de solidarité rencontre un succès important à la fin du XIXe siècle en particulier en raison de la place centrale que lui donne Léon Bourgeois au sein de sa doctrine, le solidarisme[660], selon laquelle la solidarité à l'égard des plus faibles constitue pour les gouvernants non pas une simple obligation morale, mais une obligation juridique[661]. Cette doctrine conduit à l'érection du concept de solidarité au rang de principe fondamental de la République et à sa substitution au concept de fraternité : « désormais, c'est sur celui-là et non sur celui-ci que l'on prend appui aussi bien pour justifier la nécessité même de donner un contenu à la République sociale que pour fonder un certain nombre de droits ou de mesures visant à consacrer cette dernière »[662]. Ainsi, « tous ceux qui entendaient réformer la société en place disposaient désormais sinon d'un corpus théorique à l'abri de toute critique, du moins d'une idée-force de nature à justifier l'immixtion de la puissance publique

---

655 *Ibid.*, p. 76.

656 BORGETTO (M.), « Fraternité et solidarité : un couple indissociable ? », *in* HECQUARD-THÉRON (M.) (dir.), *Solidarité(s). Perspectives juridiques*, Toulouse, Presses de l'Université de Toulouse, coll. IFR Mutation des normes juridiques Actes de colloques n° 6, 2009, p. 18.

657 *Ibid.*, p. 19.

658 *Ibid.*

659 BORGETTO (M.) et LAFORE (R.), *La République sociale. Contribution à l'étude de la question démocratique en France*, *op. cit.*, p. 78.

660 *Ibid.*, p. 79.

661 Sur l'apparition de la solidarité dans le discours public voir KNETSCH (J.), « La solidarité nationale, genèse et signification d'une notion juridique », *RFAS*, 2014, n° 1, p. 32-43.

662 BORGETTO (M.) et LAFORE (R.), *La République sociale. Contribution à l'étude de la question démocratique en France*, *op. cit.*, p. 83.

dans le domaine social et surtout à fonder un certain nombre de solutions novatrices »[663].

138. Sous la IIIe République - époque à laquelle le système d'assistance, dont l'aide sociale actuelle est l'héritière, a été profondément refondé - la solidarité, « Figure centrale des républicains de tous bords »[664], est mobilisée d'une part pour justifier la réforme sociale, et, d'autre part, comme un instrument de cette réforme, car en tant que technique de socialisation du risque par l'assistance ou par l'assurance, elle permet une redistribution des richesses[665]. C'est sur son fondement que les règles qui régissent le système d'assistance sont modifiées, menant à la reconnaissance d'une obligation d'assistance de la collectivité envers les plus démunis. Le législateur intervient donc au nom du principe de solidarité[666] : c'est lui qui exige que les pouvoirs publics accordent une aide à tous ceux qui en ont besoin[667]. Bien que l'ordre public ou le profit économique aient figuré parmi les justifications parfois avancées en faveur des réformes de la législation d'assistance[668], celles-ci étaient néanmoins fondées sur le « principe à la fois politique et moral de solidarité »[669] - au sens d'un « authentique devoir ou principe puisant son origine et sa légitimité à la fois dans la prise de conscience [du fait d'interdépendance sociale] et dans une certaine conception des idées de justice et de démocratie »[670]. Le député Rey, dans son rapport sur le projet de loi relatif à l'assistance médicale gratuite affirmait, par exemple, que « c'est [...] à peu près la moitié de la population française qui est privée de tout service de médecine gratuite [...]. Un pareil état de chose ne saurait durer. Il froisse [...] les idées de solidarité et de justice qui doivent être les fondements de toute démocratie »[671]. Bienvenu-Martin, quant à lui, dans son rapport fait au nom de la commission chargée d'examiner les propositions de loi sur l'assistance aux vieillards, aux infirmes et aux incurables soutenait que « l'obligation de venir en aide à ceux que l'âge ou les infirmités mettent hors d'état de subvenir aux premiers besoins de l'existence n'est que l'application ou la consécration légale de cette idée de solidarité sur laquelle doit reposer notre organisation

---

663 BORGETTO (M.), « Solidarité », *in* ALLAND (D.) et RIALS (S.) (dir.), *Dictionnaire de la culture juridique*, Paris, Lamy, PUF, 2003, p. 1428.

664 *Ibid.*

665 *Ibid.*, p. 1428-1429.

666 BORGETTO (M.) et LAFORE (R.), *Droit de l'aide et de l'action sociales*, Issy-les-Moulineaux, LGDJ, coll. Domat droit public, 9e éd., 2015, p. 46.

667 *Ibid.*, p. 45.

668 BORGETTO (M.), *La notion de fraternité en droit public français. Le passé, le présent et l'avenir de la solidarité*, Paris, LGDJ, coll. Bibliothèque de droit public t. 170, 1993, p. 421 et suiv.

669 *Ibid.*, p. 426.

670 *Ibid.*

671 REY (E.), Rapport fait au nom de la commission chargée d'examiner (...) le projet de loi sur l'assistance médicale gratuite, *JO*, *Doc. Parl.*, Ch. députés, ann. séance du 23 janvier 1892, n° 1899, p. 185 cité par BORGETTO (M.), *ibid.*, p. 426-427.

sociale »[672]. La solidarité est donc le fondement « de mesures prises dans l'intérêt national », « un principe actif commandant la mise en œuvre de mesures de secours, d'aide à l'égard de catégories ayant subi un préjudice »[673].

139. Transparaît au travers de ces propos la place qu'occupait la solidarité au sein des valeurs de la société et qu'elle continue de tenir puisque « Dans le ciel des valeurs de notre époque, la solidarité occupe une bonne place »[674]. Dès lors, si elle constitue toujours un fondement de l'aide sociale, la législation de l'aide sociale pourrait être considérée comme étant d'ordre public. Aucun doute que cela ne soit effectivement le cas dans la mesure où le lien entre l'aide sociale et le principe de solidarité est consolidé par l'adoption du Préambule de la Constitution de 1946 qui reconnaît officiellement certaines des applications juridiques les plus directes de ce principe en consacrant notamment un droit à la protection sociale[675]. Même si le constituant s'abstient de toute référence formelle au principe de solidarité, ce silence « ne saurait apparaître, en dernière analyse, comme réellement déterminant »[676]. *Via* la consécration de droits sociaux créances - véritable point « d'ancrage constitutionnel » du droit de l'aide et de l'action sociales[677] -, certaines des manifestations sociales du principe de solidarité sont constitutionnalisées. Le Conseil constitutionnel a d'ailleurs avancé à plusieurs reprises que les exigences constitutionnelles résultant des dixième et onzième alinéas du Préambule de la Constitution de 1946 impliquent la mise en œuvre d'une politique de solidarité nationale en faveur des personnes défavorisées[678]. C'est donc sur le fondement du principe de

---

672 BIENVENU-MARTIN, Rapport fait au nom de la commission chargée d'examiner les propositions de loi sur l'assistance aux vieillards, infirmes et aux incurables, *JO, Doc. Parl*, Chambre des députés, annexe à la séance du 4 avril 1903, p. 386, cité par BORGETTO (M.) et LAFORE (R.), *La République sociale. Contribution à l'étude de la question démocratique en France*, Paris, PUF, coll. La politique éclatée, 2000, p. 83.

673 PONTIER (J.-M.), « De la solidarité nationale », *RDP*, 1983, p. 901.

674 *Ibid.*, p. 899.

675 BORGETTO (M.), *La notion de fraternité en droit public français. Le passé, le présent et l'avenir de la solidarité, op. cit.*, p. 510 et suiv.

676 *Ibid.*, p. 516.

677 ALFANDARI (E.) et TOURETTE (F.), *Action et aide sociales*, Paris, Dalloz, coll. Précis, 5e éd., 2011, p. 59. Bien sûr, d'autres principes constitutionnels auront un impact décisif en la matière. C'est le cas, par exemple, du principe d'égalité qui a eu des répercussions importantes, en particulier pour l'application des droits à l'aide sociale aux étrangers. Cons. const., n° 89-269 DC, 22 janvier 1990, *Loi portant diverses dispositions relatives à la sécurité sociale et à la santé, RCC*, p. 33.

678 Cons. const., n° 98-405 DC, 29 décembre 1998, *Loi de finances pour 1999, RCC*, p. 326, cons. n° 12 ; Cons. const., n° 2009-599 DC, 29 décembre 2009, *Loi de finances pour 2010, RCC*, p. 218, cons. 101.

Notons que le Conseil constitutionnel se réfère pour la première fois au principe de solidarité, sans faire mention de l'alinéa 12 du Préambule de la Constitution de 1946, dans une décision de 1986 dans laquelle il considère qu'« en vertu de l'article 34 de la Constitution la loi définit les principes fondamentaux du droit du travail et de la sécurité sociale ; qu'à ce titre il lui revient d'organiser la solidarité entre personnes en activité, personnes sans emploi et retraités

solidarité que « l'essentiel des droits et dispositifs traduisant à l'heure actuelle le caractère social de la République ont été reconnus et aménagés »[679]. L'aide sociale légale assurant la concrétisation des droits sociaux créances, les prestations d'aide sociale « répondent de manière évidente à une mission de solidarité nationale »[680]. D'ailleurs, le Conseil constitutionnel n'hésite pas à reconnaître que la prestation spécifique dépendance[681], l'allocation personnalisée d'autonomie[682] ou encore le revenu minimum d'insertion[683] correspondent « à une exigence de solidarité nationale ». L'ensemble « des textes formant en quelque sorte le "noyau dur" de l'aide sociale » constitue donc une application juridique du principe de solidarité[684], et ce, même si l'article L. 111-1 du Code de la sécurité sociale en vertu duquel « La sécurité sociale est fondée sur le principe de solidarité nationale » n'a pas son équivalent dans le Code de l'action sociale et des familles. Cela ressort d'ailleurs nettement des débats parlementaires et aussi, parfois, des textes définitivement adoptés. Ainsi, le ministre de la Solidarité, de la Santé et de la Protection sociale, Claude Évin, s'adressant aux députés, déclarait lors des discussions sur le projet de loi relatif au revenu minimum d'insertion[685], non seulement, que « l'exigence de solidarité s'impose à nous : exigence politique et morale, exigence économique également », mais encore, que « c'est à vous que revient l'honneur de faire passer cette exigence de la pétition de principe à la réalisation concrète »[686]. Cette idée ressurgit dans les propos du ministre de l'Emploi et de la Solidarité, Martine Aubry, lors de l'adoption de la loi du 29 juillet 1998[687] selon laquelle « la solidarité nationale doit nous amener à porter assistance à ceux qui sont en difficulté »[688]. En sus, le législateur a parfois spécifié que certains

---

et de maintenir l'équilibre financier permettant à l'ensemble des institutions de sécurité sociale de remplir leur rôle ». Cons. const., n° 85-200 DC, 16 janvier 1986, *Cumul emploi-retraite*, *RCC*, p. 9.

679 BORGETTO (M.), « Solidarité », *op. cit.*, p. 1429.

680 DONIER (V.), *Le principe d'égalité dans l'action sociale des collectivités territoriales*, *op. cit.*, p. 54.

681 Cons. const., n° 96-387 DC, 21 janvier 1997, *Prestation spécifique dépendance*, *RCC*, p. 23, cons. n° 11.

682 Cons. const., n° 2001-447 DC, 18 juillet 2001, *Loi relative à la prise en charge de la perte d'autonomie des personnes âgées et à l'allocation personnalisée d'autonomie*, *RCC*, p. 89, cons. n° 6.

683 Cons. const., n° 2003-487 DC, 18 décembre 2003, *Loi portant décentralisation en matière de revenu minimum d'insertion et créant un revenu minimum d'activité*, *RCC*, p. 473, cons. n° 8.

684 BORGETTO (M.), *La notion de fraternité en droit public français. Le passé, le présent et l'avenir de la solidarité*, *op. cit.*, p. 572 ; ROLLAND (L.), *Précis de droit administratif*, Paris, Dalloz, coll. Petits précis Dalloz, 8e éd., 1943, p. 565.

685 Loi n° 88-1088 du 1er décembre 1988 relative au revenu minimum d'insertion, *JO* du 3 décembre 1988, p. 15119.

686 EVIN (C.), séance du 4 octobre 1988, *JO* Débats AN, p. 633-634.

687 Loi n° 98-657 du 29 juillet 1998 d'orientation relative à la lutte contre les exclusions, *JO* n° 175 du 31 juillet 1998, p. 11679.

688 AUBRY (M.), séance du 5 mai 1998, *JO* Déb. AN, 6 mai 1998, p. 3395.

droits, notamment le droit au logement[689], représentent « un devoir de solidarité pour l'ensemble de la nation » et, plus récemment, le rapport définissant les objectifs de la politique d'adaptation de la société au vieillissement de la population annexé à la loi relative à l'adaptation de la société au vieillissement[690] a précisé que, lorsque le risque de perte d'autonomie se réalise, « La solidarité nationale doit [...] permettre d'affronter les difficultés à demeurer au domicile et le choix ou la nécessité d'entrer en maison de retraite ».

140. Si la solidarité, fondement incontestable des dispositifs d'aide sociale, confère à la législation de l'aide sociale un caractère d'ordre public dans la mesure où elle constitue une valeur essentielle de la société, qu'en est-il du principe de fraternité ? Cette question mérite d'être posée dans la mesure où l'idée de fraternité fait un retour en force au cours du XXe siècle. En effet, si l'adoption du Préambule de la Constitution de 1946 a participé au renforcement du lien entre le principe de solidarité et l'aide sociale, elle a aussi marqué la réapparition du concept de fraternité dans le champ politique, social et juridique, car « si tous doivent bénéficier d'un certain nombre de droits sociaux et participer aux charges de la société, c'est certes parce que tous sont et doivent se montrer solidaires ; mais si tous doivent se montrer solidaires, c'est aussi parce que tous sont dotés d'une éminente valeur et dignité et qu'ils sont frères en humanité »[691]. La fraternité, érigée par Conseil constitutionnel dans sa récente décision *M. Cédric H. et autre*[692] au rang de principe constitutionnel[693], est « un principe général à la fois inspirateur et explicatif du droit »[694]. Elle est une sorte de « principe matriciel »[695] et « justifie et commande, en dernière instance, la mise en œuvre du principe [...] de solidarité »[696]. En ce sens, elle s'apparente à une valeur fondamentale de la société susceptible de conférer à la législation de l'aide sociale un caractère d'ordre public si elle en constitue un fondement. Or, il n'est pas rare, aujourd'hui, que les juristes voient dans la fraternité un principe à la fois inspirateur et explicatif des droits sociaux créances, voire

---

[689] Article 1er de la loi n° 90-449 du 31 mai 1990 visant à la mise en œuvre du droit au logement, *JO* n° 0127 du 2 juin 1990, p. 6551.

[690] Loi n° 2015-1776 du 28 décembre 2015 relative à l'adaptation de la société au vieillissement, *JO* n° 0301 du 29 décembre 2015, p. 24268.

[691] BORGETTO (M.), « Fraternité et solidarité : un couple indissociable ? », *op. cit.*, p. 26.

[692] Cons. const., n° 2018-717/718 QPC, 6 juillet 2018, *M. Cédric H. et autre*.

[693] Le juge administratif a, dans la continuité de la décision du *Cédric H.*, qualifié la liberté d'aider autrui dans un but humanitaire - liberté découlant du principe de fraternité - de liberté fondamentale. TA Besançon ord., 28 août 2018, *M. Guardado*, *AJDA*, 2018, p. 2509, note Korsakoff (A.) ; *RDSS*, 2018, p. 1096, note Benredouane (J.).

[694] *Ibid.*

[695] BORGETTO (M.), « Fraternité et solidarité : un couple indissociable ? », *op. cit.*, p. 27.

[696] BORGETTO (M.) et LAFORE (R.), *La République sociale. Contribution à l'étude de la question démocratique en France*, *op. cit.*, p. 87.

directement de certains dispositifs légaux[697], car la fraternité implique « un certain type de comportement se traduisant notamment par une aide portée à autrui en cas de besoin »[698]. Michel Borgetto considère ainsi que le devoir d'insertion incombant à la collectivité comme au bénéficiaire du droit dans le cadre du revenu minimum d'insertion en est une illustration éclairante puisque le principe de solidarité n'imposait pas la mise en place d'un devoir d'insertion : la création d'un droit à une allocation aurait suffi, alors que le principe de fraternité exigeait que la société aide les exclus à se réinsérer, « seul moyen à la fois de respecter chez l'Autre sa dignité inhérente à sa qualité d'homme et de se conformer à un principe qui en fait l'égal et le frère de tous »[699]. Parce que « réduite à elle-même, la solidarité apparaît, surtout en matière sociale, très fortement desséchante, déshumanisante, bureaucratique », il a semblé important de la compléter par la fraternité afin d'apporter aux dispositifs sociaux « de la chaleur dans les relations humaines, de la convivialité, de l'amour, de l'affection, de l'humanité et de la considération dans les relations sociales »[700]. Cette exigence fait suite non seulement au constat que cela est nécessaire pour recréer du lien social, mais également à celui que seule la prise en compte de l'exigence de fraternité permet de « respecter réellement l'éminente dignité attachée à la qualité d'homme »[701].

141. Ce double fondement des droits sociaux créances et, par conséquent, de la législation de l'aide sociale les mettant en œuvre n'est pas dénué d'intérêt dans la mesure où les notions de solidarité et de fraternité, valeurs essentielles de la société, semblent toutes deux permettre d'affirmer que la législation de l'aide sociale, à l'instar de la législation de la sécurité sociale[702], peut être considérée comme étant d'ordre public. Cependant, il est indéniable que le recours à la solidarité, afin de déterminer la nature de la législation de l'aide sociale, est plus probant que le recours au principe de fraternité, car la solidarité constitue le fondement juridique direct de la législation de l'aide sociale. Pour autant, cela n'enlève rien à la pertinence d'envisager la fraternité dans le cadre d'une telle réflexion : en tant que

---

697 BORGETTO (M.), « Fraternité et solidarité : un couple indissociable ? », *op. cit.*, p. 28-29, et DONIER (V.), *Le principe d'égalité dans l'action sociale des collectivités territoriales*, *op. cit.*, p. 55.

698 Rapport du Conseil constitutionnel français, *La Fraternité*, *in* Association des Cours constitutionnelles ayant en partage l'usage du Français, 3e Congrès sur le thème « La fraternité », Ottawa, juin 2003, p. 266.

699 BORGETTO (M.), *ibid.*, p. 30.

700 *Ibid.*, p. 29.

701 *Ibid.*

702 Selon Laure-Emmanuelle Camaji, l'ensemble de la législation en matière de sécurité sociale a un caractère d'ordre public. CAMAJI (L.-E.), *La personne dans la protection sociale. Recherche sur la nature des droits des bénéficiaires de prestations sociales*, Paris, Dalloz, coll. Nouvelle bibliothèque de thèses, 2008, p. 285.

Voir : Cass. soc., 9 décembre 1976, *Reisser c/ Caisse régionale d'assurance maladie de Strasbourg*, n° 75-14587, *Bull. civ.* V, n° 660.

valeur fondamentale de la société et fondement de l'aide sociale, elle est à même de justifier le caractère d'ordre public de la législation de l'aide sociale, et ce, bien qu'en raison du caractère plus diffus de ce fondement, la démonstration est sans nul doute moins convaincante que celle mobilisant le principe de solidarité.

II. La dignité, fondement moderne de la législation de l'aide sociale

142. Le caractère d'ordre public de la législation de l'aide sociale est conforté par les liens étroits qu'elle entretient avec le principe de dignité de la personne humaine. Avant d'être juridicisée, la dignité de la personne humaine était un principe philosophique[703]. Alors qu'elle ne figure pas au rang des droits consacrés par les premiers textes fondateurs des droits de l'homme tels que la Déclaration d'indépendance des États-Unis de 1787 et la Déclaration des droits de l'homme et du citoyen de 1789[704], elle se retrouve dans différents textes adoptés après 1945 tels que le Préambule de la Charte des Nations-Unies du 26 juin 1945[705], la Déclaration universelle des droits de l'homme du 10 décembre 1948[706], le Pacte international relatif aux droits civils et politiques du 16 décembre 1966[707] ou encore la Charte des droits fondamentaux de l'Union européenne du 7 décembre 2000[708].

---

[703] Sur le fondement théologique de la dignité de la personne humaine voir MAURER (B.), *Le principe de respect de la dignité humaine et la Convention européenne des droits de l'homme*, Paris, La documentation française, coll. Monde européen et international, 1999, p. 33-37.
Les philosophes ont développé différentes approches de la dignité de la personne humaine. Béatrice Maurer les regroupe en trois catégories. Une première catégorie permet de rassembler les philosophes qui, à l'instar de Kant, posent la dignité humaine « en un absolu transcendantal et préalable à tout ». La dignité est perçue comme inaliénable. Une seconde catégorie réunit les « immanentistes qui l'inscrivent dans une progression historique ». Enfin, Béatrice Maurer classe dans une dernière catégorie les philosophes niant l'existence d'un principe de dignité de la personne humaine. *Ibid.*, p. 37-42.
Sur l'origine du concept de dignité humaine voir également DIJOUX (R.), *La contractualisation des droits fondamentaux*, Paris, L'Harmattan, coll. Logiques juridiques, 2012, p. 74, et FRUMER (P.), *La renonciation aux droits et libertés. La Convention européenne des droits de l'homme à l'épreuve de la volonté individuelle*, Bruxelles, Bruylant et Éditions de l'Université de Bruxelles, Collection de droit international, 2001, p. 448 et suiv.

[704] Elle est mentionnée à l'article 6 de Déclaration des droits de l'homme et du citoyen de 1789, mais dans le sens de « *dignitas* ».

[705] « We the peoples of the United Nations determined [...] to reaffirm faith in fundamental human rights, in the dignity and worth of the human person ». Traduction de François Borella : « Nous, peuples des Nations Unies, résolus...à proclamer à nouveau notre foi dans les droits fondamentaux de l'homme, dans la dignité et la valeur de la personne humaine... ». BORELLA (F.), « Le concept de dignité de la personne humaine », *in* PÉDROT (P.) (dir.), *Éthique, droit et dignité de la personne. Mélanges Christian Bolze*, Paris, Economica, 1999, p. 30.

[706] Voir notamment le Préambule cité précédemment et l'article 1 selon lequel « Tous les êtres humains naissent libres et égaux en dignité et en droits ».

[707] Article 10.

[708] La Charte des droits fondamentaux de l'Union européenne du 7 décembre 2000 dispose dans son Préambule que « consciente de son patrimoine spirituel et moral, l'Union se fonde

En France, la dignité de la personne humaine a été protégée par les juges sur le fondement des articles 6, 1128, 1131 et 1133 du Code civil[709] avant que le Conseil constitutionnel n'érige en principe à valeur constitutionnelle « la sauvegarde de la dignité de la personne humaine contre toute forme d'asservissement et de dégradation »[710]. Le législateur a, depuis, adopté à plusieurs reprises des dispositions en vue de protéger la dignité de la personne humaine. Il est notamment intervenu pour inscrire à l'article 16 du Code civil que « La loi assure la primauté de la personne, interdit toute atteinte à la dignité de celle-ci et garantit le respect de l'être humain dès le commencement de sa vie », pour consacrer un chapitre du Code pénal à la répression des atteintes à la dignité de la personne ou encore pour énoncer à l'article L. 115-1 du CASF que « La lutte contre la pauvreté et les exclusions est un impératif national fondé sur le respect de l'égale dignité de tous les êtres humains et une priorité de l'ensemble des politiques publiques de la nation ».

143. Pour déterminer dans quelle mesure le principe de dignité de la personne humaine est susceptible de conférer à la législation de l'aide sociale un caractère d'ordre public, il est nécessaire de répondre à la question de savoir si la dignité constitue une valeur essentielle de la société, puis à celle de savoir si la dignité constitue un fondement de la législation de l'aide sociale. La première question soulève peu de difficulté : avant d'être un droit, la dignité de la personne humaine est un principe, une valeur fondamentale de la société. Sur ce point, le choix du juge administratif de ne pas s'inscrire dans la lignée du Conseil constitutionnel qui a érigé en principe à valeur constitutionnelle la sauvegarde de la dignité de la personne humaine contre toute forme d'asservissement et de dégradation[711] est

---

sur les valeurs indivisibles et universelles de *dignité humaine*, de liberté, d'égalité et de solidarité ; elle repose sur le principe de la démocratie et le principe de l'État de droit » et consacre son premier chapitre à la dignité. Bien que la Convention européenne de sauvegarde des droits de l'homme et des libertés fondamentales du 4 novembre 1950 n'évoque pas de façon explicite la dignité humaine, la CrEDH affirme que « le respect de la dignité et de la liberté humaines » est l'essence des objectifs fondamentaux de la Convention. CrEDH, 22 novembre 1995, *S.W. c/ RU* et *C.R. c/ RU*, req. n° 20190/92, *AJDA*, 1996, p. 445, note Costa (J.-P.).

709 MEKKI (M.), *L'intérêt général et le contrat. Contribution à une étude de la hiérarchie des intérêts en droit privé*, Paris, LGDJ, coll. Bibliothèque de droit privé t. 411, 2004, p. 266 ; MOLFESSIS (N.), « La dignité de la personne humaine en droit civil », *in* PAVIA (M.-L.) et REVET (T.) (dir.), *La dignité de la personne humaine*, Paris, Economica, coll. Études juridiques, 1999, p. 115-120.

710 Cons. const., n° 94-343/344 DC, 27 juillet 1994, *Loi relative au respect du corps humain et loi relative au don et à l'utilisation des éléments et produits du corps humain, à l'assistance médicale, à la procréation et au diagnostic prénatal*, *RCC*, p. 100 ; Cons. const., n° 94-359 DC, 19 janvier 1995, *Loi relative à la diversité de l'habitat* et Cons. const., n° 98-403 DC, 29 juillet 1998, *Loi d'orientation relative à la lutte contre les exclusions*, *RCC*, p. 276.

711 Cons. const., n° 94-343/344 DC, 27 juillet 1994, *Loi relative au respect du corps humain et loi relative au don et à l'utilisation des éléments et produits du corps humain, à l'assistance médicale à la procréation et au diagnostic prénatal*.

particulièrement intéressant : « À l'évidence, le Conseil d'État n'a pas souhaité ériger la dignité de la personne humaine en un droit reposant sur un texte bien identifié dont on pourrait déduire un contenu, mais plutôt en une notion qui entre en résonance avec certains droits et principes »[712]. Dans l'arrêt *Commune de Morsang-sur-Orge*[713], le juge administratif non seulement fait de la dignité de la personne humaine une composante autonome de l'ordre public, marquant ainsi une distance avec les conclusions du commissaire du gouvernement Frydmann qui voyait dans la dignité « l'une des composantes essentielles de la moralité publique »[714], mais encore s'abstient de préciser le fondement juridique de ce principe. Dès lors, la dignité paraît « mobilisée, non pas comme une liberté devant être protégée (ce qu'elle n'est pas), mais bien plutôt comme une valeur dont la garantie suppose de faire obstacle à l'exercice de certaines libertés »[715]. Cela ressort d'ailleurs plus nettement de l'avis *Hoffman-Glemane*[716] et de l'ordonnance *Ministre de l'Intérieur c/ Société Les Productions de la Plume*[717] dans lesquels la Haute juridiction administrative inclut la dignité dans « les valeurs et principes » consacrés « par la Déclaration des droits de l'homme et du citoyen et par la tradition républicaine »[718], ne renvoyant pas à un texte

---

712 GLENARD (G.), « La dignité de la personne humaine : un ordre de valeurs ? », *RFDA*, 2015, p. 871.

713 CE ass., 27 octobre 1995, *Commune de Morsang-sur-Orge*, req. n° 136727, *Rec. CE*, p. 372, concl. Frydman.

714 Conclusions du commissaire du gouvernement Patrick Frydman sur CE ass., 27 octobre 1995, *Commune de Morsang-sur-Orge*, req. n° 136727, *Rec. CE*, p. 372, concl. Frydman.

715 BARANGER (D.), « Retour sur Dieudonné », *RFDA*, 2014, p. 528.

716 CE avis, 16 février 2009, *Mme Hoffman-Glemane*, n° 315499, *Rec. CE*, p. 43, concl. Lenica.

717 CE ord., 9 janvier 2014, *Ministre de l'intérieur c/ Société Les Productions de la Plume*, req. n° 374508, *Rec. CE*, p. 1.

718 Expression reprise par le tribunal administratif de Versailles (TA Versailles ord., 19 septembre 2015, req. n° 1506153, *AJDA*, 2015, p. 1722) et de Nice (TA Nice ord., 26 mars 2015, req. n° 1501179, *AJDA*, 2015, p. 664), mais non reprise dans l'arrêt CE, 9 novembre 2015, *Association générale contre le racisme et pour le respect de l'identité française chrétienne (AGRIF) et SARL Les productions de la Plume et M. D. M'Bala M'Bala*, req. n° 376107, *Rec. CE*, p. 377 ; *AJDA*, 2015, p. 2508, concl. Bretonneau.
Cette expression est critiquée, car « c'est ouvrir au pouvoir de police [...], pour des raisons plus politiques que juridiques, une marge d'action considérable sur un terrain incertain où tous les dérapages sont possibles avec, comme conséquence, des restrictions excessives aux droits fondamentaux ». BON (P.), « Le "burkini" au Conseil d'État », *RFDA*, 2016, p. 1227.
Mais, en l'utilisant, la Haute juridiction administrative n'a fait « que souligner ce qu'on avait cru discerner de la décision du Conseil constitutionnel, à savoir que le fondement précis d'un tel principe [...] était des plus incertains et que, en définitive, cela a été la vocation de la législation républicaine dans son ensemble que de consacrer la dignité de la personne humaine ». EVEILLARD (G.), « Le Conseil d'État et l'affaire Dieudonné », *Dr. adm.*, mai 2014, n° 5, comm. 33.
Sur le recours à la tradition républicaine par le juge administratif : voir STIRN (B.), « La tradition républicaine dans la jurisprudence du Conseil d'État », *in* MATHIEU (B.) et

précis, mais « à une matière qui se trouve de manière diffuse dans ce qui constitue le cœur du droit français »[719].

144. La question relative au lien entre le principe de dignité et la législation de l'aide sociale, quant à elle, fait davantage débat au sein de la doctrine alors même que l'article L. 115-1 du CASF pose expressément le principe suivant lequel « la lutte contre la pauvreté et les exclusions est un impératif national fondé sur le respect de l'égale dignité de tous les êtres humains ». L'idée que la dignité puisse constituer le fondement de la législation de l'aide sociale a été mise en doute par la doctrine[720]. Pourtant, sans affirmer qu'elle se substitue à la fraternité et à la solidarité, il paraît aujourd'hui difficile de nier que la dignité sous-tend également les interventions du législateur en matière d'aide sociale. L'explication principale réside dans le fait que les droits à l'aide sociale concrétisent les droits sociaux créances qui sont eux-mêmes fondés sur le principe de dignité. Le lien entre le principe de dignité de la personne humaine et les droits énoncés à l'alinéa 11 du Préambule de 1946 peut être déduit, selon Thomas Meindl, de la décision du Conseil constitutionnel du 13 août 1993, avant même qu'il ait érigé la sauvegarde de la dignité de la personne humaine en objectif de valeur constitutionnelle[721]. Alors que les auteurs de la saisine considéraient que les dispositions législatives fixant les conditions dans lesquelles les étrangers avaient droit à bénéficier de certaines formes d'aide sociale portaient une atteinte manifeste et injustifiable aux droits et aux soins de ces personnes et, ce faisant, méconnaissaient les prescriptions du onzième alinéa du Préambule de 1946, le Conseil constitutionnel a jugé qu'elles n'étaient pas contraires à la Constitution. Cependant, il souligne que, lorsque l'aide sociale est subordonnée à la régularité du séjour ou à la condition de résidence, le législateur « a confié au ministre [...] la responsabilité de déroger à cette règle générale ainsi qu'à la condition de résidence prévue [...] pour tenir compte de circonstances exceptionnelles » et précise « que cette disposition doit être entendue comme destinée à assurer la mise en œuvre effective des principes énoncés par les dispositions précitées du Préambule de la Constitution de 1946 »[722]. D'après Thomas Meindl, le principe de dignité est implicitement présent dans la référence aux « circonstances exceptionnelles », cette expression englobant

---

VERPEAUX (M.) (dir.), *La République en droit français*, Economica, coll. Droit public positif, Paris, 1996, p. 214-218.

719 GLENARD (G.), « La dignité de la personne humaine : un ordre de valeurs ? », *op. cit.*, p. 872-873.

720 BORGETTO (M.), *La notion de fraternité en droit public français. Le passé, le présent et l'avenir de la solidarité*, *op. cit.*, p. 575 et suiv.

721 MEINDL (T.), *La notion de droit fondamental dans les jurisprudences et doctrines constitutionnelles françaises et allemandes*, Paris, LGDJ, coll. Bibliothèque constitutionnelle et de science politique t. 112, 2003, p. 188.

722 Cons. const., n° 93-325 DC, 13 août 1993, *Loi relative à la maîtrise de l'immigration et aux conditions d'entrée, d'accueil et de séjour des étrangers en France*, *RCC*, p. 224, cons. 127.

des situations « d'une gravité telle qu'elles mettent en cause la dignité de la personne humaine, impliquant *obligatoirement* une aide qui, partant, devient *inconditionnelle* »[723]. La dignité apparaît comme un tout indivisible qui impose, d'une part, que la personne ne soit jamais utilisée uniquement comme un moyen, mais toujours comme une fin et, d'autre part, que soient assurés les besoins vitaux de la personne humaine[724] et donc « une activité prestative de l'État »[725]. Pour admettre une telle interprétation, il est toutefois nécessaire d'accepter que le principe de dignité puisse revêtir une dimension sociale, dimension longtemps restée dans l'ombre de l'approche de la dignité comprise comme un principe interdisant de considérer l'homme comme un moyen au service d'une fin[726], alors même qu'une partie de la doctrine l'avait déjà envisagé en considérant que les principes du Préambule de 1946 « constituent les applications [...] d'un principe permanent : la dignité de la personne »[727] ou que « la possession d'un minimum de ressources est [...] une des conditions de la dignité humaine »[728].

145. L'acceptation de cette facette de la dignité ne pose aujourd'hui guère de difficulté dans la mesure où elle a été expressément consacrée par le Conseil constitutionnel en 1995 dans la décision[729] *Diversité de l'habitat* dans laquelle il se fonde sur le principe de sauvegarde de la dignité humaine pour faire de la possibilité pour toute personne de disposer d'un logement décent un objectif de valeur constitutionnelle. De ce fait, le principe de dignité se voit détaché de son rôle de rempart contre les tentatives de déshumanisation dans lequel elle a été jusqu'alors cantonnée puisque qu'il ne tend pas seulement à éviter la réification de la personne humaine, mais aussi à éviter que ses conditions concrètes d'existence ne portent atteinte à sa dignité[730]. En outre, cette approche de la dignité, qui diffère de celle

---

723 MEINDL (T.), *La notion de droit fondamental dans les jurisprudences et doctrines constitutionnelles françaises et allemandes*, *op. cit.*, p. 189.

724 FABRE-MAGNAN (M.), « La dignité en Droit : un axiome », *RIEJ*, 2007, n° 1, vol. 58, p. 25 et suiv.

En ce sens, elle protège « la dignité de l'individu, pris aussi bien en tant que personne humaine qu'en tant qu'"individu aux prises avec les contradictions sociales" ». MICHELET (K.), *Les droits sociaux des étrangers*, Paris, L'Harmattan, coll. Logiques juridiques, 2002, p. 390.

725 MEINDL (T.), *La notion de droit fondamental dans les jurisprudences et doctrines constitutionnelles françaises et allemandes*, *op. cit.*, p. 197.

726 BOYER-CAPELLE (C.), *Le service public et la garantie des droits et libertés*, thèse soutenue à l'Université de Limoges le 10 juillet 2009, dactyl., p. 112-113.

727 RIVERO (J.) et VEDEL (G.), « Les principes économiques et sociaux de la Constitution : Le Préambule », *Dr. Soc.*, coll. Droit social, 1947, Fasc. XXXI, p. 15.

728 CAPITANT (R.), *Écrits constitutionnels*, Paris, Éditions du CNRS, 1982, p. 169.

729 Cons. const., n° 94-359 DC, 19 janvier 1995, *Diversité de l'habitat, RCC*, p. 176.

730 Les situations de grande pauvreté portent atteinte à la dignité humaine comme l'a montré Pierre-Henri Imbert notamment. IMBERT (P.-H.), « Droits des pauvres, pauvre(s) droit(s) ? Réflexions sur les droits économiques, sociaux et culturels », *RDP*, 1989, p. 739-754.

Voir également ROMAN (D.), « Le principe de dignité dans la doctrine de droit social », *in* GIRARD (C.) et HENNETTE-VAUCHEZ (S.) (dir.), *La dignité de la personne humaine.*

appliquée dans l'arrêt *Commune de Morsang-sur-Orge*[731], est également véhiculée par le juge administratif. Dans l'ordonnance rendue en date du 23 novembre 2015[732], le Conseil d'État affirme pour la première fois que, étant garantes du respect du principe constitutionnel de sauvegarde de la dignité humaine[733], il appartient aux autorités titulaires du pouvoir de police générale de veiller à ce que soit garanti le droit de toute personne à ne pas être soumise à des traitements inhumains ou dégradants, notamment en veillant à satisfaire les « besoins élémentaires des migrants vivant sur le site en ce qui concerne leur hygiène et leur alimentation en eau potable ». Ainsi, « le Conseil d'État accepte de faire un lien entre protection de la dignité et garantie des besoins essentiels »[734]. De la sorte, il adopte une solution proche de celle de la Cour européenne des droits de l'homme qui non seulement n'entend pas exclure la possibilité que la responsabilité de l'État soit engagée sur le fondement de l'article 3 de la Convention « par un traitement dans le cadre duquel un requérant totalement dépendant de l'aide publique serait confronté à l'indifférence des autorités alors qu'il se trouverait dans une situation de privation ou de manque à ce point grave qu'elle serait incompatible avec la dignité humaine »[735], mais encore, qui considère que constitue une violation grave de cet article le fait que des demandeurs d'asile aient vécu dans le dénuement le plus total et n'aient pu faire face à aucun de leurs besoins les plus élémentaires : se nourrir, se laver et se loger[736].

146. Cependant, admettre la dimension sociale du principe de dignité humaine ne permet pas de démontrer qu'il constitue un fondement des droits sociaux créances et, par conséquent, de la législation de l'aide sociale. Pour ce faire, il faut revenir à l'expression employée par le Conseil constitutionnel dans sa décision *Diversité de l'habitat* selon laquelle l'objectif de valeur

---

Recherche sur un processus de juridicisation, Paris, PUF, coll. Droit et justice, 2005, p. 81 et suiv.

731 CE ass., 27 octobre 1995, *Commune de Morsang-sur-Orge*, req. n° 136727, *Rec. CE*, p. 372, concl. Frydman.

732 CE ord., 23 novembre 2015, *Ministre de l'Intérieur et commune de Calais*, req. n°s 394540 et 394568, *Rec. CE*, p. 401 ; *RDSS*, 2016, p. 90, note Roman (D.) et Slama (S.). Voir également CE ord., 31 juillet 2017, *Commune de Calais, ministre d'État, ministre de l'Intérieur*, req. n° 412125, *Rec. CE*, p. 296.

733 Notons que si, dans cette ordonnance, le juge se réfère expressément au principe de sauvegarde de la dignité humaine et abandonne la formule rattachant la dignité aux « valeurs et principes » consacrés « par la Déclaration des droits de l'homme et du citoyen et par la tradition républicaine », il n'en reste pas moins que la dignité n'est pas ramenée au rang de droit. Elle reste une valeur qui doit être prise en compte dans l'interprétation des autres droits fondamentaux tels que le droit de ne pas subir de traitements inhumains ou dégradants. Sur la distinction entre la dignité humaine comme valeur et la dignité humaine comme droit voir : CASSIA (P.), *Dignité(s). Une notion juridique insaisissable ?*, Paris, Dalloz, coll. Les sens du droit, 2016, p. 86-87.

734 ROMAN (D.) et SLAMA (S.), « La loi de la « *jungle* » : protection de la dignité et obligation des pouvoirs publics dans le camp de Calais. Note sous CE, Ord., réf., 23 novembre 2015, n°s 394540 et 394568 », *RDSS*, 2016, p. 101.

735 CrEDH, 18 juin 2009, *Budina c/ Russie*, req. n° 45603/05.

736 CrEDH, 21 janvier 2011, *M.S.S. c/ Belgique et Grèce*, req. n° 30696/09.

constitutionnelle « résulte » des dixième et onzième alinéas du Préambule de la Constitution de 1946 et du principe de sauvegarde de la dignité humaine. Selon Caroline Boyer-Capelle, il ressort de cette formule que « la dignité se présente [...] sous l'aspect d'un principe "source", la relation dignité/droits sociaux se systématisant alors en un modèle "principe fondateur/principes déduits" »[737]. Dès lors, aucun doute que les droits sociaux créances qui font peser sur les pouvoirs publics la charge d'offrir aux individus des conditions de vie minimum[738] et, notamment, le droit d'obtenir de la collectivité des moyens convenables d'existence puisent leur fondement dans le principe de dignité de la personne humaine, et ce, d'autant plus que les notions de « conditions de vie minimum » et de « moyens convenables d'existence » renvoient indubitablement à l'idée de vie décente qui ne soit pas contraire à la dignité de la personne[739]. Ce constat permet, dans le même temps, d'affirmer que les droits à l'aide sociale tels que le revenu de solidarité active, l'allocation de solidarité aux personnes âgées[740], l'aide médicale de l'État, la couverture maladie universelle complémentaire, l'aide personnalisée au logement et, plus globalement, l'ensemble des droits à l'aide sociale aménageant les droits énoncés aux dixième et onzième alinéas du Préambule de la Constitution de 1946, parce qu'ils sont des droits alimentaires dont l'objet est de faire vivre leurs titulaires[741], sont fondés sur le principe de dignité de la personne humaine.

147. En définitive, les principes de fraternité et de solidarité d'une part, et de dignité de la personne humaine d'autre part, non seulement font partie des valeurs essentielles de la société et de son droit et, à ce titre, doivent être protégés, mais encore constituent les fondements des droits sociaux créances et de la législation de l'aide sociale qui les mettent en œuvre. Par conséquent, cette législation revêt un caractère d'ordre public interdisant qu'il y soit porté atteinte tant par des agissements matériels que par certaines dérogations au titre desquelles figure la renonciation. Pour autant, force est de constater que toute dérogation aux droits d'ordre public n'est pas nécessairement exclue.

2. La délimitation par l'ordre public des contours de la renonciation abdicative en droit de l'aide sociale

148. Affirmer que la législation de l'aide sociale est d'ordre public ne revient pas à exclure toute possibilité de renonciation. Même s'il existe « une

---

[737] BOYER-CAPELLE (C.), *Le service public et la garantie des droits et libertés*, *op. cit.*, p. 128-129.

[738] *Ibid.*, p. 128.

[739] ROMAN (D.), *Le droit public face à la pauvreté*, *op. cit.*, p. 437.

[740] Selon l'article L. 815-1 du CSS : « Toute personne justifiant d'une résidence stable et régulière sur le territoire métropolitain ou dans une collectivité mentionnée à l'article L. 751-1 et ayant atteint un âge minimum bénéficie d'une allocation de solidarité aux personnes âgées dans les conditions prévues par le présent chapitre ».

[741] BORGETTO (M.) et LAFORE (R.), *Droit de l'aide et de l'action sociales*, *op. cit.*, p. 116.

zone de l'ordre public où ne peut être tolérée aucune renonciation, sous aucune forme »[742], « l'ordre public n'est pas toujours si essentiel, ni si exigeant »[743]. En effet, si le but de la loi est toujours la satisfaction de l'intérêt général, son objet peut consister en la défense d'intérêts particuliers. Or, « Chaque fois que des lois d'intérêt public défendent des intérêts particuliers [...] la renonciation ne saurait être prohibée de manière aussi rigoureuse »[744]. La renonciation peut être efficace parce que la loi n'entend pas contraindre le bénéficiaire de faveurs légales à les garder lorsque, après en avoir été saisi, il les juge inutiles ou encombrantes[745] : « S'il plaît à cet individu de jeter à bas ses armes, l'intérêt public y reste indifférent »[746]. Par contre, il ne pourra pas renoncer par avance aux règles de protection établies par une loi d'ordre public, il ne pourra abdiquer que les effets acquis de telles règles[747].

149. Bien que ne posant pas expressément un tel principe, le juge administratif, à l'instar du juge judiciaire, en fait application. Le domaine dans lequel aucune renonciation n'est possible est nécessairement beaucoup plus étendu en droit public qu'en droit civil, car l'ordre public s'y « fait plus pressant et plus exigeant »[748]. Pour autant, la distinction entre les droits conférés à leur titulaire dans leur intérêt particulier et les droits conférés dans l'intérêt général reste opérationnelle en droit de l'aide sociale, et ce, même si elle « est, à la vérité, extrêmement malaisée à mettre en œuvre »[749] dans la mesure où, souvent, les droits participent simultanément aux deux catégories (a)[750]. Au regard de la finalité de la législation de l'aide sociale, la renonciation abdicative ne pourra alors porter que sur des droits acquis à l'aide sociale (b).

---

742 CARBONNIER (J.), « Les renonciations au bénéfice de la loi en droit privé. Rapport général », *op. cit.*, p. 375.

743 BREDIN (J.-D.), « Les renonciations au bénéfice de la loi en droit privé français », *op. cit.*, p. 376.

744 *Ibid.*

745 *Ibid.*

746 *Ibid.*

747 Cass. civ. 1re, 17 mars 1998, *Époux Orieux c/ Société Trabeco Ile-de-France*, n° 96-13972, *Bull. civ.* I, n° 120.
Voir également Cass. civ. 3e, 27 octobre 1975, *Société civile immobilière Le Parc de Lésigny c/ Époux Mettout*, n° 74-11656, *Bull. civ.* III, n° 310 et Cass. soc., 5 février 2002, *M. Sales c/ Société Wynn's*, n° 99-45861, *Bull. civ.* IV, n° 54.

748 BLUMANN (C.), *La renonciation en droit administratif français*, *op. cit.*, p. 459.

749 AUBY (J.-M.), « La renonciation au bénéfice de la loi en droit public français », *op. cit.*, p. 513.

750 *Ibid.*, p. 513.

a. Une renonciation rendue possible par la finalité de la législation de l'aide sociale : l'intérêt des bénéficiaires

150. Afin de déterminer si une renonciation à un droit est valable, le « but social » de la loi, source du droit abdiqué, doit être étudié[751]. Cette démarche est d'autant plus indispensable en droit de l'aide sociale que les motivations historiques des grandes lois d'assistance et la situation statutaire dans laquelle est placé le bénéficiaire de l'aide sociale pourraient laisser penser que les droits à l'aide sociale sont attribués prioritairement, voire exclusivement, dans l'intérêt général.

151. Lors de l'adoption des lois d'assistance sous la IIIe République, les justifications liées à la prévention des atteintes à l'ordre public furent un temps systématiquement mentionnées dans les débats parlementaires. Le « pauvre » étant considéré comme un danger, l'assistance est imposée par la nécessité de prévenir les troubles à l'ordre public. Elle représente une mesure de défense sociale : « Secourir les pauvres serait une manière de préserver la société contre les débordements de l'indigence »[752]. Dès lors, pour justifier leur adoption, les mesures d'assistance sont présentées comme un instrument d'apaisement social[753], de lutte contre la criminalité[754] et de prévention des problèmes de santé et d'hygiène publiques[755]. Cette justification liée à la défense de la société a été déclinée de manière un peu plus large. Pour

---

751 RIGAUX (F.), « Les renonciations au bénéfice de la loi en droit civil Belge », Paris, Dalloz, TAHC, 1959-1960, t. XIII, p. 424.

752 ALFANDARI (E.) et TOURETTE (F.), *Action et aide sociales*, *op. cit.*, p. 106.

753 Les auteurs de la proposition de loi relative à l'assistance aux vieillards, aux infirmes et aux incurables précisaient lors des débats parlementaires que « les classes pauvres commencent à s'impatienter (...) Il serait dangereux, surtout en présence des excitations malsaines dont elles sont l'objet, de persister plus longtemps à leur refuser les satisfactions pratiques et légitimes ». REY (E.), LACHIEZE, Proposition de loi relative à l'assistance aux vieillards, aux infirmes et aux incurables, *JO*, *Doc. Parl.*, Ch. députés, séance du 12 juin 1902, p. 508, cité par ROMAN (D.), *Le droit public face à la pauvreté*, *op. cit.*, p. 73. Le député Rey dans son rapport fait au nom de la commission chargée d'examiner le projet de loi sur l'assistance médicale gratuite interrogeait les membres de la Chambre : « Le malheureux qui, cloué sur son lit de douleur, se voyait abandonné par tous (...) pouvait-il se défendre d'un sentiment d'irritation contre cette société qui le laissait mourir sans secours ? En se sentant désormais protégé, soutenu, ne supportera-t-il pas son sort avec plus de résignation et n'aurons-nous pas travaillé à l'apaisement social que chacun désire ? ». REY (E.), Rapport fait au nom de la commission chargée d'examiner (...) le projet de loi sur l'assistance médicale gratuite, *JO*, *Doc. Parl.*, Ch. députés, ann. séance du 23 janvier 1892, n° 1899, p. 186, cité par ROMAN (D.), *ibid.*, p. 74.

754 Henry Berthélemy affirmait que « La faim est mauvaise conseillère : quand on ne peut l'éviter, il est plus humain et moins coûteux de la satisfaire que de se défendre contre ceux qui en souffrent. Les impôts que nous payons pour que l'assistance soit efficacement distribuée sont le prix de la sécurité que nous gagnons en supprimant, pour quelques malheureux au moins, l'excuse du crime ». BERTHÉLEMY (H.), Préface de DEROUIN (H.), GORY (A.), WORMS (F.), *Traité théorique et pratique d'assistance publique*, Paris, L. Larosse, 1re éd., 1900, p. IX.

755 « Tout logement surpeuplé constitue un danger pour la cité et contribue à élever dans des proportions redoutables le taux de mortalité ». GIDE (C.), *Les institutions de progrès social*, Paris, Librairie de la société du Recueil Sirey, 4e éd., 1912, p. 245.

certains, l'assistance n'est pas justifiée uniquement par la nécessité de prévenir les atteintes à l'ordre public mais, plus globalement, est imposée par l'intérêt général ou l'utilité collective[756]. Partant, la société est tenue de prendre des mesures d'assistance non seulement pour limiter la criminalité qu'engendrerait l'indigence, mais aussi parce qu'elle tire profit de l'aide qu'elle distribue. Ainsi, comme en témoignent le rapport réalisé au nom de la commission chargée d'examiner le projet de loi sur l'assistance médicale gratuite selon lequel l'absence d'assistance gratuite « est contraire au bien-être des classes laborieuses et à la paix sociale, non moins qu'aux intérêts économiques et vitaux de la nation »[757], ou encore les propos de certains auteurs considérant comme étant de l'intérêt de la société « de ne pas laisser périr un enfant qui représente un capital futur, de se défendre contre l'aliéné qui est un péril pour la sécurité publique, de guérir un malade, qui, adulte, constitue un capital actuel, ou qui, atteint d'une affection contagieuse, est en outre un danger pour la santé publique »[758], l'assistance apparaît comme un moyen au service d'une fin, l'intérêt général, qui dépasse le maintien ou le rétablissement de l'ordre public par la police administrative contre les troubles qui pourraient l'affecter ou qui l'affectent[759]. L'assistance à l'enfance abandonnée représente pour la société un placement à long terme et l'aide médicale permet de réintroduire un certain nombre d'individus dans le circuit productif[760]. *In fine*, comme le souligne Simmel, l'assistance est mise en place pour que « les pauvres ne deviennent pas des ennemis actifs et dangereux de la société, pour rendre leur énergie déjà réduite plus productive et enfin pour empêcher la dégénérescence de leur progéniture »[761]. Aujourd'hui encore, l'intérêt général est une finalité de l'aide sociale. Ce n'est plus tant l'ordre public et les intérêts économiques qui sont mis en avant que l'impératif de cohésion sociale[762]. Si cette notion renvoie à « cet état minimal mais essentiel d'union nécessaire à l'existence de tout corps social »[763], érigée en impératif, elle vise à lutter contre la fragmentation des différents groupes sociaux[764].

---

756 BORGETTO (M.) et LAFORE (R.), *Droit de l'aide et de l'action sociales*, *op. cit.*, p. 41.

757 REY (E.), Rapport fait au nom de la commission chargée d'examiner (...) le projet de loi sur l'assistance médicale gratuite, *JO*, *Doc. Parl.*, Ch. députés, ann. séance du 23 janvier 1892, n° 1899, p. 185, cité par ROMAN (D.), *Le droit public face à la pauvreté*, *op. cit.*, p. 75.

758 DEROUIN (H.), GORY (A.), WORMS (F.), *Traité théorique et pratique d'assistance publique*, Paris, L. Larosse, 1re éd., 1900, p. 7.

759 COMBACAU (J.), « Conclusions générales », *op. cit.*, p. 419.

760 BORGETTO (M.) et LAFORE (R.), *Droit de l'aide et de l'action sociales*, *op. cit.*, p. 41.

761 SIMMEL (G.), *Les pauvres*, Paris, PUF, coll. Quadrige grands textes, 2011 (rééd.), p. 47-48.

762 Sur ce point, voir ROMAN (D.), *Le droit public face à la pauvreté*, *op. cit.*, p. 88 et suiv.

763 AUVERGNON (P.), « Introduction », *in* AUVERGNON (P.) (dir.), *Union européenne et cohésion sociale*, Talence, MSHA, 1998, p. 10.

764 DONIER (V.), *Le principe d'égalité dans l'action sociale des collectivités territoriales*, *op. cit.*, p. 434.

152. Quoique les services publics sociaux aient « reçu mission, sinon de produire la cohésion sociale, à tout le moins d'en réparer les accrocs et les dysfonctionnements les plus criants »[765], la satisfaction de l'intérêt général n'est cependant pas la seule finalité de la législation de l'aide sociale. Celle-ci est également tournée vers la satisfaction des intérêts des bénéficiaires de l'aide sociale, ce qui est d'ailleurs le cas de nombre de services publics mis en place pour satisfaire leurs utilisateurs et, parallèlement, assurer la cohésion sociale[766]. La prise en compte de l'intérêt de l'individu occupe « logiquement et nécessairement - dans la mesure où la consécration du principe d'aide et d'action sociale n'est que la traduction juridique de droits individuels énoncés par la constitution - une place éminente voire prioritaire dans les préoccupations des pouvoirs publics »[767]. La législation de l'aide sociale traduit donc la volonté du législateur d'assurer à tout citoyen et, dans une certaine mesure, à tout étranger résidant en France, un minimum de ressources et des prestations en nature nécessaires à sa subsistance[768]. Cela est clairement énoncé dans l'exposé des motifs de plusieurs projets de loi. Le droit opposable au logement est justifié par la nécessité de « satisfaire les besoins de logements de tous ceux qui résident régulièrement et de façon stable sur le territoire français et en particulier des personnes ou des familles qui, de bonne foi, éprouvent des difficultés particulières à se loger en raison notamment de l'insuffisance de leurs ressources »[769], le revenu de solidarité active par la nécessité de lutter contre la pauvreté qui « recouvre aujourd'hui des situations très différentes et affecte avec une intensité diverse certains de nos concitoyens qui voient leur capacité d'action et les perspectives d'avenir de leurs enfants réduites par les obstacles de la vie quotidienne »[770], et la couverture maladie universelle par la nécessité de « permettre à tous de bénéficier de la protection d'un régime obligatoire d'assurance maladie », car « nombre de personnes restent dépourvues d'une protection contre le risque maladie ou n'y accèdent qu'à travers une procédure complexe génératrice de ruptures de droits, celle de l'assurance personnelle »[771].

153. Bien que le bénéficiaire de l'aide sociale soit dans une situation statutaire, ce qui laisse entrevoir les liens entre les dispositifs d'aide sociale

---

[765] LAFORE (R.), « Services publics sociaux et cohésion sociale », *in* DECRETON (S.) (dir.), *Service public et lien social*, Paris, Montréal, L'Harmattan, coll. Logiques juridiques, 1999, p. 369.

[766] DENOIX DE SAINT MARC (R.), *Le service public. Rapport au Premier ministre*, Paris, La documentation française, Collection des rapports officiels, 1996, p. 49.

[767] BORGETTO (M.) et LAFORE (R.), *Droit de l'aide et de l'action sociales*, *op. cit.*, p. 43.

[768] Note de Vught sous Comm. centr., 19 mars 1965, *Dame Podda*, *D.*, 1965, p. 104 ; *RTDSS*, 1965, p. 157, note Vught.

[769] Projet de loi instituant le droit opposable au logement et portant diverses mesures en faveur de la cohésion sociale, n° 170, déposé le 17 janvier 2007.

[770] Projet de loi généralisant le revenu de solidarité active et réformant les politiques d'insertion, n° 1100, déposé le 3 septembre 2008.

[771] Projet de loi portant création d'une couverture maladie universelle, n° 1419, déposé le 3 mars 1999.

et l'intérêt général puisque les statuts sont institués dans l'intérêt général[772], il est à même de renoncer à ses droits acquis dans la mesure où les statuts peuvent être protecteurs d'intérêts particuliers.

b. Une possibilité de renoncer limitée aux droits acquis à l'aide sociale

154. Afin de mettre en exergue la possibilité du bénéficiaire de l'aide sociale de renoncer à ses droits acquis, il est intéressant d'étudier, parallèlement à la renonciation en droit de l'aide sociale, la renonciation des fonctionnaires. Une comparaison est possible, car, par certains aspects, la situation des usagers du service public et celle des fonctionnaires sont similaires. Selon Léon Duguit, au regard du service public, ils sont dans une situation identique, à savoir « dans une situation objective créée et réglée par la loi du service »[773]. Si les seconds sont dans une situation qui naît « à la suite d'un acte, la nomination, qui n'est point un contrat, mais un acte conditionnant l'application de la loi fonctionnelle »[774], les premiers, de même, « se trouvent dans une situation qui n'a rien de contractuel : elle est purement et exclusivement légale »[775].

155. Le statut des fonctionnaires leur confère des prérogatives qui, en leur accordant des garanties juridiques, ont pour objet essentiel de leur assurer une certaine protection[776]. Ce statut étant d'ordre public, ils ne pourront pas abandonner par avance « la protection qui leur est offerte par la loi » que leur renonciation porte sur le statut en tant que tel[777] ou, de façon plus limitée, sur un droit offert par ce statut dans leur intérêt[778]. Un fonctionnaire ne peut, par exemple, « valablement renoncer par avance aux émoluments pécuniaires qui lui sont légalement dus à raison de la situation dans laquelle il se trouve »[779]. La renonciation est toutefois licite lorsque la situation est acquise et que le droit a pénétré dans le patrimoine des renonçants, car « l'objectif légal qui était de leur fournir une certaine protection a été atteint »[780]. Dès lors, rien ne s'oppose à ce qu'un fonctionnaire abandonne la fraction de traitement qui est échue[781].

---

772 DEHAUSSY (J.), « Rapport général sur les renonciations au bénéfice de la loi en droit public », Paris, Dalloz, TAHC, 1959-1960, t. XIII, p. 502.
773 DUGUIT (L.), « De la situation juridique du particulier faisant usage d'un service public », *in Mélanges Maurice Hauriou*, Paris, Recueil Sirey, 1929, p. 257.
774 *Ibid.*
775 *Ibid.*, p. 258.
776 BLUMANN (C.), *La renonciation en droit administratif français*, *op. cit.*, p. 465.
777 Par exemple, il est impossible de renoncer d'avance à entrer dans la fonction publique. DEHAUSSY (J.), « Rapport général sur les renonciations au bénéfice de la loi en droit public », *op. cit.*, p. 502.
778 AUBY (J.-M.), « La renonciation au bénéfice de la loi en droit public français », *op. cit.*, p. 517.
779 CE sect., 7 mai 1954, *Dame Lamaison*, *Rec. CE*, p. 259.
780 BLUMANN (C.), *La renonciation en droit administratif français*, *op. cit.*, p. 465.
781 *Ibid.*, p. 464.

156. Cette même logique sous-tend la renonciation à l'exercice d'un recours pour excès de pouvoir contre une décision individuelle. Le recours pour excès de pouvoir étant d'ordre public, la Haute juridiction administrative a, de longue date, exclu la possibilité de renoncer à l'exercice d'un tel recours contre une décision future. Dans l'arrêt *Louarn*, le juge considère que l'engagement du sieur Louarn qui, par lettre du 8 mars 1945, avait déclaré être disposé sous certaines conditions à n'exercer aucun recours contre la décision de mise à la retraite ne pouvait être de nature à interdire à l'intéressé l'exercice d'un recours pour excès de pouvoir contre les décisions du 28 juin 1945 et du 6 mars 946 par lesquelles avait été réglée sa situation statutaire. De même, dans l'arrêt *Andréani*, il estime que « l'approbation donnée d'avance aux termes du projet de décret préparé par l'administration » n'a pas eu pour effet de priver le requérant du droit de faire état de l'illégalité dont ledit décret est entaché. Le commissaire du gouvernement Landron dans ses conclusions sur l'arrêt *Andréani* précisait d'ailleurs qu'« on ne saurait renoncer, par avance, à un droit qui n'est pas encore né. Il n'est donc pas légalement possible de renoncer préalablement à contester un acte qui n'est pas encore intervenu »[782]. Sans doute cela explique-t-il que l'impossibilité de contester la légalité d'une décision administrative avant son édiction ne soit pas propre au contentieux de l'excès de pouvoir, mais soit une règle commune à l'ensemble des recours contentieux[783]. En revanche, une fois la décision adoptée, il est possible de renoncer par voie de transaction à l'exercice du recours pour excès de pouvoir[784] et, après que le recours pour excès de pouvoir a été introduit, de se désister ou de s'engager à se désister[785]. Le recours pour excès de pouvoir,

---

782 CE, 19 novembre 1955, *Andréani*, req. n° 22263, *Rec. CE*, p. 551 ; *Revue pratique de droit administratif*, 1956, p. 25, concl. Landron.

783 Exemple dans le cadre du contentieux administratif de pleine juridiction : CE, 26 février 1947, *Société Vinotra*, *Rec. CE* (tables), p. 765.

784 CE, 5 juin 2019, *Centre hospitalier de Sedan*, n° 412732 ; *RFDA*, 2019, p. 1056, note Arroyo (J.).

785 Alors que juge administratif de première instance a refusé d'homologuer des transactions par lesquelles des administrés s'engageaient à se désister de recours pour excès de pouvoir introduits à l'encontre d'actes administratifs unilatéraux individuels au motif que ces transactions étaient contraires à l'ordre public en tant qu'elles emportaient renonciation à l'exercice desdits recours (TA Amiens, 24 avril 2007, *Raskin*, req. n° 0400871, *Dr. adm.*, janv. 2008, comm. Nicoud (F.) ; *AJFP*, 2008, p. 54 ; TA Amiens, 24 avril 2007, *Syndicat départemental CFTC des agents des collectivités territoriales de la Somme*, req. n° 0400491 ; TA Strasbourg, 21 juin 2011, *Knoerr et a.*, req. n°s 0705307 et 0705364, cité par ALHAMA (F.), « Transaction et renonciation à l'exercice du recours pour excès de pouvoir », *RFDA*, 2017, p. 506), le Conseil d'État a donné acte du désistement d'action du recours pour excès de pouvoir que la ligue d'escrime du Languedoc-Roussillon avait engagé à l'encontre de la décision du président de la fédération nationale d'escrime, désistement dégagé d'un protocole transactionnel conclu entre la fédération et la ligue et non dans les écritures de cette dernière (CE, 18 novembre 2011, *Ligue d'escrime du Languedoc-Roussillon*, req. n° 343117, *Rec. CE*, p. 1087 ; *AJDA*, 2012, p. 399).

souvent présenté comme un recours objectif exercé dans l'intérêt général[786], lorsque qu'il est exercé à l'encontre d'une décision individuelle, constitue une voie de droit permettant au destinataire de la décision de défendre ses intérêts, ses droits subjectifs[787]. Aussi lui est-il loisible d'y renoncer lorsque la décision concernée par la renonciation à l'exercice du recours pour excès de pouvoir a été adoptée.

157. Au regard de ces éléments, il est possible d'envisager que le statut des bénéficiaires de l'aide sociale, qui découle de la législation de l'aide sociale, en conserve les finalités que sont la satisfaction de l'intérêt général et celle des intérêts particuliers des bénéficiaires, sans que ce constat ne représente pour autant un obstacle dirimant à la renonciation aux droits à l'aide sociale lorsque ceux-ci sont acquis. Le fait que la législation de l'aide sociale protège « un intérêt général dont la composition laisse la part belle à l'intérêt particulier »[788] explique que la Commission centrale d'aide sociale ait considéré « qu'à supposer même que le fils ait pu valablement, en se portant fort pour sa mère, renoncer, par avance, à jamais recourir à l'aide sociale au nom de cette dernière, un tel engagement ne saurait faire échec à la législation d'aide sociale française telle qu'elle résulte notamment, d'une part, des lois et des décrets sur l'aide sociale, d'autre part, de la convention européenne d'assistance sociale et médicale du 11 déc. 1953 »[789], tandis qu'elle a admis dans sa décision *Vivier* que le requérant avait valablement renoncé au bénéfice de l'aide sociale qu'il percevait[790]. En outre, la Commission centrale d'aide sociale a jugé que l'administration ne pouvait légalement se fonder sur le refus du demandeur de l'allocation personnalisée d'autonomie de l'affecter à la rémunération de l'aide apportée par une personne autre que son époux - affectation contraire aux dispositions en vigueur - pour refuser de lui accorder ladite allocation. Elle juge « qu'il appartiendra au département *une fois l'allocation attribuée*, si l'intéressée persiste [...] dans son refus d'affecter l'allocation à la rémunération d'une personne autre que son époux, de constater, avant versement et de manière à éviter qu'il ne soit ultérieurement constaté un indu sujet à répétition, qu'elle renonce au service de la prestation attribuée »[791]. Par cette décision, le juge

---

786 Voir ARROYO (J.), « Transaction et renonciation à l'exercice du recours pour excès de pouvoir », *RFDA*, 2019, p. 1056.

787 *Contra* CAA Paris, 30 décembre 1996, *Boyer*, req. n° 95PA02185, *Rec. CE* (tables), p. 1227 ; *JCP G*, 1997, II, 22871, p. 313, note Haïm (V.).
D'ailleurs, l'acquiescement - c'est-à-dire le fait d'accepter la décision de l'administration, de renoncer à utiliser le recours pour excès de pouvoir - dans le cadre du recours de pleine juridiction est licite. BLUMANN (C.), *La renonciation en droit administratif français*, *op. cit.*, p. 133. CE, 24 juin 1936, *Sieurs Gelot et autres*, *Rec. CE*, p. 699 ; CE, 24 décembre 1931, *Sieur Rimbert*, *Rec. CE*, p. 1171.

788 SOURZAT (C.), *La renonciation en procédure pénale*, *op. cit.*, p. 204.

789 Comm. centr., 19 mars 1965, *Dame Podda*, *D.*, 1965, p. 104 ; *RTDSS*, 1965, p. 157, note Vught.

790 Comm. centr., 25 février 1964, *Vivier*, *Revue de l'aide sociale*, 1964, p. 227.

791 Comm. centr., 14 février 2005, *Mme O.*, dossier n° 041571, *CJAS*, n° 2005/2.

semble refuser que le bénéficiaire d'une aide puisse se voir opposer sa renonciation par avance alors qu'il remplit les conditions d'attribution.

158. Le caractère d'ordre public de la législation de l'aide sociale ne s'oppose donc pas à ce que le bénéficiaire renonce aux droits qu'il a acquis *via* un acte administratif individuel. Sur ce point, il existe une différence notable avec les prestations assurantielles de sécurité sociale. En ce domaine si, à l'instar du bénéficiaire de l'aide sociale, l'assuré est dans une situation statutaire[792], il ne peut toutefois « renoncer aux droits qu'il tient valablement des lois et règlements en matière de sécurité sociale »[793]. D'après Laure Camaji, en déclarant que « les caisses de sécurité sociale sont tenues, en application d'une législation d'ordre public, de verser les prestations instituées au profit des assurés sociaux ou de leurs ayants droit »[794], la Cour de cassation interdit à l'assuré social de renoncer aux droits qui découlent de son statut légal[795]. Cette solution sera ensuite réaffirmée expressément par le juge qui estime que « l'assuré bénéficiaire d'une pension ne peut renoncer à celle-ci tant qu'il remplit les conditions pour y prétendre » dans l'arrêt *Hoxha c/ CAF de Paris*[796], et ce, bien qu'en l'espèce l'octroi de la pension d'invalidité ait eu pour effet de minorer le montant de l'allocation aux adultes handicapés dont l'assuré bénéficiait antérieurement. La Cour a cependant jugé que « le principe d'intangibilité des pensions liquidées résultant de l'article R. 351-10 du CSS ne fait pas obstacle à ce que l'attributaire d'une pension de vieillesse renonce définitivement au bénéfice de celle-ci »[797]. De la sorte, elle accepte de prendre en compte l'intérêt de l'assuré qui, du fait de l'attribution d'une pension de réversion, perdait une partie de sa pension de vieillesse d'un montant plus important. Néanmoins, il est possible que cette solution ne soit pas applicable, comme c'était le cas

---

[792] Le régime de sécurité sociale (régimes de l'assurance vieillesse, de l'assurance invalidité, de l'assurance maladie et maternité des travailleurs non salariés des professions non agricoles ou encore de l'assurance chômage) « constitue un statut légal qui ne peut être ni modifié ni aménagé par la volonté des parties ». Cass. soc., 4 novembre 1993, *Caisse régionale d'assurance maladie Nord-Picardie c/ Mme Dumont*, n° 90-18162, *Bull. civ.* V, n° 259.
Voir CAMAJI (L.-E.), *La personne dans la protection sociale. Recherche sur la nature des droits des bénéficiaires de prestations sociales*, *op. cit.*, p. 286.

[793] CAMAJI (L.-E.), *ibid.*, p. 287.
Cass. soc., 3 mai 1974, *CPAM de la Corrèze c/ Thomas et autres*, n° 73-10689, *Bull. civ.* V, n° 276 et Cass. soc., 10 juin 1976, *Vella c/ Caisse régionale d'assurance maladie de Paris et autres*, n° 74-10833, *Bull. civ.* V, n° 364.

[794] Cass. soc., 9 décembre 1976, *Reisser c/ Caisse régionale d'assurance maladie de Strasbourg*, n° 75-14587, *Bull. civ.* V, n° 660.

[795] CAMAJI (L.-E.), *La personne dans la protection sociale. Recherche sur la nature des droits des bénéficiaires de prestations sociales*, *op. cit.*, p. 288.

[796] Cass. soc., 5 avril 2001, *Hoxha c/ CAF de Paris*, n° 99-19291, *RJS*, 2001, p. 635, n° 922 ; *Droit ouvrier*, avril 2002, p. 171.

[797] Cass. civ. 2e, 16 septembre 2003, *Caisse Organic de Lorraine c/ Mme Lévy*, n° 01-21352, *Bull. civ.* II, n° 271 ; *D.*, 2003, p. 2864, obs. Prétot (X.).

dans l'arrêt *Hoxha c/ CAF de Paris*[798], lorsque le bénéficiaire renonce à obtenir une prestation de sécurité sociale à vocation assistancielle. En définitive, l'assuré d'une prestation assurantielle de sécurité sociale est en capacité d'y renoncer uniquement lorsque son attribution le prive, par le jeu des règles de cumul, d'une prestation de même nature d'un montant plus élevé. Cette jurisprudence trouve une explication dans le fait que certaines prestations de sécurité sociale constituent « des garanties obligatoires »[799] en ce sens qu'elles résultent de régimes de sécurité sociale eux-mêmes obligatoires. À la différence de la finalité de la législation de l'aide sociale, celle de la législation de la sécurité sociale « n'est pas de protéger une partie faible à la relation juridique, caractéristique de l'ordre public de protection, ou de protéger l'assuré social contre lui-même [...]. En matière de sécurité sociale, c'est le caractère collectif du mécanisme qui apparaît soudain avec l'ordre public. Système de répartition des ressources au sein d'une collectivité, mécanisme de redistribution du revenu national, la Sécurité sociale exige la participation de tous ceux qu'elle identifie comme membre de la collectivité solidaire par le biais de l'affiliation obligatoire »[800]. La législation de la sécurité sociale intéresse l'ordre public de direction alors que la législation de l'aide sociale intéresse l'ordre public de protection : aussi, quoique qu'il ne puisse être renoncé par avance à un droit découlant de l'une ou de l'autre de ses législations, il est possible de renoncer aux prestations d'aide sociale une fois le droit acquis, à la différence des prestations de sécurité sociale n'ayant pas une vocation assistancielle.

159. En définitive, la renonciation abdicative qui atteint la titularité du droit ne peut porter que sur les droits acquis à l'aide sociale. Le renonçant se trouve, en quelque sorte, protégé contre sa propre volonté, car le droit, lorsqu'il n'est pas né ou n'est pas acquis, « échappe à une connaissance claire et concrète » si bien « que le sacrifice n'en est pas coûteux. On y renonce d'un cœur léger, parce qu'on est persuadé qu'on aura jamais à s'en prévaloir »[801]. Tandis que lorsqu'il est acquis, le renonçant qui en « sent directement la nécessité ou l'utilité »[802] peut estimer les conséquences de sa renonciation à leur juste valeur.

---

798 Cass. soc., 5 avril 2001, *Hoxha c/ CAF de Paris*, n° 99-19291, *RJS*, 2001, p. 635, n° 922 ; *Droit ouvrier*, avril 2002, p. 171.

799 Comm. centr., 5 juillet 2006, *M. Jean-Marc D.*, dossier n° 042055, *CJAS*, n° 2006/5.

800 CAMAJI (L.-E.), *La personne dans la protection sociale. Recherche sur la nature des droits des bénéficiaires de prestations sociales*, *op. cit.*, p. 289.

801 YUNG (W.), « La renonciation au bénéfice de la loi en droit privé suisse », Paris, Dalloz, TAHC, 1959-1960, t. XIII, p. 347.

802 *Ibid.*, p. 348.

B. L'objet de la renonciation abdicative à un droit à l'aide sociale : un droit acquis

160. Le droit de l'aide sociale a été construit comme un ensemble de droits publics subjectifs. Bien que cette caractéristique soit essentielle pour concevoir la renonciation en la matière, elle est insuffisante pour admettre que la renonciation à un droit à l'aide sociale puisse être abdicative. En effet, comme tout candidat-usager d'un service public se trouvant dans une situation légale et règlementaire en aucun point individualisée, le bénéficiaire d'un droit à l'aide sociale ne peut ni transmettre son droit ni renoncer au bénéfice de la législation[803]. Cette affirmation trouve une explication dans le fait que les droits à l'aide sociale sont considérés comme des droits d'ordre public. Or, les droits d'ordre public qui constituent pour les particuliers des « droits et avantages, utiles à la défense de leurs intérêts légitimes »[804] peuvent faire l'objet d'une renonciation à condition que les particuliers « puissent juger librement, donc que la prérogative soit effectivement concrètement, immédiatement en mesure d'être utilisée », car « Une renonciation anticipée ne saurait permettre ce jugement »[805]. Ainsi, une personne ne peut renoncer par avance à recourir à l'aide sociale[806]. Ce droit doit être acquis pour que son bénéficiaire soit en mesure d'y renoncer. L'usage de la notion de « droits acquis » étant particulièrement nébuleux, tant au niveau du juge administratif qu'au niveau de la doctrine, il convient avant d'identifier les droits acquis dans le domaine de l'aide sociale, domaine dans lequel les pouvoirs publics ont été récalcitrants à reconnaître l'existence de tels droits[807] (2), de revenir sur le sens général de cette notion en droit public (1).

1. Une définition rénovée de la notion de droit acquis

161. Les premiers usages de la notion de droits acquis apparaissent dans les écrits de la doctrine classique du droit naturel qui opposent les « droits innés » aux « droits acquis ». Le terme « acquis » donne alors une indication sur l'origine des droits : « les dits droits émanent d'une activité humaine et

---

803 DU BOIS DE GAUDUSSON (J.), *L'usager du service public administratif*, *op. cit.*, p. 131.

804 BLUMANN (C.), *La renonciation en droit administratif français*, *op. cit.*, p. 467.

805 *Ibid.*, p. 467.

806 Comm. centr., 19 mars 1965, *Dame Podda*, *D.*, 1965, p. 104 ; *RTDSS*, 1965, p. 157, note Vught.

807 Selon le commissaire du gouvernement Vught, une circulaire ministérielle du 28 décembre 1954 indiquait que la « décision d'admission à l'aide sociale n'a jamais un caractère définitif, ni en ce qui concerne la forme de l'aide sociale accordée, ni en ce qui concerne le principe même de l'admission, ou l'importance de l'intervention de l'aide sociale », et ce, jusqu'à l'intervention du décret n° 61-496 du 15 mai 1961. Comm. centr., 22 février 1974, *Soleilhavoup*, *RTDSS*, 1975, p. 95, concl. Vught.

non pas de la nature »[808]. Ce n'est que bien plus tard que cette notion renverra à l'idée d'immuabilité. En effet, quoique son sens varie en fonction de la branche du droit dans laquelle elle est utilisée, « par l'expression "droit acquis" on entend généralement quelque chose, une situation, une qualité, qui, face aux différents changements survenus, reste - ou doit rester - relativement stable, voire immuable »[809]. C'est notamment le cas en droit administratif, domaine dans lequel depuis la fin du XIXe siècle le terme est utilisé, mis à part dans le « fameux cas d'ouverture du recours pour excès de pouvoir concernant "*la violation de la loi et des droits acquis*" »[810], dans le cadre d'une part de l'application du principe de non-rétroactivité des actes administratifs[811] et, d'autre part, de leur régime de retrait et d'abrogation[812]. La notion de droits acquis est ainsi associée à l'idée de stabilité. Néanmoins, face aux difficultés d'ériger une définition conceptuelle de la notion de droits acquis en raison de l'ambiguïté de l'usage fait par le juge administratif de cette notion et des nombreuses réflexions doctrinales sur le retrait et sur l'abrogation des actes administratifs utilisant cette terminologie, la doctrine s'est retranchée derrière une définition fonctionnelle[813]. Le droit acquis se voit alors défini par référence au sort réservé à l'acte ; le droit acquis « est tout simplement le droit au maintien de l'acte [...] qui crée une situation juridique »[814]. Cette définition est critiquée, car en déterminant « les régimes du retrait et d'abrogation de l'acte administratif unilatéral en s'appuyant sur la notion de droits acquis, alors qu'elle explique celle-ci comme un droit au maintien de l'acte, c'est-à-dire en invoquant l'interdiction du retrait ou de l'abrogation de l'acte »[815], « elle revient à définir la conséquence par la cause »[816]. Cela ressort d'ailleurs des propos du Doyen Vedel et de Pierre Delvolvé qui estiment que le régime juridique de l'abrogation et du retrait des actes administratifs sont intrinsèquement liés à l'existence ou non de droits acquis et, dans le même temps, que la notion de droits acquis « se caractérise essentiellement par ses effets, c'est-à-dire l'impossibilité de remettre en cause ces droits et les actes qui les ont créés »[817].

---

808 YANNAKOPOULOS (C.), *La notion de droits acquis en droit administratif français*, Paris, LGDJ, coll. Bibliothèque de droit public t. 188, 1997, p. 3, note de bas de page 10.
809 *Ibid.*, p. 2-3.
810 *Ibid.*, p. 5.
811 CE, 1er août 1924, *Sieur Mattéi*, *Rec. CE*, p. 773.
812 CE, 3 novembre 1922, *Dame Cachet*, *Rec. CE*, p. 790 ; *RDP*, 1922, p. 522, concl. Rivet ; *S.* 1925, p. 9, note Hauriou ; VEDEL (G.) et DELVOLVÉ (P.), *Droit administratif*, Paris, PUF, coll. Thémis droit public, 12e éd., 1992, t. 1, p. 305 et suiv. ; CHAPUS (R.), *Droit administratif général*, Paris, Montchrestien, coll. Domat droit public, 14e éd., 2000, t. 1, p. 1128 et suiv.
813 AUVRET (P.), « La notion de droits acquis en droit administratif français », *RDP*, 1985, p. 58.
814 *Ibid.*, p. 60.
815 YANNAKOPOULOS (C.), *La notion de droits acquis en droit administratif français*, *op. cit.*, p. 17.
816 AUVRET (P.), « La notion de droits acquis en droit administratif français », *op. cit.*, p. 60.
817 VEDEL (G.) et DELVOLVÉ (P.), *Droit administratif*, *op. cit.*, p. 306.

162. Pour appréhender la notion de droits acquis, à l'instar des rares auteurs qui ont tenté d'en élaborer une définition conceptuelle[818], il paraît donc important, non seulement de ne pas rechercher les éléments de définition de la notion de droits acquis dans la théorie du retrait et de l'abrogation des actes administratifs unilatéraux, mais aussi de rompre avec l'assimilation des droits acquis à la décision créatrice de droits. En effet, il n'est pas rare que les auteurs abordant la notion de droits acquis dans le cadre des réflexions sur l'extinction de l'acte administratif unilatéral la confondent avec celle de « décision créatrice de droits ». Cet amalgame découle probablement du lien que semblent faire le juge[819] et la doctrine autorisée[820] entre la notion de « droits acquis » et celle de « décision créatrice de droits ». Cette assimilation des deux notions est aujourd'hui critiquée. Au-delà du fait que la définition de « décision créatrice de droits pose elle-même question »[821], il semble nécessaire de les distinguer, car elles

---

[818] YANNAKOPOULOS (C.), *La notion de droits acquis en droit administratif français, op. cit.* ; AUVRET (P.), « La notion de droits acquis en droit administratif français », *op. cit.* ; SANTULLI (C.), « Les droits acquis », *RFDA*, 2001, p. 87-92.

[819] Ainsi, dans un arrêt du 14 mai 2008, le juge administratif considère que « le tribunal administratif de Poitiers a jugé sans erreur de droit que la décision intervenue en mai 2004 mettant fin, à compter du mois de mars 2002, au bénéfice par Mme A. de la prime d'agent de traitement de l'information qui lui avait été accordée en 1991 par une décision créatrice de droits, faute pour l'intéressée de continuer à exercer les fonctions ouvrant droit à une telle indemnité, ne se bornait pas à corriger des erreurs de liquidation mais mettait fin aux décisions créatrices de droit prises lors du versement de la prime ; qu'elle ne pouvait ainsi légalement retirer des droits acquis en prenant effet rétroactivement ». CE, 14 mai 2008, *Mme Marie-Thérèse A.*, req. n° 303700, inédit au recueil Lebon.
Sur le lien fait par le juge administratif entre l'absence de décisions créatrices de droits et l'inexistence de droits acquis voir CE, 18 mai 1984, *Ministre de l'Éducation c/ Martinowsky*, req. n° 33342, *Rec. CE*, p. 185 ; CE, 9 mai 2012, *Mme Delphine A.*, req. n° 353698, inédit au recueil Lebon et CE, 4 novembre 2005, *M. X.*, req. n° 258937, inédit au recueil Lebon.

[820] Par exemple, pour le commissaire du gouvernement Bacquet, « toute décision non règlementaire est "susceptible de créer des droits acquis" ». Le lien intrinsèque entre la notion de décision créatrice de droits et celle de droits acquis ressort également de ses propos lorsqu'il affirme que « le contenu minimal des droits acquis et qui est commun à toutes les décisions créatrices de droits, c'est l'impossibilité pour l'administration de retirer rétroactivement ces décisions, même si elles sont illégales après l'expiration du délai de recours ». CE sect., 1er février 1980, *M. Rigal*, *Rec. CE*, p. 64 ; *AJDA*, 1981, p. 42, concl. Bacquet.

[821] Lucile Tallineau montre les différents sens de la notion d'actes créateurs ou non créateurs de droits. TALLINEAU (L.), *Les actes particuliers non créateurs de droits. Essai critique de la théorie des droits acquis en droit administratif*, thèse soutenue à l'Université de Poitiers le 8 juillet 1972, dactyl., p. XXXIV et suiv.
Voir également AUVRET (P.), « La notion de droits acquis en droit administratif français », *op. cit.*, p. 57 et YANNAKOPOULOS (C.), *La notion de droits acquis en droit administratif français, op. cit.*, p. 70 et suiv.
Notons que dans les nouveaux articles du Code des relations entre le public et l'administration portant sur la sortie de vigueur des actes administratifs figurent les notions d'« acte non réglementaire non créateur de droits » ou de « décisions créatrices de droits ». Cependant, ils ne donnent aucune autre indication sur ce que recouvre précisément le terme « créateur de droits » ou « non créateur de droits ».

« ne sont pas uni[es] par un lien logique d'implication »[822]. Tout d'abord, tous les actes créateurs de droits ne permettent pas de créer des droits acquis : si un acte individuel est effectivement créateur de droits dès sa signature, et ce, avant même d'être notifié ou publié, en revanche, à défaut de publicité, ces droits ne sont pas encore des droits acquis[823]. Ensuite, ce rapprochement ne peut être que dénoncé, car les droits acquis ne résultent pas obligatoirement d'un acte créateur de droits : ils peuvent résulter également d'un fait juridique. Carlo Santulli soutient par exemple que les circonstances de la naissance permettent à l'enfant d'acquérir la nationalité indépendamment de tout acte administratif[824].

163. À travers cette distinction notionnelle transparaît le fait que le droit acquis est le fruit non pas d'un acte juridique uniquement, mais d'un processus. Alors que la notion de droits subjectifs a été préalablement étudiée dans le cadre d'une conception statique, celle de droit acquis doit l'être dans le cadre d'une conception dynamique, car « Un droit n'"est" pas acquis, mais il le "devient" »[825]. Le Conseil d'État laisse entrevoir cette dimension temporelle en évoquant au détour de certains arrêts les droits non définitivement acquis[826] ou, au contraire, les droits définitivement acquis[827]. À l'origine des droits acquis se trouvent des droits subjectifs dont la nature varie sous l'influence de l'évolution de la situation juridique à laquelle ils sont rattachés. Ainsi, un individu remplissant les conditions prévues par la loi pour bénéficier d'une aide sociale est placé dans une situation juridique. À cette situation juridique est rattaché un droit subjectif - le bénéfice de l'aide sociale en question - qui lui permettra d'exiger un certain comportement de la part des personnes publiques afin de se procurer un tel avantage. Cependant, ce droit ne peut être considéré comme acquis tant que sa situation juridique n'est pas elle-même acquise. L'appréhension du phénomène de constitution des droits acquis nécessite de revenir, en amont, à la notion de situation juridique[828], car l'individu se voit reconnaître des droits dans le cadre de la situation juridique dans laquelle il est placé[829].

---

822 SANTULLI (C.), « Les droits acquis », *op. cit.*, p. 87.

823 CE sect., 19 décembre 1952, *Demoiselle Mattéi*, *Rec. CE*, p. 594.
Cette idée se retrouve également dans l'arrêt *Ville de Cayenne*. Bien qu'en l'espèce le juge n'utilise pas le terme « droits acquis », il semble possible de considérer que c'est ce à quoi il fait toutefois référence lorsqu'il affirme que les droits créés par l'arrêté « n'étaient pas devenus définitifs » en l'absence de notification ou de publication. CE sect., 18 mai 1973, *Ville de Cayenne*, *Rec. CE*, p. 359.

824 SANTULLI (C.), « Les droits acquis », *op. cit.*, p. 87.

825 YANNAKOPOULOS (C.), *La notion de droits acquis en droit administratif français*, *op. cit.*, p. 171.
Dans le cadre de la conception statique du droit, la norme juridique est appréhendée comme un élément fixe, tandis que dans le cadre d'une approche dynamique « on s'attache à l'étude de la création et de l'application du droit ». *Ibid.*, p. 115 et suiv. et p. 217.

826 CE sect., 18 mai 1973, *Ville de Cayenne*, *Rec. CE*, p. 359.

827 CE, 24 janvier 1934, *Commune de Vaulx-en-Velin*, *Rec. CE*, p. 117.

828 Quelles que soient les différences entre les théories s'intéressant à la notion de situation juridique, toutes envisagent les situations juridiques comme un ensemble de prérogatives et de

164. Se trouve à l'origine de toute situation juridique une règle de droit constitutionnelle, législative ou règlementaire, qualifiée par certains auteurs « d'acte créateur de droits » au sens large[830]. La situation juridique doit ensuite être acquise[831] ou « définitivement constituée »[832] pour que puissent naître des droits acquis au profit de l'administré. Selon Constantin Yannakopoulos, la situation est dans un premier temps réduite à une simple « virtualité »[833] tandis que dans un second temps, une fois acquise, elle pourra s'analyser comme une réalité constituée[834]. L'acquisition de la situation juridique peut avoir lieu avant l'édiction d'une décision administrative individuelle par l'accomplissement des faits qui conditionnent l'application des normes générales. La naissance sur le territoire de certains États permet ainsi d'en acquérir la nationalité. Il en est de même, lors d'un changement de la réglementation du régime des allocations vieillesse, pour les professionnels remplissant les conditions requises sous l'ancienne réglementation et ayant demandé le bénéfice du régime de faveur auquel ils

---

charges. Ainsi, Bonnard n'hésite pas à affirmer qu'« Un ensemble de pouvoirs et devoirs relatifs à une certaine matière constituent une situation juridique ». BONNARD (R.), *Précis de droit public*, Paris, Recueil Sirey, 6e éd., 1944, p. 6.

Roger Latournerie développe une approche similaire en affirmant que « pouvoirs d'accomplir ou de ne pas accomplir tel acte (matériel ou juridique), d'exiger que tel individu accomplisse ou n'accomplisse pas tel acte (matériel ou juridique) ; devoir d'accomplir ou de ne pas accomplir tel acte (matériel ou juridique) ou d'exiger que tel individu accomplisse ou n'accomplisse pas tel acte (matériel ou juridique), voilà le contenu de toute situation juridique ». LATOURNERIE (R.), « Essai sur la classification des diverses situations juridiques », *RDP*, 1933, p. 359.

En dépit de l'usage empreint d'objectivisme du terme « pouvoir », force est de constater la similitude de cette définition avec celle de Paul Roubier qui considère les situations juridiques comme un complexe de droits et de devoirs. ROUBIER (P.), *Droits subjectifs et situations juridiques*, *op. cit.*, p. 52.

[829] S'observe dans les théories qui tentent de dépasser la définition fonctionnelle des droits acquis un glissement de l'acte juridique à la situation juridique. YANNAKOPOULOS (C.), *La notion de droits acquis en droit administratif français*, *op. cit.*, p. 18 ; AUVRET (P.), « La notion de droits acquis en droit administratif français », *op. cit.* ; WALINE (M.), « Le retrait des actes administratifs », *in L'évolution du droit public. Études offertes à Achille Mestre*, Paris, Sirey, 1956, p. 569.

Le Conseil d'État lui-même évoque d'ailleurs la notion de situation juridique. Voir notamment CE sect., 11 décembre 1998, *Ministre d'État, garde des Sceaux, ministre de la Justice c/ Angeli*, *Rec. CE*, 1998, p. 461.

[830] Constantin Yannakopoulos intègre dans la notion d'acte créateur de droits les dispositions constitutionnelles, législatives, les actes administratifs réglementaires, non réglementaires et les contrats administratifs. YANNAKOPOULOS (C.), *La notion de droits acquis en droit administratif français*, *op. cit.*, p. 182.

[831] Sur l'utilisation du terme « situation acquise » par le juge : CE, 4 mai 1960, *Premier ministre c/ sieur Jaffray*, *Rec. CE*, p. 291.

[832] CE sect., 11 décembre 1998, *Ministre d'État, garde des Sceaux, ministre de la Justice c/ Angeli*, *Rec. CE*, p. 461.

[833] Par exemple, une autorisation ou une indemnisation. YANNAKOPOULOS (C.), *La notion de droits acquis en droit administratif français*, *op. cit.*, p. 326.

[834] Par exemple, le bénéfice de l'autorisation, le droit à l'indemnité et le bénéfice de l'indemnité. *Ibid.*, p. 326.

avaient droit : leur situation est considérée comme acquise avant l'édiction de la décision individuelle[835]. L'acquisition de la situation peut également découler de l'édiction de la décision administrative individuelle comme dans le cas de l'acquisition de la nationalité française par naturalisation[836]. Elle peut aussi avoir lieu après l'édiction de la décision administrative lorsque l'acquisition de la situation est subordonnée à l'accomplissement d'une condition postérieurement à l'édiction de l'acte.

165. L'acquisition de la situation juridique permet non seulement à l'administré de jouir des droits qui y sont attachés, mais permet également la matérialisation des droits, c'est-à-dire le passage de la possibilité morale de maîtrise de l'objet du droit à la maîtrise matérielle[837]. De ce fait, le Conseil d'État juge que la modification des conditions d'avancement dans la fonction publique ne peut porter atteinte aux situations acquises, ce qui implique que ne pourront garder le bénéfice de leur ancienneté que les fonctionnaires qui, à la date de l'entrée en vigueur de la nouvelle réglementation, réunissaient les conditions antérieurement exigées pour être promus[838]. Néanmoins, seules constitueront des droits acquis les prérogatives intrinsèquement rattachées à la situation acquise. Ainsi, la situation juridique résultant de l'acceptation de l'offre ne comptant pas parmi ses « prérogatives légales » l'obtention du marché, le juge administratif a considéré qu'aucun droit acquis à l'attribution du marché n'en résultait. L'acceptation d'une offre n'entraîne donc pas la constitution d'un droit acquis à l'attribution du marché public[839].

166. Cette approche opère une rupture avec la définition fonctionnelle de la notion de droits acquis qui les reliait à l'acte administratif. Au vu de ces éléments, il semble possible de concevoir que les règles de droit placent l'individu dans une situation juridique. Situation juridique au sein de laquelle il dispose de droits subjectifs qui ont pour corollaire des obligations. L'acquisition de cette situation juridique par l'administré influe sur la nature de ces droits qui vont alors pouvoir revêtir la qualification de « droits acquis ». Le droit non encore acquis et le droit définitivement acquis ne forment pas deux catégories de droits distinctes, mais deux phases successives de l'évolution dans le temps du même droit[840]. Le droit acquis doit être défini comme une prérogative attachée à une situation juridique acquise, constituée.

---

835 CE sect., 19 juin 1959, *Sieur Villard*, *Rec. CE*, p. 373 ; CE, 4 mai 1960, *Premier ministre c/ sieur Jaffray*, *Rec. CE*, p. 291.

836 Pour exemple, l'article 21-15 du Code civil dispose que l'acquisition de la nationalité française par naturalisation est accordée par décret.

837 YANNAKOPOULOS (C.), *La notion de droits acquis en droit administratif français*, *op. cit.*, p. 258 et suiv.

838 CE, 4 mai 1960, *Premier ministre c/ sieur Jaffray*, *Rec. CE*, p. 291.

839 CE, 11 octobre 1985, *Compagnie générale de construction téléphonique*, *Rec. CE*, p. 282 ; *AJDA*, 1985, p. 749, obs. Richer (L.).

840 YANNAKOPOULOS (C.), *ibid.*, p. 257.

167. Cette définition apporte deux éclairages essentiels. En premier lieu, elle permet de ne pas considérer que les droits passés peuvent être des droits acquis[841]. Cela emporte des conséquences importantes, car la doctrine refuse généralement de voir les effets passés d'un acte juridique comme susceptibles de constituer des « droits acquis », elle n'y voit qu'une formulation différente du principe de non-rétroactivité[842]. La garantie des droits « acquis » apparaissant comme « une protection pour le passé étendue aux conséquences présentes ou futures des effets passés d'un acte règlementaire », il s'agit selon elle de droits, mais non de droits acquis[843]. Cette acception de la notion de « droits acquis » conduit donc à admettre de regarder comme des droits acquis, des droits auxquels la doctrine refuse une telle dénomination. C'est le cas des droits découlant d'actes réglementaires. Le juge administratif a rappelé à de nombreuses reprises que « nul n'a de droit acquis au maintien d'une disposition réglementaire »[844]. Dès lors, l'autorité administrative compétente pouvant abroger ou modifier l'acte à tout moment, la doctrine en a déduit qu'une disposition réglementaire ne peut être à l'origine de droits acquis à la différence de la majorité des décisions non réglementaires et en particulier des décisions individuelles[845]. C'est faire fi du fait que « tous ceux qui entrent dans le champ d'application d'une réglementation ont droit à son application (c'est le principe d'égalité devant la loi) et, ultérieurement, ils auront droit au respect des "droits acquis en vertu de la réglementation" »[846]. Bien que n'utilisant pas le terme droit acquis, Georges Vedel et Pierre Delvolvé estiment d'ailleurs que les règlements peuvent conférer des droits pour le passé[847]. Le Conseil d'État lui-même utilise le terme de droits acquis pour désigner les droits découlant d'actes réglementaires dont ont bénéficié les fonctionnaires. C'est notamment le cas dans son arrêt *Sieur Simula*[848] dans lequel il considère que « Les droits aux avantages résultant pour les fonctionnaires d'une réglementation faite par un décret sont subordonnés au maintien de ce décret et, en l'absence de disposition législative ayant statué sur cet objet, ces avantages peuvent être valablement modifiés ou supprimés, pour l'avenir, par un décret ultérieur. Dès lors, le requérant n'est pas fondé à demander

---

841 D'ailleurs, dans l'arrêt *Dame cachet*, le juge parle de droits définitivement acquis pour faire référence aux droits passés. CE, 3 novembre 1922, *Dame Cachet*, *Rec. CE*, p. 790 ; *RDP*, 1922, p. 552, concl. Rivet ; *S.*, 1925, p. 9, note Hauriou.

842 AUVRET (P.), « La notion de droits acquis en droit administratif français », *op. cit.*, p. 67.

843 *Ibid.*, p. 67.

844 CE sect., 27 janvier 1961, *Vannier*, *Rec. CE*, p. 60, concl. Kahn ; CE, 12 mai 1986, *Association des anciens élèves de l'IRA de Lille*, req. n° 62311, *Rec. CE*, p. 140 ; CE, 19 novembre 1986, *Société Smanor*, *Rec. CE*, p. 260 ; CE, 12 novembre 2012, *SCM Scanner de l'Est lyonnais*, req. n° 336118, inédit au recueil Lebon.

845 CHAPUS (R.), *Droit administratif général*, *op. cit.*, p. 1162.

846 SANTULLI (C.), « Les droits acquis », *op. cit.*, p. 87.

847 VEDEL (G.) et DELVOLVÉ (P.), *Droit administratif*, *op. cit.*, p. 306.

848 CE, 5 août 1925, *Sieur Simula*, *Rec. CE*, p. 801. Voir également CE, 1er août 1924, *Sieur de Beauchamp*, *Rec. CE*, p. 773.

l'annulation du décret attaqué, qui s'est borné à abroger le décret du 6 novembre 1920, sans porter atteinte à des droits déjà acquis par les fonctionnaires en service dans les régions libérées ». Le régime de retrait des actes administratifs réglementaires correspond d'ailleurs à celui des actes communément qualifiés « d'actes créateurs de droits »[849]. L'idée qu'un acte réglementaire crée des droits acquis est confirmée par le fait que leur retrait est impossible uniquement s'il a produit des effets. En revanche, s'il n'a reçu aucun commencement d'exécution, il peut être retiré à tout moment, y compris pour des motifs d'opportunité[850]. La même réflexion vaut pour les autorisations précaires comme les autorisations de police et les nominations à un emploi à la discrétion du gouvernement. Alors qu'il est généralement affirmé qu'elles ne donnent pas naissance à des droits acquis du fait du caractère provisoire de la situation juridique créée, cette approche permet de considérer que la situation étant acquise, et ce, bien que cela ne soit pas à titre définitif, ces autorisations créent des droits acquis. En effet, s'il est certain que la nomination à un emploi à la discrétion du gouvernement peut prendre fin à tout moment et qu'il n'existe dès lors aucun droit au maintien de la situation juridique créée, il n'en demeure pas moins qu'au cours de la période durant laquelle le bénéficiaire de l'acte de nomination était en fonction, il a acquis un certain nombre de droits attachés à la situation juridique résultant de la nomination, droits qui ne seront pas détruits par le retrait de l'acte[851].

168. En second lieu, cette définition offre le moyen d'appréhender le régime juridique des droits acquis. Les situations acquises peuvent être « définitivement fixées » ou « précaires »[852]. Les situations définitivement

---

[849] Jusqu'à l'entrée en vigueur de l'article L. 243-3 du Code des relations entre le public et l'administration, le Conseil d'État soumettait le retrait des actes réglementaires aux principes dégagés dans l'arrêt *Dame Cachet* pour le retrait des actes individuels créateurs de droits. Un règlement ne pouvait être retiré que s'il était illégal et s'il était susceptible d'une annulation contentieuse. CE sect., 14 novembre 1958, *Ponard*, *Rec. CE*, p. 554.

Désormais, le Code des relations entre le public et l'administration prévoit un régime identique pour le retrait des actes réglementaires et des actes non réglementaires créateurs de droits. En effet, l'article L. 243-3 du Code des relations entre le public et l'administration dispose que « L'administration ne peut retirer un acte réglementaire ou un acte non réglementaire non créateur de droits que s'il est illégal et si le retrait intervient dans le délai de quatre mois suivant son édiction » tandis que l'article L. 242-1 prévoit que « L'administration ne peut abroger ou retirer une décision créatrice de droits de sa propre initiative ou sur la demande d'un tiers que si elle est illégale et si l'abrogation ou le retrait intervient dans le délai de quatre mois suivant la prise de cette décision ». La seule différence concerne le point de départ du délai.

[850] Un acte n'ayant pas connu un commencement d'exécution et n'ayant, de ce fait, créé aucun droit acquis est susceptible d'être retiré à tout moment. CE ass., 21 octobre 1966, *Société Graciet*, *Rec. CE*, p. 560 ; *AJDA*, 1967, p. 274, concl. Baudouin.

[851] Le retrait de l'acte ne pourra, par exemple, avoir pour conséquence d'éviter de verser au bénéficiaire « les salaires qui lui sont dus ». SANTULLI (C.), « Les droits acquis », *op. cit.*, p. 90-91.

[852] La distinction entre opération unique et opération continue est faite notamment par Fournier dans ses conclusions sur l'affaire *Behr-Mannig* (CE ass., 3 mars 1967, *Soc. Behr*

fixées[853] consistent en une opération unique dans le temps qui épuise immédiatement ses effets. C'est le cas d'une allocation unique, d'un permis de construire, ou encore de l'attribution de la qualité de rapatrié. Ces situations bénéficient d'une stabilité renforcée dans le temps, car ses effets s'épuisent immédiatement. Les situations acquises précaires, quant à elles, correspondent à une opération institutionnelle continue[854]. Constituent des situations précaires les autorisations de police, les autorisations de séjour, les nominations dans la fonction publique ou encore l'attribution de pensions[855]. Sans se référer expressément à la notion de situation « précaire », il est possible de se demander si le législateur n'a pas implicitement intégré cette distinction dans les articles L. 242-1 et L. 242-2 du Code des relations entre le public et l'administration qui disposent que l'administration ne peut abroger une décision créatrice de droits de sa propre initiative ou sur la demande d'un tiers que si elle est illégale et si l'abrogation intervient dans le délai de quatre mois suivant la prise de cette décision, *sauf si la condition à laquelle le maintien de la décision créatrice de droits est subordonné n'est plus remplie*. Il semble que l'exception prévue à l'article L. 242-2 du Code des relations entre le public et l'administration renvoie précisément aux situations continues faisant l'objet, dans la jurisprudence du juge administratif, d'une stabilité relative. En outre, une situation acquise peut prendre fin dans les conditions prévues par le droit *via* l'adoption d'un « acte contraire », c'est-à-dire d'un nouvel acte pris selon « des règles de compétence, de forme et de fond particulières, qui le rendent indépendant de l'acte précédent, mais dont le contenu, incompatible avec celui de l'acte initial, met fin à ce dernier »[856]. Il se peut que l'auteur compétent pour accomplir cet « acte contraire » soit le même que celui de l'acte supprimé, pour autant il s'agira d'un « acte contraire » et non « du pur retrait

---

Manning et Soc. Des abrasifs appliqués Norton, Rec. CE, p. 105 ; *AJDA*, 1967, p. 528, concl. Fournier). Voir également YANNAKOPOULOS (C.), *La notion de droits acquis en droit administratif français, op. cit.*, p. 342 et AUVRET (P.), « La notion de droits acquis en droit administratif français », *op. cit.*, p. 79 et suiv.

[853] L'expression « situation définitivement constituée » est généralement utilisée lorsqu'il est question de droit transitoire et d'application d'un nouveau texte dans le temps. Le commissaire du gouvernement Grévisse, reprenant l'analyse de Paul Roubier, utilise d'ailleurs la distinction entre « situation constituée » et « situation en cours » (CE sect., 28 janvier 1955, *Consort Robert et Bernard, Rec. CE,* p. 51, concl. Grévisse).

Pour un exemple récent : CE, 11 avril 2005, *Audemard d'Alençon*, req. n° 262332, *Rec. CE* (tables), p. 734 ; *AJDA*, 2005, p. 2082 à propos des modalités d'application des dispositions ajoutées par l'article 54 de la loi du 17 janvier 2002 à l'article L. 245-6 du CASF.

[854] YANNAKOPOULOS (C.), *La notion de droits acquis en droit administratif français, op. cit.*, p. 345.

[855] AUVRET (P.), « La notion de droits acquis en droit administratif français », *op. cit.*, p. 81.

[856] EVEILLARD (G.), « L'abrogation des décisions administratives créatrices de droits. Note sous l'arrêt du Conseil d'État, section, 6 mars 2009, *Coulibaly*, req. n° 306084 », *RFDA*, 2009, p. 446. Sur les différentes conceptions de la notion d'acte contraire voir CAROTENUTO (S.), « La théorie de l'"acte contraire" en droit administratif français », *RRJ*, 2002, p. 1419-1436.

discrétionnaire par lequel l'auteur "*reviendrait sur sa décision*" » dans la mesure où cette compétence est « *distincte, légale et contrôlée par le juge* »[857]. Ainsi, bien que le fonctionnaire ait, à la suite de sa nomination, un droit au maintien de la situation acquise, l'autorité compétente est autorisée à mettre fin pour l'avenir à cette situation en prononçant, soit sa révocation en cas de faute, soit sa mise à la retraite lorsque la limite d'âge de sa fonction est atteinte[858]. Si le bénéficiaire ne peut pas toujours être assuré du maintien de la situation juridique constituée et donc des droits qui y sont attachés - ce n'est possible que pour les situations juridiques consistant en une opération unique dans le temps puisque, dans ce cas-là, la situation instituée est instantanée et les droits qui en découlent définitivement acquis - il peut, en revanche, toujours être assuré de la protection des effets passés et futurs de cette situation, sous réserve pour les seconds du principe de légalité, de changements de circonstances de fait ou de droit et passé le délai de quatre mois lorsque ces droits résultent d'une situation administrative continue[859].

2. L'identification des droits acquis dans le domaine de l'aide sociale

169. Le refus de définir cette notion comme « le droit au maintien d'un acte » et le choix d'y voir des prérogatives attachées à une situation juridique acquise conduit à s'intéresser à l'évolution de la nature de la situation juridique des bénéficiaires de l'aide sociale ; évolution conditionnant la transformation de droits publics subjectifs à l'aide sociale en droits acquis.

170. Les bénéficiaires de l'aide sociale disposent d'un droit public subjectif puisqu'ils détiennent un pouvoir d'exiger un certain comportement de la part des personnes publiques afin de se procurer un avantage. Cependant, la situation juridique engendrée par les dispositions législatives et réglementaires dans laquelle ils se trouvent doit être acquise pour que puissent en résulter des droits acquis. L'administré ne possède pas la qualité d'usager par la simple institution du service public, l'obtention de la qualité d'usager nécessite une investiture qui permet d'établir un lien entre le service et l'usager « dont l'objet est d'accorder aux postulants l'ensemble des pouvoirs et des devoirs qui constituent la situation d'utilisateur du service public administratif »[860]. La transformation de la nature de la situation juridique de l'usager d'un service public le fait passer de la qualité de « candidat-usager » ou d'« usager éventuel » à celle d'« usager effectif »

[857] LAUBADÈRE (A. de), *Traité de droit administratif*, Paris, LGDJ, 8e éd., 1980, p. 347. Pour une approche plus restrictive de la notion « d'acte contraire » voir AUBY (J.-M.), « L'abrogation des actes administratifs », *op. cit.*, p. 132.

[858] CE, 14 juin 1912, *Wulliet*, *Rec. CE*, p. 659.

[859] « Ces droits sont protégés dans la mesure où l'administration ne peut remettre en cause la situation acquise que si les conditions nécessaires sont réunies ». VINCE (V.), « L'introuvable notion d'acte créateur de droits ? », *AJDA*, 2017, p. 2181.

[860] DU BOIS DE GAUDUSSON (J.), *L'usager du service public administratif*, *op. cit.*, p. 36.

ayant un droit au fonctionnement du service public[861]. L'usager d'un service public d'aide sociale, plus spécifiquement, ne tient pas son droit à prestation de « l'acte-condition » qui l'a investi, mais des « actes-règles » régissant le service public. La portée du droit de l'usager - les prestations qu'il peut recevoir, les modalités de leur attribution ou encore leur importance - est déterminée par des textes législatifs et réglementaires. Néanmoins, pour se voir reconnaître des droits acquis, la situation du bénéficiaire de l'aide sociale doit être acquise ; sa situation légale et réglementaire est alors « particularisée »[862]. L'acquisition d'une situation juridique peut, soit résulter de l'accomplissement des faits qui conditionnent l'application des normes générales avant l'édiction d'une décision administrative individuelle, soit résulter de l'édiction d'une décision administrative individuelle ou encore de l'accomplissement d'une condition postérieurement à l'édiction de la décision administrative.

171. En droit de l'aide sociale, la situation juridique est généralement acquise à la suite de l'adoption, par l'administration, d'un acte administratif individuel. Cette situation s'explique aisément par le fait que, lorsque l'accès à un service public est soumis au respect de certaines conditions, un tel acte est toujours nécessaire, car l'administration s'assure lors de son adoption que les conditions prescrites par le statut sont remplies[863]. Les droits à l'aide sociale étant dans leur grande majorité conditionnés, ils sont le plus souvent attribués à la suite de l'intervention d'un acte administratif individuel. L'article L. 131-2 du Code de l'action sociale et des familles précise d'ailleurs que « La décision d'admission à l'aide sociale est prise par le représentant de l'État dans le département pour les prestations qui sont à la charge de l'État en application de l'article L. 121-7 et par le président du conseil départemental pour les autres prestations prévues au présent code ». L'exigence d'une décision d'admission à l'aide sociale se retrouve également dans les dispositions législatives spécifiques à certaines aides sociales. L'article L. 222-5 du CASF précise, ainsi, que les femmes enceintes et les mères isolées avec leurs enfants de moins de trois ans ayant besoin d'un soutien matériel et psychologique sont prises en charge par le service de l'aide sociale à l'enfance « *sur décision du président du conseil départemental* ». Ces décisions expresses permettent l'acquisition d'une situation juridique et des droits qui y sont attachés[864].

172. En matière de service public, le candidat-usager devient également usager effectif du service public, tacitement, par la seule utilisation du

---

[861] Sur la distinction entre le droit du « candidat-usager » et le droit du « candidat effectif » voir *ibid.*, p. 121 et suiv. et p. 153 et suiv.

[862] À propos des usagers du service public. *ibid.*, p. 32.

[863] DU BOIS DE GAUDUSSON (J.), *L'usager du service public administratif*, *op. cit.*, p. 37.

[864] Dans une décision du 27 septembre 2004, la Commission centrale d'aide sociale considère d'ailleurs que la décision accordant à la requérante une aide sociale à l'hébergement « a créé en sa faveur des droits acquis ». Comm. centr., 27 septembre 2004, *Mme E.*, dossier n° 011638, *CJAS*, n° 2004/6.

service, et ce, avant et parfois même sans qu'il soit nécessaire qu'un acte administratif individuel soit pris par l'autorité administrative compétente. En droit de l'aide sociale, bien que cette situation ne soit pas très fréquente, la qualité d'usager du service public peut résulter d'un fait. Ce fait peut consister, tout d'abord, en l'usage du service par l'administré. La qualité d'usager lui est alors reconnue lorsqu'il reçoit la prestation et s'éteint aussitôt[865]. Dans un tel cas, l'usager est soumis au statut définissant ses pouvoirs et ses obligations sans qu'aucun acte n'ait particularisé sa situation. L'utilisation d'un service public a, en elle-même, un effet attributif d'une situation statutaire. Cette situation concerne essentiellement les services publics ouverts à tous les administrés sans qu'il soit besoin de remplir certaines conditions, tels que les musées publics ou les bibliothèques publiques. Cette situation se retrouve parfois en droit de l'aide sociale, par exemple, en ce qui concerne les établissements d'information, de consultation ou de conseil familial et les centres de planification ou d'éducation familiale[866] pour lesquels l'utilisation du service par l'administré en fait automatiquement un usager de ce service public d'aide sociale.

173. Le fait permettant l'acquisition de la situation juridique peut également être défini par le législateur pour protéger les bénéficiaires de l'aide sociale notamment de l'inertie de l'administration puisque l'aide sociale est un domaine qui, en dépit des évolutions adoptées par la loi du 12 novembre 2013[867], reste largement régi par la règle selon laquelle le silence gardé par l'administration pendant deux mois vaut décision de rejet[868]. Il est prévu, par exemple, que l'admission à l'aide sociale de l'État est « réputée acquise » dès lors que la durée d'accueil prévisible dans les centres d'hébergement et de réinsertion sociale n'excède pas cinq jours[869] ou que le silence gardé durant un mois par l'administration sur les demandes d'admission à l'aide sociale dans les centres d'hébergement et de réinsertion sociale vaut acceptation[870]. Plus rare, car se rapportant à une prestation d'aide sociale en espèce, l'acquisition de la situation juridique et, consécutivement, du droit à la prestation, peut découler de l'absence de notification de la décision du président du conseil départemental au bénéficiaire. Le Conseil d'État a considéré que le défaut de notification de sa décision relative à l'allocation personnalisée d'autonomie dans un délai de deux mois n'ouvrait pas droit à une décision implicite d'acceptation, mais

---

865 *Ibid.*, p. 39.

866 L. 2311-1 et suiv. du CSP.

867 Loi n° 2013-1005 du 12 novembre 2013 habilitant le Gouvernement à simplifier les relations entre l'administration et les citoyens, *JO* n° 0263 du 13 novembre 2013, p. 18407.

868 Désormais, en vertu de l'article L. 231-1 du CRPA « Le silence gardé pendant deux mois par l'administration sur une demande vaut décision d'acceptation ». Mais, selon l'article L. 231-4 du CRPA, il vaut rejet « Si la demande présente un caractère financier sauf, en matière de sécurité sociale, dans les cas prévus par décret ».

869 L. 111-3-1 du CASF.

870 L. 111-3-1 du CASF.

ouvrait droit à « l'octroi de l'allocation personnalisée d'autonomie pour un montant forfaitaire, à compter de la date d'ouverture des droits prévue par le législateur et jusqu'à la notification d'une décision expresse »[871]. Le silence gardé pendant deux mois par l'administration crée un droit au versement d'un montant forfaitaire d'allocation personnalisée d'autonomie, et ce, même si une décision de rejet est expressément prise par la suite. La situation est donc acquise directement par l'inertie de l'administration durant un certain laps de temps.

174. L'étude des liens entre la législation de l'aide sociale et l'ordre public a permis de déterminer l'objet de la renonciation abdicative, renonciation qui, en droit de l'aide sociale, ne peut porter que sur un droit acquis. Une fois le droit acquis, le bénéficiaire d'un droit à l'aide sociale peut y renoncer, mais la particularité de l'objet de la renonciation influe sur la forme de la renonciation.

§ 2. Les formes de la renonciation abdicative en droit de l'aide sociale

175. La renonciation à un droit acquis peut revêtir deux formes différentes. La première, bien que particulière en raison de l'objet sur lequel elle porte, correspond à la volonté réelle du bénéficiaire d'abandonner son droit et se traduit par une demande de retrait ou d'abrogation de la décision ayant permis l'attribution dudit droit (A). La seconde, en revanche, est une renonciation présumée dans la mesure où la perte du droit découle d'un comportement assimilé par le législateur à une renonciation, indépendamment de la volonté interne du bénéficiaire de l'aide sociale (B).

A. La renonciation « réelle » à un droit acquis à l'aide sociale

176. En dépit de la difficulté à concevoir qu'une personne puisse souhaiter se départir d'un droit à l'aide sociale, la renonciation abdicative existe également dans cette branche du droit puisque les bénéficiaires manifestent parfois leur volonté d'abandonner ce droit (1). La particularité des modalités d'acquisition des droits à l'aide sociale confère néanmoins à cette opération juridique un caractère original (2).

1. La volonté d'abandonner un droit acquis à l'aide sociale

177. De prime abord, l'élément « subjectif », « psychologique » de la renonciation consistant en la volonté de se départir d'un droit semble appartenir au domaine de la conjecture tant il difficilement concevable qu'une personne puisse souhaiter abandonner un droit acquis à l'aide sociale. Pourtant, à la lecture des décisions de justice, se dessinent des situations

[871] CE, 30 juillet 2014, *M. A.*, req. n° 374131, inédit au recueil Lebon.

dans lesquelles le titulaire d'un droit à l'aide sociale exprime son souhait de l'abandonner. Un doute existe, parfois, quant à la possibilité d'y déceler une volonté abdicative susceptible d'être à l'origine d'une renonciation. En effet, la volonté de l'auteur d'une renonciation abdicative est présentée comme devant être l'abandon « pur et simple » du droit. La doctrine classique considérait que la renonciation devait être non seulement extinctive dans ses effets, mais aussi dans sa cause[872]. Or, en droit de l'aide sociale, l'abandon d'un droit n'est pas toujours le véritable but de la renonciation. Il semble parfois motivé par l'espoir de pouvoir en tirer un avantage financier[873]. C'est notamment le cas lorsque la renonciation à une aide est justifiée par la volonté d'en recevoir une autre plus avantageuse dès lors que ces deux aides ne sont pas cumulables[874]. Cette motivation financière se retrouve, par exemple, dans la renonciation d'une petite-fille, pour le compte de sa grand-mère, au bénéfice de l'aide sociale pour la prise en charge des frais d'hébergement afin que soit rétablie à taux plein l'allocation compensatrice[875] ou encore dans la renonciation d'une mère, au nom de son fils, « au bénéfice de l'allocation compensatrice pour tierce personne par courrier du 27 avril 2000, en demandant une allocation de placement familial plus élevée »[876]. En outre, la motivation financière peut être moins directe. En effet, il semble que les bénéficiaires d'un droit à l'aide sociale, illégalement perçue durant un certain laps de temps, invoquent leur renonciation à ce droit en vue de montrer leur incapacité à rembourser l'indu dans l'espoir que le juge annule le refus de la collectivité débitrice de leur accorder une remise de cet indu. Ainsi, dans une décision de la Commission centrale d'aide sociale en date du 12 septembre 2007, le requérant indique s'être « volontairement radié du revenu minimum d'insertion » à l'appui de sa requête tendant à l'annulation de la décision de la Commission départementale d'aide sociale rejetant sa demande d'annulation de la décision du 29 mars 2005 par laquelle le Président du Conseil général de l'Ariège ne lui a accordé qu'une remise partielle de 50 % de l'indu. Le juge n'hésite pas à qualifier cette « radiation volontaire » de renonciation, tout en estimant que le fait que le requérant « ait renoncé au bénéfice du revenu minimum d'insertion ne suffit pas à établir qu'il est dans l'impossibilité de rembourser la dette laissée à sa charge par le président du conseil général »[877].

---

[872] SEILLAN (Y.), « L'acte abdicatif », *op. cit.*, p. 693.

[873] C'est une motivation qui guide, en tout cas, les personnes qui se portent en justice. Ces personnes sont, en toute logique, celles qui ont vu leurs espoirs déçus ou alors celles qui se voient opposer une renonciation à tort.

[874] Sur la question de l'option entre deux droits voir *infra* n° 284 et suiv.

[875] Comm. centr., 4 novembre 2004, *Mme B.*, dossier n° 032186, *CJAS*, n° 2005/1.

[876] Comm. centr., 3 juin 2004, *M. B.*, dossier n° 022060.

[877] Comm. centr., 12 septembre 2007, *M. K. Jacques*, dossier n° 060693, *CJAS*, n° 2008/2. Voir également Comm. centr., 3 août 2011, *M. X.*, dossier n° 100654.

178. Les motivations qui sous-tendent ces abandons de droit font douter de la possibilité d'y voir une renonciation des bénéficiaires de l'aide sociale à leur droit à une prestation d'aide sociale. Les renonciations en droit privé sont toutefois pareillement aux renonciations aux droits à l'aide sociale, sous-tendues par une multiplicité de mobiles. L'héritier peut renoncer à une succession notoirement insolvable afin d'échapper aux charges que fait peser sur lui ce droit[878], ou une personne à un legs, car, en l'acceptant, elle risquerait de nuire à son honneur ou à sa réputation. Ces situations ne sont pas contraires au principe selon lequel la renonciation doit être extinctive non seulement dans ses effets, mais aussi dans sa cause[879], car la « cause » renvoyant au « motif déterminant dont le droit tient compte »[880], « le but déterminant de l'acte »[881], ces intérêts personnels sont cantonnés au rang des « arrière-pensées du renonçant »[882] ; arrière-pensées qui « n'accèdent pas à la vie juridique ». La définition de la cause est abstraite[883]. En droit de l'aide sociale, appréhender le but extinctif de manière abstraite, dépouillé de ses véritables motifs[884], lève les doutes quant à la possibilité de considérer certaines situations comme la manifestation d'une volonté abdicative.

179. Ces doutes réapparaissent, cependant, lorsque le bénéficiaire d'un droit acquis *via* une décision créatrice de droits conditionne sa demande de retrait ou d'abrogation de la décision à l'adoption d'une décision plus favorable. Alors que la théorie classique a parfois considéré comme découlant du caractère abdicatif de la renonciation l'idée que celle-ci a lieu « sans contreprestation : celui qui avait un droit le perd par son abandon sans qu'aucun avantage vienne combler le vide laissé dans son patrimoine par la disparition de ce droit »[885] - le renonçant « ne vise ni à obtenir quelque chose en échange, ni à enrichir, qui que ce soit, de la valeur du droit abdiqué »[886] -, la renonciation en droit de l'aide sociale peut être conditionnée, par le bénéficiaire, à l'obtention d'une décision plus avantageuse. Dans la décision *Vivier*[887], par exemple, le requérant qui avait été admis au bénéfice de l'allocation mensuelle depuis 1951 et de l'allocation de compensation

---

878 SEILLAN (Y.), « L'acte abdicatif », *op. cit.*, p. 698-699.
879 *Ibid.*, p. 693.
880 MARTIN de la MOUTTE (J.), *L'acte juridique unilatéral. Essai sur sa notion et sa technique en droit civil*, *op. cit.*, p. 224
881 DUGUIT (L.), *Traité de droit constitutionnel*, Paris, E. de Boccard, 3e éd., 1927, t. I, p. 387
882 GRAMMATIKAS (G.), *Théorie générale de la renonciation en droit civil. Étude parallèle du droit français et du droit hellénique*, *op. cit.*, p. 30-31.
883 SEILLAN (Y.), « L'acte abdicatif », *op. cit.*, p. 701.
884 *Ibid.*, p. 693.
885 DUCOIN (C.), *Essai d'une théorie générale de la renonciation en droit civil français*, *op. cit.*, p. 16.
886 Nicolas Sibiciano résume cette idée de la sorte : « J'élimine un droit de mon patrimoine - je n'entends en gratifier personne et personne ne me donne quoi que ce soit, en échange ». SIBICIANO (N.), *Théorie générale des renonciations en droit civil français*, *op. cit.*, p. 9 et p. 80.
887 Comm. centr., 25 février 1964, *Vivier*, *Revue de l'aide sociale*, 1964, p. 227.

depuis 1954 devient propriétaire d'un immeuble à la suite du décès de ses parents. Informé de l'existence d'une hypothèque inscrite en 1958 sur cet immeuble et préférant « renoncer au bénéfice de l'aide sociale plutôt que de voir le bien de la famille ainsi grevé », il demande expressément sa radiation du bénéfice des allocations d'aide sociale aux grands infirmes ainsi que la main-levée de l'hypothèque. Le requérant obtient la radiation réclamée, mais n'obtient pas la main-levée de l'hypothèque faute d'avoir expressément subordonné sa demande de radiation à la condition que l'hypothèque soit levée. Le juge considère qu'il y a lieu « de confirmer les décisions susvisées en tant qu'elles ont, conformément à la demande, prononcé le retrait de l'allocation mensuelle et de l'allocation de compensation ». *A contrario*, si le requérant avait expressément conditionné sa renonciation à la levée de l'hypothèque, l'administration n'aurait pu légalement abroger la décision sans lever l'hypothèque.

180. La possibilité d'obtenir un avantage en contrepartie d'une renonciation à un droit acquis n'est pas propre au droit de l'aide sociale. Cette situation est commune à l'ensemble des renonciations au bénéfice d'un droit acquis par l'adoption d'une décision créatrice de droits[888]. Elles prennent la forme d'une demande de retrait ou d'abrogation. Or, déjà avant l'entrée en vigueur des articles du Code des relations entre le public et l'administration, les conditions dans lesquelles étaient enfermées les possibilités de retrait et d'abrogation - l'illégalité de la décision et le délai dans lequel intervenait le retrait ou l'abrogation[889] -, ne trouvaient pas à s'appliquer lorsque l'administration donnait satisfaction à une demande du bénéficiaire, à la double condition, lorsque la décision était légale, que le retrait ou l'abrogation ne nuise pas aux droits des tiers et qu'il soit substitué à la décision retirée ou abrogée une décision plus favorable[890]. Cette possibilité a, depuis, été reprise en substance par les articles L. 242-3 et L. 242-4 du Code des relations entre le public et l'administration en vertu desquels l'administration peut retirer ou abroger une décision créatrice de droits légale sur demande du bénéficiaire à condition que cela ne nuise pas

---

888 Les décisions attribuant un droit à l'aide sociale ont été qualifiées de décisions créatrices de droit par le juge : CE, 20 novembre 2009, *Département des Hautes-Pyrénées*, req. n° 315779, *Rec. CE* (tables), p. 633.
Voir également : Comm. centr., 5 octobre 2010, *M. X*, dossier n° 090617, *CJAS*, n° 2011/1 (à propos de décisions reconnaissant le droit à l'allocation de RMI) ; Comm. centr., 1er juillet 2011, *Mlle X.*, dossier n° 100827, *CJSA*, n° 2011/6 (à propos d'une décision attribuant la PCH) ; Comm. centr., 24 janvier 2005, *M. C.*, dossier n° 040461, *CJAS*, n° 2005/2 (à propos d'une décision accordant l'APA).

889 CE, 3 novembre 1922, *Dame Cachet*, *Rec. CE*, p. 790 ; *RDP*, 1922, p. 552, concl. Rivet ; *S.*, 1925, p. 9, note Hauriou ; CE ass., 24 octobre 1997, *Madame Laubier*, *Rec. CE*, p. 371 ; *RFDA*, 1998, p. 527, concl. Pécresse ; CE ass, 26 octobre 2001, *M. Ternon*, req. n° 197018, *Rec. CE*, p. 497 ; *RFDA*, 2002, p. 77, concl. Séners ; CE sect., 6 mars 2009, *Coulibaly*, req. n° 306084 ; *Rec. CE*, p. 79 ; *RFDA*, 2009, p. 215, concl. de Salins ; *RFDA*, p. 439, note Eveillard (G.).

890 CE sect., 9 janvier 1953, *Sieur Desfour*, *Rec. CE*, p. 5 ; CE sect., 23 juillet 1974, *Ministre de l'Intérieur c/ Sieur Gay*, *Rec. CE*, p. 442.

aux droits des tiers et qu'elle la remplace par une décision plus favorable. Ce faisant, est expressément admise la possibilité pour le bénéficiaire d'une décision créatrice de droits qui souhaite renoncer à son bénéfice et aux droits qu'elle a fait naître de conditionner sa renonciation à l'obtention d'une décision plus favorable.

181. Cette condition qui tend à protéger le bénéficiaire, puisqu'il s'agit « d'éviter que l'administration "profite" d'une demande de sortie de vigueur d'un acte créateur de droits légal, émanant de son bénéficiaire, pour le faire disparaître alors même qu'elle n'entend pas le remplacer par l'acte plus favorable que souhaite obtenir celui-ci »[891], laisse alors penser que l'administration ne peut tirer les conséquences d'une renonciation « pure et simple » du bénéficiaire à ses droits en retirant ou en abrogeant la décision qui les lui a attribués. Pour Gweltaz Eveillard, cette dérive à laquelle s'est laissé aller « un codificateur trop bavard », interdit le retrait ou l'abrogation dès lors que le destinataire de l'acte, à l'origine de la demande, ne sollicite pas le remplacement de cette décision par une autre plus favorable, alors qu'« une telle demande pourrait émaner d'un administré souhaitant simplement cesser de bénéficier de l'avantage »[892]. Pourtant, bien qu'aucun auteur ne s'y soit longuement attardé, il semble que la possibilité de retrait « pur et simple » d'une décision créatrice de droits légale à la suite d'une demande de son bénéficiaire ait toujours existé[893]. Joël Carabajo affirmait d'ailleurs dans sa thèse que « la simple inopportunité de l'acte ne saurait constituer, en principe, un motif suffisant pour remettre en cause rétroactivement la situation juridique qu'il a fait naître, à moins que, sans porter atteinte aux droits des tiers, le retrait ne crée pour le destinataire de l'acte une situation plus favorable ou que ce dernier ne renonce au bénéfice de l'acte »[894]. Ces deux possibilités de retrait et d'abrogation sur demande du destinataire de l'acte transparaissent à travers les arrêts *Sieur Desfour*[895] et *Ministre de l'Intérieur contre Sieur Gay*[896] d'une part, et les arrêts *Casanova*[897], *Augé*[898] ou encore *Sieur de Maistre*[899] d'autre part. Alors que, dans les premiers, le bénéficiaire de l'acte demandait le retrait d'une décision

---

[891] SEILLER (B.), « La sortie de vigueur des actes administratifs », *op. cit.*, p. 65.

[892] EVEILLARD (G.), « La codification des règles de retrait et d'abrogation des actes administratifs unilatéraux », *AJDA*, 2015, p. 2474.

[893] CHAPUS (R.), *Droit administratif général*, Paris, Montchrestien, coll. Domat droit public, 14e éd., 2000, t. 1, p. 1170, n° 1349. CAROTENUTO (S.), *La disparition non contentieuse des actes administratifs. Contribution à la théorie du retrait et de l'abrogation des actes administratifs*, thèse soutenue à Université d'Aix-Marseille, 2000, dactyl., p. 156-157, n° 246.

[894] CARBAJO (J.), *L'application dans le temps des décisions administratives exécutoires*, Paris, LGDJ, coll. Bibliothèque de droit public t. CXXXIV, 1980, p. 159.

[895] CE sect., 9 janvier 1953, *Sieur Desfour*, *Rec. CE*, p. 5.

[896] CE sect., 23 juillet 1974, *Ministre de l'Intérieur c/ Sieur Gay*, *Rec. CE*, p. 442.

[897] CE, 19 novembre 1954, *Casanova*, *Rec. CE* (tables), p. 811.

[898] CE sect., 25 mars 1960, *Sieur Augé*, *Rec. CE*, p. 220 ; *RDP*, 1960, p. 850, note Drago.

[899] CE sect., 24 février 1967, *De Maistre*, *Rec. CE*, p. 91 ; *JCP*, 1967, II, 15068, concl. Rigaud ; *AJDA*, 1967, p. 342, obs. Peiser.

et son remplacement par une autre décision[900], dans les seconds, le bénéficiaire se contentait d'en demander le retrait purement et simplement[901]. Aussi, depuis longtemps déjà, le juge administratif admet-il qu'une renonciation puisse être « pure et simple » ou conditionnée. Dans l'arrêt *Sicur Augé*, par exemple, il considère que le requérant qui avait renoncé au décret l'ayant promu Commandeur de la Légion d'Honneur avait, par la suite, substitué à « cette renonciation pure et simple une renonciation assortie d'une condition »[902]. Ces exemples concernent, certes, des renonciations au bénéfice d'actes administratifs soumis à une condition résolutoire, c'est-à-dire à des actes qui n'ont pas produit leurs effets tant qu'ils n'ont pas été acceptés par leur bénéficiaire. Ils pourraient laisser penser que la renonciation « pure et simple » au bénéfice d'un acte administratif n'est pas possible en l'absence d'une telle condition. Pourtant, une telle renonciation a été admise en droit de l'aide sociale avant, il est vrai, l'entrée en vigueur du Code des relations entre le public et l'administration. Dans l'arrêt *Vivier*[903], le juge précise que la personne ayant sollicité la suppression, pour l'avenir, du bénéfice de l'aide sociale, « faute d'avoir expressément lié sa renonciation à une demande de mainlevée d'hypothèque, [...] n'est pas fondé[e] à se plaindre de ce que le retrait de l'aide ait été prononcé sans que la mainlevée de l'hypothèque n'ait été opérée ». Il considère ainsi que l'administration pouvait abroger la décision sur le seul fondement de la renonciation du bénéficiaire dans la mesure où il n'avait pas expressément conditionné sa renonciation à la mainlevée d'hypothèque. La renonciation au bénéfice d'une décision créatrice de droits légale et aux droits dont elle a permis l'acquisition, y compris en droit de l'aide sociale, semble donc pouvoir être pure et simple lorsque les motifs du renonçant n'accèdent pas à la vie juridique, ou conditionnée lorsque le renonçant manifeste son souhait d'obtenir, avec le retrait ou l'abrogation de la décision, une décision plus avantageuse.

---

[900] Le sieur Desfour demandait, d'une part le retrait de la décision le rayant des cadres de l'armée active et l'autorisant à faire valoir ses droits à pension de retraite à compter du 26 décembre 1941 et, d'autre part, son remplacement par une décision portant acceptation de sa démission d'officier de l'armée active à partir de cette même date en vue d'obtenir une pension de retraite liquidée sur la base de la totalité de ses services tant civils que militaires. CE sect., 9 janvier 1953, *Sieur Desfour*, *Rec. CE*, p. 5.
Le Sieur Gay, quant à lui, sollicitait le retrait de l'arrêté suspendant son permis pour une durée d'un mois. Ce faisant, il sollicitait implicitement une décision plus favorable : l'absence totale de suspension ou la diminution de sa durée. CE sect., 23 juillet 1974, *Ministre de l'Intérieur c/ Sieur Gay*, *Rec. CE*, p. 442.

[901] Le sieur Casanova avait renoncé à sa nomination à un poste de suppléant du juge de paix (CE, 19 novembre 1954, *Casanova*, *Rec. CE* (tables), p. 811) tandis que le sieur Brandstetter, souhaitant terminer sa carrière à Nancy, avait renoncé à sa nomination au poste de directeur régional des PTT à Marseille où il était alors en poste (CE, 20 février 1924, *Sieur Brandstetter*, *Rec. CE*, p. 194).

[902] CE sect., 25 mars 1960, *Sieur Augé*, *Rec. CE*, p. 220 ; *RDP*, 1960, p. 850, note Drago.

[903] Comm. centr., 25 février 1964, *Vivier*, *Revue de l'aide sociale*, 1964, p. 227.

182. Sans doute l'existence d'une renonciation conditionnée pose-t-elle question eu égard à la conception classique de la renonciation. Néanmoins, elle ne renvoie pas à la situation que tentait d'exclure la doctrine classique en affirmant que la renonciation devait être extinctive dans sa cause et dans ses effets. Elle cherchait alors surtout à éviter les risques de confusion entre les actes de transfert et les renonciations. Alors, par exemple, qu'à l'occasion du transfert d'un droit, le vendeur ou le donateur renonce à son droit de propriété[904], le principe posé par la doctrine classique permet de ne pas faire de la vente ou de la donation une renonciation puisque le titulaire du droit, dans une telle situation, ne recherche que son transfert. Contrairement au renonçant, il est animé par la volonté de le transmettre. La « renonciation » n'est alors qu'un moyen et non un but[905]. Selon la théorie classique de la renonciation, le droit abdiqué ne peut profiter à un tiers que si cela n'est pas le fait de la volonté du renonçant, mais une conséquence de « la volonté du législateur qui, en s'emparant de ce droit, détermine son sort ultérieur, que la volonté du renonçant est impuissante à modifier »[906]. Dans ce cas, « L'enrichissement possible d'un bénéficiaire n'a pas sa cause dans l'appauvrissement du renonçant, mais dans la volonté de la loi »[907]. Or, en droit de l'aide sociale, cette situation n'a pas lieu d'être. Les droits étant des droits alimentaires justifiés par le besoin de son bénéficiaire[908], ils sont incessibles et insaisissables[909].

183. La renonciation à un droit acquis à l'aide sociale peut donc faire l'objet d'une contrepartie qui, toutefois, ne fait pas disparaître la volonté abdicative à l'origine de la renonciation. « Renoncer à un droit, c'est [...] l'abandonner volontairement, sans se soucier de ce qu'il en adviendra par la suite »[910], mais pas nécessairement ne rien espérer en échange de cet abandon. Qu'elle soit pure et simple ou conditionnée, manifestée expressément ou tacitement, la volonté abdicative ne peut néanmoins produire son effet extinctif sans une intervention de l'administration.

---

904 SEILLAN (Y.), « L'acte abdicatif », *op. cit.*, p. 694.

905 DUCOIN (C.), *Essai d'une théorie générale de la renonciation en droit civil français*, *op. cit.*, p. 16.

906 Ainsi, lors d'une renonciation à succession, la dévolution de celle-ci à l'héritier subséquent n'est pas l'œuvre de la volonté de l'héritier renonçant, mais celle de la loi qui détermine l'ordre de la dévolution légale. MARTIN de la MOUTTE (J.), *L'acte juridique unilatéral. Essai sur sa notion et sa technique en droit civil*, *op. cit.*, p. 26.

907 *Ibid.*, p. 27.

908 BORGETTO (M.) et LAFORE (R.), *Droit de l'aide et de l'action sociales*, *op. cit.*, p. 116-117 ; ALFANDARI (E.) et TOURETTE (F.), *Action et aide sociales*, *op. cit.*, p. 78-79.

909 Voir notamment les articles L. 262-48 du CASF concernant le RSA ; L. 121-9 du CASF concernant l'aide financière à l'insertion sociale et professionnelle pour les personnes engagées dans un parcours de sortie de la prostitution et d'insertion sociale et professionnelle ; L. 245-8 du CASF concernant la prestation de compensation du handicap et L. 232-25 concernant l'aide personnalisée d'autonomie.

910 BLUMANN (C.), *La renonciation en droit administratif français*, *op. cit.*, p. 442.

2. La sanction de la volonté abdicative en droit de l'aide sociale

184. Si la renonciation en droit de l'aide sociale, à l'instar des autres branches du droit, comprend bien un élément « interne », la volonté abdicative, et un élément « externe », la manifestation de cette volonté, elle est profondément marquée par le mode d'acquisition des droits sur lesquels elle porte. Les droits à l'aide sociale étant acquis par l'intermédiaire d'un acte administratif unilatéral, leur extinction suppose la fin de cet acte d'attribution.

185. L'extinction d'un droit acquis à l'aide sociale peut résulter de l'échéance du terme prévu par le législateur ou par la collectivité débitrice lors de l'adoption de l'acte attribuant le droit à son bénéficiaire[911]. L'aide médicale de l'État[912] et la couverture maladie universelle complémentaire[913], par exemple, sont accordées pour une durée d'un an à compter de la date de dépôt de la demande. Passé ce terme, les droits sont éteints, une demande de renouvellement doit être déposée afin de pouvoir bénéficier de l'aide l'année suivante. Pour certaines aides, le délai n'est pas fixé par le législateur, mais par la collectivité elle-même. L'article D. 245-33 du CASF dispose ainsi que la prestation de compensation aux personnes handicapées, lorsqu'elle doit faire l'objet d'un versement mensuel, est attribuée pour une durée déterminée, inférieure ou égale à dix ans pour les charges liées à un besoin d'aides humaines, à trois ans pour les charges liées à un besoin d'aides techniques, à dix ans pour les aménagements d'un logement, ou encore à cinq ans pour l'aménagement d'un véhicule. En deçà de ces limitations, l'administration fixe librement la durée de l'aide qu'elle accorde. Celle-ci prendra fin à l'échéance du terme. Dans le même ordre d'idée, l'article R. 821-5 du Code de la sécurité sociale dispose que l'allocation aux adultes handicapés prévue à l'article L. 821-1 tout comme le complément de ressources prévu à l'article L. 821-1-1 sont accordés par la Commission des droits et de l'autonomie des personnes handicapées pour une période au moins égale à un an et au plus égale à cinq ans, sauf si le handicap n'est pas susceptible d'une évolution favorable auquel cas ces aides peuvent être accordées pour une période allant jusqu'à dix ans[914].

---

911 Déjà dans une décision du 30 janvier 1958, la Commission centrale d'aide sociale avait jugé que l'aide sociale pouvait être limitée dans le temps par la Commission statuant sur la demande. Comm. centr., 30 janvier 1958, *Demoiselle Wadoux*, *Revue de l'aide sociale*, 1958, p. 222, note Sibileau.

912 Article L. 252-3 du CASF.

913 Article L. 861-5 du CSS.

914 De même, l'allocation aux adultes handicapés prévue à l'article L. 821-2 du CSS est accordée pour une période d'un à deux ans, ou à cinq ans si le handicap et la restriction substantielle et durable pour l'accès à l'emploi ne sont pas susceptibles d'une évolution favorable au cours de la période d'attribution. Cette allocation est une aide destinée aux personnes dont l'incapacité permanente, sans atteindre le pourcentage fixé par le décret prévu au premier alinéa de l'article L. 821-1 du CSS, est supérieure ou égale à un pourcentage fixé par décret et pour lesquelles la commission des droits et de l'autonomie des personnes handicapées a reconnu une restriction substantielle et durable pour l'accès à l'emploi.

186. En dehors de « cette mort naturelle », l'extinction des droits à l'aide sociale acquis *via* l'adoption d'un acte administratif suppose l'abrogation ou le retrait de l'acte dans les conditions communes à l'ensemble des actes administratifs unilatéraux ou selon les conditions prévues spécifiquement en la matière. Alors que la renonciation abdicative est une « extinction volontaire d'un droit ayant pour effet de le faire disparaître de l'ordonnancement juridique »[915], les modalités d'extinction des droits à l'aide sociale semblent laisser une place résiduelle au bénéficiaire de l'aide sociale dans le processus de « fin » d'un tel droit. Si celui-ci peut manifester sa volonté abdicative soit expressément par une demande de retrait ou d'abrogation de la décision ayant permis l'acquisition du droit[916], selon les modalités prévues par le Code des relations entre le public et l'administration ou selon celles prévues par un texte spécifique, soit tacitement par l'adoption d'un comportement contraire à une condition à laquelle le maintien de la décision est subordonné, l'extinction des droits à l'aide sociale nécessite une intervention de l'administration.

187. Lorsqu'un texte prévoit expressément la possibilité pour le bénéficiaire de renoncer à son droit, l'administration est dans une situation de compétence liée. En vertu des articles L. 117-3 et R. 117-27 du Code de l'action sociale et des familles, par exemple, le bénéfice de l'aide à la réinsertion familiale et sociale des anciens migrants dans leur pays d'origine est supprimé « *à la demande des bénéficiaires*, à tout moment, en cas de renonciation à effectuer des séjours de longue durée dans leur pays d'origine »[917]. L'article R. 262-40 du même code précise, quant à lui, que le bénéficiaire de la prime d'activité peut demander la radiation de la liste des bénéficiaires du revenu de solidarité active lorsque ses ressources sont supérieures au montant forfaitaire. L'administration semble tenue de prendre acte de la volonté du bénéficiaire de renoncer à l'aide à la réinsertion familiale et sociale des anciens migrants dans leur pays d'origine ou à son inscription sur la liste des bénéficiaires du revenu de solidarité active et à sa prime d'activité.

188. Lorsque la renonciation n'est pas régie par un texte spécifique et se traduit par une demande de retrait ou d'abrogation de la décision créatrice de

---

915 BLUMANN (C.), *La renonciation en droit administratif français*, *op. cit.*, p. 112.

916 Sur l'assimilation d'une demande de retrait d'une décision à une renonciation par le juge administratif : CE, 5 mars 1997, *Aydogmus*, *Rec. CE*, p. 73.

917 L'article L 117-3 du CASF doit son intégration dans le projet de loi instituant le droit opposable au logement et portant diverses mesures en faveur de la cohésion sociale à la volonté de certains sénateurs que soit clairement précisé le fait que l'acceptation de l'aide à la réinsertion familiale et sociale des anciens migrants dans leur pays d'origine ne constitue pas une renonciation irréversible aux prestations conditionnées par la résidence du demandeur sur le territoire (Discussion en séance publique sur le projet de loi instituant le droit opposable au logement et portant diverses mesures en faveur de la cohésion sociale, Sénat, séance du 1er février 2007).

droits ayant permis l'acquisition d'un droit à l'aide sociale[918], l'administration est tenue de procéder au retrait ou à l'abrogation de la décision créatrice de droits uniquement si elle est illégale et si la demande intervient dans les quatre mois qui suivent l'édiction de la décision [919]. En revanche, si la décision créatrice de droits est légale ou si la demande intervient une fois le délai de quatre mois expiré, l'administration peut retirer ou abroger la décision[920]. Comme le souligne Éléonore Gigon, les termes de l'article L. 242-4 du Code des relations entre le public et l'administration sont dépourvus de toute ambiguïté : « L'administration peut mais ne doit pas nécessairement accéder à la demande de la personne privée, même si l'ensemble des conditions posées par le droit objectif sont remplies »[921]. Sans doute parce que l'obligation pesant sur l'administration de procéder au retrait ou à l'abrogation d'une décision illégale créatrice de droits à la demande de son bénéficiaire est « moins destinée à garantir qu'il soit donné satisfaction à l'intéressé qu'à contraindre l'administration à purger l'ordonnancement juridique d'un acte illégal »[922], l'administration n'est jamais dans l'obligation de retirer ou d'abroger une décision créatrice de droits légale, même lorsque le bénéficiaire en fait la demande[923]. Elle est libre d'apprécier l'opportunité de la demande de retrait ou d'abrogation d'une décision créatrice de droits entachée d'aucune illégalité[924], « compte tenu de l'intérêt tant de celui qui l'a saisie que de celui du service »[925]. Non seulement « la remise en cause de la situation juridique unilatérale ne cède pas mécaniquement face à la volonté de son bénéficiaire de renoncer à son bénéfice », mais encore la « médiation par la volonté publique est indispensable »[926]. Cette situation trouve une explication dans le fait que l'acte administratif unilatéral, quintessence de « l'imperium étatique », n'ayant pas pour seul objet la consécration ou l'attribution de droits subjectifs, mais l'octroi d'un « "statut", largement teinté d'impératifs d'intérêt général »[927], la renonciation au bénéfice d'un acte administratif ne constitue pas un abandon de ces seuls droits subjectifs, mais un refus global

918 Les décisions attribuant un droit à l'aide sociale ont été qualifiées de décisions créatrices de droits par le juge : CE, 20 novembre 2009, *Département des Hautes-Pyrénées*, req. n° 315779, *Rec. CE* (tables), p. 633.

919 Article L. 242-3 du CRPA.

920 Article L. 242-4 du CRPA.

921 GIGON (É.), *La volonté des personnes privées en droit administratif*, thèse soutenue à l'Université Paris 1 Panthéon-Sorbonne le 8 décembre 2017, dactyl., p. 398.

922 SEILLER (B.), « La sortie de vigueur des actes administratifs », *RFDA*, 2016, p. 65.

923 CE, 29 octobre 2003, *Meyer*, req. n° 241235, *Rec. CE* (tables), p. 647.

924 Par contre, l'autorité administrative commet une erreur de droit en rejetant la demande dont elle est saisie au seul motif que l'acte serait légal (CE, 29 octobre 2003, *Meyer*, req. n° 241235, *Rec. CE* (tables), p. 647) ou qu'il serait devenu définitif (CE sect., 29 novembre 1974, *Sieur Barras*, *Rec. CE*, p. 598 ; *RDP*, 1975, p. 1126, note Waline).

925 CE, 26 septembre 2007, *Labeaume*, req. n° 290059, *Rec. CE* (tables), p. 671 ; *BJDU*, 2007, p. 178, obs. Bonichot (J.-C.).

926 GIGON (É.), *La volonté des personnes privées en droit administratif*, *op cit.*, p. 399.

927 BLUMANN (C.), *La renonciation en droit administratif français*, *op. cit.*, p. 110.

de l'acte, « une renonciation portant en quelque sorte sur le "statut" que l'acte administratif reconnaît à un particulier »[928]. Aussi la volonté abdicative du bénéficiaire d'une décision créatrice de droits légale ne peut-elle, par sa seule manifestation, éteindre un droit acquis à l'aide sociale.

189. La manifestation de la volonté abdicative du bénéficiaire d'un droit à l'aide sociale est cependant déterminante dans le processus d'extinction du droit. Sans une demande ou sans un acte en ce sens, ni le retrait ni l'abrogation d'une décision créatrice de droits légale, ni l'adoption d'un acte contraire ne peut avoir lieu. Dans l'arrêt *Sieur Augé*, par exemple, le Conseil d'État a considéré que le requérant qui avait renoncé au décret l'ayant promu Commandeur de la Légion d'Honneur avait, par la suite, substitué à « cette renonciation pure et simple une renonciation assortie d'une condition »[929]. L'administration lui ayant fait savoir qu'il lui était impossible de souscrire à cette condition, le requérant a retiré sa renonciation. Le juge en a déduit que l'administration ne pouvait se prévaloir « d'une prétendue renonciation aux droits qu'il tenait du décret du 27 février 1957 » pour rapporter le décret. La volonté abdicative de l'administré conditionne donc la légalité de la décision administrative unilatérale retirant ou abrogeant l'acte au bénéfice duquel il entend renoncer[930]. La manifestation de cette volonté est, certes, insuffisante pour anéantir l'objet sur lequel elle porte, mais elle constitue la condition qui permet à une autorité d'intervenir pour achever l'opération[931]. Ce faisant, elle peut s'analyser comme un acte préparatoire - une mesure se présentant comme la condition juridique de l'édiction de l'acte ultérieur[932] -, « destiné à autoriser l'administration à rapporter l'acte administratif, devenu "inopportun" du fait de la volonté du particulier »[933]. Bien que prenant la forme d'une simple demande ou d'un comportement, la manifestation de volonté du titulaire d'un droit à l'aide sociale prépare l'émission de la décision ultérieure en créant les conditions d'édiction d'une telle décision. En outre, elle conditionne parfois son contenu puisque, lorsque la renonciation est subordonnée à l'obtention d'une décision favorable, la

---

928 *Ibid.*, p. 111.
Dans son arrêt *Sieur Mounérat*, la Haute juridiction administrative considère d'ailleurs que le requérant, en abandonnant volontairement l'emploi auxiliaire qu'il occupait dans la marine, a « renoncé à tous les avantages résultant pour lui de la situation qui lui était conférée » (CE, 8 novembre 1933, *Sieur Mounérat, Rec. CE*, p. 1019).

929 CE sect., 25 mars 1960, *Sieur Augé, Rec. CE*, p. 220 ; *RDP*, 1960, p. 850, note Drago.

930 THERON (S.), *La notion de condition. Contribution à l'étude de l'acte administratif*, Paris, L'Harmattan, coll. Logiques juridiques, p. 299 et suiv.

931 BLUMANN (C.), *La renonciation en droit administratif français*, *op. cit.*, p. 129.
Cette expression évoque également celle utilisée par Gaston Jèze qui qualifiait la démission d'« acte-condition unilatéral provoqué. C'est le chef de service qui, sur la demande de l'agent public, prononce la désinvestiture de la fonction ». JÈZE (G.), *Les principes généraux du droit administratif. La notion de service public. Les individus au service public. Le statut des agents publics*, Paris, Marcel Giard, 3e éd., 1930, t. 2, p. 575.

932 DESFONDS (L.), « La notion de mesure préparatoire en droit administratif français », *AJDA*, 2003, p. 14.

933 BLUMANN (C.), *La renonciation en droit administratif français*, *op. cit.*, p. 125.

demande de retrait ou d'abrogation d'une décision créatrice de droits légale - demande nécessaire à l'extinction des droits dont elle a permis l'acquisition - constitue un tout indivisible face auquel l'administration n'a que deux choix : le retrait et l'adoption de la décision sollicitée ou le rejet de la demande de retrait. Dans ce cas, l'autorité administrative « doit veiller à prendre un acte conforme à la volonté du bénéficiaire car celui-ci a droit au maintien de l'acte par l'Administration »[934], elle est « tenue de statuer dans les limites de la demande »[935]. La cour d'appel de Marseille a ainsi considéré que l'administration, en ne donnant pas suite à la demande du requérant qui avait, parallèlement à sa demande de retrait d'un arrêté, sollicité un reclassement comme professeur agrégé à la hors classe, ne pouvait être « regardée comme ayant retiré l'arrêté du 2 mai 2011 *à la demande de l'intéressé* »[936].

190. En droit de l'aide sociale, comme pour toutes les renonciations au bénéfice d'un acte administratif, la manifestation par le bénéficiaire de sa volonté de renoncer conditionne donc le retrait ou l'abrogation de la décision ayant permis l'acquisition du droit et, parfois, l'adoption d'un acte contraire par l'autorité administrative compétente, mais, sauf dispositions spécifiques, ne lie pas l'administration. À l'instar d'un certain nombre d'actes préparatoires « expression du pouvoir d'enclencher une procédure »[937], ces demandes et agissements sont donc « dépourvus de tout caractère décisionnel à l'égard de la décision préparée »[938]. L'autorité administrative, auteure de la décision ultérieure, est libre de l'édiction ou non de la décision, mais l'auteur de l'acte préparatoire est seul compétent pour créer le contexte nécessaire à l'édiction de la décision. Sauf exceptions, l'administration n'est jamais obligée de répondre positivement à la demande de retrait ou d'abrogation formulée par le destinataire d'une décision créatrice de droits légale, pas plus qu'elle n'est contrainte d'adopter un acte contraire pour mettre fin à un droit lorsque, par son comportement, le bénéficiaire manifeste tacitement sa volonté de renoncer à un droit à l'aide sociale. Seule l'intervention d'une telle demande ou d'un tel comportement est, par contre, susceptible de créer les conditions permettant à l'administration de rapporter l'acte d'attribution d'un droit à l'aide sociale. La renonciation à un droit à l'aide sociale et, plus largement, au bénéfice d'un acte administratif se caractérise donc par la succession de deux actes unilatéraux : un acte préparatoire par lequel le destinataire d'une décision manifeste sa volonté de renoncer à son bénéfice et un acte administratif unilatéral émanant de

---

934 VIEL (M.-T.), « Le recours administratif, passé le délai de retrait », *Dr. adm.*, 2011, n° 7, comm. 71.

935 BRISSON (J. F.), *Les recours administratifs en droit public français*, Paris, LGDJ, coll. Bibliothèque de droit public t. 185, 1996, p. 311.

936 CAA Marseille, 13 juillet 2016, *M. C.*, req. n° 15MA02423, inédit au recueil Lebon.

937 DESFONDS (L.), « La notion de mesure préparatoire en droit administratif français », *op. cit.*, p. 15.

938 *Ibid.*

l'autorité compétente faisant produire à la volonté abdicative manifestée son effet extinctif.

191. Cette renonciation « réelle », car résultant d'une manifestation de volonté abdicative du bénéficiaire d'un droit à l'aide sociale, ne doit pas occulter l'existence d'une renonciation abdicative, « fictive », car présumée, qui, comme dans les autres branches du droit, découle d'un comportement assimilé par le législateur à une renonciation.

B. La renonciation présumée à un droit acquis à l'aide sociale

192. En dépit du principe affirmé à maintes reprises par le Cour de cassation[939], et plus rarement par le Conseil d'État, suivant lequel « la renonciation à un droit ne se présume pas »[940], existent en droit de l'aide sociale, comme dans les autres branches du droit, des présomptions de renonciation, relativisant l'idée selon laquelle la renonciation constitue « la manifestation extrême de l'autodétermination et de l'individualisme dont p[eut] faire preuve le sujet de droit »[941].

193. Certaines dispositions législatives qui sanctionnent le non-respect des exigences imposées au bénéficiaire pour le maintien de son droit ou son inaction lorsqu'un droit arrive à échéance instaurent des présomptions légales de renonciation en ce qu'elles présument que, par son attitude, le bénéficiaire renonce à son droit. Il importe peu, alors, qu'il ait réellement souhaité abandonner son droit en se soustrayant aux conditions nécessaires pour continuer à en bénéficier, qu'il ait fait preuve de négligence ou encore qu'il n'ait pas compris les démarches ou le comportement qui étaient attendus de lui. Quelle que soit la cause de son comportement, il mènera à la perte temporaire ou définitive de son droit. En vertu de l'article L. 262-28 du CASF, par exemple, le bénéficiaire du revenu de solidarité active est tenu « de rechercher un emploi, d'entreprendre les démarches nécessaires à la création de sa propre activité ou d'entreprendre les actions nécessaires à une meilleure insertion sociale ou professionnelle ». Si, sans motif légitime, le projet personnalisé d'accès à l'emploi ou l'un des contrats mentionnés aux articles L. 262-35 et L. 262-36 du CASF n'est pas établi ou n'est pas renouvelé du fait du bénéficiaire ou s'il ne respecte pas leurs dispositions, le président du conseil départemental a la possibilité de suspendre, en tout ou partie, le versement de l'allocation[942] et, au terme d'une « période, définie

---

[939] Ce principe est posé depuis très longtemps : Cass. civ., 7 juillet 1856, *D. P.*, 1856, I, p. 285, cité par DREIFUSS-NETTER (F.), *Les manifestations de volonté abdicatives*, *op. cit.*, p. 162.

[940] Cela ressort implicitement de l'arrêt CE, 1er août 1902, *Sieur de la Brousse*, *Rec. CE*, p. 604 et p. 1004.

[941] FOULQUIER (N.), *Les droits publics subjectifs des administrés. Émergence d'un concept en droit administratif français du XIXe au XXe siècle*, Paris, Dalloz, coll. Nouvelle bibliothèque de thèses, 2003, p. 336.

[942] Article L. 262-37 du CASF. Exemple dans le cadre du RMI : Comm. centr., 3 janvier 2012, *M. X.*, dossier n° 101246, *CJAS*, n° 2012/5.

par décret, sans versement du revenu de solidarité active »[943], de le radier de la liste des bénéficiaires du RSA[944]. Une fois la règle édictée et les conditions de son application réunies « peu importe que l'auteur de la renonciation ait *voulu* [...] renoncer »[945].

194. La question se pose de savoir si les présomptions légales de renonciation, procédé permettant de priver un titulaire de sa prérogative alors qu'aucune volonté expresse ou tacite non équivoque n'a été manifestée en ce sens[946], doivent être exclues de l'étude de la renonciation en droit de l'aide sociale dans la mesure où le sens que doit revêtir un comportement déterminé et les effets juridiques qui en découlent sont déterminés par une disposition législative ou règlementaire. Une réponse négative s'impose car, bien qu'ayant affirmé que la renonciation ne se présume pas[947], ce principe n'a jamais concerné les présomptions de renonciation mises en place par le législateur[948]. La doctrine a souvent soit ignoré l'existence des présomptions légales de renonciation, soit les a étudiées furtivement considérant tantôt qu'elles heurtent le principe selon lequel la renonciation produit ses effets par la seule volonté du renonçant - alors que dans le cadre des renonciations présumées, c'est la loi qui fait produire des effets au comportement qu'elle réglemente[949] -, tantôt qu'elles ne présentent « que peu d'intérêt »[950]. Toutefois, écarter d'une étude sur la renonciation les situations que le législateur assimile à des renonciations en déterminant la portée de certains comportements revient à n'étudier qu'une facette de la renonciation à un droit acquis à l'aide sociale et à occulter une part de la situation véritable du bénéficiaire en droit de l'aide sociale[951]. Ne doit, pour autant, en aucun cas être gommé le fait que, à la différence de la renonciation « réelle », la

---

943 Article L. 262-38 du CASF. C'est-à-dire, en ce qui concerne le non-établissement dans les délais prévus d'un PPAE ou de l'un des contrats prévus aux articles L. 262-35 et L. 262-37 du CASF, à compter du premier jour du mois civil au cours duquel les conditions d'ouverture du droit cessent d'être réunies puisque, parmi ces conditions, figure la signature d'un tel instrument contractuel (R. 262-40 du CASF). CAA Bordeaux, 24 mars 2015, *M. B.*, req. n° 13BX03412, inédit au recueil Lebon.

944 Pour une analyse plus approfondie du lien entre déchéance et présomption de renonciation et sur ce que cela révèle de la conception du bénéficiaire de l'aide sociale : voir *infra* n° 359 et suiv.

945 DREIFUSS-NETTER (F.), *Les manifestations de volonté abdicatives*, *op. cit.*, p. 71.

946 CARSIN (X.), *La renonciation en droit du travail*, *op. cit.*, p. 406.

947 RAYNAUD (P.), « La renonciation à un droit. Sa nature et son domaine en Droit civil », *op. cit.*, p. 774.

948 Lorsque la présomption est prévue par le législateur, elle s'impose au juge. Charles Ducoin donne deux exemples tirés du Code civil : la remise présumée de dette et la renonciation présumée à la communauté par la femme séparée de corps ou divorcée. DUCOIN (C.), *Essai d'une théorie générale de la renonciation en droit civil français*, *op. cit.*, p. 92.

949 CARSIN (X.), *La renonciation en droit du travail*, *op. cit.*, p. 406.

950 DREIFUSS-NETTER (F.), *Les manifestations de volonté abdicatives*, *op. cit.*, p. 71.

951 Certains auteurs ont d'ailleurs fait le choix d'aborder, dans leur domaine, les présomptions légales de renonciation. CARSIN (X.), *La renonciation en droit du travail*, *op. cit.*, p. 406 et suiv. ; LAPOYADE-DESCHAMPS (A.), « Les renonciations en droit de la famille », *D.*, 1993, p. 259-264.

renonciation présumée découle d'une volonté « fictive », car une « volonté présumée » n'existe pas : « ou il existe des éléments de conviction assez forts pour que l'on puisse être certain de l'existence de cette volonté que l'on dit présumée - et c'est une volonté réelle - ou bien on ne peut pas arriver jusque-là et cette volonté n'est plus rien, c'est une fiction »[952].

195. Les droits à l'aide sociale étant d'ordre public, la renonciation abdicative ne peut porter que sur un droit acquis. Si le processus d'acquisition de ces droits a peu d'influence sur les éléments constitutifs de la notion de renonciation, il entraîne des conséquences importantes sur les modalités de leur extinction, conférant de la sorte à la renonciation à un droit à l'aide sociale un caractère original puisque la volonté du bénéficiaire n'est pas à même, à elle seule, d'éteindre un droit acquis à l'aide sociale. Au côté de cette renonciation « réelle » très encadrée, existe une renonciation présumée à un droit acquis à l'aide sociale qui permet à l'administration de faire découler d'une volonté fictive la perte d'un droit.

* * *

196. La notion de renonciation, corsetée dans un critère de forme par la doctrine classique, retrouve une certaine vitalité sous l'impulsion des chercheurs contemporains. La libérant des caractéristiques particulièrement restrictives dans lesquelles elle était enserrée, la doctrine la recentre, dans le même temps, sur la nature abdicative de la volonté manifestée. Cette évolution est décisive en matière d'aide sociale, car elle offre la possibilité d'identifier des situations de renonciation là où l'application de la théorie classique aurait nécessairement conduit à leur refuser une telle qualification. Néanmoins, s'il ne fait aucun doute que le bénéficiaire d'un droit acquis à l'aide sociale peut manifester la volonté de l'abandonner, la spécificité de l'objet sur lequel elle porte agit sur le degré d'autonomie laissé à la volonté abdicative dans le processus d'extinction du droit, faisant de la renonciation, par là même, un acte original. Parce que les droits à une prestation d'aide sociale ne sont acquis qu'à la suite de l'adoption d'une décision administrative unilatérale, la volonté des bénéficiaires est impuissante, de son seul fait, à éteindre un droit acquis à l'aide sociale : elle constituera un acte-condition au retrait ou à l'abrogation de la décision ou à l'adoption d'un acte contraire par l'autorité administrative compétente. Il ne faut cependant pas voir dans cette particularité un obstacle dirimant à la reconnaissance de la renonciation en droit de l'aide sociale, mais au contraire l'une de ses particularités. Coexiste avec la renonciation abdicative, une autre forme de renonciation, une renonciation non abdicative portant sur l'exercice des droits à l'aide sociale.

---

[952] CARSIN (X.), *La renonciation en droit du travail*, *op. cit.*, p. 19.

CHAPITRE II

La renonciation non abdicative : une renonciation à l'exercice d'un droit subjectif

197. Alors que la théorie classique de la renonciation avait conçu cette notion autour de deux éléments essentiels, l'unilatéralité et l'abdicativité[953], a timidement émergé à partir du milieu du XXe siècle l'idée que la renonciation pourrait porter sur des droits autres que des droits subjectifs *stricto sensu* ainsi que, à la marge, une interrogation quant au fait de savoir si, dans un tel cas, la renonciation se caractérise toujours par son caractère abdicatif[954]. Le Doyen Carbonnier, en affirmant que le caractère unilatéral et abdicatif n'est plus indispensable lorsque les renonciations ne portent pas sur des droits acquis, n'hésite pas à envisager l'existence, au côté d'une renonciation traditionnellement abdicative, d'une renonciation non-abdicative[955]. L'idée que la renonciation puisse ne pas être abdicative et puisse, en particulier, revêtir la forme d'un engagement du titulaire du droit à ne pas l'exercer a été, pour autant, longtemps condamnée par la doctrine qui refusait que la renonciation à un droit se confonde avec la promesse de ne pas l'exercer[956]. Renoncer à son droit, c'était vouloir son abolition définitive, tandis que promettre de ne pas l'exercer équivalait à contracter un engagement personnel qui n'engendrait qu'une obligation et n'affectait pas l'existence du droit lui-même[957]. Cette conception de la notion de renonciation s'épanouira finalement quarante ans plus tard dans le domaine

---

953 Voir *supra* n° 104 et suiv.

954 L'effet abdicatif se caractérise, pour la doctrine s'intéressant à la renonciation, « par l'abandon pur et simple d'une prérogative juridique par son titulaire » conduisant à la faire sortir de son patrimoine. Dès lors, à la suite d'une renonciation, cette prérogative n'existe plus pour lui. CARSIN (X.), *La renonciation en droit du travail*, thèse soutenue le 2 février 2006, dactyl., p. 42.

955 CARBONNIER (J.), « Les renonciations au bénéfice de la loi en droit privé. Rapport général », Paris, Dalloz, TAHC, 1959-1960, t. XIII, p. 289.

956 *Contra* AUBY (J.-M.), « La renonciation au bénéfice de la loi en droit public français », Paris, Dalloz, TAHC, 1959-1960, t. XIII, p. 513.

957 YUNG (W.), « La renonciation au bénéfice de la loi en droit privé suisse », Paris, Dalloz, TAHC, 1959-1960, t. XIII, p. 335.

des droits fondamentaux[958] (Section I). Se dessine alors la possibilité d'une coexistence, en droit de l'aide sociale, d'une renonciation abdicative et d'une renonciation non abdicative (Section II).

SECTION I. L'ÉMERGENCE D'UNE NOUVELLE CONCEPTION DE LA RENONCIATION DANS LE DOMAINE DES DROITS FONDAMENTAUX

198. Alors que d'aucuns pensent que « l'élaboration d'une notion opératoire de la renonciation ne présente d'intérêt que si elle est construite autour du caractère abdicatif »[959], l'étude de la renonciation dans le domaine des droits fondamentaux s'inscrit en faux contre cette affirmation. Les droits fondamentaux, « parfois ressentis comme dotés d'une valeur absolue »[960], ont été considérés par la plupart des auteurs comme imperméables à toute volonté abdicative[961]. La renonciation, « réel outil de disposition des droits »[962], paraît incompatible avec la nature même de ces droits qui sont indisponibles, hors de portée de la volonté abdicative de leur titulaire[963]. Leur indisponibilité, pour partie « conceptuelle », liée à la « charge émotionnelle »[964] qu'ils véhiculent est aussi, et surtout, juridique. L'indisponibilité d'un droit qui désigne la « restriction du pouvoir du sujet vis-à-vis de la chose ou du droit en le mettant dans l'impossibilité de s'en défaire par un acte de volonté »[965] résulte du lien ténu qui relie les droits fondamentaux à l'ordre public.

---

958 HYDE (A.-A.), *Les atteintes aux libertés individuelles par contrat. Contribution à la théorie de l'obligation, op. cit.* et ARROYO (J.), *La renonciation aux droits fondamentaux. Étude de droit français, op. cit.*, p. 31.
En droit pénal, PIN (X.), *Le consentement en matière pénale, op. cit.*

959 SOURZAT (C.), *La renonciation en procédure pénale*, Paris, LGDJ, coll. Bibliothèque des sciences criminelles t. 56, 2013, p. 70.

960 Cette « mystification » trouve son origine dans la philosophie médiévale et dans celle qui sous-tend les droits de l'homme considérés comme étant dotés d'une valeur absolue. RAYNAUD (J.), *Les atteintes aux droits fondamentaux dans les actes juridiques privés*, Aix-en-Provence, PUAM, 2003, p. 127.

961 « Les manifestations de volonté portant sur un droit fondamental ne peuvent donc en aucun cas constituer des renonciations au sens strict du terme ». CARSIN (X.), *La renonciation en droit du travail, op. cit.*, p. 82.

962 DIJOUX (R.), *La contractualisation des droits fondamentaux*, Paris, L'Harmattan, coll. Logiques juridiques, 2012, p. 173.

963 Sur l'indisponibilité des droits fondamentaux, voir Xavier Carsin. Pour lui, la relation de travail « peut occasionner des limitations aux droits fondamentaux, mais jamais un abandon de ces droits ». CARSIN (X.), *La renonciation en droit du travail, op. cit.*, p. 75.

964 PONTIER (J.-M.), *Droits fondamentaux et libertés publiques*, Paris, Hachette, coll. Les fondamentaux, 4e éd., 2010, p. 8.

965 La notion d'indisponibilité indique l'impossibilité pour le titulaire d'une chose ou d'un droit de s'en séparer volontairement que cela soit par cession, renonciation ou abandon. LOISEAU (G.), *Le nom. Objet d'un contrat*, Paris, LGDJ, coll. Bibliothèque de droit privé t. 274, 1997, p. 18.

199. Bien que la notion d'ordre public, « polymorphe » et « changeante » au gré des évolutions de la société[966], soit difficile à définir, elle renvoie globalement « à l'idée de valeurs communes irréductibles considérées comme indispensables à une société déterminée »[967]. Or, les droits fondamentaux en ce qu'ils sont porteurs de valeurs placées au plus haut rang par la société sont d'ordre public[968]. Ils sont, par conséquent, regardés comme faisant partie intégrante de l'ordre public et, de ce fait, comme étant nécessairement indisponibles[969]. S'ils ne peuvent faire l'objet d'une renonciation abdicative, rien ne s'oppose, généralement, à ce qu'il soit renoncé à leur exercice. Seuls certains droits fondamentaux sont entièrement soustraits à la volonté de leur titulaire comme l'indique la Cour européenne des droits de l'homme dans son arrêt *Albert et Le Comte contre Belgique* en affirmant que « sans doute la nature de certains des droits garantis par la Convention exclut-elle un abandon de la faculté de les exercer »[970]. Si une personne est libre de ne pas exercer son droit à la vie en se suicidant, elle ne peut pas, par exemple, s'engager à le faire en signant une convention d'aide au suicide[971]. Est également prohibée la renonciation à l'exercice des droits fondamentaux présentant des « implications collectives tangibles », tels que les droits politiques, le droit de grève ou encore les libertés syndicale et d'association. Ces droits et libertés ayant une dimension individuelle, leurs titulaires sont, assurément, toujours libres de les exercer ou de ne pas les exercer. Toutefois, ces droits « exercés en commun ou collectivement » n'intéressant pas seulement l'individu, mais plus largement le groupe, leurs titulaires n'en maîtrisent pas totalement l'exercice et ne pourront pas s'engager à ne pas les exercer[972]. À l'exception de ces droits entièrement soustraits à la volonté de leurs titulaires, les droits fondamentaux pourront, dans leur grande majorité, faire l'objet d'une renonciation. La renonciation a

---

966 BONNET (B.), « L'ordre public en France : de l'ordre matériel et extérieur à l'ordre public immatériel. Tentation de définition d'une notion insaisissable », *in* DUBREUIL (C.-A.) (dir.), *L'ordre public*, Paris, Éditions Cujas, coll. Actes et études, 2013, p. 117.

967 SUDRE (F.), « Droits intangibles et/ou droits fondamentaux : y a-t-il des droits prééminents dans la Convention européenne des droits de l'homme ? », *in Liber amicorum. Marc-André Eissen*, Bruxelles, Bruylant, Paris, LGDJ, 1995, p. 383.

968 Ainsi, Alain Plantey considère que « les dispositions de la Constitution forment un bloc juridique d'ordre public » et que les droits de l'homme ont été intégrés dans cet ordre public. PLANTEY (A.), « Définition et principes de l'ordre public », *in* POLIN (R.) (dir.), *L'ordre public*, Paris, PUF, coll. Politique d'aujourd'hui, 1996, p. 29-30.
Voir également ARROYO (J.), *La renonciation aux droits fondamentaux. Étude de droit français, op. cit.*, p. 86 et suiv., et RAYNAUD (J.), *Les atteintes aux droits fondamentaux dans les actes juridiques privés, op. cit.*, p. 117 et suiv.

969 RAYNAUD (J.), *Les atteintes aux droits fondamentaux dans les actes juridiques privés, op. cit.*, p. 143.

970 CrEDH, 10 février 1983, *Albert et Le Compte c/ Belgique*, req. n°s 7299/75 et 7496/76.

971 ARROYO (J.), *La renonciation aux droits fondamentaux. Étude de droit français, op. cit.*, p. 111 et p. 144 et suiv.

972 *Ibid.*, p. 104 et suiv. et p. 190 et suiv.

cependant « une autre signification »[973], et ce, alors même que la doctrine n'a pas toujours affiché clairement les spécificités de la renonciation aux droits fondamentaux, spécificités liées à son caractère non abdicatif (§ 1) et à son objet : l'exercice de ces droits plutôt que leur titularité (§ 2).

§ 1. La renonciation aux droits fondamentaux : une renonciation non abdicative

200. Une partie de la doctrine refuse d'admettre que les droits fondamentaux puissent faire l'objet d'une renonciation[974]. La renonciation à ces droits est pourtant traitée dans différentes thèses[975]. Plutôt que d'affirmer l'existence, au côté de la renonciation traditionnelle, d'une nouvelle conception de la notion dans le domaine des droits fondamentaux, certains auteurs, hésitant à rompre avec la conception dominante de la renonciation comme abandon définitif d'un droit, préfèrent toutefois s'attacher uniquement à l'étude des modalités encadrant la renonciation aux droits fondamentaux. La question n'est alors pas tant de savoir s'il est possible de renoncer aux droits fondamentaux que de savoir comment il peut être valablement consenti à une telle renonciation[976]. La nature des droits en cause n'empêcherait pas de renoncer, mais influerait sur les modalités de la renonciation en imposant le respect d'exigences supplémentaires. Or, ces modalités traduisent précisément l'impossibilité de regarder la renonciation aux droits fondamentaux comme une renonciation abdicative (A). La reconnaissance de l'existence d'une renonciation non abdicative aux droits fondamentaux participe d'une clarification qui répond à une exigence théorique évidente dans la mesure où « La sécurité juridique commande de caractériser les conditions et les effets des institutions qui permettent au droit de fonctionner »[977], et apparaît, de surcroît, indispensable pour que puisse être envisagé, dans son ensemble, le phénomène de renonciation en droit de l'aide sociale (B).

---

973 DUPRÉ DE BOULOIS (X.), *Droits et libertés fondamentaux*, Paris, PUF, coll. Licence droit, 2010, p. 46-47.

974 CARSIN (X.), *La renonciation en droit du travail*, *op. cit.*, p. 73 et suiv.

975 FRUMER (P.), *La renonciation aux droits et libertés. La Convention européenne des droits de l'homme à l'épreuve de la volonté individuelle*, Bruxelles, Bruylant et Éditions de l'Université de Bruxelles, Collection de droit international, 2001, 752 p. ; DIJOUX (R.), *La contractualisation des droits fondamentaux*, *op. cit.* ; ARROYO (J.), *La renonciation aux droits fondamentaux. Étude de droit français*, *op. cit.* ; MAURIN (L.), *Contrat et droits fondamentaux*, Paris, LGDJ, coll. Bibliothèque de droit privé t. 545, 2013, 514 p.

976 MAURIN (L.), *Contrat et droits fondamentaux*, *op. cit.*, p. 245.

977 SAUTEL (O.), « Sur la déchéance en droit privé (contribution à la théorie de la permanence de la cause) », *D.*, 1999, p. 487-495.

A. Les modalités de la renonciation, traduction de l'impossibilité d'abandonner définitivement un droit fondamental

201. Alors que les limitations de la renonciation aux droits fondamentaux sont présentées comme le moyen de « s'assurer que la liberté ou le droit fondamental ne sont pas atteints dans leur substance »[978], rares sont les travaux qui se détachent expressément de la définition classique de la renonciation pour en tirer la conclusion qui s'impose : l'existence d'une renonciation non abdicative en la matière. En effet, la renonciation aux droits fondamentaux est encadrée par des limitations temporelles et matérielles qui n'ont de cesse de souligner le paradoxe entre le caractère *a priori* abdicatif de la renonciation et la réalité de cette notion dans le droit positif.

202. La limitation temporelle à la renonciation tend à éviter que le renonçant aliène définitivement un droit fondamental, car l'abandon irréversible d'un tel droit est en mesure de constituer une atteinte substantielle à celui-ci[979]. La renonciation aux droits fondamentaux étant, « plus que tout autre engagement juridique, susceptible de contrarier la liberté du titulaire »[980], elle doit être limitée dans le temps. Cette limitation peut résulter du lien étroit entre la renonciation et l'acte juridique qui en est à l'origine. La durée de la renonciation dont il est le support est alors reliée à la durée de l'acte lui-même. Le contrat de travail, dont la perpétuité est formellement interdite par la loi, est une illustration de cette situation. En effet, en tant que vecteur d'une renonciation à la liberté du travail, sa durée illimitée pourrait anéantir cette liberté fondamentale. En imposant la limitation dans le temps des contrats de travail, l'article 1780 du Code civil proscrit « l'esclavage conventionnel » que représenterait une renonciation perpétuelle à la liberté du travail[981]. Dans le même ordre d'idée, certaines renonciations accessoires telles que les clauses de mobilité ou de résidence susceptibles de figurer dans un contrat de travail ne produisent d'effets juridiques que pendant sa durée et sont, de la sorte, limitées dans le temps[982]. En revanche, si la durée de la renonciation ne dépend pas de la durée de l'acte support, elle doit être définie expressément. Cette durée est alors appréciée par les juges en fonction du risque d'atteinte que représente la renonciation pour le droit en cause. Lorsqu'elle porte sur le droit de propriété, cette exigence est particulièrement prégnante. Les clauses d'inaliénabilité par exemple, qu'elles soient contenues dans un acte à titre gratuit ou à titre onéreux[983], ne sont valables que si elles sont temporaires.

---

[978] MAURIN (L.), *Contrat et droits fondamentaux*, *op. cit.*, p. 279.

[979] RAYNAUD (J.), *Les atteintes aux droits fondamentaux dans les actes juridiques privés*, *op. cit.*, p. 282 et suiv.

[980] ARROYO (J.), *La renonciation aux droits fondamentaux. Étude de droit français*, *op. cit.*, p. 352.

[981] *Ibid.*, p. 352.

[982] *Ibid.*, p. 353.

[983] Selon l'article 900-1 du Code civil, seules les clauses d'inaliénabilité portant sur un bien donné ou légué doivent être temporaires. Cette condition est étendue par les juges à

Bien que le caractère excessif de la durée de ces clauses d'inaliénabilité relève de l'appréciation souveraine des juges du fond, sont toujours prohibées les interdictions d'aliéner un bien d'une durée illimitée ainsi que les interdictions empêchant le propriétaire du bien d'en disposer sa vie durant[984]. Si la limitation temporelle s'applique systématiquement aux renonciations au droit de propriété, ce n'est pas le cas des renonciations au droit au respect de la vie privée et au droit à l'image[985]. Il semblerait que la Cour de cassation admette l'absence de limitation temporelle lorsque l'atteinte que représente une renonciation à ces droits est restreinte dans d'autres aspects, matériels ou spatiaux[986].

203. Les droits fondamentaux ne doivent donc pas être affectés de façon perpétuelle par la renonciation de leur titulaire, car l'atteinte sera tenue pour « substantielle lorsqu'un acte juridique heurtera de manière permanente et irréversible un droit prééminent »[987]. Cette exigence se trouve néanmoins atténuée lorsque, par le jeu d'autres limitations, matérielle mais aussi parfois spatiale, le droit du renonçant est préservé. Il ne faut, en fait, jamais « que soient "bloquées" toutes les possibilités de jouissance d'un droit » pour que ce droit ne soit pas réduit à néant par les atteintes portées à sa substance[988]. C'est précisément le but poursuivi par la limitation matérielle de la renonciation qui, en exigeant que l'acte support détermine et encadre les actions ou inactions protégées par le droit fondamental objet de la renonciation et les éléments sur lesquels porte l'exercice du droit[989], permet d'éviter « l'aliénation totale » de ce droit[990]. Ainsi, afin que les clauses de non-concurrence ne représentent pas une atteinte trop importante à la liberté de travailler, les juges s'assurent qu'elles laissent au salarié « la possibilité d'exercer normalement l'activité qui lui est propre »[991] ou encore « qu'elle[s] tien[nent] compte des spécificités de l'emploi du salarié »[992]. Elles sont tenues, par exemple, de préciser les secteurs d'activité visés par

---

l'ensemble des clauses d'inaliénabilité, qu'elles soient contenues dans un acte à titre gratuit ou à titre onéreux.

984 ARROYO (J.), *La renonciation aux droits fondamentaux. Étude de droit français*, *op. cit.*, p. 354 et suiv.

985 *Ibid.*, p. 358 et suiv.

986 Cass. civ. 1re, 28 janvier 2010, n° 08-70248, *Bull. civ.* I, n° 21 ; *RTD civ.*, 2010, n° 2, p. 299, obs. Hauser (J.), *D.*, 2011, p. 780, obs. Dreyer (E.) ; *RJPF*, 2010, n° 4, p. 15, obs. Putman (E.) ; *JCP G*, 2010, n° 18, p. 516, obs. Loiseau (G.).
Voir également ARROYO (J.), *La renonciation aux droits fondamentaux. Étude de droit français*, *op. cit.*, p. 359 et suiv.

987 RAYNAUD (J.), *Les atteintes aux droits fondamentaux dans les actes juridiques privés*, *op. cit.*, p. 283.

988 *Ibid.*, p. 139.

989 ARROYO (J.), *La renonciation aux droits fondamentaux. Étude de droit français*, *op. cit.*, p. 360.

990 MAURIN (L.), *Contrat et droits fondamentaux*, *op. cit.*, p. 281.

991 Cass. civ., 18 octobre 1952, *Cie française de l'Afrique Occidentale c/ Falconnet*, *JCP G*, 1953, II, p. 7519.

992 Cass. soc., 10 juillet 2002, n° 99-43334, 99-43335 et 99-43336, *Bull. civ.* V, n° 239.

l'interdiction, et ce, de façon suffisamment restreinte. De la sorte, la renonciation n'empêche pas l'individu de continuer à vivre de son activité et n'entrave pas sa liberté de manière trop importante. Pareillement, les renonciations au droit au respect de la vie privée ou au droit à l'image ne peuvent être intégrales puisqu'il est « inenvisageable que l'acte de renonciation se contente d'indiquer que l'individu partie renonce à son droit au respect de la vie privée ou à l'image pendant une durée déterminée et éventuellement dans un espace géographique défini »[993]. En revanche, la renonciation au droit au respect de la vie privée ou à l'image peut consister dans l'acceptation par une personne de la captation de son image ou de sa divulgation[994] car, dans un tel cas, elle est matériellement limitée.

204. L'analyse de ces modalités « tenant à la portée de l'acte »[995] conduit bon nombre d'auteurs à estimer que la nature des droits fondamentaux n'exclut pas automatiquement toute possibilité de renonciation en la matière. Néanmoins, au vu de la gravité des conséquences de la renonciation, celle-ci est particulièrement encadrée. Cette conclusion laisse quelque peu dubitatif dans la mesure où ces modalités vont, en réalité, à l'encontre de l'effet caractérisant traditionnellement la renonciation. La renonciation, acte abdicatif, entraîne « normalement » un abandon total et définitif du droit sur lequel elle porte, ce qui est impossible du fait des limitations, temporelle et matérielle, encadrant la renonciation à un droit fondamental. Un constat s'impose : celui de l'existence d'une renonciation non abdicative en la matière.

B. L'acceptation de l'existence d'une renonciation non abdicative

205. Alors que l'étude des conditions entourant la validité de l'acte de renonciation a parfois servi à nier toute possibilité de renonciation aux droits fondamentaux[996], elle a d'autres fois amené certains auteurs à soutenir la thèse inverse[997]. À l'exception de celle de Julie Arroyo, les quatre thèses en matière de droits fondamentaux[998] recourent à la notion civiliste de

---

993 ARROYO (J.), *La renonciation aux droits fondamentaux. Étude de droit français*, *op. cit.*, p. 361.

994 *Ibid.*, p. 361.

995 MAURIN (L.), *Contrat et droits fondamentaux*, *op. cit.*, p. 262.

996 La conception de la renonciation selon laquelle elle est un acte abdicatif empêche, notamment, de concevoir qu'elle puisse être temporaire. Jacques Martin de la Moutte affirmait ainsi : « on renonce ou on ne renonce pas à un droit, mais il paraît difficile d'admettre que l'on puisse renoncer à un droit pour un temps ». MARTIN de la MOUTTE (J.), *L'acte juridique unilatéral. Essai sur sa notion et sa technique en droit civil*, Paris, Recueil Sirey, 1951, p. 135.
Voir la thèse défendue par Xavier Carsin. CARSIN (X.), *La renonciation en droit du travail*, *op. cit.*

997 Voir les thèses de MAURIN (L.), *Contrat et droits fondamentaux*, *op. cit.* et de DIJOUX (R.), *La contractualisation des droits fondamentaux*, *op. cit.*

998 FRUMER (P.), *La renonciation aux droits et libertés. La Convention européenne des droits de l'homme à l'épreuve de la volonté individuelle*, *op. cit.* ; MAURIN (L.), *Contrat*

renonciation, tout en l'assouplissant, afin de la rendre compatible avec la nature particulière de ces droits[999]. Partisan d'une définition large de la renonciation, Philippe Frumer, par exemple, la présente comme « tout procédé juridique traduisant la volonté expresse ou tacite d'un individu de se dépouiller d'une prérogative, de l'abandonner ou de l'abdiquer, alors qu'il pourrait encore la faire valoir »[1000]. En s'inspirant de la définition proposée par Frédérique Dreifuss-Netter, il se tient à distance de la théorie classique sans pour autant réfuter le caractère abdicatif de la notion. La question de l'incapacité du droit fondamental à « faire l'objet d'une abdication identique à celle frappant le droit à l'occasion d'une renonciation traditionnelle » est, en fait, « soit ignorée, soit contournée »[1001]. Seul Xavier Carsin prend véritablement acte de l'impossibilité d'abandonner définitivement les droits fondamentaux à laquelle se trouve confrontée la volonté individuelle de leur titulaire[1002]. Mais, restant attaché à la définition plus traditionnelle de la notion de renonciation, il y voit un obstacle insurmontable à la reconnaissance de son existence en la matière, les « manifestations de volonté portant sur des droits fondamentaux ne [pouvant] ni par leur objet ni par leurs effets être apparentées à des renonciations »[1003].

206. L'« ersatz de renonciation »[1004], identifié par Nadège Meyer concernant les droits d'ordre public général en droit privé, laisse poindre l'éventualité de l'existence d'une notion de renonciation propre en matière de droits fondamentaux. Après avoir rappelé que le principe est l'interdiction de renoncer à l'ordre public général[1005], dans certains cas elle constate l'existence d'une notion particulière de renonciation. Bien que les droits d'ordre public général ne soient pas entièrement éteints à la suite d'une renonciation, les restrictions affectant leur étendue et leur durée autorisent à penser qu'il pourrait s'agir d'une autre sorte de renonciation : une

---

et droits fondamentaux, *op. cit.* ; DIJOUX (R.), *La contractualisation des droits fondamentaux*, *op. cit.* HYDE (A.-A.), *Les atteintes aux libertés individuelles par contrat. Contribution à la théorie de l'obligation,* Paris, IRJS Éditions, 2015, 653 p.

999 ARROYO (J.), *La renonciation aux droits fondamentaux. Étude de droit français*, p. 29.

1000 FRUMER (P.), *La renonciation aux droits et libertés. La Convention européenne des droits de l'homme à l'épreuve de la volonté individuelle*, *op. cit.*, p. 13-14.

1001 ARROYO (J.), *La renonciation aux droits fondamentaux. Étude de droit français*, *op. cit.*, p. 30.

1002 CARSIN (X.), *La renonciation en droit du travail*, *op. cit.*, p. 75.

1003 *Ibid.*, p. 117.

1004 MEYER (N.), *L'ordre public en droit du travail. Contribution à l'étude de l'ordre public en droit privé*, Paris, LGDJ, coll. Bibliothèque de droit privé t. 461, 2006, p. 232 et suiv.

1005 Il ressort des illustrations données que les droits d'ordre public général sont souvent des droits et libertés fondamentaux. Ainsi, Nadège Meyer se demande si la renonciation du salarié à sa liberté vestimentaire sur son lieu de travail ne constitue pas une renonciation à son droit à la vie privée (la liberté vestimentaire étant une de ses composantes). De même, elle s'interroge sur le fait de savoir si les clauses de confidentialité imposant le silence au cocontractant autour d'informations lui ayant été communiquées ne constituent pas une renonciation à la liberté d'expression (liberté de valeur constitutionnelle relevant de l'ordre public général). *Ibid.*, p. 233.

renonciation ayant la particularité de ne manifester « une volonté abdicative que pour une période déterminée, mais jamais de manière définitive »[1006], contrairement à l'acception généralement retenue de la renonciation qui l'envisage comme un acte entraînant de façon irréversible la disparition du droit. Les renonciations à des droits d'ordre public général sont reconnues par l'auteur comme un abandon partiel ou temporaire portant sur l'exercice d'un droit d'ordre public général, c'est la jouissance du droit qui est affectée par la manifestation de volonté abdicative et non sa titularité. La renonciation, lorsqu'elle porte sur des droits fondamentaux, ne serait donc plus abdicative en ce sens qu'elle ne consisterait plus en l'abandon définitif d'un droit. Cette idée sera déclinée, par la suite, par différents auteurs. Olivier de Schutter et Julie Ringelheim[1007] développent une approche particulièrement intéressante de la notion de renonciation aux droits fondamentaux. Il en ressort que, si l'abandon d'un droit représente bien l'essence de cette notion, ce n'est pas le cas de l'abdication : pour eux, la renonciation résiderait, soit dans le choix de « ne pas exercer une liberté qui nous est reconnue », soit dans le consentement par avance à l'atteinte à un droit par convention ou par engagement unilatéral, soit dans l'abstention d'agir pour obtenir la réparation et réclamer la sanction de l'auteur d'une atteinte à un droit. Sans aller jusqu'à concevoir la renonciation de façon aussi large, Julie Arroyo marque nettement la spécificité de la renonciation en matière de droits et libertés fondamentaux en refusant expressément de la voir comme un acte abdicatif puisque, selon elle, « l'abdication du droit ne peut constituer un élément de définition de la renonciation dans le champ des droits et libertés »[1008].

§ 2. Éléments de définition de la notion de renonciation aux droits fondamentaux

207. La renonciation « atteint le droit ou la liberté dans certaines de ses manifestations uniquement et ne l'annihile pas dans son intégralité »[1009], car elle ne peut priver un individu de l'un de ses droits fondamentaux[1010]. La volonté du titulaire du droit n'est pas à même de porter atteinte à son

---

[1006] *Ibid.*, p. 237.

[1007] SCHUTTER (O. de) et RINGELHEIM (J.), « La renonciation aux droits fondamentaux. La libre disposition de soi et le règne de l'échange », *in* DUMONT (H.), OST (F.), VAN DROOGHENBROECK (S.) (dir.), *La responsabilité, face cachée des droits de l'homme*, Bruxelles, Bruylant, 2005, p. 441-482.

[1008] ARROYO (J.), *La renonciation aux droits fondamentaux. Étude de droit français*, *op. cit.*, p. 30.

[1009] *Ibid.*, p. 524.

[1010] *Ibid.*, p. 28 et suiv.

existence[1011], elle est un engagement juridique (A) et affecte uniquement l'exercice du droit fondamental (B).

A. La renonciation aux droits fondamentaux : un engagement juridique

208. Une personne renonce chaque fois qu'elle « s'engage, par un acte juridique, à ne pas exercer un droit ou une liberté fondamentale ou à l'exercer dans un sens déterminé »[1012]. La renonciation à un droit fondamental est donc considérée comme un engagement juridique, et ce, alors que classiquement la doctrine n'a pas voulu assimiler la promesse de ne pas exercer un droit à une renonciation dans la mesure où un tel engagement n'atteint pas la titularité du droit[1013]. Xavier Carsin, tout en refusant que la renonciation puisse porter sur des droits fondamentaux, identifie précisément cette caractéristique lors de l'étude des clauses attentatoires aux droits fondamentaux insérées dans un contrat de travail. Les clauses de non-concurrence, par exemple, qui limitent la liberté du travail et la liberté d'entreprendre du salarié peuvent s'analyser comme une obligation de ne pas faire ayant pour objet l'exercice d'une prérogative : le salarié doit alors « s'abstenir d'exercer une activité concurrente de celle de son employeur »[1014]. La volonté manifestée porte sur l'exercice d'un droit mais, de surcroît, est assimilable à un engagement juridique : elle est créatrice d'une obligation de faire ou de ne pas faire. Le consentement manifesté par une personne en faveur du non-exercice d'un droit ou de son exercice dans un sens déterminé la lie juridiquement.

209. En renonçant à un droit fondamental, le titulaire du droit s'engage à accepter une atteinte à son droit. Cette renonciation prend la forme d'un acte juridique unilatéral ou conventionnel. Dès la manifestation de son consentement, le renonçant est lié juridiquement. Le retrait de son consentement ne peut être gratuit ou non sanctionné[1015] : s'il décide d'exercer le droit objet de sa renonciation, il en subira les conséquences juridiques qui pourront se traduire par la résolution ou la résiliation de l'acte support de la renonciation, par une condamnation au paiement de

---

[1011] Julie Arroyo donne pour exemples la clause de célibat qui ne prive pas le salarié de la liberté de se marier ou encore la clause de résidence qui ne l'empêche pas de vivre où il souhaite. *Ibid.,* p. 521-522.

[1012] *Ibid.*, p. 30.

[1013] GRAMMATIKAS (G.), *Théorie générale de la renonciation en droit civil. Étude parallèle du droit français et du droit hellénique*, Paris, LGDJ, 1971, p. 36 ; YUNG (W.), « La renonciation au bénéfice de la loi en droit privé suisse », Paris, Dalloz, TAHC, 1959-1960, t. XIII, p. 335 ; CARSIN (X.), *La renonciation en droit du travail*, *op. cit.*, p. 42.

[1014] Pour Xavier Carsin, il s'agit cependant d'une limitation contractuelle de l'exercice des droits fondamentaux et non d'une renonciation. *Ibid.*, p. 102.

[1015] ARROYO (J.), *La renonciation aux droits fondamentaux. Étude de droit français*, *op. cit.*, p. 33.

dommages-intérêts ou, pour un salarié, par des sanctions disciplinaires[1016]. La méconnaissance des engagements du renonçant à l'exercice d'un de ses droits fondamentaux connaît les mêmes sanctions que celles applicables à la violation des obligations contractuelles.

B. La renonciation aux droits fondamentaux : une renonciation portant sur l'exercice d'un droit

210. La renonciation en matière de droits et libertés fondamentaux porte sur l'exercice du droit et non sur le droit lui-même. Ainsi, le consentement donné par un particulier à la divulgation d'un aspect de sa vie privée ne « saurait valoir appropriation illimitée de tout aspect futur de la vie privée »[1017], ce consentement affecte uniquement l'usage qui sera fait, dans un cas précis, de certains aspects déterminés de la vie privée. Bien que cette distinction apparaisse très clairement dans cet exemple, elle a été critiquée. Il a été notamment soulevé qu'il s'avère parfois difficile, en pratique, de différencier nettement la renonciation à l'exercice d'un droit de la renonciation à un droit. À propos de l'arbitrage, Blaise-François Junod fait observer que « peu importe que l'individu renonce à l'exercice du droit ou au droit lui-même, la règle, dans l'un et l'autre cas, n'est pas appliquée » si bien, qu'en définitive, le résultat est le même[1018]. Une partie de la doctrine estime que, lorsque le titulaire d'un droit renonce à l'exercer, quand bien même il en resterait titulaire, cette titularité « s'apparente dans une large mesure à une "coquille vide" »[1019] puisqu'il ne dispose plus véritablement de son droit faute de moyens pour le mettre en œuvre[1020]. Pourtant, si en renonçant, par exemple, à engager une action devant la seule instance compétente pour en connaître, le justiciable renonce à l'exercice du droit à un recours juridictionnel et au droit lui-même puisqu'il ne peut plus être exercé, le droit fondamental à un recours juridictionnel est, dans le même temps, assurément plus large que le droit de faire valoir une prétention déterminée devant le juge. Ce droit qui garantit à son titulaire la possibilité d'obtenir qu'un juge statue sur ses prétentions[1021] n'est pas atteint dans son existence, mais est uniquement restreint dans son exercice pour le litige concerné par la renonciation. En ce sens, si la renonciation à l'exercice d'un droit et la renonciation au droit lui-même peuvent avoir des conséquences

---

[1016] *Ibid.*, p. 33.

[1017] FRUMER (P.), *La renonciation aux droits et libertés. La Convention européenne des droits de l'homme à l'épreuve de la volonté individuelle*, *op. cit.*, p. 581.

[1018] JUNOD (B.-F.), *La Suisse et la Convention européenne des droits de l'homme*, Neuchâtel, Imprimerie Centrale, 1968, p. 44.

[1019] FRUMER (P.), *La renonciation aux droits et libertés. La Convention européenne des droits de l'homme à l'épreuve de la volonté individuelle*, *op. cit.*, p. 582.

[1020] *Ibid.*, p. 582-584 ; DIJOUX (R.), *La contractualisation des droits fondamentaux*, *op. cit.*, p. 152.

[1021] ARROYO (J.), *La renonciation aux droits fondamentaux. Étude de droit français*, *op. cit.*, p. 258.

identiques, cela ne vaut que dans un cadre strictement délimité. Le droit fondamental n'a pas été éteint par la renonciation à l'exercice d'un droit puisqu'en dehors de ce cadre son titulaire pourra continuer à en jouir pleinement.

211. Bien que les arrêts de la Cour européenne des droits de l'homme, dans lesquels sont mentionnées tantôt la « renonciation à l'exercice d'un droit », tantôt la « renonciation à un droit »[1022], ne soient pas d'un grand secours dans la réflexion sur la pertinence d'une telle distinction, celle-ci ne fait guère de doute. L'étude des conditions de licéité de la renonciation aux droits fondamentaux, révélant la spécificité de leur régime juridique, laisse penser qu'il existe une différence de nature entre les renonciations selon qu'elles portent sur un droit ou sur son exercice[1023]. Le fait que, pour être valable, la renonciation à un droit fondamental soit limitée dans le temps, contrairement à la renonciation au droit lui-même qui revêt un aspect définitif, et qu'elle ne puisse atteindre la substance du droit en affectant sa titularité amène à conclure que l'individu manifestant la volonté de se départir d'un droit fondamental ne renonce pas au droit lui-même, mais uniquement à son exercice : « seul l'exercice [du] droit est ponctuellement atteint par la renonciation »[1024]. Une telle conception de la renonciation n'est possible qu'après s'être départi de l'idée longtemps véhiculée par la doctrine selon laquelle la renonciation se caractérise toujours par son caractère abdicatif.

212. La remise en cause du caractère purement abdicatif de la renonciation permet d'établir « une précieuse distinction entre la renonciation à la titularité d'une prérogative et la renonciation à l'exercice d'une prérogative »[1025], car, si le titulaire d'un droit indisponible ne peut renoncer à sa titularité, il pourra dans certains cas renoncer à son exercice[1026]. Ainsi, en acceptant d'établir une distinction entre des renonciations abdicatives portant sur la titularité d'un droit et des renonciations portant seulement sur l'exercice d'un droit, il devient possible de concevoir que les droits fondamentaux, conçus comme des prérogatives en partie indisponibles, puissent être l'objet d'une renonciation, car la renonciation à l'exercice d'un droit bloque soit une ou deux modalités

---

[1022] Tandis que dans son arrêt *Pfeifer et Plankl c/ Autriche*, la CrEDH parle de renonciation à un droit, elle utilise l'expression « renonciation à l'exercice d'un droit » dans son arrêt *Colozza c/ Italie*. Voir respectivement CrEDH, 25 février 1992, *Pfeifer et Plankl c/ Autriche*, req. n° 10802/84 et CrEDH, 12 février 1985, *Colozza c/ Italie*, req. n° 9024/80, § 28.

[1023] Bien que ce soit la « nature qui commande le régime », un régime juridique connu peut servir d'indice pour déterminer la nature d'une situation. BERGEL (J.-L.), « Différence de nature (égale) différence de régime », *RTD civ.*, 1984, p. 263.

[1024] ARROYO (J.), *La renonciation aux droits fondamentaux. Étude de droit français*, *op. cit.*, p. 34.

[1025] HYDE (A.-A.), *Les atteintes aux libertés individuelles par contrat. Contribution à la théorie de l'obligation*, *op. cit.*, p. 94.

[1026] *Ibid.*, p. 95.

d'exercice du droit[1027], soit sa seule modalité de mise en œuvre, mais de façon relative[1028]. Lorsqu'il renonce à sa liberté d'expression en étant partie à un contrat de confidentialité, le contractant n'abandonne que certaines modalités de l'exercice de ce droit et n'annihile pas l'ensemble des facultés d'expression que lui procure cette liberté tandis que, lorsqu'il est assujetti à une clause de résidence, il abandonne la seule modalité de mise œuvre de son droit, mais de façon relative[1029].

213. Si nul ne peut renoncer à la titularité des droits fondamentaux, il est généralement possible de renoncer à leur exercice. Les droits fondamentaux sont indisponibles, mais ils ne sont pas, pour la plupart, totalement soustraits à l'emprise de la volonté individuelle. Leur indisponibilité empêche leurs titulaires d'anéantir le lien de titularité qui les unit à eux. La renonciation abdicative, comprise comme l'abandon définitif et irréversible d'un droit, ne trouve donc pas sa place en la matière. Cependant, la renonciation à leur exercice est possible. L'émergence d'une nouvelle forme de renonciation est d'un intérêt certain pour appréhender le phénomène de renonciation aux droits à l'aide sociale, droits publics subjectifs qui ne peuvent faire l'objet d'une renonciation abdicative avant d'être acquis *via* une décision administrative individuelle en raison de leur lien avec l'ordre public.

SECTION II. LA RENONCIATION À L'EXERCICE D'UN DROIT À L'AIDE SOCIALE

214. L'étude de la renonciation dans le domaine des droits fondamentaux a permis de mettre en lumière l'existence d'une renonciation non abdicative. Cette approche de la notion de renonciation revêt un intérêt certain pour appréhender la renonciation aux droits non acquis à l'aide sociale, car elle ouvre la voie à une réflexion détachée des nombreux présupposés qui ont longtemps bridé les travaux en lien avec cette notion. Alors que la renonciation dans le domaine des droits fondamentaux s'apparente à un engagement à ne pas exercer un droit, en droit de l'aide sociale, la forme la plus patente d'abandon de droits est le non-recours, c'est-à-dire leur non-exercice (§ 1). Quelle que soit sa forme, la renonciation à l'exercice d'un droit à l'aide sociale est encadrée (§ 2).

1027 ARROYO (J.), *La renonciation aux droits fondamentaux. Étude de droit français*, *op. cit.*, p. 531.

1028 *Ibid.*

1029 Julie Arroyo considère que la liberté de résidence n'offre à son titulaire que la faculté de fixer sa résidence en tous lieux. *Ibid.*

§ 1. Les formes de la renonciation à l'exercice d'un droit à l'aide sociale

215. Le non-recours, qui n'est pas un engagement juridique, a été exclu des réflexions sur la renonciation[1030]. Bien qu'il ne « procède pas toujours d'une volonté affirmée et consciente du titulaire de ne pas faire valoir ses droits et résulte le plus souvent de son ignorance sur leur existence ou leur étendue »[1031], Christophe Willmann considère pourtant que le « non-recours » est une dimension de la renonciation[1032]. Le choix d'assimiler, ou non, le non-recours à une renonciation à l'exercice d'un droit dépend, assurément, de la définition de la notion de renonciation retenue. Appréhendée comme un procédé traduisant la volonté expresse ou tacite d'une personne privée ou d'une personne publique de se dépouiller d'une prérogative en abandonnant un droit ou en ne l'exerçant pas, la renonciation est susceptible de prendre la forme, certes, d'un engagement du bénéficiaire d'un droit à l'aide sociale à ne pas en bénéficier, mais aussi, celle de son non-exercice lorsque celui-ci est volontaire (A).

A. L'engagement à ne pas bénéficier d'un droit à l'aide sociale

216. En droit de l'aide sociale, l'engagement à ne pas exercer un droit est de prime abord quelque peu difficile à concevoir. Ce n'est pas tant le fait que le bénéficiaire puisse se trouver lié par son consentement manifesté en faveur du non-exercice, ou de l'exercice dans un sens déterminé, de son droit ou de sa liberté[1033] qui représente un obstacle à la conceptualisation de la « renonciation-engagement » en la matière, que le fait qu'il s'engage *à ne pas exercer un droit* dans la mesure où rien ne l'empêche de *demander* à bénéficier d'un droit auquel il avait pourtant préalablement renoncé. Cependant, s'il ne fait aucun doute que le bénéficiaire est toujours à même de formuler une demande, sa renonciation l'empêchera d'en bénéficier effectivement puisque l'administration, postérieurement à sa renonciation, pourra légalement lui opposer un refus. La renonciation par engagement ne déploiera toutefois ses effets juridiques que si elle découle d'un texte, dans la mesure où le refus d'un droit à l'aide sociale par l'administration doit toujours être fondé sur un texte.

217. En manifestant sa volonté de ne pas se prévaloir d'un droit à l'aide sociale ou de ses droits à l'aide sociale, le bénéficiaire ne se prive pas de l'émolument exigible d'un droit déjà né, mais décline pour l'avenir le bénéfice qu'une norme procurerait en raison de la persistance de la situation

---

[1030] ARROYO (J.), *La renonciation aux droits fondamentaux. Étude de droit français*, *op. cit.*, p. 46.

[1031] *Ibid.*

[1032] WILLMANN (C.), « La renonciation du chômeur : entre tolérance/ignorance et interdiction/sanction », *RDSS*, 2012, n° 4, p. 657.

[1033] ARROYO (J.), *La renonciation aux droits fondamentaux. Étude de droit français*, *op. cit.*, p. 31.

à laquelle elle attache ce bénéfice[1034]. Cette renonciation s'apparente ainsi à un engagement dans la mesure où elle ne se réduit pas au non-exercice du droit et se concrétise dans un acte par lequel le renonçant s'engage juridiquement à accepter une atteinte à son droit[1035]. Rare, elle est toujours, plus ou moins directement, le fruit de dispositions législatives qui en font tantôt la condition pour bénéficier d'une carte de résident de plein droit (1), tantôt la conséquence du refus par le demandeur d'asile d'une offre d'hébergement ou des conditions matérielles d'accueil (2).

1. L'engagement à ne pas bénéficier de l'aide sociale, condition de l'obtention d'une carte de résident de plein droit

218. L'ordre public et la pauvreté faisant « figure d'éléments structurants du droit des étrangers »[1036], il est exigé de l'étranger qu'il ait non seulement un comportement exemplaire, mais encore un niveau de ressources suffisant afin de ne pas devenir durant son séjour une « charge » pour les dispositifs d'assistance[1037]. Pour autant, les étrangers qui se sont vu délivrer un titre de séjour leur permettant de résider en France pourront, à certaines conditions, bénéficier de l'aide sociale s'ils « se trouve[nt] en France et y demeure[nt] dans des conditions qui ne sont pas purement occasionnelles et qui présentent un minimum de stabilité »[1038], car l'octroi des droits à l'aide

1034 JEAMMAUD (A.), « La renonciation du salarié », *Droit ouvrier*, 1997, p. 535-543.
Cette définition est celle retenue par CARSIN (X.), *La renonciation en droit du travail,* thèse soutenue à l'Université Panthéon-Sorbonne le 2 février 2006, dactyl., 667 p., et SOURZAT (C.), *La renonciation en procédure pénale*, Paris, LGDJ, coll. Bibliothèque des sciences criminelles t. 56, 2013, 447 p.
1035 *Ibid.*, p. 32.
1036 MICHELET (K.), « Ordre public, pauvreté et étrangers », *RDSS*, 2008, p. 164.
1037 *Ibid.*, p. 164.
Avant de délivrer un tel titre de séjour, l'administration s'est normalement préalablement assurée du niveau de ressources du demandeur. Il doit apporter la preuve lors de sa demande de titre de séjour « qu'il peut vivre en France de ses seules ressources » (carte de séjour temporaire portant la mention « visiteur », article L. 313-6 du CESEDA), « qu'il dispose de moyens d'existence suffisants » (carte de séjour temporaire portant la mention « étudiant », article L. 313-7 du CESEDA) ou « stagiaire » (article du L. 313-7-1 du CESEDA), ou encore de « ressources stables, régulières et suffisantes pour subvenir à ses besoins » (carte de résident, article L. 314-8 du CESEDA).
1038 CE avis, 8 janvier 1981, n° 328143, publié dans le rapport annuel du Conseil d'État de 1981.
Pour exemple : Comm. centr., 25 janvier 2000, *Mme T.*, dossier n° 981241, *CJAS*, n° 2000/1 ; Cass. civ. 2e, 17 janvier 2008, n° 06-20761, inédit.

sociale est souvent subordonné à une condition de résidence[1039], parfois d'une certaine durée[1040], sur le territoire[1041].

219. La difficulté de l'octroi de l'aide sociale a été posée pour les personnes à qui a été délivrée une carte de résident « de plein droit » en

---

[1039] Article L. 111-1 du CASF.
La condition de résidence n'est toutefois pas exigée s'il est ressortissant d'un État ayant signé avec la France une convention d'assistance sociale et médicale ou si sa présence sur le territoire résulte de circonstances exceptionnelles en raison desquelles il n'a pu choisir librement son lieu de résidence (réfugié par exemple). Article L. 111-3 du CASF.

[1040] BORGETTO (M.) et LAFORE (R.), *Droit de l'aide et de l'action sociales*, Issy-les-Moulineaux, LGDJ, coll. Domat droit public, 9e éd., 2015, p. 80, n° 56.
Par exemple, pour pouvoir prétendre au RSA, l'étranger doit être titulaire, depuis au moins cinq ans, d'un titre de séjour l'autorisant à travailler (article L. 262-4 du CASF).

[1041] La condition de résidence exclue du bénéfice de l'aide sociale les ressortissants de passage d'un État tiers à l'Union européenne tels que les touristes ou les personnes rendant visite à un proche. Lors de leur demande de visas de moins de trois mois, il leur est d'ailleurs demandé, s'ils sont hébergés sur le territoire national par un citoyen français ou par un ressortissant étranger en situation régulière, une attestation d'accueil (article L. 211-3 du CESEDA, circulaire du 23 novembre 2004 du ministre de l'Intérieur NOR/INT/D/04/00135/C, CE, 27 mars 2009, *M. Merzougui*, req. n° 309071, *Rec. CE* (tables), p. 782 ; CE, 12 mai 2006, *Mme El Rhalia C.*, req. n° 275986, inédit au recueil Lebon ; CE, 12 mai 2006, *Mlle Khadija*, req. n° 269498, inédit au recueil Lebon ; CE, 16 février 2002, *Mme Boukhabrine*, req. n° 205283, inédit au recueil Lebon) accompagnée de l'engagement de l'hébergeant à prendre en charge les frais de séjour de la personne accueillie si elle se trouve dans l'incapacité d'y pourvoir (article L. 211-1 du CESEDA), ainsi que la preuve qu'ils ont souscrit une assurance avec un opérateur d'assurance agréé pour la prise en charge « des dépenses médicales et hospitalières, y compris d'aide sociale, résultant de soins qu'il[s] pourrai[ent] engager en France » (article L. 211-1 du CESEDA et CE, 21 septembre 2007, *Ministre de l'Intérieur c/ Mme Mayela et Mme Iloki*, req. n° 309497 et n° 309498, *Rec. CE* (tables), p. 882).
Par cette disposition, le législateur tente de faire en sorte « que les frais médicaux et hospitaliers, y compris d'aide sociale, éventuellement exposés soient à la charge directe ou indirecte du visiteur » (circulaire du 23 novembre 2004 du ministre de l'Intérieur NOR/INT/D/04/00135/C) et, dans le même temps, d'apporter une solution aux difficultés rencontrées par les hôpitaux pour se faire rembourser les soins effectués à l'endroit d'étrangers malades n'ayant pas leur résidence en France et ne bénéficiant ni de ressources suffisantes pour prendre en charge ces frais ni de l'aide médicale de l'État ni de la CMU (CE, 18 décembre 1996, *CHU Montpellier*, req. n° 136477, *Rec. CE* (tables), p. 725 ; Comm. centr., 25 janvier 2000, *Mme T.*, dossier n° 981241, *CJAS*, n° 2000/1). En effet, la Cour de cassation ayant jugé que l'hôpital ne pouvait réclamer au signataire d'un « certificat d'hébergement » l'engagement de régler les frais d'hospitalisation de l'étranger qu'il a accueilli (Cass. civ. 1re, 21 octobre 1997, *M. El Feriha*, *Bull. civ.* I, n° 282), les hôpitaux ne peuvent pour obtenir le remboursement des soins délivrés qu'exercer un recours, sur le fondement de l'ancien article 708 et désormais L. 6145-11 du Code de la santé publique, contre la personne hospitalisée, contre ses obligés alimentaires légaux et conventionnels tels que les personnes tenues à bail à nourriture (Cass. civ. 1re, 18 décembre 1962, *D.*, 1963, p. 165 ; *Revue de l'aide sociale*, 1963, n° 6, p. 115, note Lombois (C.)), ou contre la personne ou la société qui s'est engagée à acquitter ses frais de séjour (CE, 12 novembre 2014, *Mme Tison*, req. n° 368876, *Rec. CE* (tables), p. 873). Voir également CAA Paris, 21 décembre 1993, *Centre hospitalier François Quesnay de Mantes-la-Jolie c/ Mme Bonneau*, req. n° 92PA00342, *Rec. CE*, p. 489 ; *RDSS*, 1994, p. 251, concl. Mendras ; *AJDA*, 1994, p. 806, chron. Gipoulon (J.-F.). *Contra* : CE sect., avis, 28 juillet 1995, *Kilou*, n° 168438, *Rec. CE*, p. 315 ; *RFDA*, 1996, p. 386, concl. Maugüé).

qualité d'ascendant ressortissant d'un État tiers à l'Union européenne à la charge d'un enfant de nationalité française. Sur le fondement de l'article 15 de l'ordonnance du 2 novembre 1945[1042], et désormais de l'article L. 314-11 du CESEDA, bénéficient de plein droit de la carte de résident les ascendants étrangers d'un ressortissant de nationalité française et de son conjoint qui sont à sa charge. La « prise en charge » est une condition essentielle de l'octroi « de plein droit » de la carte de résident[1043]. Aussi a-t-il été un temps demandé aux enfants des personnes souhaitant obtenir une carte de résident de plein droit de s'engager expressément à subvenir aux besoins de leurs ascendants et à « ne faire appel en aucun cas aux organismes d'aide ou de secours »[1044]. La jurisprudence de la Commission centrale d'aide sociale a pu laisser croire, en affirmant « qu'à supposer même que le sieur Jean Podda ait pu valablement, en se portant fort pour sa mère, renoncer, par avance, à jamais recourir à l'Aide sociale au nom de cette dernière, un tel engagement ne saurait faire échec à la législation sociale française »[1045], que nul ne pouvait s'engager à l'avance à ne pas bénéficier d'un tel droit. Cependant, l'interprétation de cette décision consistant à considérer que toute possibilité de renonciation en droit de l'aide sociale[1046] est exclue a, par la suite, été démentie par le juge de l'aide sociale. Quelques années plus tard, il a non seulement accepté qu'une aide sociale, l'aide hospitalière, soit refusée au motif que l'enfant s'était engagé à prendre en charge son parent lors d'une demande de séjour[1047], mais il a, en sus, étendu cette solution à un droit, le revenu minimum d'insertion, non subordonné à la condition que le parent fasse valoir ses droits à l'encontre de son descendant en sa qualité d'obligé

1042 Ordonnance n° 45-2658 du 2 novembre 1945 relative aux conditions d'entrée et de séjour des étrangers en France, *JO* du 4 novembre 1945 p. 7225.

1043 Ne peut être considérée comme étant à la charge d'un ressortissant français, sa mère, âgée de 48 ans qui est en mesure de travailler et donc de subvenir à ses besoins, alors même qu'elle est effectivement à sa charge depuis son entrée en France (TA Lyon, 27 novembre 1996, *Mme Ngapeth*, req. n° 9603802, *Rec. CE* (tables), p. 934) ou encore une personne disposant de ressources dont le montant atteignait une fois et demie le revenu minimal marocain alors même que son fils lui versait mensuellement de l'argent (CE, 10 janvier 2003, *Époux Fataicha*, req. n° 226421, *Rec. CE* (tables), p. 804).

En revanche, doit bénéficier de plein droit d'une carte de résident, la mère de deux enfants majeurs de nationalité française dont les revenus sont suffisants pour la prendre en charge avec ses deux enfants mineurs (CE, 7 novembre 2001, *Mme Babassana*, req. n° 232754, inédit au recueil Lebon) ou encore une ressortissante équatorienne, dépourvue de ressources personnelles en Équateur en raison de la faillite de l'entreprise de son mari et de son divorce, prise en charge par sa fille et son gendre depuis son divorce (CAA Bordeaux, 16 février 2007, *Najanjo Vaca*, req. n° 06BX02242, inédit au recueil Lebon).

1044 Comm. centr., 19 mars 1965, *Dame Podda, D.*, 1965, p. 104 ; *RTDSS*, 1965, p. 157, note Vught.

1045 *Ibid.*

1046 DU BOIS DE GAUDUSSON (J.), *L'usager du service public administratif*, Paris, LDGJ, coll. Bibliothèque de droit public t. CXV, 1974, p. 131.

1047 Comm. centr., 15 février 1978, *Dame Noguiera da Silva, RDSS*, 1981, p. 110.

alimentaire[1048]. Le Conseil d'État a jugé que la Commission centrale d'aide sociale n'avait pas commis d'erreur de droit en estimant que la requérante qui avait obtenu une carte de résident subordonnée au fait que son fils s'engage à l'héberger et à la prendre en charge et qui n'invoquait aucun changement dans la situation de ce dernier depuis la délivrance de ce titre de séjour « devait être regardée comme entièrement prise en charge par son fils et ne pouvait par suite prétendre à l'allocation de revenu minimum d'insertion »[1049].

220. Quoique l'ascendant ne renonce pas nécessairement expressément au bénéfice de ses droits futurs à l'aide sociale lors de sa demande de carte de résident, il s'engage au moins tacitement à le faire. Sa renonciation au bénéfice de l'aide sociale peut alors lui être opposée non seulement lors d'une demande d'aide sociale dont l'octroi est subordonné au fait que l'intéressé fasse valoir ses droits aux créances alimentaires, légales ou conventionnelles, mais aussi lors d'une demande à bénéficier d'une aide sociale qui, à l'instar du revenu minimum d'insertion, est ouverte aux étrangers titulaires d'une carte de résident et dont l'octroi n'est pas subordonné à une telle condition. Dans ce dernier cas, ne pouvant s'appuyer sur l'existence d'une créance alimentaire pour refuser le bénéfice du droit à l'aide sociale, le juge de l'aide sociale a eu recours à un autre mécanisme. Il estime que « dans les cas où la délivrance d'un titre de séjour pour un étranger est subordonnée à l'engagement d'un descendant à prendre en charge son entretien, notamment en application de l'article 15-2 de l'ordonnance précitée, quoiqu'un tel engagement ne puisse être absolu et définitif, cet étranger est réputé disposer de moyens convenables d'existence au sens de l'article L. 115-1 du code de l'action sociale et des familles et ne peut ouvrir droit au revenu minimum d'insertion »[1050]. Cette solution reprend le raisonnement déjà énoncé dans une circulaire du 26 mars 1993 dans laquelle il était précisé que, lorsque la délivrance d'un titre de séjour est subordonnée à l'engagement d'un descendant à prendre en charge l'entretien de son parent, « Quoiqu'un tel engagement ne puisse être absolu et définitif, ces étrangers sont réputés disposer des moyens convenables d'existence »[1051]. Elle a pu être justifiée par l'existence d'un « contrat au

[1048] En vertu de l'article 23 de la loi du 1er décembre 1988, le versement de l'allocation de RMI est subordonné à la condition que l'intéressé fasse valoir ses droits à l'encontre d'un certain nombre d'obligés alimentaires à l'exception de ses enfants. Sur ce point, voir les conclusions de Pascale Fombeur : CE, 27 juin 2001, *Mme Haddad*, req. n° 216335, *Rec. CE*, p. 285 ; *RDSS*, 2002, p. 165, concl. Fombeur.

[1049] CE, 27 juin 2001, *Mme Haddad*, req. n° 216335, *Rec. CE*, p. 285 ; *RDSS*, 2002, p. 165, concl. Fombeur.

[1050] CE, 27 juin 2001, *Mme Haddad*, req. n° 216335, *Rec. CE*, p. 285 ; *RDSS*, 2002, p. 165, concl. Fombeur. Solution déjà affirmée par la Commission centrale d'aide sociale. Comm. centr., 22 avril 1996, *Département du Vaucluse*, dossier n° 950564, *EJCCAS*, n° 39-3, p. 16 ; Comm. centr., 29 novembre 2006, *Mme P.*, dossier n° 050757, *CJAS*, n° 2007/2.

[1051] Circulaire DSS/DIRMI n° 93-05 du 26 mars 1993 relative à la détermination de l'allocation de revenu minimum d'insertion telle qu'elle résulte de la loi n° 88-1088 du

moins verbal » entre le parent et l'enfant - « l'enfant ayant manifesté sa volonté par l'engagement souscrit et le parent la sienne par la présentation de la demande de titre de séjour », engagement pouvant légitimement être présumé exécuté de bonne foi, « conformément au droit commun des contrats »[1052].

221. En faisant valoir l'engagement de son enfant à le prendre en charge, lors de sa demande d'une carte de résident au titre d'ascendant pris en charge, l'ascendant manifeste donc sa renonciation à bénéficier de l'aide sociale et l'administration peut en tirer les conséquences juridiques, soit en l'obligeant à faire valoir ses droits aux créances alimentaires légales ou conventionnelles lorsque c'est une condition du bénéfice d'une aide sociale, soit en présumant qu'il dispose de moyens convenables d'existence alors que l'absence de moyens convenables d'existence est une condition de l'obtention du droit au revenu minimum d'insertion.

2. L'engagement du demandeur d'asile à ne pas bénéficier du droit à des conditions matérielles d'accueil

222. Après que sa demande d'asile a été enregistrée, chaque demandeur d'asile se voit proposer par l'Office français de l'immigration et de l'intégration le bénéfice des conditions matérielles d'accueil qui comprennent les prestations prévues au Chapitre IV du Titre IV relatif à l'accès à la procédure et aux conditions d'accueil des demandeurs d'asile ainsi que l'allocation pour demandeur d'asile[1053]. Pour pouvoir en jouir, le demandeur d'asile doit accepter l'offre de principe d'hébergement[1054] de même que la proposition concrète d'hébergement qui lui sont faites. Le demandeur d'asile refusant une offre ou une proposition d'hébergement[1055] renonce à son droit à des conditions matérielles d'accueil, à son droit à un hébergement dans un établissement « assurant l'accueil, notamment dans les situations d'urgence, le soutien ou l'accompagnement social, l'adaptation à la vie active ou l'insertion sociale et professionnelle des personnes ou des

---

1er décembre 1988 relative au revenu minimum d'insertion modifiée notamment par la loi n° 92-722 du 29 juillet 1992 (NOR : SPSS9310151C) (*BO affaires sociales* n° 93/19).

[1052] Conclusions sur CE, 27 juin 2001, *Mme Haddad*, req. n° 216335, *Rec. CE*, p. 285 ; *RDSS*, 2002, p. 165, concl. Fombeur.

[1053] Article L. 744-1 du CESEDA.

L'ADA, créée par la loi du 29 juillet 2015 (Article 23 de la loi n° 2015-925 du 29 juillet 2015 relative à la réforme du droit d'asile, *JO* n° 0174 du 30 juillet 2015 p. 12977) a remplacé, à compter du 1er novembre 2015, l'allocation temporaire d'attente (ATA) et l'allocation mensuelle de subsistance (AMS).

[1054] Article L. 744-7 du CESEDA.

Cette exigence était également posée pour l'ATA puisque l'article L. 5423-9 du Code du travail refusait l'octroi de cette aide aux personnes ayant refusé une offre de prise en charge en centre d'accueil et précisait que « si ce refus est manifesté après que l'allocation a été préalablement accordée, le bénéfice de l'allocation est perdu au terme du mois qui suit l'expression de ce refus ».

[1055] Article D. 744-35 du CESEDA.

familles en difficulté ou en situation de détresse »[1056] et à son droit à un logement ou à un hébergement opposable.

223. Cette renonciation est un engagement de sa part à ne pas bénéficier de son droit à des conditions matérielles d'accueil, car, s'il refuse l'offre de principe d'hébergement, après avoir coché la case « je refuse cette orientation », il devra signer un formulaire qui précise les conséquences de ce refus, notamment sur le droit à l'allocation pour demandeur d'asile[1057]. En outre, s'il a accepté l'offre de principe, mais qu'il refuse la proposition effective d'admission en centre d'accueil pour demandeurs d'asile (CADA) ou ne se présente pas au lieu où il a été admis dans un délai de cinq jours, sans motif légitime, il sera considéré « comme renonçant volontairement au bénéfice d'un hébergement ultérieur, que ce soit en CADA ou en structure d'urgence »[1058] ainsi qu'à l'allocation pour demandeur d'asile. Le refus de l'offre ou de la proposition d'hébergement équivaut à une renonciation au bénéfice du droit à des conditions matérielles d'accueil.

B. Le non-exercice d'un droit à l'aide sociale

224. Le phénomène de non-recours aux droits connu depuis longtemps en France[1059] ne fait véritablement son apparition dans le débat public qu'à partir de 1996 avec la publication d'un numéro de *Recherches et Prévisions* consacré à ce sujet[1060] et avec la création de l'Observatoire des non-recours aux droits et services (ODENORE)[1061]. La notion de non-recours, initialement cantonnée aux prestations sociales financières, renvoyait à « toute personne éligible à une prestation sociale, qui - en tout état de cause - ne la perçoit pas »[1062]. Cette définition est aujourd'hui élargie aux services qui mettent en œuvre les prestations résultant de l'aide et de l'action sociales : le non-recours désigne désormais les situations dans lesquelles une

---

1056 Article L. 312-1 CASF.

1057 En cas de refus du demandeur d'asile de signer le document, l'Office français de l'immigration et de l'intégration coche la case « Refus de signature » et signe le document.

1058 Circulaire du ministre de l'Intérieur, de l'Outre-mer, des Collectivités territoriales et de l'Immigration du 24 mai 2011 relative au pilotage de l'hébergement d'urgence des demandeurs d'asile financé par le programme 303 « Immigration et asile » (crédits déconcentrés), NOR : IOCL1113932C.
Disposition validée par le Conseil d'État qui a considéré que le ministre de l'Intérieur n'avait ni méconnu les dispositions législatives et réglementaires applicables ni excédé sa compétence en l'énonçant. CE, 30 décembre 2013, req. n° 350191, inédit au recueil Lebon.

1059 Voir notamment l'article de CATRICE-LOREY (A.), « Inégalités d'accès aux systèmes de protection sociale et pauvreté culturelle », *RFAS*, 1976, vol. 30, n° 4, p. 127-137.

1060 *Recherches et prévisions*, n° 43, 1996.

1061 Selon le Comité national d'évaluation du RSA, le taux de non-recours atteint 35 % pour le RSA-socle et 68 % pour le RSA-activité. En définitive, 50 % de bénéficiaires potentiels du RSA ne le perçoivent pas. BOURGUIGNON (F.), *Comité national d'évaluation du RSA. Rapport final : décembre 2011*, Paris, La documentation française, 2011, 150 p.

1062 WARIN (P.), « Qu'est-ce que le non-recours aux droits sociaux ? », *La Vie des idées* (revue en ligne), 2010, http://www.laviedesidees.fr/Qu-est-ce-que-le-non-recours-aux.html

personne « ne bénéficie pas d'une offre publique, de droits et de services, à laquelle elle pourrait prétendre »[1063]. Il peut revêtir trois formes différentes[1064] : le non-recours par non-connaissance, le non-recours par non-demande et le non-recours par non-réception.

225. La première forme de non-recours renvoie à la situation d'une personne éligible n'ayant pas demandé à bénéficier d'une prestation ou d'un service par manque d'information sur l'existence même de l'offre ou sur ses modalités d'accès. Elle doit d'emblée être écartée d'une réflexion sur la renonciation dans la mesure où ce non-recours « n'est pas le fruit d'un choix : il s'agit d'une "non-décision" »[1065] alors que le renonçant doit avoir pleinement connaissance du droit qu'il abandonne. En revanche, ce n'est pas le cas du non-recours par non-demande (1) et du non-recours par non-réception (2) qui sont tous deux « le fruit d'un processus de décision plus ou moins construit par les personnes »[1066].

1. Le non-recours par non-demande : une renonciation présumée

226. Le non-recours par non-demande à un droit à l'aide sociale, du point de vue de la volonté qui le sous-tend, est très proche de la renonciation à l'exercice d'un droit. La doctrine, estimant dans sa grande majorité que la renonciation constitue un acte juridique, considère que la volonté d'abandonner un droit doit être manifestée. Or, la volonté à l'origine du non-recours par non-demande se traduit par l'absence de demande du bénéficiaire, c'est-à-dire par un fait purement matériel insusceptible de manifester une volonté (a). Les présomptions de renonciation conférant juridiquement à certains faits le même sens qu'une renonciation[1067], la volonté du bénéficiaire de ne pas bénéficier d'un droit à l'aide sociale a des incidences juridiques en raison de l'existence d'une présomption de renonciation (b).

a. Les obstacles à l'assimilation du non-recours par non-demande à une renonciation à l'exercice d'un droit

227. « La volonté interne étant une volonté purement psychologique qui ne peut pas être connue par le biais des outils à la disposition des

---

[1063] *Ibid.*

[1064] WARIN (P.), « Le non-recours : définition et typologies », Odenore, Working paper n° 1, juin 2010, http://odenore.msh-alpes.fr

[1065] PUCCI (M.) et DOMINGO (P.), « Les vecteurs du non-recours au revenu de solidarité active du point de vue de l'usager », *Politiques sociales et familiales*, 2013, n° 113, p. 92, accessible en ligne : http://www.persee.fr/doc/caf_2101-8081_2013_num_113_1_2940

[1066] *Ibid.*, p. 92.

[1067] MATHIEU (C.), « La renonciation du salarié au juge prud'homal », *in* DONIER (V.) et LAPÉROU-SCHENEIDER (B.) (dir.), *L'accès au juge. Recherche sur l'effectivité d'un droit*, Bruxelles, Bruylant, 2013, p. 815.

juristes »[1068], le droit ne peut se saisir que des manifestations de volonté, à savoir des faits et de certains signes observables. Étant impuissants à appréhender la volonté des non-recourants, les travaux des politistes sont d'un grand secours pour saisir les motivations à l'origine du non-recours par non-demande aux droits à l'aide sociale. Le non-recours par non-demande renvoie à la situation dans laquelle l'offre est connue, mais n'est pas sollicitée. Les individus sont donc informés de l'existence d'une aide ou d'un service social, mais choisissent de ne pas en bénéficier[1069].

228. Le « non-recours volontaire »[1070] peut, tout d'abord, résulter d'un raisonnement de type coût/avantage[1071]. Lorsque le « coût d'entrée dans le dispositif de demande » - coût d'entrée financier[1072], matériel[1073] ou « d'ordre psychologique »[1074] - apparaît au bénéficiaire plus élevé que les bénéfices attendus[1075], il préfère le plus souvent y renoncer, attitude révélant un

---

1068 GIGON (É.), *La volonté des personnes privées en droit administratif*, thèse soutenue à l'Université Paris 1 Panthéon-Sorbonne le 8 décembre 2017, dactyl., p. 45-46.

1069 Pour un exemple de non-recours par non-demande voir CE ord., 5 novembre 2014, *Mme C.*, req. n° 385431, *RDSS*, 2015, p. 170, note Donier (V.).

1070 MATH (A.), « Le non-recours en France : un vrai problème, un intérêt limité », *Recherches et prévisions*, 1996, n° 43, p. 25.

1071 MAZET (P.), « La non demande sociale : reconnaître l'enjeu de la reconnaissance », *in Le non-recours à l'offre publique : analyse des phénomènes et réponses institutionnelles. Un état de la question*, Premières Journées Scientifiques ODENORE des 24-25 juin 2010, p. 18 (accessible en ligne sur le site de l'ODENORE).

1072 Cela peut être le cas des aides supposant une participation financière des bénéficiaires comme l'aide à la complémentaire santé.

MAZET (P.), « La non demande de droits : prêtons l'oreille à l'inaudible », *La Vie des idées* (revue en ligne), 2010, http://www.laviedesidees.fr/La-non-demande-de-droits-pretons-l.html

1073 Coût lié aux démarches à entreprendre dans le parcours de demande d'un droit (constituer un dossier, apporter des justificatifs, etc.) et au temps qu'elles nécessitent par exemple. Ce coût explique le fait que certaines personnes, après une réponse négative à leur demande d'hébergement *via* le 115, choisissent de ne plus faire valoir leur droit à l'hébergement d'urgence, et ce, d'autant plus que les demandes doivent être renouvelées quotidiennement. *Ibid.*

Voir également MATH (A.), « Le non-recours en France : un vrai problème, un intérêt limité », *op. cit.*, p. 25. LÉVY (J.), « L'urgence sociale à l'épreuve du non-recours », *Plein droit*, 2015, n° 106, p. 8.

Sur le rôle de la lourdeur de la procédure de demande du RSA dans le non-recours, voir SERVERIN (É.), « Causes et effets du non-recours au RSA-activité », *RDSS*, 2012, p. 640-641.

1074 La demande d'aide sociale s'accompagne parfois pour les personnes d'une « dégradation de l'image de soi ». MAUREL (E.), « Le non-recours aux prestations sociales : les enjeux révélés par le vécu des usagers », *RDSS*, 2012, p. 625.

Voir également l'avis d'Évelyne Serverin qui explique le taux de non-recours au RSA-activité par le fait que ce dispositif, nouveau en 2008, en faisant passer les travailleurs à faibles revenus du statut de bénéficiaires d'une niche fiscale (la PPE) à celui d'allocataires d'une prestation à caractère social, fait entrer « les personnes "en emploi" [...] dans une démarche qui peut être vécue comme humiliante et intrusive ». SERVERIN (É.), « Causes et effets du non-recours au RSA-activité », *op. cit.*, p. 642.

1075 MAZET (P.), « La non demande de droits : prêtons l'oreille à l'inaudible », *op. cit.*

Ainsi, 42 % des non-recourants n'ayant jamais perçus le RSA affirment se débrouiller autrement financièrement, 27 % ne pas demander le RSA, par principe, pour ne pas être

manque d'intérêt pour l'offre publique. Le non-recours par non-demande s'explique aussi par le rejet « de ce que l'offre fait de ses bénéficiaires »[1076]. Une image négative est parfois attachée à la perception d'une prestation sociale provoquant un sentiment de stigmatisation avec, pour corollaire, le non-recours à cette prestation de ceux qui refusent d'être assimilés à la catégorie des « assistés » ou qui refusent par principe de dépendre de l'aide sociale[1077]. Héléna Revil montre, par exemple, que la stigmatisation figure parmi les raisons qui permettent d'expliquer que la moitié des personnes ayant déjà eu recours à la couverture maladie universelle complémentaire et ayant été victimes au moins une fois, par le passé, d'un refus de soin par un professionnel de santé n'ont pas renouvelé leur droit[1078]. Enfin, le non-recours par non-demande peut être induit par un désaccord sur les principes, conditions ou modalités de l'offre[1079]. C'était le cas du non-recours au RSA-activité par lequel les individus, qui considéraient cette aide comme « un intéressement permanent » instituant le travail précaire en tant que norme sociale, exprimaient un désaccord de principe avec l'offre. Cela peut également être le cas lorsque le non-recours est justifié par le refus des demandeurs de mettre en œuvre les droits à pensions alimentaires auxquels l'octroi de l'aide est subordonné. Cette situation se retrouve notamment dans le cadre du revenu de solidarité active dans son volet parents isolés, car « l'application du principe de subsidiarité accroît la conflictualité des séparations »[1080] ou encore dans celui des prestations d'hébergement aux personnes âgées ne souhaitant pas « voir leurs enfants être appelés à contribution ou le montant de l'aide récupéré sur leur succession »[1081]. Le non-recours par non-demande résultant d'une volonté de ne pas exercer un droit renferme donc l'élément essentiel de la notion de renonciation. D'ailleurs, certaines motivations telles que le rejet des exigences conditionnant l'octroi d'une aide sociale sont tantôt à l'origine d'un non-recours, tantôt à l'origine d'une renonciation à un droit acquis à l'aide

---

dépendants ou redevables, 3 % estiment que le RSA n'est pas intéressant financièrement et 20 % trouvent les démarches trop compliquées. OKBANI (N.) et WARIN (P.), « Le RSA : où sont les assistés ? », *in L'envers de la « fraude sociale ». Le scandale du non-recours aux droits sociaux*, Paris, La découverte, coll. Cahiers libres, 2012, p. 59.

1076 MAZET (P.), « La non demande sociale : reconnaître l'enjeu de la reconnaissance », *op. cit.*, p. 18.

1077 PUCCI (M.) et DOMINGO (P.), « Les vecteurs du non-recours au revenu de solidarité active du point de vue de l'usager », *op. cit.*, p. 96.

1078 REVIL (H.), *Le « non-recours » à la Couverture maladie universelle. Émergence d'une catégorie d'action et changement organisationnel*, Thèse soutenue à l'Université Grenoble Alpes le 16 janvier 2014, dactyl., p. 367.

1079 WARIN (P.), « Le non-recours aux droits sociaux, entre vulnérabilité sociale et citoyenneté active », *Cahiers français*, 2016, n° 390, p. 56-57.

1080 ROMAN (D.), « Les enjeux juridiques du non-recours au droit », *RDSS*, 2012, n° 4, p. 608-609.

1081 BASSET (C.), *L'obligation alimentaire : des formes de solidarité à réinventer*, Rapport présenté au nom de la section des affaires sociales, 14 mai 2008, p. II-24.

sociale[1082]. Cependant, alors que les bénéficiaires d'un droit à l'aide sociale font parfois le choix, en pleine conscience, de ne pas s'en prévaloir et donc d'en perdre le bénéfice au moins temporairement, le mode « d'expression » de cette volonté soulève des doutes sérieux quant à la possibilité d'y voir une renonciation.

229. Que la renonciation soit abdicative ou qu'elle porte sur l'exercice d'un droit, elle a toujours été pensée comme un acte juridique[1083]. Aussi la doctrine a-t-elle considéré que la volonté abdicative[1084] ou celle de renoncer à l'exercice d'un droit[1085] devait nécessairement être manifestée. Georges Grammatikas, en estimant que « la renonciation constitue un acte juridique, c'est-à-dire une opération volontaire tendant à la réalisation d'un effet de droit déterminé » et qu'elle « se distingue nettement des faits juridiques »[1086], met en exergue le lien rattachant la notion de renonciation à celle d'acte juridique[1087]. Or, le non-recours par non-demande ne constitue pas un acte juridique. À l'exception de la définition concevant l'acte juridique comme un acte accompli pour réaliser[1088] ou pour que se produise[1089] un ou plusieurs effets de droit qui donne à l'acte juridique un champ particulièrement vaste en restreignant parallèlement celui des faits juridiques[1090] et qui est la seule susceptible de conférer au non-recours par

---

[1082] Sur ce point voir *infra* n° 341.

[1083] Julie Arroyo considère que « La renonciation au droit fondamental, comme la renonciation civiliste, se concrétise alors dans un acte juridique ».
ARROYO (J.), *La renonciation aux droits fondamentaux. Étude de droit français*, *op. cit*, p. 31-32. Voir également FRUMER (P.), *La renonciation aux droits et libertés. La Convention européenne des droits de l'homme à l'épreuve de la volonté individuelle*, *op. cit.*, p. 17-18.

[1084] La volonté juridique est une volonté exprimée pour la doctrine. DREIFUSS-NETTER (F.), *Les manifestations de volonté abdicatives*, Paris, LGDJ, coll. Bibliothèque de droit privé t. 185, 1985, p. 60.

[1085] Cela découle du fait que la doctrine considère la renonciation à l'exercice d'un droit comme un engagement juridique. Voir *supra* n° 209 et suiv.

[1086] GRAMMATIKAS (G.), *Théorie générale de la renonciation en droit civil. Étude parallèle du droit français et du droit hellénique*, *op. cit.*, p. 4.

[1087] *Ibid.*

[1088] PLANIOL (M.) et RIPERT (G.), *Traité élémentaire de droit civil*, Paris, LGDJ, 11e éd., 1928, t. I, p. 105.

[1089] DUGUIT (L.), *Traité de droit constitutionnel*, Paris, E. de Boccard, 3e éd., 1927, t. I, p. 325-326.
Le maître de Bordeaux définit l'acte juridique comme « tout acte de volonté intervenant avec l'intention que se produise une modification dans l'ordonnancement juridique tel qu'il existe au moment où il se produit ou tel qu'il existera à un moment futur donné ». À la différence de la conception développée par la doctrine privatiste, l'effet de droit est rattaché à l'acte de volonté qu'est l'acte juridique par le droit objectif.
Georges Vedel et Pierre Delvolvé s'inscrivent dans cette conception. VEDEL (G.) et DELVOLVÉ (P.), *Droit administratif*, Paris, PUF, coll. Thémis droit public, 12e éd., 1992, t. 1, p. 235.

[1090] Seuls relèvent de la seconde catégorie les actes illicites et le non-exercice d'un droit tandis que toutes les autres activités volontaires, conventions, testaments etc. appartiennent à la

non-demande la qualité d'acte juridique du fait de son manque de précision quant au rôle que joue la volonté dans l'apparition des effets de droit[1091], les définitions adoptées par la suite conduisent à refuser la qualification d'acte juridique à toutes les situations de non-exercice d'un droit. Tant la conception d'Emmanuel Gounot qui, en considérant que les conséquences juridiques de l'acte doivent avoir été voulues et aménagées par leur auteur, érige en critère de l'acte juridique « la puissance de volonté »[1092] que celle de Jacques Martin de la Moutte pour qui « il y a acte juridique toutes les fois que l'intention de réaliser les effets de droit est absolument indispensable et nécessaire à la production de ces effets »[1093] et il y a fait juridique « lorsque les résultats produits interviennent sans qu'il soit nécessaire que le déclarant ait eu la volonté de les voir se réaliser »[1094] ne permettent de recouvrir le non-recours de la qualification d'acte juridique. Même induit par une volonté d'abandonner un droit, le non-recours par non-demande ne peut accéder au rang d'acte juridique ni selon la première conception, puisque la volonté ne peut en aucune manière déterminer le contenu des effets de droit qu'elle déclenche, ni selon la seconde puisque la volonté qui sous-tend le non-recours par non-demande n'est pas indispensable pour que se produise la perte du droit[1095], celle-ci peut tout aussi bien découler du non-recours par non-information.

230. Le non-recours par non-demande s'apparente davantage à un fait juridique[1096], à savoir à un élément purement matériel vide de tout contenu

---

première. MARTIN de la MOUTTE (J.), *L'acte juridique unilatéral. Essai sur sa notion et sa technique en droit civil*, *op. cit.*, p. 23.

1091 Ces définitions laissent notamment en suspens la question du lien plus ou moins direct entre la volonté et les effets de droit si bien que, d'après ces définitions, pourrait constituer un acte juridique la situation dans laquelle en plus de la volonté d'éteindre un droit intervient un autre élément, tel que l'écoulement du temps, suffisant à lui seul pour que l'effet juridique se produise. COUMAROS (N.), *Le rôle de la volonté dans l'acte juridique (Étude critique de la conception classique)*, Paris, Recueil Sirey, 1931, p. 24.

1092 Cela l'amène à distinguer les effets de droit qui se produisent *ex voluntate*, dans ce cas la volonté détermine le contenu des effets de droit, de ceux qui se produisent *cum voluntate*, dans ce cas la volonté joue uniquement un rôle déclencheur des effets prévus par le droit objectif, mais ni n'organise ni n'aménage la situation juridique, il ne peut alors y avoir acte juridique. GOUNOT (E.), *Le principe de l'autonomie de la volonté en droit privé. Contribution à l'étude critique de l'individualisme juridique*, Paris, éd. Arthur Rousseau, 1912, p. 240 et suiv.

1093 MARTIN de la MOUTTE (J.), *L'acte juridique unilatéral. Essai sur sa notion et sa technique en droit civil*, *op. cit.*, p. 26. Voir également COUMAROS (N.), *Le rôle de la volonté dans l'acte juridique (Étude critique de la conception classique)*, *op. cit.*, p. 25.

1094 MARTIN de la MOUTTE (J.), *ibid.*

1095 Selon la conception de Jacques Martin de la Moutte, l'existence d'un acte juridique est conditionnée par la réunion de trois éléments : une manifestation de volonté produisant des effets de droit, que ces effets de droit aient été voulu par l'auteur de l'acte et qu'ils ne puissent apparaître et n'apparaissent que s'il existe chez l'auteur de l'acte la volonté de les produire. *Ibid.*, p. 27.

1096 Pour Jacques Dehaussy, « la renonciation est un acte juridique, au sens technique du terme. D'où il résulte que le simple fait de s'abstenir, en un cas particulier, d'exercer un droit ou une prérogative ouverts par la loi, ne constitue pas en soi une renonciation ».

volontaire ou à un agissement « animé d'une certaine volonté » d'où s'ensuivent certains effets de droit n'ayant pas été directement recherchés[1097], car le non-exercice d'un droit ne « comporte pas l'expression d'une volonté assez précise pour constituer un acte juridique »[1098]. Le non-exercice d'un droit est alors appréhendé comme une application pure et simple de la loi[1099] puisque ne pas faire usage d'un droit est, en définitive, une alternative prévue et permise par la loi[1100]. Ce constat, s'il ne constitue aucunement un obstacle empêchant de considérer le non-recours comme une renonciation dans la mesure où certains auteurs, rares il est vrai, soutiennent que le non-usage d'un droit peut être appréhendé comme une renonciation[1101], appelle indubitablement une réflexion plus approfondie pour cerner de quelle façon la non-demande du bénéficiaire d'un droit à l'aide sociale, fait purement matériel, accède à la vie juridique en devenant un fait juridique.

b. L'intégration du non-recours par non-demande dans le champ de la renonciation à l'exercice d'un droit

231. Suivant la typologie qu'élaborent Olivier de Schutter et Julie Ringelheim[1102], la renonciation peut consister à « ne pas exercer une liberté qui nous est reconnue, que nous aurions donc le *droit* d'exercer » ou à « s'abstenir d'agir pour se plaindre d'une atteinte portée à un droit, en d'autres termes, "renoncer" à en obtenir réparation et à réclamer la sanction de l'auteur de la violation ». Cette approche invite à ne pas exclure le non-recours du champ de la renonciation, mais au contraire, à rechercher s'il existe une raison de concevoir ce phénomène comme une renonciation. Doit alors être mis en évidence le lien qui existe entre la volonté interne du bénéficiaire de renoncer à exercer son droit et son incidence juridique - la perte des prérogatives attachées au droit non-exercé -, alors qu'elle n'est pas

---

DEHAUSSY (J.), « Rapport général sur les renonciations au bénéfice de la loi en droit public », Paris, Dalloz, TAHC, 1959-1960, t. XIII, p. 497. Dans le même sens : AUBY (J.-M.), « La renonciation au bénéfice de la loi en droit public français », *op. cit.*, p. 512.

1097 CARBONNIER (J.), *Droit civil. Les biens, Les obligations*, Paris, PUF, coll. Quadrige, 2004, v. II, p. 1930.

1098 GRAMMATIKAS (G.), *Théorie générale de la renonciation en droit civil. Étude parallèle du droit français et du droit hellénique*, *op. cit.*, p. 36.

1099 FRUMER (P.), *La renonciation aux droits et libertés. La Convention européenne des droits de l'homme à l'épreuve de la volonté individuelle*, *op. cit.*, p. 578.

1100 « Le non-exercice d'une faculté ouverte par la loi [...] ne constitue donc pas davantage une renonciation. Mais, bien entendu, est constitutive d'une renonciation la déclaration par laquelle le sujet de droit renonce d'avance à user d'une faculté lorsque surviendront les évènements déclenchant l'application concrète de la loi qui ouvre cette faculté ». DEHAUSSY (J.), « Rapport général sur les renonciations au bénéfice de la loi en droit public », *op. cit.*, p. 497.

1101

1102 SCHUTTER (O. de) et RINGELHEIM (J.), « La renonciation aux droits fondamentaux. La libre disposition de soi et le règne de l'échange », *op. cit.*, p. 445.

manifestée. Ce lien réside dans l'existence d'une présomption de renonciation.

232. Le principe selon lequel « la renonciation ne se présume pas »[1103] ne vaut qu'en l'absence de dispositions textuelles instaurant une présomption de renonciation. Aussi, concernant les droits soumis à prescription, a-t-il parfois été considéré qu'une renonciation « à exercer certains droits soumis à prescription ou à péremption est possible puisqu'une renonciation par inaction existe »[1104]. Cette position doctrinale ne fait assurément pas l'unanimité, une partie de la doctrine estimant, qu'à la différence de la renonciation qui naît d'une manifestation de volonté et dépend « du gré du titulaire du droit », l'extinction d'un droit par son non-usage est engendrée par un fait juridique - l'écoulement d'un certain délai - et résulte de la prescription organisée par le législateur[1105]. La première, la renonciation, résulte de l'expression d'une volonté tandis que l'extinction du droit en raison de son non-usage résulte du seul écoulement du temps[1106]. Le non-exercice de certains droits soumis à prescription constituent pourtant une renonciation, car les dispositions instaurant des prescriptions présument la renonciation du bénéficiaire du droit ne l'exerçant pas dans le délai imparti. Quoique le bénéficiaire puisse, en n'exerçant pas son droit, réellement souhaiter y renoncer, la renonciation est présumée, dans la mesure où, quelle que soit sa volonté interne, son inaction conduira à l'extinction de son droit. Les prescriptions semblent d'ailleurs sous-tendues par l'idée qu'en laissant « le temps s'écouler sans exercer son droit, le titulaire qui n'agit pas s'en désintéresse manifestement. De ce désintérêt, on peut déduire qu'il a choisi de renoncer à son droit, bien que cette volonté n'ait pas été expressément formulée »[1107]. La volonté du titulaire du droit est présumée et, par conséquent, la renonciation « n'est qu'une éventualité qui ne sera jamais vérifiée »[1108].

233. L'inaction du bénéficiaire d'un droit à l'aide sociale peut, pareillement, être assimilée à une volonté de renoncer à l'exercice de son droit, car de cette volonté fictive découlent, non pas tant en raison de

---

1103 Ce principe est posé depuis très longtemps : Cass. Civ., 7 juillet 1856, *D. P.*, 1856, I, p. 285. Arrêt cité par DREIFUSS-NETTER, *Les manifestations de volonté abdicatives*, *op. cit.*, p. 162.

1104 KNAPP (B.), *Précis de droit administratif*, Bâle, Éditions Helbing et Lichtenhahn, coll. théorie et pratique du droit, 4e éd., 1991, p. 171 ; DUCOIN (C.), *Essai d'une théorie générale de la renonciation en droit civil français*, Lyon, J. Poncet, 1913, p. 12.

1105 SEILLAN (Y.), « L'acte abdicatif », *RTD civ.*, 1966, p. 690.
Voir également SIBICIANO (N.), *Théorie générale des renonciations en droit civil français*, Paris, R. Pichon et R. Durand-Auzias, 1932, p. 12.

1106 SEILLAN (Y.), *ibid.*, p. 690.
Dans le même sens GRAMMATIKAS (G.), *Théorie générale de la renonciation en droit civil. Étude parallèle du droit français et du droit hellénique*, Paris, LGDJ, 1971, p. 39.

1107 Sur ce point voir COLLIN (A.), *Pour une conception renouvelée de la prescription*, Paris, Defrénois, coll. Doctorat & notariat t. 46, 2010, p. 36.

1108 *Ibid.*, p. 38.

l'écoulement du temps qu'en raison des dispositifs législatifs mis en place qui subordonnent l'acquisition des droits à l'aide sociale à une demande du bénéficiaire, des effets juridiques : la perte des prérogatives attachées aux droits non demandés. Même si le législateur n'a pas prévu *expressis verbis* une présomption de renonciation à l'exercice d'un droit à l'aide sociale en cas de non-demande, celle-ci transparaît implicitement à travers le fait qu'il conditionne son octroi à une démarche positive de la part de son bénéficiaire. Il a d'ailleurs été considéré que, « Si, aux termes de la loi, il dépend de la volonté de l'intéressé de faire valoir une prétention, on peut en conclure que le législateur a voulu admettre que l'ayant droit peut abandonner sa prétention »[1109], c'est-à-dire y renoncer. Cette interprétation semble confirmée par la jurisprudence de la Cour de cassation relative au droit aux aliments selon laquelle les « aliments ne s'arréragent pas »[1110]. Cette interdiction de se prévaloir d'un droit en paiement d'aliments de façon rétroactive repose sur l'idée que « si le créancier a pu vivre sans aliments, c'est qu'il n'était pas vraiment dans le besoin ou qu'il a renoncé à les réclamer »[1111].

234. Cette présomption de renonciation à l'exercice d'un droit à l'aide sociale est sans aucun doute étroitement liée à l'adage selon lequel nul n'est censé ignorer la loi[1112], car, étant supposé avoir connaissance de ses droits, la non-demande du bénéficiaire ne peut s'expliquer que par sa volonté d'y renoncer. Elle trouve un écho important en droit de l'aide sociale, domaine dans lequel l'acquisition des droits est conditionnée par une demande de l'administré et dans lequel il n'est « pas possible de reprocher à une instance administrative de ne pas avoir octroyé une aide qui n'a pas été

[1109] OSWALD (W.), « Les renonciations au bénéfice de la loi en droit public suisse », Paris, Dalloz, TAHC, 1959-1960, t. XIII, p. 559.

[1110] Cass. civ. 1re, 5 février 1991, n° 89-17840, *Bull. civ.* I, n° 49 ; *D.*, 1991, p. 469, note Massip (J.). Dans le même sens : Cass. civ. 1re, 14 janvier 2003, *Centre hospitalier d'Embrun c/ Mme Winzer et autres*, n° 00-20267, *Bull. civ.* I, n° 6 ; *AJ fam.*, 2003, p. 100, obs. Bicheron (F.) ; *D.*, 2003, p. 2265, note Dagorne-Labbe (Y.) ; *RTD civ.*, 2004, p. 275, obs. Hauser (J.) et Cass. civ. 1re, 28 juin 2005, n° 01-16233, inédit.

[1111] RIEUBERNET (C.), « Le recours des établissements publics de santé contre un débiteur d'aliments toujours soumis au droit privé », *LPA*, 2007, n° 189, p. 6.
COURBE (P.) et GOUTTENOIRE (A.), *Droit de la famille*, Paris, Dalloz, coll. Sirey Université, 6e éd., 2013, p. 533.

[1112] Cet adage exprime une fiction - nécessaire pour assurer l'effectivité du droit indépendamment de la connaissance réelle que peuvent en avoir ses destinataires -, puisque « nul ne peut prétendre, de nos jours encore moins qu'autrefois, posséder, en la matière, la science infuse » (TERRÉ (F.), « Le rôle actuel de la maxime "Nul n'est censé ignorer la loi" », *Travaux et recherches de l'Institut de droit comparé*, 1966, p. 98).
MOLFESSIS (N.), « Les illusions de la codification à droit constant et la sécurité juridique », *RTD civ.*, 2000, p. 189.
Pour autant, cette maxime a une véritable portée juridique puisque le juge s'y réfère, en particulier pour éviter que la méconnaissance d'une règle puisse excuser son non-respect. CAA Marseille, 28 mai 2013, *M. B.*, req. n° 11MA01255, inédit au recueil Lebon ; CAA Nancy, 21 avril 2011, *Société Rohm and Haas France*, req. n° 09NC01460, inédit au recueil Lebon.

demandée »[1113]. Quoique le juge fasse parfois preuve d'une certaine indulgence afin que puissent être prises en compte, non seulement une demande informelle lors de la détermination de la date d'ouverture d'un droit à l'aide sociale[1114], mais aussi la date à laquelle le bénéficiaire est entré pour la première fois en contact avec l'administration pour solliciter une aide que, par la suite, il n'a pas demandée officiellement à cause de l'administration[1115], le bénéficiaire ne pourra jamais renverser la présomption de renonciation lorsqu'il n'a pas agi. Dès lors, sont traités juridiquement de la même manière tous les non-recours, y compris lorsqu'ils sont le fait de l'ignorance du bénéficiaire, puisque la présomption selon laquelle nul n'est censé ignorer la loi est irréfragable[1116]. Le bénéficiaire ne pourra faire valoir son ignorance pour espérer percevoir ses droits antérieurement à sa demande[1117]. Tout au plus, pourra-t-il engager la responsabilité de l'administration si elle a manqué à son obligation d'information, sachant que c'est l'action du bénéficiaire de l'aide sociale qui déclenche l'obligation d'informer. L'administration ne sera tenue pour responsable que dans le cas où le bénéficiaire pourra apporter la preuve qu'il

1113 Comm. centr., 26 novembre 2014, *Mme Z.*, dossier n° 130559, *CJAS*, n° 2016/6.

1114 La Commission centrale d'aide sociale estime que, lorsqu'aucun formalisme n'est exigé pour le dépôt de la demande, un courrier sur papier libre constitue « une demande non équivoque d'admission à l'aide à l'hébergement ». Comm. centr., 26 avril 2013, *Mme X.*, dossier n° 120744, *CJAS*, n° 2013/5.

Peut être prise en compte une demande même incomplète de RMI si la preuve peut être apportée que le demandeur a « fait une démarche auprès de l'espace insertion visant à faire valoir son droit au revenu minimum d'insertion. Comm. centr., 17 avril 2015, *M. X.*, dossier n° 130547, *CJAS*, n° 2016/2.

1115 La Commission centrale d'aide sociale a admis, par exemple, qu'une demande d'aide sociale avait été effectivement présentée dans les deux mois qui suivaient le jour de l'entrée dans l'établissement, conformément au délai prévu par l'article 8 du décret du 11 juin 1954, dans la mesure où le représentant légal du demandeur de l'aide sociale à l'hébergement s'était rendu au CCAS d'Echirolles pour y remplir une demande d'aide sociale dans les jours qui avaient suivi l'admission de son protégé dans un foyer de Vizille. Le fait que les agents de ce centre lui aient indiqué être dépourvus des formulaires nécessaires et lui aient demandé d'attendre leur envoi, ainsi que le fait qu'il n'ait été à nouveau convoqué par le CCAS qu'en décembre 1998 pour remplir une demande sans que les formulaires ne lui aient été préalablement envoyés, conduisent le juge à refuser de considérer, comme l'avait fait l'administration, que la demande avait été déposée plus de quatre mois après le jour de l'entrée en établissement. Par conséquent, la prise d'effet de la décision d'admission devait intervenir à la date de l'admission dans l'établissement et non au premier jour de la quinzaine suivant la date à laquelle la demande avait été présentée. Comm. centr., 17 décembre 2001, *M. J.*, dossier n° 992679, *CJAS*, n° 2002/2.

Voir également : Comm. centr., 6 mars 2007, *Mlle B.*, dossier n° 051322, CJAS, n° 2007/5.

1116 François Terré montre que cette règle qui est particulièrement contraignante en droit pénal est assouplie dans d'autres branches du droit. TERRÉ (F.), « Le rôle actuel de la maxime "Nul n'est censé ignorer la loi" », *op. cit.*, p. 99 et suiv.

1117 La Commission centrale d'aide sociale considère que « le moyen soulevé par la requérante selon lequel le dépôt tardif de la demande résulte de son ignorance de l'existence de l'allocation personnalisée d'autonomie est inopérant ». Comm. centr., 5 mars 2009, *Mme X.*, dossier n° 070953, *CJAS*, n° 2009/5.

a demandé des informations sur ses droits[1118]. Dans une décision du 8 février 2016[1119], la cour administrative d'appel de Marseille a jugé que la maison départementale des personnes handicapées de l'Hérault (MDPH) n'a commis aucune faute en n'informant pas le requérant de son droit à pouvoir bénéficier d'un complément à l'allocation d'éducation de l'enfant handicapé entre le 1er décembre 2004 et le 1er septembre 2010 étant donné qu'il n'a ni demandé à percevoir ce complément ni saisi la MDPH d'une demande d'information à ce sujet. Ce faisant, elle laisse entendre qu'il est de la responsabilité du bénéficiaire de demander ses droits ou d'accomplir les démarches pour obtenir les informations nécessaires à l'exercice de ses droits.

235. Cette présomption de renonciation amène à considérer, lorsque les droits à l'aide sociale ne sont pas demandés, que leurs bénéficiaires y ont renoncé, et ce, que leur non-recours soit le fait d'un manque d'information ou d'un abandon volontaire. Peuvent alors se voir qualifier de renonciation des situations dans lesquelles l'inaction n'est pas le fruit d'une démarche éclairée du bénéficiaire du droit. Le traitement juridique identique des non-recours par non-demande et par non-connaissance, générant pareillement la perte des prérogatives attachées à un droit non acquis à l'aide sociale, donne à penser que la volonté du renonçant présumé est dans une large mesure « fictive »[1120].

2. Le non-recours par non-réception : une renonciation tacite ou une renonciation présumée à l'exercice d'un droit

236. Coexiste avec le non-recours par non-demande et par non-connaissance une autre forme de non-recours : le non-recours par non-réception. Celui-ci tend à désigner la situation dans laquelle l'offre est connue et demandée, mais n'est pas perçue à la suite, par exemple, de l'abandon de la démarche d'obtention ou du rejet de la proposition qui est faite. Étant susceptible de résulter de la volonté du bénéficiaire de renoncer à exercer son droit comme de sa négligence, le non-recours par non-réception semble difficilement assimilable à une renonciation à l'exercice d'un droit.

1118 Il existe une différence avec l'étendue de l'obligation d'information que la Cour de cassation fait parfois peser sur les organismes de sécurité sociale. Sur ce point, voir COLOMBET (H.), *L'obligation d'information sur les règles de droit*, thèse soutenue à l'Université Jean-Monnet de Saint-Étienne, 2015, dactyl., p. 94-95 et p. 256 et suiv.

1119 CAA Marseille, 8 février 2016, *M. C.*, req. n° 14MA03391, inédit au recueil Lebon. Voir également CAA Nantes, 10 novembre 2005, *M. X.*, req. n° 04NT00702, inédit au recueil Lebon et CAA Paris, 8 novembre 2012, *Mmes C.*, req. n° 12PA02107, inédit au recueil Lebon.

1120 Frédérique Dreifuss-Netter désigne par l'expression « volonté fictive » les situations pour lesquelles des « règles de droit, légales ou jurisprudentielles, se réfèrent à une *pseudo* volonté, en dehors de toute recherche concrète d'intention et sans que les intéressés aient le loisir d'exprimer la volonté d'écarter la règle ». DREIFUSS-NETTER (F.), *Les manifestations de volonté abdicatives*, *op. cit.*, p. 61.

La doctrine refuse d'ailleurs d'envisager l'abstention comme une manifestation de volonté suffisante pour être à l'origine d'une renonciation tacite, car l'abstention est perçue comme un comportement passif n'ayant aucune extériorité[1121] et, par conséquent, ne peut être la manifestation d'une volonté tacite qui est une volonté exprimée[1122]. Seul Jean-Marie Auby a reconnu que l'abstention pouvait dans certains cas « traduire l'existence d'une renonciation implicite »[1123]. Si cette idée n'est pas étayée, elle insuffle un doute suffisant pour que la conception de la doctrine majoritaire soit mise à l'épreuve. Or, il apparaît non seulement que l'abstention, dans le cadre du non-recours par non-réception, manifeste parfois une renonciation tacite (a), mais encore, que l'inaction du bénéficiaire ayant sollicité l'octroi d'une aide sociale, en droit de l'aide sociale, est fréquemment assimilée par le législateur ou le pouvoir règlementaire à une renonciation (b).

a. L'inaction à la suite d'une demande, manifestation d'une renonciation tacite

237. Pierre Godé a été le premier à reconnaître que, s'il est de nombreux cas où « le droit se montre fort exigeant pour accueillir la renonciation tacite »[1124], il en est d'autres où elle a été « déduite de simples abstentions »[1125]. Aussi, « tout semble se passer comme s'il existait deux sortes de renonciations, l'une fondée sur la volonté juridique de son auteur, l'autre résultant d'intentions plus ou moins nettes »[1126]. Dans le premier cas, ne sont efficaces que les manifestations de volonté « très nettes et précises »[1127]. Cette renonciation doit résulter d'actes qui, accomplis volontairement et en connaissance de cause, manifestent de façon non équivoque l'intention de leur auteur de renoncer[1128]. Le juge veille ainsi à ce que la renonciation ne soit pas induite « d'un oubli, d'une abstention ou d'une omission, et notamment de cette circonstance » que le droit prétendument abandonné n'aurait pas été invoqué à un moment donné[1129]. Pour être valables, les renonciations tacites ne peuvent consister qu'en

---

1121 DREIFUSS-NETTER (F.), *Les manifestations de volonté abdicatives*, *op. cit.*, p. 60.

1122 *Ibid.*, p. 66. Elle est exprimée accessoirement, *via* le langage écrit ou parlé ou *via* un comportement incompatible avec la volonté de conserver un droit (GODÉ (P.), *Volonté et manifestations tacites*, Paris, PUF, 1977, p. 81).

1123 AUBY (J.-M.), « La renonciation au bénéfice de la loi en droit public français », *op. cit.*, p. 512.

1124 GODÉ (P.), *Volonté et manifestations tacites*, *op. cit.*, p. 145.

1125 *Ibid.*, p. 142.

1126 *Ibid.*, p. 145.

1127 *Ibid.*

1128 Cass. civ., 25 octobre 1937, *Cie des chemins de fer de Paris à Orléans c/ Aycagner*, *D.H.*, 1937, p. 565.

1129 GODÉ (P.), *Volonté et manifestations tacites*, *op. cit.*, p. 146.
Pour exemple : Cass. civ. 3e, 30 avril 1970, *Monnier c/ Girod*, n° 68-14454, *Bull. civ.* III, n° 300.

l'accomplissement conscient d'un acte positif[1130], incompatible avec la volonté de conserver l'avantage en cause, c'est-à-dire d'un fait directement contraire au droit prétendument abdiqué[1131] effectué avec la conscience d'abandonner cet avantage[1132]. Dans le second cas, la renonciation résulte d'une « volonté dégradée » « dont la faiblesse confine à l'incertitude, et qui parfois n'en produit pas moins certains effets juridiques »[1133]. Si cette renonciation semble, au premier abord, être en mesure de recouvrir les situations de non-recours par non-réception, rien n'est moins sûr, car pour les auteurs s'y étant intéressés, cette volonté ne peut produire des effets qu'à partir du moment où un avantage est offert à une personne qui en a connaissance et qu'elle s'abstient de s'en servir alors qu'elle agit[1134]. L'abstention étant pareillement susceptible de cacher une volonté ou, au contraire, l'absence totale d'intention, elle ne peut être une manifestation tacite de volonté que si elle est accompagnée d'un acte positif[1135]. Elle doit donc être « dynamique », « abstention dans l'action »[1136] et par conséquent traduire un choix entre faire telle chose ou telle autre chose et, parallèlement, représenter un *effort* : « celui de ne pas utiliser tel avantage déterminé à un moment et dans des circonstances données (celles où l'on est victime d'une agression, de l'atteinte à un "*droit*") »[1137]. Bien que Pierre Godé estime qu'à « l'abstention dans l'action, le droit attache un effet qui n'a pas été voulu : la privation d'une prérogative »[1138] et en déduise que cet effet « n'étant pas le produit d'une volonté de renoncer, il conviendrait de le désigner sous un autre terme [que celui de renonciation] »[1139], les juges, européen, judiciaire[1140] et administratif, ne semblent pas faire grand cas de ces atermoiements et n'hésitent pas à appréhender « l'abstention dans l'action » comme une renonciation tacite.

238. Dans l'affaire *Hakansson et Sturesson c/ Suède*[1141] d'abord, *Pauger c/ Autriche* ensuite[1142], la Cour européenne accepte que les requérants

---

1130 GRAMMATIKAS (G.), *Théorie générale de la renonciation en droit civil. Étude parallèle du droit français et du droit hellénique*, *op. cit.*, p. 137.

1131 Par exemple, la Cour de cassation a affirmé que « l'acquiescement implicite doit être certain, c'est-à-dire résulter d'actes incompatibles avec la volonté d'exercer un recours, et démontrant avec évidence la volonté de celui auquel on l'oppose d'accepter la décision intervenue ». Cass. civ. 2e, 8 avril 2004, *Compagnie Groupama Loire Bourgogne c/ Consorts X.*, n° 02-15884, *Bull. civ.* II, n° 159.

1132 GODÉ (P.), *Volonté et manifestations tacites*, *op. cit.*, p. 146, et DREIFUSS-NETTER, *Les manifestations de volonté abdicatives*, *op. cit.*, p. 155.

1133 GODÉ (P.), *ibid.*, p. 147.

1134 *Ibid.*, p. 148.

1135 *Ibid.*, p. 151.

1136 *Ibid.*, p. 153.

1137 *Ibid.*, p. 151.

1138 *Ibid.*, p. 153.

1139 *Ibid.*

1140 REBOUL-MAUPIN (N.), « Renonciation tacite à une servitude *non altius tollendi* », *D.*, 2004, p. 2470-2471.

1141 CrEDH, 21 février 1990, *Hakansson et Sturesson c/ Suède*, req. n° 11855/85.

se voient opposer leur renonciation tacite à la publicité des débats. Dans la première affaire, elle juge que la procédure de contestation de la légalité d'une vente se déroulant généralement sans audience publique en Suède « on pouvait s'attendre à les voir en solliciter une s'ils y attachaient du prix ». Dans la seconde affaire, après avoir rappelé que « la Cour constitutionnelle a pour règle de ne pas ouïr les parties si aucune d'elles ne l'y invite expressément », elle estime que l'« on pouvait s'attendre à voir le requérant solliciter une audience, s'il y attachait du prix », et ce, d'autant plus que « M. Pauger est d'ailleurs professeur de droit public et donc familiarisé avec la procédure devant la Cour constitutionnelle ». L'absence de demande de publicité des audiences par les requérants alors que les législations en vigueur dans chacun des États, tout en posant le principe de non-publicité, aménageaient des possibilités d'audiences publiques[1143] est ainsi considérée par la Cour comme une renonciation tacite. Lorsque la règle est l'absence de publicité, mais que le législateur a prévu des possibilités d'audiences publiques, le fait pour les requérants de ne pas déposer une demande en ce sens est une abstention qui est assimilée, par le juge européen, à une renonciation tacite[1144].

239. La position de la Haute juridiction administrative est assez proche de celle de la Cour européenne. Elle a jugé que le droit des fonctionnaires à la communication de leur dossier avant d'être l'objet d'une mesure disciplinaire, énoncé à l'article 65 de la loi du 22 avril 1905, avait été respecté lorsque l'administration avait invité l'intéressé à en réclamer la communication et que celui-ci avait décliné l'offre[1145] ou lorsque le fonctionnaire avait été régulièrement informé de la mesure dont il était menacé et qu'un délai suffisant s'était écoulé entre cet avis et la mesure disciplinaire pour qu'il ait pu en exiger la communication[1146]. L'abstention du titulaire d'un droit de dire ou de faire quelque chose prévu par la loi - comme demander la publicité des débats ou la communication de son dossier - est assimilée à un choix de sa part de ne pas utiliser son droit au moment où il y est porté atteinte. Cette « abstention dans l'action » s'apparente, pour le juge européen et pour le juge administratif, à une renonciation tacite.

240. La question se pose alors de savoir si le non-recours par non-réception est susceptible d'être interprété comme une renonciation tacite du bénéficiaire de l'aide sociale. Le juge administratif considère qu'a renoncé au bénéfice de sa demande, et donc à l'exercice de son droit, l'usager qui,

---

1142 CrEDH, 28 mai 1997, *Pauger c/ Autriche*, req. n° 16717/9.

1143 ADAM-FERREIRA (B.), « La renonciation est-elle compatible avec la protection des droits fondamentaux ? La renonciation aux droits procéduraux dans la jurisprudence du Conseil d'État et de la Cour européenne des droits de l'homme », *RFDA*, 2007, p. 748.

1144 *Ibid.*

1145 CE, 21 février 1908, *Sieur Busoni*, *Rec. CE*, p. 174 et CE, 22 mai 1908, *Sieur Guéry*, *Rec. CE*, p. 558.

1146 CE, 25 juin 1909, *Sieur Sembat*, *Rec. CE*, p. 610 ; *RDP*, 1909, p. 474, note Jèze.

après avoir sollicité l'administration pour qu'un tel droit lui soit reconnu, s'abstient, en connaissance de cause, de se présenter à un rendez-vous ou de renvoyer les justificatifs demandés indispensables à l'acquisition de son droit. Il appréhende ainsi l'absence de réaction à la suite d'une sollicitation comme une manifestation de la volonté de l'administré de ne pas se prévaloir de son droit. Il a notamment jugé en matière de renouvellement de titre de séjour dans l'arrêt *Préfet du Pas-de-Calais c/ N'Diaye*[1147] que le requérant, qui après avoir demandé le renouvellement de sa carte de séjour temporaire en qualité d'étudiant et obtenu à cette fin un rendez-vous à la sous-préfecture ne s'est pas présenté et n'a ensuite accompli aucune démarche en vue de son renouvellement, doit « être regardé comme ayant *renoncé à demander* le renouvellement de son titre de séjour ». Il estime pareillement que le requérant qui a déposé une demande d'asile, mais qui non seulement ne s'est pas présenté à la préfecture pour l'audition à laquelle il avait été convoqué, mais encore n'a pas demandé son report à une date ultérieure doit « être réputé avoir renoncé à sa demande »[1148]. Ces décisions, bien que ne concernant pas des bénéficiaires de l'aide sociale, sont révélatrices du regard que le juge administratif porte sur « l'abstention dans l'action » des usagers d'autres services publics.

241. En droit de l'aide sociale, le bénéficiaire qui, après avoir sollicité l'octroi d'un droit, s'abstient en connaissance de cause de se présenter à un rendez-vous ou de compléter son dossier est également appréhendé par le juge comme ayant renoncé à sa demande. Aussi n'hésite-t-il pas à valider le rejet par l'administration d'une demande d'aide sociale au motif que l'intéressé n'a pas fourni les preuves indispensables à la constatation de son droit[1149]. Une caisse d'allocations familiales agissant par délégation du président du conseil général peut, par exemple, légalement refuser d'ouvrir un droit au revenu minimum d'insertion à une personne qui a déposé une demande dans laquelle elle mentionne ne disposer d'aucunes ressources propres et qui a refusé de répondre aux questions posées par l'agent de contrôle assermenté s'y rapportant[1150]. Le seul fait de ne pas avoir produit de dossier complet n'est cependant pas assimilé par le juge à une renonciation[1151]. Le Conseil d'État a considéré que le requérant, qui a fait l'objet d'une radiation de la liste des demandeurs de logement social par le préfet en janvier 2016 au motif qu'il n'avait pas produit de dossier complet à l'appui du renouvellement de sa demande de logement locatif social, ne pouvait être regardé comme ayant renoncé à sa demande alors qu'il restait dépourvu de tout logement et qu'il avait ensuite renouvelé sa demande dans

---

[1147] CE, 6 janvier 1995, *Préfet du Pas-de-Calais c/ N'Diaye*, req. n° 146370.

[1148] CE, 15 octobre 2003, *M. Laurentiu A.*, req. n° 254416, inédit au recueil Lebon. Dans le même sens : CE, 10 janvier 2005, *M. Mohamed X.*, req. n° 265535, inédit au recueil Lebon.

[1149] Comm. centr., 17 janvier 1957, *Sieur B.*, *RTO*, 1957, J. 35 ; Comm. centr., 12 juin 1985, *Eure-et-Loir*, *RDSS*, 1986, p. 466.

[1150] Comm. centr., 16 janvier 2015, *M. X.*, dossier n° 130317, *CJAS*, n° 2016/1.

[1151] CE, 12 mars 2019, req. n° 413991.

les formes attendues. Face à des demandes incomplètes d'aide sociale, il appartient notamment aux instances d'admission de faire compléter les dossiers déposés et non de les rejeter en l'état « en retardant encore l'instruction de demandes qui présentent un caractère social et urgent »[1152]. Ce n'est qu'à partir du moment où le demandeur n'a pas complété son dossier dans le délai imparti que son inaction prolongée est susceptible d'être appréhendée comme une renonciation tacite et qu'elle entraîne la perte définitive des prérogatives attachées aux droits demandés, mais non acquis. Cette situation entre en résonance avec la jurisprudence de la Cour de cassation. Tout en rappelant que la renonciation à un droit ne se présume pas et ne peut résulter que d'actes manifestant sans équivoque la volonté d'y renoncer, « laquelle ne peut se déduire du simple silence gardé par un assuré social », elle estime que le requérant qui ne s'est pas manifesté après le dépôt d'une demande de pension de vieillesse incomplète et malgré les relances de la CRAM a « renoncé à sa première demande »[1153].

242. Le demandeur d'un droit à l'aide sociale qui ne répond pas aux sollicitations de l'administration afin, par exemple, de compléter son dossier est considéré comme ayant renoncé tacitement à sa demande. De son inaction, l'administration peut donc déduire qu'il a choisi de renoncer à exercer son droit. Il doit, toutefois, pouvoir être considéré comme responsable de cette situation. Si le dossier de demande d'aide sociale est incomplet en raison de l'absence de renseignements concernant certains obligés alimentaires, l'administration ne peut pas opposer au bénéficiaire sa renonciation tacite. Lorsque les obligés alimentaires du bénéficiaire n'ont donné aucune information sur leurs situations financières, il appartient non seulement à l'administration de procéder à des recherches dans l'intérêt des familles ou de procéder à des recoupements avec les données fiscales, mais aussi au président du conseil général, si la carence des intéressés est avérée, de saisir l'autorité judiciaire afin de fixer le montant éventuel de la dette alimentaire[1154]. De même, en cas de force majeure, la non-présentation par le demandeur de pièces justificatives ou l'absence réitérée de réponses aux convocations d'un organisme de sécurité sociale allouant une prestation d'aide sociale ne peut pas justifier le refus de l'ouverture du droit demandé. La Commission centrale d'aide sociale a estimé qu'en raison de son incarcération le requérant était dans l'impossibilité d'accomplir les démarches nécessaires à la constitution de son dossier d'aide sociale. Le défaut de constitution du dossier n'était pas assimilable à un refus ou même à une négligence de l'intéressé, mais à un cas de force majeure et ne constituait donc pas un motif valable pour que lui soit refusé l'octroi de

---

1152 Comm. centr., 15 décembre 2006, *Mlle Alexandra O.*, dossier n° 060099, *CJAS*, n° 2007/3.

1153 Cass. civ. 2e, 16 novembre 2004, *Ortega c/ CRAM du Languedoc-Roussillon*, n° 03-30399, *RJS* 2/05, 2005, n° 207.

1154 Comm. centr., 20 janvier 2006, *Mme V.*, dossier n° 041992, *CJAS*, n° 2006/3.

l'aide sociale[1155]. Lorsqu'il n'est pas responsable de l'incomplétude du dossier, le bénéficiaire ne peut être regardé comme ayant tacitement renoncé à exercer son droit. L'inaction à la suite d'une demande d'un droit à l'aide sociale peut, en outre, être assimilée par la loi à une renonciation.

b. L'inaction à la suite d'une demande, une renonciation présumée à l'exercice d'un droit

243. En conférant à l'abstention de celui qui a sollicité le bénéfice d'un droit un sens - la volonté de renoncer à l'exercice du droit demandé - et des effets juridiques - l'abandon de la demande -, le législateur et le pouvoir réglementaire traitent parfois le non-recours par non-réception à un droit à l'aide sociale comme une renonciation. Celle-ci est alors présumée.

244. L'article R. 441-2-8 du Code de la construction et de l'habitation, par exemple, dispose qu'à la suite d'une demande de logement social, mais avant son attribution, l'intéressé peut adresser sa renonciation par écrit dans le but d'obtenir sa radiation du fichier d'enregistrement, c'est-à-dire renoncer à sa demande de logement social et, s'il a été reconnu prioritaire dans le cadre du droit au logement opposable, renoncer à son droit à être logé ou relogé prioritairement. Cette radiation peut également résulter de son absence de réponse à un courrier envoyé à la dernière adresse indiquée, après avoir été averti par le service expéditeur du courrier des effets de son silence[1156], ou du non-renouvellement de sa demande dans le délai imparti par la notification qui lui a été préalablement adressée. Or, par son abstention, le demandeur d'un logement social est présumé renoncer à sa demande. Le terme « renonciation » n'est certes pas utilisé, mais son comportement est assimilé à une renonciation tacite puisque, informé des effets juridiques de son comportement, seule la volonté d'abandonner son droit à un logement social semble pouvoir être à l'origine de la radiation de sa demande du fichier d'enregistrement. Dans cette situation de non-recours par non-réception du droit à un logement social[1157], la volonté du bénéficiaire de renoncer à l'exercice de son droit est présumée.

245. Une présomption de renonciation est également mise en place dans le cadre du droit à des conditions matérielles d'accueil. Pour pouvoir en bénéficier, le demandeur d'asile doit accepter la proposition d'hébergement qui lui est faite par l'Office français de l'immigration et de l'intégration après que sa demande d'asile a été enregistrée[1158]. Le demandeur qui ne se

---

[1155] Comm. centr., 18 septembre 1986, *RFAS*, 1987/2, Jur., p. 43.

[1156] Avertissement effectué par lettre recommandée avec accusé de réception ou tout autre moyen permettant d'attester de la remise.

[1157] Selon l'article L. 441 du Code de la construction et de l'habitation, « L'attribution des logements locatifs sociaux participe à la mise en œuvre du droit au logement, afin de satisfaire les besoins des personnes de ressources modestes et des personnes défavorisées ».

[1158] Article L. 744-7 du CESEDA.
Cette exigence était également posée pour l'ATA puisque l'article L. 5423-9 du Code du travail refusait l'octroi de cette aide aux personnes ayant refusé une offre de prise en

présente pas au gestionnaire du lieu d'hébergement dans les cinq jours suivant la décision de l'office « est considéré comme ayant refusé l'offre d'hébergement »[1159]. Les demandeurs d'asile qui ont accepté l'offre de principe d'hébergement, mais qui s'abstiennent de se manifester à la suite d'une proposition concrète d'hébergement, sont donc présumés renoncer à l'exercice de leur droit à des conditions matérielles d'accueil. Cette présomption de renonciation est légale, car, pour le Conseil d'État, la directive 2003/9/CE du 27 janvier 2003 relative à des normes minimales pour l'accueil des demandeurs d'asile dans les États membres de l'Union européenne ne fait pas obstacle à ce que le bénéfice d'une prestation versée aux demandeurs d'asile soit subordonné à la condition que ces derniers acceptent l'offre d'hébergement qui leur est présentée. Une circulaire ne peut, en revanche, légalement prévoir que les demandeurs d'asile qui ne se présentent pas à un rendez-vous fixé par une plate-forme d'accueil sont réputés avoir refusé l'offre de principe d'hébergement ; « en édictant une telle présomption de refus, sans prévoir au demeurant la prise en compte de circonstances particulières », les auteurs de la circulaire ont excédé leurs pouvoirs[1160].

246. Le non-recours par non-réception à un droit à l'aide sociale est aussi parfois assimilé à une renonciation par les règlements départementaux d'aide sociale. Celui de la Manche, par exemple, dispose que le demandeur, lorsque le président du conseil départemental constate que le dossier présenté en vue de l'obtention de l'allocation personnalisée d'autonomie est incomplet, doit être informé dans un délai de dix jours à compter de la réception de la demande du nombre et de la nature des pièces justificatives manquantes, conformément à l'article R. 232-23 du CASF. Il précise néanmoins qu'il « est considéré que la personne a renoncé à sa demande si le dossier reste incomplet pendant plus de 2 mois en l'absence de retour des pièces justificatives ».

247. Ces dispositions confèrent un sens à l'inaction du bénéficiaire à la suite d'une demande d'aide sociale. En ne se manifestant pas, il est présumé renoncer à sa demande et, par conséquent, à l'exercice de son droit.

§ 2. La renonciation à l'exercice d'un droit à l'aide sociale, une renonciation limitée

248. L'ordre public qui interdit qu'il soit renoncé à la titularité de droits à l'aide sociale non acquis[1161] encadre, voire prohibe dans certains cas, la

---

charge en centre d'accueil et précisait que « si ce refus est manifesté après que l'allocation a été préalablement accordée, le bénéfice de l'allocation est perdu au terme du mois qui suit l'expression de ce refus ».

[1159] CE, 30 janvier 2017, *La Cimade et autres*, req. n° 394686, inédit au recueil Lebon.

[1160] CE, 7 avril 2011, *CIMADE et GISTI*, req. n° 335924, *Rec. CE* (tables), p. 781.

[1161] Voir *supra* n° 128 et suiv.

renonciation à l'exercice d'un droit à l'aide sociale. L'ordre public pouvant aussi bien limiter le pouvoir reconnu aux sujets de droit de conclure des actes juridiques que leurs agissements matériels constitue une limite non seulement à la renonciation par engagement à ne pas bénéficier d'un droit à l'aide sociale (A), mais aussi, de façon exceptionnelle il est vrai, au non-exercice d'un droit à l'aide sociale (B).

A. L'ordre public, une limite à la renonciation par engagement à ne pas bénéficier de l'aide sociale

249. Le droit de l'aide sociale a été confronté aux engagements d'enfants de nationalité française à prendre en charge leurs parents de nationalité étrangère lors de demandes de titres de séjour. Pour qu'ils obtiennent une carte de résident « de plein droit », les enfants vivant en France devaient s'engager, sur le fondement de l'ancien article 15 de l'ordonnance du 2 novembre 1945[1162], à prendre en charge leur hébergement ou à assurer leur subsistance. Dans l'affaire *Dame Podda*[1163], les enfants s'étaient engagés à subvenir aux besoins d'un de leurs parents et à « ne faire appel en aucun cas aux organismes d'aide ou de secours » afin qu'il obtienne un titre de séjour. En affirmant que l'engagement par avance à ne pas recourir à l'aide sociale « ne saurait faire échec à la législation d'aide sociale française telle qu'elle résulte notamment, d'une part, des lois et des décrets sur l'aide sociale, d'autre part, de la convention européenne d'assistance sociale et médicale du 11 déc. 1953 », le juge de l'aide sociale a pu laisser penser que la renonciation, par engagement, à exercer un droit à l'aide sociale était impossible, car contraire à l'ordre public. Une telle renonciation, *via* un procédé « plus subtil »[1164], est pourtant validée par la Commission centrale d'aide sociale quelques années plus tard. Le juge accepte alors qu'une aide sociale soit refusée en se fondant sur l'engagement d'un enfant, pris lors d'une demande de titre de séjour de son parent, à subvenir à ses besoins et à prendre en charge la totalité de ses frais d'hébergement.

250. Le seul fait que le juge accepte que la renonciation puisse prendre la forme d'un engagement à ne pas bénéficier de l'aide sociale ne signifie pas que cet engagement ne rencontre aucune limite. L'ordre public s'oppose à ce que l'engagement des enfants à prendre en charge leurs ascendants et la renonciation des parents à l'exercice de leur droit à l'aide sociale, lorsque ceux-ci font valoir cet engagement à l'appui de leur demande de titre de séjour, soient « à la fois perpétuels, inconditionnés et absolus ». La renonciation des parents à l'exercice de leur droit à l'aide sociale ne se heurte en revanche à aucune règle d'ordre public dès lors qu'elle n'est pas

---

[1162] Ordonnance n° 45-2658 du 2 novembre 1945 relative aux conditions d'entrée et de séjour des étrangers en France.

[1163] Comm. centr., 19 mars 1965, *Dame Podda*, *D.*, 1965, p. 104 ; *RTDSS*, 1965, p. 157, note Vught.

[1164] ALFANDARI (E.), « Aide et action sociales. Jurisprudences », *RDSS*, 1981 p. 111.

irréversible. Or, la renonciation au bénéfice de l'aide sociale est intrinsèquement liée à l'engagement du descendant à prendre en charge son parent, engagement qui se greffe sur un rapport alimentaire légal. N'étant pas à même de modifier la nature de ce rapport légal[1165], il conserve sa nature alimentaire et doit se mesurer aux besoins du créancier et aux ressources du débiteur[1166]. La Commission centrale d'aide sociale l'a énoncé expressément dans sa décision *Dame Noguiera da Silva*[1167] en affirmant que l'engagement souscrit par la requérante vis-à-vis de son père « n'a pu avoir pour effet de l'engager au-delà de l'obligation alimentaire à laquelle elle est tenue » et ne saurait constituer une fin de non-recevoir à une demande d'aide hospitalière. L'engagement à prendre en charge un parent étant de nature alimentaire, il ne peut être perpétuel et absolu. La renonciation à l'exercice du droit à l'aide sociale qui accompagne cet engagement lorsqu'il a été présenté à l'appui d'une demande de titre de séjour du parent s'en trouve, par ricochet, limitée. La renonciation est licite, car elle ne produit plus d'effets lorsque le débiteur d'aliments n'est plus en mesure de prendre en charge son ascendant.

251. Le juge a eu recours à un autre procédé pour des aides sociales dont l'octroi n'est pas subordonné au fait que l'intéressé ait fait valoir ses droits aux créances alimentaires, légales ou conventionnelles, mais il s'est, là aussi, assuré que la renonciation ne soit pas perpétuelle. Alors que l'article 23 de la loi du 1er décembre 1988 subordonnait le versement de l'allocation de revenu minimum d'insertion à la condition que l'intéressé fasse valoir ses droits à l'encontre d'un certain nombre d'obligés alimentaires, le législateur avait pris soin d'écarter l'obligation alimentaire des enfants à l'égard de leurs parents figurant à l'article 205 du Code civil[1168]. Le juge a pourtant considéré que l'administration pouvait, dans certains cas, refuser l'attribution du revenu minimum d'insertion à des personnes étrangères dont les enfants s'étaient engagés à les prendre en charge en vue de l'obtention d'un titre de séjour. Bien que le bénéfice du RMI ne puisse légalement être subordonné à la condition que le parent fasse valoir ses droits à l'encontre de son descendant en sa qualité d'obligé alimentaire, le juge présume, eu égard à l'engagement pris par un descendant, que le demandeur a des ressources supérieures au plafond d'attribution du RMI. Le Conseil d'État a ainsi estimé que la Commission centrale d'aide sociale n'avait pas commis

1165 *Ibid.*, p. 111.

1166 Comm. centr., 23 octobre 1957, *Demoiselle Espinasse*, *Revue de l'aide sociale*, 1959, p. 207 ; Comm. centr., 4 mars 1963, *Dame Berniard*, *Revue de l'aide sociale*, 1963, p. 96. Voir la note de Claude Lombois sous l'arrêt Cass. civ. 1re, 18 décembre 1962, *Camboulives*, *Revue de l'aide sociale*, 1963, p. 117, note Lombois (C.) (spéc. p. 121-122).

1167 Comm. centr., 15 février 1978, *Dame Noguiera da Silva, RDSS*, 1981, p. 110.

1168 Article selon lequel « Les enfants doivent des aliments à leurs père et mère ou autres ascendants qui sont dans le besoin ». Voir conclusions Pascale Fombeur : CE, 27 juin 2001, *Mme Haddad*, req. n° 216335, *Rec. CE*, p. 285 ; *RDSS*, 2002, p. 165, concl. Fombeur. Solution déjà affirmée par la Commission centrale d'aide sociale. Comm. centr., 22 avril 1996, *Département du Vaucluse*, dossier n° 950564, *EJCCAS*, n° 39-3, p. 16.

d'erreur de droit en considérant que la requérante qui avait obtenu une carte de résident subordonnée au fait que son fils s'engage à l'héberger et à la prendre en charge et qui n'invoquait aucun changement dans la situation de ce dernier depuis la délivrance de ce titre de séjour « devait être regardée comme entièrement prise en charge par son fils et ne pouvait par suite prétendre à l'allocation de revenu minimum d'insertion ». Il importe peu que l'aide sociale soit conditionnée par la solidarité familiale entre parents et enfants : le parent est réputé « disposer de moyens convenables d'existence au sens de l'article 1er de la loi du 1er décembre 1988 » en raison de l'engagement d'un descendant à le prendre charge lors de sa demande de titre de séjour. L'instauration d'une présomption permet au juge de faire jouer l'engagement du descendant lors de l'appréciation de la légalité d'une décision de refus d'attribution d'une aide sociale non conditionnée par la solidarité familiale. Il s'assure, toutefois, que la renonciation à l'exercice des droits à l'aide sociale ne soit pas pour autant illimitée, en considérant que cette présomption peut être renversée lorsque le parent est en mesure de prouver un changement dans la situation de l'enfant qui s'était engagé à le prendre en charge[1169]. L'engagement du descendant conserve ainsi sa nature alimentaire.

252. Quelle que soit l'aide sollicitée, l'engagement de l'enfant à prendre en charge son parent ne peut être opposé ni à l'un ni à l'autre lorsque la situation de l'enfant a changé et qu'il n'est plus en mesure de subvenir aux besoins de son parent. La renonciation au bénéfice de l'aide sociale ne peut donc, à l'instar de toute renonciation aux droits fondamentaux, être perpétuelle et absolue faute de porter atteinte à la dignité humaine. Ce constat amène, par ailleurs, à faire douter de la licéité des engagements à ne pas bénéficier de l'aide sociale pris en dehors de tout cadre législatif. En l'absence de dispositions spécifiques garantissant que la renonciation ne place pas le bénéficiaire dans une situation contraire à la dignité de la personne humaine, telle que celle prévoyant la prise en charge du renonçant par un obligé alimentaire, il est fort probable que l'engagement à ne pas bénéficier de l'aide sociale soit nul. S'il remplit les conditions pour se voir octroyer un droit à l'aide sociale, l'administration ne pourra sans doute pas se fonder sur un engagement à ne pas bénéficier d'un droit à l'aide sociale, réalisé en dehors de tout cadre législatif, pour lui en refuser le bénéfice.

[1169] La Commission centrale d'aide sociale a jugé, lorsque le descendant en raison de l'évolution de ses conditions de fortune et de ses revenus ne peut plus prendre en charge son ascendant, que ce dernier a « acquis vocation, s'il remplit les conditions pour ce faire, à percevoir les allocations et prestations sociales ouvertes aux résidents en situation régulière » (Comm. centr., 3 septembre 2009, *Mme X.*, dossier n° 080613, *CJAS*, n° 2010/1).
Voir également : Comm. centr., 11 juillet 2003, *M. et Mme L.*, dossier n° 020521, *CJAS*, n° 2003/6 ; Comm. centr., 29 novembre 2006, *Mme P.*, dossier n° 050757, *CJAS*, n° 2007/2.

B. La dignité, une limite à la renonciation par non-exercice d'un droit à l'aide sociale

253. L'ordre public prohibe, dans certains cas, le non-exercice d'un droit à l'aide sociale. Cette situation n'est pas sans poser question au regard du principe selon lequel la liberté ne trouve de bornes que dans les droits et libertés d'autrui et dans l'intérêt général[1170]. Alors que la renonciation, expression de la liberté du titulaire d'un droit, ne devrait être limitée que si elle porte atteinte aux droits et libertés d'autrui ou à l'intérêt général, l'ordre public se fonde parfois sur la dignité humaine pour justifier l'impossibilité de renoncer à exercer certains droits à l'aide sociale.

254. Définie comme « l'essence de l'homme », la dignité humaine est un principe au contenu « multiple et incertain »[1171] en raison de la difficulté que rencontre le droit à définir « ce qui fait l'humanité d'un être humain »[1172]. Elle fait, en droit, l'objet de deux approches différentes : l'une selon laquelle la dignité humaine peut être exigée par la personne et l'autre selon laquelle elle est attendue de la personne[1173]. La dignité est ainsi couramment invoquée à l'appui de la défense d'intérêts antagonistes et est « utilisée, à l'endroit ou à l'envers, pour justifier tantôt la protection de la personne, tantôt le droit de disposer de soi-même »[1174].

255. Dans la lignée de la conception moderne de l'homme, la dignité se révèle consubstantiellement liée à la liberté puisque « être un homme c'est être un individu libre [...], être un homme consiste dans l'exercice de cette liberté, et le droit que la nature humaine confère à l'individu s'analyse nécessairement comme un *pouvoir de soi sur soi* »[1175]. La dignité est alors conçue comme un rempart destiné à protéger l'individu. Le respect de la

---

1170 ARROYO (J.), *La renonciation aux droits fondamentaux. Étude de droit français, op. cit.*, p. 104.

1171 Comité présidé par VEIL (S.), *Redécouvrir le Préambule de la Constitution*, Rapport au président de la République, Paris, La documentation française, 2008, p. 92.

1172 JORION (B.), « La dignité de la personne humaine ou la difficile insertion d'une règle morale dans le droit positif », *RDP*, 1999, n° 1, p. 217.

1173 DREYER (E.), « La dignité opposée à la personne », *D.*, 2008, p. 2730.

1174 MEULDERS-KLEIN (M.-T.), *La personne, la famille, le droit 1968-1998. Trois décennies de mutations en occident*, Paris et Bruxelles, LGDJ et Bruylant, 1999, p. 524.
Le respect de la dignité humaine est invoqué s'agissant du suicide assisté, d'une part pour exiger de maintenir en vie les personnes et, d'autre part, pour justifier que les souffrances de la personne malade puissent être abrégées (CrEDH, 29 avril 2002, *Pretty c/ Royaume-Uni*, req. n° 2346/02). S'agissant de l'avortement, il est invoqué tantôt par les opposants à l'avortement qui soutiennent que cela porte atteinte à la dignité de la personne, tantôt par ses partisans qui voient dans la possibilité d'avorter une protection de la dignité de la mère, de son autonomie et de sa liberté personnelle. Voir CHAMPEIL-DESPLATS (V.), « Dignité de la personne », *JCl. Libertés*, Fasc. 540, 2011.
Sur les deux principales approches de la dignité voir GIRARD (C.) et HENNETTE-VAUCHEZ (S.), « Introduction », *in* GIRARD (C.) et HENNETTE-VAUCHEZ (S.) (dir.), *La dignité de la personne humaine. Recherche sur un processus de juridicisation*, Paris, PUF, coll. Droit et justice, 2005, p. 25 et suiv).

1175 CAYLA (O.) et THOMAS (Y.), *Du droit de ne pas naître. À propos de l'affaire Perruche*, Gallimard, coll. Le débat, 2002, p. 49.

dignité peut être invoqué contre toute atteinte portée par des tiers ou par l'État, mais il ne peut en aucun cas être opposé à l'homme pour restreindre sa liberté ; l'homme est considéré comme libre de définir ce qui nuit à sa dignité d'homme[1176]. Dans cette approche « individualiste »[1177], pour assurer le respect de la dignité de la personne humaine, il est avant tout primordial de garantir sa liberté individuelle, car elle « participe de "l'essence" même de la dignité »[1178]. L'étude de la place faite à la volonté dans certaines dispositions législatives indique que le droit interne n'est pas hermétique à cette acception de la notion de dignité. C'est notamment le cas lorsque l'infraction portant atteinte à la dignité est subordonnée à l'absence de consentement de la victime. Ainsi, la réforme du 15 juin 2000 incriminant à l'article 35 *quater* de la loi du 29 juillet 1881 « la diffusion [...] de la reproduction des circonstances d'un crime ou d'un délit, lorsque cette reproduction porte gravement atteinte à la dignité d'une victime et qu'elle est réalisée sans l'accord de cette dernière », montre que la personne a parfois « l'entière maîtrise de sa dignité »[1179]. Cette conception a également été relayée par le juge. Elle est sous-jacente dans l'arrêt *KA et AD contre Belgique*[1180] dans lequel la violence sexuelle serait, « selon la Cour de cassation belge et la Cour européenne des droits de l'homme, légitime lorsqu'elle a été consentie, même lorsqu'elle porte atteinte à la dignité de la femme »[1181]. Lorsque la dignité se présente comme le fondement de

---

[1176] JORION (B.), « La dignité de la personne humaine ou la difficile insertion d'une règle morale dans le droit positif », *op. cit.*, p. 218.

[1177] BRUNELLE (C.), « La dignité dans la Charte des droits et libertés de la personne : de l'ubiquité à l'ambiguïté d'une notion fondamentale », *Revue du barreau du Québec*, numéro thématique hors série, 2006, p. 173 (accessible en ligne : https://www.barreau.qc.ca/pdf/publications/revue/2006-charte-quebecoise.pdf).

[1178] GESLOT (C.), « Prostitution, dignité... Par ici la monnaie ! », *D.*, 2008, p. 1292.
Il s'agit ici de « l'estimation subjective de ce qui, aux yeux de quelqu'un, le rend digne ou indigne... ». VALADIER (P.), *Morale en désordre : un plaidoyer pour l'homme*, Paris, Seuil, 2002, p. 158, cité par BRUNELLE (C.), « La dignité dans la Charte des droits et libertés de la personne : de l'ubiquité à l'ambiguïté d'une notion fondamentale », *op. cit.*, p. 149.

[1179] Loi du 15 juin 2000, n° 2000-516, article 97-I. Emmanuel Dreyer fait la même analyse à propos du délit instauré par la loi du 15 juin 2000 (n° 2000-516) à l'article 35 *ter* de la loi du 29 juillet 1881. DREYER (E.), « Dignité (droits fondamentaux et) », *in* CHAGNOLLAUD (D.) et DRAGO (G.) (dir.), *Dictionnaire des droits fondamentaux*, Paris, Dalloz, 2006, p. 259.

[1180] CrEDH, 17 février 2005, *K.A. et A.D. c/ Belgique*, req. n° 42758/98.

[1181] MALAURIE (P.), « La dignité de la personne humaine, la liberté sexuelle et la Cour européenne des droits de l'homme », *LPA*, 2006, n° 152, p. 6.
Voir également le rapport du Conseil d'État sur le port du voile intégral dans lequel il estime que, par cet arrêt, la Cour européenne des droits de l'homme a « très clairement affirmé le primat du principe d'autonomie sur la sauvegarde de la dignité "subie" » (souligné par nous). D'ailleurs, il est intéressant de noter que le Conseil d'État tient compte de cette acception de la notion de dignité concernant l'interdiction du voile intégral et ne se retranche pas derrière la définition retenue quinze ans plus tôt dans son arrêt *Commune de Morsang-sur-Orge* (CE ass., 27 octobre 1995, *Commune de Morsang-sur-Orge*, n° 136727). Ainsi, il relève la difficulté de fonder l'interdiction du port du voile intégral sur le principe de sauvegarde de la dignité « eu égard à la variété des circonstances prises en compte, en particulier dans le cas où le port du

l'autodétermination de l'individu, elle justifie la possibilité pour le titulaire d'un droit d'y renoncer[1182].

256. La dignité est aussi utilisée dans un sens justifiant, au contraire, l'impossibilité de renoncer à un droit fondamental. L'utilisation de cette approche de la dignité a parfois fait l'objet de virulentes critiques de la part de la doctrine. Cette dignité « fondamentale »[1183] est attachée à « l'humanité de l'homme »[1184] si bien que l'atteinte à la dignité d'une personne constitue « une atteinte à la dignité de toute personne »[1185]. Dans cette approche objective, la dignité devient « un concept absorbant les obligations générales de respect vis-à-vis d'une certaine représentation de ce qu'est l'humanité digne »[1186]. Sa détermination appartient alors à la collectivité[1187] et elle est opposable au bénéficiaire de la protection dans la mesure où des obligations incombent à l'individu du fait de son appartenance au genre humain. Dès lors, « la définition de la dignité n'est plus synonyme de liberté mais d'obligation, celle de respecter la part d'humanité qui est en tout homme, y compris en soi »[1188]. Une telle conception justifie que soient imposés à un être humain des actes contre sa volonté ainsi que l'interdiction de comportements dont l'accomplissement l'amènerait à renoncer à sa dignité. C'est cette acception qui, semble-t-il, sous-tend la décision *Association Droit au logement Paris et environs.*

257. Alors que le tribunal administratif de Versailles avait jugé que « l'errance de personnes sans domicile fixe en période de grand froid n'est pas de nature à porter atteinte à l'ordre public »[1189], celui de Paris a, pour sa part, considéré qu'« une mort de froid constitue un désordre qu'il incombe à l'autorité de police de prévenir par tous les moyens adéquats »[1190]. Cette position est partagée par la cour administrative d'appel de Paris à l'occasion d'un recours exercé par l'association droit au logement Paris et environs à

---

voile intégral résulte de la volonté délibérée d'une personne majeure ». Conseil d'État, section du rapport et des études, *Étude relative aux possibilités juridiques d'interdiction du port du voile intégral*, 2010, 19-21,
http://www.conseil-etat.fr/content/download/1731/5221/version/1/file/etude_vi_30032010.pdf

1182 ARROYO (J.), *La renonciation aux droits fondamentaux. Étude de droit français*, *op. cit.*, p. 72.

1183 MAURER (B.), *Le principe de respect de la dignité humaine et la Convention européenne des droits de l'homme*, Paris, La documentation française, coll. Monde européen et international, 1999, p. 49 et suiv.

1184 EDELMAN (B.), « La dignité de la personne humaine, un concept nouveau », *in* PAVIA (M.-L.) et REVET (T.) (dir.), *La dignité de la personne humaine,* Paris, Economica, coll. Études juridiques, 1999, p. 27.

1185 CARSIN (X.), *La renonciation en droit du travail*, *op. cit.*, p. 82.

1186 GIRARD (C.) et HENNETTE-VAUCHEZ (S.), « Introduction », *op. cit.*, p. 26.

1187 GESLOT (C.), « Prostitution, dignité... Par ici la monnaie ! », *op. cit.*, p. 1292.

1188 ROMAN (D.), « “À corps défendant”. La protection de l'individu contre lui-même », *D.*, 2007, chron., p. 1284.

1189 TA Versailles, 23 janvier 1998, *Préfet de l'Essonne*, req. n° 971245, *Rec. CE*, p. 623.

1190 TA Paris, 1er juillet 2003, *Association droit au logement Paris et ses environs*, req. n° 030245/4, *AJDA*, 2004, p. 836.

l'encontre d'une note du préfet de Paris prescrivant la prise en charge des personnes sans-abri présentant un risque d'hypothermie mortelle en raison des conditions climatiques et leur accueil temporaire avant placement dans un centre d'hébergement provisoire[1191]. Elle estime « qu'en subordonnant ainsi cette prise en charge d'autorité, par suite de l'échec des tentatives visant à obtenir le consentement des personnes en danger, à l'existence de températures fortement négatives et à celle d'un risque vital, résultant de la conjugaison de ces températures fortement négatives et de l'absence de protection adéquate, la note critiquée n'ordonne pas aux agents concernés d'accomplir un acte qui ne serait pas, dans le but ainsi défini de tenter de sauver les personnes sans abri par un accueil temporaire, indispensable à la survie de ces personnes et proportionné à leur état »[1192]. Se trouve ainsi posée la question de la conciliation du maintien de l'ordre public et de la liberté de renoncer à un droit à l'aide sociale, « fût-ce au prix de sa vie »[1193].

258. Le juge administratif admet, de longue date, la légalité de mesures de police qui, contrairement à leur fonction « classique », ne cherchent pas « à assurer l'état dans lequel les libertés s'exercent au mieux » en prévenant les comportements des uns qui représentent une menace pour la jouissance des libertés des autres, mais à contraindre certains individus à adopter un comportement bénéfique pour eux-mêmes[1194]. En interdisant un comportement non-nuisible aux tiers[1195], la solution retenue dans la décision *Association Droit au logement Paris et environs* - étrangère « à notre régime d'exercice des libertés tel qu'exprimé par les articles 4 et 5 de la Déclaration des droits de l'homme »[1196] en vertu desquels non seulement « la liberté consiste à pouvoir faire tout ce qui ne nuit pas à autrui », mais encore « la loi n'a le droit de défendre que les actions nuisibles à la société » - s'inscrit dans la lignée des arrêts *Commune de Morsang-sur-Orge* et *Ville d'Aix-en-Provence* qui ont fait entrer dans le cadre des compétences de police administrative la protection des personnes contre elles-mêmes[1197]. Ces arrêts ont mis au jour l'indisponibilité de la dignité comprise comme une « qualité opposable à l'homme par les tiers »[1198]. Le juge estime que l'attraction consistant à utiliser comme projectile une personne affectée d'un handicap physique porte atteinte, par son objet même, à la dignité de la personne

---

1191 CAA Paris, 21 décembre 2004, *Association Droit au logement Paris et environs*, req. n° 03PA03824, *AJDA*, 2005, p. 341 ; *JCP A*, 2005, n° 5, p. 1064, note Moreau (J.).

1192 Sur ce point voir ROMAN (D.), « Les sans-abri et l'ordre public », *RDSS*, 2007, p. 952-964.

1193 ROMAN (D.), *Le droit public face à la pauvreté*, *op. cit.*, p. 314.

1194 SEILLER (B.), « La notion de police administrative », *RFDA*, 2015, p. 879.

1195 À la différence de certaines mesures qui revêtent les deux aspects. L'hospitalisation d'office d'un aliéné permet, par exemple, de le protéger contre lui-même s'il est animé de tendances suicidaires, mais également de protéger les tiers contre des actes de démence.

1196 SEILLER (B.), « La notion de police administrative », *op. cit.*, p. 879.

1197 RENARD (S.), *L'ordre public sanitaire (Étude de droit public interne)*, thèse soutenue à l'Université de Rennes I le 24 juin 2008, dactyl., p. 515.

1198 GIRARD (C.) et HENNETTE-VAUCHEZ (S.), « Introduction », *op. cit.*, p. 30.

humaine et qu'elle est de nature à être interdite en l'absence de circonstances locales particulières, et ce, « alors même que des mesures de protection avaient été prises pour assurer la sécurité de la personne en cause et que celle-ci se prêtait librement à cette exhibition, contre rémunération ». La dignité de la personne humaine apparaît comme indisponible, le consentement de l'individu « est en quelque sorte subordonné à sa qualité d'être humain »[1199]. Sa protection ne concerne pas l'individu « libre », mais l'individu qui appartient à l'humanité[1200]. Il ne peut s'exclure de l'humanité, « un homme n'est pas libre de renoncer à sa qualité d'homme »[1201].

259. Quoique le terme « dignité » ne figure pas dans la décision *Association Droit au logement Paris et environs* - le juge prenant soin de ne pas caractériser précisément la nature du trouble à l'ordre public[1202] -, cette même acception de la dignité y est sous-jacente. Le fait de laisser des individus dans la rue n'étant pas constitutif d'un trouble à la sécurité publique ou à la tranquillité publique et la moralité publique nécessitant que soient caractérisées des circonstances locales particulières, seul le recours à la notion de dignité de la personne humaine est à même d'expliquer la solution retenue par la Cour administrative d'appel de Paris[1203]. Or, lorsque la mesure de police contestée prévoit que « le recours à la contrainte ne doit intervenir qu'en dernier ressort, "par suite de l'échec des tentatives visant à obtenir le consentement des personnes en danger" », elle ne tient pas compte de leur état de lucidité ni des motifs réels de leur refus de secours qui est, par principe, disqualifié « en raison de la teneur même du choix exprimé par la personne « qui ne correspond pas à l'idée, nécessairement préconçue, que se font les juges de ce qu'un être autonome peut rationnellement vouloir »[1204].

1199 EDELMAN (B.), « La dignité de la personne humaine, un concept nouveau », *op. cit.*, p. 32.

1200 Cette conception de la dignité invoquée dans la « *relation de soi à soi* » est souvent critiqué par la doctrine. Elle est cependant défendue par Murielle Fabre-Magnan. Ainsi, concernant une affaire de sadomasochisme et une affaire de cannibalisme jugées par le premier tribunal de Cassel, elle estime que « dans plusieurs affaires récentes, des personnes avaient consenti à ce que soient pratiqués sur elles des actes portant gravement atteinte à la dignité de la personne humaine et les juges ont, à tort, pris ce fait en considération pour atténuer voire faire disparaître la gravité de l'acte considéré ». FABRE-MAGNAN (M.), « La dignité en Droit : un axiome », *op. cit.*, p. 14.
La doctrine, en revanche, accueille en général favorablement l'usage de cette acception de la dignité dans la relation « *de soi à autrui* ». Voir CHAMPEIL-DESPLATS (V.), « Dignité de la personne », *op. cit.* et CAYLA (O.) et THOMAS (Y.), *Du droit de ne pas naître. À propos de l'affaire Perruche*, *op. cit.*, p. 47 et suiv.

1201 L'auteur, pour comprendre cette décision, se place dans le « paradigme de l'humanité ». Une telle acception du concept de dignité conduit Bernard Edelman à relativiser les critiques ayant vu dans ces arrêts la menace « d'un retour à l'ordre moral » et une remise en cause du principe selon lequel la liberté est la règle et l'interdiction l'exception. EDELMAN (B.), « La dignité de la personne humaine, un concept nouveau », *op. cit.*, p. 32.

1202 RANAIVO (A.-S.), « Sans domicile fixe et droit », thèse soutenue à l'Université Paris 1 Panthéon-Sorbonne le 29 novembre 2018, dactyl., p. 286.

1203 *Ibid.*

1204 RENARD (S.), *L'ordre public sanitaire (Étude de droit public interne)*, *op. cit.*, p. 618.

Le juge fait ainsi primer l'approche objective du principe de dignité de la personne humaine sur l'approche subjective. Il considère, implicitement, que l'abandon du droit à un hébergement d'urgence dont la dignité humaine est l'un des fondements[1205] provoque, par ricochet, une renonciation à cette dignité puisque, ce faisant, l'individu abandonne le fondement même de ce droit[1206]. Or, selon l'approche objective de la dignité, nul ne peut renoncer à cette dignité, car cela reviendrait à « s'exclure [...] de l'humanité »[1207]. Elle apparaît alors comme un « concept absolu [qui] ne saurait en effet s'accommoder de quelconques concessions en fonction des appréciations subjectives que chacun peut porter à son sujet »[1208], comme étant « par essence inaliénable »[1209], indérogeable[1210].

260. Cette approche pourrait être amenée à évoluer à la suite de la décision *M.S. c/ Belgique* rendue le 31 janvier 2012 par la Cour européenne des droits de l'homme dans laquelle elle n'exclut pas la possibilité de renoncer à la dignité humaine[1211]. En l'espèce, la Cour a refusé de se prononcer *in abstracto* sur la possibilité de renoncer au droit de ne pas être soumis à des traitements inhumains et dégradants reconnu à l'article 3 de la CEDH[1212] et, par conséquent, de se prononcer sur le fait de savoir si son caractère indérogeable « entraîne *ipso facto* l'impossibilité d'y renoncer »[1213]. Elle accepte de vérifier si la renonciation était entourée de garanties suffisantes pour être exprimée librement. Les conditions indispensables à l'expression d'un consentement libre n'étaient pas réunies puisque le requérant avait subi la pression des autorités belges et avait pour seule alternative le choix de rester en Belgique « sans aucun espoir d'y obtenir un jour le droit d'y séjourner légalement et sans perspective concrète d'y vivre en liberté »[1214] ou de repartir en Irak avec le risque d'être arrêté et de subir des mauvais traitements. Pour la Cour, le requérant ne peut « être

---

[1205] Voir *supra* n° 143 et suiv.

[1206] DIJOUX (R.), *La contractualisation des droits fondamentaux*, *op. cit.*, p. 78. Dans le même sens : CARSIN (X.), *La renonciation en droit du travail*, *op. cit.*, p. 82.

[1207] EDELMAN (B.), « La dignité de la personne humaine, un concept nouveau », *op. cit.*, p. 32.

[1208] FRYDMAN (P.), « L'atteinte à la dignité de la personne humaine et les pouvoirs de police municipale. À propos des "lancers de nains" », *RFDA*, 1995, p. 1209.

[1209] LOISEAU (G.), *Le nom. Objet d'un contrat*, *op. cit.*, p. 153.

[1210] JORION (B.), « La dignité de la personne humaine ou la difficile insertion d'une règle morale dans le droit positif », *op. cit.*, p. 226, et FABRE-MAGNAN (M.), « La dignité en Droit : un axiome », *RIEJ*, 2007, n° 1, vol. 58, p. 13 et suiv.

[1211] CrEDH, 31 janvier 2012, *M.S. c/ Belgique*, req. n° 50012/08, *JCP G*, 2012, n° 35, 924, obs. Sudre (F.) ; *D.*, 2013, p. 324, obs. Corneloup (S.).
Dans le même sens : CrEDH, 14 novembre 2019, *D.H., N.A. c. Finlande*, req. n° 25244/18.

[1212] Le droit de ne pas être soumis à des traitements inhumains et dégradants est pourtant considéré comme appartenant au « noyau dur » des droits de l'homme qui seraient indisponibles, indérogeables même en cas de circonstances exceptionnelles. SUDRE (F.), *Droit européen et international des droits de l'homme*, *op. cit.*, p. 211-212.

[1213] CrEDH, 31 janvier 2012, *M.S. c/ Belgique*, req. n° 50012/08, *op. cit.*, § 123.

[1214] *Ibid.*, § 124.

considéré comme ayant valablement renoncé à se prévaloir de la protection offerte par l'article 3 de la Convention »[1215]. Cet arrêt paraît sonner le glas d'une conception de la dignité de la personne humaine indérogeable par nature et « de façon absolue, préservé[e] de toutes atteintes consenties par les titulaires »[1216]. Bien qu'il ne permette pas « de confirmer ou d'infirmer avec certitude l'aptitude à la renonciation du droit à la dignité »[1217], il s'inscrit dans une évolution jurisprudentielle relativisant son caractère absolu.

261. La question de savoir si le bénéficiaire d'un droit à l'aide sociale peut renoncer à exercer des droits que la loi ou une décision lui confèrent, s'il a la faculté de ne pas solliciter la prise d'une décision soumise à requête de sa part, s'il peut choisir de ne pas remplir ou de cesser de remplir les conditions légales dont la réalisation dépend, au moins en partie, de sa volonté[1218] et s'il peut s'engager à ne pas l'exercer appelle sans conteste une réponse positive. Il est en mesure de renoncer à leur exercice, dès lors que, par sa renonciation, il ne porte pas atteinte à la dignité humaine dans son essence. Il est ainsi « parfaitement loisible à un administré de renoncer, pour autant que l'intérêt public ne s'y oppose pas, à exercer les droits ou facultés d'intérêt public, dont il tire un avantage personnel d'intérêt privé »[1219].

* * *

262. La notion de renonciation conceptualisée dans le domaine des droits fondamentaux permet non seulement de penser la renonciation à des droits caractérisés par leur indisponibilité, mais aussi d'élargir le cadre étroit de la notion traditionnelle de renonciation. En cela, l'émergence de cette nouvelle conception représente un point de départ intéressant pour appréhender la renonciation non abdicative en droit de l'aide sociale qui prend aussi bien la forme du non-recours à un droit, en raison de l'existence d'une présomption de renonciation, que celle d'un engagement à ne pas bénéficier d'un droit non acquis à l'aide sociale. Quelle que soit la part de fiction qui sous-tend cette forme de renonciation, force est de constater que le droit positif assimile certains comportements ou choix à des renonciations. Comme l'énonce Chantale Mathieu à propos de la renonciation du salarié au juge prud'homal, certains faits ou choix « vont jouer comme l'équivalent d'une renonciation » alors qu'aucune volonté n'a été exprimée en ce sens, car « ils ont juridiquement le même *sens* qu'une renonciation »[1220].

1215 *Ibid.*, § 125.

1216 ARROYO (J.), *La renonciation aux droits fondamentaux. Étude de droit français*, *op. cit.*, p. 159.

1217 *Ibid.*

1218 KNAPP (B.), *Précis de droit administratif*, Bâle, Éditions Helbing et Lichtenhahn, coll. Théorie et pratique du droit, 4e éd., 1991, p. 170.

1219 *Ibid.*, p. 171.

1220 MATHIEU (C.), « La renonciation du salarié au juge prud'homal », *in* DONIER (V.) et LAPÉROU-SCHENEIDER (B.) (dir.), *L'accès au juge. Recherche sur l'effectivité d'un droit*, Bruxelles, Bruylant, 2013, p. 815 et 823-825.

CONCLUSION DU TITRE II

263. Étudier la renonciation en droit de l'aide sociale nécessite de revenir à ce qui constitue le cœur de la renonciation, la volonté de se dépouiller d'une prérogative en abandonnant un droit ou en ne l'exerçant pas. Il apparaît alors que coexistent, en la matière, deux sortes de renonciations suivant que le droit est acquis ou non *via* un acte individuel. Cependant, dans un cas comme dans l'autre, la volonté du renonçant ne joue parfois qu'un rôle limité dans l'abandon effectif du droit. Alors que certains refuseront de voir dans la demande de retrait ou d'abrogation d'un acte administratif attribuant un droit à l'aide sociale ou dans l'abstention volontaire du bénéficiaire d'un droit non acquis à l'aide sociale des renonciations à un droit à l'aide sociale ou à son exercice, ces situations peuvent aussi être regardées comme telles, car elles reflètent précisément la place que confère le droit positif au bénéficiaire de l'aide sociale.

CONCLUSION DE LA PARTIE I

264. Alors que la doctrine a longtemps refusé, par souci essentiellement idéologique, de reconnaître les bénéficiaires de l'assistance comme titulaires de véritables droits, les droits à l'aide sociale sont susceptibles aujourd'hui d'être appréhendés comme des droits publics subjectifs. Ce changement dans la manière de penser les droits à l'aide sociale rend pleinement envisageable la renonciation en la matière puisque seuls les droits subjectifs sont à la disposition de leurs titulaires et peuvent, de ce fait, être l'objet d'une renonciation. Cependant, bien que cela n'exclue pas toute possibilité de renonciation, le degré de disposition du droit dépend également d'un autre élément : leur lien avec la notion d'ordre public. Si la législation à l'origine du droit est d'ordre public, il ne peut être renoncé à celui-ci que si le « but social » de la loi est l'intérêt du titulaire du droit et s'il est né ou acquis. La législation de l'aide sociale puisant ses fondements dans les principes de fraternité, de solidarité et de dignité, elle est d'ordre public. Pour autant, toute renonciation aux droits à l'aide sociale n'est pas exclue dans la mesure où elle tend prioritairement à satisfaire les besoins des titulaires de ces droits. La renonciation prendra néanmoins une forme différente selon qu'elle interviendra en amont ou en aval de la décision administrative permettant leur acquisition par leurs bénéficiaires. Jusqu'à leur acquisition, la renonciation ne peut porter que sur l'exercice des droits à l'aide sociale et se traduit soit par un engagement à ne pas en bénéficier, soit par le non-recours à ces droits, mais, une fois acquis, elle est à même de porter sur leur titularité. La dichotomie mise ainsi au jour entre renonciation abdicative portant sur un droit acquis et renonciation à l'exercice d'un droit portant sur un droit non acquis est essentielle puisqu'elle permet d'appréhender les subtilités des modalités de mise en œuvre de la renonciation aux droits à l'aide sociale.

PARTIE II

LA MISE EN ŒUVRE DE LA RENONCIATION EN DROIT DE L'AIDE SOCIALE

265. Assurément le droit de l'aide sociale n'échappe pas au phénomène de renonciation observable dans l'ensemble des branches du droit. La renonciation étant une cause d'ineffectivité des droits sociaux[1221] - droits pourtant érigés par la doctrine au rang de droits fondamentaux et visant des groupes ou des personnes vulnérables qui requièrent une protection particulière tels que l'enfant, la mère, le travailleur âgé ou tout être humain qui, en raison de son âge, de son état physique ou mental, de la situation économique, se trouve dans l'incapacité de travailler - ses modalités de mise en œuvre doivent être sondées. Cette démarche est d'autant plus indispensable que, les dixième et onzième alinéas du Préambule de la Constitution de 1946 constituant les fondements constitutionnels du droit de l'aide sociale, la vulnérabilité est au cœur du droit à l'aide sociale. Une réflexion sur la renonciation ne saurait donc ignorer la particularité de la situation des usagers du service public de l'aide sociale qui sont vulnérables - notion qui renvoie aussi bien aux personnes « blessées », « soit par nature [...], soit parce qu'elles ont été qualifiées comme telles [...] », qu'aux personnes que les aléas de la vie « placent en situation de faiblesse »[1222] - dans la mesure où ces droits s'adressent non seulement aux

---

[1221] Voir *supra* n° 15 et suiv.

[1222] DENIZEAU (C.), « La vulnérabilité dans la jurisprudence constitutionnelle de la France et du Royaume-Uni », *in* BURGORGUE LARSEN (L.) (dir.), *La vulnérabilité saisie par les juges en Europe*, Paris, éd. Pedone, coll. Cahiers européens, 2014, n° 7, p. 124 et 143 ; BORGETTO (M.), « Propos introductifs : la vulnérabilité saisie par le droit », *in* DONIER (V.) et LAPÉROU-SCHENEIDER (B.) (dir.), *L'accès à la justice de la personne vulnérable en droit interne*, Toulouse, éditions L'Épitoge-Lextenso, coll. L'unité du droit, 2015, p. 11-25 ; ROMAN (D.) et SLAMA (S.), « "La loi de la *jungle*" : protection de la dignité et obligation des pouvoirs publics dans le camp de Calais. Note sous CE, Ord., réf., 23 novembre 2015, n°s 394540 et 394568 », *RDSS*, 2016, p. 93 ; FIECHTER-BOULVARD (F.), « La notion de vulnérabilité et sa consécration par le droit », *in* COHET-CORDEY (F.) (dir.), *Vulnérabilité et droit. Le développement de la vulnérabilité et ses enjeux en droit*, Grenoble, PUG, 2000, p. 25.

personnes âgées, handicapées et aux enfants, mais encore à celles qui sont dans l'impossibilité de travailler, de se soigner ou encore de se loger. Ils sont « saisi[s] par le Droit »[1223] en tant que personnes vulnérables puisque le droit de l'aide sociale distingue, au sein de la population, « les personnes qui lui semblent susciter une attention particulière »[1224] en définissant les situations de besoin ouvrant droit au bénéfice de l'aide sociale et en tentant de les améliorer.

266. De prime abord, la vulnérabilité des bénéficiaires de l'aide sociale apparaît en profonde contradiction avec le fait qu'ils puissent renoncer à leur droit. Cependant, cette contradiction n'est qu'apparente, car les termes « vulnérable » ou « vulnérabilité » « peuvent signifier une volonté de protéger sans inférioriser ou encore une volonté de promotion des personnes ou de renouvellement des fondements de la prise en considération des personnes à protéger »[1225]. À la différence des termes « incapable » ou « assisté » qui renvoient directement à l'idée que le bénéficiaire est pris en charge par la collectivité, celui de vulnérabilité est inséparable de l'autonomie : la personne vulnérable est un être humain dont l'autonomie exige protection. La renonciation étant la forme la plus patente de l'autonomie du sujet - l'autonomie ne se traduisant pas uniquement par la possibilité pour la volonté individuelle de déterminer le contenu des rapports juridiques, mais par celle, également, d'écarter les prérogatives que les normes qui régissent ces rapports instituent[1226] - son étude permet de jauger la manière dont le droit de l'aide sociale tient compte de l'autonomie des bénéficiaires et, par conséquent, de leur vulnérabilité. Or, cette étude laisse entrevoir la difficulté que rencontre le droit de l'aide sociale à promouvoir et protéger l'autonomie des bénéficiaires. La renonciation constituant un instrument de mesure de la place laissée à la volonté[1227], l'examen des conditions de sa mise en œuvre révèle le décalage entre la « figure » parfois chimérique de l'usager autonome et celle, concrète et particulièrement prégnante, de l'usager assujetti à l'administration (Titre I). Néanmoins, sans doute parce que l'autonomie dont le bénéficiaire est censé faire usage lors de sa renonciation n'est quelquefois que fiction, la portée de la renonciation est limitée (Titre II).

1223 BORGETTO (M.), « Propos introductifs : la vulnérabilité saisie par le droit », *op. cit.*, p. 11.
1224 *Ibid.*
1225 FABERON (F.), « Vulnérabilité et besoin dans le droit de l'aide et de l'action sociales », *in* PAILLET (E.) et RICHARD (P.) (dir.), *Effectivité des droits et vulnérabilité de la personne*, Bruxelles, Bruylant, 2014, p. 52.
1226 CARSIN (X.), *La renonciation en droit du travail*, thèse soutenue à l'Université Panthéon-Sorbonne le 2 février 2006, dactyl., p. 5-6.
1227 *Ibid.*, p. 7.

TITRE I

LA MISE EN ŒUVRE DE LA RENONCIATION, REFLET DE L'AMBIVALENCE DE LA FIGURE DE L'USAGER

267. Si le bénéficiaire de l'aide sociale s'est définitivement affranchi de l'image de « l'administré » soumis à l'administration, longtemps perçu comme un être irrationnel[1228] constituant une menace potentielle pour l'ordre public[1229], l'étude de la renonciation met en exergue l'ambivalence de la « figure de l'usager » en droit de l'aide sociale[1230]. Certes, avec l'avènement de l'État providence[1231], le caractère autoritaire de la relation de l'administration avec ses administrés s'est atténué. La pauvreté, le handicap ou encore les difficultés liées à l'âge ne sont plus traités dans le cadre des activités de souveraineté exercées par l'administration, et plus précisément dans celui du maintien de l'ordre, qui imposaient aux administrés plus de contraintes qu'elles ne leur offraient d'avantages immédiats, mais dans le cadre d'activités proposant « aux membres de la collectivité des prestations personnelles »[1232]. L'extension des domaines d'intervention de l'État laisse émerger, en lieu et place de la figure de l'administré, assujetti, passif et

---

[1228] FOULQUIER (N.), *Les droits publics subjectifs des administrés. Émergence d'un concept en droit administratif français du XIXe au XXe siècle*, Paris, Dalloz, coll. Nouvelle bibliothèque de thèses, 2003, p. 38 et suiv.

[1229] THOMAS (J.), « Une étude générationnelle des relations du public avec l'administration », *Jurisdoctoria*, 2010, n° 4, p. 63.

[1230] Les usagers sont une catégorie d'administrés parmi d'autres. DU BOIS DE GAUDUSSON (J.), *L'usager du service public administratif*, Paris, LGDJ, coll. Bibliothèque de droit public t. CXV, 1974, p. 14 et suiv. ; CHEVALLIER (J.), « Figures de l'usager », *in Psychologie et science administrative*, Paris, PUF, coll. CURAPP,1985, p. 36.

[1231] L'émancipation de la justice administrative et, avec elle, l'affirmation du contrôle de légalité qui ébranle l'incontestabilité de la décision administrative a également joué un rôle déterminant dans cette évolution, car est ouverte à l'administré la possibilité de contester les décisions administratives qui méconnaîtraient une règle de droit. THOMAS (J.), « Une étude générationnelle des relations du public avec l'administration », *op. cit.*, p. 64.

[1232] RIVERO (J.), « L'administré face au droit administratif », *AJDA*, 1995, p. 148.

docile[1233], celle de l'usager[1234], bénéficiaire de l'action administrative, exigeant et revendicatif[1235]. Cependant, si « l'administré en tant qu'usager échappe à la seule logique de respect de l'ordre public » pour devenir le destinataire de prestations publiques, l'intérêt général et la puissance publique qui fondent le droit administratif l'ont maintenu dans une forte dépendance vis-à-vis de l'administration, car son émancipation ne devait pas altérer l'efficacité de l'action administrative[1236]. Ses rapports avec l'administration restent donc foncièrement unilatéraux[1237].

268. En droit de l'aide sociale, l'usager ne disposant pour ainsi dire d'aucune autonomie ni d'aucune liberté de choix dans sa relation avec l'administration est longtemps resté, dans les faits, un « administré » « trop souvent extérieur au service », et « subi[ssant] la loi »[1238]. Il faudra attendre les années 1980 pour voir véritablement éclore la volonté politique de considérer le bénéficiaire de l'aide sociale comme un être autonome, dont la volonté doit être prise en compte dans le processus décisionnel. Cette volonté se traduira par un mouvement d'individualisation, de subjectivisation du droit de l'aide sociale, recentrant les dispositifs sur leurs bénéficiaires. Les « usagers qui ont pendant longtemps dû se plier au grand tout collectif de l'institution »[1239] assistent à une inversion de la logique qui prévalait jusqu'alors. L'aide sociale tente désormais de s'adapter à leurs besoins en prenant en considération la particularité de leur situation individuelle et leurs attentes à travers les plans d'aide[1240] et les contrats[1241]

[1233] CHEVALLIER (J.), « Figures de l'usager », *op. cit.*, p. 41.

[1234] L'adoption du terme d'usager en lieu et place de celui d'administré n'est pas anodine, car ces termes renvoient à des conceptions très différentes de la relation administration-société. Tandis que le second évoque « l'imposition unilatérale d'une domination et implique un modèle administratif à base d'autorité, d'éloignement et de contrainte » dans lequel l'administré « est un objet passif, malléable et docile », le premier évoque quant à lui « une relation bilatérale d'échange et implique un modèle administratif à base de réciprocité, de proximité et de liberté » face auquel l'usager « garde une faculté de choix, une distance critique, une marge d'autonomie ». Dès lors, le recours au concept d'usager traduit l'avènement d'une nouvelle représentation de la relation entre l'administration et les citoyens. *Ibid.*, p. 37.

[1235] *Ibid.*, p. 41.

[1236] FOULQUIER (N.), *Les droits publics subjectifs des administrés. Émergence d'un concept en droit administratif français du XIXe au XXe siècle*, *op. cit.*, p. 64 et suiv.

[1237] CHEVALLIER (J.), « Figures de l'usager », *op. cit.*, p. 36.

[1238] LIGNEAU (Ph.), « Travail social et contrat avec l'usager dans le nouveau service public du RMI », *RDSS*, 1991, p. 177.

[1239] BARREYRE (J.-Y.) et BOUQUET (B.), *Nouveau dictionnaire critique d'action sociale, Paris, Bayard, 2006,* p. 304, « Individualisation ».

[1240] Plan d'aide que l'on retrouve dans le cadre de la prestation spécifique dépendance ou de l'allocation personnalisée d'autonomie.

[1241] Le contrat se retrouve dans de nombreux dispositifs d'aide sociale. Pour exemple : l'ancien contrat de responsabilité parentale, le contrat de séjour pour les usagers des établissements sociaux et médico-sociaux, l'ancien contrat d'insertion dans le cadre du RMI ou encore le projet personnalisé d'accès à l'emploi (PPAE) et le contrat d'engagement réciproque dans le cadre du RSA.

qui constituent « par nature, un instrument d'adaptation individuelle de la réponse à la situation singulière de la personne prise en charge »[1242].

269. L'évolution de la place du bénéficiaire de l'aide sociale n'est toutefois pas aussi tranchée qu'elle n'y paraît. Il ressort de l'étude de la renonciation en matière d'aide sociale que l'« administré », assujetti à l'administration, n'est jamais loin de l'usager autonome. Car, si la renonciation se caractérise par la volonté du titulaire d'un droit de l'abandonner ou tout au moins de renoncer à en jouir, assurément, en droit de l'aide sociale, coexiste avec la conception classique de la renonciation - la renonciation comme manifestation de la liberté du titulaire d'un droit (Chapitre I) - une renonciation « contrainte » (Chapitre II). La présence de ces deux renonciations révèle l'ambivalence de la conception du bénéficiaire de l'aide sociale appréhendé tantôt comme un être autonome, mais vulnérable, libre de ses choix, tantôt comme un « usager-captif » derrière lequel « se profile le spectre de l'administré »[1243] enserré dans une situation statutaire[1244] qui s'impose à lui sans autre alternative que celle de renoncer ou d'être présumé avoir renoncé à ses droits.

1242 LAFORE (R.), « Les pratiques d'individualisation des dispositifs d'aide et de soutien, du contrat d'insertion au droit des usagers », *Inf. soc.*, 2003, n° 108, p. 34.

1243 CHEVALLIER (J.), « Figures de l'usager », *op. cit.*, p. 44.

1244 Le Conseil d'État a d'ailleurs jugé que la prise en charge d'une prestation d'aide à domicile par un centre communal d'action sociale a le caractère d'un service public administratif et que les usagers de ce service public « ne sauraient être regardés comme placés dans une situation contractuelle vis-à-vis de l'établissement concerné, alors même qu'ils concluent avec celui-ci un "contrat de séjour" ou qu'est élaboré à leur bénéfice un "document individuel de prise en charge ». Ceux-ci sont donc dans une situation statutaire, à l'instar de l'ensemble des bénéficiaires de l'aide sociale. CE, 5 juillet 2017, req. n° 399977, à paraître aux tables du *Recueil Lebon*.

CHAPITRE I

La renonciation-liberté ou la figure de l'usager autonome

270. La renonciation est toujours apparue comme « la manifestation par excellence de l'autonomie du sujet »[1245]. Cette conception de la renonciation trouve incontestablement un écho en droit de l'aide sociale : la renonciation y est l'exercice d'une liberté. Non seulement, à l'instar de ce qui prévaut depuis longtemps en droit administratif, les personnes privées sont pensées comme libres « d'exercer leurs droits dans le sens qui leur paraî[t] le plus conforme à leurs intérêts et à leurs désirs »[1246], y compris en y renonçant, mais encore, la renonciation est utilisée comme un instrument participant au mouvement d'individualisation initié depuis les années 1980 dans le domaine de l'aide sociale (Section I). Cette appréhension de la renonciation, et celle du bénéficiaire de l'aide sociale qui en découle, sont confirmées par l'étude du mode de manifestation de la renonciation qui permet de mettre en avant sa liberté de manifester expressément, ou tacitement, sa volonté d'abandonner un droit. Cependant, elles laissent dans le même temps s'esquisser, derrière cette « figure » du bénéficiaire de l'aide sociale autonome et libre de renoncer à ses droits, celle d'un bénéficiaire vulnérable. Bien que ni les pouvoirs publics ni les juges ne remettent en cause la liberté du bénéficiaire de l'aide sociale de renoncer à ses droits ou à leur exercice, tout semble indiquer qu'ils font preuve d'une grande vigilance quant à la manifestation de la renonciation afin qu'elle ne puisse être inférée, à tort, au bénéficiaire en raison d'un comportement ambigu (Section II).

[1245] FRUMER (P.), *La renonciation aux droits et libertés. La Convention européenne des droits de l'homme à l'épreuve de la volonté individuelle*, Bruxelles, Bruylant et Éditions de l'Université de Bruxelles, Collection de droit international, 2001, p. 636.

[1246] FOULQUIER (N.), *Les droits publics subjectifs des administrés. Émergence d'un concept en droit administratif français du XIX*e *au XX*e *siècle*, Paris, Dalloz, coll. Nouvelle bibliothèque de thèses, 2003, p. 338.

SECTION I. LA RENONCIATION VECTEUR DE LIBERTÉ POUR LE BÉNÉFICIAIRE DE L'AIDE SOCIALE

271. La renonciation a, semble-t-il, toujours représenté « la manifestation extrême de l'autodétermination et de l'individualisme dont pouvait faire preuve le sujet de droit »[1247]. L'étude de la renonciation en droit de l'aide sociale met en exergue l'existence du lien entre renonciation et liberté. Outre le fait que la renonciation à l'exercice des droits à l'aide sociale est intrinsèque à la nature de ces droits (§ 1), elle est également utilisée comme un outil juridique mis à la disposition des bénéficiaires de certaines prestations sociales afin qu'ils puissent choisir l'aide qui leur paraît être la mieux adaptée à leur situation (§ 2). Transparaît alors la manière dont est pensé l'usager de l'aide sociale, une personne présumée autonome, libre d'établir ses propres lois et capable « de se gouverner soi-même »[1248].

§ 1. La renonciation à l'exercice des droits à l'aide sociale : liberté et autonomie des bénéficiaires de l'aide sociale

272. La renonciation est consubstantielle à la liberté du bénéficiaire de l'aide sociale. La raison en est qu'il est généralement admis non seulement que nul « ne peut être contraint d'exercer un droit malgré lui » - « Étant titulaire d'un droit, je puis donc l'exercer ou m'abstenir »[1249] -, mais encore que « tout droit ou faculté accordé à l'individu dans son intérêt exclusif [peut] être abdiqué par lui ». « Si l'intérêt que présentait ce droit disparaît ou si toute autre raison survient, qui en justifie d'une façon quelconque l'abandon, il est logique et naturel que le titulaire puisse l'abdiquer, car, de même qu'il ne peut être tenu d'exercer son droit, il ne saurait être tenu de le conserver contre son gré »[1250]. Ce lien intrinsèque entre renonciation et liberté du bénéficiaire, bien qu'il concerne également les droits acquis à

[1247] FOULQUIER (N.), *Les droits publics subjectifs des administrés. Émergence d'un concept en droit administratif français du XIXe au XXe siècle*, *op. cit.*, p. 336.

[1248] « Autonomie », *Nouveau dictionnaire critique d'action sociale*, BARREYRE (J.-Y.) et BOUQUET (B.) (dir.), Paris, Bayard, 2006, p. 90.

D'ailleurs, il a été jugé qu'une personne en situation de dépendance psychique ayant suivi ses parents, dont sa tutrice, dans le Finistère pour un séjour de plus de trois mois dans un mobil-home, alors que son domicile et sa résidence principale étaient dans le département d'Eure-et-Loir, a acquis son domicile de secours durant la période en question dans le département du Finistère puisque qu'il ne ressortait d'aucune pièce versée au dossier que « Mme X., en accompagnant ses parents sur les lieux de leur séjour, n'ait pas manifesté *une volonté propre et suffisamment éclairée pour effectuer ce choix de caractère personnel* ». Comm. centr., 16 octobre 2015, *Mme X.*, dossier n° 140168, *CJAS*, n° 2016/2 ; Comm. centr., 5 décembre 2000, *Mlle L.*, dossier n° 990577, *CJAS*, n° 2001/8.

[1249] DUCOIN (C.), *Essai d'une théorie générale de la renonciation en droit civil français*, Lyon, J. Poncet, 1913, p. 12.

[1250] *Ibid.*, p. 13.

Dans le même sens : SIBICIANO (N.), *Théorie générale des renonciations en droit civil français*, Paris, R. Pichon et R. Durand-Auzias, 1932, p. 13.

l'aide sociale, est particulièrement manifeste dans le cas des droits non acquis du fait de la manière dont a été pensé le droit de l'aide sociale, à savoir comme un droit permissif. Cette caractéristique fait de la renonciation une manifestation de l'usage de la liberté du bénéficiaire de l'aide sociale de ne pas exercer son droit (A) et, dans le même temps, véhicule l'image d'un bénéficiaire autonome capable de prendre les décisions qui lui semblent les plus adaptées (B).

A. Normes permissives et liberté de renoncer à l'exercice d'un droit à l'aide sociale

273. La liberté de choix entre exercer ou renoncer à exercer un droit dont dispose le bénéficiaire de l'aide sociale s'explique par la nature des normes à l'origine des droits à l'aide sociale. La norme permissive étant une norme juridique « ouvrant une faculté d'action à son destinataire - personne publique ou privée -, ce dernier bénéficiant d'une liberté de détermination qui rend son choix indifférent sur le plan normatif »[1251], les normes qui ouvrent des droits à l'aide sociale peuvent être appréhendées comme des normes permissives. Jean-Marc Février a, certes, considéré que les normes conférant des créances sur les personnes publiques ont trop souvent été incluses, à tort, dans la catégorie des normes permissives. Le fait qu'elles fassent peser sur les personnes publiques une obligation de s'acquitter d'une dette déterminée suffit, pour l'auteur, à empêcher de les qualifier de normes permissives[1252]. Cependant, l'existence d'une obligation n'exclut pas nécessairement une telle qualification. La faculté formalisée par une norme permissive[1253] se voit reconnaître des garanties plus ou moins fortes qui peuvent, notamment, consister en une obligation positive à la charge de l'auteur de la norme ou à la charge de tiers[1254]. Dès lors, le seul fait que la norme fasse peser une obligation sur les personnes publiques ne suffit pas pour lui refuser la qualité de norme permissive.

274. Néanmoins, cela ne signifie pas, *a contrario*, que toutes les normes qui font peser des créances sur les personnes publiques puissent être qualifiées de permissives. Si les normes législatives et réglementaires énonçant les droits à l'aide sociale entrent dans cette catégorie, ce n'est pas le cas de celles qui en constituent le fondement constitutionnel, car les droits

---

[1251] GROULIER (C.), *Norme permissive et droit public*, thèse soutenue à l'Université de Limoges le 9 décembre 2006, dactyl., p. 99. Voir également la définition de Clarisse BARTHE-GAY selon laquelle les normes permissives sont des règles « qui autorisent un comportement, ouvrent une faculté à un sujet de droit ». BARTHE-GAY (C.), « Les normes permissives en droit administratif français », *RRJ*, 2004, p. 233.

[1252] FÉVRIER (J.-M.), « Remarques sur la notion de norme permissive », *D.*, 1998, chron., p. 272.

[1253] Le terme « norme » désigne ici un ensemble de droits ou de prérogatives. GROULIER (C.), *Norme permissive et droit public*, *op. cit.*, p. 128.

[1254] *Ibid.*, p. 139.

qu'elles énoncent aux alinéas 10[1255] et 11[1256] du Préambule de 1946 ne peuvent s'analyser en facultés d'action, en « droit de », ce sont des « droit à » dont l'effectivité implique une intervention des pouvoirs publics[1257]. Elles reconnaissent des droits, mais ceux-ci ne relèvent pas directement de normes permissives à la différence d'autres droits, comme le droit de grève[1258], qui reposent sur un dispositif permissif complété, à titre de garantie, par l'intervention positive de l'État[1259]. Pour autant, si ces droits-créances ne sont pas issus de normes permissives, leur concrétisation dans l'ordonnancement juridique peut se traduire par l'édiction de normes permissives. La loi du 27 juillet 1999[1260] participant à la mise en œuvre des dixième et onzième alinéas du Préambule de 1946 ouvre, par exemple, la faculté à certaines personnes de demander le bénéfice de la couverture maladie universelle et, de ce fait, résulte d'une norme permissive. Les droits à l'aide sociale se présentent donc comme des « droits-faculté »[1261] découlant de normes permissives[1262]. Or, la liberté d'exercer ou de renoncer à exercer un droit issu d'une norme permissive est inhérente à la nature même de cette norme, car la permissivité correspond à la « possibilité normative de faire quelque chose et de s'abstenir de le faire (permission bilatérale) »[1263].

275. Cette liberté a été reconnue par le Conseil constitutionnel dans une décision du 25 juillet 1989 à propos du droit d'agir en justice[1264], droit procédant d'une norme permissive[1265]. En l'espèce, était contesté l'article 29 de la loi relative à la prévention du licenciement économique dont l'objet était de permettre aux organisations syndicales représentatives d'exercer en justice toute action naissant des dispositions légales, réglementaires ou conventionnelles régissant le licenciement pour motif économique et la rupture du contrat de travail en faveur d'un salarié. Les auteurs de la saisine considéraient comme contraire à la liberté syndicale et à la liberté de conscience le fait qu'une action en justice puisse être exercée sans que

---

1255 Alinéa selon lequel la Nation « assure à l'individu et à la famille les conditions nécessaires à leur développement ».

1256 D'après cet alinéa, la Nation « garantit à tous, notamment à l'enfant, à la mère et aux vieux travailleurs, la protection de la santé, la sécurité matérielle, le repos et les loisirs. Tout être humain qui, en raison de son âge, de son état physique ou mental, de la situation économique, se trouve dans l'incapacité de travailler a le droit d'obtenir de la collectivité des moyens convenables d'existence ».

1257 GROULIER (C.), *Norme permissive et droit public, op. cit.*, p. 87 et p. 283.

1258 Alinéa 7 du Préambule de 1946.

1259 GROULIER (C.), *Norme permissive et droit public, op. cit.*, p. 283.

1260 Loi n° 99-641 du 27 juillet 1999 portant création d'une couverture maladie universelle.

1261 BARTHE-GAY (C.), « Les normes permissives en droit administratif français », *op. cit.*, p. 236.

1262 *Ibid.*, p. 233.

1263 GROULIER (C.), *Norme permissive et droit public, op. cit.*, p. 20.

1264 Cons. const., n° 89-257 DC, 25 juillet 1989, *Loi modifiant le code du travail et relative à la prévention du licenciement économique et au droit à la conversion, Dr. soc.*, 1989, p. 627 ; *AJDA*, 1989, p. 796, note Benoit-Rhomer (F.).

1265 GROULIER (C.), *Norme permissive et droit public, op. cit.*, p. 288.

l'organisation syndicale n'ait à justifier d'un mandat de l'intéressé. L'article se contentait de préciser que le salarié devait avoir été averti par lettre recommandée avec accusé de réception et ne pas s'y être opposé dans un délai de quinze jours. Le juge constitutionnel estime que la liberté personnelle, pas plus que la liberté syndicale des salariés, ne sont affectées par une telle disposition dès lors que l'intéressé a été mis en mesure « de donner son assentiment en pleine connaissance de cause » et qu'il conserve « la liberté de conduire personnellement la défense de ses intérêts et de mettre un terme à cette action ». Ces conditions seront remplies par les dispositions de l'article 29 sous réserve que la lettre adressée à l'intéressé contienne « toutes précisions utiles sur la nature et l'objet de l'action exercée, sur la portée de son acceptation et sur le droit à lui reconnu de mettre un terme à tout moment à cette action » et que l'acceptation tacite du salarié ne puisse être considérée comme acquise « qu'autant que le syndicat justifie, lors de l'introduction de l'action, que le salarié a eu personnellement connaissance de la lettre comportant les mentions susindiquées ». Nul ne peut donc être contraint d'exercer son droit d'agir en justice. Le libre exercice d'un droit procédant d'une norme permissive participe de la liberté individuelle de son bénéficiaire, si bien qu'en renonçant à l'exercice d'un droit la personne fait en réalité usage de sa liberté.

276. La liberté de ne pas exercer un droit a également été reconnue en droit de l'aide sociale dans la décision *Veuve Campous*[1266] par la Commission centrale d'aide sociale. En l'espèce, la requérante avait exercé un recours pour son fils devant cette Commission afin que soit annulée la décision de la Commission départementale d'aide sociale de la Drôme lui retirant le bénéfice de l'allocation mensuelle et imposant, au titre de l'aide sociale aux aveugles et grands infirmes, son placement en hospice. La Commission centrale d'aide sociale fait droit à sa requête en considérant que son fils pouvait « à bon droit prétendre bénéficier de l'allocation mensuelle aux aveugles et grands infirmes à son taux plein » et « qu'il n'appartenait pas à la Commission départementale *d'ordonner un placement en hospice non sollicité* ». Cette décision est révélatrice de la liberté dont dispose le bénéficiaire de l'aide sociale dans l'usage de ses droits[1267] puisque le juge considère que l'administration ne peut exiger d'une personne qu'elle perçoive une aide dont elle ne souhaite pas bénéficier.

277. La renonciation à l'exercice d'un droit à l'aide sociale est donc une manifestation de la liberté de son bénéficiaire, liberté protégée par le caractère permissif des normes dont il est issu puisque nul ne peut être contraint d'exercer un droit découlant d'une telle norme. Aussi, en choisissant de recourir à des normes permissives lors de la création d'aides sociales, le législateur confère-t-il une place essentielle à la liberté du

[1266] Comm. centr., 3 mars 1964, *Veuve Campous*, *Revue de l'aide sociale*, p. 223.
[1267] Note sous Comm. centr., 3 mars 1964, *Veuve Campous*, *Revue de l'aide sociale*, p. 223.

destinataire de la norme dans la mesure où il n'entend pas lui imposer des droits, mais lui permettre de les acquérir.

B. Normes permissives et conception des bénéficiaires de l'aide sociale

278. L'étude de la renonciation à l'exercice d'un droit à l'aide sociale qui peut être considérée comme « l'usage négatif d'une faculté ouverte par une norme juridique »[1268] révèle la manière dont les bénéficiaires de l'aide sociale sont envisagés par le droit : ils sont, au même titre que les destinataires de n'importe quelle norme permissive, présumés autonomes. Le recours à des normes permissives lors de la création d'une aide sociale n'est pas anodin, car « la liberté d'appréciation est inhérente aux facultés ouvertes par les normes permissives »[1269]. Le législateur reconnaît, de la sorte, une certaine autonomie aux sujets de droit, autonomie qui peut se traduire par la renonciation à l'exercice d'une faculté ouverte par la loi ou, au contraire, par l'exercice de cette faculté. Les droits à l'aide sociale, par le caractère permissif des normes dont ils procèdent, intègrent ainsi « l'aire de permissivité »[1270] des bénéficiaires de l'aide sociale qui est constituée de libertés de nature civile, de libertés publiques[1271] et de facultés-garanties visant à protéger les droits et les libertés de chacun[1272]. Les normes ouvrant les droits à l'aide sociale, ne représentant en elles-mêmes aucune spécificité par rapport aux autres normes permissives, participent de l'image d'un bénéficiaire autonome à l'instar de toute personne privée destinataire d'une norme permissive.

279. Cette conception des bénéficiaires de l'aide sociale, sous-jacente au caractère permissif du droit de l'aide sociale, est confortée par le caractère quérable, et non « portable »[1273], des droits à l'aide sociale. Le choix politique de faire dépendre l'octroi de la *quasi* totalité des droits à l'aide sociale de la formulation d'une demande expresse auprès de l'institution compétente, exception faite de la prime d'activité et du « chèque énergie »[1274] remplaçant respectivement la prime pour l'emploi[1275] et les

---

1268 GROULIER (C.), *Norme permissive et droit public*, *op. cit.*, p. 545.

1269 *Ibid.*, p. 539.

1270 *Ibid.*, p. 77.

1271 Libertés publiques qui impliquent la jouissance de facultés telles que la liberté d'expression, la liberté d'aller et venir ou encore le droit de vote. *Ibid.*, p. 77.

1272 Par exemple le droit d'ester en justice.

1273 Un droit est qualifié de « portable » lorsque le débiteur doit chercher son créancier et le payer, alors qu'il est dit « quérable » lorsque le créancier « doit aller réclamer le recouvrement » chez le débiteur. CORNU (G.), *Vocabulaire juridique*, Association Henri Capitant, Paris, PUF, coll. Quadrige, 10e éd., 2014, « Portable » et « Quérable », p. 680 et 736.

1274 Le « chèque énergie » se substituera à partir de 2018 aux tarifs sociaux de l'énergie.

1275 Le RSA « activité » ainsi que la prime pour l'emploi sont remplacés, depuis le 1er janvier 2016, par la prime d'activité (loi n° 2015-994 du 17 août 2015 relative au dialogue social et à l'emploi, *JO* n° 0189 du 18 août 2015 p. 14346).

tarifs sociaux du gaz et de l'électricité, est révélateur du regard qui est posé aujourd'hui sur les bénéficiaires de l'aide sociale. En faisant de la majorité des droits à l'aide sociale des droits quérables, c'est-à-dire des droits qui requièrent le dépôt d'une demande spécifique[1276], le droit de l'aide sociale invite à penser le bénéficiaire comme un être autonome, libre de ses décisions et, par conséquent, libre de solliciter ou de renoncer à l'exercice de ses droits. Pour ne prendre que l'exemple du revenu de solidarité active, n'est-ce pas l'autonomie du bénéficiaire qui est mise en exergue et supposée lorsque son octroi est conditionné non seulement par une demande expresse[1277] déposée notamment auprès du CCAS ou du CIAS du lieu de domicile du demandeur, des services du département ou de Pôle emploi[1278], mais encore par le fait que le foyer fasse valoir ses autres droits sociaux et alimentaires[1279] ?

280. La prise en compte de l'autonomie des bénéficiaires de l'aide sociale est assurément essentielle, car, cela ne fait aucun doute, la renonciation à l'exercice d'un droit à l'aide sociale ou, pour le formuler autrement, le non-recours par non-demande, se présente parfois comme un acte accompli en pleine conscience. Elle n'est alors pas le fait « d'individus passifs qui se désintéresseraient de l'offre par principe »[1280], mais, bien au contraire, procède d'individus qui ont fait un choix et dont le comportement s'apparente à une critique portant aussi bien sur l'intérêt et sur l'utilité de l'offre que sur l'image qu'elle véhicule ou encore sur les normes qu'elle impose[1281]. Cela ressort clairement de l'étude sur le non-recours au revenu de solidarité active des exploitants agricoles dans laquelle Clara Deville identifie un « non-recours identitaire » qui se caractérise par « la volonté des exploitants agricoles d'évacuer le RSA du champ des actions possibles »[1282]. Le refus des exploitants agricoles de recourir au dispositif du RSA est présenté comme « le fruit d'une décision réfléchie »[1283] dans la mesure où,

---

1276 GOMEL (B.) et SERVERIN (E.), « La prime pour l'emploi, le RSA-activité, et au-delà. À la recherche d'un mécanisme de soutien aux bas revenus d'activité », *Politiques sociales et familiales*, n° 113, 2013. p. 63.

1277 Article L. 262-14 du CASF.

1278 Article D. 262-26 du CASF.

1279 Article L. 262-10 du CASF.

1280 MAZET (P.), « La non demande de droits : prêtons l'oreille à l'inaudible », *La Vie des idées* (revue en ligne), 2010, http://www.laviedesidees.fr/La-non-demande-de-droits-pretons-l.html

1281 MAZET (P.), *ibid.*
Jean-Pierre Laborde, dès 1990, envisageait d'ailleurs que la demande du RMI pourrait ne pas être faite dans la mesure où l'engagement de participer aux activités ou actions d'insertion était susceptible de rebuter les bénéficiaires. LABORDE (J.-P.), « RMI et liberté éléments pour une première approche », *Dr. soc.*, 1990, p. 34.

1282 DEVILLE (C.), « Le non-recours au RSA des exploitants agricoles. L'intégration professionnelle comme support de l'accès aux droits », *Politiques sociales et familiales*, 2015, n° 119, p. 44.

1283 Les exploitants de ce type de non-recours se disent être très à l'aise face aux démarches à faire pour obtenir le RSA et connaissent leur éligibilité au RSA. *Ibid.*, p. 44.

d'une part, ils considèrent que leur exploitation est en bonne santé et que leur niveau de vie est suffisamment élevé pour ne pas ressentir le besoin de percevoir le RSA et dans la mesure où, d'autre part, demander une aide sociale reviendrait, pour certains, à participer à la « société de consommation »[1284]. La non-demande en matière d'hébergement d'urgence est également une illustration intéressante du lien entre autonomie du bénéficiaire de l'aide sociale et renonciation à l'exercice d'un droit. Les comportements de non-recours à l'hébergement d'urgence s'expliquent autant par le décalage entre le contenu et la qualité de l'offre proposée - dortoirs collectifs, conditions d'accueil parfois à la limite de la salubrité, risques de violences, vols, etc. - et les attentes des bénéficiaires - trouver un lieu d'hébergement dans lequel les conditions d'accueil garantissent l'hygiène, la sécurité et l'intimité - que par la conditionnalité de l'offre[1285]. C'est l'élaboration d'un jugement rationnel sur l'offre qui conduit les individus à avoir un usage sélectif de l'offre[1286].

281. Par leur non-demande, certains bénéficiaires utilisent donc l'autonomie que leur confèrent les normes permissives dont sont issus les droits à l'aide sociale[1287]. Ils mettent en œuvre leur liberté « en choisissant d'exercer ou de ne pas exercer un de ses droits, dans la mesure où le droit demeure une simple faculté d'action ou d'inaction »[1288]. Bien que le caractère quérable des droits à l'aide sociale participe à la construction de l'image d'un bénéficiaire de l'aide sociale autonome, il n'est pas indispensable à la prise en compte de l'autonomie des bénéficiaires de l'aide sociale. Au contraire, le législateur présume ainsi, de manière générale, leur autonomie et leur capacité à « activer » leurs droits en dépit des nombreuses difficultés qui compliquent leur exercice, alors qu'en systématisant l'automaticité des droits à l'aide sociale[1289], les normes à l'origine de ces

---

[1284] *Ibid.*, p. 44.

[1285] Impossibilité d'accéder à un hébergement avec son chien, interdiction de consommer de l'alcool par exemple.

[1286] LÉVY (J.) et VIAL (B.), « Les raisons du non-recours, une critique de l'autonomie instituée », *in* OTERO (M.), DUMAIS MICHAUD (A.-A.) et PAUMIER (R.) (dir.), *L'institution éventrée, de la socialisation à l'individuation*, Québec, Presses de l'Université de Québec, 2017, p. 195-208.

[1287] Elisabeth MAUREL montre que ne pas recourir au RSA peut être un moyen pour les bénéficiaires de garder leur autonomie. MAUREL (E.), « Le non-recours aux prestations sociales : les enjeux révélés par le vécu des usagers », *RDSS*, 2012, p. 623-626.

[1288] ARROYO (J.), *La renonciation aux droits fondamentaux. Étude de droit français*, Paris, éd. Pedone, coll. Publications de l'Institut international des droits de l'homme, 2016, p. 68.

[1289] SIRUGUE (C.), *Repenser les minima sociaux. Vers une couverture socle commune ?*, Rapport au Premier ministre, avril 2016, p. 83 et 103.

Notons que cette idée progresse, mais reste, en pratique, très peu mise en application. Elle est préconisée dans le rapport d'information du comité d'évaluation et de contrôle des politiques publiques sur l'évaluation des politiques publiques en faveur de l'accès aux droits sociaux (BIÈMOURET (G.) et COSTES (J.-L.), *Rapport d'information du comité d'évaluation et de contrôle des politiques publiques sur l'évaluation des politiques publiques en faveur de l'accès aux droits sociaux*, Assemblée nationale, n° 4158, 2016, p. 158 et suiv.).

droits restant des normes permissives, il permettrait aux bénéficiaires qui sont réellement autonomes de jouir pleinement de leur liberté d'y renoncer[1290].

§ 2. L'utilisation de la renonciation comme instrument de liberté de choix du bénéficiaire

282. La renonciation est parfois utilisée, en droit de l'aide sociale, comme un instrument au service de la liberté de choix du bénéficiaire de l'aide sociale : liberté de choix entre deux dispositifs d'aide sociale non cumulatifs (A) ou liberté de l'usager des établissements sociaux et médico-sociaux, plus spécifiquement, de choisir les prestations dont il souhaite bénéficier (B). Que le choix conduise à renoncer à l'exercice d'un droit ou à renoncer à un droit acquis, la renonciation constitue, ici, un moyen pour les pouvoirs publics de laisser une place à la volonté du bénéficiaire de l'aide sociale. À l'instar du mouvement de contractualisation qui a cours dans ce domaine depuis les années 1980, la référence expresse à la possibilité pour le bénéficiaire de renoncer est le signe d'une volonté de rupture avec la figure de l'administré « assujetti » à l'administration et participe de la promotion de l'image d'un usager autonome.

A. Le droit d'option, liberté de choix des bénéficiaires de l'aide sociale

283. Le terme « droit d'option » peut être compris dans son sens large, c'est-à-dire comme le « droit de choisir »[1291], ou dans un sens plus restreint,

---

Cette idée commence également à trouver des applications concrètes puisque depuis le 1er janvier 2016, en application de l'article 40 de la loi n° 2015-1776 du 28 décembre 2015 relative à l'adaptation de la société au vieillissement, le renouvellement automatique de l'aide à la complémentaire santé (ACS) est désormais prévu pour les bénéficiaires de l'allocation de solidarité aux personnes âgées (ASPA). En outre, l'article L. 262-27-1 du CASF issu de la loi n° 2015-994 du 17 août 2015 prévoit que, lorsque le bénéficiaire du RSA exerce, prend ou reprend une activité professionnelle, il est réputé avoir formulé une demande de prime d'activité « sauf mention contraire de sa part ».

1290 L'article R. 337-1 du Code de l'énergie (abrogé par le Décret n° 2016-555 du 6 mai 2016 à compter du 1er janvier 2018) dispose que « Le bénéfice de la tarification de l'électricité comme produit de première nécessité, prévue à l'article L. 337-3 du présent code, est ouvert, *sauf refus exprès de leur part,* pour leur résidence principale, aux personnes physiques titulaires d'un contrat de fourniture d'électricité… » et l'article R. 337-8 précise que « *sauf refus exprès de leur part dans un délai de quinze jours* suivant la date d'envoi de cette attestation, cette tarification leur sera appliquée ».

En outre, pour le gaz, l'article R. 445-8 du Code de l'énergie (abrogé par le Décret n° 2016-555 du 6 mai 2016 à compter du 1er janvier 2018) dispose que « Le bénéfice du tarif spécial de solidarité applicable à la fourniture de gaz naturel, prévus [prévu] au premier alinéa de l'article L. 445-5, est ouvert *sauf refus exprès de leur part* pour leur résidence principale aux personnes physiques ayant droit à la tarification spéciale dite "produit de première nécessité"… ».

comme le choix entre deux ou trois alternatives déterminées[1292] qui ne consistent « pas à faire ou ne pas faire un acte juridique »[1293], mais à « *faire tel ou tel acte juridique qui sont possibles* »[1294]. Le premier sens doit être écarté. Une norme permissive offrant nécessairement un choix, celui d'exercer ou non la faculté qu'elle comporte, tous les droits à l'aide sociale pourraient contenir un droit d'option. L'expression « droit d'option » *lato sensu* ne permet donc pas d'appréhender les mécanismes « d'option » spécifiquement mis en place en droit de l'aide sociale. Son sens plus restreint, en revanche, doit être retenu. Le droit d'option implique alors une attitude active, « un choix entre un acte *et* un autre »[1295]. En droit de l'aide sociale, le législateur a instauré, à plusieurs reprises, un droit d'option au profit des bénéficiaires de certaines aides sociales (1). Ce faisant, il tente de leur laisser une liberté de choix, un pouvoir de décision en fonction de ce qui leur semble le mieux correspondre à leur situation (2).

1. Le droit d'option en droit de l'aide sociale

284. En droit de l'aide sociale, le législateur a parfois ouvert un droit d'option entre deux prestations sociales. Deux objectifs sont alors poursuivis : d'une part, permettre au bénéficiaire d'une aide sociale de continuer à la percevoir malgré la mise en place d'une nouvelle aide ayant vocation à s'y substituer et, d'autre part, lui laisser le choix, lorsqu'il relève de deux « catégories d'aides sociales », de l'aide qu'il souhaite percevoir.

285. L'option est tout d'abord employée comme un procédé permettant aux bénéficiaires d'une aide de choisir entre la conservation de leurs droits ou le basculement définitif vers une nouvelle aide sociale ayant vocation à remplacer celle qu'ils percevaient jusqu'alors. Par exemple, lors du remplacement de l'allocation compensatrice pour tierce personne[1296] par la prestation de compensation du handicap[1297], a été prévue, à l'article 95 de la

---

[1291] NAJJAR (I.), *Le droit d'option. Contribution à l'étude du droit potestatif et de l'acte unilatéral*, Paris, LGDJ, 1967, p. 3.
[1292] *Ibid.*, p. 4.
[1293] *Ibid.*, p. 37.
[1294] *Ibid.*
[1295] *Ibid.*, p. 37.
[1296] D'après l'ancien article L. 245-1 du CASF, l'allocation compensatrice était accordée à toute personne handicapée, dont l'âge était inférieur à un âge fixé par décret, qui ne bénéficiait pas d'un avantage analogue au titre d'un régime de sécurité sociale et dont l'état nécessitait l'aide effective d'une tierce personne pour les actes essentiels de l'existence ou dont l'exercice, soit d'une activité professionnelle, soit d'une fonction élective, lui imposait des frais supplémentaires.
[1297] Loi n° 2005-102 du 11 février 2005 pour l'égalité des droits et des chances, la participation et la citoyenneté des personnes handicapées, *JO* n° 36 du 12 février 2005 p. 2353.

loi du 11 février 2005[1298], la possibilité pour les bénéficiaires de l'allocation compensatrice pour tierce personne d'opter pour son maintien ou pour le bénéfice de la prestation de compensation du handicap. Les bénéficiaires de l'allocation compensatrice pour tierce personne se voient ainsi reconnaître le droit d'en conserver le bénéfice tant qu'ils remplissent les conditions d'attribution, ou d'y renoncer afin de percevoir la prestation de compensation du handicap. Le législateur a également utilisé le droit d'option à titre transitoire[1299] en 1997 lors de la création de la prestation spécifique dépendance[1300]. Pour les personnes ayant obtenu le bénéfice de l'allocation compensatrice pour tierce personne après soixante ans et remplissant à cette date les conditions pour bénéficier de la prestation spécifique dépendance, il a aménagé la possibilité de continuer à percevoir l'allocation compensatrice pour tierce personne jusqu'au terme de la période pour laquelle elle leur avait été attribuée et de renoncer pour un temps à la prestation spécifique dépendance.

286. Les pouvoirs publics ont ensuite recours au droit d'option afin de permettre aux bénéficiaires de choisir le dispositif d'aide sociale dont ils souhaitent jouir. Aux bénéficiaires des aides pour personnes handicapées est ainsi offerte la possibilité de changer de « catégorie d'aide sociale » après soixante ans et de percevoir des aides sociales pour personnes âgées dépendantes. Cet usage du droit d'option résulte de la volonté du législateur, depuis l'instauration de la prestation spécifique dépendance en 1997, de dissocier les aides attribuées en raison d'un handicap de celles octroyées en raison de la dépendance liée à l'âge[1301]. Le législateur, tout en prévoyant que les personnes ayant bénéficié de l'allocation compensatrice pour tierce personne après leur soixante ans basculent obligatoirement à l'échéance de la période d'attribution de cette allocation vers la prestation spécifique dépendance, avait ouvert un droit d'option pour les personnes handicapées atteignant soixante ans. Ainsi, les personnes qui avaient bénéficié de l'allocation compensatrice pour tierce personne avant soixante ans et qui remplissaient les conditions pour percevoir la prestation spécifique

---

1298 Loi n° 2005-102 du 11 février 2005 pour l'égalité des droits et des chances, la participation et la citoyenneté des personnes handicapées, *JO* n° 36 du 12 février 2005 p. 2353.

1299 La vocation transitoire de cette disposition est clairement mise en avant par la rapporteure Monique Rousseau lors de la séance à l'Assemblée nationale du 26 novembre 1996.

1300 Loi n° 97-60 du 24 janvier 1997 tendant, dans l'attente du vote de la loi instituant une prestation d'autonomie pour les personnes âgées dépendantes, à mieux répondre aux besoins des personnes âgées par l'institution d'une prestation spécifique dépendance, *JO* n° 21 du 25 janvier 1997 p. 1280.

1301 Si l'allocation compensatrice pour tierce personne s'adressait à l'origine aux personnes handicapées, elle a été, en pratique, dans une large mesure attribuée aux personnes âgées devenues dépendantes. Elle est ainsi progressivement devenue une aide versée aux personnes âgées dépendantes. En 1994, 70 % des bénéficiaires de l'allocation compensatrice étaient âgés de plus de 60 ans. AUBIN (E.), *Droit de l'aide et de l'action sociales*, Issy-les-Moulineaux, Gualino, 4e éd., 2014, p. 329.

dépendance pouvaient choisir, lorsqu'elles atteignaient cet âge et à chaque renouvellement de l'attribution de l'allocation compensatrice pour tierce personne, entre le maintien de celle-ci ou le bénéfice de la prestation spécifique dépendance[1302]. Par la suite, a été réitéré cet usage du droit d'option visant à permettre à une personne handicapée, qui du fait de son âge peut prétendre aux droits à l'aide sociale destinés aux personnes âgées, de choisir de continuer à bénéficier de son aide pour personne handicapée ou d'opter pour une aide sociale pour personnes âgées. Un tel droit d'option a été prévu non seulement lors du remplacement de la prestation spécifique dépendance par l'allocation personnalisée d'autonomie en 2001 puisque l'article 3 du Titre II de la loi du 21 juillet 2001[1303] prévoyait que, à ses soixante ans et à chaque renouvellement de l'allocation compensatrice pour tierce personne, le bénéficiaire de cette allocation avait la possibilité de demander le maintien de celle-ci ou le bénéfice de l'allocation personnalisée d'autonomie, mais encore, lors du remplacement de l'allocation compensatrice pour tierce personne par la prestation de compensation du handicap puisque l'article L. 245-9 du CASF dispose que toute personne ayant obtenu le bénéfice de la prestation de compensation du handicap avant ses soixante ans et qui répond aux critères de dépendance peut choisir, lorsqu'elle atteint cet âge et à chaque renouvellement de l'attribution de cette prestation, entre son maintien et le bénéfice de l'allocation personnalisée d'autonomie.

2. L'exercice du droit d'option : la renonciation à une aide sociale

287. L'exercice du droit d'option, droit qui représente une liberté de choix offerte aux bénéficiaires de certaines aides sociales, les amène nécessairement à renoncer à l'une ou l'autre des deux aides alternatives de l'option. Le bénéficiaire de l'allocation compensatrice pour tierce personne qui opte pour son maintien renonce, au moins temporairement, au bénéfice de l'allocation personnalisée d'autonomie, tandis que lorsqu'il opte pour l'allocation personnalisée d'autonomie, il renonce, définitivement cette fois, à celui de l'allocation compensatrice pour tierce personne.

288. Certes, la doctrine refuse souvent d'assimiler l'exercice du droit d'option à une renonciation[1304]. Considérant l'option comme un choix entre

---

1302 Article 27 de la loi n° 97-60 du 24 janvier 1997 tendant, dans l'attente du vote de la loi instituant une prestation d'autonomie pour les personnes âgées dépendantes, à mieux répondre aux besoins des personnes âgées par l'institution d'une prestation spécifique dépendance, *JO* n° 21 du 25 janvier 1997 p. 1280.

1303 Loi n° 2001-647 du 20 juillet 2001 relative à la prise en charge de la perte d'autonomie des personnes âgées et à l'allocation personnalisée d'autonomie, *JO* n° 167 du 21 juillet 2001 p. 11737.

1304 DEHAUSSY (J.), « Rapport général sur les renonciations au bénéfice de la loi en droit public », Paris, Dalloz, TAHC, 1959-1960, t. XIII, p. 497 ; GRAMMATIKAS (G.), *Théorie générale de la renonciation en droit civil. Étude parallèle du droit français et du droit*

deux ou plusieurs possibilités ouvertes par la loi, elle perçoit la mise en œuvre du droit d'option comme l'exercice même de la loi, et non comme une renonciation, et ce, bien qu'elle ait reconnu qu'elle comportait psychologiquement une renonciation à l'une des possibilités[1305]. Cependant, l'exercice des droits d'option ouverts par le législateur en droit de l'aide sociale s'accompagne, sur le plan juridique également, d'une renonciation : le non-cumul entre les aides alternatives de l'option conduit le bénéficiaire, en choisissant l'une des deux aides, à renoncer simultanément à l'autre. Le terme « renonciation » est d'ailleurs parfois expressément employé pour indiquer les conséquences juridiques du choix du bénéficiaire d'une aide sociale lors de l'exercice de son droit d'option. Le règlement départemental d'aide sociale du département de Seine-Saint-Denis, par exemple, précise que le bénéficiaire de l'allocation cécité du département (A.C.D.)[1306], prestation d'action sociale, qui choisit d'opter pour l'allocation personnalisée d'autonomie, « renonce [définitivement] au bénéfice de l'A.C.D ».

289. Si la renonciation est un élément inhérent à l'exercice du droit d'option tel qu'il est prévu par le législateur en matière d'aide sociale, ses effets ne seront pas obligatoirement les mêmes selon le droit auquel il est renoncé. Lorsqu'il est utilisé comme un moyen pour laisser aux bénéficiaires d'une aide sociale le choix entre la conservation de leurs droits ou la perception de la nouvelle aide ayant vocation à la remplacer, le choix de percevoir la nouvelle aide, et par conséquent de renoncer à l'ancienne, est définitif. Ainsi, la personne bénéficiaire de l'allocation compensatrice pour tierce personne y renonce définitivement lorsqu'elle opte pour la prestation de compensation du handicap[1307]. L'option est d'ailleurs « exercée par la personne bénéficiaire, *préalablement informée* des montants respectifs de l'allocation et de la prestation auxquels elle peut avoir droit »[1308]. Par contre, lorsque le bénéficiaire opte pour la conservation de l'allocation compensatrice pour tierce personne, sa renonciation à la prestation de compensation du handicap est temporaire puisqu'il peut à chaque

hellénique, Paris, LGDJ, 1971, p. 36 et suiv ; SOURZAT (C.), *La renonciation en procédure pénale*, Paris, LGDJ, coll. Bibliothèque des sciences criminelles t. 56, 2013, p. 34.

1305 DEHAUSSY (J.), *ibid.*, p. 497.

1306 Cette allocation a été créée par délibération du Conseil général le 4 décembre 1998 à titre transitoire (car ces personnes entrent depuis 2001 dans le dispositif de l'allocation personnalisée d'autonomie) au profit des personnes atteintes de cécité, ayant bénéficié pour la première fois après l'âge de 60 ans de l'allocation compensatrice pour tierce personne.

1307 Article 95 de la loi n° 2005-102 du 11 février 2005 pour l'égalité des droits et des chances, la participation et la citoyenneté des personnes handicapées, *JO* n° 36 du 12 février 2005 p. 2353.

1308 Article R. 245-32 du CASF. Notons que le juge vérifie le respect de cette exigence. Il a ainsi considéré que l'obligation pesant sur l'administration en vertu de l'article R. 245-32 du CASF se limitait à une information sur les montants respectifs des deux prestations. L'administration n'était donc pas tenue d'informer l'optante des incidences financières de son choix entre le maintien de l'allocation compensatrice ou le bénéfice de la prestation de compensation du handicap. Comm. centr., 26 avril 2013, *Mme X.*, dossier n° 120455, *CJAS*, n° 2013/4.

renouvellement de l'allocation compensatrice pour tierce personne choisir de bénéficier de la prestation de compensation du handicap. Lorsque le droit d'option a pour objectif de permettre aux bénéficiaires de l'aide sociale de choisir le dispositif qui leur semble le mieux adapté à leurs besoins, la situation est quelque peu différente. La renonciation est d'abord temporaire, la personne étant en mesure de manifester son intention de percevoir à nouveau l'aide sociale à laquelle elle avait renoncé, et devient définitive à partir d'une limite d'âge fixée par le pouvoir règlementaire. Les bénéficiaires dont le handicap répondait avant l'âge de soixante ans aux critères d'attribution de la prestation de compensation du handicap peuvent ainsi, jusqu'à soixante-quinze ans, la solliciter[1309], et ce, même s'ils ont opté pour l'allocation personnalisée d'autonomie à un moment donné. Passé cet âge, la renonciation à la prestation de compensation du handicap découlant de leur choix pour l'allocation personnalisée d'autonomie sera définitive.

290. Le droit d'option, en offrant aux bénéficiaires de certaines aides sociales la possibilité de choisir librement le dispositif qui leur semble le plus approprié à leur situation, traduit une volonté politique de promouvoir leur autonomie[1310]. Cette liberté est essentielle au vu des conséquences non négligeables qu'entraîne pour certains bénéficiaires le passage d'une aide à une autre. Reconnaître la possibilité de renoncer à une aide, temporairement ou définitivement, constitue alors un moyen pour le législateur de leur permettre d'échapper aux effets potentiellement défavorables d'un dispositif au regard leur situation individuelle. Cela était particulièrement vrai pour certains bénéficiaires de l'allocation compensatrice pour tierce personne lors de la mise en place de la prestation spécifique dépendance, car non seulement cette dernière ne leur garantissait pas toujours un niveau de ressources équivalent à celui atteint avec l'allocation compensatrice pour tierce personne - son montant pouvant être inférieur[1311] ou les bénéficiaires de l'allocation compensatrice pour tierce personne pouvant être classés en GIR4 ou GIR5 lors de l'évaluation de leur degré de dépendance par une équipe médico-sociale[1312] et, par conséquent, ne pas être en mesure de

---

1309 Article D. 245-3 du CASF.

1310 Rapport n° 14 (1996-1997) de M. Alain VASSELLE fait au nom de la commission des affaires sociales lors de l'étude de la proposition de loi tendant, dans l'attente du vote de la loi instituant une prestation d'autonomie pour les personnes âgées dépendantes, à mieux répondre aux besoins des personnes âgées par l'institution d'une prestation spécifique dépendance (article 19).

1311 Ainsi, une personne née en 1912 bénéficiait de l'allocation compensatrice pour tierce personne à hauteur de 2200 francs jusqu'en 1992, alors que la prestation spécifique dépendance s'élève à 900 francs (classement en GIR3). BELORGEY (J.-M.), « Du handicap à la dépendance : la trappe ? », *Dr. soc.*, 1999, p. 703. Voir également BELORGEY (J.-M.), « La dépendance punie », *in Drôle(s) de droit(s). Mélanges en l'honneur d'Élie Alfandari*, Paris, Dalloz, 2000, p. 219-229.

1312 Dans le cadre de la prestation spécifique dépendance, le degré de dépendance était établi par une équipe médico-sociale à l'aide de la grille AG-GIR (Autonomie Gérontologie Groupes Iso Ressources).

prétendre à la prestation spécifique dépendance [1313] -, mais encore, les personnes atteintes de cécité susceptibles de percevoir l'allocation compensatrice pour tierce personne se trouvaient exclues de la prestation spécifique dépendance[1314]. Face à de telles conséquences, le droit d'opter et donc de renoncer apparaît essentiel pour les bénéficiaires de l'aide sociale. Le droit d'option représente une rupture « avec le modèle vertical/catégoriel caractéristique du modèle antérieur »[1315] dans lequel les personnes bénéficiaient d'une aide en fonction de leur rattachement à des catégories se révélant, en pratique, parfois inadaptées à leur situation.

B. La renonciation, liberté de choix des usagers des établissements sociaux et médico-sociaux

291. Dans un souci d'individualiser la prise en charge des usagers des services et des établissements sociaux et médico-sociaux, le législateur, dans la loi du 2 janvier 2002 rénovant l'action sociale et médico-sociale[1316], a précisé les droits des usagers - la dignité et l'intégrité, le libre choix des prestations, le consentement aux interventions ou encore la participation à la conception de la prise en charge - et prévu des instruments pour assurer leur mise en œuvre tels que le contrat de séjour. Parmi ces droits et libertés individuels reconnus par le législateur à l'article L. 311-3 du CASF, la liberté de choix entre les prestations adaptées qui sont offertes à l'usager d'une part, et le droit à une prise en charge et à un accompagnement individualisé favorisant son autonomie et respectant son consentement éclairé d'autre part, revêtent un intérêt particulier, car la renonciation y est sous-jacente.

292. La Charte des droits et libertés de la personne accueillie[1317], après avoir rappelé à son article 4 le « Principe du libre choix, du consentement éclairé et de la participation de la personne », énonce à l'article 5 un « Droit à la renonciation »[1318]. Tandis que le premier reconnaît donc à la personne

---

1313 Certaines personnes bénéficiant de l'allocation compensatrice pour tierce personne à hauteur respectivement de 3050 et 2332 francs ont été classées lors de leur passage à la prestation spécifique dépendance en GIR5 et en GIR4 et n'ont donc obtenu aucune aide financière au titre de cette prestation. BELORGEY (J.-M.), « Du handicap à la dépendance : la trappe ? », *op. cit.*, p. 703.

1314 BORGETTO (M.) et LAFORE (R.), *Droit de l'aide et de l'action sociales*, Issy-les-Moulineaux, LGDJ, coll. Domat droit public, 9e éd., 2015, p. 377.

1315 LAFORE (L.), « Le "souci de l'usager" et les modes de gestion des établissements et services sociaux et médico-sociaux », *RDSS*, 2012, p. 470.

1316 Loi n° 2002-2 du 2 janvier 2002 rénovant l'action sociale et médico-sociale, *JO* du 3 janvier 2002 p. 124.

1317 Arrêté du 8 septembre 2003 relatif à la Charte des droits et libertés de la personne accueillie, mentionnée à l'article L. 311-4 du CASF, *JO* n° 234 du 9 octobre 2003 p. 17250.

1318 Il semblerait que celle-ci ait une valeur règlementaire dans la mesure où elle est annexée à l'arrêté du 8 septembre 2003 relatif à la Charte des droits et libertés de la personne accueillie, mentionnée à l'article L. 311-4 du CASF, *JO* n° 234 du 9 octobre 2003 p. 17250.

accueillie la liberté de choisir entre les prestations adaptées qui lui sont offertes, soit dans le cadre d'un service à son domicile, soit dans le cadre de son admission dans un établissement ou service, soit dans le cadre de tout mode d'accompagnement ou de prise en charge[1319], le second confère à la personne le droit de renoncer par écrit « aux prestations dont elle bénéficie ou [d']en demander le changement dans les conditions de capacités, d'écoute et d'expression ainsi que de communication prévues par la présente charte ». Le droit à la renonciation semble ainsi s'inscrire non seulement dans la continuité de la liberté de choix reconnue par la loi à l'usager, mais aussi dans celle du droit à un accompagnement individualisé favorisant l'autonomie de l'usager puisqu'il s'agit, en reconnaissant la possibilité de l'usager de renoncer à une prestation, de prendre acte de son autonomie en lui donnant la possibilité d'influer sur les modalités de sa prise en charge. L'usager d'un foyer de vie pourrait par exemple renoncer à des activités psycho-socio-culturelles et celui d'un établissement d'hébergement pour personnes âgées dépendantes renoncer à l'utilisation du service de restauration collective comme l'envisage l'article R. 314-182 du CASF[1320]. Bien que la possibilité de renoncer à une partie des prestations ne soit pas sans soulever des difficultés dans la mesure où la cohérence ainsi que l'efficacité de l'accueil et de l'accompagnement de l'usager risquent, dans certains cas, d'en être affectées[1321], la renonciation paraît constituer une modalité d'exercice de la liberté de choix de l'usager. Matérialisé dans le contrat de séjour, le droit à la renonciation témoigne, au même titre que le procédé contractuel, de la volonté de prendre en compte l'usager « en tant que personne à même de formuler des attentes et un point de vue »[1322].

293. Ce droit à la renonciation peut avoir une portée plus significative encore puisqu'il permet à l'usager de mettre un terme à tout moment au bénéfice de la prise en charge dans son ensemble, ce qui conduit à une résiliation du contrat de séjour rendu obligatoire pour les séjours dans un

---

POINSOT (O.), *Le droit des personnes accueillies ou accompagnées. Les usagers dans l'action sociale et médico-sociale*, *op. cit.*, p. 87-102. VÉRON (P.), « Étude n° 14 : Les aménagements de la liberté d'aller et venir de la personne en institution », *in* VIALLA (F.) (dir.), *Jurisprudences du secteur social et médico-social*, Paris, Dunod, 2012, p. 236.
Si Maryse Badel ne spécifie pas quelle est la valeur juridique de la Charte, elle affirme toutefois qu'elle « consacre les droits essentiels auxquels il est évident que le contrat ne pourra porter atteinte et devra organiser la mise en œuvre ». BADEL (M.), « Les relations entre la puissance publique, les associations prestataires de services et les usagers des services sociaux », *Journal du droit des jeunes,* 2004, n° 236, p. 32.

1319 LHUILLIER (J.-M.), *Le droit des usagers dans les établissements et services sociaux et médico-sociaux*, Presses de l'EHESP, Rennes, 5e éd., 2015, p. 48.

1320 Concernant les prestations minimales délivrées par les EHPAD, voir le décret n° 2015-1868 du 30 décembre 2015 relatif à la liste des prestations minimales d'hébergement délivrées par les établissements d'hébergement pour personnes âgées dépendantes, *JO* n° 0303 du 31 décembre 2015 p. 25332.

1321 POINSOT (O.), *Le droit des personnes accueillies ou accompagnées. Les usagers dans l'action sociale et médico-sociale*, Bordeaux, LEH Édition, 2016, p. 91.

1322 BADEL (M.), « La participation de l'usager », *RDSS*, 2004, p. 808.

établissement social ou médico-social d'une durée prévisionnelle supérieure à deux mois[1323]. Cet usage du droit à la renonciation ressort d'ailleurs d'un arrêt de la Cour de cassation en date du 12 décembre 2013[1324]. En l'espèce, la requérante assignait en responsabilité et en indemnisation de son préjudice moral l'établissement d'hébergement pour personnes âgées dépendantes dans lequel son père avait séjourné. Elle invoquait l'existence de fautes commises par l'établissement et, notamment, le défaut de prise en compte de la volonté de son père qui avait émis le désir de sortir de l'établissement. La Cour se réfère à l'article 5 de la Charte selon lequel la renonciation doit être effectuée par écrit et au fait que, lors d'une conversation téléphonique avec son fils, le père de la requérante aurait déclaré avoir décidé de rester dans cette maison de retraite pour conclure que le père avait « émis des avis contradictoires concernant la poursuite de son hébergement en établissement et n'avait formalisé auprès de la direction *aucune demande expresse tendant à voir interrompre sa prise en charge contre avis médical* ». Le juge laisse ainsi entendre que, si une telle demande avait été formulée expressément et de manière non-équivoque, l'établissement d'hébergement pour personnes âgées dépendantes n'aurait pu s'opposer à ce que la requérante fasse sortir son père de l'établissement sans commettre de faute.

294. Le droit à la renonciation énoncé à l'article 5 de la Charte des droits et libertés de la personne accueillie ouvre la faculté à l'usager d'un établissement social ou médico-social, au-delà de la seule renonciation à des prestations déterminées, de mettre un terme au bénéfice de la prise en charge dans son ensemble. Ce droit à la renonciation, assurément, ne concerne pas uniquement les prestations d'aides sociales et, qui plus est, pas obligatoirement les usagers bénéficiaires de l'aide sociale. Il est, entre autres, reconnu également aux usagers des établissements hébergeant des personnes âgées non bénéficiaires de l'aide sociale par les articles L. 342-1 et L. 342-2 du CASF qui précisent non seulement que les établissements hébergeant des personnes âgées non bénéficiaires de l'aide sociale doivent avoir passé un contrat écrit avec les personnes accueillies ou leur représentant légal, mais encore qu'un avenant au contrat est établi « lorsque, pendant la durée du contrat, le résident demande le bénéfice d'une prestation supplémentaire ou *renonce à une prestation* »[1325]. Cependant, il est énoncé dans la Charte mentionnée à l'article L. 311-4, article lui-même intégré dans une section dédiée aux droits des usagers des établissements et services sociaux et médico-sociaux. Or, ces établissements[1326], au nombre desquels figurent notamment les établissements hébergeant des personnes âgées dépendantes, les établissements ou services d'aide par le travail, les centres d'hébergement et de réinsertion sociale ou encore les centres d'accueil pour demandeurs

[1323] Articles L. 311-4 et D. 311 du CASF.
[1324] Cass. civ. 2e, 12 décembre 2013, n° 12-29392, inédit.
[1325] Article L. 342-2 du CASF.
[1326] Voir la liste complète à l'article L. 312-1 du CASF.

d'asile, ont pour mission principale d'assurer aux personnes prises en charge différentes prestations d'accueil, d'hébergement et d'aide[1327]. Dès lors, il n'est pas exclu que parmi les prestations auxquelles l'usager renonce figurent des prestations d'aide sociale. En outre, c'est toujours le cas lorsqu'il renonce au bénéfice de la prise en charge dans son ensemble. Le demandeur d'asile, par exemple, renonce aux « conditions d'accueil décentes » qu'il se voyait octroyer sur le fondement de son statut de demandeur d'asile lorsqu'il choisit de quitter volontairement un centre d'accueil pour demandeurs d'asile avant l'achèvement de la procédure d'instruction de sa demande d'asile[1328].

295. Qu'elle soit reconnue expressément ou suggérée comme une modalité d'exercice du libre choix de l'usager, la renonciation peut être appréhendée et utilisée comme un instrument de liberté. Elle est le signe de la volonté de faire de l'usager un acteur de sa prise en charge, objectif expressément énoncé par le législateur à l'article 2 de la loi du 2 janvier 2002 rénovant l'action sociale et médico-sociale[1329]. À l'instar du contrat de séjour qui permet d'ailleurs de prendre acte de la volonté de renoncer à certaines prestations[1330], la renonciation incarne la logique d'individualisation de l'action sociale puisqu'il s'agit, là aussi, de considérer « chaque personne prise en charge comme singulière et, compte tenu de son histoire, de sa situation et du contexte dans lequel elle évolue, de bâtir des modes d'action qui lui soient adaptés »[1331]. La renonciation participe ainsi pleinement à ce mouvement qui tend à faire émerger l'usager « dans sa

---

1327 BORGETTO (M.) et LAFORE (R.), *Droit de l'aide et de l'action sociales*, *op. cit.*, p. 231.

1328 Arrêté du 29 octobre 2015 relatif au contrat de séjour type des centres d'accueil pour demandeurs d'asile.

Cette situation qui entraîne la résiliation du contrat de séjour conclu entre le demandeur d'asile et le CADA ne signifie cependant pas un abandon définitif de ses droits, car le demandeur d'asile peut en demander le rétablissement à l'Office français de l'immigration et de l'intégration. L. 744-8 du CESEDA.

1329 Selon cet article, l'action sociale et médico-sociale tend à promouvoir l'autonomie des personnes. Loi n° 2002-2 du 2 janvier 2002 rénovant l'action sociale et médico-sociale, *JO* du 3 janvier 2002 p. 124.

1330 Ce contrat de séjour définit, pour chaque usager, les objectifs et la nature de la prise en charge ou de l'accompagnement ainsi que les prestations offertes et le coût prévisionnel de l'intervention (Article L. 311-4 du CASF). Voir LAFORE (R.), « Les pratiques d'individualisation des dispositifs d'aide et de soutien, du contrat d'insertion au droit des usagers », *Inf. soc.*, 2003, n° 108, p. 32.

1331 LAFORE (L.), « Le "souci de l'usager" et les modes de gestion des établissements et services sociaux et médico-sociaux », *op. cit.*, p. 468. Voir également LAFORE (R.), « La résurgence énigmatique de "l'usager" dans le droit de l'action sociale », *in Espace du service public. Mélanges en l'honneur de Jean du Bois de Gaudusson*, Contributions réunies par Ferdinand Mélin-Soucramanien, Presses universitaires de Bordeaux, 2013, Tome II, p. 1119-1131.

singularité et dans sa substance propre en prétendant faire plier les institutions devant ses demandes »[1332].

296. En droit de l'aide sociale, alors même qu'elle peut être un facteur d'accroissement de la situation de pauvreté ou d'exclusion sociale, la renonciation est, comme dans les autres branches du droit, un acte de liberté. Le bénéficiaire est appréhendé, peut-être pour des raisons d'opportunité, comme un être autonome, libre d'exercer ou de ne pas exercer ses droits. Cette autonomie, présumée puisque les bénéficiaires de l'aide sociale étaient et sont encore dans une large mesure assujettis à l'administration[1333], se trouve renforcée par la reconnaissance ponctuelle, depuis la fin des années 1990, d'un droit à la renonciation. Celui-ci s'apparente alors à une garantie de la liberté de choix des bénéficiaires de l'aide sociale. L'étude de la manifestation de la volonté de ne pas exercer un droit ou d'abandonner sa titularité révèle cependant une certaine prise en compte de leur vulnérabilité.

SECTION II. LA MANIFESTATION DE LA VOLONTÉ DE RENONCER À UN DROIT À L'AIDE SOCIALE : LA RECHERCHE D'UN ÉQUILIBRE ENTRE LA LIBERTÉ ET LA VULNÉRABILITÉ DU BÉNÉFICIAIRE

297. À lui seul, l'élément interne de la volonté juridique, l'intention de produire des effets de droit, « constitue un état de conscience mouvant et insaisissable, qui ne crée rien de définitif, comme l'exprime l'adage "*Voluntas in mente retenta, voluntas non est*" »[1334]. La volonté juridique est une volonté nécessairement manifestée. La manifestation de la volonté de renoncer à un droit ou à son exercice, nécessaire pour que la renonciation existe juridiquement, peut être expresse, spécialement exprimée, ou tacite. L'indifférence quant au mode de manifestation de la renonciation, valable en droit privé, l'est aussi en droit administratif (§ 1). Il n'est cependant pas inenvisageable, eu égard à la vulnérabilité des bénéficiaires de l'aide sociale, que ce principe fasse l'objet de certains aménagements. En effet, l'arbitrage entre une manifestation de volonté libérée de toute entrave ou, au contraire, enserrée dans des exigences de forme dépend de la volonté de protéger plus ou moins vigoureusement le titulaire du droit. Exiger que la manifestation de la volonté de renoncer respecte un certain formalisme est un moyen de s'assurer de la « qualité » de la volonté et d'attirer l'attention de celui qui l'exprime sur l'acte qu'il est en train d'accomplir, « et donc de le protéger en

---

1332 LAFORE (L.), « Le "souci de l'usager" et les modes de gestion des établissements et services sociaux et médico-sociaux », *op. cit.*, p. 470.

1333 Voir *infra* n° 322 et suiv.

1334 MARTIN de la MOUTTE (J.), *L'acte juridique unilatéral. Essai sur sa notion et sa technique en droit civil*, *op. cit.*, p. 156.

quelque sorte contre lui-même »[1335]. Par un effet de miroir, se dessine alors la conception du bénéficiaire de l'aide sociale qui prévaut désormais : celle d'une personne autonome, libre de ses choix, mais également vulnérable[1336] (§ 2).

§ 1. La manifestation de la volonté de renoncer en droit administratif

298. Déterminer si, à l'instar du droit privé, la liberté du mode de manifestation de la volonté de renoncer à un droit est aussi le principe en droit administratif (B) suppose de définir, pour mieux les distinguer, la manifestation de volonté expresse et la manifestation de volonté tacite (A).

A. La distinction entre manifestation de volonté expresse et manifestation de volonté tacite

299. Le critère de distinction entre une « manifestation de volonté expresse » et une « manifestation de volonté tacite » est variable. Une partie de la doctrine s'est appuyée sur un critère subjectif, l'intention de celui qui manifeste sa volonté, pour définir ce qui relève d'une manifestation expresse ou d'une manifestation tacite de volonté. Pierre Godé illustre cette approche par la question suivante : l'individu manifestant sa volonté « a-t-il cherché à porter sa volonté à la connaissance d'autrui ? »[1337]. Si la personne a l'intention de faire connaître sa volonté, la manifestation est expresse, tandis qu'elle est tacite si la volonté est connue en l'absence d'une intention de la communiquer. L'autre partie a préféré, quant à elle, se fonder sur un critère objectif : le mode de manifestation. Elle distingue ainsi, parmi les moyens de manifester une volonté, les procédés exprès des procédés tacites. La manifestation de volonté sera expresse « lorsqu'une intention aura été communiquée par des signes (discours ou tout autre sémies) », alors que « dans tous les cas où la volonté se sera révélée par d'autres moyens que le langage » la manifestation sera tacite[1338].

[1335] DREIFUSS-NETTER (F.), *Les manifestations de volonté abdicatives*, *op. cit.*, p. 71.

[1336] Notons que la Commission centrale d'aide sociale reconnaît expressément la vulnérabilité du bénéficiaire de l'aide sociale lorsqu'il exerce un recours devant elle. Dans une décision de 2013, elle considère qu'il s'agit « de requérants *non seulement juridiquement autodidactes*, mais dans les cas soumis par les appels du département du Nord dans la présente série de dossiers *particulièrement démunis et vulnérables* ». Comm. centr., 31 mai 2013, *Mme X.*, dossier n° 110019, *CJAS*, n° 2013/6. Voir également : Comm. centr., 12 décembre 2014, *M. X.*, dossier n° 130616, *CJAS*, n° 2015/3.

[1337] GODÉ (P.), *Volonté et manifestations tacites*, *op. cit.*, p. 23-24.

[1338] Il complète ainsi la distinction élaborée par Aubert pour qui il y aurait manifestation expresse de volonté « lorsque celle-ci est traduite par des motifs écrits ou prononcés ; seront au contraire tacites toutes les manifestations de volonté qui résulteront de conduites pouvant d'ailleurs consister en une déclaration expresse de volonté antérieure ou d'attitudes muettes ».

300. Face aux incertitudes et difficultés d'application résultant de ces deux approches, Frédérique Dreifuss-Netter propose une troisième voie. Selon elle, c'est la distinction « entre les modes d'expression spécialement destinés à exprimer une volonté donnée et ceux qui ne l'expriment qu'accessoirement » qui permet de différencier la manifestation de volonté expresse de la manifestation de volonté tacite[1339]. Dès lors, la volonté expresse, qui est spécialement manifestée, peut tout aussi bien être véhiculée par la parole, l'écrit ou encore par des gestes codifiés, tandis que la manifestation de volonté tacite peut être véhiculée par le langage écrit ou parlé ou par un comportement n'ayant pas pour but principal de faire connaître la volonté en question, mais dont il est raisonnablement possible d'en déduire l'existence. Lorsqu'il s'agit de renonciation, seul le langage parlé ou écrit est susceptible d'être porteur d'une manifestation de volonté expresse dans la mesure où il n'existe pas de langage gestuel « *codifi[é] par l'usage* », tel qu'un geste du bras ou un hochement de tête dans une vente aux enchères manifestant la volonté de surenchère, apte à exprimer une renonciation[1340]. La renonciation tacite peut, en revanche, soit être véhiculée par le langage, écrit ou parlé, du moment « qu'il ne sert qu'accessoirement à exprimer la volonté abdicative »[1341], soit être déduite d'un comportement puisque, ne constituant pas un mode d'expression spécialement destiné à manifester une volonté abdicative, il ne l'exprimera nécessairement qu'à titre accessoire.

B. Le principe en droit administratif : l'indifférence du mode de manifestation de la volonté de renoncer

301. La doctrine de droit privé est unanime : la volonté d'abandonner un droit peut être exprimée de façon expresse comme de façon tacite. Le principe est indubitablement « celui de la liberté du mode d'expression »[1342]. La renonciation, sauf dispositions législatives spécifiques, n'est donc soumise à aucune condition de forme. La Cour de cassation affirmait déjà en 1870 que « la renonciation de l'usufruitier à son droit de jouissance n'est soumise par la loi à aucune forme spéciale [et] qu'il suffit que la volonté de renoncer soit certaine »[1343]. Ce principe cède uniquement lorsque le législateur a entrepris de conditionner la validité de la renonciation au respect d'exigences de forme. C'est notamment le cas, en droit privé, de l'article 804 du Code civil selon lequel la renonciation à une succession

AUBERT (J.-L.), *Notions et rôles de l'offre et de l'acceptation dans la formation du contrat*, Paris, LGDJ, 1970, p. 34.
1339 DREIFUSS-NETTER (F.), *Les manifestations de volonté abdicatives*, *op. cit.*, p. 65.
1340 *Ibid.*, p. 66.
1341 *Ibid.*
1342 DREIFUSS-NETTER (F.), *Les manifestations de volonté abdicatives*, *op. cit.*, p. 73.
1343 Cité par HOUTCIEFF (D.), « Renonciation », *Répertoire de droit civil*, n° 48.

« doit être adressée ou déposée au tribunal dans le ressort duquel la succession s'est ouverte ».

302. La doctrine de droit public apporte une réponse plus nuancée à la question de savoir si la volonté de renoncer à un droit peut être manifestée aussi bien expressément que tacitement. Alors que, pour les uns, le juge administratif serait réticent à admettre l'existence de renonciations tacites[1344], pour les autres, de telles renonciations seraient admises, mais à titre subsidiaire uniquement[1345].

303. Pour les premiers, sans exclure que la renonciation puisse résulter du comportement du renonçant, le juge se montre extrêmement exigeant, voire hostile, envers ce mode de manifestation[1346]. Jean-Marie Auby illustre ces réticences en montrant que le juge administratif refuserait, dans certains cas, de manière *quasi* absolue les renonciations tacites. Non seulement il exigerait que le désistement présente un caractère formel[1347], mais encore il refuserait de considérer l'exécution d'un jugement comme manifestant l'acquiescement à un jugement, c'est-à-dire comme une renonciation au droit de faire appel ou d'exercer un recours en cassation[1348]. Or, pensant mettre en évidence l'hostilité du juge administratif envers les renonciations tacites, l'auteur a en réalité essentiellement montré que certaines dispositions législatives ou règlementaires empêchent le juge administratif de qualifier certains comportements de renonciations tacites. Les arrêts relatifs au désistement et à l'acquiescement sur lesquels il s'appuie révèlent que le refus d'admettre, dans les cas d'espèce, l'existence d'une renonciation tacite n'est pas tant le fait du juge que celui de l'existence de dispositions législatives et réglementaires. Le Conseil d'État exige que le désistement présente un caractère formel en raison de l'article 42 de la loi du 22 juillet 1889 qui prévoyait que le désistement devait être fait et accepté par des actes signés des parties ou de leur mandataire et déposés au greffe[1349]. De même, il refuse de considérer le seul fait d'exécuter un jugement comme la manifestation d'une renonciation, non pas en raison de son hostilité par principe aux renonciations tacites, mais parce que le recours devant le Conseil d'État n'est pas suspensif en vertu de l'article 3 du décret du 22 juillet 1806 et de

---

1344 AUBY (J.-M.), « La renonciation au bénéfice de la loi en droit public français », Paris, Dalloz, TAHC, 1959-1960, t. XIII, p. 521.

1345 COLIN (F.), « La renonciation, moyen d'assouplissement du droit administratif », *LPA*, 2015, n° 23, p. 10
et suiv.

1346 AUBY (J.-M.), « La renonciation au bénéfice de la loi en droit public français », *op. cit.*, p. 521.

1347 Jean-Marie Auby (*ibid.*, p. 521) illustre cette idée par les arrêts : CE, 6 décembre 1911, *Benoît, Rec. CE*, p. 1138 ; CE, 8 février 1937, *Société Swift et Cie, Rec. CE*, p. 160.

1348 Jean-Marie Auby (*ibid.*, p. 521) illustre cette idée par les arrêts : CE, 2 novembre 1927, *Sieurs Giraudon et Blanc*, *Rec. CE*, p. 1007 ; CE, 13 avril 1945, *Dame Perrier*, *Rec. CE*, p. 75.

1349 CE, 6 décembre 1911, *Benoît, Rec. CE*, p. 1138 ; CE, 8 février 1937, *Société Swift et Cie*, *Rec. CE*, p. 160.

l'article 24 de la loi du 24 mai 1872. L'exécution des travaux auxquels le sieur Giraudon avait été condamné par un arrêté du Conseil de préfecture ne pouvait alors être interprétée comme une renonciation tacite à exercer un recours contre cet arrêté[1350]. Ainsi, à aucun moment le juge n'a exigé que l'acquiescement, pas plus que le désistement, ne soient exprès. Contrairement à l'analyse qui est parfois proposée de l'arrêt *Ignoto*[1351], le Conseil d'État se contente d'ailleurs, en l'espèce, de constater que le requérant avait, par une lettre, expressément accepté le prononcé de l'arrêté du Conseil de préfecture et qu'il n'était dès lors plus en mesure d'exercer un recours contre cet arrêté. Certes, il reconnaît la validité de sa renonciation expresse, mais rien, pour autant, ne laisse supposer qu'il exige qu'elle soit expresse. En n'établissant pas nettement une distinction entre les impossibilités de renoncer tacitement à un droit découlant d'un texte et celles énoncées par le juge administratif, Jean-Marie Auby laisse penser que le juge administratif serait hostile aux renonciations tacites et que, *in fine*, le principe serait, en droit administratif, la manifestation expresse de la volonté de renoncer à un droit.

304. Pour les seconds, la renonciation pourrait être manifestée de façon tacite, mais uniquement à titre subsidiaire. Frédéric Colin, prenant le contrepied du principe de la liberté du mode de manifestation de la volonté de renoncer à un droit généralement admis en droit privé, affirme que la renonciation doit, *a priori*, intervenir de façon explicite, mais qu'elle peut aussi, plus rarement, « être implicite » en se déduisant du silence de l'administration comme de celui de l'administré[1352]. Cette analyse, comme celle de Jean-Marie Auby, ne permet pas de dissiper le flou entourant la question de la liberté du mode de manifestation de la renonciation en droit administratif.

305. Pour savoir si, comme en droit privé, le principe est celui de la libre manifestation de la volonté de renoncer à un droit, il est nécessaire de rechercher si le juge accepte, en l'absence de dispositions textuelles imposant une manifestation expresse de la volonté d'abandonner un droit, d'analyser certains comportements comme la manifestation tacite d'une renonciation. Or, c'est indubitablement le cas. En l'absence de dispositions exigeant que la renonciation soit expresse, pour reconnaître l'existence d'une renonciation, le juge administratif n'impose pas qu'elle ait été manifestée expressément par un administré, sauf lorsqu'il s'agit d'une renonciation au bénéfice d'un acte administratif non soumis à une condition résolutoire[1353]. Il

---

[1350] CE, 2 novembre 1927, *Sieurs Giraudon et Blanc*, *Rec. CE*, p. 1007.

[1351] CE, 26 octobre 1938, *Sieur Ignoto*, *Rec. CE*, p. 795.
Sur le désistement tacite d'un requérant voir CE, 21 décembre 1938, *Lafare*, *Rec. CE*, p. 968.

[1352] COLIN (F.), « La renonciation, moyen d'assouplissement du droit administratif », *op. cit.*, p. 10.

[1353] La renonciation des fonctionnaires à une nomination peut être tacite, car il s'agit d'une renonciation au bénéfice d'un acte administratif soumis à une condition résolutoire : le refus de la nomination.

admet qu'une renonciation puisse être véhiculée par le langage écrit ou parlé n'ayant pas pour but principal de faire connaître la volonté en question, mais dont il est raisonnablement possible d'en déduire l'existence. Cela est notamment vrai pour les renonciations de l'administration puisqu'il vérifie, par exemple, si le maître d'ouvrage, en l'occurrence la ville de Marseille, a entendu renoncer au bénéfice de la garantie contractuelle de dix ans consentie par les sociétés requérantes « en précisant, dans le procès-verbal de réception définitive, que le délai de garantie était expiré »[1354] ou encore puisqu'il accepte que l'administration réceptionne tacitement des ouvrages et renonce, simultanément, à obtenir de son cocontractant la réalisation de prestations conformes[1355]. En outre, le juge administratif ne s'oppose pas à ce qu'une renonciation soit déduite d'un comportement incompatible avec la volonté de bénéficier ou de conserver un droit puisqu'il n'hésite pas à vérifier si certains comportements constituent une renonciation tacite à l'exercice d'un droit ou au bénéfice d'un acte administratif soumis à une condition résolutoire. Il considère ainsi comme manifestant tacitement sa renonciation au bénéfice d'un entretien le silence gardé par un administré à la suite d'une proposition d'entretien émanant de l'administration[1356] et comme manifestant tacitement sa renonciation à une demande de renouvellement de titre de séjour le fait que l'intéressé ne se soit pas présenté à un rendez-vous[1357]. Il accepte également que la renonciation au bénéfice d'un acte administratif puisse être tacite lorsque cet acte est soumis à une condition résolutoire. En droit de la fonction publique, par exemple, il est admis que l'acte de nomination est un acte administratif unilatéral soumis à une condition résolutoire : le refus de la nomination par le fonctionnaire[1358]. En refusant une nomination, le fonctionnaire renonce à l'acte de nomination. Or, le juge administratif analyse parfois le comportement des fonctionnaires comme valant renonciation tacite au bénéfice de l'acte de nomination. Dans son arrêt *Sieur Anglade*[1359], il tient par exemple l'attitude du requérant, en ce qu'il refusait de prendre ses fonctions tant que l'administration ne lui aurait pas procuré un logement, pour constitutive d'une renonciation[1360].

[1354] CAA Lyon, 30 mars 1993, *Entreprise Quillery et autres*, req. n° 91LY00716, inédit au recueil Lebon.

[1355] SYMCHOWICZ (N.), « Les renonciations de la personne publique à l'application du contrat », *AJDA*, 1998, p. 773.

[1356] CE, 15 octobre 2014, *SARL Go Norma Ski*, req. n° 358484, *Rec. CE* (tables), p. 806.

[1357] CE, 6 janvier 1995, *Préfet du Pas-de-Calais c/ N'Diaye*, req. n° 146370.

[1358] BONNARD (R.), *Précis de droit public*, Paris, Recueil Sirey, 6e éd., 1944, p. 244 ; AUBY (J.-M.), AUBY (J.-B.), DIDER (J.-P.), TAILLEFAIT (A.), *Droit de la fonction publique*, Paris, Dalloz, coll. Précis, 7e éd., 2012, p. 206 ; MELLERAY (F.), *Droit de la fonction publique*, Paris, Economica, coll. Corpus, 2e éd., 2010, p. 115-116.

[1359] CE sect., 5 juillet 1957, *Secrétaire d'État à la Santé Publique c/ Sieur Anglade*, *Rec. CE*, p. 452 ; *S.* 1957, p. 402, concl. Tricot.

[1360] Voir également CE, 23 janvier 1976, *François*, *AJDA*, 1976, p. 575. En l'espèce le requérant, malgré les invitations répétées qui lui ont été faites de prendre son poste, ne l'a pas rejoint. Le juge considère qu'il doit, par conséquent, « être regardé comme ayant refusé sa nomination ».

306. Le juge administratif n'est donc pas réfractaire aux renonciations tacites : la renonciation peut être manifestée expressément ou tacitement par son titulaire. Ce n'est que par exception, en raison d'une disposition législative ou, dans le cas précis des renonciations au bénéfice d'un acte administratif, en raison de l'absence d'une condition résolutoire[1361], qu'elle ne pourra être qu'expresse. Pour autant, toutes les renonciations tacites ne sont pas licites : non seulement certaines renonciations sont interdites, et ce, qu'elles soient expresses ou tacites, mais encore d'autres conditions doivent être remplies, telles que l'absence d'équivoque. Même si le juge administratif a peu recours à cette expression lorsqu'il s'assure de l'existence d'une renonciation tacite[1362], cette condition le conduit parfois à refuser de voir dans certains comportements des renonciations tacites à un droit.

§ 2. La manifestation de la volonté de renoncer en droit de l'aide sociale

307. En droit de l'aide sociale, le bénéficiaire peut manifester expressément ou tacitement sa volonté de renoncer à l'exercice de son droit ou à sa titularité. Ce principe est parfois écarté par le législateur qui exige, dans certains cas, aussi bien en ce qui concerne la renonciation à l'exercice d'un droit (A) qu'en ce qui concerne la renonciation à un droit acquis (B) le respect par le renonçant d'un certain formalisme et qui fait ainsi « obstacle à la liberté du mode d'expression des renonciations »[1363].

1361 En ce sens, la manifestation de la volonté de renoncer à un droit n'est guère différente des autres manifestations de volonté puisque le juge administratif admet de longue date que l'administration est à même de manifester sa volonté par différents moyens et, de ce fait, que cette manifestation peut être expresse ou tacite. Ainsi, elle peut manifester expressément sa volonté par écrit (y compris dans un courrier électronique : CE, 5 octobre 2005, *Société Endymis*, *AJDA*, 2006, p. 429), par oral (CE sect., 9 janvier 1931, *Abbé Cadel*, *Rec. CE*, p. 11), ou encore par un geste (un ordre de l'autorité de police administrative par exemple : DUPUIS (G.), « La présentation de l'acte administratif », *in* DUPUIS (G.) (dir.), *Sur la forme et la procédure de l'acte administratif*, Paris, Economica, 1979, p. 13).
Mais elle peut également l'exprimer tacitement par un commencement d'exécution (SAUNIER (S.), *Recherche sur la notion de formalisme en droit administratif français*, Aix-en-Provence, PUAM, coll. Centre de recherches administratives, 2007, p. 653).

1362 Cela explique que la doctrine ait parfois estimé que le juge administratif refusait les renonciations tacites alors qu'il considérait uniquement que, dans le cas d'espèce, le comportement était équivoque et ne pouvait donc pas être regardé comme une renonciation tacite, renonciation qui doit être non équivoque.

1363 DREIFUSS-NETTER (F.), *Les manifestations de volonté abdicatives*, *op. cit.*, p. 73.

A. La manifestation de la volonté de renoncer à l'exercice d'un droit à l'aide sociale

308. Alors que l'arrêt *Roux*[1364] et la décision *Dame Podda*[1365] ont conduit la doctrine à considérer qu'il ne pouvait être renoncé ni implicitement ni explicitement à un droit à l'aide sociale[1366], l'étude des renonciations à l'exercice d'un droit à l'aide sociale révèle qu'elles peuvent être manifestées aussi bien expressément que tacitement.

309. La renonciation expresse à l'exercice d'un droit à l'aide sociale n'est pas interdite, mais elle est rare, non seulement parce que la forme la plus courant de renonciation à l'exercice d'un droit à l'aide sociale - le non-exercice d'un droit - ne constitue assurément pas une manifestation expresse de la volonté de renoncer à l'exercice d'un droit à l'aide sociale, mais aussi parce que l'engagement à ne pas exercer un droit à l'aide sociale doit découler d'un texte pour être à même de déployer ses effets juridiques. L'administration devant nécessairement se fonder sur un texte pour refuser d'octroyer un droit à l'aide sociale, en l'absence de texte, le bénéficiaire pourra à tout moment revenir sur son engagement. Or, les situations pour lesquelles le législateur a prévu que le bénéficiaire d'une aide sociale puisse s'engager à renoncer au bénéfice de son droit et autorise, parallèlement, l'administration à en tirer les conséquences sont marginales. Toutefois, lorsque la renonciation à bénéficier de l'aide sociale est prévue par un texte, elle peut être expresse. Un enfant peut s'engager, lors d'une demande de titre de séjour de son parent, à subvenir à ses besoins et à prendre en charge la totalité de ses frais d'hébergement et le parent s'engager, lors de sa demande de titre de séjour, par la présentation de cette convention de prise en charge, à ne pas bénéficier de l'aide sociale. Il s'agit, ici, d'une manifestation expresse de la renonciation à l'exercice du droit à l'aide sociale, car cette renonciation étant une condition nécessaire à l'obtention du statut de résident, elle doit être spécialement manifestée. En effet, le titre de séjour est accordé de plein droit aux ascendants qui sont à la charge d'un ressortissant de nationalité française et de son conjoint. Ils doivent, par conséquent, pourvoir justifier être à la charge de leurs enfants[1367] et le titre de séjour ne leur sera accordé de plein droit que si le ou les enfants disposent de revenus suffisants pour les prendre en charge[1368]. Partant, à l'occasion de sa demande

---

[1364] CE, 5 juillet 1958, *Roux*, *Revue de l'aide sociale*, 1959, p. 225.

[1365] Comm. centr., 19 mars 1965, *Dame Podda*, *D.*, 1965, p. 104 ; *RTDSS*, 1965, p. 157, note Vught.

[1366] ALFANDARI (E.) et TOURETTE (F.), *Action et aide sociales*, Paris, Dalloz, coll. Précis, 5e éd., 2011, p. 98.

Voir également DU BOIS DE GAUDUSSON (J.), *L'usager du service public administratif*, Paris, LDGJ, coll. Bibliothèque de droit public t. CXV, 1974, p. 131.

[1367] Article R. 314-2 du CESEDA.

[1368] Le Conseil d'État a jugé que le préfet du Val-d'Oise avait méconnu l'article 15 de l'ordonnance du 2 novembre 1945 en refusant d'accorder une carte de résidant à la requérante mère de deux enfants de nationalité française dont les revenus étaient suffisants pour la

de titre de séjour, le parent, en acceptant de faire valoir le fait d'être pris en charge par son enfant, renonce expressément au bénéfice de l'aide sociale.

310. La renonciation l'exercice d'un droit à l'aide sociale peut également être tacite. Ce constat ne découle pas du caractère quérable des droits à l'aide sociale puisque cette particularité conduit à ce que, en l'absence de demande, le bénéficiaire soit présumé avoir renoncé à l'exercice de son droit. La renonciation produit alors ses effets juridiques par le biais d'une présomption que le droit attache à l'inaction du bénéficiaire de l'aide sociale et non par une manifestation de volonté de sa part. Il découle de l'étude des décisions du juge de l'aide sociale. Celles-ci permettent de conclure que la renonciation à l'exercice d'un droit à l'aide sociale peut être exprimée accessoirement *via* un comportement incompatible avec la volonté d'exercer un tel droit. Tous les comportements du bénéficiaire d'un droit à l'aide sociale ne peuvent cependant pas être considérés comme des renonciations tacites par l'administration et lui permettre d'en tirer les conséquences juridiques en refusant d'octroyer un droit à l'aide sociale ou de faire rétroagir la date de son obtention. Seul le non-renouvellement d'une demande d'un droit à l'aide sociale déjà acquis ou un comportement allant à l'encontre de l'une des conditions posées pour l'octroi d'un droit à l'aide sociale peuvent être appréhendés par l'administration comme une renonciation tacite du bénéficiaire à son droit à l'aide sociale, car l'administration ne peut pas sanctionner une renonciation tacite du bénéficiaire en refusant sa demande d'obtention d'un droit à l'aide sociale pour un motif autre que ceux prévus par le législateur ou le pouvoir réglementaire.

311. La renonciation tacite du bénéficiaire peut, d'abord, être déduite du non-renouvellement d'une demande d'aide sociale. Cette possibilité transparaît à travers l'arrêt *UDAF de la Dordogne*[1369]. En l'espèce, le requérant, accueilli dans une maison de retraite à Limoges, bénéficiait depuis le 1er mai 1999 d'une prise en charge de ses frais d'hébergement par l'aide sociale. Alors que ses droits expiraient le 30 avril 2004, l'Union départementale des associations familiales (UDAF) de la Dordogne n'avait demandé le renouvellement de l'aide que le 7 mars 2005. Après avoir été déboutée par la Commission départementale d'aide sociale de la Haute-Vienne de sa demande d'annulation de la décision d'admission à l'aide sociale du département de la Haute-Vienne en tant qu'elle fixait la date d'effet au 7 mars 2005 et non, de façon rétroactive, au 1er mai 2004, l'UDAF saisit la Commission centrale d'aide sociale. Le juge d'appel fait alors application des dispositions organisant, pour la prise en charge des frais d'établissement, une rétroactivité dérogatoire aux règles normales d'admission à l'aide sociale selon lesquelles les demandes relatives au

prendre en charge. CE, 7 novembre 2001, *Mme Babassana*, req. n° 232754, inédit au recueil Lebon.

[1369] CE, 23 mars 2009, *UDAF de la Dordogne*, req. n° 303888, *RDSS*, 2009, p. 532, concl. Courrèges.

bénéfice de l'aide sociale prennent effet au premier jour de la quinzaine suivant la date à laquelle elles ont été présentées, sauf si la demande est présentée dans les deux mois[1370] suivant la date d'entrée dans l'établissement. Dans ce cas, la prise en charge des frais d'hébergement peut rétroagir à la date d'entrée dans l'établissement. Le délai étant dépassé lors du dépôt de la demande par l'UDAF, la Commission centrale d'aide sociale estime que le bénéficiaire de l'aide ne pouvait prétendre à la rétroactivité de la prise en charge au 1er mai 2004. L'UDAF se pourvoit en cassation. Le raisonnement élaboré par le rapporteur public à cette occasion, suivi par le Conseil d'État, révèle la possibilité qu'il soit tacitement renoncé à un droit non acquis à l'aide sociale. Le rapporteur public, refusant non seulement l'application des dispositions qui visent l'attribution initiale du bénéfice de l'aide sociale, mais encore celle de la règle de droit commun sur l'admission à l'aide sociale qui empêcherait toute possibilité d'effet rétroactif, propose une solution plus respectueuse « des droits de publics particulièrement vulnérables ». Il suggère de « faire produire à la demande de renouvellement ses effets à la date de l'expiration de la précédente prise en charge, au besoin rétroactivement, sous réserve toutefois que cette demande *ne soit pas si tardive qu'elle puisse être lue comme une renonciation de l'intéressé à faire valoir ses droits* »[1371]. Le rapporteur public établit ainsi une distinction entre « l'abstention par négligence » et « l'abstention-renonciation tacite ». Un parallèle peut être fait avec les décisions relatives à l'attribution de l'aide pour la prise en charge des frais médicaux ou hospitaliers adoptées avant que le législateur intervienne en prévoyant que « les décisions attribuant une aide sous la forme d'une prise en charge de frais d'hébergement ou de frais médicaux peuvent prendre effet à compter de la date d'entrée dans l'établissement ou de la délivrance des soins, à condition que l'aide ait été demandée dans un délai fixé par voie réglementaire »[1372]. Le juge admettait que l'attribution d'une telle aide puisse prendre effet antérieurement à la demande. S'il a estimé que l'aide visant à couvrir des frais hospitaliers engagés en 1973 devait être accordée au requérant n'en ayant fait la demande qu'en 1979[1373], il a considéré qu'une décision de rejet de la

---

[1370] Le délai peut être prolongé dans la limite de deux mois par le président du conseil départemental. Articles L. 131-4 et R. 131-2 du CASF.

[1371] Dans une décision de 2013, la Commission centrale d'aide sociale a jugé « qu'en toute hypothèse la demande a été déposée dans un délai *qui ne saurait être regardé comme manifestant une renonciation de l'intéressée à ses droits* » Comm. centr., 13 décembre 2013, *Mme X.*, dossier n° 130049, *CJAS*, n° 2014/2.

Précisons que la Commission centrale d'aide sociale appliquait déjà une telle solution, sans toutefois faire mention à une éventuelle renonciation tacite : Comm. centr., 21 décembre 1999, *Département de la Haute-Saône*, *RDSS*, 2001, p. 395, concl. Dessaint ; Comm. centr., 6 décembre 2001, *M. J.*, dossier n° 992970, *CJAS*, n° 2002/1 ; *RDSS*, 2003, p. 87, note Ligneau (Ph.).

[1372] Article 52 de la loi n° 86-17 du 6 janvier 1986 adaptant la législation sanitaire et sociale aux transferts de compétences en matière d'aide sociale et de santé, *JO* 8 janvier 1986 p. 372.

[1373] Comm. centr., 19 janvier 1981, *RDSS*, 1982, p. 489, note Alfandari (E.).

commission d'admission était justifiée au regard du caractère tardif de la demande[1374]. Dans le cas d'espèce, il semble admettre qu'en ne déposant pas de demande dans les cinq années suivant son hospitalisation, le requérant avait renoncé, tacitement, à l'aide tendant à couvrir ses frais hospitaliers.

312. La renonciation tacite du bénéficiaire peut également être déduite du non-respect d'une condition posée par le législateur ou le pouvoir réglementaire à l'acquisition d'un droit à l'aide sociale. Elle ne peut, en revanche, pas être déduite de n'importe quel comportement du bénéficiaire, puisque le refus d'un droit à l'aide sociale doit nécessairement être fondé sur un texte. Le Conseil d'État a, par exemple, considéré que le préfet d'Eure-et-Loir n'était pas fondé à contester la décision de la Commission centrale d'aide sociale qui avait admis le requérant hospitalisé en chambre particulière au bénéfice de l'aide sociale dans la mesure où « aucune disposition de la loi du 14 juillet 1905 et du décret du 29 novembre 1953 ne subordonne les droits d'un infirme au bénéfice de l'Aide sociale, dans le cas où il est hospitalisé avant que ce bénéfice ne lui soit accordé, aux conditions matérielles de cette hospitalisation ». Cette solution s'explique par le fait que, pour la commission d'admission et pour la commission départementale, la demande du bénéficiaire à être hospitalisé en chambre particulière indiquait qu'il disposait de ressources suffisantes. Or, une telle présomption, de nature à exclure l'intéressé du bénéfice de l'aide sociale sans que soit appréciée sa situation, revient à faire de l'hospitalisation en chambre particulière « une déchéance du droit de demander l'Aide sociale », déchéance pourtant inscrite dans aucun texte[1375]. Une disposition législative ou règlementaire doit donc conférer le droit à l'administration de refuser le bénéfice d'un droit à l'aide sociale.

313. Pour être licite, la renonciation tacite « devra être corroboré[e] par certains éléments »[1376] et laisser percevoir, « d'une façon non douteuse, l'intention de son auteur »[1377]. Or, le juge semble réticent à considérer comme étant dépourvue d'équivoque une renonciation tacite à l'exercice d'un droit, notamment lorsqu'elle prend la forme de l'absence de demande de renouvellement du droit à l'aide sociale par des personnes toujours placées pour leur hébergement dans un établissement ou celle d'une inaction à la suite d'une demande d'aide sociale. L'étude du contentieux lié à la date de prise d'effet de la décision de renouvellement du droit à l'aide sociale des

---

Solution déjà retenue dans la décision *Directeur de l'Hôpital psychiatrique Marchant*. Comm. centr., 1er février 1978, *Directeur de l'Hôpital psychiatrique Marchant*, *RDSS*, 1980, p. 557, note Alfandari (E.).

1374 Comm. centr., 21 mai 1979, *Directeur du Centre hospitalier de Gisors*, *RDSS*, 1980, p. 557, note Alfandari (E.).

1375 CE, 5 juillet 1958, *Roux*, *Revue de l'aide sociale*, 1959 p. 225.

1376 DIJOUX (R.), « La renonciation contractuelle aux droits fondamentaux », *LPA*, 2011, n° 214, p. 15.

1377 SIBICIANO (N.), *Théorie générale des renonciations en droit civil français*, Paris, R. Pichon et R. Durand-Auzias, 1932, p. 147.

personnes placées pour leur hébergement dans un établissement en témoigne. À la différence de la décision d'admission à l'aide sociale qui rétroagira à la date d'entrée dans l'établissement uniquement si la demande a été présentée dans les deux mois qui suivent la date d'entrée, la demande de renouvellement produira ses effets à la date d'expiration de la précédente prise en charge sous réserve « que cette demande ne soit pas si tardive qu'elle puisse être lue comme une renonciation de l'intéressé à faire valoir ses droits »[1378]. Si les conclusions du commissaire du gouvernement laissent entendre qu'une inaction prolongée du bénéficiaire de l'aide sociale pourrait être interprétée comme une renonciation tacite, le juge n'a encore jamais considéré que la demande de renouvellement manifestait clairement une volonté de renoncer à l'aide sociale en raison de son caractère tardif. Il a ainsi jugé qu'une décision prise à la suite d'une demande de renouvellement tardive déposée le 21 mars 2008 devait rétroagir « à la date du début de la période suivant l'expiration de la période de prise en charge antérieure, soit en l'espèce au 1er février 2007 »[1379]. Le délai d'un an qui s'est écoulé n'est pas de nature à donner à la demande de renouvellement du bénéficiaire un caractère si tardif que son inaction manifesterait sa volonté de renoncer à son droit. Cette solution, affirmée à plusieurs reprises par le juge, s'explique sans doute par le fait qu'il semble difficile de considérer le comportement du bénéficiaire de l'aide sociale comme étant dépourvu d'équivoque dans la mesure où son hébergement dans un établissement n'a pas cessé immédiatement à la date d'expiration de la précédente prise en charge et que le caractère tardif de la demande de renouvellement est souvent dû à une négligence de son tuteur ou de l'administration[1380]. Pareillement, la Commission centrale d'aide sociale a refusé de faire produire au comportement du demandeur d'un droit une renonciation tacite, sans doute parce que ce comportement ne manifestait pas clairement la volonté du bénéficiaire de renoncer à l'exercice de ce droit en abandonnant la demande qu'il avait faite auprès de l'administration. Elle a estimé, au vu de l'article 25 du décret n° 88-1111 du 12 décembre 1988 selon lequel l'allocation de revenu minimum d'insertion était due « à compter du premier jour du mois civil au cours duquel la demande dûment remplie et signée a été déposée », « qu'une personne a droit au bénéfice de l'allocation à compter de la date de sa demande dès lors qu'elle remplit, à cette date, les conditions d'octroi et cela alors même qu'elle n'aurait complété que

[1378] Voir les conclusions du commissaire du gouvernement sur CE, 23 mars 2009, *UDAF de la Dordogne*, req. n° 303888, *RDSS*, 2009, p. 532, concl. Courrèges. Pour une application de cette décision par la Commission centrale d'aide sociale voir : Comm. centr., 13 décembre 2013, *Mme X.*, dossier n° 130049, *CJAS*, n° 2014/2.

[1379] Comm. centr., 18 décembre 2009, *M. X.*, dossier n° 081594, *CJAS*, n° 2010/4.

[1380] Comm. centr., 13 décembre 2013, *Mme X.*, dossier n° 130049, *CJAS*, n° 2014/2 ; Comm. centr., 18 décembre 2009, *M. X.*, dossier n° 081594, *CJAS*, n° 2010/4 ; Comm. centr., 6 décembre 2001, *M. J.*, dossier n° 992970, *CJAS*, n° 2002/1 ; *RDSS*, 2003, p. 87, note Ligneau (Ph.).

tardivement son dossier ». Elle considère que la réitération d'une demande un an après une première demande non examinée, compte tenu de l'absence au dossier de pièces prouvant l'identité et la régularité du séjour du demandeur, « devait être regardée comme seulement *confirmative* de la première demande, faite un an auparavant ». Par conséquent, « le préfet, qui a pu vérifier que les conditions d'octroi étaient remplies dès le mois de mai 1996, était tenu d'ouvrir le droit à compter de cette date »[1381]. Aussi le juge refuse-t-il d'analyser « l'inaction » du demandeur comme manifestant, de façon non équivoque, une renonciation tacite à la demande d'aide sociale déposée auprès de l'administration un an plus tôt[1382]. Un comportement manifestement incompatible avec la demande, tel que la demande expresse d'une aide sociale non-cumulable avec une aide précédemment demandée, mais non acquise, pourrait en revanche certainement être appréhendé par le juge comme une renonciation tacite non équivoque à l'exercice du droit, objet de la première demande[1383].

314. Si, en théorie, les bénéficiaires de l'aide sociale peuvent manifester aussi bien expressément que tacitement leur volonté de renoncer à l'exercice d'un droit à l'aide sociale, en pratique néanmoins, la renonciation expresse au bénéfice de l'aide sociale ne déploie ses effets juridiques que dans un nombre de situations limitées. En effet, l'administration ne peut pas opposer aux bénéficiaires leur engagement à ne pas exercer leur droit à l'aide sociale lorsqu'aucun texte ne l'autorise à le faire. La renonciation tacite, quant à elle, est encadrée, car le juge, confronté à une supposée renonciation tacite du bénéficiaire de l'aide sociale, tient compte de sa vulnérabilité, tout comme il le fait d'ailleurs à l'égard des requérants dans les contentieux sociaux[1384] en prenant en considération le déséquilibre de la confrontation

---

[1381] Comm. centr., 23 juillet 2002, *M. B.*, dossier n° 002149, *CJAS*, n° 2002/5.

[1382] Il a pareillement estimé que, pour une étudiante, le fait d'avoir refusé de remplir le formulaire destiné à l'examen de sa demande de remboursement de la contribution pédagogique qu'elle avait versée au moment de son inscription à l'université par la commission chargée de prononcer les exonérations du versement de cette contribution « ne saurait suffire à établir qu'elle avait renoncé à sa demande ». CE, 10 décembre 1993, *Université Jean Moulin Lyon III*, req. n°s 80720, 84086, 84087, *Rec. CE* (tables), p. 810.

[1383] Un parallèle peut être fait avec une décision retenue par le juge administratif dans un autre domaine. Dans un arrêt de 1986, il a considéré que la présentation d'une demande de mise en disponibilité, postérieurement à une première demande de réintégration dans tout poste de lycée des académies de Paris, Créteil et Versailles à propos de laquelle une décision implicite de rejet n'était pas encore née, équivalait à une renonciation à la demande de réintégration. CE, 3 décembre 1986, *Mme. X.*, req. n° 51230, inédit au recueil Lebon.

[1384] Pour exemple, la Commission centrale d'aide sociale considère que, « s'agissant de requérants non seulement juridiquement autodidactes, mais dans les cas soumis par les appels du département du Nord dans la présente série de dossiers particulièrement démunis et vulnérables, en recevant plusieurs années après le versement des arrérages d'APA au titre de l'APA forfaitaire et alors du reste que la notification de la décision de rejet de ladite allocation n'est pas établie des décisions de répétition d'indu pour des montants importants et sans rapport avec leurs modestes ressources essentiellement de pensions », il y a lieu « pour le juge, non de s'en tenir à l'objet littéralement formulé et à l'analyse purement littérale des motifs de la demande, mais de rechercher si, en substance, le requérant entend en réalité

entre « le joueur occasionnel » qu'est l'usager du service public de l'aide sociale et le « joueur récurrent » qu'est l'administration[1385].

B. La manifestation de la volonté de renoncer à un droit acquis à l'aide sociale

315. Comme pour la renonciation à l'exercice d'un droit à l'aide sociale, le bénéficiaire peut manifester sa volonté d'abandonner un droit acquis à l'aide sociale de façon expresse, mais sous la forme, dans ce cas, d'une demande de retrait ou d'abrogation de l'acte ayant permis l'acquisition du droit - demande que la Haute juridiction administrative qualifie parfois expressément de renonciation[1386]. Dans la lignée de la jurisprudence du juge administratif[1387], le législateur a subordonné la possibilité de retrait ou d'abrogation d'une décision créatrice de droits légale à une demande du bénéficiaire de l'acte[1388]. Si la forme que doit prendre la demande par laquelle le bénéficiaire manifeste sa volonté d'abandonner un droit n'est pas précisée, ce seul fait suffit pour en déduire que la manifestation de volonté de renoncer au bénéfice d'une décision créatrice de droits légale, lorsque rien n'est prévu par le législateur ou par le pouvoir réglementaire, doit être expresse. Cette solution s'étend aux situations dans lesquelles le bénéficiaire d'un acte administratif souhaite y renoncer sans rechercher le remplacement de la décision retirée ou abrogée par une décision plus favorable - situation de renonciation « pure et simple » non prévue par le législateur[1389]. Ainsi, l'administration ne peut légalement retirer ou abroger une décision créatrice de droits en se fondant sur la renonciation tacite du bénéficiaire. Le Conseil d'État a d'ailleurs jugé, avant l'entrée en vigueur des dispositions du Code des relations entre le public et l'administration, qu'en l'absence de dispositions législatives ou réglementaires prévoyant le retrait ou

---

admettre la légalité de la décision de répétition d'indu ou par la nature des moyens formulés y compris au soutien d'une demande qu'il intitule […] de « remise gracieuse » que la répétition non seulement est sans rapport avec ses ressources et sa situation humaine et sociale, mais encore en outre n'est pas légalement fondée ». Comm. centr., 31 mai 2013, *Mme X.*, dossier n° 110019, *CJAS*, n° 2013/6.

En ce qui concerne le juge administratif de droit commun : voir DONIER (V.), « L'adaptation du juge administratif à la particularité des contentieux sociaux », *in* DONIER (V.) et LAPÉROU-SCHENEIDER (B.) (dir.), *L'accès à la justice de la personne vulnérable en droit interne*, Toulouse, éditions L'Épitoge-Lextenso, coll. L'unité du droit, 2015, p. 127-137.

[1385] Sur ce point, voir MAGORD (C.), *Le parcours contentieux de l'aide sociale*, thèse soutenue à l'Université Jean-Monnet-Saint-Étienne le 12 mai 2015, dactyl., p. 20 et suiv. et SAYN (I.), « Les juridictions sociales », *in* DONIER (V.) et LAPÉROU-SCHENEIDER (B.) (dir.), *L'accès à la justice de la personne vulnérable en droit interne*, Toulouse, éditions L'Épitoge-Lextenso, coll. L'unité du droit, 2015, p. 123 et suiv.

[1386] CE, 5 mars 1997, *Aydogmus*, *Rec. CE*, p. 73.

[1387] CE sect., 23 juillet 1974, *Ministre de l'Intérieur c/ sieur Gay*, *Rec. CE*, p. 441 ; CE sect., 29 novembre 1974, *Sieur Barras*, *Rec. CE*, p. 598, *RDP*, 1975, p. 1126, note Waline.

[1388] Article L. 242-4 du CRPA.

[1389] Voir *supra* n° 182.

l'abrogation d'un titre de séjour, lorsque celui-ci avait été remis aux autorités par un étranger quittant le territoire, le préfet ne pouvait refuser la restitution du titre au motif que l'étranger aurait renoncé à son droit au séjour alors qu'il n'avait pas manifesté expressément une telle volonté. Le préfet ne pouvait se fonder sur le seul fait que le requérant ait spontanément remis sa carte de résident aux services de la préfecture avant de quitter le territoire français pour en déduire qu'il devait être regardé comme ayant renoncé à son droit au séjour[1390]. La signature volontaire d'une déclaration de sortie définitive du territoire constitue, en revanche, une manifestation expresse du requérant de son intention de renoncer au bénéfice des titres de séjour et de travail en France dont il est titulaire[1391]. L'administration ne peut opposer au bénéficiaire d'un acte administratif sa renonciation tacite que dans le cas où l'acte est affecté d'une condition résolutoire puisqu'il peut alors manifester tacitement son refus d'accepter la décision dont il a été l'objet[1392], mais les actes permettant l'acquisition d'un droit à l'aide sociale ne sont pas affectés d'une telle condition.

316. La renonciation à un droit acquis à l'aide sociale peut également être manifestée tacitement. Seul un comportement du bénéficiaire allant à l'encontre d'une condition à laquelle le législateur ou le pouvoir réglementaire ont conditionné le maintien de l'acte ayant permis l'acquisition du droit - tel que le non-renouvellement d'une demande de logement social concernant le droit à être logé ou relogé prioritairement[1393] - est susceptible d'être considéré comme une manifestation tacite de la volonté de renoncer à son droit acquis, dans la mesure où l'administration ne peut pas opposer sa renonciation tacite à un droit acquis à l'aide sociale à son bénéficiaire et en tirer les conséquences juridiques - l'adoption d'un acte contraire entraînant la perte du droit - s'il continue de remplir les conditions de maintien de l'acte. En se soustrayant en toute connaissance de cause à ces conditions, le bénéficiaire manifeste, par contre, tacitement sa volonté d'abandonner son droit. La Commission centrale d'aide sociale a ainsi jugé qu'en cas de refus de la bénéficiaire d'affecter l'allocation personnalisée d'autonomie à la rémunération d'une personne autre que son époux, il appartient au département de constater qu'elle « renonce au service de la prestation attribuée »[1394]. Elle a, en revanche, considéré que le bénéfice d'une allocation ne pouvait être retiré au motif que son bénéficiaire en avait fait un mauvais usage dès lors que cette

---

1390 CE, 2 juillet 1999, *M. Peerzada*, req. n°s 167641 et 176626, *Rec. CE* (tables), p. 620.

1391 CE, 17 décembre 1999, *M. Nourredine X.*, req. n° 168123, inédit au recueil Lebon.

1392 CE sect., 5 juillet 1957, *Secrétaire d'État à la Santé Publique c/ Sieur Anglade*, *Rec. CE*, p. 452 ; *S.* 1957, p. 402, concl. Tricot.
Voir également CE sect., 24 février 1967, *De Maistre*, *Rec. CE*, p. 91 ; *JCP*, 1967, II, n° 15068, concl. Rigaud ; *AJDA*, 1967, p. 342, obs. Peiser et CAA Paris, 26 juin 2007, *M. Serge X.*, req. n° 05PA01601, inédit au recueil Lebon.

1393 CE, 8 juillet 2020, req. n° 420472.

1394 Comm. centr., 14 février 2005, *Mme O.*, dossier n° 041571, *CJAS*, n° 2005/2.

considération était étrangère aux prescriptions énoncées par la loi en matière d'admission à l'aide sociale[1395] ou encore qu'une commission départementale avait, à tort, confirmé le retrait de l'allocation mensuelle pour l'unique raison que l'intéressé se refusait à quitter sa famille pour entrer dans un centre de rééducation et, ce faisant, avait ajouté « illégalement une condition à celles que pose le code de la Famille et de l'Aide Sociale » puisqu'aucune disposition législative ou règlementaire ne rendait obligatoire la rééducation du requérant[1396]. L'octroi ou le maintien de l'allocation mensuelle ne pouvait pas être subordonné à l'acceptation par l'intéressé d'un régime de rééducation[1397]. Cette jurisprudence trouve une explication dans le fait « qu'il n'y a pas d'autres conditions [au droit à l'aide sociale] que celles inscrites dans la loi, il n'y a pas de déchéance sans texte »[1398].

317. Le seul fait que le législateur et le pouvoir réglementaire aient expressément prévu la possibilité de renoncer à un droit à l'aide sociale n'est pas nécessairement incompatible avec le maintien de la possibilité d'y renoncer tacitement. Alors que l'article R. 441-2-8 du Code de la construction et de l'habitation précise qu'une demande de logement social peut être radiée du fichier d'enregistrement lorsque le demandeur a renoncé par écrit à sa demande, le Conseil d'État a admis que l'administration soit déliée de son obligation de loger ou de reloger le demandeur d'un logement social reconnu prioritaire par la commission de médiation dans le cadre du droit au logement opposable s'il a été radié du fichier des demandeurs de logement social en raison de faits révélant de sa part « une renonciation au bénéfice de cette décision »[1399]. C'est, cependant, parfois le cas. Il est par exemple exclu, dans certains cas, que le silence du bénéficiaire face à un choix ouvert par une disposition législative puisse être interprété comme une renonciation tacite à un droit acquis à l'aide sociale dont il bénéficiait avant d'avoir à choisir : si le bénéficiaire souhaite l'abandonner au profit de l'autre aide qui lui est proposée, il doit le faire savoir expressément. Dans le cadre des droits d'option mis en place par le législateur, il a été prévu, à l'exception du choix entre l'allocation compensatrice pour tierce personne et la prestation de compensation du handicap[1400], qu'en l'absence de choix entre deux aides auxquelles l'intéressé peut prétendre, il est présumé vouloir continuer à bénéficier de celle qu'il percevait déjà. Ainsi, en vertu de

---

1395 Comm. centr., 28 avril 1964, *Baron*, *Revue de l'aide sociale*, p. 225.

1396 Comm. centr., 10 juin 1958, *Demoiselle Armitano*, *Revue de l'aide sociale*, 1959, p. 223.

1397 Voir également Comm. centr., 18 juin 1959, *Valentin*, *Revue de l'aide sociale*, 1960, p. 45 ; concl. Braibant p. 35.

1398 Note sous Comm. centr., 10 juin 1958, *Demoiselle Armitano*, *Revue de l'aide sociale*, 1959, p. 223.

1399 CE, 8 juillet 2020, req. n° 420472.

1400 En vertu de l'article 95 de la loi n° 2005-102 du 11 février 2005 pour l'égalité des droits et des chances, la participation et la citoyenneté des personnes handicapées, les bénéficiaires de l'ACTP peuvent opter pour le bénéfice de la PCH à chaque renouvellement de l'attribution de l'ACTP. L'article précise que, « Lorsque le bénéficiaire n'exprime aucun choix, il est présumé vouloir désormais bénéficier de la prestation de compensation ».

l'article L. 245-9 du CASF, toute personne qui a obtenu le bénéfice de la prestation de compensation du handicap avant soixante ans et qui remplit les conditions prévues à l'article L. 232-1 du CASF peut choisir, « lorsqu'elle atteint cet âge et à chaque renouvellement de l'attribution de cette prestation, entre le maintien de celle-ci et le bénéfice de l'allocation personnalisée d'autonomie »[1401]. Il est néanmoins précisé que, « Lorsque la personne qui atteint cet âge n'exprime aucun choix, il est présumé qu'elle souhaite continuer à bénéficier de la prestation de compensation », excluant que le silence du bénéficiaire puisse être interprété comme une renonciation tacite à un droit acquis.

318. Lorsque la possibilité du bénéficiaire de renoncer à son droit à l'aide sociale est expressément prévue par un texte, la manifestation de la volonté abdicative est souvent soumise au respect d'un certain formalisme. Cette situation n'est pas propre au droit à l'aide sociale. L'article R. 636-1 du Code de justice administrative, par exemple, prévoit que le désistement, c'est-à-dire la renonciation à l'instance ou à l'action, doit être fait par écrit. La Haute juridiction administrative a d'ailleurs considéré, dans un arrêt en date du 26 juillet 2006, que la cour administrative d'appel de Bordeaux avait commis une erreur de droit en jugeant que « le tribunal administratif de Cayenne avait régulièrement donné acte à M. A. du désistement de ses conclusions, sans rechercher si l'intéressé avait saisi ce tribunal d'un document écrit attestant de sa volonté expresse de se désister »[1402]. De même, l'article R. 4137-15 du Code de la défense, prévoit qu'avant qu'une sanction ne leur soit infligée les militaires disposent d'un droit de s'expliquer oralement ou par écrit sur les faits qui leur sont reprochés devant l'autorité militaire de premier niveau dont ils relèvent. Il leur ouvre également le droit de s'expliquer par écrit sur les faits qui leur sont reprochés lorsque la demande de sanction est transmise à une autorité militaire supérieure par l'autorité militaire de premier niveau. Doit alors être jointe au dossier transmis à l'autorité militaire supérieure l'explication écrite de l'intéressé ou sa renonciation écrite au droit de s'expliquer par écrit[1403]. En droit de l'aide sociale, il est par exemple prévu à l'article R. 441-2-8 du Code de la construction et de l'habitation qu'une demande de logement social peut être radiée du fichier d'enregistrement si le demandeur y a renoncé par écrit. L'article R. 232-61 du Code de l'action sociale et des familles selon lequel le

---

1401 Article L. 245-9 du CASF.

1402 CE, 26 juillet 2006, *M. Norman A.*, req. n° 272493, inédit au recueil Lebon.

1403 Pour une illustration, voir CE, 10 novembre 2004, *M. Matelly*, req. n° 256573, *Rec. CE* (tables), p. 590.

À rapprocher de l'article R. 723-12 du CESEDA qui prévoit, lorsqu'un demandeur d'asile souhaite retirer sa demande d'asile en application de l'article L. 723-12, qu'il en informe l'OFPRA au cours de l'entretien ou par courrier. Le retrait de la demande doit donc être exprès. L'OFPRA exige d'ailleurs que la personne remplisse et signe un formulaire de renonciation dans lequel figure expressément les conséquences de ce retrait (formulaire accessible en ligne sur le site de l'OFPRA).

bénéficiaire de l'allocation compensatrice pour tierce personne peut, deux mois avant son soixantième anniversaire et deux mois avant chaque date d'échéance de versement de cette allocation, demander à bénéficier de l'allocation personnalisée d'autonomie précise, quant à lui, que, après avoir eu connaissance du montant de l'allocation personnalisée d'autonomie dont il pourra bénéficier et du montant de sa participation financière, le demandeur doit faire connaître son choix par écrit. Passé quinze jours, il « est réputé avoir choisi le maintien de la prestation dont il bénéficie ». Formalisme également imposé par certains règlements départementaux d'aide sociale pour la renonciation à un droit acquis à l'allocation personnalisée d'autonomie à domicile[1404].

319. En raison de la vulnérabilité des bénéficiaires de l'aide sociale et du risque, dont toute renonciation tacite est porteuse, de leur attribuer une volonté de renoncer en réalité inexistante[1405], le formalisme joue un rôle important en matière d'aide sociale[1406]. En droit administratif, à la différence du droit privé, le formalisme n'est pas toujours une garantie de protection de l'administré face à l'administration. Alors qu'en droit privé le formalisme est utilisé comme un moyen préventif permettant de préserver la volonté de celui qui s'engage en attirant son attention sur la gravité de l'acte[1407] - sorte de « gage d'un consentement éclairé et réfléchi »[1408] -, son usage en droit public est parfois moins louable : si ce formalisme peut être « naturel »[1409], il peut également être « artificiel », c'est-à-dire sécrété par l'administration pour simplifier sa tâche « et compliquer celle du public »[1410]. Cependant,

---

1404 Article 205 du RDAS de Gironde ; article 19-12 du RDAS de la Somme ; article 2.7 du RDAS de la Manche.

1405 ARROYO (J.), *La renonciation aux droits fondamentaux. Étude de droit français*, Paris, éd. Pedone, coll. Publications de l'Institut international des droits de l'homme, 2016, p. 289.

1406 Sébastien Saunier assimile l'interdiction d'user d'une manifestation tacite de volonté à une manifestation de formalisme, car elles révèlent une réglementation de la forme juridique. SAUNIER (S.), *Recherche sur la notion de formalisme en droit administratif français*, *op. cit.*, p. 658.

1407 Afin d'éviter que la personne ne s'engage « à la légère », non seulement peut être mise en place une obligation d'information renforcée à destination du cocontractant quant à l'étendue et à la portée de son engagement, mais encore peuvent être imposés le respect d'un délai de réflexion ou l'exigence d'un écrit en vue d'attirer l'attention de la personne sur le contenu de l'acte. LAVAUD-LEGENDRE (B.), « La paradoxale protection de la personne vulnérable par elle-même : les contradictions d'un « droit de la vulnérabilité » en construction », *RDSS*, 2010, p 520.

1408 HYDE (A.-A.), *Les atteintes aux libertés individuelles par contrat. Contribution à la théorie de l'obligation*, Paris, IRJS Éditions, 2015, p. 217.

1409 ARDANT (G.), « La double origine du formalisme », *RA*, 1952, p. 500 et suiv.

1410 Il est des cas où le formalisme « naturel » garantit une certaine protection des administrés face à l'administration. C'est spécialement vrai pour le formalisme imposé à l'administration qui tend essentiellement à protéger l'administré contre l'arbitraire de l'administration puisqu'il garantit le respect des droits et libertés des administrés en « assurant l'édiction effective d'une décision unilatérale impartiale et réfléchie par les procédés les moins autocratiques possibles ». WIENER (C.), *Vers une codification de la procédure*

lorsque le formalisme encadre la renonciation à un droit acquis à l'aide sociale, il renoue avec sa fonction première, la protection du renonçant, et laisse entrevoir l'attention que porte le droit à la vulnérabilité du bénéficiaire de l'aide sociale.

* * *

320. La renonciation aux droits à l'aide sociale est un instrument, au même titre que le contrat, permettant d'accroître l'autonomie réelle du bénéficiaire de l'aide sociale. En ce sens, elle constitue une manifestation de la liberté du bénéficiaire qui, en renonçant à l'un de ses droits, se contente de faire usage de son autonomie, « de conduire sa vie selon ses valeurs, finalités ou préférences »[1411]. Pourtant, alors que le principe reste assurément la liberté du bénéficiaire de manifester expressément ou tacitement sa volonté de renoncer, en pratique, eu égard à la gravité des conséquences de la renonciation pour le bénéficiaire, la renonciation expresse est parfois imposée ou soumise au respect de certaines exigences de forme, tandis que la renonciation tacite est encadrée. Non seulement l'administration ne peut pas en tirer les conséquences juridiques si elle n'a pas été autorisée par un texte à refuser ou à retirer le bénéfice d'un droit à l'aide sociale en raison du comportement du bénéficiaire qu'elle assimile à une renonciation tacite, mais encore, le juge refuse de voir dans certains comportements une volonté de renoncer tacitement à l'exercice d'un droit dépourvue d'équivoque, empêchant ainsi l'administration d'opposer au bénéficiaire de l'aide sociale sa renonciation supposée à l'exercice de ses droits ou à leur titularité[1412].

---

administrative, Paris, PUF, Travaux et recherches de l'université de droit, d'économie et de sciences sociales de Paris, 1975, p. 18.
Le formalisme « naturel » imposé à l'administré, quant à lui, constitue principalement un moyen de simplifier le travail de l'administration. Ce formalisme, qui peut pourtant être « source de déshumanisation et de rigidité dans les rapports entre l'administration et l'administré », protège « l'administré contre une trop grande personnalisation de sa situation et évite ainsi une rupture d'égalité devant les services publics ou des initiatives de l'agent empreintes de partialité ». LACHAUME (J.-F.), « Le formalisme », *AJDA*, 1995, p. 144.
Voir également SAUNIER (S.), *Recherche sur la notion de formalisme en droit administratif français*, *op. cit.*, p. 654 et suiv.

[1411] DENIZEAU (C.), « La vulnérabilité dans la jurisprudence constitutionnelle de la France et du Royaume-Uni », *op. cit.*, p. 138.

[1412] Exemple de la demande, tardive, de renouvellement du droit à l'aide sociale des personnes placées pour leur hébergement dans un établissement. L'attitude de l'administration a parfois été soulignée par le juge qui relève, par exemple, « que le président du conseil général du Loiret, dont le département semble faire systématiquement, ce qui relève de son appréciation d'opportunité, l'usage des dispositions de l'article R. 131-2 en cas de retard du dépôt de la demande d'aide sociale (la moitié environ des recours en cette matière soumis à la présente commission concerne ce département) n'ignore sans doute pas la jurisprudence C... du Conseil d'État maintes fois confirmée par la commission centrale d'aide sociale ». Comm. centr., 12 décembre 2014, *Mme Y.*, dossier n° 130467, *CJAS*, n° 2015/4.

CHAPITRE II

La renonciation-imposée ou la figure de l'usager-assujetti

321. Si la renonciation a participé à l'émergence et à la concrétisation de l'image d'un bénéficiaire de l'aide sociale libre et autonome, son étude dévoile un autre usage de la renonciation et, avec lui, une autre conception du bénéficiaire de l'aide sociale. Ce phénomène peut être appréhendé en se détachant de la tendance de la doctrine à n'étudier que les situations de renonciation traduisant la « manifestation par excellence de l'autonomie du sujet »[1413] et en ne se contentant pas de chercher les causes de la renonciation du côté du bénéficiaire uniquement, ce qui conduirait à considérer que la renonciation a pour unique origine le refus du bénéficiaire de demander les prestations sociales auxquelles il a droit, mais, au contraire, en regardant également du côté du fonctionnement global du système[1414]. Apparaît alors, à côté de la renonciation-liberté, une renonciation imposée au bénéficiaire qui prend tantôt la forme d'une renonciation subie, tantôt celle d'une renonciation présumée. Ces deux renonciations imposées sont intrinsèques à la situation statutaire du bénéficiaire de l'aide sociale dans la mesure où, d'une part, malgré la fonction protectrice du statut, « il a servi à étendre la sujétion des administrés en dépersonnalisant les rapports entre ces derniers et les pouvoirs publics et en facilitant la maîtrise de leur situation juridique par les autorités étatiques »[1415], et dans la mesure où, d'autre part, n'étant pas une offre des pouvoirs publics susceptible d'être négociée et acceptée par les destinataires, mais « l'œuvre unilatérale de l'autorité commandante qui s'impose aux administrés »[1416], il pose un cadre rigide que le demandeur ou

1413 FRUMER (P.), *La renonciation aux droits et libertés. La Convention européenne des droits de l'homme à l'épreuve de la volonté individuelle*, *op. cit.*, p. 636.

1414 Diane Roman souligne la nécessité de ne pas chercher les causes de non-recours du côté du bénéficiaire uniquement, mais de prendre en compte également des causes plus globales. ROMAN (D.), « Les enjeux juridiques du non-recours au droit », *RDSS*, 2012, n° 4, p. 605 et suiv.

1415 FOULQUIER (N.), *Les droits publics subjectifs des administrés. Émergence d'un concept en droit administratif français du XIXe au XXe siècle*, Paris, Dalloz, coll. Nouvelle bibliothèque de thèses, 2003, p. 72.

1416 *Ibid.*, p. 73.

le bénéficiaire doit accepter pour jouir de ses droits. L'acceptation des caractéristiques des droits à l'aide sociale et des conditions encadrant leur exercice étant un préalable indispensable à leur bénéfice, celui qui les refuse ou qui se trouve dans l'incapacité de s'y soumettre est obligé d'y renoncer. En ce sens, la renonciation est parfois subie (Section I). Elle est également parfois présumée, car les « nouvelles normes d'individualisation et de responsabilisation à l'œuvre dans les politiques sociales »[1417] conditionnent fortement le bénéfice des aides sociales relatives à la lutte contre la pauvreté et les exclusions au comportement du demandeur qui, s'il adopte un comportement inadéquat, est présumé y renoncer (Section II).

322. Pour l'une comme pour l'autre de ces renonciations, la perte du droit est la conséquence d'un choix réalisé par le bénéficiaire qui, cependant, est rarement sous-tendu par sa volonté d'abandonner son droit. Dans le cas de la renonciation subie, le bénéficiaire choisit, certes, de renoncer, non pas qu'il ne souhaite pas jouir de ses droits, mais parce qu'il refuse leurs caractéristiques ou les conditions encadrant leur exercice, soit par principe, soit parce qu'elles représentent un obstacle trop « coûteux », matériellement et intellectuellement, à surmonter. Imposée, elle comporte donc généralement une part de fiction. Pour autant, les motivations sous-tendant une renonciation n'affectant pas son existence, il est possible de considérer qu'en refusant une condition qui lui est imposée, le bénéficiaire de l'aide sociale renonce volontairement à son droit[1418]. Le Conseil d'État a d'ailleurs affirmé que l'acceptation par le sieur Bouët « de la condition qui lui était *imposée* » selon laquelle il n'était autorisé à commissionner dans une arme autre que son arme d'origine ou dans le régiment de sapeurs-pompiers de Paris qu'en qualité de sergent et non de sergent-major « doit être considérée comme une *renonciation volontaire* à son grade antérieur »[1419]. Dans le cas de la renonciation présumée, le bénéficiaire ne choisit pas d'abandonner son droit, mais choisit d'adopter un comportement incompatible avec le bénéfice ou la conservation d'un droit à l'aide sociale. Là encore, la renonciation est le plus souvent fictive, car elle est imposée au bénéficiaire qui, la plupart du temps, n'a pas véritablement souhaité abandonner son droit, preuve en est le nombre important de recours devant le juge à la suite d'une décision de suspension ou de radiation de l'administration.

[1417] BORGETTO (M.), « Le non-recours aux droits », *RDSS*, 2012, p. 602.

[1418] Voir *supra* n° 178 et suiv.

[1419] CE, 17 juin 1925, *Sieur Bouët, Rec. CE*, p. 575.

SECTION I. LA RENONCIATION SUBIE EN DROIT DE L'AIDE SOCIALE

323. La renonciation, en droit de l'aide sociale, peut être « subie »[1420]. Cette situation, bien qu'en contradiction avec ce qui en constitue théoriquement l'essence - la liberté d'abandonner un droit -, n'est pas, en réalité, l'apanage de cette branche du droit puisque, « même en l'absence de vice juridiquement qualifiable, le consentement peut ne pas être libre (sujétion, facteurs psychologiques, économiques...) »[1421]. En droit social, par exemple, il a été mis en évidence que dans un contexte de raréfaction de l'emploi les salariés sont tentés d'abandonner certains avantages pour conserver leur activité et leur source de revenus[1422]. En droit public, cette situation est fréquente, car la situation statutaire des usagers des services publics et des agents publics[1423] est propice à la manifestation de renonciations subies. Peut être considérée comme une renonciation subie, la renonciation de certains agents publics au bénéfice du succès à un examen professionnel, et à la promotion qui en découle, en raison de l'impossibilité

1420 Affirmer qu'une renonciation est subie ne revient pas à dire que le titulaire d'un droit y a renoncé sous la contrainte, car cette dernière vicie la renonciation de sorte qu'elle ne pourra pas être opposée à son auteur. En droit privé comme en droit public, le juge s'assure que la personne n'a subi aucune pression visant à l'inciter à abandonner son droit, qu'elle a, en somme, librement renoncé à son droit. Cass. civ. 1er, 28 janvier 2010, n° 08-70248, *Bull. civ.* I, n° 21.

Le Conseil d'État a refusé de considérer que le requérant ayant apposé sa signature sur les copies de ses épreuves à l'examen pour la liste d'aptitude aux emplois réservés de 2e catégorie après qu'y eut été portée la mention « Je renonce » l'ait fait sous la contrainte. CE, 10 mai 1993, *M. Dominique X.*, req. n° 91743, inédit au recueil Lebon. Voir également CAA Paris, 3 avril 2012, *Mlle Nilgun A.*, req. n° 10PA05655, inédit au recueil Lebon.

À l'occasion d'un recours devant la cour administrative d'appel de Nancy, une requérante bénéficiaire du RSA a récemment invoqué la contrainte. Elle estimait que « son consentement a été vicié dès lors qu'elle a été victime de violence de la part de l'administration qui l'a menacée de sanction financière si elle ne signait pas le contrat ». La cour s'est cependant déclarée incompétente en appel. CAA Nancy, 19 avril 2016, *Mme D.*, req. n° 14NC00765, inédit au recueil Lebon.

1421 LAVAUD-LEGENDRE (B.), « La paradoxale protection de la personne vulnérable par elle-même : les contradictions d'un "droit de la vulnérabilité" en construction », *RDSS*, 2010, p. 523.

1422 MOULY (J.), « La renonciation du salarié entre ordre public social et déréglementation : un nouvel état des lieux », *in* SACHS (T.) (dir.), *La volonté du salarié*, Paris, Dalloz, coll. Thèmes et commentaires, 2012, p. 114.

1423 Il a été considéré que les agents contractuels étaient dans une situation statutaire. Le Conseil d'État affirme d'ailleurs : « Le terme d'agents contractuels ne doit toutefois pas prêter à confusion, ces agents étant en effet placés, comme les agents titulaires, sous un régime statutaire et réglementaire. [...] La seule différence avec les titulaires tient à ce qu'en principe, leur situation peut faire l'objet d'arrangements particuliers (durée du contrat, rémunération...) ». Conseil d'État, *Perspectives pour la fonction publique*, Paris, La documentation française, coll. EDCE, 2003, p. 340. Voir GLASER (E.), « La situation des agents publics contractuels. Conclusions sur Conseil d'État, section, 31 déc. 2008, *M. Cavallo*, req. n° 283256 », *RFDA*, 2009, p. 89-99.

de bénéficier d'une promotion sur place[1424], ou au renouvellement de leur contrat en raison d'un désaccord à propos d'une modification apportée par l'administration[1425]. Cette renonciation subie découle de l'inadaptabilité de certaines règles à la situation et aux souhaits particuliers des administrés et agents publics en raison de la mission d'intérêt général de l'administration. Il n'est dès lors guère surprenant qu'une telle renonciation se retrouve en droit de l'aide sociale.

324. La renonciation subie est toujours le résultat d'un choix du bénéficiaire, mais ce choix n'est pas sous-tendu par la volonté de ne pas percevoir une aide ou de l'abandonner une fois acquise. Il découle de son inacceptation de certains éléments structurants des droits à l'aide sociale qui s'imposent à lui lors de leur exercice (§ 1) et de son refus ou de son impossibilité de se soumettre aux conditions encadrant leur accès et leur conservation (§ 2). Elle ne résulte donc pas de la volonté première du bénéficiaire d'abandonner son droit à l'aide sociale[1426], mais, par ricochet, de sa volonté de ne pas se soumettre aux démarches et aux conditions qui encadrent son exercice ou de son incapacité à les suivre et à les respecter. Il fait alors le choix, en l'absence d'autres alternatives, de ne pas réaliser les démarches nécessaires à son octroi (non-recours par non-demande), d'abandonner une demande en cours (non-recours par non-réception) ou de ne pas respecter les conditions auxquelles sa conservation est subordonnée (renonciation à un droit acquis).

[1424] Le fonctionnaire ayant réussi un examen professionnel est tenu, en vertu du dernier alinéa de l'article 58 de la loi du 11 janvier 1984, d'accepter l'emploi qui lui est assigné dans son nouveau grade. Le refus de cet emploi l'oblige à renoncer au bénéfice de son examen (CE, 9 avril 2010, *Ministre de la Défense c/ Mme Taupin*, req. n° 328922, *Rec. CE* (tables), p. 816).

[1425] Sauf s'il s'agit de modifications substantielles. Dans ce cas, la décision de l'administration mettant fin aux fonctions d'un agent contractuel à la suite d'un refus de ce dernier de signer un nouveau contrat ne devra pas être interprétée comme « la simple satisfaction donnée à une renonciation exprimée par l'agent lui-même », mais comme un refus de la commune de renouveler à l'identique le contrat antérieur. CE, 22 novembre 2002, *Mme Mura*, req. n° 232367, *Rec. CE* (tables), p. 802.

[1426] Pour illustrer une telle volonté, peut-être évoqué l'exemple du non-recours en 2003 au RMI par les personnes sans domicile vivant seules n'ayant pas perçu le RMI au cours de l'année 2002. Sur les 66 % qui n'ont pas effectué de démarches pour obtenir le RMI, 5 % ont déclaré ne pas vouloir dépendre de l'assistance. AVENEL (M.) et DAMON (J.), « Les contacts avec les intervenants sociaux des sans-domicile usagers des services d'hébergement et de distribution de repas chauds. Quel recours aux institutions, aux prestations et aux professionnels des secteurs sanitaire et social ? », *Études et Résultats*, 2003, n° 277, p. 8. Concernant le RSA, 2 % de l'ensemble des non-recourants disent ne pas être intéressés par cette aide (ils affirment ne pas vouloir être dépendants ou redevables, considèrent que les revenus de leur foyer sont suffisamment élevés, craignent les indus ou encore trouvent la démarche trop lourde et trop contraignante). WARIN (P.), « Le non-recours de comparaison au RSA : des éléments de comparaison », *working paper*, 2011, http://odenore.msh-alpes.fr

§ 1. La renonciation subie à l'exercice des droits, conséquence des caractéristiques des droits à l'aide sociale

325. En allégeant le « poids du droit »[1427] qui pèse sur leurs destinataires, les normes permissives reconnaissent leur autonomie, mais rendent, en même temps, l'exercice des facultés qu'elles ouvrent plus sensible au « poids des faits ». Or, certains éléments « de fait » sont à même de dissuader les destinataires de ces normes d'user positivement des facultés qui en découlent[1428]. Cela est vrai, par exemple, pour le droit d'ester en justice dont l'exercice effectif est quelquefois abandonné en raison de la complexité, de l'investissement et du temps que représentent les démarches à accomplir. Cela vaut également pour les droits à l'aide sociale. La subordination de l'octroi d'un droit à l'aide sociale à une démarche préalable (A) ainsi qu'à l'absence de ressources personnelles ou familiales suffisantes (B) contraint des bénéficiaires à renoncer à exercer leurs droits à l'aide sociale, d'autant plus qu'ils sont parfois fragilisés par leur situation économique, leur âge ou encore leur handicap[1429].

A. Le caractère quérable des droits à l'aide sociale : un facteur déterminant de la renonciation subie à l'exercice des droits à l'aide sociale

326. Définis par la doctrine comme des droits subjectifs, alimentaires et subsidiaires[1430], les droits à l'aide sociale sont aussi dans leur grande majorité des droits quérables. L'exigence d'une démarche active de la part de leurs bénéficiaires constitue un premier obstacle à l'exercice des droits (1) auquel s'ajoute la difficulté que représente, malgré les récents efforts de simplification, la formalisation de la demande qui les oblige à faire face à des démarches complexes (2).

1. L'influence du caractère quérable des droits à l'aide sociale sur la renonciation

327. Le caractère quérable des droits à l'aide sociale constitue, pour certains bénéficiaires, un obstacle à l'exercice de leurs droits. Ce constat est sans appel lorsque sont examinés les taux de non-recours à la prime pour l'emploi et aux tarifs sociaux du gaz et de l'électricité dont le bénéfice était

---

1427 Cette expression fait référence aux normes impératives qui font peser sur leurs destinataires une pression juridique forte puisque, s'ils ne s'y conforment pas, ils encourent en général une sanction. GROULIER (C.), *Norme permissive et droit public*, thèse soutenue à l'Université de Limoges le 9 décembre 2006, dactyl., p. 539.

1428 *Ibid.*, p. 539 et suiv.

1429 *Ibid.*, p. 541.

1430 BORGETTO (M.) et LAFORE (R.), *Droit de l'aide et de l'action sociales*, Issy-les-Moulineaux, LGDJ, coll. Domat droit public, 9e éd., 2015, p. 118 et suiv., n° 83-85.

automatique ou *quasi* automatique[1431]. La prime pour l'emploi, créée en 2001[1432] dans le but d'inciter au retour à l'emploi ou au maintien de l'activité, était attribuée automatiquement aux foyers fiscaux dont au moins un des membres exerçait une activité professionnelle et dont les revenus étaient inférieurs à une certaine limite. Pour en bénéficier, il suffisait de renseigner le nombre d'heures travaillées sur l'année dans la déclaration de revenus. Cette *quasi* automaticité de l'attribution de la prime pour l'emploi s'est répercutée sur le taux de non-recours qui oscillait, en 2009, entre 6 % et 10 %[1433]. L'étude des taux de non-recours des tarifs sociaux du gaz et de l'électricité amène à faire un constat identique. Il ne s'agit pas, il est vrai, véritablement d'une « aide sociale »[1434], mais ce dispositif à vocation sociale démontre l'impact de l'automaticité sur le non-recours. Alors que les taux de non-recours s'élevaient en moyenne à 65 % entre 2005 et 2011 pour l'électricité (TPN) et à 62 % entre 2008 et 2011 pour le gaz (TSS)[1435], il est de l'ordre de 34 %[1436] depuis 2012[1437], date à laquelle leur bénéfice a été

[1431] Ces deux dispositifs ont été remplacés respectivement par la prime d'activité depuis le 1er janvier 2016 (loi n° 2014-1655 du 29 décembre 2014, article 28 et loi n° 2015-994 du 17 août 2015 relative au dialogue social et à l'emploi, *JO* n° 0189 du 18 août 2015 p. 14346) et par le « chèque énergie » depuis le1er janvier 2018. Cependant, bien que ces prestations soient également attribuées, au moins en partie, automatiquement, le recul sur leur taux d'utilisation est insuffisant pour appréhender les effets de l'automaticité sur le non-recours et, par là même, sur la renonciation parce qu'elles sont trop récentes[1431].
Concernant le « chèque énergie », l'article L. 124-1 du Code de l'énergie prévoit que « L'administration fiscale constitue un fichier établissant une liste des personnes remplissant les conditions prévues au premier alinéa du présent article et comportant les éléments nécessaires au calcul du montant de l'aide dont elles peuvent bénéficier. Ce fichier est transmis à l'Agence de services et de paiement afin de lui permettre d'adresser aux intéressés le chèque énergie. L'agence préserve la confidentialité des informations qui lui sont transmises ».

[1432] Loi n° 2001-458 du 30 mai 2001 portant création d'une prime pour l'emploi, *JO* n° 125 du 31 mai 2001 p. 8639.

[1433] SIRUGUE (C.), *Réforme des dispositifs de soutien aux revenus d'activité modestes*, Rapport au Premier ministre, juillet 2013, p. 15.

[1434] Le coût des tarifs sociaux de l'électricité et du gaz est pris en charge par les clients *via* la contribution au service public de l'électricité et la contribution au tarif spécial de solidarité gaz prélevées sur leur facture. MAZET (P.), « Les tarifs sociaux de l'énergie : les pauvres doublement pénalisés », *in L'envers de la fraude sociale. Le scandale du non-recours aux droits sociaux*, Paris, La découverte, 2012, p. 115-116.

[1435] *Ibid.*, p. 109.

[1436] Dans une réponse à la question écrite du sénateur Lenoir qui souhaitait connaître le bilan d'application du dispositif d'automaticité des tarifs sociaux d'électricité et de gaz (Question écrite n° 16267 de M. Jean-Claude Lenoir, *JO Sénat* du 14 mai 2015 p. 1120), le ministère de l'Écologie, du Développement durable et de l'Énergie a répondu que l'automatisation de l'attribution des tarifs sociaux avait permis de quadrupler le nombre de ménages effectivement bénéficiaires en l'espace de trois ans. Il souligne néanmoins que, si désormais trois millions de personnes bénéficient du tarif de première nécessité (électricité), ce nombre reste inférieur au nombre d'ayants droit estimé à 4,5 millions. Cet écart s'explique en grande partie par un important taux de non-recours à la CMU-C et à l'ACS, aides dont le bénéfice ouvre automatiquement droit aux tarifs sociaux d'électricité et de gaz (*JO Sénat* du 09 juillet 2015 p. 1672).

rendu automatique pour les allocataires de la couverture maladie universelle complémentaire qui, jusqu'alors, devaient en faire expressément la demande. Automatique ne signifiant pas obligatoire, une disposition prévoyait cependant la possibilité pour tout bénéficiaire d'y renoncer[1438].

328. En raison de la faiblesse du taux de non-recours à ces dispositifs, il est manifeste que l'automaticité d'une aide conduit non seulement à endiguer le non-recours par non-connaissance, mais encore à lever les obstacles à l'exercice des droits à l'aide sociale engendrant un non-recours par non-demande tels que la peur de la stigmatisation et la lourdeur des démarches. Pourtant, force est de constater que, ces dernières années, ont été rendus quérables des droits qui ne l'étaient plus. Ce mouvement, à contre-courant des récents rapports préconisant le renforcement de l'automaticité des aides sociales[1439], traduit l'existence d'une volonté politique de conserver le caractère quérable des droits à l'aide sociale[1440]. C'est le cas, d'une part avec la mise en place de la prime d'activité en remplacement depuis le 1er janvier 2016 du RSA-activité et de la prime pour l'emploi versée, sauf pour les bénéficiaires du RSA, à la suite d'une demande expresse[1441] et,

---

[1437] Décret n° 2012-309 du 6 mars 2012 relatif à l'automatisation des procédures d'attribution des tarifs sociaux de l'électricité et du gaz naturel, *JO* n° 0057 du 7 mars 2012 p. 4239.

[1438] Pour l'électricité, voir les articles R. 337-1 et R. 337-8 du Code de l'énergie (abrogés par le décret n° 2016-555 du 6 mai 2016 à compter du 1er janvier 2018) et, pour le gaz, voir l'article R. 445-8 du Code de l'énergie (abrogé par le décret n° 2016-555 du 6 mai 2016 à compter du 1er janvier 2018).

[1439] SIRUGUE (C.), *Repenser les minima sociaux. Vers une couverture socle commune ?*, Rapport au Premier ministre, avril 2016, 170 p. ; BIÈMOURET (G.) et COSTES (J.-L.), *Rapport d'information du comité d'évaluation et de contrôle des politiques publiques sur l'évaluation des politiques publiques en faveur de l'accès aux droits sociaux*, Assemblée nationale, n° 4158, 2016, p. 158 et suiv.

[1440] L'exigence d'une demande expresse de la part des bénéficiaires d'un droit cache parfois la mise en place, par le législateur, d'un « non-recours organisé ». ROMAN (D.), « Les enjeux juridiques du non-recours au droit », *op. cit.*, p. 607.

Cela a été le cas lors de la « décristallisation » des pensions des anciens combattants n'ayant pas opté pour la nationalité française à l'indépendance de leur pays. Après avoir été condamné (Cons. const., n° 2010-1 QPC, 28 mai 2010, *Consorts L.*, *RCC*, p. 91), le législateur a accepté d'aligner les pensions de ces anciens combattants qui avaient été « cristallisées », « c'est-à-dire figées, dans leur montant comme dans leur forme juridique » (Cour des comptes, *La « décristallisation » des pensions des ressortissants des territoires autrefois sous souveraineté française*, Rapport public, 2011, t. 2, p. 63) sur celles des ressortissants français. Toutefois, il conditionne l'alignement de l'indice à une demande expresse du bénéficiaire dans un délai de trois ans à compter de la publication du décret n° 2010-1691 du 30 décembre 2010. L'absence d'automaticité conjuguée au délai dans lequel doivent être exercées les demandes sont les stigmates d'un « non-recours organisé ».

[1441] L'automaticité de la prime d'activité n'est instaurée par l'article L. 262-27-1 du CASF que pour les bénéficiaires du RSA. En effet, selon cet article, ils sont réputés avoir formulé une demande pour bénéficier de ladite prime lorsque la prise ou la reprise d'activité ne leur permet plus de bénéficier du RSA. L'article R. 846-1 du CSS prévoit d'ailleurs que la demande du bénéfice de la prime d'activité peut être effectuée par téléservice ou par le dépôt d'un formulaire auprès de l'organisme chargé de son service. Il rappelle cependant que « La déclaration de l'exercice, de la prise ou de la reprise d'une activité professionnelle par un bénéficiaire du revenu de solidarité active vaut demande du bénéfice de la prime d'activité ».

d'autre part, jusqu'à la mise en place en 2015 de l'allocation pour demandeurs d'asile[1442], avec le remplacement par l'allocation temporaire d'attente de l'allocation d'insertion dont ils bénéficiaient. Bien que les objectifs justifiant de substituer une aide sociale quérable à une aide portable ne soient pas clairement énoncés, ce choix, fait en pleine conscience du risque de non-recours qui en découle[1443], semble justifié par la volonté de faire peser une contrainte sur leurs bénéficiaires[1444] puisque le caractère quérable de la prime d'activité est perçu comme un moyen d'inciter le bénéficiaire à ne pas « tomber dans la trappe à pauvreté »[1445] et le caractère quérable de l'allocation temporaire d'attente comme un outil de contrôle du demandeur d'asile pendant la durée de la procédure d'examen de sa demande d'asile[1446].

329. La pérennisation de la « logique des droits quérables » en droit de l'aide sociale joue un rôle déterminant dans la renonciation à l'exercice de ces droits dans la mesure où elle subordonne leur exercice non seulement à

Pour une critique du rejet de l'automaticité de la prime d'activité par le rapport Sirugue ayant inspiré le dispositif (SIRUGUE (C.), *Réforme des dispositifs de soutien aux revenus d'activité modestes*, Rapport au Premier ministre, juillet 2013, 104 p.) voir GOMEL (B.) et MÉDA (D.), « Le RSA : un dispositif inadapté », *La Vie des idées* (revue en ligne), 2014, http://www.laviedesidees.fr/Le-RSA-un-dispositif-inadapte.html

1442 Depuis le 1er novembre 2015, l'allocation temporaire d'attente a été est remplacée par l'allocation pour demandeur d'asile qui est, en revanche, proposée à chaque demandeur d'asile par l'Office français de l'immigration et de l'intégration après l'enregistrement de sa demande d'asile et « est due à compter de l'acceptation des conditions matérielles d'accueil » (Articles L. 744-1 et D. 744-19 du CESEDA). Cette modification s'inscrit dans la lignée de l'article 17 de la directive du 26 juin 2013 selon lequel « Les États membres font en sorte que les demandeurs aient accès aux conditions matérielles d'accueil lorsqu'ils présentent leur demande de protection internationale » (Directive 2013/33/UE du 26 juin 2013 établissant des normes pour l'accueil des personnes demandant la protection internationale, *JOUE* du 29 juin 2013 n° L 180 p. 96).

1443 La question du non-recours à la prime d'activité est expressément posée dans l'étude d'impact portant sur le projet de loi relatif au dialogue social et à l'emploi.

1444 Le rapport d'information soulignait l'intérêt de rendre l'allocation temporaire d'attente quérable et non portable comme l'ancienne allocation d'insertion. ESGAULX (M.-H.), DENIAUD (Y.) et BONREPAUX (A.), *Rapport d'information de la commission des finances, de l'économie générale et du plan sur l'évolution des coûts budgétaires des demandes d'asile (hébergement, contentieux, contrôle aux frontières)*, Assemblée nationale, n° 2448, 2005, spé. proposition n° 14.

1445 Voir le compte rendu de l'intervention de Bernard Gomel lors de la journée d'étude « Le contribuable et "l'assisté". Le débat RSA/PPE entre principes et paramètres », organisé par le LIEPP et le PRES Sorbonne Paris Cité le mercredi 29 janvier 2014. GOMEL (G.), MÉDA (D.), SERVERIN (É), « Quel(s) bénéficiaire(s) et quel mode d'attribution pour les compléments aux revenus du travail ? ». Compte rendu rédigé par DAHAN (R.) et TOUZET (C.). En ligne sur :
http://www.sciencespo.fr/liepp/sites/sciencespo.fr.liepp/files/Compte%20rendu%20LIEPP%20RSA-PPE.pdf

1446 ESGAULX (M.-H.), DENIAUD (Y.) et BONREPAUX (A.), *Rapport d'information de la commission des finances, de l'économie générale et du plan sur l'évolution des coûts budgétaires des demandes d'asile (hébergement, contentieux, contrôle aux frontières)*, *op. cit.*, p. 60.

une information préalable des bénéficiaires, mais encore à leur acceptation d'entrer dans des dispositifs et de s'y maintenir en réitérant leurs démarches[1447] alors que, dans le même temps, elle participe au renforcement du sentiment de stigmatisation[1448].

2. L'obstacle de la formalisation de la demande

330. L'influence particulièrement dissuasive du caractère quérable des droits sur leur exercice ne fait aucun doute lorsque l'on s'intéresse au taux de non-demande de revalorisation des pensions militaires d'invalidité et des retraites du combattant rendue possible par l'article 100 de la loi de finances pour 2007[1449]. En effet, en 2007 et 2008, sur un total de bénéficiaires potentiels de 9594 ayants droit et 8489 ayants cause, seules 510 demandes d'ayants droit et 417 d'ayants cause ont été déposées et ont abouti à une revalorisation[1450]. Cette influence négative du caractère quérable des droits se retrouve en droit de l'aide sociale, et ce, d'autant plus qu'en la matière les démarches pour faire valoir ses droits sont souvent complexes. Elle a été particulièrement flagrante dans le cadre du RSA-activité. Alors que, à l'instar de la prime pour l'emploi (PPE), il avait pour objectif de soutenir les revenus des travailleurs pauvres, il est très vite apparu, au vu de l'ampleur du non-recours, qu'il était incapable d'atteindre un tel but. L'explication réside, d'une part, dans le mode d'attribution choisi qui, à l'automaticité a préféré la demande du bénéficiaire le rendant techniquement plus difficile d'accès que la PPE[1451] et, d'autre part, dans le fait que derrière l'idée de « demande » se cachait en réalité une procédure tout à la fois lourde et intrusive pour le demandeur[1452]. Pour bénéficier du RSA-activité, il devait remplir un formulaire certifié afin de faire connaître à l'administration la situation

---

[1447] GOMEL (B.), SERVERIN (É.), « La prime pour l'emploi, le RSA-activité, et au-delà. À la recherche d'un mécanisme de soutien aux bas revenus d'activité », *Politiques sociales et familiales*, 2013, n° 113, p. 64.

[1448] SERVERIN (É.), « Causes et effets du non-recours au RSA-activité », *RDSS*, 2012, p. 642 et OKBANI (N.), « Les travailleurs pauvres face au RSA activité, un rendez-vous manqué ? », *RFAS*, 2013, n° 4, p. 50 et suiv.

[1449] Loi n° 2006-1666 du 21 décembre 2006, *JO* n° 299 du 27 décembre 2006 p. 19641. Article abrogé à la suite de la décision du Conseil constitutionnel *Consorts L.* (Cons. const., n° 2010-1 QPC, 28 mai 2010, *Consorts L., RCC*, p. 91).

[1450] Cour des comptes, *La décristallisation des pensions des anciens combattants issus de territoires anciennement sous la souveraineté française : une égalité de traitement trop longtemps retardée*, Rapport public, 2010, p. 567.
Voir également SLAMA (S.), « Les nouvelles frontières des droits sociaux des étrangers non européens », *in* ROMAN (D.) (dir.), *Les droits sociaux, entre droits de l'homme et politiques sociales. Quels titulaires pour quels droits ?*, Paris, LGDJ, 2012, p. 71.

[1451] GOMEL (B.), SERVERIN (É.), « La prime pour l'emploi, le RSA-activité, et au-delà. À la recherche d'un mécanisme de soutien aux bas revenus d'activité », *op. cit.*, p. 63.

[1452] SERVERIN (É.), « Causes et effets du non-recours au RSA-activité », *op. cit.*, p. 640. Voir également OKBANI (N.), « Les travailleurs pauvres face au RSA activité, un rendez-vous manqué ? », *op. cit.*, p. 34-55, spé. p. 49 et suiv.

économique et juridique de son foyer[1453] puis déposer sa demande auprès des services sociaux du département ou des organismes habilités. À ces contraintes liées à la demande de l'allocation, s'ajoutaient celles liées à son maintien puisque le bénéficiaire du RSA-activité était tenu de faire connaître à l'administration tout changement de situation (résidence, situation de famille, activités, ressources, etc.)[1454] et de déclarer trimestriellement ses ressources[1455]. En définitive, le dispositif du RSA-activité non seulement s'est révélé être plus dissuasif que celui de la prime pour l'emploi pour l'obtention de laquelle l'intéressé devait uniquement indiquer, sur sa déclaration de revenus, le montant de ses revenus d'activité professionnelle et la durée d'exercice de ses activités[1456], mais a aussi renforcé le « coût psychologique » de cette aide sociale pour des personnes « en emploi » qui devaient alors entrer dans une démarche perçue, par certaines d'entre elles, comme humiliante et intrusive et qui craignaient parfois la stigmatisation et le déclassement social en raison du rapprochement de ce dispositif avec les « *minima* sociaux »[1457].

331. L'influence négative, sur l'exercice d'un droit à l'aide sociale, de la difficulté de la formalisation d'une demande d'aide sociale transparaît également à travers l'étude du droit au logement et à l'hébergement opposable[1458]. La lourdeur de la procédure pour faire valoir le droit à un accès prioritaire à un logement ou à un hébergement explique, au moins en partie, le faible nombre de recours[1459], notamment dans le cadre du droit à

1453 Article R. 262-31 du CASF. Ces formulaires exigeaient une transparence de la part du demandeur qui devait y détailler ses ressources, ses créances sociales et familiales, ainsi que celles des personnes de son foyer. SERVERIN (É.), « Causes et effets du non-recours au RSA-activité », *op. cit.*, p. 640.

1454 Article R. 262-37 du CASF.

1455 Article R. 262-38 du CASF.

1456 Article 200 sexies (V) du Code général des impôts. GOMEL (B.), SERVERIN (É.), « La prime pour l'emploi, le RSA-activité, et au-delà. À la recherche d'un mécanisme de soutien aux bas revenus d'activité », *op. cit.*, p. 64-65.

1457 SERVERIN (É.), « Causes et effets du non-recours au RSA-activité », *op. cit.*, p. 642.

1458 Certes, en ne saisissant pas la commission départementale de médiation, le demandeur ne renonce pas directement à un droit à l'aide sociale, mais renonce à utiliser une voie permettant la jouissance effective du droit à un logement social, même si un rapport récent a montré l'importance du nombre de personnes restant sans logement ou hébergement malgré une décision favorable de la commission départementale de médiation. Ainsi, en 2014, sur 28047 ménages reconnus prioritaires dans le cadre du DALO, 17365 ont été logés et 10682 ne l'ont pas été. Le nombre de ménages DALO restant à reloger atteignait au total 59502 en 2014. Comité de suivi de la loi DALO, *Le Bilan du droit au logement opposable pour la période 2008-2014*, 2015, n° 10, p. 38-39.

1459 Selon le Comité de suivi de la loi DALO, bien que le nombre de recours DALO déposés progresse depuis 2008 (86086 recours ont été déposés en 2014, contre 60073 recours en 2008), il reste en dessous du nombre de ménages dont la situation correspond à l'un des sept critères de reconnaissance au titre du DALO estimé, en juin 2009, par l'inspection générale des affaires sociales entre 483000 et 773000. Comité de suivi de la loi DALO, *Le Bilan du droit au logement opposable pour la période 2008-2014*, 2015, n° 10, p. 14-15.

l'hébergement opposable[1460], ainsi que le nombre de dossiers classés inexploitables par les commissions en raison de rubriques obligatoires non remplies ou de l'absence de signature sur le formulaire[1461]. Elle résulte du fait que, pour exercer son droit, le bénéficiaire doit non seulement remplir un formulaire[1462] qui doit permettre d'identifier l'objet de sa demande, le motif du recours et les conditions de son logement ou hébergement actuel[1463], mais encore fournir de nombreuses pièces justificatives obligatoires confirmant les informations données : une copie de sa pièce d'identité et de celle de chacune des personnes à loger, une copie de l'attestation d'enregistrement de la demande ou de son renouvellement afin d'apporter la preuve de la réalité de démarches antérieures, la photocopie d'un titre de séjour ou d'une carte de résident pour les personnes de nationalité étrangère afin de justifier de la régularité de leur présence sur le territoire, les justificatifs des revenus des trois derniers mois ainsi que le détail des prestations perçues, un document démontrant que le demandeur est dépourvu de logement, qu'il est hébergé chez un particulier[1464], qu'un jugement a prononcé son expulsion ou que son logement est impropre à l'habitation[1465] et, enfin, un justificatif de son handicap ou de celui d'une personne à charge. La lourdeur de cette démarche, s'additionnant à celle déjà réalisée pour demander à bénéficier d'un logement social, incite certaines personnes à renoncer à exercer leur droit, soit en n'en faisant pas la demande, soit en ne réitérant pas une première demande après qu'elle a été classée irrecevable en raison d'un formulaire ou d'un dossier incomplet.

Voir également LÉVY (J.) et LAUMET (D.), « Le DALO : La fraude morale de l'État », *in L'envers de la fraude sociale. Le scandale du non-recours aux droits sociaux*, Paris, La découverte, 2012, p. 83-102.

1460 Entre 2008 et 2011, sur les 18000 dossiers déposés auprès de la commission départementale de médiation du département étudié (celui de la petite couronne situé au nord-est de l'agglomération parisienne) seuls 1462 concernent une demande d'hébergement. ELETA DE FILIPPIS (R.), « La mise en œuvre du droit au logement opposable : une observation de terrain », *RDSS*, 2011, p. 952.

1461 *Ibid.*, p. 952.

1462 D'après Jacques Chevallier, le formulaire représente un moyen de mise à distance de l'usager et son usage est fortement lié à la figure de l'usager-captif. CHEVALLIER (J.), « Figures de l'usager », *in Psychologie et science administrative*, Paris, PUF, coll. CURAPP, 1985, p. 50.
Le modèle du formulaire a été fixé par un arrêté (Arrêté du 19 décembre 2007 pris pour l'application de l'article R. 441-14 du Code de la construction et de l'habitation, *JO* n° 0006 du 8 janvier 2008 p. 452).

1463 ELETA DE FILIPPIS (R.), « La mise en œuvre du droit au logement opposable : une observation de terrain », *op. cit.*, p. 951.

1464 Exemples : reçu du camping ou d'un hôtelier, attestation d'un travailleur social ou d'une association ayant pour objet l'insertion ou le logement, attestation de domiciliation postale ou attestation de la personne qui vous héberge, etc.

1465 Document établi par un professionnel du bâtiment, un service public, un travailleur social ou une association ayant pour objet l'insertion ou le logement, photos, jugement du tribunal, attestation de la commission de conciliation, de la caisse d'allocations familiales ou de la caisse de mutualité sociale agricole, le cas échéant, arrêté du préfet ou du maire.

332. Ces exemples illustrent le lien entre la complexité sans cesse dénoncée des procédures d'obtention des droits à l'aide sociale[1466] et la renonciation de certains bénéficiaires à leurs droits. Ils rappellent que la demande d'un droit n'est jamais uniquement la simple formulation d'un besoin auprès de l'administration, mais suppose toujours de remplir un ou plusieurs formulaires - tâche trop souvent ardue, quand bien même, en principe, les formulaires seraient faits pour simplifier les choses, puisqu'ils « confrontent les allocataires à des logiques et à des systèmes de classement qui souvent les déroutent »[1467] - et de produire de nombreuses pièces justificatives[1468]. Or, la complexité administrative, qu'elle concerne les conditions d'ouverture des droits ou leur renouvellement, joue un rôle déterminant dans la perte des droits des administrés en général et des bénéficiaires de l'aide sociale en particulier[1469]. En exigeant qu'ils fournissent de nombreuses informations et justificatifs pour la prise en compte de leur demande, qu'ils déclarent régulièrement leur situation[1470] ou encore qu'ils réitèrent leur demande à plus ou moins brève échéance[1471], le risque qu'ils perdent des droits acquis ou en cours d'acquisition se rajoute au

---

1466 ROMAN (D.), « Les enjeux juridiques du non-recours au droit », *op. cit.*, p. 603-613 ; BORGETTO (M.), CHAUVIÈRE (M.), FROTIÉE (B.) ET RENARD (D.), *Les débats sur l'accès aux droits sociaux entre lutte contre les exclusions et modernisation administrative*, Dossier d'études de la CNAF, septembre 2004, n° 60, p. 16 ; VIEILLERIBIÈRE (J.-L.), *Les difficultés administratives des personnes les plus démunies face au système de protection sociale. Synthèse de divers documents de source administrative*, Les travaux de l'Observatoire 2000, 2000, p. 239.

1467 Le nombre de justificatifs à fournir n'est pas propre au DALO. Pour la liste des justificatifs à fournir lors de la demande de couverture maladie universelle complémentaire (CMU-C) ou d'aide pour une complémentaire santé (ACS) voir le formulaire Cerfa n° 12504*05.

Notons cependant qu'un effort a été fait pour la demande du RSA et de la prime d'activité quant aux pièces à joindre au dossier de demande. En outre, en vertu de l'article R. 262-25-5 du CASF (issu du décret n° 2017-122 du 1er février 2017), lorsque la demande de RSA est réalisée par téléservice, l'usager est dispensé de la fourniture de pièces justificatives dès lors que ces organismes disposent des informations nécessaires ou qu'elles peuvent être obtenues auprès d'autres administrations, collectivités ou organismes.

Cependant, les jeunes de moins de 25 ans sans enfants à charge doivent remplir le formulaire complémentaire pour les jeunes de moins de 25 ans et les travailleurs non salariés doivent remplir un formulaire de demande complémentaire pour les non-salariés.

1468 BELORGEY (J.-M.), *Minima sociaux, revenus d'activité, précarité*, Rapport pour le Commissariat général du Plan, mai 2000, p. 92.

1469 COLIN (F.), « La perte de droits des administrés », *RFAP*, 2013, n° 1, p. 163.

Selon le rapport annuel d'activité de 2016 du Défenseur des droits, une personne sur cinq éprouve des difficultés à effectuer les démarches administratives. Défenseur des droits, *Rapport annuel d'activité 2016*, p. 21.

1470 Exemple : déclaration trimestrielle de ressources pour percevoir le RSA (Article R. 262-38 du CASF).

1471 Par exemple, doit être renouvelée tous les ans la demande de logement social (Article R. 441-2-7 du CCH) ou encore celle de CMU-C (Article L. 861-5 du CSS).

risque qu'ils n'exercent pas leur droit en raison du « coût psychologique et physique de la démarche »[1472] ou encore de la peur des indus[1473].

B. La subsidiarité comme facteur de renonciation subie à l'exercice des droits à l'aide sociale

333. Le principe de subsidiarité en vertu duquel l'aide sociale n'intervient qu'à défaut de toute autre forme de solidarité[1474] constitue « l'un des principes fondamentaux de l'aide sociale »[1475] et trouve une explication dans le fait que la société considère que, par principe, l'individu doit subvenir à ses besoins par son travail ou par la possession d'un patrimoine[1476]. Partant, le bénéfice des droits à l'aide sociale se trouve conditionné non seulement par l'absence de ressources personnelles suffisantes du demandeur, mais aussi par l'épuisement ou l'absence de droits à la sécurité sociale[1477]. À ce premier niveau de subsidiarité s'en ajoute un second puisque la solidarité nationale n'interviendra qu'à défaut ou en complément de la solidarité familiale organisée par les articles 205 et suivants du Code civil[1478]. Le principe de subsidiarité impose ainsi la primauté du « familial » sur le « social »[1479]. Depuis quelques années, ses formes de concrétisation les plus classiques, l'obligation alimentaire et les recours en récupération, sont écartées des nouveaux dispositifs d'aide sociale (1), mais il constitue, néanmoins, toujours un obstacle à l'exercice de certains droits à l'aide sociale (2).

1472 OKBANI (N.), « Les travailleurs pauvres face au RSA activité, un rendez-vous manqué ? », *op. cit.*, p. 51.
Par exemple, certains administrés préfèrent demander une radiation des listes de bénéficiaires potentiels, car le traitement de leur dossier est trop coûteux en temps, en énergie ou économiquement. COLIN (F.), « La perte de droits des administrés », *op. cit.*, p. 172.

1473 Les ouvertures de droits à l'aide sociale suivies d'arrêts de droits qui donnent souvent lieu à des demandes d'indus peuvent conduire certains bénéficiaires à refuser pour l'avenir toute demande de droits. Il est intéressant de noter que Frédéric Colin parle à ce propos d'« abandon de droits », rejoignant ainsi l'idée de renonciation de la part des bénéficiaires. COLIN (F.), *ibid.*, p. 172.

1474 ALFANDARI (E.) et TOURETTE (F.), *Action et aide sociales*, Paris, Dalloz, coll. Précis, 5e éd., 2011, p. 80.

1475 ROMAN (D.), *Le droit public face à la pauvreté*, Paris, LGDJ, coll. Bibliothèque de droit public t. 221, 2002, p. 191.

1476 BORGETTO (M.) et LAFORE (R.), *Droit de l'aide et de l'action sociales, op. cit.*, p. 119, n° 85.

1477 *Ibid.*, n° 85.
Pour illustrer la subsistance de ce niveau de subsidiarité, il est possible de mentionner la subsidiarité de l'allocation pour adulte handicapé par rapport à la rente d'invalidité ou la rente d'accident du travail. BADEL (M.), « Subsidiarité et aide sociale : quelle actualité ? », *RDSS*, 2007, p. 1082.

1478 Sur le caractère subsidiaire de l'aide sociale voir ALFANDARI (E.) et TOURETTE (F.), *Action et aide sociales, op. cit.*, p. 80-81.

1479 MAISONNASSE (F.), *L'articulation entre la solidarité collective et la solidarité familiale*, Issy-les-Moulineaux, LGDJ, coll. Bibliothèque de droit social t. 67, 2016, p. 34.

1. La marginalisation du principe de subsidiarité en droit de l'aide sociale

334. Le principe de subsidiarité conduit certains bénéficiaires à abandonner leurs droits à l'aide sociale. Deux mécanismes sont en cause : « L'appel à la solidarité familiale » se traduisant par la subordination de l'octroi de certaines aides sociales à la mise en œuvre de créances alimentaires d'une part, et l'existence de mécanismes de récupération d'autre part. Les législations récentes ont, certes, écarté du régime juridique de plusieurs aides sociales - telles que l'aide juridictionnelle[1480], la prestation de compensation du handicap[1481], l'allocation personnalisée d'autonomie[1482] ou encore l'aide médicale de l'État[1483] - le principe posé à l'article L. 132-6 du CASF selon lequel l'aide sociale n'est perçue qu'à défaut de créances alimentaires du demandeur à l'encontre de ses proches[1484]. Mais, ce principe prévaut toujours pour l'obtention de l'aide sociale à l'hébergement des personnes âgées et du revenu de solidarité active[1485].

335. Le recours en récupération permettant à la collectivité qui a attribué une prestation sociale de la récupérer du vivant du bénéficiaire ou à son décès s'il disposait d'un patrimoine[1486] a également un effet dissuasif sur l'exercice des droits. Bien que certains auteurs, considérant que les droits à l'aide sociale sont des créances ayant le caractère d'une avance, dissocient le

---

[1480] BADEL (M.), « Subsidiarité et aide sociale : quelle actualité ? », *op. cit.*, p. 1085.

[1481] Article L. 245-7 du CASF.

[1482] Article L. 232-24 du CASF.

[1483]Article L. 253-1du CASF.

[1484] Ce principe s'applique à l'ensemble des aides sociales, sauf à celles pour lesquelles un texte a expressément prévu que l'obligation alimentaire ne joue pas (Comm. centr., 22 janvier 1992, *Département de la Charente-Maritime*, dossier n° 911336, *EJCCAS*, n° 11-1, p. 7).

Seule exception : les enfants et leurs descendants ayant été retirés de leur milieu familial par décision judiciaire durant une période d'au moins trente-six mois cumulés au cours des douze premières années de leur vie (sauf décision contraire du juge aux affaires familiales).

Sont tenus à obligation alimentaire les gendres et belles-filles (CE, 23 mars 2009, *M. et Mme Rémy*, req. n° 307627, *Rec. CE* (tables), p. 631 ; *RDSS*, 2009, p. 719, concl. Courrège) ainsi que les débiteurs d'aliments étrangers.

[1485] L. 262-10 du CASF. Pour percevoir le RSA, par exemple, le demandeur doit faire valoir ses droits aux créances d'aliments, à la prestation compensatoire et aux pensions alimentaires accordées dans le cadre d'un divorce par les juridictions civiles. Sont exclues les obligations alimentaires prévues aux articles 205 à 212 du Code civil. Notons qu'une procédure a été prévue afin de permettre au bénéficiaire de demander au président du conseil départemental d'être dispensé de l'obligation de faire valoir ses droits aux créances d'aliments, à la prestation compensatoire ou encore aux pensions alimentaires (article L. 262-12 du CASF).

[1486] Il peut être exercé lors d'un retour du bénéficiaire à meilleure fortune, à l'encontre du donataire du bénéficiaire lorsqu'une donation a eu lieu postérieurement à la demande d'aide sociale ou dans les dix ans précédant la demande d'aide sociale, sur la succession du bénéficiaire ou encore sur les légataires.

droit à récupération de l'administration du principe de subsidiarité[1487], tous deux sont en réalité intrinsèquement liés[1488] puisque le caractère d'avance parfois conféré aux droits à l'aide sociale est contestable. La Commission centrale d'aide sociale a d'ailleurs considéré que les prestations d'aide sociale, « loin d'être des "avances" consenties par les collectivités d'assistance qui auraient ainsi, dès l'origine, droit à leur remboursement, constituent, pour les intéressés, un droit légalement acquis » du moment qu'il a été constaté qu'ils remplissaient les conditions auxquelles sont subordonnées ces prestations[1489]. Le recours en récupération est, de surcroît, rattachable au principe de subsidiarité, dans la mesure où celui-ci peut être conçu comme un principe à plusieurs niveaux dont le premier est celui de la subsidiarité de l'aide sociale par rapport aux ressources personnelles du demandeur, qu'elles soient acquises ou à venir. Le recours en récupération des sommes versées à un bénéficiaire revenu à meilleure fortune tout comme les recours en récupération sur donation ou succession sont alors une application du principe selon lequel c'est d'abord à l'individu lui-même de subvenir à ses besoins[1490]. Le recours en récupération prévu à l'article L. 132-8 du CASF est, lui aussi, de plus en plus fréquemment écarté par le législateur[1491]. C'est notamment le cas de la prestation de compensation du handicap[1492], du revenu de solidarité active[1493] ou encore de l'allocation personnalisée d'autonomie[1494]. Néanmoins, l'aide sociale à l'hébergement des personnes âgées[1495] et, dans certains cas, à l'hébergement des personnes handicapées[1496] ainsi que l'aide médicale de l'État[1497] et l'aide

---

1487 PLESSIX (B.), « Le juge administratif, le contentieux de l'aide sociale et l'application du droit civil. Note sous Conseil d'État, Section, 19 novembre 2004, *Ramond et Roche* (2 arrêts) », *RFDA* 2005, p. 375-376.

1488 MAGORD (C.), *Le parcours contentieux de l'aide sociale*, thèse soutenue à l'Université Jean-Monnet-Saint-Étienne le 12 mai 2015, dactyl., p. 334.

1489 Comm. centr., 20 mars 1959, *Dame Dumont*, *Revue de l'aide sociale*, 1959, p. 168, concl. Barbet.

1490 Sur ce point voir CHOQUET (L.-H.) et SAYN (I.), *Obligation alimentaire et solidarités familiales. Entre droit civil, protection sociale et réalités familiales*, Paris, LGDJ, coll. Droit et société, 2000, p. 166 et suiv.

1491 MAGORD (C.), *Le parcours contentieux de l'aide sociale*, *op. cit.*, p. 333 et suiv.

1492 Article L. 245-7 du CASF.

1493 Article L. 262-49 du CASF.

1494 Article L. 232-19 du CASF.

BADEL (M.), « Subsidiarité et aide sociale : quelle actualité ? », *op. cit.*, p. 1086.

Elle se différencie sur ce point de la prestation spécifique dépendance. Le dispositif mis en place excluait le recours alimentaire, mais conservait la possibilité d'un recours en récupération.

1495 Article L. 6145-11 du Code de la santé publique. La différence de régime entre les aides aux personnes âgées pour le maintien à domicile et celles pour l'hébergement s'explique par la volonté des pouvoirs publics d'encourager le maintien à domicile et de limiter l'hébergement en établissement. MAISONNASSE (F.), *L'articulation entre la solidarité collective et la solidarité familiale*, *op. cit.*, p. 255.

1496 L'aide sociale à l'hébergement des personnes handicapées peut être récupérée seulement sur la succession du bénéficiaire et uniquement si les héritiers ne sont pas sa famille proche ou

juridictionnelle[1498] peuvent être récupérées. De même, un recours en récupération est ouvert à l'encontre des parents d'un enfant mineur de plus de seize ans en rupture de lien familial dans le cadre de la couverture maladie universelle complémentaire[1499]. En outre, pour certaines aides, des seuils ont été fixés au-dessus desquels le principe de récupération reste actif[1500]. Ainsi, la collectivité débitrice peut exercer un recours sur succession pour les sommes supérieures à 760 € versées au titre de l'aide sociale à domicile, de l'aide médicale à domicile, de la prestation spécifique dépendance ou de la prise en charge du forfait journalier, mais uniquement sur la partie de l'actif net successoral qui excède 46 000 €[1501]. Bien que marginalisés, les deux mécanismes « classiques » de concrétisation du principe de subsidiarité, l'obligation alimentaire et les recours en récupération, continuent d'avoir un effet dissuasif sur l'exercice des droits à l'aide sociale.

2. Le principe de subsidiarité comme obstacle à l'exercice des droits

336. Malgré « le maintien de ces quelques îlots »[1502], le constat est unanime : « la subsidiarité qui rend l'aide sociale accessoire par rapport aux ressources familiales ou patrimoniales est en assez net recul »[1503]. Elle a eu et a toujours, cependant, un effet dissuasif sur l'exercice de certains droits à l'aide sociale par les bénéficiaires qui, pour préserver leur patrimoine ou pour apaiser leurs relations familiales[1504], préfèrent parfois y renoncer.

337. Le principe de subsidiarité continue, notamment, de régir l'aide sociale à l'hébergement des personnes âgées[1505]. Cette aide est accordée

---

la personne qui s'est effectivement occupée de lui de son vivant. Elle ne peut pas, en revanche, être l'objet d'un recours en récupération sur le bénéficiaire revenu à meilleure fortune, le donataire ou le légataire. Article L. 344-5 du CASF.

1497 Article L. 253-1 du CASF.

1498 Article 50 et 52 de la loi n° 91-647 du 10 juillet 1991 relative à l'aide juridique, *JO* n° 0162 du 13 juillet 1991, p. 9170, (l'aide juridictionnelle est récupérable lorsque le gain du procès procure au bénéficiaire des ressources nouvelles ou lorsqu'il revient à meilleure fortune).

1499 Article L. 861-1 du CSS.

1500 BERTHET (P.), « Solidarité *intra* familiale et action sociale », *AJ fam.*, 2012, p. 189.

1501 Articles L. 132-8 et R. 132-12 du CASF.

1502 BADEL (M.), « Subsidiarité et aide sociale : quelle actualité ? », *op. cit.*, p. 1084.

1503 *Ibid.*, p. 1079.

Voir également MAGORD (C.), *Le parcours contentieux de l'aide sociale*, *op. cit.*, p. 333 et suiv. ; BERTHET (P.), « Solidarité *intra* familiale et action sociale », *op. cit.*, p. 186 ; KESSLER (F.) et GÉA (F.), « Le principe de subsidiarité dans le droit de l'aide sociale. Quelques éléments de réflexion », *in Drôle(s) de droit(s). Mélanges en l'honneur d'Élie Alfandari*, Paris, Dalloz, 2000, p. 303-335.

1504 MAISONNASSE (F.), *L'articulation entre la solidarité collective et la solidarité familiale*, *op. cit.*, p. 238 et suiv.

1505 BASSET (C.), *L'obligation alimentaire : des formes de solidarité à réinventer*, Rapport présenté au nom de la section des affaires sociales, 14 mai 2008, p. II-22 et suiv. ; PLESSIX (B.), « Le juge administratif, le contentieux de l'aide sociale et l'application du

seulement dans le cas où ni la personne âgée ni son conjoint ou ses obligés alimentaires mentionnés aux articles 205 et 206 du Code civil[1506] n'ont les moyens de financer son hébergement[1507]. Ce principe conduit certains bénéficiaires à renoncer à leur droit, car, en pratique, il se traduit par la mise en place de deux mécanismes particulièrement dissuasifs. Le premier permet à l'administration de se subroger aux bénéficiaires dans la mise en œuvre du droit à pension alimentaire[1508]. Les bénéficiaires se voient alors priver de leur « capacité de libre choix quant à la décision d'enclencher l'ouverture de [leur] droit à créance alimentaire »[1509]. Le second lui permet de récupérer le montant de l'aide sociale dans sa totalité sur les donations de la personne âgée ou sur sa succession[1510].Une telle possibilité représente un frein important à l'exercice de leur droit par les personnes âgées[1511], d'autant plus que les départements actionnent *quasi* systématiquement le dispositif de récupération pour les aides encore récupérables[1512]. Avec l'instauration de l'allocation personnalisée d'autonomie qui permet de rendre solvables les personnes âgées afin de faire face aux dépenses élevées qu'occasionne leur perte d'autonomie, le problème de la renonciation en raison du caractère subsidiaire de l'aide sociale a été en grande partie résolu dans la mesure où cette aide, à la différence de la prestation spécifique dépendance, n'est pas subordonnée à la mise en œuvre des créances alimentaires et n'est pas récupérable sur donation ou succession. Il continue néanmoins de se poser pour l'aide sociale à l'hébergement des personnes âgées[1513] destinée à les aider à financer les frais liés à leur hébergement, qu'elles soient obligées d'entrer en établissement du fait de leur dépendance ou de leur isolement géographique[1514] puisque l'allocation personnalisée d'autonomie ne couvre

---

droit civil. Note sous Conseil d'État, Section, 19 novembre 2004, *Ramond et Roche* (2 arrêts) », *op. cit.*, p. 377 ; ROMAN (D.), « Les enjeux juridiques du non-recours au droit », *op. cit.*, p. 609.

1506 Les enfants ainsi que les gendres et belles-filles.

1507 Articles L. 132-6 du CASF et L. 6145-11 du Code de la santé publique.

1508 Article L. 132-7 du CASF.

1509 MAGORD (C.), « La condition de ressources, critère d'accès aux prestations d'aide sociale », *in* ROMAN (D.) (dir.), *Les droits sociaux, entre droits de l'homme et politiques sociales. Quels titulaires pour quels droits ?*, Paris, LGDJ, 2012, p. 111.

1510 GONZALEZ (L.) et NAUZE-FICHET (E.) (coord.), *Le non-recours aux prestations sociales Mise en perspective et données disponibles*, Les dossiers de la DREES, juin 2020, n° 57.

1511 Dans une décision de la Commission centrale d'aide sociale du 5 décembre 2000, par exemple, la requérante avait renoncé à percevoir l'allocation compensatrice que la COTOREP lui avait octroyée du 1er mars 1988 au 28 février 1997 « en raison de la donation faite le 17 janvier 1989 » et, pensant éviter une récupération sur succession, avait fait une nouvelle demande en janvier 1993. Comm. centr., 5 décembre 2000, *Mme R.*, dossier n° 981587, *CJAS*, n° 2001/8.

1512 CLERC (F.) et DONIER (V.), « La récupération par les départements des aides versées aux personnes âgées », *AJDA*, 2013, p. 280.

1513 Article L. 231-4 du CASF.

1514 BASSET (C.), *L'obligation alimentaire : des formes de solidarité à réinventer*, Rapport présenté au nom de la section des affaires sociales, 14 mai 2008, p. II-24.

que les frais de « dépendance » et non ceux d'hébergement. Le Haut Conseil pour la Famille évalue d'ailleurs à 63 % le nombre de résidents en EHPAD ayant un revenu disponible inférieur à 800 €/mois qui auraient renoncé à demander l'aide sociale à l'hébergement[1515]. Étant récupérable, certaines personnes âgées préfèrent donc renoncer à l'aide sociale à l'hébergement ou à entrer en établissement « plutôt que de voir leurs enfants être appelés à contribution ou le montant de l'aide récupéré sur leur succession »[1516], alors que « la bientraitance devrait conduire à une prise en charge en établissement »[1517].

338. Le principe de subsidiarité a également un effet dissuasif lorsqu'il est susceptible d'entraîner une détérioration des relations familiales du bénéficiaire de l'aide sociale. L'accès au revenu de solidarité active dans le volet concernant les parents isolés, par exemple, est subordonné à l'engagement du demandeur d'enclencher une procédure visant à fixer le montant des pensions alimentaires auxquelles il a droit[1518]. Le principe de subsidiarité par rapport aux créances alimentaires pour les parents isolés accroît potentiellement « la conflictualité des séparations »[1519]. Les bénéficiaires, craignant d'envenimer une situation familiale déjà difficile en engageant un contentieux en reconnaissance des obligations alimentaires, préfèrent alors parfois y renoncer[1520]. La même crainte conduit certains bénéficiaires de l'allocation de soutien familial à faire de même. Sur les 58 % des bénéficiaires de l'allocation de soutien familial sortant du dispositif au cours des deux premières années, 12 % en sortent au bout de quatre mois, période au terme de laquelle l'allocation est soumise à la condition d'engager une démarche contentieuse ou amiable afin que soit fixée une pension d'entretien pour les enfants à charge de l'allocataire[1521].

339. La subsidiarité est une caractéristique de certains droits à l'aide sociale qui, au même titre que leur caractère quérable, conduit certains bénéficiaires à renoncer à exercer leur droit. Les conditions d'obtention et de maintien des droits à l'aide sociale peuvent, pareillement, être à l'origine d'une renonciation subie des bénéficiaires de l'aide sociale.

[1515] Haut Conseil pour la Famille, *La place des familles dans la prise en charge de la dépendance des personnes âgées*, 16 juin 2011, p. 143.

[1516] *Ibid.*

[1517] LAROQUE (M.), ZEGGAR (H.), AMGHAR (Y.-G.) et GEFFROY (L.), *Modalités de mise en œuvre de l'aide sociale à l'hébergement*, IGAS, 2011, p. 36.

[1518] Article L. 262-10 du CASF (sauf dispense expresse article L. 262-12 du CASF).

[1519] BASSET (C.), *L'obligation alimentaire : des formes de solidarité à réinventer*, *op. cit.*, p. II-27 et suiv.
Voir également SAYN (I.), « L'introduction problématique de l'obligation alimentaire dans les caisses d'allocations familiales », *RDSS*, 2000, p. 163-180.

[1520] ROMAN (D.), « Les enjeux juridiques du non-recours au droit », *op. cit.*, p. 608-609.

[1521] CNAF – DSER, *Paname, le panel des allocataires des Caf : un nouvel outil d'études et d'analyses*, Dossier d'Étude, 2012, n° 155, p. 60-61.

§ 2. La renonciation subie, conséquence du caractère dissuasif des conditions d'obtention et de conservation des droits à l'aide sociale

340. La renonciation aux droits à l'aide sociale est « subie » lorsque la perte de ces droits découle non pas de la volonté de leurs bénéficiaires de les abandonner, mais de leur refus des conditions auxquelles leur octroi (A) et leur conservation (B) sont subordonnés ou de leur incapacité à s'y soumettre.

A. Les conditions posées pour l'obtention des droits à l'aide sociale : causes de renonciation

341. La renonciation à l'exercice d'un droit à l'aide sociale, bien qu'étant le résultat d'un choix du bénéficiaire, est parfois subie dans la mesure où une seule alternative s'offre à lui : exercer son droit en acceptant de se soumettre aux conditions d'entrée dans un dispositif d'aide sociale (1) ou refuser ces conditions et renoncer concomitamment à son droit. Le caractère dissuasif de certaines de ces conditions est parfois renforcé par l'attitude de l'administration (2).

1. Les conditions dissuasives d'entrée dans certains dispositifs d'aide sociale

342. Les conditions d'entrée dans un dispositif d'aide sociale telles que l'exigence d'une présence ininterrompue sur le territoire pendant une certaine durée ou l'obligation, en contrepartie du bénéfice d'une aide sociale, d'être hébergés en établissement peuvent représenter un obstacle à l'exercice de leurs droits par les bénéficiaires.

343. Bien que le législateur soit revenu sur certaines conditions d'octroi de l'aide médicale de l'État, leur mise en place, passée ou actuelle, met au jour l'impact que les conditions d'entrée dans un dispositif sont susceptibles d'avoir en termes de renonciation ainsi que l'utilisation politique qui en est parfois faite : une renonciation subie par les bénéficiaires et « organisée »[1522] par les pouvoirs publics. À l'origine, de 1945 à 1993, le bénéfice de l'assurance maladie n'était pas conditionné par la régularité du séjour en France du demandeur. Alors que, jusqu'à l'adoption de la « *loi Pasqua* » du 24 août 1993[1523], les anciens articles L. 311-2 et L. 311-7 du Code de la sécurité sociale le subordonnaient uniquement à la résidence en France du demandeur, à compter de son entrée en vigueur, les personnes en situation irrégulière se voient exclues de l'assurance maladie et dirigées vers l'aide

---

[1522] En référence à l'expression de « non-recours organisé » utilisée par Diane Roman. ROMAN (D.), « Les enjeux juridiques du non-recours au droit », *op. cit.*, p. 607.

[1523] Loi n° 93-1027 du 24 août 1993 relative à la maîtrise de l'immigration et aux conditions d'entrée, d'accueil et de séjour des étrangers en France, *JO* n° 200 du 29 août 1993 p. 12196.

médicale départementale ou d'État[1524] à laquelle pouvait également prétendre toute personne pauvre, indépendamment de sa nationalité. Avec l'adoption de la loi du 27 juillet 1999 qui, en créant la couverture maladie universelle, permet la prise en charge des soins ainsi qu'une protection complémentaire et une dispense d'avance des frais pour les bénéficiaires en situation régulière ayant de faibles revenus, le système isole les étrangers en situation irrégulière et sans ressources « au sein d'un dispositif spécifique, marginal et stigmatisant de protection maladie »[1525] et, ce faisant, s'écarte de l'universalité réelle[1526]. L'accès à ce dispositif sera ensuite restreint par la loi de finances rectificative pour l'année 2003[1527] et par le décret du 28 juillet 2005[1528]. Alors que pour prétendre à l'aide médicale de l'État il fallait, jusqu'en 2003, avoir résidé en France dans des conditions qui n'étaient pas purement occasionnelles et qui présentaient un minimum de stabilité, depuis le 1er janvier 2004, le demandeur doit apporter la preuve qu'il réside sur le territoire français depuis plus de trois mois[1529]. Cette condition qui écarte du dispositif d'aide sociale les étrangers en situation irrégulière dont la présence sur le territoire est inférieure à trois mois s'avère particulièrement dissuasive dans la mesure où elle se conjugue, dès 2005, avec une modification des éléments de preuve permettant au demandeur de justifier de la durée de sa présence sur le territoire[1530]. Si, auparavant, celle-ci pouvait être prouvée par tout moyen probant et en particulier par une

---

1524 L'aide médicale était principalement à la charge du département tandis que l'État prenait en charge les personnes sans domicile stable.

1525 TOULLIER (A.), « Aide médicale d'État : les droits sociaux fondamentaux bafoués », *Dr. soc.*, 2005, p. 1013.

1526 MAILLE (D.), TOULLIER (A.) et VOLOVITCH (P.), « L'aide médicale d'État : comment un droit se vide de son sens faute d'être réellement universel », *RDSS*, 2005, p. 544.

1527 Article 97 de la Loi de finances rectificative pour 2003 n° 2003-1312 du 30 décembre 2003, *JO* n° 302 du 31 décembre 2003 p. 22594.

1528 Décret n° 2005-859 relatif à l'aide médicale de l'État et modifiant le décret n° 54-883 du 2 septembre 1954 pris pour l'application de l'ensemble des dispositions du décret du 29 novembre 1953 relatif à la réforme des lois d'assistance, *JO* n° 175 du 29 juillet 2005, p. 12353, et Décret n° 2005-860 du 28 juillet 2005 relatif aux modalités d'admission des demandes d'aide médicale de l'État, *JO* n° 175 du 29 juillet 2005, p. 12354.

1529 Le Conseil constitutionnel a validé cette condition de durée de séjour. Cons. const., n° 2003-488 DC, 29 décembre 2003, Loi de finances rectificative pour 2003, § 18 et 20, *RCC*, p. 480. Article L. 251-1 du CASF.

Notons que si, en principe, un étranger en situation irrégulière résidant en France depuis moins de trois mois ne peut bénéficier de l'AME, cette condition peut être écartée par le ministre chargé de l'action sociale. Celui-ci peut accorder le bénéfice de l'AME « à des personnes dont l'état de santé le justifie qui, ne résidant pas de manière ininterrompue sur le territoire national depuis plus de trois mois, ne bénéficient pas du droit prévu par les dispositions du premier alinéa [de l'article L. 251-1 du CASF] ». CE, 16 mars 2016, *Mme Sy*, req. n° 381013, *Rec. CE* (tables), p. 637.

1530 Décret n° 2005-859 relatif à l'aide médicale de l'État et modifiant le décret n° 54-883 du 2 septembre 1954 pris pour l'application de l'ensemble des dispositions du décret du 29 novembre 1953 relatif à la réforme des lois d'assistance, *JO* n° 175 du 29 juillet 2005, p. 12353, et Décret n° 2005-860 du 28 juillet 2005 relatif aux modalités d'admission des demandes d'aide médicale de l'État, *JO* n° 175 du 29 juillet 2005, p. 12354.

déclaration sur l'honneur[1531], le demandeur doit désormais fournir, lors de sa demande, un document attestant de son identité ainsi qu'un visa ou un tampon apposé sur son passeport avec la date de son entrée en France prouvant la durée et l'ininterruption de son séjour ou, à défaut, une copie d'un acte de location ou une quittance de loyer, une facture d'électricité, de gaz, d'eau ou de téléphone de plus de trois mois, un avis d'imposition ou de non-imposition, une facture d'hôtellerie ou une attestation d'hébergement dans un CHRS de plus de trois mois ou « tout autre document de nature à prouver que cette condition est remplie »[1532]. Or, l'apport de pièces justificatives permettant de prouver la présence ininterrompue durant trois mois sur le territoire représente une « difficulté majeure »[1533] pour les demandeurs de l'aide médicale de l'État, étrangers en situation irrégulière « ne cherchant pas à se faire connaître des différents services »[1534]. Le mouvement de restriction de l'accès à l'aide médicale de l'État s'est poursuivi avec la subordination de son octroi à un « droit d'entrée » de trente euros, pour le demandeur ainsi que pour chaque personne majeure à sa charge[1535]. En durcissant les conditions d'accès, les pouvoirs publics excluent du dispositif les personnes pour qui apporter la preuve de la durée de leur présence continue sur le territoire ou payer la somme exigée représentent une difficulté telle - s'ajoutant à « la peur d'être repéré »[1536] - qu'elle les amène à retarder leur prise en charge médicale et, parfois, à perdre le bénéfice de leur droit. Contraintes de renoncer à leur droit, elles ne bénéficieront alors que d'une prise en charge résiduelle couvrant uniquement les seuls soins urgents « dont l'absence mettrait en jeu le pronostic vital ou pourrait conduire à une altération grave et durable de l'état de santé de la personne ou d'un enfant à naître et qui sont dispensés par les établissements de santé ». Les effets de ces renonciations subies à l'aide

---

1531 Article 45-1 du décret n° 54-883 du 2 septembre 1954 portant règlement d'administration publique pour l'application de l'ensemble des dispositions du décret n° 53-1186 du 29 novembre 1953 relatif à la réforme des lois d'assistance à la suite de sa modification par le Décret n° 93-648 du 26 mars 1993 relatif à l'aide médicale et à l'assurance personnelle et modifiant le Code de la sécurité sociale, *JO* n° 74 du 28 mars 1993 p. 5370 (abrogé par le décret n° 2005-859).

1532 Article 4 du Décret n° 2005-860 du 28 juillet 2005 relatif aux modalités d'admission des demandes d'aide médicale de l'État, *JO* n° 175 du 29 juillet 2005, p. 12354.

1533 RIHAL (H.), « L'aide médicale d'État aux étrangers : restriction des droits et juridiction compétente », *AJDA*, 2006, p. 946.

1534 Voir les exemples concrets donnés par MAILLE (D.), TOULLIER (A.) et VOLOVITCH (P.), « L'aide médicale d'État : comment un droit se vide de son sens faute d'être réellement universel », *op. cit.*, p. 549-550.

1535 Article 188 de la loi de finances pour 2011 (loi n° 2010-1657 du 29 décembre 2010, *JO* n° 0302 du 30 décembre 2010 p. 23033). Cet article est supprimé par l'article 41 de la loi de finances rectificative pour 2012 (loi n° 2012-958 du 16 août 2012, *JO* n° 0190 du 17 août 2012, p. 13479).

Notons que le Conseil constitutionnel a validé le droit de timbre : Cons. const., n° 2010-622 DC, 28 décembre 2010, *Loi de finances pour 2011*, § 31 et suiv., *RCC*, p. 416.

1536 SPIRE (A.), « Ces étrangers qui renoncent à leurs droits », *Plein droit*, 2015, n° 3, p. 6.

médicale de l'État sont d'autant plus importants que l'un des décret du 28 juillet 2005 a réduit le délai rétroactif d'ouverture des droits à l'aide médicale de l'État en cas de demande postérieure à la délivrance des soins de deux à un mois[1537].

344. L'obstacle à l'exercice de leurs droits par les bénéficiaires que constituent certaines conditions d'entrée dans un dispositif d'aide sociale est manifeste, également, en ce qui concerne le droit à des conditions matérielles d'accueil. L'Office français de l'immigration et de l'intégration propose à chaque demandeur d'asile après que sa demande d'asile a été enregistrée de bénéficier du droit à des conditions matérielles d'accueil. Cependant, en vertu de l'article L. 744-7 du CESEDA, ce bénéfice est subordonné à l'acceptation de l'offre d'hébergement qui lui est proposée. Cet article est issu de la loi du 29 juillet 2015 relative à la réforme du droit d'asile dont le projet reposait, selon l'étude d'impact, « sur une logique simple : celle d'une relation forte entre les obligations de la collectivité envers les demandeurs d'asile et l'acceptation par ceux-ci des contraintes liées aux nécessités de solidarité territoriale et de bonne administration du dispositif d'accueil »[1538]. L'absence de choix entre l'hébergement par un centre ou par un tiers est précisément l'une de ces contraintes qui peut conduire le demandeur d'asile à renoncer à bénéficier de son droit à des conditions matérielles d'accueil. Dans un avis en date du 20 novembre 2014, la Commission nationale consultative des droits de l'homme, tout en réaffirmant « son profond attachement au libre choix de leur mode d'hébergement par les demandeurs d'asile », affirmait d'ailleurs que « l'exercice de cette liberté de choix ne saurait nuire au bénéfice des autres conditions d'accueil, et notamment à l'octroi d'une allocation ainsi qu'à l'accompagnement du demandeur d'asile »[1539].

345. Aux conditions d'entrée dans un dispositif d'aide sociale parfois dissuasives pour les bénéficiaires, l'administration ajoute, dans certains cas, des conditions non prévues par les textes et, ce faisant, les décourage d'exercer leurs droits.

[1537] Article 44-1 (al. 1) du décret n° 2005-859 relatif à l'aide médicale de l'État et modifiant le décret n° 54-883 du 2 septembre 1954 pris pour l'application de l'ensemble des dispositions du décret du 29 novembre 1953 relatif à la réforme des lois d'assistance, *JO* n° 175 du 29 juillet 2005, p. 12353.

[1538] Étude d'impact du 22 juillet 2014 portant sur le projet de loi relatif à la réforme du droit d'asile.

[1539] Recommandation n° 28, Avis de la CNCDH du 20 novembre 2014 sur le projet de loi relatif à la réforme de l'asile, NOR : CDHX1427495V, *JO* 7 janvier 2015 n° 5.
Voir RIBÉMONT (T.), « Sous conditions et sous contraintes : l'hébergement des demandeurs d'asile en France. Retour sur la loi du 29 juillet 2015 », *Sens-Dessous*, 2016, n° 1, p. 8.

2. Les conditions supplémentaires à l'obtention des droits imposées par l'administration

346. En énonçant les conditions à remplir pour accéder à un droit, le législateur joue assurément un rôle essentiel dans l'accès aux droits à l'aide sociale. Ce constat ne doit cependant pas occulter le fait que l'attitude de l'administration, lors de l'étude des demandes d'aide sociale, est également déterminante. Or, elle met parfois en place des mécanismes d'éviction et de non-réception des droits à l'aide sociale[1540] non seulement en subordonnant l'obtention d'un droit à l'aide sociale à des démarches non prévues par le législateur ou par le pouvoir réglementaire ou à la saisine du juge[1541], mais aussi en décourageant les bénéficiaires d'exercer leurs droits à l'aide sociale.

347. Il arrive, tout d'abord, que l'administration subordonne l'obtention d'une aide sociale à des démarches non prévues par le législateur. Ce faisant, elle complique l'accès aux droits à l'aide sociale et conduit certains bénéficiaires à renoncer à les exercer. L'attitude de l'administration consistant, par exemple, à exiger des justificatifs non requis lors du dépôt d'une demande de revenu de solidarité active[1542] explique sans doute, pour partie, le fait que le taux de non-recours à cette aide soit plus élevé parmi les étrangers hors Union européenne que parmi les étrangers ressortissants communautaires et les Français[1543]. S'avèrent pareillement dissuasifs les « tracasseries administratives »[1544] et « le durcissement jusqu'à l'absurde des pratiques de guichets »[1545] par lesquels l'administration complique l'accès à l'aide médicale de l'État[1546]. En exigeant d'un étranger qu'il fournisse la

[1540] Phénomène qualifié par Jean-Michel Belorgey de « dissuasion clandestine ». BELORGEY (J.-M.), « La part des usagers », *in* BORGETTO (M.) et CHAUVIÈRE (M.) (dir.), *Qui gouverne le social ?*, Paris, Dalloz, coll. Thèmes et commentaires, 2008, p. 125.

[1541] Précisons, qu'à l'inverse, l'administration met parfois en place des actions concrètes pour favoriser l'accès aux droits (exemple avec la démarche PLANIR de l'assurance maladie : FATOUX (C.), SERRANO (C.), MAGINOT (V.), CASANO (J.-Y.), « PLANIR, une démarche concrète de l'Assurance Maladie pour favoriser l'accès aux droits et aux soins et mieux accompagner les situations à risques », *Regards*, 2014, n° 2, p. 99-106).

[1542] SPIRE (A.), « Ces étrangers qui renoncent à leurs droits », *op. cit.*, p. 6.

[1543] OKBANI (N.) et WARIN (P.), « Le RSA : où sont les assistés ? », *in L'envers de la « fraude sociale ». Le scandale du non-recours aux droits sociaux*, Paris, La Découverte, coll. Cahiers libres, 2012, p. 57.

[1544] TOULLIER (A.), « Aide médicale d'État : les droits sociaux fondamentaux bafoués », *op. cit.*, p. 1013.

[1545] MAILLE (D.), TOULLIER (A.) et VOLOVITCH (P.), « L'aide médicale d'État : comment un droit se vide de son sens faute d'être réellement universel », *op. cit.*, p. 548.

Notons que l'attitude de la préfecture empêchant une personne de demander l'admission au séjour au titre de l'asile a été considérée par le juge comme portant une atteinte grave et manifestement illégale au droit constitutionnel d'asile qui a pour corollaire le droit de solliciter le statut de réfugié. CE ord., 12 janvier 2001, *Mme Hyacinthe*, req. n° 229039, *Rec. CE*, p. 12 ; *AJDA*, 2001, p. 589, note Morri (J.) et Slama (S.).

[1546] TOULLIER (A.), « Aide médicale d'État : les droits sociaux fondamentaux bafoués », *op. cit.*, p. 1013.

Les attitudes dissuasives de l'administration par lesquelles elle durcit les exigences requises pour bénéficier d'un droit à l'aide sociale sont parfois matérialisées dans le « droit

preuve de l'irrégularité de son séjour[1547], ou des ressortissants de l'Union européenne se déclarant en situation irrégulière qu'ils demandent à bénéficier de l'assurance maladie avant de demander l'aide médicale de l'État[1548], l'administration érige des obstacles à l'exercice par les bénéficiaires de leurs droits à l'aide sociale.

348. Il arrive ensuite que l'administration, en refusant illégalement et en toute connaissance de cause un droit à l'aide sociale, en conditionne l'obtention à l'exercice d'un recours, amiable ou juridictionnel[1549]. Dans cette situation, en renonçant à exercer un recours - situation courante en droit de l'aide sociale[1550] et, plus largement, en droit administratif dans la mesure où une personne sur cinq pense qu'une décision défavorable émanant d'un service public n'est pas contestable -, le bénéficiaire renonce, par ricochet, à son droit à l'aide sociale[1551].

349. Cette pratique a été matérialisée dans certaines circulaires. Selon la circulaire du 17 février 1995 de la direction de la Sécurité sociale relative à l'application de la loi Pasqua du 24 août 1993[1552], « Pour les ressortissants étrangers relevant du décret n° 94-820, la liste des titres fixée par ce texte pour la liquidation des pensions d'invalidité (cf. l'article D.161-2-1-1) est applicable à l'A.A.H. "sans préjudice des conditions fixées par ailleurs pour le bénéfice de [cette] prestation". Ces dispositions n'ont donc pas pour effet de modifier la nature juridique ou le champ de l'allocation. Elles ne seraient applicables qu'aux ressortissants d'État ayant passé des accords de coopération avec la communauté européenne *qui se verraient reconnaître des droits à l'A.A.H. à la suite d'actions contentieuses* ». D'après cette circulaire, non seulement la mention, par le décret, des titres exigibles des personnes qui demandent le bénéfice de l'allocation aux adultes handicapés

---

souterrain » (selon l'expression utilisée par le Conseil d'État : Conseil d'État, *Sécurité juridique et complexité du droit*, Paris, La documentation française, coll. EDCE, 2006, p. 330). D'ailleurs, avant l'adoption des décrets du 28 juillet 2005 (décret n° 2005-859 et décret n° 2005-860), une circulaire de la Caisse nationale d'assurance maladie (CNAM) du 14 mai 2004 rejetait le « principe déclaratif » alors que celui-ci découlait de l'article 45-1 du décret du 2 septembre 1954 encore en vigueur (Lettre réseau LR-DRM-71/2004). Sur ce point voir MAILLE (D.), TOULLIER (A.) et VOLOVITCH (P.), « L'aide médicale d'État : comment un droit se vide de son sens faute d'être réellement universel », *op. cit.*, p. 549.

[1547] MAILLE (D.), TOULLIER (A.) et VOLOVITCH (P.), *ibid.*, p. 549-550.

[1548] PETERSELL (L.), « Prestations sociales : la dissuasion organisée », *Plein droit*, 2015, n° 3, p. 13.

[1549] On retrouve ici le non-recours par non-réception. La personne a demandé à bénéficier d'un droit, mais ne l'a pas obtenu.

[1550] BUGNON (C.), « Vulnérabilité et accès au juge : l'accès au juge de l'aide sociale », *in* DONIER (V.) et LAPÉROU-SCHENEIDER (B.) (dir.), *L'accès au juge. Recherche sur l'effectivité d'un droit*, Bruxelles, Bruylant, 2013, p. 474.

[1551] Défenseur des droits, *Rapport annuel d'activité 2016*, p. 21.

[1552] Circulaire ministérielle D.S.S./A.A.F. n° 95-11 du 17 février 1995, Ministère des Affaires sociales, de la Santé et de la Ville, Direction de la Sécurité sociale - Bureau A.1, Application de l'article 36 de la loi n° 93-1027 du 24 août 1993 relative à la maîtrise de l'immigration et aux conditions d'entrée et de séjour des étrangers en France et de ses décrets d'application.

n'implique pas que tout étranger titulaire d'un de ces titres doive bénéficier de cette aide, mais encore les ressortissants Algériens, Marocains et Tunisiens dont les pays ont pourtant passé des accords de coopération avec la Communauté européenne ne doivent pas se voir verser l'allocation aux adultes handicapés du seul fait qu'ils la demandent et qu'ils y aient droit : « on attendra qu'ils aient fait un recours en justice, et alors, seulement, s'ils sont en possession d'un des titres de séjour énumérés dans le décret, on leur donnera ce qu'ils réclament »[1553]. L'administration, par une telle circulaire, affiche son refus d'appliquer la loi[1554] ainsi que les jurisprudences *Mazari* de la Cour de cassation[1555] et *Kziber* de la CJCE[1556], et recommande à ses agents d'attendre que les intéressés aient saisi le juge[1557]. Cette circulaire sera annulée par le Conseil d'État le 14 janvier 1998[1558] au motif que ces dispositions, « qui subordonnent la reconnaissance d'un droit à l'allocation aux adultes handicapés au profit des ressortissants de pays ayant passé des accords de coopération avec la Communauté européenne à l'exercice "d'actions contentieuses", méconnaissent la portée d'engagements internationaux ». Pourtant, avant d'être annulée, elle sera reprise de façon atténuée par la circulaire du 29 juin 1995 de la Caisse nationale des allocations familiales selon laquelle, « s'agissant de personnes susceptibles de se voir reconnaître un droit par le tribunal (…), il convient dans toute la mesure du possible que les commissions de recours amiable statuent favorablement afin d'éviter les contentieux inutiles »[1559]. La Caisse n'envisage pas d'accorder les prestations demandées avant l'exercice d'un recours amiable, attitude qui, assurément, décourage les bénéficiaires concernés de faire valoir leur droit à l'allocation aux adultes handicapés. La renonciation des bénéficiaires est d'ailleurs l'objectif, pourtant « inacceptable dans un État de droit »[1560], poursuivi par la Caisse nationale des allocations familiales. Or, force est de constater qu'elle a procédé de manière identique concernant les prestations familiales pour les personnes s'étant vu reconnaître le statut de réfugié. Eu égard à une jurisprudence constante, elle admet leur rétroactivité pour les nouvelles demandes, les

[1553] LOCHAK (D.), « Quand l'administration fait de la résistance. Les prestations non contributives et les étrangers », *in Drôle(s) de droit(s). Mélanges en l'honneur d'Élie Alfandari*, Paris, Dalloz, 2000, p. 413.

[1554] GACON-ESTRADA (H.), « Étrangers : la Sécurité sociale se moque de la justice », *Dr. soc.*, 1996, p. 716.

[1555] Cass. soc., 7 mai 1991, *Mazari c/ CPAM de Grenoble*, n° 88-15407, *Bull. civ.* V, n° 231.

[1556] CJCE, 31 janvier 1991, *Kziber*, aff. C-18/90 ; CJCE, 20 avril 1994, *Yousfi*, aff. C-58/93 ; CJCE, 5 avril 1995, *Krid c/ CNAVTS*, aff. C-103/94.

[1557] GACON-ESTRADA (H.), « Étrangers : la Sécurité sociale se moque de la justice », *op. cit.*, p. 716.

[1558] CE, 14 janvier 1998, *Gisti et France terre d'asile*, req. n°s 174219, 174220, 176805, *Rec. CE* (tables), p. 944.

[1559] LOCHAK (D.), « Quand l'administration fait de la résistance. Les prestations non contributives et les étrangers », *op. cit.*, p. 414.

[1560] *Ibid.*, p. 414.

contestations en cours d'instruction auprès du service médiation des caisses d'allocations familiales et pour les dossiers en instance auprès de la Commission de recours amiable, du tribunal des affaires de sécurité sociale, voire de la cour d'appel. Dans une circulaire du 29 octobre 2010[1561], elle précise, toutefois, que cette jurisprudence n'est pas applicable « aux droits aux prestations en cours non suivis de contestation sauf manifestation de l'allocataire : dans cette hypothèse, les droits pourront être ouverts rétroactivement dans la limite de la prescription biennale, décomptée à partir de la date de la réclamation ».

350. Cette pratique conduisant à faire de l'exercice d'un recours un préalable à l'obtention d'un droit à l'aide sociale n'est pas toujours formalisée. Elle apparaît alors au détour d'une décision du juge de l'aide sociale. La Commission centrale d'aide sociale[1562] a par exemple souligné l'attitude du département du Loiret qui s'était appuyé sur l'article R. 131-2 du CASF pour refuser de faire rétroagir une demande de renouvellement de l'aide sociale à l'hébergement et, par conséquent, de faire bénéficier la requérante de cette aide sociale pour la période du 16 janvier au 20 octobre 2012, en dépit d'une jurisprudence constante en vertu de laquelle la demande tardive de renouvellement de l'aide sociale à l'hébergement prend effet à la date d'expiration de la précédente prise en charge[1563]. Le juge de l'aide sociale prend la peine de mentionner que le président du conseil départemental « dont le département semble faire systématiquement, ce qui relève de son appréciation d'opportunité, l'usage des dispositions de l'article R. 131-2 en cas de retard du dépôt de la demande d'aide sociale (la moitié environ des recours en cette matière soumis à la présente commission concerne ce département) n'ignore sans doute pas la jurisprudence C... du Conseil d'État maintes fois confirmée par la commission centrale d'aide sociale […] ». Ce faisant, il signale l'attitude de la collectivité consistant à dénier, volontairement et systématiquement, un droit à son bénéficiaire qui, faute d'exercer un recours devant le juge, sera contraint d'y renoncer[1564].

351. Il arrive, enfin, que l'administration adopte une attitude dissuasive face à une demande d'aide sociale. Lors de l'étude d'une demande d'aide financière aux jeunes en difficulté par les Fonds d'aide aux jeunes[1565], les

---

1561 Circulaire CNAF du 29 octobre 2010 n° 2008-030.

1562 Comm. centr., 12 décembre 2014, *Mme Y.*, dossier n° 130467, *CJAS*, n° 2015/4.

1563 CE, 23 mars 2009, *UDAF de la Dordogne*, req. n° 303888, *Rec. CE* (tables), p. 632 ; *RDSS*, 2009, p. 532, concl. Courrèges ; Comm. centr., 18 décembre 2009, *M. X.*, dossier n° 081594, *CJAS*, n° 2010/4 ; Comm. centr., 13 décembre 2013, *Mme X.*, dossier n° 130049, *CJAS*, n° 2014/2.

1564 Pour d'autres exemples voir BORGETTO (M.), « Vingt ans de jurisprudence en matière d'aide sociale. Histoires drôles, drôles d'histoires », *in Drôle(s) de droit(s). Mélanges en l'honneur d'Élie Alfandari*, Paris, Dalloz, 2000, p. 8 et suiv.

1565 Articles L. 263-3 et suiv. du CASF.

Cette aide, conditionnée par la mise en place d'un « projet d'insertion, au moins amorcé, avec un adulte référent membre d'un organisme spécialisé dans l'insertion des jeunes », peut revêtir plusieurs formes : aides à la subsistance de faible montant instruites en procédure

conseillers, dont la fonction est d'instruire le dossier, anticipent quelquefois les décisions des commissions d'attribution. Lorsque la demande leur paraît être vouée au rejet, il leur arrive de dissuader les jeunes de la formuler[1566] ou, afin de déterminer si les difficultés sont avérées, exagérées, ou simulées[1567], de mettre « le besoin à l'épreuve du temps »[1568] pour « tester l'état de vulnérabilité et faire le tri entre les vrais et les faux vulnérables ». Cette pratique est susceptible de conduire à un report de la demande, voire à son abandon pur et simple.

352. Les conditions d'entrée dans un dispositif d'aide sociale, qu'elles soient prévues par un texte ou qu'elles soient le fait de l'administration, peuvent constituer un obstacle à l'exercice des droits en conduisant le bénéficiaire à y renoncer. De la même manière, les conditions auxquelles le maintien d'un droit acquis est subordonné sont susceptibles de le conduire à l'abandonner plutôt qu'à le conserver.

B. Le refus des conditions encadrant le maintien d'un droit acquis à l'aide sociale

353. Dans une situation statutaire, le bénéficiaire de l'aide sociale n'est pas en mesure d'influer sur les conditions encadrant le maintien d'un droit acquis à l'aide sociale. Lorsqu'il ne peut concevoir de s'y plier, il n'a pas d'autre choix que de renoncer à son droit avant ou après l'avoir acquis. Bien qu'elle concerne à titre principal les aides sociales dont le maintien est conditionné par le comportement du bénéficiaire, la renonciation subie peut également découler des conditions prévues pour obtenir le bénéfice effectif d'aides sociales n'étant pourtant pas soumises à cette logique, telles que l'allocation personnalisée d'autonomie à domicile. Il s'agit d'une aide en nature qui couvre les dépenses, notamment d'aide humaine, engagées pour prendre en charge la dépendance relevant d'un plan d'aide[1569]. Le bénéficiaire ne peut cependant pas l'utiliser pour rémunérer son conjoint, son concubin, ou la personne avec qui il a conclu un pacte civil de solidarité[1570], alors qu'il peut employer ou rémunérer un proche pour prendre soin de lui. Or, non seulement, accepter une présence « étrangère » peut s'avérer

---

d'urgence sans passage en commission d'attribution et distribuées sous forme de tickets services utilisables pour des denrées alimentaires ou d'hygiène vendues en supermarché ou de paiement de nuitées d'hôtel ou d'aides à projets de montants plus importants instruites et examinées en comité d'attribution permettant de financer des frais de formation, de logement, de transport, de santé, etc.

1566 LIMA (L.) et TROMBERT (C.), « L'assistance-chômage des jeunes sous condition d'accompagnement. De quelques mécanismes du non-recours par éviction », *Lien social et Politiques*, 2013, n° 70, p. 37-38.

1567 *Ibid.*, p. 38.

1568 *Ibid.*.

1569 Article L. 232-3 du CASF.

1570 Article L. 232-7 du CASF.

Comm. centr., 20 mai 2015, *Mme X.*, dossier n° 130562, *CJAS*, 2016/3.

psychologiquement difficile pour une personne âgée, mais cela engendre, en outre, certaines contraintes-horaires et implique une rotation du personnel[1571]. Cette restriction, quoique justifiée par l'idée, étendue aux concubins et conjoints pacsés, que les époux « se doivent mutuellement [...] secours, assistance »[1572] a un effet dissuasif. Dans une affaire soumise à la Commission centrale d'aide sociale, par exemple, la requérante soutient, à l'appui de sa demande visant à ce que le juge lui attribue l'allocation personnalisée d'autonomie qui lui avait été refusée par une décision du président du Conseil de Paris, « que son degré de perte d'autonomie justifie que lui soit accordé le bénéfice de l'allocation personnalisée d'autonomie ; *qu'elle refuse, par pudeur et eu égard à de malencontreuses expériences dans le passé, que l'assistance dont elle a besoin soit assurée par une personne autre que son époux* »[1573]. La Commission centrale d'aide sociale estime alors que, si la décision de la commission départementale d'aide sociale confirmant la décision du président du Conseil de Paris doit être annulée dans la mesure où le plan d'aide, bien que dépourvu de toute mesure concrète, a été approuvé et signé par la requérante, « il appartiendra au département une fois l'allocation attribuée, si l'intéressée persiste [...] dans son refus d'affecter l'allocation à la rémunération d'une personne autre que son époux, de constater, avant versement et de manière à éviter qu'il ne soit ultérieurement constaté un indu sujet à répétition, qu'elle *renonce au service de la prestation attribuée* ». Si l'administration ne peut donc pas refuser d'octroyer l'allocation sur le seul fondement du refus de la requérante de se soumettre à la condition imposée pour le bénéfice effectif de cette aide, une fois le droit acquis, un tel refus équivaudra à une renonciation de sa part à ce droit. Cette condition peut aussi bien dissuader le bénéficiaire de faire valoir son droit que l'inciter à y renoncer une fois celui-ci acquis. La renonciation subie porte, néanmoins, davantage sur les droits à l'aide sociale dont le maintien est conditionné par le comportement du bénéficiaire.

354. Le conditionnement, aujourd'hui assez largement répandu[1574], du versement d'une allocation sociale au comportement du bénéficiaire a fait

---

1571 RAMOS-GORAND (M.), *Le non-recours à l'APA à domicile vu par les professionnels de terrain. Entre contraintes et expression du choix des personnes âgées*, *op. cit.*, p. 22-23.
Sur ce point voir PAQUET (M.), « Logique familiale de soutien auprès des personnes âgées dépendantes et réticence à recourir aux services formels », *Ruptures*, 1996, vol. 3, p. 215 et suiv., accessible en ligne :
http://www.medsp.umontreal.ca/ruptures/pdf/articles/rup032_209.pdf

1572 Article 212 du Code civil.

1573 Comm. centr., 14 février 2005, *Mme O.*, dossier n° 041571, *CJAS*, n° 2005/2.

1574 Cela existait depuis longtemps puisqu'en 1955 le législateur avait conditionné la prise en charge à 100 % des soins liés à une affection de longue durée à la soumission du malade, notamment « aux traitements et mesures de toute nature prescrits d'un commun accord par le médecin traitant et le médecin conseil de la sécurité sociale [... et] aux visites médicales et contrôles spéciaux organisés par la caisse [...] » (exigences reprises en substance à l'article

son apparition avec le revenu minimum d'insertion qui tentait de garantir une protection minimale et d'aménager un retour aux protections de droit commun aux « exclus » ne pouvant ni bénéficier des protections du monde salarial ni être assignés aux statuts assistanciels « classiques » réservés aux personnes qui ne sont pas aptes à travailler[1575]. Certes, l'idée que l'insertion puisse constituer une condition du droit au RMI n'a jamais véritablement fait consensus au sein de la doctrine, sans doute parce que le texte définitivement adopté ne tranchait pas nettement cette question pourtant discutée lors de son examen par les Assemblées. Alors qu'à cette occasion certains députés évoquaient la nécessité que les bénéficiaires de l'allocation s'acquittent de contreparties[1576], d'autres refusaient de faire peser sur eux une obligation d'insertion assimilable à un « devoir de se réinsérer »[1577]. Le dispositif finalement adopté est le fruit d'un compromis entre ces deux approches, ce qui explique les interprétations parfois divergentes qu'en a fait la doctrine[1578]. En effet, une partie de la doctrine a refusé de voir, dans

---

L. 324-1 du CSS). TABUTEAU (D.), « Topologie des politiques sociales », *Dr. soc.*, 2012, p. 659.

On retrouve ce phénomène dans le domaine des prestations familiales (Voir LAFORE (R.), « Les contrôles d'ordre social préalables à l'attribution des prestations familiales : logique protectrice et logique intégratrice », *RDSS*, 1994, p. 640-654). En ce domaine, le législateur a d'ailleurs, en 2007, conditionné la perception de certaines prestations au respect d'engagements pris par les parents dans un « contrat de responsabilité parentale » afin de remédier à certaines difficultés identifiées dans le contrat telles que l'absentéisme scolaire de leur enfant, les troubles portés par celui-ci au fonctionnement d'un établissement scolaire ou toute autre difficulté liée à une carence de l'autorité parentale (Article L. 222-4-1 du CASF abrogé par la loi n° 2013-108 du 31 janvier 2013 tendant à abroger la loi n° 2010-1127 du 28 septembre 2010 visant à lutter contre l'absentéisme scolaire, *JO* n° 0027 du 1er février 2013, p. 1961, et articles R. 222-4-1 et suiv. du CASF). Ce contrat avait une dimension très contraignante puisqu'en cas de refus du contrat ou de non-respect par la famille de ses obligations, le président du conseil général pouvait demander à l'organisme gestionnaire la suspension du versement des prestations familiales afférentes au mineur. Parallèlement à la signature de ce contrat, l'inspecteur d'académie avait la possibilité depuis 2010 de demander la suspension et la suppression des allocations familiales afférentes à l'enfant en cas d'absences injustifiées d'au moins quatre demi-journées par mois d'un élève mineur à la suite d'un premier avertissement de l'inspecteur d'académie dans la même année (Loi n° 2010-1127 du 28 septembre 2010 visant à lutter contre l'absentéisme scolaire, *JO* n° 0226 du 29 septembre 2010, p. 17553).

1575 LAFORE (R.),« Obligations contractuelles et protection sociale », *RDSS*, 2009, p. 36.

1576 Pour exemple, voir les propos tenus par le député Godfrain (J.) : « Rien ne serait plus grave que de laisser se développer l'idée folle selon laquelle il serait possible en France d'être payé à ne rien faire. Au revenu minimum doit indissociablement être liée une activité minimum. La solidarité, c'est donnant-donnant : la société verse une allocation, la personne s'engage à prendre ou à reprendre une place dans la société » (*JO AN*, séance du 5 octobre 1988, p. 700).

1577 Sur ce point voir LAFORE (R.), « Les trois défis du RMI, à propos de la loi du 1er décembre 1988 », *AJDA*, 1989, p. 569.

1578 Sur les différentes interprétations du dispositif du RMI : voir DUFOUR (P.), BOISMENU (G.) et NOËL (A.), *L'aide au conditionnel. La contrepartie dans les mesures envers les personnes sans emploi en Europe et en Amérique du Nord*, Montréal, Presses de l'Université de Montréal, coll. Politique et économie, 2003, p. 67 et suiv.

l'allocation, un droit, et dans l'insertion, une contrepartie de la première[1579]. Dans cette perspective, le revenu minimum d'insertion n'est pas un droit à allocation conditionné par l'insertion : « C'est un double droit, ou un droit en partie double : droit à un viatique, à une allocation de survie [...] assorti d'un second droit, à l'insertion »[1580]. Est invoqué le fait que l'allocation est versée avant même la signature du contrat et qu'elle continue d'être versée en l'absence de contrat ou en cas d'inaccomplissement ou d'accomplissement insuffisant de celui-ci « dès lors qu'il apparaît que cette absence n'est pas imputable à une faute ou à la mauvaise volonté de l'allocataire »[1581]. Or, c'est précisément ce dernier point qui permet de considérer que le dispositif conditionne l'allocation au comportement du bénéficiaire : s'il ne saurait être pénalisé par une suspension ou une radiation lorsque l'absence de contrat n'est pas de son propre fait, mais qu'elle est justifiée par le manquement de la collectivité à son devoir d'insérer ou que le non-respect de ses engagements trouve une explication dans « un motif légitime », il en va différemment lorsqu'aucun élément extérieur ne justifie qu'il ait manqué à son devoir d'insertion[1582]. C'est en ce sens que le dispositif mis en place en 1988 instaure une logique de contrepartie, non pas « sous une forme contraignante et tutélaire »[1583] puisqu'il n'est pas question d'obliger le bénéficiaire à se soigner en contrepartie de la perception de l'allocation de revenu minimum d'insertion par exemple[1584], mais sous une forme souple, qui se traduit par la signature d'un contrat d'insertion *via* lequel le bénéficiaire s'engage à effectuer des démarches en vue de son insertion sociale[1585]. Apparaît dans le paysage de l'aide sociale une déclinaison du

---

1579 ALFANDARI (É.), « Revenu minimum, insertion, activité : logique économique et/ou logique sociale ? », *RDSS*, 2004, p. 3-13 ; BELORGEY (J.-M.), « RMI : le retour de la contrepartie », *RDSS*, 2004, p. 48-52 ; BORGETTO (M.), « L'articulation des droits et des devoirs dans le champ de la protection sociale », *RDSS*, 2009, p. 13.

1580 BÉLORGEY (J.-M.), « Le contrat d'insertion », *in* ERBÈS-SEGUIN (S.) (dir.), *Le contrat. Usages et abus d'une notion*, Paris, Desclée de Brouwer, coll. Sociologie économique, 1999, p. 172.

1581 BORGETTO (M.), « L'activation de la solidarité : d'hier à aujourd'hui », *Dr. soc.*, 2009, p. 1046.

1582 CE, 29 novembre 1999, *Lipmanov*, req. n° 194040, *RDSS*, 2000, p. 403, obs. Ligneau (Ph.) ; CE, 23 avril 2007, *Département du Territoire de Belfort*, req. n° 282963, *Rec. CE* (tables), p. 686 ; *RDSS*, 2007, p. 714, concl. Devys ; *AJDA*, 2007, p. 1611, note Tourette (F.).

1583 ROMAN (D.), « Devoir de travailler et protection sociale : d'une problématique de la dette sociale à la question des "devoirs sociaux" », *RDSS*, 2009, p. 72.

1584 BÉLORGEY (J.-M.), « Le contrat d'insertion », *op. cit.*, p. 175.

1585 Ancien article L. 262-13 du CASF.

Pour Maryse Badel, il s'agit d'une obligation de moyens, obligation qui n'oblige pas le bénéficiaire à s'insérer, mais à *essayer* de s'insérer. BADEL (M.), *Le droit social à l'épreuve du revenu minimum d'insertion*, Talence, Presses universitaires de Bordeaux, 1996, p. 263-264.

workfare[1586], « c'est-à-dire le principe d'une contrepartie obligatoire pour les personnes recevant des prestations sociales »[1587], qui peut tantôt consister en une obligation de travail, tantôt en une obligation de faire des efforts d'insertion selon qu'il s'agisse de *hard*[1588] ou *soft workfare*[1589].

355. L'instauration de contreparties aux droits à l'aide sociale n'est pas sans conséquence. Les bénéficiaires y renoncent lorsqu'elles représentent, pour eux, « une contrainte insupportable à l'encontre de leur liberté individuelle »[1590] ou lorsque, en prise avec d'importantes difficultés sociales et économiques affectant leurs choix individuels en matière de santé, d'emploi, d'insertion et de vie familiale[1591], elles représentent un obstacle insurmontable. L'obligation juridique des personnes sans domicile fixe de se soumettre à un accompagnement en contrepartie de l'octroi ou du maintien de leur prise en charge dans un établissement ou service médico-social, du revenu de solidarité active, d'un hébergement ou d'un logement dans le cadre du DALO produit, par exemple, un effet d'évitement[1592]. Aussi les contreparties sont-elles susceptibles de dissuader les bénéficiaires de certaines aides sociales d'exercer ou de conserver leurs droits. Or, la logique de contrepartie a été renforcée. Avec la mise en place du revenu de solidarité active en lieu et place du revenu minimum d'insertion insuffisamment incitatif pour certains[1593], le législateur a renforcé « les coûts d'entrée [et de

---

1586 Néologisme contractant les termes *Welfare* (État providence) et *work* (travail). ROMAN (D.), « Devoir de travailler et protection sociale : d'une problématique de la dette sociale à la question des "devoirs sociaux" », *op. cit.*, p. 71.

1587 TABUTEAU (D.), « Topologie des politiques sociales », *op. cit.*, p. 659.

1588 Exemple : les États-Unis dans les années 1980. ROMAN (D.), « Devoir de travailler et protection sociale : d'une problématique de la dette sociale à la question des "devoirs sociaux" », *op. cit.*, p. 70.

1589 Sur la distinction entre « hard workfare » et « soft workfare » voir WILLMANN (C.), « Politiques de l'emploi, prestations sociales : existe-t-il un modèle vertueux ? À propos de la "conditionnalité" des revenus de remplacement et autres minima sociaux ? », *op. cit.*, p. 80, et ROMAN (D.), *ibid.*, p. 70 et suiv.

Pour des illustrations voir BÖNKER (F.) et WOLLMANN (H.), « L'activation des minima sociaux entre national et local. Royaume-Uni, Allemagne, Suède », *in* BORGETTO (M.) et CHAUVIÈRE (M.) (dir.), *Qui gouverne le social ?*, Paris, Dalloz, coll. Thèmes et commentaires, 2008, p. 127-141.

1590 CHAUCHARD (J.-P.), « Variations sur les droits sociaux », *Dr. soc.*, 2010, p. 952.

1591 TABUTEAU (D.), « Topologie des politiques sociales », *op. cit.*, p. 661.

1592 RANAIVO (A.-S.), « Sans domicile fixe et droit », thèse soutenue à l'Université Paris 1 Panthéon-Sorbonne le 29 novembre 2018, dactyl., p. 140 et suiv.

1593 D'ailleurs, entre l'adoption du RMI et celle du RSA, certains parlementaires avaient tenté de durcir les obligations imposées aux bénéficiaires du RMI afin de le rendre plus incitatif. Proposition de loi n° 1309, AN, 17 décembre 2003, mettant les demandeurs d'emploi et les bénéficiaires du revenu minimum d'insertion à la disposition des communes ou de leurs groupements afin de leur confier des activités d'intérêt général et de les inciter à une recherche active d'emploi, et proposition de loi n° 2689, AN, 23 novembre 2005, visant à renforcer les conditions pour l'obtention du revenu minimum d'insertion.

Sur ce point voir ROMAN (D.), « Devoir de travailler et protection sociale : d'une problématique de la dette sociale à la question des "devoirs sociaux" », *op. cit.*, p. 73.

maintien] dans le système social »[1594] et, parallèlement, son caractère dissuasif. Le bénéficiaire du revenu de solidarité active est désormais tenu, en vertu de l'article L. 262-28, « lorsqu'il est sans emploi ou ne tire de l'exercice d'une activité professionnelle que des revenus inférieurs à une limite fixée par décret, *de rechercher un emploi, d'entreprendre les démarches nécessaires à la création de sa propre activité ou d'entreprendre les actions nécessaires à une meilleure insertion sociale ou professionnelle* »[1595]. La notion « d'insertion sociale et professionnelle », héritée du revenu minimum d'insertion, est reléguée au second rang, tandis qu'en mettant au premier rang l'obligation de recherche d'emploi, la situation du bénéficiaire du revenu de solidarité active se rapproche de celle, particulièrement contraignante, du chômeur[1596] qui est tenu « d'accomplir des actes positifs et répétés de recherche d'emploi »[1597]. La contrepartie qui était essentiellement un engagement moral « de tout faire pour s'insérer »[1598] dans la cadre du RMI devient un devoir de recherche d'emploi dans le cadre du revenu de solidarité active[1599]. Tant les conditions de maintien des droits que les modalités de contrôle de leur respect peuvent dissuader les bénéficiaires du revenu de solidarité active de recourir à leur droit[1600] ou les amener à abandonner un droit acquis.

356. L'effet de la conditionnalité des droits à l'aide sociale sur la renonciation ne doit pas être ignoré, car, au niveau local[1601] comme au niveau national[1602], certains acteurs tentent de renforcer les contreparties au

---

[1594] ROMAN (D.), « La réciprocité des droits et des devoirs en matière d'assistance », *in* GÉLOT (D.) (dir.), *L'assistance dans le cadre de la solidarité nationale*, ONPES, 2012, p. 100.

[1595] Décret n° 2012-294 du 1er mars 2012 relatif aux procédures d'orientation, de suspension et de radiation applicables aux bénéficiaires du revenu de solidarité active, *JO* n° 0053 du 2 mars 2012, p. 4017.

[1596] ROMAN (D.), « Devoir de travailler et protection sociale : d'une problématique de la dette sociale à la question des "devoirs sociaux" », *op. cit.*, p. 74 et suiv.

[1597] Article L. 5411-6 du Code du travail.

[1598] PURIÈRE (A.), *Assistance sociale et contrepartie. Actualité d'un débat ancien*, Paris, L'Harmattan, 2008, p. 87-90.

[1599] *Ibid.*, p. 109.

L'idée de contrepartie apparaît expressément sous la plume de la cour administrative d'appel de Nancy qui a affirmé « que le versement de l'allocation de revenu de solidarité active est subordonné à la conclusion d'un contrat d'engagement et que le respect par le bénéficiaire des engagements auxquels il a souscrits conditionne le versement de cette allocation ». CAA Nancy, 19 avril 2016, *Mme D.*, req. n° 14NC00765, inédit au recueil Lebon.

[1600] WARIN (W.), « Chapitre 5 : Le non-recours par désaccord. *Welfare stigma* et catégorie du non-recours », *in* JAEGER (M.) (dir.), *Usagers ou citoyens. De l'usage des catégories en action sociale et médico-sociale*, Paris, Dunod, 2011, p. 129.

[1601] En ce qui concerne l'aide sociale facultative, voir CE, 29 juin 2001, *Commune de Mons en Baroeul*, req. n° 193716, *Rec. CE*, p. 298.

[1602] Le renforcement de la conditionnalité du RSA était notamment préconisé dans le rapport de Marc-Philippe Daubresse portant sur son amélioration et sur le renforcement de son volet insertion. Était envisagé qu'il soit proposé aux allocataires du RSA inactifs et en situation de travailler un contrat d'accompagnement dans l'emploi d'une journée par semaine rémunéré au SMIC, contrat dont le refus devait constituer un manquement à leurs devoirs. Rapport

bénéfice d'aides sociales. C'est notamment le cas du Département du Haut-Rhin qui a approuvé par une délibération le principe de l'instauration d'un dispositif de service individuel bénévole conditionnant le versement du revenu de solidarité active. Or, le Conseil d'État a admis la possibilité pour un département de demander aux bénéficiaires du revenu de solidarité de réaliser des actions de bénévolat. Il considère que les dispositions du Code de l'action sociale et des familles ne font pas obstacle à ce que, dans certains cas, « le contrat, élaboré de façon personnalisée, prévoie légalement des actions de bénévolat à la condition qu'elles puissent contribuer à une meilleure insertion professionnelle du bénéficiaire et restent compatibles avec la recherche d'un emploi »[1603].

357. La renonciation, bien que pouvant résulter d'un choix du bénéficiaire de ne pas exercer son droit, de ne pas exercer un recours en justice pour le faire valoir ou de l'abandonner une fois acquis, peut être subie. Elle est alors le fruit, non pas d'un choix réalisé librement, mais d'un découragement face aux obstacles auxquels doit faire face le demandeur d'une aide sociale ou d'un rejet des contraintes encadrant l'exercice des droits à l'aide sociale. La renonciation à un droit à l'aide sociale est, ainsi, parfois subie par le bénéficiaire. Elle est aussi souvent présumée par les dispositifs mettant en place les aides sociales relatives à la lutte contre la pauvreté et les exclusions.

SECTION II. LA RENONCIATION PRÉSUMÉE EN DROIT DE L'AIDE SOCIALE

358. En instaurant une présomption légale de renonciation, le législateur ou le pouvoir règlementaire[1604] confèrent à certains comportements, qui peuvent d'ailleurs certaines fois être considérés comme des renonciations tacites du bénéficiaire à l'exercice ou à la titularité de son droit à l'aide sociale, une signification qui est susceptible de différer de la volonté réelle du bénéficiaire du droit. D'un point de vue technique, les présomptions de renonciation résultent de déchéances prévues par le législateur, car l'objet de toutes les déchéances consiste en « la perte de certains droits subjectifs, à titre de sanction de leurs usages fautifs ou du comportement répréhensible du

---

DAUBRESSE (M.-P.), *Mission présidentielle sur l'amélioration du rSa et le renforcement de son volet insertion*, 2011, p. 106.

[1603] CE, 15 juin 2018, req. n° 411630. Voir TA Strasbourg, 5 octobre 2016, req. n° 1601891 et les observations de RIHAL (H.), « RSA : halte au bénévolat forcé ! », *AJDA*, 2017, p. 226-230.

[1604] Rappelons que si, faisant application du principe *renunciatio non praesumitur*, le juge refuse en l'absence de texte d'admettre que la renonciation puisse être présumée, elle s'impose à lui lorsqu'elle résulte d'une loi ou d'un règlement.

titulaire d'un droit »[1605] (§ 1). Les déchéances instaurées par le législateur ne peuvent être assimilées à des renonciations « réelles » par lesquelles le bénéficiaire consent à perdre l'une de ses prérogatives, dans la mesure où elles retirent d'autorité un droit au sujet fautif[1606]. La doctrine a d'ailleurs parfois considéré que les déchéances ne devaient en aucune manière être confondues avec la renonciation. Les conditions dans lesquelles elles sont enserrées en droit de l'aide sociale laissent néanmoins penser que, à travers elles, sont instituées des présomptions de renonciation tacite puisque les décisions de refus de droit, de suspension ou encore de suppression du bénéfice d'un droit à l'aide sociale sanctionnent le non-respect considéré comme volontaire, ou du moins choisi, des conditions encadrant l'octroi ou la conservation d'une aide sociale (§ 2).

§ 1. Les déchéances instaurées par le législateur en droit de l'aide sociale

359. La doctrine dissocie la déchéance qui sanctionne le manquement à une obligation déterminée[1607] de la renonciation, car la première est « une sanction imposée de l'extérieur au titulaire, indépendamment de sa volonté », tandis que la seconde « est un acte de sa volonté, visant directement à produire un effet juridique déterminé »[1608]. Ne constituent des déchéances que les dispositifs juridiques qui sanctionnent, par la perte d'un droit, le comportement répréhensible de son titulaire[1609]. Le refus, la suspension et la suppression d'un droit à l'aide sociale lorsqu'ils tendent à sanctionner le bénéficiaire de l'aide sociale (A) et qu'ils entraînent, simultanément, la perte d'une prérogative pour le bénéficiaire (B) sont donc des déchéances.

A. Les refus, suspensions et suppressions de droits à l'aide sociale ayant le caractère de sanction

360. « Celui qui est déchu est "puni" »[1610]. Ce constat amène à s'interroger sur la nature des décisions prises par l'administration afin d'identifier celles qui interviennent pour sanctionner un manquement fautif du bénéficiaire de l'aide sociale. Les décisions de refus, tout comme les décisions de suspension ou de suppression du bénéfice d'un droit à l'aide

---

1605 LE GARS (A.), *La déchéance des droits en droit privé français*, Thèse soutenue à l'Université de Toulouse I le 4 décembre 2003, dactyl., p. 40.

1606 *Ibid.*, p. 134.

1607 LE GARS (A.), *La déchéance des droits en droit privé français*, *op. cit.*, p. 83.

1608 GRAMMATIKAS (G.), *Théorie générale de la renonciation en droit civil. Étude parallèle du droit français et du droit hellénique*, Paris, LGDJ, 1971, p. 39.

1609 LE GARS (A.), *La déchéance des droits en droit privé français*, *op. cit.*, p. 40.

1610 SAUTEL (O.), « Sur la déchéance en droit privé (contribution à la théorie de la permanence de la cause) », *D.*, 1999, p. 487 et suiv.

sociale, constituent des déchéances mises en place par le législateur ou le pouvoir règlementaire puisque, dans certains cas, elles sanctionnent le comportement du bénéficiaire d'un droit qui n'a pas respecté les conditions encadrant son octroi (1) ou celles auxquelles est subordonné le maintien de son droit acquis (2).

1. Le refus du bénéfice d'un droit à l'aide sociale : sanction du demandeur d'une aide sociale

361. Les décisions de refus d'un droit ne peuvent pas toutes être qualifiées de sanctions administratives. Cependant, dans la mesure où il est considéré que l'administration prend une sanction chaque fois qu'elle se détermine en raison de motifs tels que la violation d'obligations ou l'existence d'un comportement fautif, intentionnel ou non, et dans le but de prononcer une punition[1611], elles peuvent parfois être qualifiées comme telles. C'est le cas lorsque ces décisions sont prises en fonction du comportement du demandeur, car elles sont alors imprégnées d'une dimension répressive très proche des sanctions administratives que constituent les décisions de suspension et de radiation. Ainsi, les décisions refusant le bénéfice d'un droit à l'aide sociale sanctionnent le comportement du demandeur d'un droit à l'aide sociale non acquis quand, préalablement à sa demande, il s'est placé de son propre fait dans une situation de besoin ou lorsqu'il a refusé les conditions posées pour l'obtention d'un droit.

362. Le refus d'accéder à la demande du bénéficiaire d'un droit à l'aide sociale peut s'apparenter à une sanction du comportement du demandeur s'étant « volontairement » placé dans une situation de besoin. Quoique l'ouverture d'un droit à l'aide sociale soit toujours enserrée dans des conditions strictes, celles-ci concernent rarement le comportement antérieur du demandeur et ont davantage trait aux conditions de ressources, d'âge ou encore de résidence. Pour l'obtention de certaines aides, le comportement du bénéficiaire peut cependant représenter un obstacle à leur acquisition et aboutit, par conséquent, à la perte temporaire de la prérogative, objet du droit. Se profile alors un débat ancien consistant à s'interroger sur le fait de savoir si le bénéfice d'un droit à l'aide sociale doit dépendre de l'accomplissement antérieur de devoirs individuels[1612]. Lors de l'élaboration de la loi du 14 juillet 1905 relative à l'assistance aux vieillards, aux infirmes et aux incurables, la proposition du député Mirman selon laquelle aucun droit à pension ne devait être accordé à la « personne qui sera notoirement

---

[1611] MAILLARD DESGRÉES DU LOÛ (D.), *Droit des relations de l'administration avec ses usagers*, Paris, PUF, coll. Thémis droit public, 2000, p. 286.

[1612] BORGETTO (M.), « L'articulation des droits et des devoirs dans le champ de la protection sociale », *op. cit.*, p. 14 et suiv.

connue comme ayant vécu dans l'oisiveté »[1613] n'avait certes pas été retenue par le législateur, qui avait préféré faire du besoin de l'individu le fondement du droit à pension et rendre inopérant « le fait que celui-ci se soit ou non comporté de manière imprévoyante et/ou oisive »[1614]. Son essence semble, pourtant, aujourd'hui être à l'œuvre dans certains dispositifs d'aide sociale.

363. S'il n'est évidemment plus question de sanctionner une quelconque oisiveté, l'administration peut refuser l'octroi d'un droit à l'aide sociale pour sanctionner les manquements du bénéficiaire à ses devoirs ou obligations. Cela ressort très clairement de l'étude du revenu minimum d'insertion qui révèle que l'administration, par une décision de refus, peut sanctionner le comportement par lequel le demandeur s'est volontairement privé d'emploi. Alors que le juge a admis de longue date que le refus de l'ouverture d'un droit à l'aide sociale ne peut être fondé sur une condition non prévue par un texte[1615], force est de constater que la condition selon laquelle, pour bénéficier du RMI, le demandeur ne doit pas s'être volontairement privé d'emploi ne figure pas dans l'ancien article L. 262-1 du CASF[1616]. Cet article se contente de reconnaître le droit à un revenu minimum d'insertion à toute personne, résidant en France, âgée de plus de vingt-cinq ans ou assumant la charge d'un ou plusieurs enfants nés ou à naître, dont les ressources n'atteignent pas le montant du revenu minimum et s'engageant à participer aux actions ou activités, définies avec elle, nécessaires à son insertion sociale ou professionnelle. Il devait néanmoins être combiné avec l'ancien article L. 115-1 du CASF[1617] qui prévoyait, quant à lui, que « Toute personne qui, en raison de son âge, de son état physique ou mental, de la situation de l'économie et de l'emploi, se trouve dans *l'incapacité de travailler*, a le droit d'obtenir de la collectivité des moyens convenables d'existence ». En spécifiant que le droit à des moyens convenables d'existence, concrétisé par le revenu minimum d'insertion, est destiné aux personnes se trouvant dans l'incapacité de travailler, le législateur paraît refuser qu'il puisse être attribué à celles qui ont choisi de ne pas travailler. C'est d'ailleurs la solution retenue par la Commission centrale d'aide sociale à l'occasion de recours exercés à l'encontre de décisions par lesquelles l'administration refuse d'octroyer le RMI à ceux qui, à ses yeux, ont fait le choix de ne pas exercer d'activité professionnelle, soit parce qu'ils ont démissionné, soit parce qu'ils sont en disponibilité, en congé parental, sabbatique ou sans solde[1618]. Cette sanction

---

[1613] Mirman, Proposition de loi ayant pour objet d'organiser un service public et un budget spécial de solidarité sociale, *JO*, Doc. parl., Chambre des députés, annexe n° 510 à la séance du 28 novembre 1902, p. 406, cité par BORGETTO (M.), *ibid.*, p. 14.

[1614] *Ibid.*

[1615] CE, 5 juillet 1958, *Roux*, *Revue de l'aide sociale*, 1959, p. 225.

[1616] Abrogé par la loi n° 2008-1249 du 1er décembre 2008 généralisant le revenu de solidarité active et réformant les politiques d'insertion, *JO* n° 0281 du 3 décembre 2008, p. 18424.

[1617] Article issu de l'article 1er de la loi n° 88-1088 du 1er décembre 1988 relative au revenu minimum d'insertion, *JO* du 3 décembre 1988, p. 15119.

[1618] Voir *infra* n° 385.

du comportement du bénéficiaire de l'aide sociale considéré comme étant à l'origine du besoin auquel l'aide doit répondre se manifeste également dans le dispositif mis en place par le législateur pour le revenu de solidarité active puisque son octroi est désormais expressément conditionné par le fait que le demandeur ne soit pas en congé parental, sabbatique, sans solde ou en disponibilité[1619]. Ce faisant, non seulement le législateur lève toute ambiguïté sur les conditions permettant à l'administration de refuser le bénéfice du revenu de solidarité active, mais encore, en sanctionnant le manquement au devoir de travailler, il souligne « La nécessité d'une origine acceptable de l'état de besoin [qui] doit être subi, c'est-à-dire résulter de circonstances exceptionnelles indépendantes de la volonté de l'individu »[1620].

364. Pareillement, par son refus de reconnaître comme étant prioritaire un demandeur de logement social dans le cadre de la procédure du droit à un logement opposable au motif qu'il s'est lui-même placé dans une situation de non-logement ou de mal-logement, l'administration sanctionne son comportement. Une telle sanction est possible parce que le dispositif mis en place par le législateur et le pouvoir règlementaire conditionne le bénéfice du droit d'accès prioritaire à un logement ou à un hébergement au comportement antérieur du demandeur dans la mesure où seules les personnes, de bonne foi[1621], ne pouvant accéder ou se maintenir dans un logement décent et indépendant par leurs propres moyens[1622] peuvent s'en prévaloir. Dès lors, ne peut prétendre au droit au logement opposable la personne qui s'est, de son propre chef, placée dans la situation qu'elle invoque[1623].

365. La décision de refus de l'octroi d'une aide sociale prise par l'administration peut également sanctionner le comportement du demandeur n'acceptant pas de se soumettre aux conditions auxquelles le bénéfice de l'aide en question est subordonné. L'Office français de l'immigration et de l'intégration propose à chaque demandeur d'asile, après que sa demande d'asile a été enregistrée, de bénéficier des conditions matérielles d'accueil du demandeur d'asile[1624]. Le bénéfice des conditions matérielles d'accueil[1625], notamment l'allocation pour demandeur d'asile[1626] à laquelle peuvent

---

1619 Article L. 262-4 du CASF.
Exemple : CAA Nantes, 27 mars 2014, *Mme A.*, req. n° 13NT00393, inédit au recueil Lebon.
Ce principe ne vaut pas pour les bénéficiaires d'un RSA majoré pour parents isolés : CE, 12 octobre 2016, *Département de l'Isère*, req. n° 391411, *Rec. CE* (tables), p. 638.

1620 ROMAN (D.), *Le droit public face à la pauvreté*, *op. cit.*, p. 205.

1621 Articles L. 441-2-3 et R. 441-14-1 du CCH.

1622 Article L. 300-1 du CCH.

1623 Voir *infra* n° 386.

1624 Article L. 744-1 du CESEDA.

1625 Article L. 744-7 du CESEDA.

1626 L'ADA, créée par la loi du 29 juillet 2015 (Article 23 de la loi n° 2015-925 du 29 juillet 2015 relative à la réforme du droit d'asile, *JO* n° 0174 du 30 juillet 2015, p. 12977) a remplacé, à compter du 1er novembre 2015 l'allocation temporaire d'attente (ATA) et l'allocation mensuelle de subsistance (AMS).

prétendre les titulaires, de plus de 18 ans, d'une attestation de demande d'asile dont les ressources mensuelles sont inférieures au montant du revenu de solidarité active[1627], est toutefois subordonné à l'acceptation des conditions matérielles d'accueil[1628] et à l'acceptation par le demandeur d'asile de l'offre d'hébergement qui lui est proposée[1629]. Ainsi, le refus de l'une ou de l'autre par le demandeur d'asile est sanctionné par la perte de son droit à des conditions matérielles d'accueil. Les décisions de refus du bénéfice d'un droit à l'aide sociale sanctionnent, ainsi, parfois le comportement du bénéficiaire d'un droit qui n'a pas respecté les conditions encadrant son octroi et sont assimilables, de ce fait, à des déchéances.

2. La suspension et la suppression du bénéfice d'un droit à l'aide sociale : sanctions du bénéficiaire

366. Les possibilités de sanctionner le bénéficiaire d'un droit acquis à l'aide sociale sont nombreuses. Celles-ci prennent aussi bien la forme de la suspension ou de la suppression d'un droit à l'aide sociale que celle de la radiation d'une liste sur laquelle l'inscription est nécessaire pour pouvoir en bénéficier, puisqu'il a été jugé, non seulement que constitue une sanction la décision de suspension du versement de l'allocation de revenu minimum d'insertion motivée par l'absence de l'allocataire, sans motif légitime, aux rendez-vous en vue d'un accompagnement à l'emploi[1630], mais aussi que « la radiation d'une personne de la liste des demandeurs d'emploi prononcée sur le fondement du 3 de l'article L. 5412-1 du code du travail a le caractère d'une sanction que l'administration inflige à un administré »[1631].

[1627] Articles L. 744-9, L. 744-10, D. 744-17 et D. 744-20 du CESEDA.

[1628] Exigence réaffirmée par l'article D. 744-17du CESEDA.

Cette exigence était également posée pour l'ATA puisque l'article L. 5423-9 du Code du travail refusait l'octroi de cette aide aux personnes ayant refusé une offre de prise en charge en centre d'accueil et précisait que « si ce refus est manifesté après que l'allocation a été préalablement accordée, le bénéfice de l'allocation est perdu au terme du mois qui suit l'expression de ce refus ».

[1629] L. 744-7 du CESEDA.

Le Conseil d'État a jugé « que le pouvoir réglementaire a pu compétemment prévoir, à l'article R. 744-7 du Code de l'entrée et du séjour des étrangers et du droit d'asile, que le demandeur qui ne s'est pas présenté au gestionnaire du lieu d'hébergement dans les cinq jours suivant la décision de l'office est considéré comme ayant refusé l'offre d'hébergement ». CE, 30 janvier 2017, *La Cimade et autres*, req. n° 394686, inédit au recueil Lebon.

[1630] Comm. centr., 7 juillet 2009, *M. X.*, dossier n° 080761, *CJAS*, n° 2010/4.

[1631] Le Conseil d'État juge. CE, 24 février 2016, *Mme Faulon*, req. n° 378257, *Rec. CE* (tables), p. 983.

La cour administrative d'appel de Versailles qualifie également expressément de sanction la décision de radiation prise au motif que le demandeur d'emploi ne justifiait pas « de l'accomplissement d'actes positifs et répétés en vue de retrouver un emploi, de créer ou de reprendre une entreprise », « en raison de ses motifs et des effets qui lui sont attachés ». CAA Versailles, 18 décembre 2012, *M. A.*, req. n° 12VE00524, *AJDA*, 2013, p. 877, concl. Rollet-Perraud. Dans le même sens, à propos d'un refus de participer à un stage : CAA Lyon, 5 avril 2012, *M. Gilles A.*, req. n° 11LY01713, inédit au recueil Lebon.

367. Les sanctions, en droit de l'aide sociale, renvoient à la problématique fort ancienne des « devoirs sociaux »[1632] et découlent de la volonté des pouvoirs publics depuis quelques années « d'activer les dépenses sociales, de contrôler au plus près les comportements de nature à porter atteinte aux intérêts de la société ou encore de mettre à la charge des bénéficiaires des prestations sociales la responsabilité de leur propre intégration et insertion »[1633]. Cette volonté se traduit, dans le dispositif du revenu de solidarité active, par l'obligation pour le bénéficiaire de participer à l'établissement d'un contrat et de respecter les engagements qui y figurent (a) et, par celle, pour le demandeur d'un logement social reconnu prioritaire pour être logé ou relogé dans le cadre du droit au logement opposable, d'accepter une offre de logement adaptée ou une offre d'hébergement (b). Autant d'obligations dont le non-respect peut être sanctionné par l'administration.

a. La sanction du non-respect de ses obligations par le bénéficiaire du revenu de solidarité active

368. La suspension du versement de l'allocation de revenu de solidarité active et la radiation de la liste des bénéficiaires du RSA sont des procédés visant à sanctionner le bénéficiaire qui refuse de signer ou de renouveler son contrat d'engagement, qui ne respecte pas les engagements qui y figurent ou qui ne renouvelle pas son inscription sur la liste des demandeurs d'emploi.

369. Le législateur a subordonné le maintien du versement du revenu de solidarité active à la signature et au renouvellement du contrat d'engagement par le bénéficiaire[1634]. Celui-ci, en vertu de l'article L. 262-27 du CASF, a droit à un accompagnement social et professionnel adapté à ses besoins. Il est cependant tenu, en contrepartie, de rechercher un emploi, d'entreprendre les démarches nécessaires à la création de sa propre activité ou les actions

---

[1632] Sur l'ancrage historique de cette problématique voir BORGETTO (M.), « L'articulation des droits et des devoirs dans le champ de la protection sociale », *op. cit.*, p. 11 et suiv. ; ROMAN (D.), « Devoir de travailler et protection sociale : d'une problématique de la dette sociale à la question des "devoirs sociaux" », *RDSS*, 2009, p. 64 et suiv., et LAFORE (R.), « Obligations contractuelles et protection sociale », *op. cit.*, p. 31 et suiv.

[1633] BORGETTO (M.), « Les devoirs sociaux », *RDSS*, 2009, p. 3.

Cette logique s'est traduite, pour les demandeurs d'emploi, par l'institution du Plan d'aide au retour à l'emploi (PARE) puis, avec l'adoption de la loi du 1er août 2008 relative aux droits et aux devoirs des demandeurs d'emploi, par l'obligation pour ces demandeurs d'accomplir des actes positifs et répétés de recherche d'emploi et d'accepter les offres raisonnables d'emploi. Elle est également très présente dans le champ des prestations familiales. Elle y prend depuis longtemps la forme d'une « injonction comportementale » (LAFORE (R.), « Les contrôles d'ordre social préalables à l'attribution des prestations familiales : logique protectrice et logique intégratrice », *op. cit.*, p. 640-654) et s'est, un temps, traduite par la mise en place d'un « contrat de responsabilité parentale ».

[1634] Le Conseil d'État a précisé que ce contrat « ne place pas le bénéficiaire du RSA dans une situation contractuelle vis-à-vis du département ». CE, 4 décembre 2019, n° 418975 ; *RDSS*, 2020, p. 177, note Rihal (H.) ; *AJDA*, 2020, p. 951, note Long (M.).

nécessaires à une meilleure insertion sociale ou professionnelle[1635]. L'objectif du revenu de solidarité active étant le retour à l'emploi des bénéficiaires le plus rapidement possible[1636], la collectivité les oriente prioritairement vers les institutions de droit commun en charge de l'accès au marché du travail telles que pôle emploi[1637]. Ils doivent alors élaborer un projet personnalisé d'accès à l'emploi (PPAE) définissant un « parcours » d'insertion professionnelle adapté à leur situation[1638]. Certains sont toutefois orientés vers d'autres organismes participant au service public de l'emploi. Ils doivent conclure avec le département, dans un délai d'un mois après cette orientation, « un contrat librement débattu » qui énumère les engagements réciproques du bénéficiaire et de l'organisme en matière d'insertion professionnelle[1639]. Le contrat doit notamment préciser les actes positifs et répétés de recherche d'emploi que le bénéficiaire s'engage à accomplir ainsi que la nature et les caractéristiques de l'emploi recherché, la zone géographique privilégiée et le niveau de salaire attendu[1640]. Lorsque le bénéficiaire du RSA fait face à des difficultés de logement ou de santé, il peut être orienté vers des autorités ou des organismes compétents en matière d'insertion sociale[1641]. Il devra passer avec le département, dans un délai de deux mois après la décision d'orientation, « un contrat librement débattu énumérant les engagements réciproques en matière d'insertion sociale et professionnelle »[1642]. Le droit à la prestation est étroitement lié à la signature de l'un de ces instruments d'essence contractuelle. La cour administrative d'appel de Nancy a d'ailleurs précisé que « le versement de l'allocation de revenu de solidarité active est subordonné à la conclusion d'un contrat

---

1635 Article L. 262-28 du CASF.

1636 À la différence du RMI (ancien article L. 262-13 du CASF), dans le cadre duquel les bénéficiaires devaient souscrire un « engagement de participer aux activités ou actions d'insertion », le dispositif du RSA met l'accent sur « la recherche d'emploi » ou la « création d'activités ».

1637 Article L. 262-29 du CASF.

1638 Article L. 262-34 du CASF.

Selon l'article L. 5411-6-1 du Code du travail, ce projet doit préciser « en tenant compte de la formation du demandeur d'emploi, de ses qualifications, de ses connaissances et compétences acquises au cours de ses expériences professionnelles, de sa situation personnelle et familiale ainsi que de la situation du marché du travail local, la nature et les caractéristiques de l'emploi ou des emplois recherchés, la zone géographique privilégiée et le niveau de salaire attendu ». En outre, il doit retracer « les actions que l'institution mentionnée à l'article L. 5312-1 s'engage à mettre en œuvre dans le cadre du service public de l'emploi, notamment en matière d'accompagnement personnalisé et, le cas échéant, de formation et d'aide à la mobilité ».

1639 Article L. 262-35 du CASF.

1640 En vertu de l'article L. 262-35 du CASF, « Le contrat retrace les actions que l'organisme vers lequel il a été orienté s'engage à mettre en œuvre dans le cadre du service public, notamment en matière d'accompagnement personnalisé et, le cas échéant, de formation et d'aide à la mobilité ».

1641 Article L. 262-29 du CASF.

1642 Article L. 262-36 du CASF.

d'engagement »[1643]. Aussi le versement du RSA peut-il être suspendu en tout ou partie par le président du conseil départemental si le PPAE ou l'un des contrats mentionnés aux articles L. 262-35 et L. 262-36 du CASF n'est pas établi ou n'est pas renouvelé du fait du bénéficiaire et celui-ci est radié de la liste des bénéficiaires du RSA au terme d'une « période, définie par décret, sans versement du revenu de solidarité active »[1644].

370. Le législateur a également conditionné le maintien du versement de l'allocation de revenu de solidarité active au « respect par le bénéficiaire des engagements auxquels il a souscrits »[1645], démarche sous-tendue par le présupposé selon lequel « l'éloignement du marché du travail qui peut affecter l'allocataire potentiel se trouve lié (sinon forcément, du moins fréquemment) au comportement des individus et à leur réticence à fournir les efforts nécessaires pour sortir de leur situation »[1646]. Déjà, dans le cadre du revenu minimum d'insertion, la suspension du versement de l'allocation était envisagée comme un mécanisme permettant de sanctionner un comportement adopté en connaissance de cause par le bénéficiaire et incompatible avec la conservation de son droit. L'ancien article L. 262-23 du CASF, en vertu duquel le versement de l'allocation pouvait être suspendu si le non-respect « sans motif légitime » du contrat incombait au bénéficiaire de la prestation, ouvrait la possibilité à l'administration de sanctionner un comportement considéré comme un manquement fautif du bénéficiaire[1647]. Le revenu de solidarité active lie, pareillement, la perception de la prestation à la conduite personnelle du bénéficiaire[1648] puisque le président du conseil départemental a la possibilité de suspendre, en tout ou partie, le versement

[1643] CAA Nancy, 19 avril 2016, *Mme D.*, req. n° 14NC00765, inédit au recueil Lebon.

[1644] Article L. 262-38 du CASF.
C'est-à-dire, en ce qui concerne le non-établissement dans les délais prévus d'un PPAE ou de l'un des contrats prévus aux articles L. 262-35 et L. 262-37 du CASF, à compter du premier jour du mois civil au cours duquel les conditions d'ouverture du droit cessent d'être réunies puisque, parmi ces conditions, figure la signature d'un tel instrument contractuel (Article R. 262-40 du CASF). CAA Bordeaux, 24 mars 2015, *M. B.*, req. n° 13BX03412, inédit au recueil Lebon.

[1645] CAA Nancy, 19 avril 2016, *Mme D.*, req. n° 14NC00765, inédit au recueil Lebon.
Notons qu'en 2004 la cour administrative, à propos du RMI, ne parlait pas d'engagement, mais de respect, « par le bénéficiaire, de l'obligation qui lui est faite de participer aux actions ou activités définies avec elle, nécessaires à son insertion ». CAA Nancy, 10 mai 2004, *M. X.*, req. n° 03NC00559, inédit au recueil Lebon.

[1646] BORGETTO (M.), « L'activation de la solidarité : d'hier à aujourd'hui », *op. cit.*, p. 1051.
Le même présupposé sous-tend le droit à l'assurance chômage destiné aux « travailleurs involontairement privés d'emploi ou dont le contrat de travail a été rompu conventionnellement » (article L. 5421-1 du Code du travail). Voir DEMAZIÈRE (D.), « Les droits des chômeurs : des mesures déstabilisatrices », *in L'envers de la fraude sociale. Le scandale du non-recours aux droits sociaux*, Paris, La découverte, 2012, p. 143 et suiv.

[1647] Comm. centr., 21 octobre 1994, *Département de la Dordogne*, dossier n° 931266, *EJCCAS*, n° 39-2, p. 5, concl. Dessaint et Comm. centr., 9 janvier 2003, *Mme E.*, dossier n° 020211, *CJAS*, n° 2003/1.

[1648] AUBIN (E.), *Droit de l'aide et de l'action sociales*, Issy-les-Moulineaux, Gualino, 4e éd., 2014, p. 52.

de l'allocation « Lorsque, sans motif légitime, les dispositions du projet personnalisé d'accès à l'emploi ou les stipulations de l'un des contrats mentionnés aux articles L. 262-35 et L. 262-36 ne sont pas respectées par le bénéficiaire »[1649]. La suspension du revenu de solidarité active se trouve, par contre, subordonnée à l'absence de respect des actions d'insertion sociale figurant dans le projet personnalisé d'accès à l'emploi ou dans le contrat d'insertion. L'autorité administrative ne peut suspendre le versement de l'allocation pour un motif tiré d'un défaut de démarche d'insertion découlant, par exemple, du refus du bénéficiaire d'accomplir une activité bénévole auprès d'associations caritatives et une formation en informatique, alors que ces actions n'étaient pas prévues dans le projet personnalisé d'accès à l'emploi ou dans le contrat d'insertion[1650].

371. Le maintien du versement de l'allocation de revenu de solidarité active est aussi subordonné au renouvellement de l'inscription du bénéficiaire sur la liste des demandeurs d'emploi. Une déchéance sanctionne le non-renouvellement, par le bénéficiaire, de son inscription sur la liste des demandeurs d'emploi. Le bénéficiaire « qui ne satisfait pas à l'obligation de renouvellement périodique de sa demande d'emploi »[1651] et qui, de ce fait, cesse d'être inscrit sur cette liste « est, à défaut de réinscription sous un délai d'un mois, considéré comme ne satisfaisant plus aux obligations mentionnées à l'article L. 262-37 du présent code »[1652]. Aussi le Conseil d'État a-t-il considéré que le demandeur d'emploi peut légalement être radié de la liste des demandeurs d'emploi lorsqu'il a omis de retourner à l'agence nationale pour l'emploi le document de relance qui lui a été envoyé en vue de l'actualisation de son inscription[1653] alors qu'il lui appartient d'accomplir toutes les démarches nécessaires pour rester inscrit[1654]. Même si un arrêté prévoit qu'un document d'actualisation lui soit envoyé chaque mois afin de lui permettre d'effectuer le renouvellement de sa demande, « ces dispositions, qui visent à faciliter cette démarche, n'ont pas pour objet et ne pourraient avoir légalement pour effet d'entraîner, dès lors que l'intéressé n'aurait pas reçu le document d'actualisation, un renouvellement automatique de sa demande en l'absence de toute démarche de sa part ». La décision de radiation est toutefois illégale si l'absence de renouvellement résulte non pas d'une carence fautive du demandeur, mais du fait d'un tiers[1655]. La radiation de la liste des demandeurs d'emploi sanctionne la « carence fautive » du bénéficiaire, sanction qui a des conséquences

---

[1649] Article L. 262-37 du CASF.

[1650] CE, 15 décembre 2015, *M. Allilaire*, req. n° 377138, *Rec. CE* (tables), p. 553 ; *RDSS*, 2016, p. 182, concl. Decout-Paolini.

[1651] Article R. 5411-17 du Code du travail.

[1652] Article R. 262-72 du CASF.

[1653] CE, 14 avril 1995, *Flocco*, req. n° 147728, *Rec. CE*, p. 1069.

[1654] CE, 15 octobre 2001, *Agence nationale pour l'emploi*, req. n° 226713, *Rec. CE*, p. 469.

[1655] CE, 30 juillet 1997, *Agence nationale pour l'emploi*, req. n° 149066, inédit au recueil Lebon.

importantes dans la mesure où elle entraîne la suspension, voire la suppression, de l'allocation[1656].

b. La sanction du refus d'une proposition de logement par le demandeur d'un logement social reconnu prioritaire

372. Le comportement du bénéficiaire du droit à un accès prioritaire au logement, lorsqu'il n'a pas été logé ou relogé après avoir été reconnu prioritaire par la commission de médiation, est pris en compte par le juge. Il peut être saisi d'un recours « tendant à ce que soit ordonné son logement ou son relogement »[1657] si une offre adaptée aux besoins et capacités du demandeur n'a pas été faite dans un délai de trois mois à compter de la décision de la commission[1658]. Il lui revient alors de constater que le demandeur a été reconnu prioritaire par la commission de médiation, que sa demande est toujours urgente et qu'aucune offre de logement correspondant à ses besoins et à ses capacités ne lui a été proposée[1659]. En vertu des articles R. 441-16-3, R. 441-18 et R. 441-18-2 du CCH, le demandeur reconnu prioritaire peut néanmoins perdre le bénéfice de cette décision s'il refuse une offre de logement ou d'hébergement correspondant à ses besoins et à ses capacités sans motif impérieux[1660]. Le juge, lorsqu'il est saisi sur le fondement de l'article L. 441-2-3-1 du CCH, doit, certes, ordonner à l'administration de loger ou de reloger une personne reconnue prioritaire à qui n'a pas été offert un logement tenant compte de ses besoins et de ses capacités définis par la commission. Celle-ci est toutefois déliée de l'obligation de résultat qui pèse sur elle lorsqu'elle apporte la preuve de la disparition de l'urgence ou en raison d'un comportement du bénéficiaire « de nature à faire obstacle à l'exécution par le préfet de la décision de la commission de médiation »[1661].

373. Les dispositions organisant le droit au logement opposable conduisent donc le juge administratif à prendre en considération le comportement du demandeur pour affranchir ou non l'autorité administrative de son obligation de loger ou de reloger une personne reconnue prioritaire. Constituent, par exemple, « un comportement de nature à délier l'administration de l'obligation de résultat qui pèse sur elle » le refus de suivre des mesures d'accompagnement social déterminées par la commission de médiation, ou encore le refus d'une offre de logement adaptée aux besoins et aux capacités du demandeur reconnu prioritaire non justifié par

---

[1656] Articles L. 262-37 et L. 262-38 du CASF.

[1657] Article L. 441-2-3-1 du CCH.

[1658] Article R. 441-16-1 du CCH.

Voir les conclusions d'Yves Struillou sur CE avis, 21 juillet 2009, *Mme Mariama Idjihadi*, n° 324809, *Rec. CE*, p. 288 ; *RFDA*, 2010, p. 157, concl. Struillou.

[1659] CE, avis, 21 juillet 2009, *Mme Mariama Idjihadi*, n° 324809, *Rec. CE*, p. 288 ; *RFDA*, 2010, p. 157, concl. Struillou.

[1660] CE avis, 1er juillet 2016, *M. Slimani*, n° 398546, *Rec. CE*, p. 318.

[1661] CE, 28 mars 2013, *Mme Youcef*, req. n° 347794, *Rec. CE* (tables), p. 686.

« un motif impérieux »[1662]. De tels comportements, considérés comme fautifs, sont sanctionnés par la perte du caractère prioritaire de la demande de logement social.

B. La perte d'un droit à l'aide sociale découlant des refus, suspensions ou suppressions de droits

374. Le refus, la suspension ou la suppression du bénéfice d'un droit à l'aide sociale s'apparentent, dans certains cas, à des déchéances de droits instaurées par le législateur puisque, en entraînant soit la perte de la titularité du droit acquis, soit la perte des prérogatives attachées au droit refusé ou acquis[1663], ils rendent la sanction instituée par le législateur ou le pouvoir règlementaire effective.

375. Le lien entre la décision de l'administration et la perte de prérogatives est évident lorsque cette décision consiste à refuser le bénéfice d'un droit à l'aide sociale. Si le refus du revenu de solidarité active au motif que le demandeur a choisi de ne pas exercer d'activité professionnelle de même que le refus du droit au logement opposable au motif qu'il est responsable de sa perte de logement se présentent comme la sanction infligée à celui qui, par son comportement, ne paraît pas légitime pour bénéficier de la solidarité nationale, ces décisions privent le demandeur de la possibilité d'acquérir un droit et, par conséquent, du bénéfice des prestations qui y sont attachées. Même si le bénéficiaire fait une nouvelle demande postérieurement à ce refus et qu'il se voit alors ouvrir le droit précédemment refusé, il n'en bénéficiera qu'à compter de cette nouvelle demande ou de la décision d'attribution[1664].

376. Le lien entre la décision de l'administration et la perte d'un droit ne fait pareillement aucun doute quand la décision consiste à supprimer le bénéfice d'un droit à l'aide sociale puisqu'elle atteint la titularité du droit[1665]. Il est moins net, en revanche, quand il s'agit d'une décision de suspension, car les effets d'une suspension varient d'une aide à une autre. Ainsi, en vertu de l'article R. 245-70 du CASF, les sommes correspondant aux droits acquis pendant la période de suspension du versement de la prestation de compensation du handicap en raison du manquement du bénéficiaire à ses obligations déclaratives lui seront versées dès qu'il aura justifié des éléments exigés ou qu'il se sera acquitté de ses obligations déclaratives. Ce n'est cependant pas valable pour la majorité des décisions de suspension qui

---

[1662] CE, 28 mars 2013, *Ministre de l'Écologie, du Développement durable et de l'Énergie c/ Mme Bisrette*, req. n° 347913, *Rec. CE* (tables), p. 687.

[1663] Voir SAUTEL (O.), « Sur la déchéance en droit privé (contribution à la théorie de la permanence de la cause) », *op. cit.*, p. 487 et suiv.

[1664] La date précise du départ d'une aide peut varier selon le droit demandé. Pour de plus amples développements voir *infra* n° 400.

[1665] Une décision de radiation de la liste des bénéficiaires du RSA par exemple. Article L. 262-38 du CASF.

entraînent une perte des prérogatives attachées au droit, c'est-à-dire « de la partie du droit, constitutive d'un avantage pour son titulaire »[1666]. Les décisions de suspension de l'allocation personnalisée d'autonomie adoptées à la suite du manquement du bénéficiaire à son obligation de présenter, à la demande du président du conseil départemental, les justificatifs de dépenses correspondant au montant de l'allocation personnalisée d'autonomie qu'il a perçue et de sa participation financière[1667] seront susceptibles de provoquer la perte de certaines prérogatives, car le service de l'allocation ne sera rétabli qu'au premier jour du mois au cours duquel le bénéficiaire justifie qu'il a remédié aux carences constatées[1668]. Les décisions de suspension sanctionnant le comportement du bénéficiaire du revenu de solidarité active occasionnent, pareillement, une perte des prérogatives attachées au droit en question[1669]. La suspension du versement de l'allocation en raison du manquement du bénéficiaire à ses obligations, par exemple, entraîne la perte de l'allocation pendant un certain laps de temps puisque le versement ne sera repris sur décision du président du conseil départemental qu'à compter de la date de conclusion d'un projet personnalisé d'accès à l'emploi (PPAE) ou d'un contrat d'engagement réciproque[1670]. De surcroît, au terme de la seconde suspension, le président du conseil départemental procèdera à la radiation de la liste des bénéficiaires du RSA, radiation ayant pour conséquence la perte du droit[1671].

377. Le fait que certaines décisions de suspension n'engendrent pas la perte de prérogatives s'explique sans doute par le fait qu'elles tendent davantage à rappeler à l'ordre un bénéficiaire présumé négligent qu'à le sanctionner pour un comportement considéré comme fautif. La suspension du versement de la prestation de compensation du handicap fait suite à un manquement du bénéficiaire à ses obligations déclaratives qui est envisagé comme un oubli ou une négligence de sa part plus que comme un manquement aux obligations qui découlent de son statut de bénéficiaire de l'aide sociale. Ce n'est assurément pas le cas pour le bénéficiaire du revenu de solidarité active dont le versement de l'allocation est suspendu lorsque, de son fait, le projet personnalisé d'accès à l'emploi ou l'un des contrats

---

1666 SAUTEL (O.), « Sur la déchéance en droit privé (contribution à la théorie de la permanence de la cause) », *op. cit.*, p. 487 et suiv.

1667 Article L. 232-7 du CASF.

1668 Article R. 232-16 du CASF. Cela s'explique par le fait que l'APA est une aide en nature et qu'elle « est égale au montant de la fraction du plan d'aide *que le bénéficiaire utilise*, diminué d'une participation à la charge de celui-ci » (article L. 232-4 du CASF).

D'ailleurs, si le bénéficiaire n'a utilisé qu'une partie des sommes versées au titre de l'APA à domicile, les sommes qui n'ont pas été utilisées à la réalisation du plan d'aide et à l'achat de matériel peuvent être récupérées. Comm. centr., 6 février 2008, *Mme T.*, dossier n° 042048, *CJAS*, n° 2008/6.

1669 Cela était également le cas pour le RMI (ancien article L. 262-23 du CASF).

1670 Article L. 262-37 du CASF. Notons que la suspension peut être totale ou partielle (article R. 262-68 du CASF).

1671 Articles L. 262-38, R. 262-40 et R. 262-68 du CASF.

mentionnés aux articles L. 262-35 et L. 262-36 du CASF n'a pas été établi dans les délais prévus ou n'a pas été renouvelé, lorsque qu'il ne respecte pas ses engagements ou encore lorsqu'il a été radié de la liste des demandeurs d'emploi[1672]. Dans de tels cas, son comportement est appréhendé comme fautif. Quand le refus, la suspension ou la suppression du bénéfice d'un droit à l'aide sociale sanctionne le comportement du bénéficiaire, la décision entraîne nécessairement la perte d'un droit ou, tout du moins, des prérogatives qui y sont attachées et s'apparente ainsi à une déchéance de droits.

§ 2. Les déchéances en droit de l'aide sociale, présomptions légales de renonciation

378. Les déchéances prévues par le législateur, qui provoquent la perte de droits à l'aide sociale afin de sanctionner les comportements répréhensibles de leurs titulaires, peuvent être appréhendées comme des présomptions légales de renonciation. Les dispositifs mis en place pour sanctionner les bénéficiaires de l'aide sociale présument leur volonté d'abandonner leur droit à l'aide sociale puisqu'ils sanctionnent les comportements par lesquels les bénéficiaires sont supposés avoir fait le choix, en connaissance de cause (B), de ne pas bénéficier d'un droit à l'aide sociale ou de l'abandonner (A).

A. L'information du bénéficiaire : un élément révélateur de l'existence de présomptions légales de renonciation

379. En instaurant des présomptions légales de renonciation, le législateur assimile certains comportements à des renonciations, indépendamment de la volonté réelle de leur auteur. Le caractère volontaire de l'abandon du droit ou de son exercice étant un élément essentiel d'identification de la renonciation, la volonté, dans le cadre des présomptions de renonciation, est présumée, notamment parce que le comportement entraînant la perte d'une prérogative ou de la titularité d'un droit est adopté en connaissance de cause.

380. Cela se traduit, notamment, par le fait que lorsque le comportement du bénéficiaire peut avoir un impact sur la conservation d'un droit acquis, celui-ci doit être informé des conséquences de son comportement sur la conservation de ce droit. Ainsi, le bénéficiaire reconnu prioritaire par la commission de médiation n'ayant reçu respectivement aucune offre de logement tenant compte de ses besoins et de ses capacités dans un délai de trois mois[1673] ou n'ayant pas été accueilli, dans un délai de six semaines[1674],

---

[1672] Article L. 262-37 du CASF.

[1673] Article R. 441-17 du CCH.

[1674] Article R. 441-18 du CCH (délai porté à trois mois lorsque la commission a préconisé un accueil dans un logement de transition ou dans un logement-foyer).

dans une structure d'hébergement, un établissement ou logement de transition, un logement-foyer ou une résidence hôtelière à vocation sociale peut introduire un recours devant la juridiction administrative pour que soit ordonné son logement ou son accueil dans l'une de ces structures[1675]. Après avoir constaté que la demande a été reconnue comme prioritaire par la commission de médiation et qu'il n'a ni été offert au demandeur un logement tenant compte de ses besoins et de ses capacités ni été proposé une place dans une structure d'accueil dans le cadre du droit à l'hébergement opposable, le juge ordonne son logement par l'État ou son accueil dans une structure et peut assortir son injonction d'une astreinte. Le requérant qui a refusé une offre de logement ou une offre d'accueil tenant compte de ses besoins et de ses capacités perd le bénéfice de la décision de la commission de médiation. L'article R. 441-16-3 du CCH précise toutefois que le bailleur informe le demandeur d'un logement social reconnu prioritaire, dans la proposition de logement qu'il lui adresse, « que cette offre lui est faite au titre du droit au logement opposable et attire son attention sur le fait qu'en cas de refus d'une offre de logement tenant compte de ses besoins et capacités il risque de perdre le bénéfice de la décision de la commission de médiation en application de laquelle l'offre lui est faite »[1676]. L'administration ne saurait donc se voir déliée de l'obligation d'exécuter l'injonction prononcée en proposant à l'intéressé un logement tenant compte de ses besoins et capacités, quand bien même le demandeur aurait refusé sans motif impérieux une offre de logement tenant compte de ses besoins et capacités, s'il n'avait pas préalablement été informé par le bailleur des conséquences d'un tel refus[1677].

381. L'obligation d'information, pour que puisse être présumée la renonciation du bénéficiaire à son droit acquis, figure également dans le dispositif du revenu de solidarité active. En vertu de l'article L. 262-17 du CASF, lors du dépôt de sa demande, l'intéressé reçoit « une information sur les droits et devoirs des bénéficiaires du revenu de solidarité active définis à la section 3 du présent chapitre »[1678], sachant que l'obligation pour le bénéficiaire de signer un PPAE ou un CER constitue l'un de ces

---

1675 Article L. 441-2-3-1 du CCH.

1676 Dans le cadre du DAHO, l'article R. 441-18 du CCH fait peser l'obligation d'information sur le préfet. C'est à lui qu'il revient d'informer la personne à qui va être proposé un accueil que la proposition d'hébergement lui est faite au titre du droit à l'hébergement opposable et d'attirer son attention sur le fait « qu'en cas de refus d'une proposition d'accueil non manifestement inadaptée à sa situation particulière elle risque de perdre le bénéfice de la décision de la commission en application de laquelle la proposition lui est faite ».

1677 CE, 4 novembre 2015, *M. Rifai*, req. n° 374241, *Rec. CE* (tables), p. 743. Solution réaffirmée récemment : CE avis, 1er juillet 2016, *M. Slimani*, n° 398546, *Rec. CE*, p. 318.

1678 En revanche, le juge a considéré que cet article n'impose pas à l'administration une obligation d'information du bénéficiaire sur les ressources à déclarer. CAA Lyon, 26 mars 2015, *M. D.*, req. n° 14LY01723, inédit au recueil Lebon.

devoirs[1679]. La suspension du versement de l'allocation et, éventuellement, la radiation de la liste des bénéficiaires du RSA découlant du refus du bénéficiaire de signer ou de renouveler un PPAE ou un CER sans motif légitime[1680] interviennent ainsi à la suite de l'information du bénéficiaire.

382. En droit de l'aide sociale, le législateur faisant peser sur l'administration une obligation d'information du bénéficiaire quant à la portée et aux conséquences juridiques de son comportement - un refus de l'octroi d'un droit ou, postérieurement à son acquisition, sa suppression -, les déchéances peuvent être appréhendées comme des présomptions de renonciation puisque le comportement est adopté en connaissance de cause par le bénéficiaire. Même s'il ne souhaite pas, en l'adoptant, renoncer à son droit à une aide sociale, le demandeur ou le bénéficiaire est réputé avoir renoncé à son droit et l'administration peut en tirer les conséquences : le refus ou la suppression dudit droit. Certes, en accordant une place essentielle à l'information du demandeur ou du bénéficiaire d'un droit, le droit de l'aide sociale rapproche les présomptions de renonciation des renonciations « réelles » des bénéficiaires de l'aide sociale. Les déchéances restent néanmoins des renonciations présumées puisque, comme en témoigne les nombreux recours contre les décisions de refus de droit, de suspension ou de radiation à l'initiative des demandeurs et des bénéficiaires de l'aide sociale, leur volonté est présumée et, de ce fait, ne correspond pas toujours à leur volonté réelle. Parmi les présomptions de renonciation prévues par le législateur il existe, en réalité, une « gradation dans la dénaturation de la volonté du renonçant : plausible parfois, elle n'est que fiction ailleurs »[1681].

B. Un choix du bénéficiaire ne pouvant être justifié par un « motif légitime »

383. Les déchéances, qu'elles prennent la forme d'un refus, d'une suspension ou d'une suppression d'un droit à l'aide sociale, sanctionnent le comportement du bénéficiaire en raison duquel il est considéré qu'il s'est délibérément placé dans une situation de besoin (1) ou qu'il s'est volontairement soustrait aux conditions encadrant le bénéfice d'un droit à l'aide sociale (2).

1. Le choix présumé du demandeur d'un droit à l'aide sociale de se placer dans une situation de besoin

384. Certaines déchéances, en droit de l'aide sociale, constituent des présomptions de renonciation, car elles sanctionnent le bénéficiaire qui, par son comportement ou par ses décisions, est considéré comme s'étant placé

[1679] Articles L. 262-34, L. 262-35 et L. 262-36 du CASF.

[1680] Sanctions prévues aux articles L. 262-37 et L. 262-38 du CASF.

[1681] LAPOYADE-DESCHAMPS (A.), « Les renonciations en droit de la famille », *D.*, 1993, p. 260.

délibérément dans une situation de besoin. Or, en droit de l'aide sociale, le bénéficiaire ne doit pas avoir fait le choix de sa situation. L'article L. 115-1 du CASF, dans sa formulation issue de l'article 1er de la loi du 1er décembre 1988 relative au revenu minimum d'insertion [1682], précisait que « Toute personne qui, en raison de son âge, de son état physique ou mental, de la situation de l'économie et de l'emploi, se trouve dans *l'incapacité de travailler*, a le droit d'obtenir de la collectivité des moyens convenables d'existence ». Le juge de l'aide sociale considérait alors que, si « la circonstance qu'une personne aurait elle-même renoncé à exercer une activité rémunérée ou aurait suspendu cette activité, [...] ne saurait, par elle-même, priver l'intéressé du droit au revenu minimum d'insertion dès lors que celui-ci a été créé en vue de pourvoir à des situations de besoin », l'administration, pour déterminer si cette personne pouvait prétendre à un tel droit, devait rechercher « dans quelles conditions la personne concernée a fait le choix en cause et, le cas échéant, se maintient dans une position de non emploi malgré une ou des offres de retour à l'emploi ou de réintégration »[1683]. Une distinction était ainsi faite entre les personnes qui avaient fait le choix de ne pas travailler ou de ne pas être rémunérées[1684] et, éventuellement, de se maintenir dans une position de non-emploi et celles qui subissaient cette situation, les premières étant à la différence des secondes, en raison du caractère délibéré de leur choix, présumées avoir renoncé au bénéfice de leur droit au revenu minimum d'insertion. Tel était le cas d'une personne qui avait renoncé aux ressources qu'elle tirait de son activité professionnelle en demandant un congé sans solde[1685], d'un fonctionnaire en disponibilité qui ne démontrait pas être dans l'incapacité de retrouver un emploi dans la fonction publique[1686] ou encore d'une personne en situation de disponibilité qui, ayant sollicité sa réintégration dans un emploi de bibliothécaire, avait refusé un emploi de bibliothécaire à temps partiel sans pouvoir fournir un motif légitime[1687]. Un fonctionnaire, placé en

---

1682 Formulation issue de l'article 1er de la loi n° 88-1088 du 1er décembre 1988 relative au revenu minimum d'insertion, *JO* du 3 décembre 1988 p. 15119.

1683 Comm. centr., 29 janvier 2010, *Mme X.*, dossier n° 081437, *CJSA*, n° 2010/6 ; Comm. centr., 5 mars 2010, *Mme X.*, dossier n° 090100, *CJSA*, n° 2012/1. Dans le même sens : Comm. centr., 18 août 2008, *Mme F.*, dossier n° 070592, *CJAS*, n° 2009/1.

1684 Pour exemple, ne peut prétendre au RMI le gérant d'une SARL ayant fait le choix délibéré de ne pas se verser de salaire au titre d'un exercice donné alors que les résultats de la SARL le permettaient. Comm. centr., 6 octobre 2000, *M. G.*, dossier n° 991878, *CJAS*, n° 2001/7.

1685 Comm. centr., 22 décembre 2000, *Mme H.*, dossier n° 992870, *CJAS*, n° 2001/8.
Même solution concernant un congé pour création d'entreprise (Comm. centr., 22 décembre 2004, *Mme G.*, dossier n° 031194, *CJAS*, n° 2005/2) et pour un congé parental d'éducation dès lors qu'au moment de sa demande la personne ne démontre pas qu'elle se trouve dans l'incapacité de travailler (Comm. centr., 12 septembre 2000, *Mme F.*, dossier n° 991952, *CJAS*, n° 2000/6).

1686 Comm. centr., 18 mars 1992, *Département de La Réunion*, dossier n° 910207, *EJCCAS*, n° 39-1, p. 2 ; Comm. centr., 18 juillet 2002, *Mme T.*, dossier n° 012106, *CJAS*, n° 2002/5.

1687 Comm. centr., 29 janvier 2010, *Mme X.*, dossier n° 081437, *CJSA*, n° 2010/6.

position de disponibilité d'office à l'expiration d'un congé de maladie, de longue maladie ou de longue durée, qui « n'a pas choisi lui-même de renoncer à exercer une activité rémunérée ou de suspendre cette activité »[1688] pouvait, en revanche, bénéficier du revenu minimum d'insertion. L'esprit de ce dispositif et de cette jurisprudence a été retranscrit par le législateur dans le dispositif du revenu de solidarité active puisque les personnes en congé parental, sabbatique, sans solde ou en disponibilité en sont exclues[1689].

385. Cette logique se retrouve également dans le cadre du droit au logement opposable. Pour être reconnu prioritaire, le demandeur d'un logement social ne doit pas être, délibérément, à l'origine de sa situation de mal-logement ou de non-logement. Ce droit est garanti aux personnes qui, *de bonne foi*, n'ont pas reçu de proposition adaptée à leur demande dans un certain délai, sont dépourvues de logement, sont logées dans des locaux impropres à l'habitation, ou présentant un caractère insalubre ou dangereux, ou encore ont fait l'objet d'une décision de justice prononçant l'expulsion de leur logement[1690]. Le conditionnement du droit au logement ou à l'hébergement opposable à la bonne foi du demandeur revient à exiger qu'il ne se soit pas mis « intentionnellement dans une situation de mal-logement »[1691]. Le choix du demandeur d'adopter certains comportements incompatibles avec l'accès à un logement ou avec le maintien dans un logement est donc déterminant puisqu'il permet à l'administration de présumer qu'il a renoncé à son droit à un accès prioritaire au logement ou à l'hébergement. C'est notamment le cas lorsqu'il a refusé une proposition de logement correspondant à ses capacités et à ses besoins cinq mois avant la décision de la commission de médiation[1692], lorsqu'il a refusé d'agir en n'utilisant pas les solutions qui lui étaient présentées pour lui permettre d'apurer sa dette afin d'éviter son expulsion[1693], lorsqu'il est la cause unique de sa situation de mal-logement[1694] ou encore lorsqu'il est responsable de

---

[1688] Comm. centr., 20 février 2014, *Mme X.*, dossier n° 120671.

[1689] Article L. 262-4 du CASF. Sauf pour les personnes ayant droit à la majoration pour parents isolés (CE, 12 octobre 2016, *Département de l'Isère*, req. n° 391411, *Rec. CE* (tables), p. 638).

[1690] Article R. 441-14-1 du CCH.

On retrouve l'idée formulée à l'article L. 300-1 du CCH selon lequel le droit à un logement décent (qui s'exerce par le DALO) est garanti aux personnes qui ne sont pas en mesure d'y accéder par leurs propres moyens ou de s'y maintenir.

[1691] Conseil d'État, *Droit au logement, droit du logement*, Paris, La documentation française, coll. EDCE, 2009, p. 433.

[1692] TA Paris, 29 janvier 2009, *Mme Ndiaye*, req. n° 0808980 cité par NGUYEN-DUY (P.), « Droit au logement opposable, acte II. Application du recours juridictionnel institué par la loi Dalo : modalités, limites… et avancées », *AJDA*, 2009, p. 517.

[1693] Sur la prise en compte de cet élément par les commissions de médiation voir ELETA DE FILIPPIS (R.), « La mise en œuvre du droit au logement opposable : une observation de terrain », *op. cit.*, p. 954.

[1694] Le Tribunal administratif de Nantes a considéré la personne responsable de sa situation de mal-logement dans la mesure où, en l'espèce, l'humidité dans le logement provenait de deux poêles à pétrole installés par le requérant. TA Nantes, 29 avril 2010, req. n° 096062, cité dans

son expulsion en raison de troubles de jouissance[1695], de tapage nocturne et d'incivilités[1696] ou de menaces de mort et de violences volontaires contre un préposé du bailleur[1697]. Le Conseil d'État[1698], lors d'un recours du ministre de l'Écologie contre l'arrêt de la cour administrative d'appel de Lyon qui confirmait le jugement du tribunal administratif annulant les décisions des 17 novembre 2009 et 19 janvier 2010 par lesquelles la commission de médiation du département du Rhône avait refusé de reconnaître les requérants prioritaires, a affirmé que cette commission « est fondée, pour apprécier la bonne foi du demandeur, à tenir compte du comportement de celui-ci ». Alors que la cour d'appel avait estimé qu'en opposant à l'intéressé son propre comportement regardé implicitement comme une absence de bonne foi, la commission de médiation avait « édicté, *de facto*, à l'encontre de l'intéressé une déchéance ou une sanction accessoire ne reposant formellement sur aucun texte législatif ou réglementaire, et, par suite, commis une erreur de droit »[1699], la Haute juridiction administrative a, quant à elle, considéré qu'un comportement provoquant des troubles de jouissance qui conduisent à une expulsion est « de nature à justifier que la commission de médiation estime que le demandeur n'est pas de bonne foi et, par suite, refuse de le reconnaître comme prioritaire et devant être logé d'urgence »[1700].

2. Le choix présumé du bénéficiaire de se soustraire aux conditions auxquelles est subordonné le maintien d'un droit acquis à l'aide sociale

386. Les déchéances, lorsqu'elles sanctionnent les comportements des bénéficiaires de l'aide sociale par lesquels ils se sont délibérément soustraits aux conditions de maintien de leur droit à une aide sociale, présument leur renonciation à leur droit acquis à cette aide.

---

le rapport du ministère de l'Égalité des territoires et du Logement (Ministère de l'Égalité des territoires et du Logement, *Droit au logement opposable - Bonnes pratiques des commissions de médiation*, février 2014, p. 14).

1695 CE, 17 juillet 2013, *Ministre de l'Écologie, du Développement durable, des Transports et du Logement c/ M. et Mme Peyrelon*, req. n° 349315, *Rec. CE* (tables), p. 686.

1696 TA Strasbourg, 17 février 2009, *Harrat*, req. n° 0803514. Cité dans le rapport public du Conseil d'État (Conseil d'État, *Droit au logement, droit du logement*, *op. cit.*, p. 280).

1697 Ministère de l'Égalité des territoires et du Logement, *Droit au logement opposable - Bonnes pratiques des commissions de médiation*, février 2014, p. 15.

1698 CE, 17 juillet 2013, *Ministre de l'Écologie, du Développement durable, des Transports et du Logement c/ M. et Mme Peyrelon*, req. n° 349315, *Rec. CE* (tables), p. 686.

1699 CAA Lyon, 7 mars 2011, *Ministre de l'Écologie, du Développement durable, des Transports et du Logement*, req. n° 10LY02637, inédit au recueil Lebon.

1700 En revanche, justifie un refus du logement proposé l'existence dans l'immeuble où est situé le logement proposé « d'une situation habituelle d'insécurité qui, du fait d'une vulnérabilité particulière du demandeur ou d'autres éléments liés à sa situation personnelle, crée des risques graves pour lui ou pour sa famille » ainsi que « le fait, pour le demandeur, d'avoir été victime d'une agression au cours de la visite du logement qui lui a été proposé [...] dès lors que, eu égard à sa nature et aux circonstances dans lesquelles elle est intervenue, elle suscite des craintes légitimes d'être exposé à une situation d'insécurité ». CE, 10 février 2017, *Mme A.*, req. n° 388607, à paraître aux tables du *Recueil Lebon*.

387. Cela apparaît à plusieurs niveaux dans le dispositif du revenu de solidarité active. Le versement de l'allocation de revenu de solidarité active peut être suspendu, et à terme le droit supprimé, lorsque, en raison du comportement du bénéficiaire, un PPAE ou un CER ne peut être établi ou renouvelé. La suspension ou la radiation sanctionne le bénéficiaire du RSA qui, en connaissance de cause, refuse « sans motif légitime » l'établissement ou le renouvellement d'un contrat. Le bénéficiaire, qui à l'échéance d'un premier contrat avec le président du conseil général stipulant qu'une réorientation devrait être envisagée si son projet musical n'aboutissait pas, avait proposé « un nouveau projet de contrat dont le projet professionnel consistait dans la recherche d'un emploi d'artiste producteur de musique pour la zone géographique États-Unis Espagne, avec une rémunération de 25 000 euros par mois », doit selon le juge administratif être regardé comme « ayant été, sans motif légitime [...] à l'origine du refus du département de la Drôme d'établir un nouveau contrat d'engagements réciproques »[1701]. De même, insistant sur le rôle du comportement du bénéficiaire dans la suspension, et la perte de l'allocation qui s'ensuit, la cour administrative d'appel de Bordeaux[1702] a considéré que ni la précarité, et notamment les conditions de logement de l'intéressé, ni le fait qu'il ne disposait pas de moyens de locomotion personnels ne pouvaient « justifier son refus de souscrire [un contrat d'engagements réciproques] auprès du référent ». Pour le juge, il s'agit d'un refus de nature à justifier, après l'engagement de la procédure de suspension de l'allocation de revenu de solidarité active, la radiation de la liste des bénéficiaires du RSA. Lorsque les bénéficiaires du RSA sont jugés responsables de la non-signature ou du non-renouvellement de leur contrat, ils sont donc présumés avoir renoncé à leur droit. Il en va différemment lorsque la maladie psychiatrique du bénéficiaire a fait obstacle à une juste compréhension de ses droits et devoirs. Cette maladie constitue un motif légitime justifiant son absence aux convocations en vue de remplir et signer son contrat d'insertion[1703].

388. Le versement de l'allocation de revenu de solidarité active peut également être suspendu, et à terme le droit supprimé, lorsque le bénéficiaire ne respecte pas ses obligations contractuelles. Dans la lignée de l'ancien article L. 262-23 du CASF en vertu duquel le versement de l'allocation

---

[1701] CAA Lyon, 10 avril 2014, *M. B.*, req. n° 13LY01693, inédit au recueil Lebon.
Dans le même sens (concernant le RMI) : CE, 23 avril 2007, *Département du territoire de Belfort*, req. n° 282963, *Rec. CE* (tables), p. 686 ; *RDSS*, 2007, p. 714, concl. Devys ; *AJDA*, 2007, p. 1611, note Tourette (F.). Voir également Comm. centr., 3 janvier 2012, *M. X.*, dossier n° 101246, *CJAS*, n° 2012/5.

[1702] CAA Bordeaux, 24 mars 2015, *M. B.*, req. n° 13BX03412, inédit au recueil Lebon.
Décisions allant dans le même sens à propos du RMI : CE, 29 novembre 1999, *Lipmanov*, req. n° 194040, *RDSS*, 2000, p. 403, obs. Ligneau (Ph.) ; Comm. centr., 12 mars 1993, *Département de la Seine-Saint-Denis*, dossier n° 920904, *EJCCAS*, n° 39-2, p. 4 ; Comm. centr., 21 octobre 1994, *Département de la Dordogne*, dossier n° 931266, *EJCCAS*, n° 39-2, p. 5, concl. Dessaint.

[1703] Comm. centr., 3 mai 2012, *Mlle X.*, dossier n° 110126, *CJAS*, n° 2012/6.

de revenu minimum d'insertion pouvait être suspendu si, « sans motif légitime », « le non-respect du contrat incombe au bénéficiaire de la prestation »[1704], l'article L. 262-37 du CASF actuellement en vigueur dispose que le versement du revenu de solidarité active peut être suspendu par le président du conseil départemental « Lorsque, sans motif légitime, les dispositions du projet personnalisé d'accès à l'emploi ou les stipulations de l'un des contrats mentionnés aux articles L. 262-35 et L. 262-36 ne sont pas respectées par le bénéficiaire ». Aussi a-t-il été jugé qu'une personne, titulaire d'un CAP de conducteur-typographe, qui a toujours volontairement restreint son activité d'insertion en se limitant à la recherche d'un poste de pilote de ligne ou d'un poste lui permettant de percevoir un salaire équivalent n'est pas fondée à contester la décision de suspension de l'allocation de revenu minimum d'insertion[1705]. De même, la cour administrative d'appel de Bordeaux a jugé que le bénéficiaire du revenu de solidarité active qui avait conclu avec le département de la Dordogne un CER d'une durée de trois mois « précisant qu'il devait impérativement donner, pour l'établissement du prochain contrat, les justificatifs de ses démarches spontanées de recherche d'emploi », mais qui n'avait ni fourni les justificatifs demandés ni pris contact avec Pôle emploi ne justifie pas d'un motif légitime au non-respect de ses engagements contractuels, bien qu'il ait présenté une candidature en vue de suivre une formation de cariste et que, postérieurement à la décision contestée, il ait obtenu un emploi saisonnier d'un mois[1706].

389. Cela apparaît également dans le cadre du droit au logement opposable. En raison de son comportement, le demandeur d'un logement ou d'un hébergement social reconnu prioritaire peut perdre le bénéfice de la décision par laquelle la commission de médiation a reconnu le caractère prioritaire et urgent de sa demande de logement ou d'hébergement. Le refus d'une offre de logement adaptée, lorsqu'il n'est pas justifié par « un motif impérieux » - condition difficile à remplir dans un contexte de pénurie de logements[1707], sauf lorsque le logement ne remplit pas les caractéristiques

---

1704 Comm. centr., 21 octobre 1994, *Département de la Dordogne*, dossier n° 931266, *EJCCAS*, n° 39-2, p. 5, concl. Dessaint ; Comm. centr., 9 janvier 2003, *Mme E.*, dossier n° 020211, *CJAS*, n° 2003/1.

1705 Comm. centr., 13 mars 2002, *M. D.*, dossier n° 010654, *CJAS*, n° 2002/03.

1706 CAA Bordeaux, 25 février 2014, *M. A.*, req. n° 12BX00149, inédit au recueil Lebon.

1707 Pour exemple de l'appréciation de l'adéquation de l'offre refusée aux besoins du demandeur dans le cadre d'un recours contre la décision du tribunal administratif de Versailles annulant la décision de la commission de médiation des Hauts-de-Seine rejetant la demande de classement prioritaire et urgent, la cour administrative d'appel a considéré que M. Sahra qui s'était vu proposer un appartement dont la superficie était adaptée à la composition de sa famille et qui l'avait refusé « en faisant valoir, pour justifier son refus, l'éloignement de ce logement de son lieu de travail et du quartier dans lequel la famille était alors logée » « ne justifiait pas d'un motif légitime de nature à fonder son refus de la proposition de logement qui lui avait été faite » alors que ce logement était situé à environ une heure de son lieu de travail et qu'il n'a pas établi que son état de santé aurait rendu difficile tout déménagement. CAA Versailles, 28 juin 2011, *Ministre de l'Écologie, de l'Énergie,*

d'un logement décent[1708] -, est assimilé à une préférence du demandeur[1709] et à sa renonciation au caractère prioritaire de sa demande de logement social[1710]. La renonciation est présumée, car l'appréciation de l'adaptation de l'offre aux besoins et capacités des demandeurs est effectuée sur la base de critères objectifs qui ignorent le fait que le « logement n'est pas un bien comme un autre »[1711]. Quoique les éléments relatifs à sa taille, à sa localisation par rapport aux contraintes de transport et à l'accès à l'emploi puissent être objectivés, le logement renvoie à des éléments plus subjectifs qui constituent rarement un motif « impérieux » permettant de justifier le refus d'une offre et qui, très souvent, ne signifient en rien une volonté du demandeur d'abandonner le caractère prioritaire qu'il s'est vu reconnaître au prix d'une démarche complexe qu'il a lui-même entreprise, mais, davantage, une volonté de ne pas accepter un logement qui ne lui convient pas[1712]. D'ailleurs, en 2012, 70 % des personnes ayant refusé le logement qui leur était proposé après avoir été reconnues prioritaires dans le cadre du DALO ont déclaré ignorer qu'elles n'auraient droit qu'à une seule proposition et 20 % regrettaient d'avoir refusé cette offre[1713]. La renonciation est donc une renonciation présumée en ce qu'elle est parfois en inadéquation avec la volonté interne des bénéficiaires.

390. Les présomptions de renonciation à l'exercice d'un droit ou à un doit acquis représentent souvent un moyen de sanctionner le demandeur ou le bénéficiaire qui, par son comportement, ne respecte pas les conditions et exigences auxquelles sont subordonnés l'octroi et la conservation de certains droits à l'aide sociale. Les contours du besoin sur lequel est fondé le droit à une prestation d'aide sociale étant intimement liés aux conditions objectives posées par la loi pour prétendre au bénéfice d'une prestation[1714], en raison de

---

du Développement durable et de la Mer c/ M. Sahra, req. n° 10VE01961, *AJDA*, 2011, p. 1976.

1708 Décret n° 2002-120 du 30 janvier 2002 relatif aux caractéristiques du logement décent pris pour l'application de l'article 187 de la loi n° 2000-1208 du 13 décembre 2000 relative à la solidarité et au renouvellement urbains.
NGUYEN-DUY (P.), « Droit au logement opposable, acte II. Application du recours juridictionnel institué par la loi Dalo : modalités, limites… et avancées », *op. cit.*, p. 516-517 ; DONIER (V.), « Les clairs-obscurs du contentieux relatif au droit au logement opposable. À propos de l'avis du Conseil d'État du 21 juillet 2009, *Mme Idjihadi* », *RFDA*, 2010, p. 170.

1709 Exigence réaffirmée dans CE avis, 1er juillet 2016, *M. Slimani*, n° 398546, *Rec. CE*, p. 318.

1710 En revanche, la Haute juridiction administrative a jugé que l'urgence à reloger un demandeur persiste quand il a accepté une offre de logement qui ne correspondait pas à ses besoins. Dès lors, il ne perd pas le caractère prioritaire de sa demande. CE, 23 décembre 2015, *M. Belghoul*, req. n° 379940, *Rec. CE* (tables), p. 743.

1711 LACHARME (B.), « Le non-recours dans le domaine du droit au logement », *RDSS*, 2012, p. 655.

1712 *Ibid.*

1713 WEILL (P.-E.), *Sans toit ni loi ? Genèse et conditions de la mise en œuvre de la loi DALO*, Rennes, Presses universitaires de Rennes, coll. Res publica, 2017, p. 262.

1714 MAGORD (C.), *Le parcours contentieux de l'aide sociale*, thèse soutenue à l'Université Jean-Monnet-Saint-Étienne le 12 mai 2015, dactyl., p. 376.

son comportement, l'état de besoin n'apparaît plus être subi, « c'est-à-dire résulter de circonstances exceptionnelles indépendantes de la volonté de l'individu »[1715]. Cela semble confirmé par le fait que les présomptions légales de renonciation aux droits aux aides sociales destinées aux personnes âgées ou aux personnes handicapées, à la différence de celles mises en place dans le cadre des aides sociales relatives à la lutte contre la pauvreté et les exclusions, ne s'apparentent pas à une déchéance, c'est-à-dire à une sanction, comme en témoigne la présomption de renonciation mise en place dans le cadre de l'allocation personnalisée d'autonomie. En tant que prestation en nature[1716] affectée à la couverture des dépenses qui relèvent d'un plan d'aide élaboré par une équipe médico-sociale[1717], la signature d'un tel plan est une condition d'ouverture du droit à l'allocation personnalisée d'autonomie. En vertu de l'article R. 232-7 du CASF, l'équipe médico-sociale adresse une proposition de plan d'aide à l'intéressé dans un délai de trente jours à compter de la date du dépôt du dossier de demande complet. Le demandeur dispose alors de dix jours pour présenter ses observations et solliciter la modification du plan d'aide. Le cas échéant, une proposition définitive lui sera adressée dans les huit jours. Si l'intéressé refuse expressément ou ne répond pas à cette proposition dans un délai de dix jours, « la demande d'allocation personnalisée d'autonomie est alors réputée refusée ». Quoiqu'il s'agisse bien d'une présomption légale de renonciation, celle-ci ne tend pas à sanctionner un comportement considéré comme fautif de la part du bénéficiaire, mais à préciser expressément les conséquences attachées à son absence de réponse. D'ailleurs, alors même que l'administration peut refuser l'aide à la suite d'un rejet du plan d'aide - rejet assimilé à une renonciation du bénéficiaire à son droit -, lorsque ce rejet ne s'apparente manifestement pas à une renonciation, elle ne refuse pas toujours purement et simplement l'octroi de l'aide[1718].

* * *

391. La renonciation imposée aux droits à l'aide sociale, qu'elle soit subie ou présumée, s'inscrit dans la lignée de la renonciation en droit administratif puisqu'elle est intrinsèquement liée à la situation statutaire du renonçant. Elle a cependant, en la matière, une place particulièrement importante lorsqu'il s'agit d'aides reposant sur un besoin économique, indépendamment de l'état du bénéficiaire[1719]. Sans doute parce que, à la différence des aides qui apparaissent comme des réponses à des risques

---

1715 ROMAN (D.), *Le droit public face à la pauvreté*, Paris, LGDJ, coll. Bibliothèque de droit public t. 221, 2002, p. 205.
1716 Article L. 232-2 du CASF.
1717 Article L. 232-3 du CASF.
1718 Comm. centr., 4 mai 2011, *Mme X.*, dossier n° 100793.
1719 BONNIN (V.), « La récupération des prestations sociales en question », *RDSS*, 2005, p. 999.

sociaux clairement identifiés considérés comme indépendants de la volonté de celui qui y est exposé[1720], leurs bénéficiaires semblent moins légitimes à les percevoir et sont parfois suspectés d'en abuser, ces aides constituent-elles le domaine de prédilection des renonciations imposées. Cette renonciation, bien qu'elle résulte d'un choix du demandeur ou du bénéficiaire d'un droit, est rarement le fruit de sa volonté d'abandonner son droit et, de ce fait, est porteuse d'une part de fiction. Alors que la « renonciation apparaît [...] dans la conscience doctrinale comme la manifestation d'une volonté absolument souveraine, une volonté qui ne procèderait que d'elle-même », en droit de l'aide sociale elle procède souvent non pas « d'une volonté abdicative mais plutôt d'une sorte d'abdication de volonté »[1721].

1720 *Ibid.*

1721 HYDE (A.-A.), *Les atteintes aux libertés individuelles par contrat. Contribution à la théorie de l'obligation*, Paris, IRJS Éditions, 2015, p. 85.

CONCLUSION DU TITRE I

392. L'étude de la renonciation en droit de l'aide sociale conforte l'idée que la « figure » du bénéficiaire oscille entre celle d'un usager autonome et celle d'un usager-captif, assujetti à l'administration. Il est vrai que la mise en place du revenu minimum d'insertion a laissé penser que le modèle administratif « d'autorité, d'éloignement et de contrainte »[1722], longtemps appliqué en droit de l'aide sociale, était révolu, d'autant plus que ce nouveau dispositif n'a été que la première étape d'un important mouvement de contractualisation en droit de l'aide sociale marquant une rupture avec « le processus décisionnel unilatéral classique dans le champ de l'aide sociale »[1723]. Le bénéficiaire semblait s'être vu reconnaître le « rôle "d'auteur" de la règle de droit avant d'en être le destinataire »[1724] et être ainsi devenu acteur de son insertion ou de son accueil[1725]. Cette conception du bénéficiaire de l'aide sociale est pourtant en partie contredite par l'étude de la renonciation. La renonciation est, certes, imbriquée dans le mouvement d'individualisation de la protection sociale qui s'est traduit par un accroissement des prestations liées à la signature d'un contrat et par la promotion des droits des usagers des institutions sociales[1726]. Son étude met toutefois en exergue l'ambivalence de ce mouvement et, avec elle, celle de la figure de l'usager de l'aide sociale. S'il est appréhendé comme un sujet actif et volontaire, et non plus comme un « objet passif »[1727], l'usager apparaît, en même temps, encore fortement soumis à l'administration. La représentation

1722 CHEVALLIER (J.), « Figures de l'usager », *in Psychologie et science administrative*, Paris, PUF, coll. CURAPP, 1985, p. 37.
1723 FABERON (F.), « Vulnérabilité et besoin dans le droit de l'aide et de l'action sociales », *in* PAILLET (E.) et RICHARD (P.) (dir.), *Effectivité des droits et vulnérabilité de la personne*, Bruxelles, Bruylant, 2014, p. 58.
1724 D'ailleurs, suivant l'ancien article L. 262-37 du CASF, le contenu du contrat d'insertion était débattu entre la personne chargée de son élaboration et l'allocataire. Le contrat était « librement conclu par les parties » et reposait « sur des engagements réciproques de leur part ».
1725 AUBIN (E.), *Droit de l'aide et de l'action sociales*, *op. cit.*, p. 51.
1726 LAFORE (R.), « Les pratiques d'individualisation des dispositifs d'aide et de soutien, du contrat d'insertion au droit des usagers », *op. cit.*, p. 28.
1727 CHEVALLIER (J.), « Figures de l'usager », *op. cit.*, p. 43.

de « l'usager-roi »[1728] à l'écoute duquel l'administration se tiendrait constamment afin de tenir compte de ses besoins et attentes n'a pas sa place en droit de l'aide sociale, et, en la matière, domine encore très largement celle de « l'usager-captif » pour qui la fréquentation des services publics est souvent perçue comme une contrainte[1729]. Néanmoins, « autonome », lorsqu'en renonçant il fait usage de sa liberté, ou « captif », lorsque sa renonciation lui est imposée, le bénéficiaire de l'aide sociale est vulnérable et la renonciation porte sur des droits de nature alimentaire concrétisant ses droits fondamentaux à la protection de la santé, à la sécurité matérielle ou encore à des moyens convenables d'existence. Aussi les effets de la renonciation à l'exercice d'un droit à l'aide sociale ou à sa titularité sont-ils encadrés.

[1728] *Ibid.*, p. 44.

[1729] Les services publics se montrent peu réceptifs aux sollicitations de l'usager préférant orienter leur action en fonction de variables qui leur sont propres et dicter leur loi à leurs usagers. Dans ce cadre, « la prestation devient le vecteur d'une domination d'autant plus efficace qu'elle est plus latente ». *Ibid.*

TITRE II

LES EFFETS DE LA RENONCIATION AUX DROITS À L'AIDE SOCIALE

393. Quoique l'étude de la renonciation en droit de l'aide sociale ait laissé entrevoir la façon dont est pensé l'usager en la matière - un usager autonome qui, en renonçant, conduit « sa vie selon ses valeurs, finalités ou préférences »[1730] -, elle a également dévoilé l'existence d'un usager-captif renonçant à ses droits en raison des contraintes entourant leur exercice ou leur conservation ou étant présumé y renoncer en raison de l'adoption d'un comportement assimilé à une renonciation. Eu égard à la gravité des effets de la renonciation qui entraîne la perte d'une prérogative ou son abandon définitif, cette situation questionne, car ses conséquences sont assurément une cause de l'aggravation de la situation de pauvreté ou d'exclusion sociale du bénéficiaire, et ce, même lorsqu'elle n'est ni subie ni présumée, mais qu'elle découle d'un véritable choix du bénéficiaire.

394. L'étude des conséquences de la renonciation sur les prérogatives attachées à un droit ou sur le droit lui-même (Chapitre I) et de la durée de ses effets dans le temps (Chapitre II) permet d'appréhender les répercussions concrètes de la renonciation sur le bénéficiaire de l'aide sociale. Elle représente alors une voie pour sonder le degré de liberté dont il dispose pour moduler les conséquences de sa renonciation sur la perte de la prérogative ou du droit concerné pour que seuls soient touchés les effets « passés » ou, à l'inverse, ceux à venir et qu'il ait une emprise sur la durée de sa renonciation, à savoir sur son caractère irrévocable ou non - l'irrévocabilité étant une caractéristique traditionnellement associée à la renonciation. Une telle liberté ne peut toutefois se concevoir que dans le cadre des renonciations véritables, c'est-à-dire manifestées et ne découlant pas d'une présomption légale de renonciation, puisque les effets des renonciations présumées découlent nécessairement de la loi. Aussi cette étude permet-elle, également, d'apprécier si le renonçant présumé est protégé par les

---

1730 DENIZEAU (C.), « La vulnérabilité dans la jurisprudence constitutionnelle de la France et du Royaume-Uni », *in* BURGORGUE LARSEN (L.) (dir.), *La vulnérabilité saisie par les juges en Europe*, Paris, éd. Pedone, coll. Cahiers européens, 2014, n° 7, p. 138.

dispositions instituant des présomptions de renonciation, dispositions déterminant tant les prérogatives et les droits affectés par la renonciation présumée que la durée de la renonciation.

CHAPITRE I

La perte encadrée d'une prérogative ou d'un droit

395. Qu'elle porte sur un l'exercice d'un droit à l'aide sociale ou sur sa titularité, la renonciation provoque inéluctablement la perte d'un droit ou d'une prérogative. L'expression « perte d'une prérogative » - préférée à celle de « perte d'un droit » lorsqu'il s'agit d'évoquer les conséquences d'une renonciation n'atteignant pas la titularité du droit, mais son exercice -, recouvre des situations différentes puisqu'elle peut signifier la perte d'une prérogative à titre définitif ou temporaire, totale ou partielle[1731]. L'expression « perte d'un droit » - dont l'usage semble approprié pour désigner les conséquences de la renonciation portant sur la titularité du droit[1732] - se rapproche, quant à elle, de celle d'« extinction d'un droit » qui désigne l'expiration d'un droit à titre définitif[1733]. Pointe alors l'idée que la renonciation puisse avoir des conséquences juridiques plus ou moins graves pour le renonçant.

396. Quoique ses effets varient selon que le bénéficiaire renonce à un droit non acquis en ne l'exerçant pas ou en s'engageant à abandonner les prestations futures dont il aurait pu bénéficier, la renonciation à l'exercice d'un droit est toujours lourde de conséquences puisqu'elle se traduit non seulement par une perte définitive des prérogatives non acquises, mais encore par le fait que le bénéficiaire ne dispose d'aucun moyen pour moduler les effets de sa renonciation (Section I). Lorsque le droit est acquis, le renonçant est davantage protégé (Section II). D'une part, sa renonciation passant nécessairement par la sortie de vigueur de l'acte lui ayant octroyé le droit qu'il entend abandonner, il jouit des garanties protégeant l'ensemble des bénéficiaires d'une décision créatrice de droits. Il est, en particulier, susceptible de moduler les effets de sa renonciation en choisissant de

1731 LE GARS (A.), *La déchéance des droits en droit privé français*, Thèse soutenue à l'Université de Toulouse I le 4 décembre 2003, dactyl., p. 68.

1732 Selon l'expression consacrée par la doctrine classique, l'acte de renonciation (abdicative) fait « sortir le droit sur lequel il porte du patrimoine du renonçant ». RAYNAUD (P.), « La renonciation à un droit. Sa nature et son domaine en Droit civil », *RTD civ.*, 1936, p. 782.

1733 LE GARS (A.), *La déchéance des droits en droit privé français*, *op. cit.*, p. 68.

demander l'abrogation de la décision, qui n'aura d'effet que pour l'avenir, plutôt que son retrait qui aura un effet rétroactif. D'autre part, s'il perd ce pouvoir dans le cadre des présomptions de renonciation-sanction puisque les effets de la renonciation présumée sont déterminés par la loi, la perte de son droit, qu'il l'ait provoquée volontairement ou qu'elle lui soit imposée, ne vaudra que pour l'avenir et n'atteindra pas les prérogatives acquises antérieurement au comportement assimilé par la loi à une renonciation du bénéficiaire à son droit.

SECTION I. LES EFFETS DE LA RENONCIATION À L'EXERCICE D'UN DROIT

397. La renonciation à l'exercice d'un droit, qu'elle soit le fait d'une non-demande (§ 1) ou de l'inaction prolongée du bénéficiaire postérieurement à une demande (§ 2), se traduit, à de rares exceptions près, par la perte définitive des prérogatives qui y sont attachées. Bien que cette perte ne concerne que les prérogatives passées ou en cours et jamais les prérogatives futures - sauf quand des dispositions législatives le permettent -, et que l'administration ne puisse accroître les effets de la renonciation en différant dans le temps l'effet de la décision d'admission[1734], les conséquences n'en sont pas moins graves pour le bénéficiaire qui se trouve privé du bénéfice de son droit, parfois en raison de sa volonté libre et éclairée de l'abandonner, mais d'autres fois de façon contrainte.

§ 1. Les effets de la renonciation par non-exercice d'un droit à l'aide sociale

398. Le non-exercice d'un droit à l'aide sociale entraîne la perte définitive de prérogatives. Cette perte est généralement concomitante au non-exercice du droit par son bénéficiaire (A), mais, dans certains cas, elle est limitée en raison d'une rétroactivité organisée de l'admission à l'aide sociale (B).

A. La perte des prérogatives attachées aux droits non demandés

399. En matière de sécurité sociale, domaine dans lequel l'action en paiement d'une prestation est soumise à un délai de prescription, le titulaire d'un droit qui ne le demande pas ou qui n'intente pas d'action en justice pour le faire valoir au terme d'un certain délai peut être regardé « comme ayant renoncé à ce droit »[1735]. Le fait de laisser périr un droit par la

---

[1734] Comm. centr., 28 juin 1960, *Le Guen, Revue de l'aide sociale*, 1961, p. 228.
[1735] TAURAN (T.), « Les règles de prescription en matière de sécurité sociale », *RDSS*, 2011, p. 927.

prescription en ne l'exerçant pas est alors interprété comme une renonciation tacite[1736]. Cette remarque pourrait être étendue aux prestations d'aide sociale ou de sécurité sociale à vocation assistancielle puisque l'action pour le paiement de certaines d'entre elles telles que l'allocation personnalisée d'autonomie[1737], la prestation de compensation du handicap[1738], le revenu de solidarité active[1739], l'allocation aux adultes handicapés[1740], l'allocation de logement social[1741] ou l'aide personnalisée au logement[1742] se prescrit par deux ans. Un tel raccourci doit cependant être évité dans la mesure où les effets du non-exercice d'un droit à une prestation sociale dépendent moins de l'existence d'un délai de prescription en tant que tel que de l'élément auquel est attachée l'ouverture du droit, point de départ du délai de prescription : la réalisation d'un risque social, la réunion des conditions d'ouverture du droit ou la demande du bénéficiaire.

400. Même si, quelle que soit la prestation concernée, c'est à l'assuré ou au bénéficiaire de solliciter auprès de l'organisme de sécurité sociale ou de la collectivité l'attribution de la prestation à laquelle il peut prétendre, la demande, certaines fois, n'est que l'élément déclenchant l'ouverture d'un droit dont la naissance dépend de la réalisation d'un risque social ou de la réunion des conditions d'ouverture du droit, tandis que d'autres fois elle constitue, en elle-même, l'élément auquel est rattachée l'ouverture du droit. Lorsque l'ouverture du droit dépend de la réalisation d'un risque social - la maladie et la maternité, les accidents du travail et les maladies professionnelles -, comme c'est le cas de la plupart des prestations de sécurité sociale assurantielles - l'indemnité journalière versée dans le cadre de l'assurance maladie à l'assuré qui se trouve dans l'incapacité physique, constatée par le médecin traitant, de continuer ou de reprendre le travail[1743] est accordée, par exemple, à compter du quatrième jour[1744] *suivant le point de départ de l'incapacité de travail*[1745] et la pension d'invalidité à laquelle a droit l'assuré qui subit, en raison d'une invalidité, une réduction de sa capacité de travail ou de gain[1746] prend effet, quant à elle, *à compter de la date à laquelle est apprécié l'état d'invalidité*, et ce, quelle que soit la date de la demande[1747] -, la perte des prérogatives attachées au droit non-exercé

1736 DUCOIN (C.), *Essai d'une théorie générale de la renonciation en droit civil français*, Lyon, J. Poncet, 1913, p. 12. Voir également KNAPP (B.), *Précis de droit administratif*, Bâle, Éditions Helbing et Lichtenhahn, coll. théorie et pratique du droit, 4e éd., 1991, p. 171.

1737 Article L. 232-25 du CASF.

1738 Article L. 245-8 du CASF.

1739 Article L. 262-45 du CASF.

1740 Article L. 821-5 du CSS.

1741 Article L. 835-3 du CSS.

1742 Article L. 351-11 du CCH.

1743 Article L. 321-1 du CSS.

1744 Article R. 323-1 du CSS.

1745 Article L. 323-1 du CSS.

1746 Article L. 341-1 du CSS.

1747 Article R. 341-12 du CSS.

ne devient définitive qu'à l'échéance du délai de prescription. Dans le cadre de l'assurance maladie, l'action de l'assuré pour le paiement des prestations de l'assurance maladie ou des prestations de l'assurance maternité se prescrit par deux ans[1748] : pour les premières, à compter du premier jour du trimestre suivant celui auquel se rapportent lesdites prestations et, pour les secondes, à compter de la date de la première constatation médicale de la grossesse[1749]. C'est seulement à l'échéance de ce terme que le renonçant « réel » ou présumé perdra définitivement le bénéfice de son droit, même si la volonté interne de l'affilié était d'y renoncer[1750]. Lorsque l'ouverture du droit est liée à la demande du bénéficiaire, le non-exercice entraîne, par contre, la perte définitive des prérogatives attachées au droit non-exercé. Le non-exercice du droit aux prestations d'assurance vieillesse[1751] ou du droit aux allocations de solidarité aux personnes âgées - rares droits à des prestations de sécurité sociale dont l'ouverture est attachée à la demande de l'assuré - engendre ainsi la perte définitive des prérogatives attachées aux droits non-exercés puisque la date à partir de laquelle la prestation est due ne peut pas être fixée à une date antérieure à celle du dépôt de la demande, et ce, quelle que soit la cause du retard de la présentation de la demande[1752].

401. La majorité des droits à l'aide sociale et à des prestations de sécurité sociale à vocation assistancielle étant rattachée à une demande du

---

[1748] Il en est de même pour les droits de la victime ou de ses ayants droit aux prestations et indemnités versées en cas d'accidents du travail ou de maladies professionnelles qui se prescrivent par deux ans (article L. 431-2 du CSS).

[1749] Article L. 160-11 du CSS.

[1750] La prescription court en principe à compter du fait générateur de la prestation. Toutefois, il en va parfois différemment. C'est notamment le cas de la prescription pour l'obtention du capital décès qui court à compter de la date à laquelle les ayants droit de l'assuré en ont eu connaissance et non à compter du décès de l'assuré. Cass. soc., 9 mars 1995, *CPAM des Bouches du Rhône c/ Guyodo*, *RJS*, n° 4, 1995, n° 432.

De même, la prescription peut être suspendue en raison de l'impossibilité dans laquelle se trouve l'assuré de faire valoir ses droits ou en cas de force majeure. Cass. civ. 2e, 25 mai 1962, *Caisse primaire de sécurité sociale du Vaucluse c/ dame Roux*, *Bull. civ.* II, n° 471 ; *Dr. soc.*, 1963, p. 126, note Voirin.

[1751] Le délai de droit commun de cinq ans, prévu à l'article 2224 du Code civil, s'applique à l'action en paiement par les organismes de sécurité sociale d'arrérages de prestations d'invalidité et d'assurance vieillesse. Cass. soc., 8 janvier 1970, *Gaillard c/ Caisse primaire de sécurité sociale des Bouches-du-Rhône*, n° 68-14170, *Bull. civ.* V, n° 11 et Cass. soc., 25 février 1993, *CAPRCIF c/ Trahand*, *RJS*, n° 5, 1993, n° 553.

[1752] La Cour de cassation a jugé que, le fait que non seulement le requérant n'ait pas pu percevoir une pension de vieillesse pour des raisons disciplinaires au moment où il a fait valoir ses droits à la retraite, mais encore qu'il n'ait pu demander une pension du régime général qu'à compter de l'arrêté les suspendant définitivement ne permettait pas à la Caisse de déroger à l'article R. 351-37 du CSS en fixant la date d'entrée en jouissance de la pension de retraite antérieurement au dépôt de la demande. Cass. soc., 12 décembre 1996, *CRAM d'Auvergne c/ M. Masseret*, n° 95-13521, *Bull. civ.* V, n° 441 ; Cass. soc., 25 novembre 1999, *Rieul c/ CRAM du Centre et autre*, n° 98-12792, *RJS*, n° 1, 2000, n° 96.

Cass. soc., 18 février 1993, *M. Stegelitz c/ Caisse régionale d'assurance maladie du Languedoc-Roussillon*, n° 91-10206, *Bull. civ.* V, n° 63 ; Cass. soc., 12 janvier 1995, n° 92-13691, inédit.

bénéficiaire, le non-exercice d'un droit à l'aide sociale entraîne la perte définitive des prérogatives attachées au droit non-exercé. Certes, le caractère alimentaire du droit de l'aide sociale[1753] aurait aisément pu laisser penser que la décision d'admission ne revêtait qu'un caractère déclaratif et, ce faisant, prenait effet rétroactivement au jour où le besoin s'est manifesté[1754]. Non-exercice d'un droit et renonciation auraient alors été dissociables puisque, n'ayant pas véritablement souhaité abandonner son droit, le bénéficiaire aurait pu ne pas perdre ses prérogatives en le faisant valoir rétroactivement. Cette solution aurait eu des conséquences non négligeables, car, la renonciation par non-demande étant présumée[1755], il n'est pas rare que les bénéficiaires d'un droit à l'aide sociale, lorsqu'ils en font la demande, souhaitent en percevoir le bénéfice de façon rétroactive. Dans l'arrêt *Époux Bourcereau*[1756], par exemple, les requérants qui avaient demandé tardivement à bénéficier de l'allocation d'éducation spéciale, à l'occasion d'un recours devant le juge, en sollicitaient la perception à une date antérieure à la demande. Au regard de la loi et de la jurisprudence, la décision d'admission ne revêt cependant pas un caractère déclaratif, si bien qu'elle ne prend jamais effet rétroactivement au jour où le besoin s'est manifesté. Le lien entre le dépôt de la demande et la date d'ouverture des droits à l'aide sociale a d'ailleurs été mis en exergue par la Commission centrale d'aide sociale. Elle a rejeté les conclusions de la requérante tendant à exciper un versement rétroactif de l'allocation de revenu minimum d'insertion au motif que, à « supposer même que les conditions d'ouverture auraient été remplies antérieurement », les textes régissant le dispositif du revenu minimum d'insertion ne permettaient aucun versement rétroactif en l'absence de demande antérieure[1757]. Dans sa décision *Le* Guen, elle considère que le requérant était fondé à soutenir qu'il avait droit, à taux plein, à l'allocation supplémentaire du Fonds national de Solidarité à compter du 1er avril 1958 dans la mesure où il avait fait sa demande en temps voulu afin d'en bénéficier au moins à compter de cette date[1758].

402. L'ouverture des droits à l'aide sociale est donc attachée, à quelques rares exceptions près, à la demande du bénéficiaire qui constitue le point de départ du calcul de la date d'attribution des droits visant à prendre en charge un besoin auquel le demandeur ne peut subvenir ni par lui-même ni par la mise en œuvre des solidarités intrafamiliales. Ainsi, en vertu de l'article

---

1753 BORGETTO (M.) et LAFORE (R.), *Droit de l'aide et de l'action sociales*, Issy-les-Moulineaux, LGDJ, coll. Domat droit public, 9e éd., 2015, p. 116, n° 83.

1754 ALFANDARI (E.) et TOURETTE (F.), *Action et aide sociales*, Paris, Dalloz, coll. Précis, 2011, 5e éd., p. 348, n° 209.

1755 Voir *supra* n° 227 et suiv.

1756 Cass. soc., 26 mai 1981, *Époux Bourcereau*, *Gaz. Pal.*, pan., 5 janvier 1982 (1er sem.), p. 7.

1757 Comm. centr., 14 décembre 2007, *Mlle P.*, dossier n° 061114, *CJAS*, n° 2008/4.

1758 Comm. centr., 28 juin 1960, *Le Guen*, *Revue de l'aide sociale*, 1961, p. 228.

R. 131-2 du CASF, les décisions d'admission aux aides sociales aux personnes âgées et handicapées prévues aux titres III et IV du livre II prennent effet au premier jour de la quinzaine suivant la date à laquelle elles ont été présentées, à l'exception de celles relatives à l'aide pour la prise en charge des frais d'hébergement des personnes accueillies dans un établissement social ou médico-social habilité à recevoir des bénéficiaires de l'aide sociale ou dans un établissement de santé dispensant des soins de longue durée qui prennent effet à compter du jour d'entrée dans l'établissement si la demande a été déposée dans les deux mois qui suivent[1759]. L'article R. 821-7 du Code de la sécurité sociale relatif à l'allocation aux adultes handicapés prévoit, quant à lui, l'ouverture des droits à compter du premier jour du mois civil suivant celui du dépôt de la demande. Bien que les articles L. 262-18 du CASF pour le revenu de solidarité active et L. 843-2 du Code de la sécurité sociale pour la prime d'activité prévoient l'ouverture de ces droits à une date antérieure à celle du dépôt de la demande, l'ouverture des droits est également intrinsèquement liée au dépôt d'une demande par le bénéficiaire puisque l'allocation est due à partir du premier jour du mois civil au cours duquel la demande a été déposée[1760]. Ils s'inscrivent ainsi dans la lignée du revenu minimum d'insertion pour lequel il avait été prévu, lorsque les conditions étaient remplies, que le droit à l'allocation était ouvert à compter de la date du dépôt de la demande[1761] et que l'allocation était due à compter du premier jour du mois civil au cours duquel la demande dûment remplie et signée avait été déposée[1762]. C'est également vrai pour la prestation de compensation du handicap à domicile puisque l'article D. 245-34 du CASF prévoit que la date d'ouverture des droits à cette prestation est celle du premier jour du mois du dépôt de la demande, sauf lorsqu'elle est affectée à des charges liées à un besoin d'aides techniques auquel cas les droits ne sont ouverts qu'à compter de la date d'acquisition ou de location de l'instrument, équipement ou système technique correspondant.

403. La perte des prérogatives du fait du non-exercice de son droit par le bénéficiaire de l'aide sociale n'est, certes, pas toujours exactement concomitante à la non-demande. Le bénéficiaire, en l'absence de

---

[1759] Pour exemple : l'aide sociale relative au placement chez un particulier agréé pour l'accueil d'handicapés adultes. Le juge considère que, n'étant pas assimilable à un placement en établissement, la décision prend effet au premier jour de la quinzaine suivant la date de sa présentation. Comm. centr., 29 mars 2002, *Mlle P.*, dossier n° 010071, *CJAS*, n° 2002/04.
Voir également Comm. centr., 10 novembre 2005, *M. Paul L. et Mme Jeanine F.*, dossiers n° 050286 et n° 050287, *CJAS*, n° 2006/4.

[1760] Articles R. 262-33 du CASF et R. 846-2 du CSS.

[1761] Ancien article L. 262-7 du CASF.

[1762] Article 25 du décret n° 88-1111 du 12 décembre 1988 relatif à la détermination du revenu minimum d'insertion et à l'allocation de revenu minimum d'insertion et modifiant le Code de la sécurité sociale, *JO* du 13 décembre 1988 p. 15543.
Comm. centr., 7 septembre 2007, *M. L. Julien*, dossier n° 040943, *CJAS*, n° 2008/2.

dispositions spécifiques[1763], ne peut toutefois généralement pas obtenir de façon rétroactive les prérogatives attachées à un droit dont il n'a pas demandé le bénéfice en raison du lien étroit entre l'ouverture du droit et la demande. Quand bien même les conditions pour bénéficier d'un droit seraient préalablement remplies, les droits à l'aide sociale ne peuvent, pour la plupart, pas être ouverts rétroactivement : les prérogatives attachées à ces droits à l'aide sociale, lorsqu'ils n'ont pas été demandés, sont définitivement perdues.

B. L'atténuation des effets de la renonciation par non-exercice d'un droit : la rétroactivité organisée

404. En droit de l'aide sociale, l'ouverture des droits est très souvent liée à une demande du bénéficiaire. Les prérogatives attachées aux droits sont alors définitivement perdues par le bénéficiaire ne les ayant pas fait valoir. Néanmoins, lorsque cette ouverture est rattachée à un événement, comme c'est le cas pour certaines prestations d'aide sociale en nature (1), ou à la réunion des conditions d'octroi du droit, comme c'est le cas pour certaines prestations d'aide sociale en espèce (2), elle rétroagit. La perte des prérogatives attachées au droit non-exercé ne devient alors définitive qu'à l'échéance du délai de prescription.

1. La rétroactivité organisée pour certaines prestations d'aide sociale en nature

405. La rétroactivité de la date d'ouverture des droits à l'aide sociale est rare, mais a été admise de longue date pour les prestations en nature puisque le juge a consenti à ce que l'attribution de l'aide pour la prise en charge des frais médicaux ou hospitaliers puisse prendre effet antérieurement à la demande[1764]. Il a ainsi considéré dans une décision du 19 janvier 1981 que, bien qu'elle n'ait été demandée qu'en 1979, l'aide tendant à couvrir des frais hospitaliers engagés en 1973 devait être accordée[1765]. Le délai pour formuler une demande n'était cependant pas illimité puisque le caractère tardif de la

---

1763 Pour exemple : rétroactivité de l'AME.

1764 Une instruction en date du 19 novembre 1958 prévoyait la possibilité de faire rétroagir la demande d'aide médicale hospitalière, mais la subordonnait à une autorisation ministérielle. Voir le commentaire de l'instruction du 19 novembre 1958 relative aux rapports des services d'aide sociale et des établissements hospitaliers (*Revue de l'aide sociale*, 1959, p. 103).

1765 Comm. centr., 19 janvier 1981, *RDSS*, 1982, p. 489, note Alfandari (E.).
Solution déjà retenue dans la décision *Directeur de l'Hôpital psychiatrique Marchant*. Comm. centr., 1er février 1978, *Directeur de l'Hôpital psychiatrique Marchant*, *RDSS*, 1980, p. 557, note Alfandari (E.).

demande était en mesure de justifier une décision de rejet de la commission d'admission[1766].

406. En 1986, le législateur donne un fondement légal à la rétroactivité de l'admission à certaines aides sociales en intégrant dans le Code de la famille et de l'aide sociale l'article 124-3 en vertu duquel « les décisions attribuant une aide sous la forme d'une prise en charge de frais d'hébergement ou de frais médicaux peuvent prendre effet à compter de la date d'entrée dans l'établissement ou de la délivrance des soins, à condition que l'aide ait été demandée dans un délai fixé par voie réglementaire »[1767]. Apparaissent ainsi les deux domaines dans lesquels une certaine rétroactivité est organisée : l'aide sociale à la prise en charge des frais d'hébergement et l'aide sociale à la prise en charge des frais médicaux. Avant d'être reprise à l'article L. 131-4 du CASF[1768], la rétroactivité de l'aide sociale à la prise en charge des frais d'hébergement avait été prévue par l'article 124-3 du Code de la famille et de l'aide sociale, complété par l'article 18 du décret du 11 juin 1954 dans sa rédaction issue du décret du 25 novembre 1987[1769], en vertu duquel la décision d'attribution de l'aide sociale pour la prise en charge des frais d'hébergement des personnes accueillies dans un établissement social ou médico-social habilité à recevoir des bénéficiaires de l'aide sociale ou dans un centre de long séjour pouvait prendre effet à compter du jour d'entrée dans l'établissement si la demande avait été déposée dans les deux mois[1770]. La rétroactivité de l'aide médicale[1771], quant à elle, a été mise en place par le décret du 26 mars 1993. Lorsqu'une demande d'aide médicale était présentée par une personne après son admission dans un établissement de santé, la décision d'admission prenait effet au jour d'entrée dans l'établissement. Cette rétroactivité n'était cependant pas valable si la demande avait été présentée plus de deux mois après l'entrée dans

---

[1766] C'était le cas d'une demande déposée plus de cinq après l'hospitalisation. Comm. centr., 21 mai 1979, *Directeur du Centre hospitalier de Gisors*, *RDSS*, 1980, p. 557, note Alfandari (E.).

[1767] Article 52 de la loi n° 86-17 du 6 janvier 1986 adaptant la législation sanitaire et sociale aux transferts de compétences en matière d'aide sociale et de santé, *JO* 8 janvier 1986 p. 372.

[1768] Voir également l'article R. 131-2 du CASF. Pour exemple : Comm. centr., 16 mars 2005, *Mme B.*, dossier n° 982513, *CJAS*, n° 2005/4.

[1769] Décret n° 87-961 du 25 novembre 1987 portant diverses mesures d'application de la loi n° 86-17 du 6 janvier 1986 adaptant la législation sanitaire et sociale aux transferts de compétences en matière d'aide sociale et de santé, *JO* du 29 novembre 1987 p. 13956.

Jusqu'à l'adoption de ce décret, l'article 18 du décret du 11 juin 1954 ne prévoyait aucune dérogation au principe selon lequel les demandes tendant à obtenir le bénéfice de l'aide sociale prévue aux chapitres V et VI du décret prenaient effet au premier jour de la quinzaine suivant la date à laquelle elles avaient été présentées.

[1770] Pour un exemple d'application de ces dispositions : CE, 7 janvier 2000, *Mlle Callot*, req. n° 199001, inédit au recueil Lebon.

[1771] Aide médicale dans sa version issue de la loi n° 92-722 du 29 juillet 1992 portant adaptation de la loi n° 88-1088 du 1er décembre 1988 relative au revenu minimum d'insertion et relative à la lutte contre la pauvreté et l'exclusion sociale et professionnelle, *JO* n° 175 du 30 juillet 1992 p. 10215.

l'établissement, délai qui pouvait être prolongé une fois, dans la limite de quatre mois, par le président du conseil général ou par le préfet[1772]. Depuis l'adoption de la loi du 27 juillet 1999 créant la couverture maladie universelle, une distinction doit néanmoins être faite entre la couverture maladie universelle complémentaire et l'aide médicale de l'État. Alors que la couverture maladie universelle de base ne peut pas avoir d'effet rétroactif, une dérogation à ce principe a été instaurée pour la couverture maladie universelle complémentaire. Elle n'est pas le fait du législateur, mais d'une circulaire du 17 décembre 1999[1773] qui prévoit, lorsque le demandeur séjournant dans un établissement de santé n'est pas à même de déposer sa demande le jour de son entrée dans l'établissement, que la date d'entrée est assimilée à la date du dépôt de la demande. Pour l'aide médicale de l'État la date d'effet de l'admission est, pareillement, la date du dépôt de la demande. Comme pour la couverture maladie universelle complémentaire, une dérogation a cependant été prévue par une circulaire. La circulaire du 10 janvier 2000[1774] prévoyait que, lorsque le dossier de demande avait été déposé après le début de l'hospitalisation ou des soins, la décision d'admission prenait effet au jour d'entrée dans l'établissement dès lors que la demande avait été présentée dans un délai de deux mois à compter de ce jour. Ce délai, avec l'accord de la DDASS, pouvait être porté à quatre mois. Il a été ramené à un mois par le décret du 28 juillet 2005[1775] selon lequel « si la date de délivrance des soins est antérieure à la date du dépôt de la demande, ces soins peuvent être pris en charge dès lors que, à la date à laquelle ils ont été délivrés, le demandeur résidait en France de manière ininterrompue depuis plus de trois mois et que sa demande d'admission a été déposée avant l'expiration d'un délai de trente jours à compter de la délivrance des soins »[1776].

407. La rétroactivité étant intrinsèquement liée à la nature des prestations d'aide sociale, elle a également été prévue pour la prestation de compensation du handicap puisque l'article D. 245-34 du CASF prévoit une

[1772] Article 45-4 du décret n° 93-648 du 26 mars 1993 relatif à l'aide médicale et à l'assurance personnelle et modifiant le Code de la sécurité sociale, *JO* n° 74 du 28 mars 1993 p. 5370. Pour une application de ces dispositions voir : CE, 22 février 2002, *Mme Jacqueline X.*, req. n° 220137, inédit au recueil Lebon.

[1773] Circulaire n° DSS/ZA/99/701 du 17 décembre 1999 relative à la mise en œuvre de la couverture maladie universelle.

[1774] Circulaire n° DAS/RV3/DIRMI/DSS/DH/DPM/2000/14 du 10 janvier 2000 relative à l'aide médicale de l'État.

[1775] Article 44-1 du décret n° 2005-859 du 28 juillet 2005 relatif à l'aide médicale de l'État et modifiant le décret n° 54-883 du 2 septembre 1954 modifié pris pour l'application de l'ensemble des dispositions du décret du 29 novembre 1953 relatif à la réforme des lois d'assistance.

[1776] En application de cet article, la Commission centrale d'aide sociale a jugé qu'une personne hospitalisée du 25 novembre 2005 au 29 juin 2006 ayant déposé une demande d'AME le 31 mars 2006 ne peut en bénéficier qu'à compter du 1er mars 2006 et non du 25 novembre 2005. Comm. centr., 18 mars 2009, *M. X.*, dossier n° 081582, *CJAS*, n° 2010/1. Voir également Comm. centr., 19 janvier 2015, *Mme X.*, dossier n° 130043, *CJAS*, n° 2015/5.

dérogation au principe selon lequel la date d'ouverture des droits à la prestation de compensation du handicap est le premier jour du mois du dépôt de la demande. Lorsqu'elle est affectée à des charges liées à un besoin d'aides techniques, les droits sont ouverts à compter de la date d'acquisition ou de location de l'instrument, équipement ou système technique correspondant.

2. La rétroactivité organisée pour certaines prestations d'aide sociale en espèce

408. La rétroactivité de la date d'ouverture des droits à l'aide sociale a également été organisée pour certaines prestations d'aide sociale en espèce. L'aide personnalisée au logement ainsi que les prestations familiales[1777] étant dues à partir du premier jour du mois civil suivant celui au cours duquel les conditions d'ouverture du droit sont réunies[1778], et non à compter de la date de la demande, elles peuvent être versées de façon rétroactive, dans la limite du délai de prescription. L'allocation temporaire d'attente prenait également effet à la date à laquelle l'allocataire remplissait les conditions prescrites par le Code du travail et non à celle à laquelle il avait présenté sa demande[1779]. Cette solution s'expliquait, par contre, par l'ambiguïté de l'article R. 5423-28 du Code du travail en vertu duquel la demande de paiement de l'allocation temporaire d'attente devait être présentée dans les deux ans à compter du jour où les intéressés remplissaient l'ensemble des conditions exigées pour pouvoir y prétendre. L'allocation pour demandeurs d'asile, qui a remplacé l'allocation temporaire d'attente et l'allocation mensuelle de subsistance depuis le 1er novembre 2015, est proposée à chaque demandeur d'asile par l'Office français de l'immigration et de l'intégration après l'enregistrement de sa demande d'asile[1780] et elle est désormais « due à compter de l'acceptation des conditions matérielles d'accueil »[1781].

409. Pour certaines prestations d'aide sociale la prescription ne signifie donc pas que « les personnes qui auront laissé passer deux ans sans réclamer le payement des prestations seront définitivement écartées de leur bénéfice », mais « qu'il ne sera pas possible de payer ces prestations pour plus de deux années antérieurement au dépôt de la demande qui sera présentée »[1782]. Il a donc été jugé que, si une mère pouvait bénéficier rétroactivement du complément de libre choix d'activité sollicité en octobre 2009 pour son

---

1777 La vocation des prestations familiales « assistancielle » n'est cependant pas évidente, bien qu'elles n'indemnisent pas véritablement un risque, mais compensent une « charge ».

1778 Article L. 351-3-1 du CCH (pour l'APL) et R. 552-2 du CSS (pour les prestations familiales).

1779 TA Nantes, 18 novembre 2014, req. n° 1111437.

1780 Article L. 744-1 du CESEDA.

1781 Article D. 744-19 du CESEDA.

1782 Circulaire du 2 juillet 1951 portant codification des instructions relatives à l'application des dispositions de la loi n° 461835 du 22 août 946 fixant le régime des prestations familiales, *JO* du 13 juillet 1951, p. 7545 (spé. p. 7555, § 65).

quatrième enfant né le 31 juillet 2007, pour la période d'octobre 2007 à novembre 2009, jusqu'au troisième anniversaire de l'enfant, sa demande faite en décembre 2009 pour son troisième enfant né le 19 novembre 2004 se heurtait, en revanche, à la prescription biennale invoquée par la caisse[1783]. Il en va de même pour les aides personnalisées au logement. L'affaire *Lucia*[1784], dans laquelle le requérant contestait la décision de la caisse d'allocations familiales de Montpellier qui refusait de lui verser l'aide personnalisée au logement pour la période s'étendant de février 1979 à octobre 1980, en est une illustration. Le requérant avait acquis un logement en février 1979 après avoir obtenu un prêt ouvrant droit au bénéfice de l'aide personnalisée au logement, mais n'avait sollicité cette aide qu'au mois de novembre 1982. Bien que l'aide soit due à compter de la date de la demande, la Haute juridiction administrative a considéré que la caisse d'allocations familiales avait fait une exacte application de la prescription biennale en l'attribuant à compter des deux années précédant la date à laquelle l'aide avait été sollicitée[1785], c'est-à-dire de façon rétroactive.

410. La rétroactivité de l'ouverture du droit à ces prestations permet aux personnes accédant au statut de réfugié, en raison du caractère recognitif de ce statut, d'en bénéficier rétroactivement. Les droits aux prestations familiales, notamment, peuvent ainsi être ouverts rétroactivement et prendre effet à une date antérieure à celle de la délivrance du récépissé de demande de titre de séjour portant la mention « reconnu réfugié ». Dans sa décision *Mouslamkhanov c/ CAF de l'Aude et a.*[1786], la Cour de cassation a admis, eu égard au caractère récognitif du statut de réfugié, que le requérant « remplissait la condition de régularité de séjour à compter du jour où il avait [sollicité la qualité de réfugié] ». Quand les autres conditions sont remplies, la personne s'étant vu reconnaître le statut de réfugié peut donc en bénéficier pour la période de deux ans[1787] précédant l'obtention de ce statut. Une circulaire du 29 octobre 2008[1788] intègre cette jurisprudence et reconnaît, alors même que les dispositions en vigueur prévoient que l'ouverture des droits aux prestations familiales prend effet à compter du mois suivant la délivrance du récépissé de demande de titre, qu'en raison de l'effet recognitif attaché au statut de réfugié, ces droits doivent être ouverts rétroactivement à

1783 CA Orléans, 18 décembre 2013, n° 12/01442.

1784 CE, 12 février 1988, *Lucia*, req. n° 79944, inédit au recueil Lebon.

1785 Dans le même sens : CAA Nancy, 12 octobre 1995, *Ghin*, req. n° 93NC01120, inédit au recueil Lebon ; CAA Lyon, 1er octobre 1998, *Mme Renault*, req. n° 95LY00312, *Rec. CE*, p. 597.

1786 Cass. civ. 2e, 23 octobre 2008, *Mouslamkhanov c/ CAF de l'Aude et a.*, n° 07-11328, *Bull. civ.* II, n° 230 ; *JCP S*, 2009, n° 1011, note Coursier (Ph.) ; *Droit Ouvrier*, Février 2009, p. 106, note Guiomard (F.). Dans le même sens voir Cass. civ. 2e, 23 septembre 2010, n° 09-16319, *JCP S*, 2010, n° 1462, note Devers (A.), inédit.

1787 En vertu de l'article L. 553-1 du CSS « L'action de l'allocataire pour le paiement des prestations se prescrit par deux ans ».

1788 Circulaire CNAF n° 2008-030 du 29 octobre 2010. Principe rappelé dans la Lettre circulaire CNAF n° 2010-111 du 16 juin 2010.

compter du mois suivant l'entrée en France du demandeur dans la limite de la prescription biennale décomptée à partir de la demande de prestations[1789].

411. L'effet recognitif du statut de réfugié joue pleinement dans le cadre des prestations familiales, mais il est limité en matière de revenu minimum d'insertion et de revenu de solidarité active. Ceci, non pas tant en raison du refus du juge d'admettre que le caractère recognitif du statut de réfugié soit à même d'entraîner la rétroactivité de ces droits qu'en raison du rattachement de leur date d'ouverture à la demande du bénéficiaire et non, comme c'est le cas pour les prestations familiales, à la date à laquelle leurs conditions d'ouverture sont réunies[1790]. Or, en l'absence d'une demande antérieure à la reconnaissance du statut de réfugié, le juge considère que l'intéressé ne peut se prévaloir rétroactivement du bénéfice de ces droits. La Commission centrale d'aide sociale a ainsi considéré que le requérant n'était pas fondé à se plaindre du rejet par la commission départementale de sa demande d'annulation de la décision du président du conseil général de Loir-et-Cher lui refusant l'ouverture rétroactive du droit au revenu minimum d'insertion, à compter du 26 octobre 2004, au motif que ce droit ne pouvait s'exercer qu'à compter de la date de la demande dans la mesure où la seule demande de RMI versée au dossier était datée du 19 mars 2007[1791]. Il est à craindre que ce raisonnement soit applicable à un bon nombre d'aides sociales puisque la date d'ouverture des droits est très souvent attachée à celle de la demande du bénéficiaire. Dans le même temps, en vérifiant qu'aucune demande n'ait été introduite antérieurement à la date d'ouverture contestée par les requérants, le juge semble laisser entendre qu'en présence d'une telle demande, le bénéfice du revenu minimum d'insertion ou du revenu de solidarité active pourrait être rétroactif. Une telle demande se verrait toutefois assurément opposer un refus puisque, au moment de son dépôt, les conditions d'obtention de l'aide sociale ne seraient pas réunies. La question se pose alors de savoir si, en dépit de ce refus, cette demande pourrait être interprétée comme le point de départ de la date d'ouverture des droits à l'aide sociale pour les personnes se voyant reconnaître le statut, recognitif, de réfugié. Pour l'heure, le caractère recognitif du statut de réfugié semble avoir un effet limité sur la rétroactivité des droits à l'aide sociale.

1789 La délivrance d'une carte de séjour temporaire ne peut, en revanche, ouvrir droit aux prestations familiales qu'à compter de leur délivrance. Cass. civ. 2e, 23 mai 2013, *M. X. c/ CAF de Montpellier*, n° 12-17238, *Bull. civ.* II, n° 101 ; *RDSS*, 2013, p. 749, obs. Dagorne-Labbe (Y.) ; *Droit ouvrier*, 2013, p. 779, obs. Isidro (L.).

1790 Sauf pour les dérogations prévues au II de l'article R. 552-2 du CSS, la date d'attribution des prestations familiales est celle du premier jour du mois civil suivant celui au cours duquel les conditions d'ouverture sont réunies.

1791 Comm. centr., 3 juillet 2015, *M. X.*, dossier n° 140076, *CJAS*, n° 2016/3. Dans le même sens : Comm. centr., 2 mars 2012, *M. X.*, dossier n° 110138, *CJAS*, n° 2013/1 ; Comm. centr., 2 mars 2012, *Mme X.*, dossier n° 110098, *CJAS*, n° 2013/1.

412. Ces dérogations pour les prestations en nature comme pour certaines prestations en espèce atténuent la perte des prérogatives découlant d'une demande tardive d'aide sociale, c'est-à-dire d'un non-recours temporaire. Pour autant, passé un délai plus ou moins long, les prestations dont le demandeur aurait pu bénéficier seront définitivement perdues.

§ 2. Les effets de la renonciation par non-réception des droits à l'aide sociale demandés, mais non acquis

413. La personne qui a déposé une demande d'aide sociale peut, en raison de son inaction assimilée à une renonciation tacite ou présumée[1792], perdre les prérogatives attachées au droit demandé, mais pas acquis. Cette perte, qu'elle soit le fait du dépôt d'un dossier incomplet ou d'une demande non dûment remplie et signée (A) ou de l'inaction du bénéficiaire dans le délai qui lui était imparti pour compléter son dossier (B), est souvent « organisée » par le législateur.

A. La perte des prérogatives attachées aux droits demandés en raison du caractère incomplet du dossier ou de la demande

414. Le législateur exige parfois, comme point de départ du calcul de la date d'ouverture des droits de l'intéressé, le dépôt par celui-ci d'un dossier complet ou, tout au moins, d'une demande dûment remplie et signée.

415. Le dépôt d'un dossier complet est requis pour que puisse débuter le calcul de la date d'ouverture des droits pour l'allocation personnalisée d'autonomie et la couverture maladie universelle complémentaire, deux aides sociales pour lesquelles le silence de l'administration pendant deux mois vaut décision implicite d'acceptation[1793]. Dans le cadre de l'allocation personnalisée d'autonomie à domicile, l'article L. 232-14 du CASF précise que le délai de deux mois au cours duquel le président du conseil départemental doit notifier sa décision, faute de quoi l'allocation personnalisée d'autonomie sera réputée accordée pour un montant forfaitaire fixé par décret, ne commence à courir qu'à compter de la date du dépôt du dossier de demande complet. La Commission centrale d'aide sociale en a déduit que la requérante ne pouvait prétendre à l'attribution de l'allocation personnalisée d'autonomie à domicile pour sa tante décédée alors que le dossier de demande était resté incomplet malgré les nombreuses relances du conseil général en vue d'obtenir la pièce manquante[1794]. Les prestations dont le demandeur aurait pu bénéficier entre le dépôt de sa demande et la production des pièces manquantes sont donc définitivement perdues. Si le président du conseil départemental, lorsqu'il constate que le dossier présenté

[1792] Voir *supra* n° 237 et suiv.

[1793] Articles L. 861-5 du CSS pour la CMU-C et L. 232-14 du CASF pour l'APA.

[1794] Comm. centr., 17 juin 2009, *Mme X.*, dossier n° 071341, *CJAS*, n° 2009/6.

est incomplet, n'a pas fait connaître au demandeur dans un délai de dix jours le nombre et la nature des pièces justificatives manquantes, le dossier est cependant réputé complet et, sous réserve de la production des justificatifs prescrits par la réglementation, la date d'ouverture des droits doit être calculée à compter de la date du dépôt de la demande[1795]. La même exigence est prévue pour la couverture maladie universelle complémentaire par l'article R. 861-16 du Code de la sécurité sociale en vertu duquel le préfet ou le directeur de la caisse d'assurance maladie doit notifier sa décision à l'intéressé dans un délai de deux mois à compter de la réception du dossier complet de demande d'attribution de la protection complémentaire en matière de santé. En l'absence de notification de la décision au demandeur, la demande sera certes considérée comme acceptée[1796], mais, à la différence de l'allocation personnalisée d'autonomie, aucun aménagement n'est prévu en cas de dépôt d'un dossier incomplet. Le dépôt d'un dossier complet pour que puisse débuter le calcul de la date d'ouverture des droits est également exigé pour l'aide médicale de l'État alors que le silence de l'administration pendant deux mois ne vaut pas décision implicite d'acceptation. La circulaire du 27 septembre 2005 relative à l'aide médicale de l'État précise d'ailleurs qu'aucune décision d'admission « ne pouvant être prise par la CPAM tant que cette dernière n'a pu vérifier que l'ensemble des conditions posées par la réglementation sont remplies, il est de l'intérêt des demandeurs de produire dans les meilleurs délais les renseignements et documents complémentaires qui pourront leur être réclamés »[1797]. Cette situation est rare. Même si, en ce qui concerne les aides pour lesquelles le silence gardé pendant deux mois par l'administration vaut décision de refus, il n'est pas exigé en règle générale qu'un dossier complet ait été déposé par le bénéficiaire pour que puisse débuter le calcul de la date d'ouverture des droits, il est parfois nécessaire que certaines exigences concernant la demande soient remplies.

416. Dans le cadre du revenu minimum d'insertion, en vertu de l'article R. 262-39 du CASF, l'allocation n'était due qu'à compter du premier jour du mois civil au cours duquel « la demande dûment remplie et signée a été déposée »[1798]. La Commission centrale d'aide sociale a jugé que le requérant ne pouvait prétendre à l'ouverture d'un droit au RMI à compter du mois de novembre 2008 sur le fondement de différents courriers qu'il aurait adressés aux autorités administratives et, ce faisant, a laissé entendre que ces courriers ne constituaient pas une demande « dûment remplie et signée » au sens de l'article R. 262-39 du CASF[1799]. La formulation retenue pour le revenu de

---

[1795] R. 232-23 du CASF. Comm. centr, 25 janvier 2006, *M. C.*, dossier n° 042632.

[1796] Article L. 861-5 du CSS.

[1797] Circulaire DGAS/DSS/DHOS n° 2005-407 du 27 septembre 2005 relative à l'aide médicale de l'État.

[1798] Article 25 du décret n° 88-1111 du 12 décembre 1988 relatif à la détermination du revenu minimum d'insertion et à l'allocation de revenu minimum d'insertion et modifiant le Code de la sécurité sociale, *JO* du 13 décembre 1988, p. 15543.

[1799] Comm. centr., 1er octobre 2015, *M. X.*, dossier n° 140341, *CJAS*, n° 2016/5.

solidarité active par l'article R. 262-33 du CASF est moins exigeante que celle qui prévalait pour le RMI dans la mesure où il est uniquement précisé que l'allocation est due à compter du premier jour du mois civil au cours duquel la demande a été déposée[1800]. Pour se prévaloir de l'article R. 262-33 du CASF, le demandeur doit toutefois avoir retourné à l'administration le formulaire dont le dépôt est exigé pour l'instruction. Cette condition n'est pas sans conséquence puisqu'elle exclut les demandes sur papier libre - qui sont parfois admises par le juge puisque la Commission centrale d'aide sociale, en ce qui concerne l'aide sociale à l'hébergement des personnes handicapées, accepte que les demandeurs puissent formuler leur demande sur papier libre dès lors qu'ils remplissent ultérieurement l'imprimé administratif de la demande[1801] - de même qu'elle exclut les demandes faites oralement. La cour administrative d'appel de Douai a ainsi jugé que les droits au revenu de solidarité active de la requérante ne peuvent être fixés à compter du mois de septembre 2009, quoiqu'elle prétende « avoir sollicité oralement le bénéfice du revenu de solidarité active à l'occasion de sa rencontre, le 3 septembre 2009, avec un conseiller de la caisse d'allocations familiales (CAF) de la Seine-Maritime », car elle n'apporte pas la preuve d'avoir effectivement retourné le formulaire dont le dépôt était obligatoire pour l'instruction de sa demande[1802].

417. À l'exception des aides sociales pour lesquelles le silence de l'administration pendant deux mois vaut décision implicite d'acceptation et de l'aide médicale de l'État, le dépôt d'un dossier complet ou d'une demande dûment remplie et signée ne constitue plus le point de départ du calcul de la date d'ouverture des droits. Le demandeur tardant à régulariser son dossier, si celui-ci est incomplet lors de son dépôt, perd cependant, concomitamment à son inaction, les prérogatives attachées aux droits demandés, mais non acquis.

B. La perte des prérogatives attachées aux droits demandés en raison de l'inaction du bénéficiaire à compléter son dossier

418. En dehors des dispositions spécifiques exigeant une demande ou un dossier complet pour que puisse débuter le calcul de la date d'ouverture des droits, cette date est établie en fonction de celle du dépôt de la demande, et ce, même si elle est accompagnée d'un dossier incomplet. Le cas échéant, l'administration informe le demandeur de la nécessité de compléter son dossier. S'il le complète dans les délais fixés, il conservera le bénéfice de ses droits à compter de la date du dépôt de sa demande. S'il ne le fait pas, soit il sera présumé renoncer à sa demande et en perdra le bénéfice, soit, en

---

[1800] *Idem* pour la prime d'activité (article R. 846-2 du CSS).

[1801] Comm. centr., 26 avril 2013, *Mme X.*, dossier n° 120744, *CJAS*, n° 2013/5. Dans le même sens : Comm. centr., 4 juin 2012, *Mme X.*, dossier n° 110703, *CJAS*, n° 2013/2.

[1802] CAA Douai, 13 juin 2013, *Mlle A.*, req. n° 12DA00513, inédit au recueil Lebon. Elle peut également l'être par téléservice (article R. 262-25-5 du CASF).

l'absence de disposition textuelle, il sera considéré comme ayant tacitement renoncé à l'exercice de son droit et au bénéfice de sa demande.

419. Pour les prestations d'aide sociale gérées par un organisme de sécurité sociale, cette situation est régie par l'article L. 161-1-4 du Code de la sécurité sociale. La non-présentation par le demandeur de pièces justificatives ou l'absence réitérée de réponses aux convocations d'un organisme de sécurité sociale, sauf cas de force majeure, entraîne la suspension du délai d'instruction de la demande pendant une durée maximale de deux mois à compter de la date à laquelle l'organisme de sécurité sociale a informé le demandeur qu'il avait à produire des pièces supplémentaires[1803]. Si l'intéressé n'a pas répondu au terme du délai fixé par l'administration pour produire les pièces justificatives[1804], l'ouverture du droit sera refusée au demandeur[1805]. La Commission centrale d'aide sociale a considéré qu'une caisse d'allocations familiales agissant par délégation du président du conseil général pouvait légalement refuser d'ouvrir un droit au revenu minimum d'insertion à une personne qui avait déposé une demande dans laquelle elle mentionnait ne disposer d'aucunes ressources propres et qui avait refusé de répondre aux questions posées par l'agent de contrôle assermenté s'y rapportant[1806]. En cas de force majeure, la non-présentation par le demandeur de pièces justificatives ou l'absence réitérée de réponses aux convocations d'un organisme de sécurité sociale ne peuvent, en revanche, justifier le refus de l'ouverture du droit demandé. La Commission centrale d'aide sociale a estimé qu'en raison de son incarcération le requérant était dans l'impossibilité d'accomplir les démarches nécessaires à la constitution de son dossier d'aide sociale. Le défaut de constitution du dossier n'était pas, dès lors, assimilable à un refus ou même à une négligence de l'intéressé, mais à un cas de force majeure et ne constituait donc pas un motif valable pour que lui soit refusé l'octroi de l'aide sociale[1807].

420. Le principe énoncé à l'article L. 161-1-4 du Code de la sécurité sociale est, en substance, également appliqué pour les aides non gérées par

---

[1803] Les délais sont fixés par l'article D. 161-1-3 du CSS.
Dans le cadre du RSA, l'article R. 262-83 précise que le bénéficiaire ainsi que les membres du foyer sont tenus de produire, à la demande de l'organisme chargé du service de la prestation, toute pièce justificative nécessaire au contrôle des conditions d'ouverture des droits. Il prévoit qu'en cas de non-présentation des pièces demandées, il sera fait application des dispositions de l'article L. 161-1-4 du CSS.
En outre, l'article R. 846-5 du CSS précise que « Le bénéficiaire de la prime d'activité est tenu de faire connaître à l'organisme chargé du service de la prestation toutes informations nécessaires à l'établissement et au calcul des droits ».

[1804] Délai de deux mois maximum. Article D. 161-1-3 du CSS.

[1805] Circulaire DSS n° 2009-367 du 9 décembre 2009 relative à la production de pièces justificatives pour l'attribution des prestations servies par les organismes de sécurité sociale, *BO Santé - Protection sociale - Solidarité* n° 2010/1 du 15 février 2010 p. 293.

[1806] Comm. centr., 16 janvier 2015, *M. X.*, dossier n° 130317, *CJAS*, n° 2016/1.

[1807] Comm. centr., 18 septembre 1986, *RFAS*, 1987/2, Jur., p. 43.

des organismes de sécurité sociale puisque le juge de l'aide sociale a validé, à plusieurs reprises, le rejet d'une demande d'aide sociale au motif que l'intéressé n'avait pas fourni les preuves indispensables à la constatation de son droit[1808]. Parallèlement, il a estimé que, face à une demande incomplète d'aide à la prise en charge de frais d'hébergement déposée après l'entrée dans l'établissement, il appartenait aux instances d'admission de faire compléter le dossier déposé et non de le rejeter en l'état « en retardant encore l'instruction de demandes qui présentent un caractère social et urgent »[1809]. L'administration ne peut donc pas rejeter une demande lorsqu'aucun texte n'impose qu'elle soit accompagnée d'un dossier complet et qu'elle a été complétée, certes ultérieurement, mais dans les délais exigés. Elle peut le faire, en revanche, lorsque le demandeur n'a pas complété son dossier dans le délai imparti. L'inaction prolongée du demandeur d'un droit à l'aide sociale aboutit alors à la perte définitive des prérogatives attachées aux droits demandés, mais non acquis.

421. La renonciation à l'exercice d'un droit à l'aide sociale, qu'elle résulte de la volonté tacite du bénéficiaire ou qu'elle soit présumée aura pour conséquence la perte définitive des prérogatives qui y sont attachées. Si des accommodements sont parfois prévus afin que, d'une part, l'admission rétroagisse antérieurement à la demande ou à l'acquisition d'un statut et que, d'autre part, l'inaction à la suite d'une demande n'entraîne pas la perte intégrale des prérogatives attachées aux droits demandés, mais non acquis, ceux-ci sont cependant résiduels.

SECTION II. LES EFFETS DE LA RENONCIATION À UN DROIT ACQUIS À L'AIDE SOCIALE

422. La renonciation à un droit acquis à l'aide sociale, selon qu'elle résulte de la volonté expresse du bénéficiaire d'abandonner son droit, ou qu'elle découle de sa volonté tacite ou d'une présomption légale, n'a pas les mêmes effets juridiques. Alors que, dans le premier cas, le bénéficiaire peut en moduler les effets en la faisant porter tantôt sur ses prestations passées comme futures, tantôt uniquement sur ses prestations futures (§ 1), dans le second cas, les effets sont déterminés par le législateur. Seules les prérogatives à venir, c'est-à-dire postérieures au comportement révélant la renonciation tacite du bénéficiaire à son droit auquel est attachée la présomption de renonciation, seront perdues par le bénéficiaire (§ 2). Est ainsi prise en compte la gravité de la perte du bénéfice d'un droit à l'aide sociale sur la situation du bénéficiaire. Si, étant autonome, il est en mesure

[1808] Comm. centr., 17 janvier 1957, *Sieur B.*, *RTO*, 1957, J. 35 ; Comm. centr., 12 juin 1985, *Eure-et-Loir*, *RDSS*, 1986, p. 466.
[1809] Comm. centr., 15 décembre 2006, *Mlle Alexandra O.*, dossier n° 060099, *CJAS*, n° 2007/3.

de choisir les effets qu'il entend donner à sa volonté de renoncer à un droit, lorsque la renonciation est présumée par le législateur, les droits antérieurement acquis sont protégés et ne peuvent être anéantis de façon rétroactive.

§ 1. La modulation des effets de sa renonciation par le bénéficiaire

423. L'attribution d'un droit à l'aide sociale étant intrinsèquement liée à l'adoption par l'autorité compétente d'une décision créatrice de droits, la renonciation du bénéficiaire implique la sortie de vigueur de cet acte. Ses effets sont donc intrinsèquement liés à la nature de l'intervention de l'autorité administrative, le retrait ou l'abrogation de l'acte ayant permis l'acquisition du droit, ou l'adoption d'un acte contraire pour les renonciations expressément prévues par un texte et pour les renonciations tacites[1810] puisque c'est elle qui confère à la volonté abdicative du bénéficiaire son effet extinctif. Or, cette intervention, lorsqu'elle fait suite à la manifestation expresse par le renonçant de sa volonté d'abandonner un droit acquis à une prestation d'aide sociale, dépend du contenu de sa demande.

424. En l'absence de dispositions spécifiques, le régime de sortie de vigueur des actes administratifs unilatéraux prévu par le Code des relations entre le public et l'administration s'applique en droit de l'aide sociale. Le bénéficiaire peut donc renoncer à un droit acquis à l'aide sociale en demandant, soit le retrait, soit l'abrogation de la décision le lui ayant octroyé sur le fondement des articles L. 242-3 et L. 242-4 du Code des relations entre le public et l'administration. Aussi la renonciation peut-elle avoir des effets tant pour le passé que pour l'avenir, alors même que la doctrine, en droit privé, a exclu que la renonciation puisse être rétroactive, tandis qu'en droit public, elle a exclu qu'elle puisse déployer ses effets uniquement pour l'avenir lorsqu'elle porte sur un acte administratif. En droit privé, il est considéré que la renonciation ne saurait, à l'exception des dérogations prévues par la loi[1811], être dotée d'un effet rétroactif puisque « l'extinction d'un droit par volonté unilatérale suppose qu'on était auparavant titulaire de ce droit et ne pourrait avoir la vertu d'effacer rétroactivement cette situation »[1812]. L'individu n'ayant pas le pouvoir de faire en sorte qu'il n'ait pas été titulaire du droit entre l'instant où il l'a acquis et celui où il l'a abdiqué, la renonciation ne produit ses effets qu'à partir du moment où elle

---

[1810] Voir *supra* n° 185 et suiv.

[1811] Comme c'est le cas en matière de succession puisque, selon l'article 805 du Code civil, « L'héritier qui renonce est censé n'avoir jamais été héritier ».

[1812] MARTIN de la MOUTTE (J.), *L'acte juridique unilatéral. Essai sur sa notion et sa technique en droit civil*, Paris, Recueil Sirey, 1951, p. 239. Voir également SIBICIANO (N.), *Théorie générale des renonciations en droit civil français*, Paris, R. Pichon et R. Durand-Auzias, 1932, p. 201 et suiv.

s'est réalisée[1813]. En droit public, au contraire, la renonciation au bénéfice d'un acte administratif ne saurait avoir d'effets que pour l'avenir. La renonciation à un acte administratif ne peut pas prendre la forme d'une demande d'abrogation, car l'abrogation ne valant que pour l'avenir, son emploi signifierait que l'acte a produit ses effets pendant un temps et qu'ils doivent être maintenus. Or, la doctrine considère que cela ne correspond pas à la volonté du particulier qui, en renonçant au bénéfice de la décision administrative, entend s'y soustraire totalement[1814]. Ces arguments ne convainquent guère. Non seulement le bénéficiaire d'une décision créatrice de droit légale, en demandant son retrait, peut solliciter une intervention de l'autorité administrative afin qu'elle fasse en sorte qu'il n'ait jamais été titulaire du droit entre l'instant où il l'a acquis et celui où il l'a abdiqué, mais encore, il peut souhaiter renoncer à ses droits à venir sans, pour autant, désirer que ses droits passés soient remis en cause.

425. En droit de l'aide sociale, la renonciation expresse à un droit acquis à l'aide sociale peut se traduire par une demande de retrait de la décision ayant permis l'acquisition du droit. Dans l'arrêt *M. Perchais*, par exemple, le Conseil d'État considère que la radiation rétroactive de la liste des demandeurs d'emploi sollicitée par le requérant[1815] fait obstacle « à ce que l'intéressé puisse être regardé comme ayant bénéficié des allocations d'assurance chômage pour la période en cause »[1816]. Bien que concernant le bénéficiaire de droits à des prestations de sécurité sociale, cette situation intéresse également le droit de l'aide sociale puisque le fait de ne pas être ou de ne plus être inscrit sur cette liste entraîne la perte de la qualité de demandeur d'emploi[1817] et, avec elle, la perte des allocations qui y sont conditionnées telles que l'allocation chômage[1818] ou le revenu de solidarité active[1819]. Le retrait d'une décision créatrice de droits octroyant, soit la

---

1813 GRAMMATIKAS (G.), *Théorie générale de la renonciation en droit civil. Étude parallèle du droit français et du droit hellénique*, Paris, LGDJ, 1971, p. 147.

1814 BLUMANN (C.), *La renonciation en droit administratif français*, Paris, LGDJ, coll. Bibliothèque de droit public t. CXIII, 1974, p. 120.

1815 La demande de radiation rétroactive du requérant constitue une demande de retrait dans la mesure où le Code du travail ne prévoit pas que le demandeur d'emploi puisse demander sa radiation de la liste des demandeurs d'emploi. Les articles L. 5412-1 et L. 5412-2 du Code du travail relatifs à la radiation de la liste des demandeurs d'emploi l'envisagent uniquement comme une sanction du demandeur d'emploi.

1816 CE, 2 octobre 2009, *M. Perchais*, req. n° 312712, *Rec. CE* (tables), p. 980 ; *JCP S*, 2010, n° 1019, note Willmann (C.).

1817 Article L. 5421-3 du Code du travail.

1818 Le Conseil d'État considère que « L'inscription sur la liste des demandeurs d'emploi, prévue par l'article L. 5411-1 du code du travail, constitue, en vertu de l'article L. 5421-3 du même code, une condition nécessaire au bénéfice du revenu de remplacement auquel ont droit les travailleurs privés d'emploi » (CE, 7 janvier 2015, *Pôle emploi*, req. n° 384009, *Rec. CE* (tables), p. 905).

1819 L'article L. 262-37 du CASF précise que le versement du revenu de solidarité active est suspendu lorsque le bénéficiaire accompagné par Pôle emploi a été radié de la liste des demandeurs d'emploi.

qualité de demandeur d'emploi, soit directement une aide sociale est donc juridiquement possible. Cette possibilité est d'ailleurs confortée par la Commission centrale d'aide sociale lorsqu'elle distingue, dans une décision du 22 décembre 2000[1820], la renonciation de la requérante à l'allocation compensatrice « pour l'avenir » de sa demande de récupération, par la collectivité débitrice, des prestations versées du 1er août 1992 au 28 février 1998 - demande qui équivaut à une renonciation avec effet rétroactif -, et qu'elle précise, dans une décision du 5 octobre 2010, que le président du conseil général qui avait décidé de procéder au versement de l'allocation de revenu minimum d'insertion ne pouvait retirer cette décision créatrice de droits, « en l'absence de dispositions législatives ou réglementaires contraires, et faute pour le président du conseil général d'avoir été saisi d'une demande en ce sens », que pour cause d'illégalité et dans le délai de quatre mois suivant son édiction[1821].

426. La renonciation expresse à un droit acquis peut également se traduire par une demande d'abrogation de la décision ayant permis l'acquisition du droit. Dans sa décision *Vivier*, la Commission centrale d'aide sociale a ainsi reconnu qu'une personne, sur les biens de laquelle avait été prise une hypothèque, pouvait demander la suppression *pour l'avenir* du bénéfice de l'aide sociale[1822]. Cette situation est assurément la plus courante. En renonçant à son allocation compensatrice pour tierce personne en raison de son mariage[1823] ou de la perception d'une somme au titre de ses droits à la succession de son père[1824], à son revenu minimum d'insertion à la suite d'une décision de répétition d'indus[1825], ou à son aide sociale pour la prise en charge des frais d'hébergement afin de pouvoir bénéficier de l'allocation compensatrice à taux plein[1826], le bénéficiaire ne recherchait d'ailleurs jamais l'anéantissement des effets passés de la décision lui ayant attribué le bénéfice d'une aide sociale, mais uniquement l'extinction des droits à venir. Aussi, en droit de l'aide sociale, la volonté du renonçant peut-elle autant consister en l'extinction de l'ensemble des effets de l'acte afin que tout se passe comme s'il n'avait jamais existé qu'en l'abandon d'un droit « pour l'avenir » uniquement, sans que soient anéantis ses effets passés.

427. Les rares dispositions à envisager expressément la possibilité pour le bénéficiaire d'un droit à une prestation sociale d'y renoncer ne l'empêchent pas de moduler les effets de sa renonciation. Elles constituent certes des dérogations au régime de sortie de vigueur des actes administratifs unilatéraux prévu par le Code des relations entre le public et l'administration

[1820] Comm. centr., 22 décembre 2000, *Mme M.*, dossier n° 982630, *CJAS*, n° 2001/8.
[1821] Comm. centr., 5 octobre 2010, *M. X.*, dossier n° 090617, *CJAS*, n° 2011/1.
[1822] Comm. centr., 25 février 1964, *Vivier*, *Revue de l'aide sociale*, 1964, p. 227.
[1823] Comm. centr., 27 août 2010, *Mme X.*, dossier n° 090316, *CJAS*, n° 2010/6.
[1824] Comm. centr., 22 décembre 2000, *Mme M.*, dossier n° 982630, *CJAS*, n° 2001/8.
[1825] Comm. centr., 12 septembre 2007, *M. K. Jacques*, dossier n° 060693, *CJAS*, n° 2008/2.
[1826] Comm. centr., 4 novembre 2004, *Mme B.*, dossier n° 032186, *CJAS*, n° 2005/1.

puisqu'il est généralement admis que sont à l'origine d'un régime textuel dérogatoire non seulement les textes « comportant expressément des règles de retrait ou d'abrogation des actes administratifs, mais également ceux que l'application du régime général de retrait ou d'abrogation priverait d'effectivité »[1827]. Or, si les textes précisant que le bénéficiaire d'une aide sociale peut y renoncer ne comportent pas de règles encadrant la possibilité de retirer ou d'abroger les décisions en ayant permis l'acquisition, l'application du régime général de retrait ou d'abrogation pourrait les priver de leur effectivité puisqu'ils mettent l'administration dans une situation de compétence liée face à la renonciation du bénéficiaire d'une aide sociale. En vertu de l'article L. 117-3 du CASF - article intégré dans une sous-section intitulée « renoncement au bénéfice de l'aide » -, « Le bénéfice de l'aide est supprimé à la demande des bénéficiaires, à tout moment, en cas de renonciation à effectuer des séjours de longue durée dans leur pays d'origine », tandis qu'en vertu de l'article R. 262-40 du CASF le bénéficiaire est radié de la liste des bénéficiaires du revenu de solidarité active s'il en fait la demande et que ses ressources sont supérieures au montant forfaitaire. L'administration semble tenue de prendre acte de la volonté du bénéficiaire de renoncer à l'aide à la réinsertion familiale et sociale des anciens migrants dans leur pays d'origine ou à son inscription sur la liste des bénéficiaires du revenu de solidarité active et à sa prime d'activité. Ces articles privent ainsi d'effets le régime général d'abrogation des décisions créatrices de droits légales, d'autant que la suppression de l'aide et la radiation ne sont pas subordonnées à une décision plus favorable. Ils n'empêchent pas, pour autant, le bénéficiaire qui souhaite éteindre ses droits passés comme ses droits à venir de demander le retrait de la décision en ayant permis l'acquisition. Certains règlements départementaux d'aide sociale prévoient d'ailleurs que la renonciation à l'APA à domicile soit interrompue à la date à laquelle la personne âgée ou son représentant légal indique renoncer à son droit[1828]. Les dispositions prévoyant expressément la possibilité pour le bénéficiaire d'une aide sociale d'y renoncer tendent, essentiellement, à protéger le bénéficiaire et ne le prive pas de sa liberté de renoncer pour le passé ou pour l'avenir uniquement à ses droits acquis à une prestation d'aide sociale.

428. Aucune disposition spécifique ne l'empêchant de solliciter l'un ou l'autre[1829], il est libre de demander à l'autorité administrative compétente aussi bien le retrait que l'abrogation de la décision ayant permis l'acquisition

---

1827 Sur ce point voir EVEILLARD (G.), « L'abrogation des décisions administratives créatrices de droits. Note sous l'arrêt du Conseil d'État, section, 6 mars 2009, *Coulibaly*, req. n° 306084 », *RFDA*, 2009, p. 441.

1828 RDAS de Gironde et RDAS de la Manche.

1829 Les règles communes au retrait et à l'abrogation des actes administratifs unilatéraux prévues par le Code des relations entre le public et l'administration s'appliquent uniquement sous réserve de dispositions législatives et réglementaires spéciales. Article L. 241-1 du CRPA.

des droits auxquels il entend renoncer ou, lorsque la renonciation est expressément prévue par un texte, il est libre de solliciter l'adoption d'un acte contraire - acte contraire qui n'a pas d'effet rétroactif - ou le retrait de la décision et, ainsi, de moduler les effets juridiques de sa renonciation.

§ 2. Les effets « pour l'avenir » de la renonciation tacite ou présumée à un droit acquis à l'aide sociale

429. Le bénéficiaire d'une aide sociale peut adopter, en connaissance de cause, un comportement qui lui fera perdre son droit ou refuser de modifier un comportement qu'il sait pourtant incompatible avec sa conservation, par négligence, par indifférence, ou dans le but de provoquer l'adoption d'une décision lui en retirant le bénéfice. Que son comportement manifeste sa renonciation tacite à un droit ou qu'il soit présumé y renoncer, la perte de la prérogative attachée à son droit ou de la titularité du droit découle d'un texte qui ouvre la possibilité à l'administration de sanctionner certains comportements par l'adoption d'un acte contraire. Les effets de la renonciation tacite ou présumée dépendent alors de la loi et non de la volonté du bénéficiaire qui n'en maîtrise pas les effets dans le temps, et ce, que la renonciation résulte du non-respect de certaines conditions d'acquisition du droit (A) ou du non-respect de « ses devoirs » (B).

A. Les effets juridiques des renonciations tacites et présumées en raison du non-respect des conditions d'acquisition des droits acquis

430. Parmi les conditions auxquelles est subordonné le bénéfice des aides sociales, il en est, telles les conditions d'âge ou encore de ressources, sur lesquelles la volonté du bénéficiaire n'a pas d'influence[1830]. Il en est d'autres qui sont, en revanche, intrinsèquement liées aux choix ou aux comportements du bénéficiaire. Le bénéfice du revenu de solidarité active, par exemple, est subordonné au respect par le bénéficiaire de certaines conditions parmi lesquelles figure le fait de ne pas être élève, étudiant ou stagiaire, ou encore de ne pas être en congé parental, sabbatique, sans solde ou en disponibilité[1831]. En reprenant ses études, le bénéficiaire du revenu de solidarité active renonce ou est présumé renoncer au bénéfice de son droit, sauf si la formation, « eu égard à la situation de l'intéressé », peut être considérée comme une activité d'insertion[1832]. Est également présumée renoncer à sa qualité de demandeur d'emploi et aux prestations qui y sont conditionnées, en vertu de l'article R. 5411-17 du Code du travail, la personne qui ne satisfait pas à l'obligation de renouvellement périodique de sa demande d'emploi et qui, de ce fait, cesse d'être inscrite sur la liste des

---

[1830] Exemple pour le RSA : article L. 262-4 du CASF.

[1831] Article L. 262-4 du CASF.

[1832] CE, 16 janvier 2013, *M. B.*, req. n° 350456, inédit au recueil Lebon.

demandeurs d'emploi[1833]. Le bénéficiaire qui n'est plus inscrit sur cette liste en raison du non-renouvellement de sa demande d'emploi est considéré, à défaut de réinscription dans un délai d'un mois, comme ne satisfaisant plus aux obligations mentionnées à l'article L. 262-37, ce qui peut, à terme, conduire à sa radiation de la liste des bénéficiaires du revenu de solidarité active. Dès lors, le comportement du bénéficiaire d'une aide sociale contraire aux conditions d'ouverture d'un droit à l'aide sociale ou le plaçant dans une situation l'empêchant de les remplir peut provoquer la perte de son droit ou des prérogatives qui y sont attachées. Si le droit ne lui a pas encore été octroyé par une décision individuelle, il sera présumé renoncer à l'exercice d'un droit. Après que le bénéfice du droit lui a été attribué, il sera présumé avoir renoncé à un droit acquis.

431. La renonciation, tacite ou présumée, n'a un effet rétroactif que si l'autorité administrative supprime les droits acquis par le bénéficiaire avant que se produise le comportement considéré par l'administration comme manifestant sa renonciation tacite ou assimilé par la loi à une renonciation. Ce n'est pas le cas quand la décision à l'origine de la perte de la prérogative ou de la titularité du droit prend effet à une date antérieure à celle de son entrée en vigueur, mais postérieure au comportement conduisant à la perte du droit. Dans ce dernier cas, ce n'est pas la renonciation qui a un effet rétroactif, mais uniquement la décision qui prendra effet rétroactivement.

432. Lorsque le non-respect des conditions d'ouverture d'un droit à l'aide sociale est assimilé à une renonciation tacite ou présumée, la renonciation n'a pas d'effet rétroactif. La décision interrompant le bénéfice du droit au motif qu'une condition n'est plus remplie produit néanmoins ses effets à une date antérieure à son entrée en vigueur. Quoique le juge administratif ait reconnu de longue date[1834] que les actes administratifs unilatéraux ne s'appliquaient pas aux situations juridiques passées[1835], il admet que cela puisse être le cas lorsque l'administration se borne à les constater et à en tirer les conséquences juridiques[1836], à l'instar des décisions admettant à la retraite

---

1833 Le demandeur d'emploi ne peut se plaindre de n'avoir pas reçu le document d'actualisation mensuelle de demande d'emploi, car ce document tend uniquement à faciliter les démarches des intéressés. Le fait que l'intéressé ne l'ait pas reçu ne saurait avoir pour effet d'entraîner le renouvellement automatique, en l'absence de toute démarche de sa part, de son inscription. CE, 15 octobre 2001, *Agence nationale pour l'emploi*, req. n° 226713, *Rec. CE*, p. 469.

1834 CE, 10 mai 1889, *Pierrard, Câtillon et autres*, *Rec. CE*, p. 556.

Ce principe de non-rétroactivité des actes administratifs unilatéraux est formulé expressément par le juge pour la première fois pour les actes règlementaires en 1947 (CE, 28 février 1947, *Ville de Lisieux*, *Rec. CE*, p. 83 ; CE ass., 25 juin 1948, *Société du Journal « L'Aurore »*, *Rec. CE*, p. 289) puis pour l'ensemble des actes qu'ils soient règlementaires ou individuels (CE, 16 juillet 1948, *Société de filatures et tissages de Madagascar*, *Rec. CE*, p. 334, et CE, 20 décembre 1950, *Demoiselle Coulaud, sieur Anternet et autres*, *Rec. CE*, p. 627).

1835 CARBAJO (J.), *L'application dans le temps des décisions administratives exécutoires*, Paris, LGDJ, coll. Bibliothèque de droit public t. CXXXIV, 1980, p. 59 et suiv.

1836 *Ibid.*, p. 94.

un fonctionnaire qui a atteint la limite d'âge[1837], des décisions rayant des cadres un agent ou de celles le plaçant en congé sans traitement pour abandon de poste[1838]. Or, les décisions mettant fin à un droit au motif que certaines conditions d'ouverture ne sont pas ou ne sont plus remplies correspondent précisément à ces « actes-constatation », « par essence même, de portée rétroactive »[1839]. La Commission centrale d'aide sociale avait certes exclu, dans sa décision *Darras*, toute rétroactivité, y compris pour les décisions se bornant à constater que les conditions nécessaires à l'ouverture d'un droit n'étaient plus remplies, en jugeant qu'eu égard au caractère alimentaire des allocations d'aide sociale les décisions portant retrait de ces prestations ne pouvaient recevoir effet qu'à compter de la date à laquelle elles avaient été notifiées[1840]. Cette solution était critiquée, car le besoin créant le droit, « la disparition du besoin entraîne la suppression du droit »[1841]. Quand les conditions d'attribution ne sont plus remplies, les prestations ne sont plus légalement dues[1842]. La rétroactivité des décisions suspendant ou supprimant une allocation lorsque les conditions pour la percevoir ne sont plus remplies est donc désormais admise.

433. Cette rétroactivité est d'ailleurs souvent organisée par le législateur ou le pouvoir règlementaire. L'allocation de revenu de solidarité active[1843], l'aide personnalisée au logement[1844] ou encore l'allocation de logement[1845] cesseront d'être dues à compter du premier jour du mois civil au cours duquel les conditions d'ouverture du droit cesseront d'être réunies et, par exception, en cas de décès du bénéficiaire au premier jour du mois civil qui suit celui du décès. La radiation de la liste des demandeurs d'emploi lorsque l'intéressé n'a pas renouvelé sa demande d'emploi et n'a pas demandé sa

---

CE, 19 avril 1950, *Cazenave*, *Rec. CE*, p. 219. Le juge administratif a admis, par exemple, que la décision de radiation pour abandon de poste rétroagisse à la date à laquelle l'agent a manifesté sa volonté (CE, 12 novembre 1975, *Dame Patat*, *Rec. CE* (tables), p. 1112) ou à celle où il aurait dû se trouver en exercice (CE, 19 février 1951, *Molina et Rovira*, *Rec. CE*, p. 757).
Sur ce point voir LOMBART (L.), « Typologie de la radiation des cadres de la fonction publique : les cas de constatation à connotation disciplinaire », *AJFP*, 2008 p. 324.

[1837] CE, 30 novembre 1956, *Gouverneur général de l'Indochine*, *Rec. CE*, p. 610 ; CE, 10 avril 1957, *Sieur Piollet*, *Rec. CE*, p. 252.

[1838] CE, 24 mai 1949, *Bachiri*, *Rec. CE*, p. 238. En l'espèce, le Conseil d'État a considéré « qu'en décidant que la révocation du sieur Bachiri prendrait effet le 26 septembre 1945, le Gouverneur général de l'Algérie n'a fait que constater que le requérant avait lui-même rompu à cette date le lien qui l'unissait à l'administration ».

[1839] CARBAJO (J.), *L'application dans le temps des décisions administratives exécutoires*, *op. cit.*, p. 94.

[1840] Comm. centr., 17 mai 1960, *Sieur Darras*, *Revue de l'aide sociale*, 1961, p. 231.

[1841] Note sous Comm. centr., 17 mai 1960, *Sieur Darras*, *Revue de l'aide sociale*, 1961, p. 233.

[1842] *Ibid.*

[1843] Article R. 262-35 du CASF.

[1844] Article L. 351-3-1 du CCH.

[1845] Article D. 542-3 du CSS.

réinscription dans le mois suivant celui qui n'a pas été actualisé[1846] prendra effet, quant à elle, le dernier jour du mois précédent la constatation[1847] et interrompra le versement du revenu de remplacement[1848] ou celui du revenu de solidarité active[1849] pour le mois concerné. La rétroactivité des décisions suspendant ou mettant fin à un droit à l'aide sociale au motif que certaines conditions d'ouverture ne sont pas ou ne sont plus remplies est parfois, à l'inverse, écartée. L'allocation de solidarité aux personnes âgées, notamment, peut être révisée, suspendue ou supprimée à tout moment, lorsqu'il est constaté que l'une des conditions exigées pour son service n'est pas remplie, mais la rétroactivité de la décision est écartée pour cette prestation d'aide sociale puisqu'il est précisé que les arrérages versés sont *acquis* aux bénéficiaires en dehors des cas de fraude, d'absence de déclaration du transfert de leur résidence hors du territoire, ou encore d'absence de déclaration ou d'omission de ressources dans les déclarations[1850].

434. Les décisions suspendant ou supprimant le bénéfice d'une prestation sociale lorsque les conditions pour la percevoir ne sont plus remplies sont généralement rétroactives. Pour autant, elles ne retirent pas la décision octroyant le bénéfice d'une aide sociale : un tel retrait est impossible du moment que la décision est légale, en l'absence de fraude[1851], de demande du bénéficiaire ou d'une disposition législative ou règlementaire spéciale. La renonciation tacite ou présumée n'a donc pas d'effet rétroactif.

1846 Dans ce cas, il fait l'objet « d'une réinscription rétroactive » au dernier jour du mois non actualisé. Instruction Pôle emploi n° 2016-33 du 6 octobre 2016, *BOPE* n° 80 du 17 novembre 2016.

1847 Instruction Pôle emploi n° 2012-120 du 30 juillet 2012, *BOPE* n° 81 du 14 août 2012.

1848 En vertu de l'article L. 5421-3 du Code du travail, l'une des conditions requises pour bénéficier d'un revenu de remplacement est que les intéressés soient inscrits comme demandeurs d'emploi. L'article R. 5411-17 du même Code précise que cesse d'être inscrit sur la liste des demandeurs d'emploi le demandeur d'emploi qui ne satisfait pas à l'obligation de renouvellement périodique de sa demande d'emploi.

1849 Selon l'article R. 262-72 du CASF, le bénéficiaire du RSA qui, en application de l'article R. 5411-17 du Code du travail, cesse d'être inscrit sur la liste des demandeurs d'emploi est, à défaut de réinscription sous un délai d'un mois, considéré comme ne satisfaisant plus aux obligations mentionnées à l'article L. 262-37 du présent Code. Dès lors, le versement du RSA pourra être suspendu, en tout ou partie et, dans certains cas, il pourra être mis fin au droit au RSA et le bénéficiaire pourra être radié de la liste des bénéficiaires du RSA (L. 262-38 et R. 262-40 du CASF).

1850 Article L. 815-11 du CSS. Cass. civ. 2e, 12 février 2009, *Caisse nationale d'assurance vieillesse c/ M. X.*, n° 08-11414, *Bull. civ.* II, n° 45.

1851 Article L. 241-2 du CRPA en vertu duquel un acte administratif unilatéral obtenu par fraude peut être à tout moment abrogé ou retiré. Voir également CE, 29 novembre 2002, *Assistance publique – Hôpitaux de Marseille*, req. n° 223027, *Rec. CE*, p. 414.

B. Les effets juridiques des renonciations présumées en raison du non-respect de ses obligations par le bénéficiaire

435. Le bénéficiaire d'un droit à l'aide sociale qui ne respecte pas, en connaissance de cause et sans motif légitime, les obligations imposées en contrepartie du bénéfice de son droit est présumé y avoir renoncé[1852]. Ces présomptions de renonciation s'apparentent à des déchéances qui sanctionnent le bénéficiaire qui ne respecte pas les obligations.

436. En droit administratif, il est admis de longue date que les décisions qui ont le caractère d'une sanction administrative ne peuvent, sauf dispositions législatives contraires[1853], avoir un effet rétroactif[1854]. Pourtant, il en va différemment en droit de l'aide sociale alors que la rétroactivité entraîne une « double sanction » pour le bénéficiaire d'une aide sociale, « à savoir déclencher un indu d'un côté et interrompre le versement des allocations de l'autre, rendant le remboursement des sommes quasiment impossible »[1855]. L'arrêt *Treviglio*[1856] avait, certes, laissé entendre que le principe de non-rétroactivité des actes administratifs ainsi que les exceptions à ce principe concernant les sanctions administratives s'appliquaient en la matière. Dans cette affaire, il était reproché à l'allocataire du revenu de remplacement de ne pas avoir « pu justifier de l'accomplissement d'actes positifs de recherche d'emploi notamment pendant le mois de mars 1988 pour lequel il a été exclu du bénéfice du revenu de remplacement ». Le Conseil d'État avait alors jugé que le directeur départemental du travail et de l'emploi, en constatant par l'exclusion de l'intéressé du bénéfice du revenu de remplacement pendant une période de trois mois à compter du 1er mars 1988 que ce dernier ne pouvait prétendre au maintien dudit revenu, s'était borné à tirer les conséquences de la carence du requérant. La décision prononçant l'exclusion n'était donc entachée « d'aucune rétroactivité illégale ». Cette solution ne s'inscrit pas en rupture avec la jurisprudence administrative et, en particulier, avec le principe de non-rétroactivité des sanctions administratives, car, en dépit des apparences, cette décision ne constituait pas une sanction administrative. Selon l'ancien article R. 351-27 du Code du travail, étaient considérées comme recherchant un emploi, « les personnes inscrites comme demandeurs d'emploi auprès de l'Agence nationale pour l'emploi qui accomplissent, tant sur proposition de ces services que de leur propre initiative, toutes démarches en leur pouvoir en vue de leur reclassement ou de leur insertion professionnelle ». Pour le

---

[1852] Sur les situations de présomptions légales de renonciation voir *supra* n° 359 et suiv.

[1853] Le législateur peut, sauf en matière pénale, permettre à l'autorité administrative de prendre des mesures rétroactives. DELVOLVÉ (P.), *L'acte administratif*, Paris, Sirey, coll. Droit public, 1983, p. 224, n° 554.

[1854] CE, 20 juillet 1951, *Sieur Ducommun*, *Rec. CE*, p. 422 ; CE sect., 27 mai 1977, *Loscos*, *Rec. CE*, p. 249.

[1855] Médiateur national de Pôle emploi, *Rapport annuel 2012*, avril 2013, p. 35.

[1856] CE, 28 décembre 1992, *Treviglio*, *Rec. CE* (tables), p. 721 ; *Dr. soc.*, 1993, p. 376, concl. de Froment.

Conseil d'État, les dispositions applicables devaient être comprises « comme ayant entendu subordonner le maintien du droit au revenu de remplacement au respect par le bénéficiaire de l'obligation qui lui est faite d'accomplir des actes positifs de recherche d'emploi ». Si l'exclusion ne présentait donc pas le caractère d'une « punition », « la constatation faite que le demandeur d'emploi n'accomplit pas de tels actes depuis son inscription à l'ANPE et qu'il n'a en fait jamais recherché sérieusement un emploi » le privait, « *de facto*, de la qualité d'attributaire du revenu de remplacement »[1857]. La question de l'applicabilité du principe de non-rétroactivité des sanctions administratives en droit de l'aide sociale n'est donc pas tranchée par l'étude de l'arrêt *Treviglio*. Elle semble néanmoins pouvoir l'être par celle de l'arrêt *Zizzo* puisque la doctrine se fonde sur cet arrêt pour conclure à l'application, en la matière, de la jurisprudence administrative « classique » relative aux sanctions administratives.

437. Dans cet arrêt, le juge administratif précise que, lorsque l'exclusion du bénéfice du revenu de remplacement ne se borne pas à tirer les conséquences de ce qu'une personne ne satisfait pas aux conditions légales d'attribution, la décision revêt le caractère d'une sanction[1858]. Sa position est cependant ambiguë quant à l'illégalité du caractère rétroactif d'une telle décision. Après avoir rappelé que tout demandeur d'emploi doit faire connaître aux services de l'Agence nationale pour l'emploi les changements concernant sa situation, le Conseil d'État constate que le requérant, qui n'a ni déclaré avoir travaillé les 13, 14 et 15 mars 1989 ni déclaré les revenus qu'il en a tirés, a commis une faute de nature à justifier une mesure d'exclusion du bénéfice du revenu de remplacement. Toutefois, en considérant que « le manquement commis a eu un caractère isolé et n'a concerné qu'une période de brève durée ; que, dans ces conditions, le directeur départemental du travail et de l'emploi des Alpes-Maritimes a commis une erreur manifeste d'appréciation en prononçant, de ce chef, le 28 juillet 1989, à l'encontre de M. X... une mesure d'exclusion définitive du bénéfice du revenu de remplacement à compter du 15 mars 1989 », il semble non pas condamner la rétroactivité de la décision d'exclusion, mais faire application du principe qu'il a précédemment énoncé en vertu duquel une mesure de sanction « ne peut, sans illégalité, par le degré de sévérité de la sanction qu'elle comporte, être manifestement disproportionnée au regard

---

1857 Conclusion de Froment sur CE, 28 décembre 1992, *Treviglio*, *Rec. CE* (tables), p. 721 ; *Dr. soc.*, 1993, p. 376, concl. de Froment.
Voir également REY (J.-L.), « La double nature des décisions d'exclusion des demandeurs d'emploi », *RJS*, 1998, n° 11, p. 808-812.

1858 Par exemple, est une sanction administrative la décision d'exclusion du bénéfice du revenu de remplacement prise au motif que le bénéficiaire du revenu de remplacement a travaillé sur un chantier sans déclarer cette activité et les revenus qu'il en a tirés. CE, 23 février 1998, *Zizzo*, req. n° 161143, *Rec. CE* (tables), p. 1207 et CE, 17 avril 1989, *Reboul*, *Rec. CE*, p. 974 ; *RDSS*, 1990, p. 252, note Prétot (X.).

des faits qui lui servent de fondement »[1859]. Postérieurement à cet arrêt, le juge administratif, tout en reconnaissant que certaines décisions constituent des sanctions administratives, a d'ailleurs accepté qu'elles prennent effet rétroactivement. Le Conseil d'État a ainsi reconnu, dans un arrêt en date du 9 avril 2010, que la décision qui excluait le requérant du bénéfice du revenu de remplacement au motif qu'il n'avait pas fait état de son activité au sein de la SARL Dream Games avait le caractère d'une sanction[1860], mais dans le même temps il a estimé que le préfet du Val-de-Marne s'était borné, pour l'exclure du bénéfice du revenu de remplacement, « à tirer les conséquences de la carence de l'intéressé en constatant qu'il ne pouvait prétendre au maintien dudit revenu ». La décision contestée n'était donc entachée d'aucune « rétroactivité illégale »[1861].

438. Le conditionnement du versement du revenu de remplacement et du revenu de solidarité active au maintien des conditions d'ouverture ainsi qu'au respect de devoirs a, en fait, rendu incertaine l'application de la jurisprudence administrative classique en la matière[1862]. Les décisions de radiation de la liste des demandeurs d'emploi prises par l'ANPE d'abord et par Pôle emploi ensuite ont, de ce fait, longtemps continué à prendre effet à la date du manquement du demandeur d'emploi à ses obligations[1863] - à la date de la convocation à laquelle le demandeur d'emploi ne s'était pas présenté ou à la date du constat de l'absence d'actes positifs de recherche d'emploi par exemple. Le juge administratif et l'administration ont récemment mis fin à la rétroactivité des décisions de radiation de la liste des demandeurs d'emploi lorsqu'elles ont le caractère d'une sanction administrative[1864]. L'administration a d'ailleurs pris acte de cette jurisprudence et des recommandations du Médiateur national de Pôle emploi[1865] dans une instruction du 11 décembre 2012 fixant la date

---

1859 CE, 23 février 1998, *Zizzo*, req. n° 161143, *Rec. CE* (tables), p. 1207.

1860 Il a été depuis réaffirmé à plusieurs reprises que la radiation fondée sur l'article L. 5412-1 du Code du travail est une sanction : CE, 9 avril 2010, *CGT-FO*, req. n° 323246, *Rec. CE* (tables), p. 1007 ; CAA Lyon, 21 juin 2012, *M. Frédéric A.*, req. n° 11LY01724, inédit au recueil Lebon (radiation de la liste des demandeurs d'emploi décidée en raison du refus de l'intéressé de suivre une action de formation sur le fondement de l'article L. 5412-1 du Code du travail).

1861 CE, 21 mars 2007, *M. Michel A.*, req. n° 284656, inédit au recueil Lebon. Dans le même sens voir CAA Lyon, 12 février 2002, *Mme Françoise X.*, req. n° 99LY01585, inédit au recueil Lebon.

1862 Jurisprudence constante en droit administratif : CE, 20 juillet 1951, *Sieur Ducommun*, *Rec. CE*, p. 422 ; CE sect., 27 mai 1977, *Loscos*, *Rec. CE*, p. 249.

1863 Cette rétroactivité était d'ailleurs prévue par une instruction de Pôle emploi selon laquelle « La date du fait générateur est à retenir comme date d'effet de la décision de radiation ». Instruction PE n° 2011-193, 24 novembre 2011 fixant la procédure de radiation des listes de demandeurs d'emploi, publiée au *Bulletin officiel de Pôle emploi* n° 2011-123 du 29 décembre 2011.

1864 TA Marseille, 10 mars 2009 cité par FABRE (A.), « Du nouveau chez Pôle emploi : la radiation n'est désormais plus rétroactive », *RDT*, 2013, p. 108.

1865 Rapport annuel du 24 février 2012, p. 46 et suiv.

d'effet des radiations au jour de leur notification[1866]. Cette évolution a assurément des répercussions en droit de l'aide sociale puisque le bénéficiaire du revenu de solidarité active orienté vers Pôle emploi peut voir le versement de son allocation suspendu à la date de sa radiation de la liste des demandeurs d'emploi[1867]. Les sanctions administratives autres que la radiation de la liste des demandeurs d'emploi continuent néanmoins d'avoir un effet rétroactif, à l'instar des décisions suspendant le versement de l'allocation de revenu de solidarité active sur le fondement de l'article L. 262-37 du CASF qui ont le caractère de sanction[1868] et qui, pour autant, prennent parfois effet rétroactivement. Le juge, par exemple, n'a pas considéré comme illégale la décision en date du 6 juillet 2010 suspendant partiellement le versement du revenu de solidarité active pour le mois d'avril 2010 au motif que « l'intéressée ne s'était pas présentée, sans se faire valablement excusée, aux réunions d'informations collectives mises en place par Pôle emploi »[1869].

439. Bien que la décision tirant les conséquences de la renonciation présumée du bénéficiaire puisse ainsi parfois avoir un effet rétroactif, ce n'est toutefois pas le cas de la renonciation elle-même puisque la perte des droits ne rétroagit pas au-delà de l'élément qui a déclenché la décision de suspension ou de radiation du droit à l'aide sociale. Dans le cadre du revenu de solidarité active, en vertu de l'article L. 262-37 du CASF est présumé renoncer à son droit le bénéficiaire qui empêche l'établissement ou le renouvellement d'un PPAE ou de l'un des contrats mentionnés aux articles L. 262-35 et L. 262-36, ou encore qui ne respecte pas les engagements qui y figurent. La perte des prérogatives attachées au droit découlant de la décision de suspension comme de la décision de radiation de la liste des bénéficiaires du revenu de solidarité active ne concernera pas les prestations antérieures au comportement érigé, par le législateur, en manifestation tacite de volonté de renoncer, mais uniquement celles postérieures à un tel comportement.

[1866] Instruction PE n° 2012-166, 10 décembre 2012 portant modification de la date d'effet des décisions de radiation et des délais de procédure, publiée au *Bulletin officiel de Pôle emploi* n° 2012-131 du 19 décembre 2012.

[1867] CAA Douai, 13 juin 2013, *Mlle B.*, req. n° 12DA00385, inédit au recueil Lebon.

Le juge a considéré que la radiation de la liste des demandeurs d'emploi intervenue en raison des absences non justifiées de la requérante à deux rendez-vous mensuels faisait obstacle au versement à l'intéressée du revenu de solidarité active *à partir de cette date*.

[1868] CAA Nantes, 31 octobre 2012, *Mme Irène X.*, req. n° 11NT03000, inédit au recueil Lebon. En l'espèce, la requérante n'avait pas respecté les obligations qui lui incombaient en vertu de son contrat d'engagement, à savoir qu'elle ne s'était pas présentée aux rendez-vous fixés par son référent insertion et n'avait pas suivi les actions d'accompagnement préconisées par la société Adecco.

[1869] CAA Douai, 13 juin 2013, *Mlle B.*, req. n° 12DA00385, inédit au recueil Lebon.

Il est d'ailleurs parfois fait usage de l'expression « radiation rétroactive » dans les décisions de la Commission centrale d'aide sociale. Comm. centr., 29 octobre 2007, *Mme T.*, dossier n° 060789, *CJAS*, n° 2008/4.

Voir également Comm. centr., 22 décembre 2004, *M. D.*, dossier n° 021578, *CJAS*, n° 2005/2.

440. L'étude des effets de la renonciation à un droit acquis à l'aide sociale traduit une certaine protection des bénéficiaires. La renonciation, qui aboutit non seulement à la perte définitive des prérogatives attachées à un droit acquis par un acte administratif, mais aussi, parfois, à celle de la qualité de bénéficiaire de l'aide sociale, aura des conséquences plus ou moins graves pour le bénéficiaire selon qu'elle produit ses effets de façon rétroactive ou sur les prérogatives à venir uniquement. Or, lorsque la renonciation est le fait du bénéficiaire, il est libre d'en moduler les effets dans le temps, tandis que lorsqu'elle est tacite ou présumée, elle ne vaudra que pour l'avenir. Seule une disposition législative ou réglementaire pourrait conférer à une renonciation tacite ou présumée un effet rétroactif. Aussi la Cour de cassation, tout en admettant, en vertu de la loi du 10 juillet 1991[1870] qui prévoit la liberté de choix de l'avocat par le bénéficiaire, que celui-ci puisse renoncer à l'aide juridictionnelle en désignant un avocat qu'il rémunérera et que, la loi ne prévoyant aucune renonciation partielle au bénéfice de cette aide, la renonciation doive « produire ses effets à compter de la désignation du premier conseil »[1871], estime-t-elle que la cour d'appel a retenu à bon droit que le conseil de l'Ordre avait excédé ses pouvoirs réglementaires en imposant au bénéficiaire de l'aide juridictionnelle exerçant sa liberté quant au choix de son avocat une renonciation *rétroactive* à cette aide, « laquelle n'est prévue par aucun texte »[1872]. Alors que constitue une renonciation au bénéfice de l'aide juridictionnelle le choix, en cours de procédure, d'un « nouveau conseil rémunéré», en l'absence de dispositions prévoyant expressément qu'un tel choix vaut renonciation rétroactive, le premier avocat ne peut prétendre à la perception « d'autre rémunération que la contribution due au titre de l'aide juridictionnelle »[1873]. Cette solution emporte des conséquences importantes pour le bénéficiaire, car le retrait de l'aide juridictionnelle en raison de sa renonciation présumée rétroactive l'obligerait à rembourser les sommes versées par l'État et à régler l'ensemble des droits, honoraires, émoluments dont il avait été dispensé[1874].

* * *

441. La renonciation en droit de l'aide sociale, qu'elle porte sur l'exercice d'un droit ou sur un droit acquis, entraîne la perte de prérogatives juridiques attachées à un droit ou celle de la titularité du droit. Cette perte qui peut

---

[1870] Loi n° 91-647 du 10 juillet 1991 relative à l'aide juridique, *JO* n° 0162 du 13 juillet 1991, p. 9170.

[1871] Cass. civ. 1re, 4 avril 1995, *Ordre des avocats à la cour d'appel de Toulouse c/ procureur général près la cour d'appel de Toulouse*, n° 93-10818, *Bull. civ.* I, n° 156.

[1872] *Ibid.*

[1873] Cass. civ. 1re, 1er juin 1999, *M. Dana c/ Mme X.*, n° 96-20406, *Bull. civ.* I, n° 179. Dans le même sens : Cass. civ. 2e, 3 juillet 2008, *M. Y. c/ M. X.*, n° 07-13036, *Bull. civ.* II, n° 159.

[1874] ALFANDARI (E.) et TOURETTE (F.), *Action et aide sociales*, *op. cit.*, p. 823.

découler du refus de l'administration d'octroyer le droit demandé, du retrait ou de l'abrogation de la décision ayant permis son acquisition, ou encore d'une décision de suspension, de suppression ou de radiation est lourde de conséquences pour le bénéficiaire, d'autant qu'elle est parfois subie ou présumée et ne correspond donc pas toujours à sa volonté interne. Ses effets sont cependant parfois atténués soit par la loi, soit par la possibilité offerte au renonçant de moduler les effets de sa renonciation. Lorsque la renonciation porte sur l'exercice d'un droit non acquis à l'aide sociale, elle n'en fait perdre le bénéfice à l'intéressé que concomitamment à son non-exercice ou à son inaction s'il en a fait la demande, tandis que lorsqu'elle porte sur un droit à l'aide sociale acquis, elle ne pourra pas avoir d'effet rétroactif et faire disparaître le droit *ab initio* sans que le bénéficiaire ait manifesté expressément sa volonté de conférer une telle portée à sa renonciation. En l'absence de disposition expresse, la renonciation ne saurait donc être rétroactive, sauf si cette rétroactivité est souhaitée par le titulaire d'un droit à l'aide sociale acquis, situation peu probable en droit de l'aide sociale. Reste que, en principe, cette perte est irrévocable puisque l'irrévocabilité est une caractéristique traditionnellement attribuée à la renonciation.

CHAPITRE II

L'irrévocabilité de la renonciation en question

442. La doctrine classique a fait de l'irrévocabilité un attribut de la renonciation[1875]. Renoncer c'est « abandonner sans esprit de retour, et sans faculté de retour »[1876]. Sauf lorsque le législateur prévoit que le renonçant puisse revenir sur sa renonciation, comme c'est le cas en matière de succession[1877], le titulaire d'un droit y ayant renoncé ne peut manifester une volonté contredisant sa volonté abdicative précédemment manifestée afin de la détruire[1878]. L'irrévocabilité de la renonciation étant rattachée au caractère unilatéral de la renonciation[1879], la remise en cause par la doctrine de l'unilatéralité comme caractéristique de la renonciation aurait pu la conduire à revenir sur cette caractéristique. Pourtant, la doctrine de droit public comme celle, aujourd'hui, de droit privé[1880], qui ont admis que la renonciation ne devait pas être enfermée dans un critère de forme, continuent de penser la renonciation comme un abandon définitif et irrévocable. Jean-Marie Auby considère ainsi que la renonciation « lie le renonçant qui ne peut revenir sur elle »[1881]. La doctrine contemporaine développe toutefois une approche différente de l'irrévocabilité, puisque, tout en considérant la

---

1875 RAYNAUD (P.), « La renonciation à un droit. Sa nature et son domaine en Droit civil », *RTD civ.*, 1936, p. 774 ; SIBICIANO (N.), *Théorie générale des renonciations en droit civil français*, Paris, R. Pichon et R. Durand-Auzias, 1932, p. 98, n° 100 ; MARTIN de la MOUTTE (J.), *L'acte juridique unilatéral. Essai sur sa notion et sa technique en droit civil*, Paris, Recueil Sirey, 1951, p. 314.

1876 BREDIN (J.-D.), « Les renonciations au bénéfice de la loi en droit privé français », Paris, Dalloz, TAHC, 1959-1960, t. XIII, p. 365.

1877 Voir également les exemples mentionnés par MARTIN de la MOUTTE (J.), *L'acte juridique unilatéral. Essai sur sa notion et sa technique en droit civil*, *op. cit.*, p. 315-316 et RAYNAUD (P.), « La renonciation à un droit. Sa nature et son domaine en Droit civil », *op. cit.*, p. 774.

1878 MARTIN de la MOUTTE (J.), *ibid.*, p. 311.

1879 Voir *supra* n° 116 et suiv.

1880 PIN (X.), *Le consentement en matière pénale*, Paris, LGDJ, coll. Bibliothèque des sciences criminelles t. 36, 2002, 724 p. et SOURZAT (C.), *La renonciation en procédure pénale*, Paris, LGDJ, coll. Bibliothèque des sciences criminelles t. 56, 2013, 447 p.

1881 AUBY (J.-M.), « La renonciation au bénéfice de la loi en droit public français », Paris, Dalloz, TAHC, 1959-1960, t. XIII, p. 523.

renonciation comme un acte irrévocable, elle admet non seulement que la renonciation abdicative puisse être temporairement révocable[1882], mais encore que la renonciation à l'exercice d'un droit soit limitée dans le temps[1883].

443. Ces tempéraments sont essentiels en ce qu'ils laissent entrevoir la possibilité que la renonciation à l'exercice d'un droit ou à la titularité d'un droit à l'aide sociale ne soit pas nécessairement irrévocable, au sens où l'entendait la doctrine classique, c'est-à-dire comme la perte définitive de la titularité d'un droit du seul fait de la manifestation de la volonté de son titulaire d'y renoncer. Or, en droit de l'aide sociale, la renonciation à l'exercice d'un droit est en principe révocable (Section 1), tandis que la renonciation abdicative est irrévocable, bien qu'elle puisse, pendant un certain laps de temps, être retirée par le bénéficiaire (Section 2).

SECTION I. L'IRRÉVOCABILITÉ PARTIELLE DE LA RENONCIATION À L'EXERCICE D'UN DROIT

444. La renonciation à l'exercice d'un droit à l'aide sociale, quand elle prend la forme du non-exercice d'un droit, est une renonciation présumée qui peut être remise en cause par le renonçant (§ 1). La question est plus délicate lorsque cette renonciation prend la forme d'un engagement à ne pas bénéficier d'un droit à l'aide sociale. Cet engagement manifestant la volonté de renoncer à exercer un droit à l'aide sociale, la renonciation devrait être irrévocable, au moins dans le sens où l'entend Julie Arroyo, à savoir que la rétractation du renonçant ne devrait pas pouvoir être gratuite ou non sanctionnée. Mais, à la différence de la renonciation aux droits fondamentaux, n'étant pas limitée dans le temps alors que la législation d'aide sociale est d'ordre public, la renonciation est dans certains cas révocable (§ 2).

§ 1. La révocabilité de la renonciation par non-exercice d'un droit à l'aide sociale

445. En n'exerçant pas son droit à l'aide sociale, la personne qui remplit pourtant les conditions pour en bénéficier y renonce *de facto*. Les prérogatives attachées aux droits à l'aide sociale auxquelles le bénéficiaire aurait pu prétendre sont définitivement perdues, même s'il fait savoir à l'administration qu'il souhaiterait être admis rétroactivement à l'aide sociale[1884]. Il pourra néanmoins à tout moment mettre un terme à sa

---

[1882] BLUMANN (C.), *La renonciation en droit administratif français*, Paris, LGDJ, coll. Bibliothèque de droit public t. CXIII, 1974, p. 111 et suiv.
[1883] Voir *supra* n° 203 et suiv.
[1884] Voir *supra* n° 399 et suiv.

renonciation en faisant valoir ses droits. Le non-exercice des droits à des prestations d'aide sociale, alors même qu'un délai de prescription est parfois prévu, n'équivaut pas nécessairement à une renonciation irrévocable : le bénéficiaire, tant qu'il remplit les conditions requises pour leur ouverture, sera en mesure de revenir sur sa renonciation et de faire valoir ses droits qui pourront être ouverts pour les mois à venir, et même, parfois, de façon rétroactive dans la limite du délai de prescription.

446. En droit de l'aide sociale, les droits sont la plupart du temps ouverts à compter de la demande du bénéficiaire[1885] et peuvent l'être tant que les conditions pour en bénéficier sont remplies. La personne qui renonce à exercer un droit à l'aide sociale en ne le demandant pas est à même d'en bénéficier à tout moment si elle remplit toujours les conditions légales d'attribution. Cette solution a d'ailleurs été retenue par la Commission centrale d'aide sociale, non pas au sujet d'une renonciation, mais lors du recours d'un bénéficiaire radié du bénéfice de l'allocation compensatrice pour tierce personne. Le requérant ne contestait pas « les motifs de non perception de cette allocation puisqu'au vu des ressources de son foyer qu'il a régulièrement déclarées, le département de Paris a pris cette décision de radiation », mais le principe même « d'une radiation » qu'il interprétait comme une décision l'empêchant de solliciter à nouveau cette allocation. Il demandait alors « l'assurance que cette situation de radiation [ne soit] que temporaire et ne remet[te] pas en cause pour l'avenir un droit à percevoir cette allocation ». Bien qu'estimant que le premier juge ait considéré, à bon droit, la demande comme irrecevable, la Commission centrale d'aide sociale précise que, si aucune disposition du CASF ne permet de maintenir le bénéfice de la prestation quand le bénéficiaire ne remplit pas les conditions d'attribution, il lui appartiendra, en cas de modification de ses ressources, de faire une nouvelle demande d'allocation compensatrice pour tierce personne ou de prestation de compensation du handicap. Ce faisant, le juge insiste sur le fait que, si les conditions sont à nouveau remplies, le bénéficiaire pourra à nouveau y prétendre[1886]. Cette solution s'applique pareillement à la situation dans laquelle le bénéficiaire est présumé avoir renoncé à son droit au revenu minimum d'insertion ou au revenu de solidarité active après avoir renoncé volontairement aux ressources qu'il tirait d'une activité professionnelle : dès lors qu'il apporte la preuve que cette situation n'est plus de son fait, il est de nouveau à même de faire valoir son droit[1887]. Si, en prenant un congé sabbatique sans solde ou une disponibilité, il a fait le choix de renoncer à sa rémunération pendant une certaine période, c'était avec l'assurance de

---

[1885] Voir *supra* n° 402 et suiv.

[1886] Comm. centr., 16 mai 2012, *M. X.*, dossier n° 111132, *CJAS*, n° 2013/1.

[1887] Comm. centr., 18 mars 1992, *Département de La Réunion*, dossier n° 910207, *EJCCAS*, n° 39-1, p. 2 ; Comm. centr., 18 juillet 2002, *Mme T.*, dossier n° 012106, *CJAS*, n° 2002/5 ; Comm. centr., 22 décembre 2004, *Mme G.*, dossier n° 031194, *CJAS*, n° 2005/2 (congé pour création d'entreprise).

retrouver son emploi. Par conséquent, lorsqu'il se voit opposer une absence de poste disponible à la suite d'une demande de réintégration, il peut prétendre au bénéfice de son droit à l'aide sociale[1888].

447. En ce sens, la renonciation par non-exercice d'un droit à l'aide sociale se distingue de la renonciation par non-exercice des droits aux prestations assurantielles de sécurité sociale, c'est-à-dire aux prestations « classiques » « reposant sur la seule survenance du risque et alimentées par des cotisations »[1889], qui est généralement irrévocable. Le non-exercice de ces prestations au-delà du délai de prescription conduit à leur perte définitive conférant, dans le même temps, un caractère irrévocable à la renonciation. Les droits de la victime ou de ses ayants droit aux prestations et indemnités accordées au titre d'un accident du travail ou d'une maladie professionnelle, par exemple, se prescrivent par deux ans[1890]. À l'expiration de ce délai, la victime se trouve exclue de toute prestation[1891]. Il en est de même pour l'assurance maladie couvrant, entre autres, les frais de médecine générale et spéciale, les frais de soins et de prothèses dentaires, les frais d'hospitalisation ou encore le versement d'indemnités journalières pour l'assuré dans l'incapacité physique constatée par le médecin traitant de continuer ou de reprendre le travail[1892], ainsi que pour l'assurance maternité couvrant notamment l'ensemble des frais médicaux, pharmaceutiques, d'analyse et d'examens de laboratoire, d'appareils et d'hospitalisation relatifs ou non à la grossesse, à l'accouchement et à ses suites[1893] et le versement d'indemnités journalières à l'assurée sociale pendant son congé de maternité[1894]. Sauf cas de force majeure, l'absence d'action en paiement des prestations de l'assurance maladie ou de l'assurance maternité, dans les deux ans à compter du premier jour du trimestre suivant celui auquel se rapportent les premières prestations et à compter de la date de la première constatation médicale de la grossesse pour les secondes, entraîne leur perte définitive[1895]. La Cour de cassation a d'ailleurs affirmé expressément que, « sauf à rapporter la preuve d'un cas de force majeure, aucune demande de prise en charge ne peut être accueillie une fois la prescription acquise ». Elle

---

1888 Comm. centr., 22 décembre 2004, *M. D.*, dossier n° 021578, *CJAS*, n° 2005/2 ; Comm. centr., 6 mars 2006, *M. Xavier P.*, dossier n° 042100, *CJAS*, n° 2006/5.

1889 BORGETTO (M.), « Le droit de la protection sociale dans tous ses états : la clarification nécessaire, *op. cit.*, p. 638.

1890 Article L. 431-2 du CSS.

1891 Elle conserve tout de même le droit de demander réparation du préjudice que lui aurait causé la faute de l'employeur. Cass. soc., 28 avril 1964, *Gabriel c/ Langenfeld*, n° 63-11547, *Bull. civ.* IV, n° 358.

1892 Article L. 321-1 du CSS.

1893 Article L. 160-9 du CSS.

1894 Article L. 331-3 du CSS.

1895 Seul un cas de force majeure est en mesure de suspendre les effets de la prescription biennale applicable au paiement des prestations de l'assurance maladie. Cass. soc., 10 octobre 2002, *CPAM Val de Marne c/ M.P. Tardieux*, n° 00-17537, *TPS*, 2003, n° 1, comm. 35, obs. Prétot (X.) ; Cass. soc., 2 décembre 1999, *Bauduin c/ CMR du* Nord, *RJS*, n° 1/00, 2000, n° 94.

en a conclu que le requérant qui avait, en qualité de tuteur de sa mère, présenté le 29 juin 1999 aux fins de remboursement des feuilles de soins et des volets de facturation se rapportant à des actes médicaux la concernant entre le 11 octobre 1991 et le 16 octobre 1992 n'avait aucun droit à la prise en charge des prestations litigieuses dans la mesure où la prescription était acquise[1896].

448. L'imbrication entre les délais de prescription de l'inscription sur la liste des demandeurs d'emploi d'une part, et la demande de prestation d'assurance d'autre part, confère également à la renonciation par non-exercice d'un droit un caractère irrévocable une fois le délai de prescription échu[1897]. La personne sans-emploi dispose d'un délai de douze mois[1898] à compter du jour de la rupture du contrat de travail pour s'inscrire sur la liste des demandeurs d'emploi[1899]. Au-delà, son inscription sera considérée comme tardive, lui faisant perdre subséquemment le bénéfice d'un revenu de remplacement[1900]. En l'absence de demande dans ces délais, le demandeur d'emploi perd définitivement ses droits[1901]. Ainsi, dans l'affaire *M. Drouhin*, le Conseil d'État a jugé que le requérant, officier de réserve radié des contrôles de l'armée et admis à la retraite à compter du 7 juillet 1996, n'était pas fondé à demander l'annulation de la décision du ministre de la Défense rejetant sa demande d'allocation pour perte d'emploi jugée trop tardive dans la mesure où il ne s'était inscrit comme demandeur d'emploi que le 3 octobre 1997, c'est-à-dire plus de douze mois après la fin de son contrat. La Cour de cassation s'inscrit dans la même lignée en considérant que la

---

1896 Cass. soc., 10 octobre 2002, *CPAM Val de Marne c/ M.P. Tardieux*, n° 00-17537, *TPS*, 2003, n° 1, comm. 35, obs. Prétot (X.).

1897 Même si les règles adoptées en matière d'indemnisation du chômage consacrent « dans leurs modalités de mise en œuvre, un retour en force très net de la logique d'assistance », elles relèvent toujours, « dans leur principe, de la technique assurancielle ». BORGETTO (M.), « La réforme du système d'indemnisation du chômage : vers un retour en force de la logique d'assistance ? », *Dr. soc.*, 2001, p. 355.

1898 Article 7 du Règlement général annexé à la Convention du 14 mai 2014 relative à l'indemnisation du chômage, *JO* n° 0146 du 26 juin 2014, texte n° 28 et Circulaire Unédic n° 2014-26 du 30 septembre 2014, fiche 1, p. 4.
Sur ce point, voir WILLMANN (C.), « La renonciation du chômeur : entre tolérance/ignorance et interdiction/sanction », *RDSS*, 2012, p. 661.

1899 La période de douze mois peut être allongée dans certains cas (arrêt maladie ou maternité, congé de paternité, arrêt accident de travail ou maladie professionnelle, etc.).
Voir l'article 7 du Règlement général annexé à la Convention du 14 mai 2014 relative à l'indemnisation du chômage, *JO* n° 0146 du 26 juin 2014, texte n° 28.

1900 CE, 26 mai 1999, *M. Drouhin*, req. n° 192965, inédit au recueil Lebon ; *RDSS*, 1999, p. 848, obs. Willmann (C.).

1901 Pour exemple, la cour administrative d'appel de Marseille a jugé que la mise en paiement de l'allocation d'aide au retour à l'emploi sollicitée le 10 mars 2011 par le requérant, inscrit comme demandeur d'emploi, était tardive en ce qui concerne la période s'achevant le 6 avril 2009. Dès lors, elle estime qu'il ne pouvait bénéficier de l'allocation qu'à compter de son inscription sur la liste des demandeurs d'emploi le 13 avril 2009 et n'était tenu d'être indemnisé que pour la période allant du 20 avril au 15 juillet 2009 (CAA, 31 mai 2016, *M. B.*, req. n° 14MA03843, inédit au recueil Lebon).

cour d'appel a décidé, à bon droit, que l'intéressé ne pouvait prétendre aux allocations de base, car la rupture du contrat de travail ouvrant droit à ladite allocation était intervenue le 31 janvier 1984, soit plus de douze mois avant son inscription comme demandeur d'emploi à l'agence nationale pour l'emploi le 30 avril 1985[1902]. En outre, une fois inscrite, sa demande en paiement de l'allocation d'assurance doit être déposée auprès de Pôle emploi dans un délai de deux ans à compter de sa date d'inscription comme demandeur d'emploi[1903]. C'est l'articulation entre ces différents délais de prescription qui conduit à la perte définitive des droits à l'assurance chômage. Cela ressort très nettement du raisonnement de la cour d'appel de Lyon dans une décision en date du 22 décembre 2015[1904]. Alors qu'elle considère dans un premier temps que, même si la demande de paiement de l'allocation de retour à l'emploi en date du 20 décembre 2011 faite par le requérant inscrit comme demandeur d'emploi depuis le 1er octobre 2008 était tardive en raison du dépassement du délai de deux ans qui lui était imparti pour la présenter, celui-ci ayant fait l'objet d'une nouvelle inscription comme demandeur d'emploi auprès de Pôle Emploi le 12 novembre 2010, le CCAS de Laroquebrou ne pouvait invoquer une « prescription biennale » faisant obstacle à la prise en charge de l'allocation d'aide au retour à l'emploi pour la période débutant le 12 novembre 2010. La prescription s'appliquant à la demande en paiement de l'allocation d'assurance semblait ainsi ne pas avoir pour conséquence la perte irrévocable pour l'avenir de ses droits. Cependant, dans un second temps, la cour fait application de la disposition en vertu de laquelle « La fin du contrat de travail prise en considération pour l'ouverture des droits doit se situer dans un délai de 12 mois dont le terme est l'inscription comme demandeur d'emploi »[1905] et conclut qu'à supposer même que le requérant « entende se prévaloir d'une fin effective de son engagement au 20 juin 2008, [il] ne remplissait pas la condition d'une fin de contrat intervenue dans le délai de douze mois précédant le 12 novembre 2010, date de son inscription comme demandeur d'emploi ». Dès lors, la prescription encadrant dans le temps le droit à l'inscription sur la liste des demandeurs d'emploi se répercute sur le droit aux prestations d'assurance chômage qui sera alors définitivement éteint.

[1902] Cass. soc., 4 décembre 1990, *Fall c/ ASSEDIC de Paris*, n° 89-13836, *Bull. civ.* V, n° 613 ; *RJS*, n° 1/91, n° 71 ; *RDSS*, 1991, p. 373, obs. Prétot (X.).
Sur le point de départ du délai de prescription (date de la cessation du versement de l'allocation d'attente de reclassement empêchant de s'inscrire à l'ANPE et non celle de la rupture du contrat de travail), voir Cass. soc., 19 mai 1998, *Mme Meunier c/ ASSEDIC Orléans*, *Bull. civ.* V, n° 272 ; *TPS*, juillet 1998, n° 229 ; *RDSS*, 1999, p. 226, obs. Badel (M.), Daugareilh (I.), Lafore (R.) et Willmann (C.).
[1903] Article L. 5422-4 du Code du travail.
[1904] CAA de Lyon, 22 décembre 2015, *M. B.*, req. n° 13LY01339, inédit au recueil Lebon.
[1905] Disposition reprise aujourd'hui à l'article 7 du Règlement général annexé à la Convention du 14 mai 2014 relative à l'indemnisation du chômage, *JO* n° 0146 du 26 juin 2014, texte n° 28.

449. La renonciation par non-exercice des prestations contributives de sécurité sociale conduit donc, par l'effet de la prescription, à leur perte définitive. L'action en paiement de l'allocataire introduite après l'échéance du délai de prescription ne sera plus recevable. Elle se différencie, sur ce point, de la renonciation « réelle » ou présumée par non-exercice des droits aux prestations d'aide sociale qui est, quant à elle, révocable. La perte des prestations attachées au droit non demandé n'est jamais définitive pour l'avenir, car la prescription ne prend effet, lorsque la naissance du droit est attachée à la reconnaissance de l'existence d'un besoin, qu'à compter de la sollicitation du droit par son bénéficiaire. Pour la plupart des droits à l'aide sociale et des prestations de sécurité sociale à vocation assistancielle, dont l'ouverture est attachée non pas à la réalisation d'un risque social à un instant déterminé, mais à une demande afin que soit constatée la situation de besoin, l'échéance du délai de prescription n'entraîne pas l'extinction du droit pour l'avenir. La prescription aura un effet uniquement dans le cas où la prestation sociale aura été demandée, mais où le bénéficiaire, soit ne l'aura pas perçue, soit l'aura perçue à un niveau inférieur à celui auquel il pouvait prétendre : il ne pourra alors engager une action pour en obtenir le paiement que dans le délai prévu[1906].

450. Alors que Jean-Marie Auby considérait précisément que « La situation consistant dans le non-exercice d'un droit, dans l'abstention, n'est pas par elle-même une renonciation dès lors que l'intéressé n'est pas contraint de demeurer dans cette attitude et qu'il peut y mettre fin s'il l'estime bon »[1907], elle peut l'être, non seulement, parce que le bénéficiaire, en raison de l'existence d'une présomption légale de renonciation, perd de manière irréversible les prestations d'aide sociale et de sécurité sociale à vocation assistancielle[1908] attachées aux droits qu'il n'a pas exercés, mais aussi parce que c'est la loi, en rattachant l'ouverture du droit à sa demande, qui lui permet de ne pas en perdre le bénéfice pour le futur lorsqu'il ne l'exerce pas. Les droits à l'aide sociale peuvent ne pas être exercés pendant un temps plus ou moins long, « mais comme le titre sur lequel ils se fondent ne se périme pas, n'est pas abrogé par le temps, on est toujours sûr de les retrouver le jour où l'on voudra s'en servir »[1909]. « Tant que la loi restera la même, elle investira en quelque sorte chaque jour les particuliers des droits qu'elle leur accorde »[1910], particuliers qui pourront toujours les faire valoir

---

[1906] La prescription relative à l'action en paiement d'une prestation n'empêche toutefois pas le bénéficiaire d'engager la responsabilité de l'administration si elle a commis une faute.

[1907] AUBY (J.-M.), « La renonciation au bénéfice de la loi en droit public français », Paris, Dalloz, TAHC, 1959-1960, t. XIII, p. 512.

[1908] Sur la distinction entre les prestations de sécurité sociale ayant une dimension assurantielle et celles ayant une dimension assistancielle voir BORGETTO (M.), « Le droit de la protection sociale dans tous ses états : la clarification nécessaire, *Dr. soc.*, 2003, p. 638.

[1909] GAUTIER (A.), « Sens juridique du mot faculté dans l'article 2232 du Code civil », *RCLJ*, 1877, p. 49.

[1910] *Ibid.*, p. 49.

s'ils remplissent les conditions légales d'attribution. La renonciation à l'exercice d'un droit n'emporte donc pas la renonciation définitive au droit lui-même, mais sa déchéance pour l'occasion seulement[1911], dans la mesure où la volonté du particulier « est sans influence sur la question de savoir si l'obligation de fournir sur demande une prestation existe ou non pour l'avenir » et où « L'obligation de droit public de l'État consiste alors précisément à garder *de futuro* à la disposition de l'intéressé une prestation à laquelle il peut renoncer dans tel ou tel cas particulier »[1912].

§ 2. L'irrévocabilité relative de la renonciation par engagement à l'exercice d'un droit

451. Lorsque la renonciation prend la forme d'un engagement à ne pas exercer un droit, elle est pensée comme irrévocable ; irrévocabilité qui « découle, *d'une part*, de la règle générale selon laquelle on ne revient pas sur une parole donnée - c'est une exigence de sécurité juridique - et, *d'autre part*, de la logique de toute abdication : si l'on pouvait revenir sur un abandon, il ne s'agirait pas, à proprement parlé, d'un abandon »[1913]. La renonciation, « entendue comme un engagement juridique », « lie le renonçant qui ne peut revenir sur elle »[1914]. Ce n'est cependant pas nécessairement le cas en droit de l'aide sociale en ce qui concerne les deux domaines dans lesquels la possibilité de s'engager à renoncer à bénéficier d'un droit à l'aide sociale a pu être précédemment identifiée[1915] : la renonciation au bénéfice de l'aide sociale du bénéficiaire d'une carte de résident en tant qu'ascendant pris en charge (A) et la renonciation du demandeur d'asile à son droit à des conditions matérielles d'accueil (B).

A. L'irrévocabilité de la renonciation du bénéficiaire d'une carte de résident en tant qu'ascendant pris en charge

452. En droit de l'aide sociale, les engagements à ne pas bénéficier d'un droit sont rares. De tels engagements ont cependant existé et existent toujours lors de la demande d'une carte de résident « de plein droit » en qualité d'ascendant étranger d'un ressortissant de nationalité française et de son conjoint à sa charge. Pour qu'elle leur soit accordée, il a un temps été exigé des intéressés qu'ils renoncent à leur droit à l'aide sociale et que leur descendant s'engagent à prendre en charge leur hébergement ou à assurer

---

[1911] KNAPP (B.), *Précis de droit administratif*, *op. cit.*, p. 172.

[1912] OSWALD (W.), « Les renonciations au bénéfice de la loi en droit public suisse », Paris, Dalloz, TAHC, 1959-1960, t. XIII, p. 556.

[1913] PIN (X.), *Le consentement en matière pénale*, *op. cit.*, p. 353, n° 415.

[1914] AUBY (J.-M.), « La renonciation au bénéfice de la loi en droit public français », *op. cit.*, p. 523.

[1915] Voir *supra* n° 217 et suiv.

leur subsistance[1916]. Bien que la Commission centrale d'aide sociale ait considéré, dans la décision *Dame Podda,* que la renonciation par avance d'un enfant pour le compte de son parent à ses droits à l'aide sociale ne saurait faire échec à la législation d'aide sociale française en empêchant définitivement son parent d'en bénéficier[1917], elle a admis qu'une aide sociale puisse être refusée à une personne sur le fondement de l'engagement de son enfant, lors de la demande de titre de séjour de son parent, à subvenir à ses besoins et à prendre en charge la totalité de ses frais d'hébergement[1918]. En soumettant, à l'appui de sa demande de carte de résident « de plein droit », l'engagement de son enfant, elle renonce à son droit à l'aide sociale.

453. Cette renonciation ne saurait, toutefois, être irrévocable, car l'engagement est une convention de prise en charge[1919] qui, en raison de son objet - la fourniture par une personne à une autre des « aliments », c'est-à-dire « tout ce qui est nécessaire à la vie »[1920] -, a la particularité de revêtir une nature alimentaire. Or, une obligation alimentaire, qu'elle soit légale[1921] ou conventionnelle, à l'instar du bail à nourriture, doit se mesurer aux besoins du créancier et aux ressources du débiteur. La Commission centrale l'a fréquemment rappelé à l'occasion de recours contre le refus, total ou partiel, du bénéfice d'une aide sociale à une personne ayant conclu un bail à nourriture. Ainsi, dans la décision *Demoiselle Espinasse*[1922], la Commission a jugé que l'engagement d'un frère à assurer la garde de sa sœur infirme en échange d'avantages sur la succession de leurs parents ne faisait pas obstacle à l'admission à l'aide sociale de celle-ci dès lors qu'il n'était plus en mesure de remplir intégralement son obligation juridique. Dans cette lignée jurisprudentielle, la Commission centrale d'aide sociale a jugé que l'engagement de la *Dame Noguiera da Silva* vis-à-vis de son père « n'a pu avoir pour effet de l'engager au-delà de l'obligation alimentaire à laquelle elle est tenue »[1923] : l'aide sociale doit être accordée lorsque les ressources du débiteur d'aliments sont insuffisantes. À la différence de l'engagement par lequel le fils, en se portant fort pour sa mère, avait renoncé par avance « à jamais recourir à l'aide sociale au nom de cette dernière » dans l'affaire *Dame Podda*, l'engagement de l'ascendant à ne pas bénéficier de l'aide sociale dans l'affaire *Dame Noguiera da Silva* ne revêt pas, en raison de la nature alimentaire de l'engagement de prise en charge du descendant, un

---

1916 Voir *supra* n° 219 et suiv.

1917 Comm. centr., 19 mars 1965, *Dame Podda, D.,* 1965, p. 104 ; *RTDSS*, 1965, p. 157, note Vught.

1918 Comm. centr., 15 février 1978, *Dame Noguiera da Silva, RDSS*, 1981, p. 110.

1919 ALFANDARI (E.), « Aide et action sociales. Jurisprudences », *RDSS*, 1981, p. 110-111.

1920 Cass. civ., 28 février 1938, *Dr Mérat c/ Consorts Caqueux, D.H.*, 1938, p. 241.

1921 Article 209 du Code civil.

1922 Comm. centr., 23 octobre 1957, *Demoiselle Espinasse*, *Revue de l'aide sociale*, 1959, p. 207.

Voir également : Comm. centr., 4 mars 1963, *Dame Berniard*, *Revue de l'aide sociale*, 1963, p. 96 ; Comm. centr., 11 février 1969, *Carré*, *RTDSS*, 1969, p. 326, obs. Georgel.

1923 Comm. centr., 15 février 1978, *Dame Noguiera da Silva, RDSS*, 1981, p. 110.

caractère perpétuel, inconditionné et absolu. N'étant pas limité dans le temps et étant indéterminé dans son objet[1924], l'engagement à ne pas bénéficier de l'aide sociale entraîne la perte définitive de l'ensemble des prestations d'aide sociale, à l'exception de celles pour lesquelles une disposition ouvre expressément leur bénéfice aux personnes titulaires d'une carte de résident de « plein droit » au titre d'ascendant étranger d'un ressortissant de nationalité française et de son conjoint à sa charge. La législation de l'aide sociale étant d'ordre public, la renonciation est valable uniquement parce que la nature alimentaire de l'engagement de prise en charge rend la renonciation révocable.

454. La renonciation au bénéfice d'un droit à l'aide sociale est irrévocable tant que le débiteur est capable de subvenir aux besoins du créancier et qu'il remplit matériellement cette obligation. Elle est, en revanche, révocable lorsque le parent prouve, en raison d'un changement dans la situation économique du foyer de son descendant qui s'était engagé à le prendre en charge, que ce dernier n'est plus apte à subvenir à ses besoins[1925] ou qu'il ne reçoit plus aucune aide de celui-ci. Alors que la circulaire du 26 mars 1993 précisait uniquement que, « lorsque la situation économique du foyer de l'enfant français de l'ascendant à charge a été profondément bouleversée depuis le moment de la demande du titre de séjour et de l'engagement à ladite prise en charge, une demande de la part de l'ascendant pour bénéficier du revenu minimum d'insertion pourra être, au cas par cas, jugée recevable et le cas échéant favorablement examinée »[1926], le juge de l'aide sociale, pour sa part, considère qu'un tel bouleversement, quand il est prouvé, ouvre droit au RMI. Quand le descendant ne peut plus prendre en charge son ascendant en raison de l'évolution de ses conditions de fortune et de ses revenus, ce dernier a « acquis vocation, s'il remplit les conditions pour ce faire, à percevoir les allocations et prestations sociales ouvertes aux résidents en situation régulière »[1927]. Dès lors, « pouvait prétendre au revenu minimum d'insertion eu égard aux dispositions du code de l'action sociale et des familles et de la jurisprudence du Conseil d'État » la requérante détentrice d'une carte de résident en tant qu'ascendante à la charge d'un ressortissant français dans la mesure où était apportée la preuve d'un changement de situation notable. Le fait que la requérante ait dû vivre, après que le fils l'ayant recueillie a perdu son logement et son travail, dans

---

[1924] Sur ce point, l'engagement de prise en charge se rapproche de l'obligation alimentaire légale qui est indéterminée dans son objet : le débiteur doit des aliments, à savoir tout ce qui est nécessaire à la vie de son créancier. En revanche, dans le cadre du bail à nourriture, le débiteur doit uniquement ce que prévoit le contrat (soins, hébergement, etc.).

[1925] CE, 27 juin 2001, *Mme Haddad*, req. n° 216335, *Rec. CE*, p. 285 ; *RDSS*, 2002, p. 165, concl. Fombeur.

[1926] Circulaire DSS/DIRMI, 93-05 du 26 mars 1993 relative à la détermination de l'allocation de revenu minimum d'insertion telle qu'elle résulte de la loi n° 88-1088 du 1er décembre 1988 relative au revenu minimum d'insertion modifiée notamment par la loi n° 92-722 du 29 juillet 1992 (NOR : SPSS9310151C) (*BO affaires sociales* n° 93/19).

[1927] Comm. centr., 3 septembre 2009, *Mme X.*, dossier n° 080613, *CJAS*, n° 2010/1.

des conditions très précaires, indique pour le juge « un changement de situation notable » lui ouvrant droit au RMI[1928].

455. La renonciation par avance au bénéfice de l'aide sociale par le demandeur d'une carte de résident de « plein droit » au titre d'ascendant étranger d'un ressortissant de nationalité française et de son conjoint à sa charge est donc toujours révocable lorsque le descendant n'est plus à même d'honorer son engagement. La révocabilité de la renonciation, certes encadrée dans la mesure où il convient d'éviter « ce qui s'apparenterait à une fraude à la loi, consistant à s'engager à subvenir aux besoins de l'un de ses parents pour lui permettre d'obtenir un titre de séjour et à s'accorder pour que celui-ci, dès le titre obtenu, demande le bénéfice de l'aide sociale afin de ne plus être à la charge de son enfant »[1929], est une condition de sa validité. Elle est essentielle à la sauvegarde de la substance du droit à l'aide sociale qui concrétise les droits sociaux créances, tout particulièrement au regard de « l'extensibilité imprévisible » des besoins que l'engagement a en charge de couvrir[1930], d'autant plus qu'il ne s'agit pas pour la collectivité d'intervenir, comme cela a pu être mentionné dans le cadre de bail à nourriture, « à la place d'un individu qui a sans doute su profiter des dispositions avantageuses d'un contrat »[1931] - l'engagement ne constituant pas ici un contrat conclu à titre onéreux -, mais de permettre à un parent effectivement dépourvu de ressources pour des raisons indépendantes de sa volonté de jouir du droit à l'aide sociale indispensable à sa survie.

B. L'irrévocabilité de la renonciation du demandeur d'asile à son droit à des conditions matérielles d'accueil

456. Depuis la directive européenne du 27 janvier 2003[1932], les États membres de l'Union européenne doivent prendre des mesures permettant de « garantir un niveau de vie adéquat pour la santé » des demandeurs d'asile et de leur « assurer la subsistance ». Les demandeurs d'asile peuvent, à ce titre, être accueillis dans un lieu d'hébergement pour demandeurs d'asile et bénéficier, lorsque leur niveau de ressources est insuffisant, d'une allocation mensuelle de subsistance[1933]. Les personnes qui refusent une offre

---

1928 Comm. centr., 29 avril 2008, *Mme A.*, dossier n° 070299, *CJAS*, n° 2008/6.

1929 Conclusions sur CE, 27 juin 2001, *Mme Haddad*, req. n° 216335, *Rec. CE*, p. 285 ; *RDSS*, 2002, p. 165, concl. Fombeur.

1930 Expression utilisée par Claude Lombois dans sa note à propos du bail à nourriture. Cass. civ. 1re, 18 décembre 1962, *Camboulives*, *Revue de l'aide sociale*, 1963, p. 117, note Lombois (C.).

1931 Note sous Comm. centr., 23 octobre 1957, *Demoiselle Espinasse*, *Revue de l'aide sociale*, 1959, p. 207.

1932 Directive 2003/09/CE du 27 janvier 2003 relative aux normes minimales pour l'accueil des demandeurs d'asile.

1933 Depuis la loi n° 2015-925 du 29 juillet 2015 relative à la réforme du droit d'asile (*JO* n° 0174 du 30 juillet 2015 p. 12977), l'allocation pour demandeur d'asile remplace l'allocation temporaire d'attente qui était issue de l'article 154 de la loi de finances initiale

d'hébergement ou qui quittent le lieu d'hébergement proposé perdent le bénéfice de leur droit à des condition matériel d'accueil, de leur droit à un hébergement dans les établissements ou services « assurant l'accueil, notamment dans les situations d'urgence, le soutien ou l'accompagnement social, l'adaptation à la vie active ou l'insertion sociale et professionnelle des personnes ou des familles en difficulté ou en situation de détresse »[1934] et celui de leur droit à un logement ou à un hébergement opposable[1935]. Elles sont réputées avoir abandonné leurs droits puisqu'elles ont été préalablement informées que le fait de refuser ou de quitter le lieu d'hébergement entraîne le refus ou le retrait du bénéfice des conditions matérielles d'accueil[1936]. Réelle ou présumée, la renonciation au bénéfice des conditions matérielles d'accueil est irrévocable, car, en vertu de l'article L. 744-7 du CESEDA, le demandeur d'asile qui refuse l'offre de principe ou une proposition d'hébergement ou quitte le lieu d'hébergement proposé ne peut « plus bénéficier où que ce soit [...] d'une prise en charge »[1937].

457. Le Conseil d'État, comme pour la renonciation au bénéfice de l'aide sociale du bénéficiaire d'une carte de résident en tant qu'ascendant pris en charge, a atténué le caractère irrévocable de la renonciation aux conditions matérielles d'accueil. Dans son arrêt du 31 juillet 2019, *Cimade et al.*[1938], il a considéré que si la directive 2013/33/UE du 26 juin 2013 ne s'oppose ni au fait que les demandeurs d'asile ne bénéficient des conditions matérielles d'accueil que sous réserve d'accepter le lieu d'hébergement proposé, ni au

---

pour 2006 (loi de finances pour 2006 n° 2005-1719 du 30 décembre 2005, *JO* n° 304 du 31 décembre 2005 p. 20597).

Le juge estime qu'un demandeur n'a pas bénéficié « de l'ensemble des conditions matérielles d'accueil » lorsque seul un hébergement d'urgence a été assuré sans ouverture des droits à l'allocation temporaire d'attente : CE ord., 26 mai 2010, *M. Mahmoud A.*, req. n° 339589, inédit au recueil Lebon.

[1934] Article L. 312-1 CASF.

[1935] L'exclusion du demandeur d'asile ayant refusé une offre d'hébergement de l'ensemble des dispositifs d'hébergement n'est pas nouvelle. Déjà les circulaires relatives à l'allocation temporaire d'attente et à l'hébergement des demandeurs d'asile entre 2006 et 2015 précisaient que ceux qui refusaient l'offre de principe de prise en charge dans un centre d'accueil pour demandeurs d'asile ou l'offre effective d'admission dans un tel centre devaient « être considérés comme renonçant volontairement au bénéfice d'un hébergement ultérieur, que ce soit en CADA ou en structure d'urgence » (Circulaire du ministre de l'Intérieur, de l'Outre-mer, des Collectivités territoriales et de l'Immigration du 24 mai 2011 relative au pilotage de l'hébergement d'urgence des demandeurs d'asile financé par le programme 303 « Immigration et asile », NOR : IOCL1113932C).

[1936] Article L. 744-7 du CESEDA.

[1937] BELORGEY (J.-M.), *Le droit d'asile*, Issy-les-Moulineaux, Lextenso éditions, coll. Systèmes, 2e éd., 2016, p. 200.

Jusqu'à l'entrée en vigueur de la loi du 10 septembre 2018 (Loi n° 2018-778 du 10 septembre 2018 pour une immigration maîtrisée, un droit d'asile effectif et une intégration réussie, *JO* n° 0209 du 11 septembre 2018, texte n° 1), lorsque le demandeur d'asile avait abandonné son lieu d'hébergement, le bénéfice des conditions matérielles d'accueil pouvait être suspendu, mais il pouvait, en vertu de l'article L. 744-8 du CESEDA en demander le rétablissement à l'Office français de l'immigration et de l'intégration.

[1938] CE, 31 juillet 2019, *Cimade et al.*, req. n° 428530, publié au Recueil Lebon.

fait que le bénéfice des conditions matérielles d'accueil ne soit retiré dans des cas exceptionnels et dûment justifiés, non seulement ce retrait ne peut intervenir qu'après examen de la situation particulière de la personne et être motivé, mais encore l'intéressé doit pouvoir solliciter le rétablissement des conditions matérielles d'accueil lorsque le retrait a été fondé sur l'abandon du lieu de résidence sans information ou autorisation de l'autorité compétente. En excluant, en cas de retrait, toute possibilité de rétablissement de ces conditions, l'article L. 744-7 du Code de l'entrée et du séjour des étrangers et du droit d'asile est, pour la Haute juridiction administrative, incompatible avec les objectifs de la directive 2013/33/UE du 26 juin 2013. Sans que soit consacré un droit au rétablissement des conditions matérielles d'accueil, cette décision adoucit le caractère irrévocable de la renonciation du demandeur d'asile.

458. Parallèlement, le juge administratif a atténué les effets d'une telle renonciation, d'une part, en consacrant le principe selon lequel l'État doit assurer aux demandeurs d'asile et à leur famille des conditions matérielles d'accueil décentes - c'est-à-dire, le logement ou l'hébergement en fonction de leurs besoins et de leurs ressources, la nourriture et l'habillement et une allocation journalière[1939] -, et, d'autre part, en faisant peser sur l'État, dans certaines circonstances, une obligation d'hébergement. En effet, même lorsque le demandeur d'asile a renoncé à son droit à des conditions matérielles d'accueil, il considère que constitue une atteinte grave et manifestement illégale au droit d'asile le fait, pour l'administration, de ne pas proposer un hébergement d'urgence à une personne en situation de détresse médicale, psychique et sociale. Il a, certes, jugé que le préfet n'avait pas porté une telle atteinte au droit d'asile en estimant que les demandeurs d'asile qui, dans l'attente de places en centre d'accueil pour demandeurs d'asile, avaient été logés dans un hôtel qu'ils avaient quitté volontairement n'étaient plus prioritaires pour un hébergement d'urgence[1940]. Mais, par une ordonnance en date du 12 décembre 2014, le tribunal administratif de Nantes a, pour sa part, considéré que, si le refus d'une offre d'hébergement en centre d'accueil pour demandeurs d'asile est de nature à décharger l'autorité administrative de son obligation d'assurer un hébergement, cette dernière devait également, « en toutes circonstances, tenir compte de l'intérêt supérieur de l'enfant » qui, en l'espèce, présentait plusieurs pathologies

---

[1939] CE ord., 17 septembre 2009, *Ministre de l'Immigration c/ Mlle Salah*, req. n° 331950, *Rec. CE*, p. 355 ; *AJDA*, 2010, p. 202, note Salma (S.) ; *JCP A*, 2010, 2262, comm. Fernaud (L.).
Voir MICHELET (K.), « Le droit des demandeurs d'asile à des conditions matérielles d'accueil décentes : un droit en perte d'effectivité ? », *AJDA*, 2013, p. 1633-1636 et SLAMA (S.), « Le droit à des conditions matérielles d'accueil décentes : une nouvelle forme de justiciabilité pour quelle effectivité ? », *RDSS*, 2010, p. 858-869.

[1940] CE ord., 10 septembre 2009, req. n° 331430, cité par THEN (V.), « ÉTRANGERS. – Asile. – Accès à la protection – Séjour en France – Cessation de la protection », *JCl. Administratif*, fasc. 233-70, n° 367.

rendant nécessaires un suivi médical régulier et des conditions de vie décentes. Dans cette situation, « nonobstant la circonstance que le 115 n'a été appelé que 7 fois en 6 mois [...] et que les requérants ont décliné l'offre d'hébergement en CADA qui leur avait été faite » après avoir été informés des conséquences de ce refus quant à la suppression de l'allocation temporaire d'attente et à la fin de la prise en charge hôtelière, ils « sont fondés à soutenir qu'en ne leur assurant pas, même à un autre titre que celui relevant de leur qualité de demandeur d'asile, un hébergement décent, l'administration porte, au regard des conditions matérielles d'accueil, une atteinte grave et manifestement illégale à l'exercice du droit d'asile »[1941]. Cette solution est confirmée par le Conseil d'État dans une ordonnance en date du 9 novembre 2016. Alors que les requérants, qui avaient déposé une demande d'asile et bénéficié d'un hébergement d'urgence à compter du 21 novembre 2014 en centre d'hébergement d'urgence pour demandeurs d'asile et de l'allocation temporaire d'attente, avaient refusé une offre en centre d'hébergement pour demandeur d'asile en Meurthe-et-Moselle - refus à la suite duquel il a été mis fin le 22 avril 2015 à leur prise en charge en hébergement d'urgence -, il appartenait aux autorités de l'État de mettre en œuvre le droit à l'hébergement d'urgence reconnu par la loi à toute personne sans abri qui se trouve en situation de détresse médicale, psychique et sociale[1942]. Aussi le droit à un hébergement d'urgence, dans certaines situations de détresse, se substitue-t-il au droit à des conditions matérielles d'accueil.

459. La renonciation du demandeur d'asile au bénéficie de son droit à des conditions matérielles d'accueil n'est donc que partiellement révocable. Le renonçant peut, soit solliciter le rétablissement des conditions matérielles d'accueil dont il bénéficiait lorsque le retrait a été fondé sur l'abandon du lieu de résidence, soit, s'il ne bénéficiait pas des conditions matérielles d'accueil ou si sa demande de rétablissement a été rejetée, faire valoir son droit à un hébergement d'urgence qui n'est pas l'équivalent du droit à des conditions matérielles d'accueil et qui ne lui sera dû que s'il se trouve en

---

[1941] TA Nantes ord., 12 décembre 2014, req. n° 1410375.

[1942] CE ord., 9 novembre 2016, *M. et Mme C.*, req. n° 404750, inédit au recueil Lebon.
Il en va de même pour le refus d'un hébergement d'urgence. Le tribunal administratif de Limoges a considéré que, bien que la requérante ait refusé « un hébergement à Digne-les-Bains en 2012, quelle qu'en soit la raison, ce refus, même s'il a notamment occasionné des dépenses inutiles en particulier pour l'acquisition d'un billet de train, ne fait pas obstacle à ce que la situation actuelle de la requérante soit regardée comme présentant un caractère d'urgence dès lors que ce refus remonte à plus d'un an et demi et qu'après ce refus, l'intéressée a été hébergée en centre d'accueil pour les demandeurs d'asile ; que, dans les circonstances de l'espèce, notamment eu égard au jeune âge des enfants de la requérante et à l'état de santé de son plus jeune fils, et malgré la saturation des dispositifs d'accueil des personnes en difficulté, la carence de l'État dans son obligation d'assurer un hébergement d'urgence à des personnes sans abri est, à ce jour, caractérisée et constitutive d'une atteinte grave et manifestement illégale à une liberté fondamentale ». TA Limoges ord., 18 avril 2014, req. n° 1400858 (https://www.gisti.org/IMG/pdf/jur_ta_limoges_2014-04-18_1400858.pdf).

situation de détresse. Cette situation pose question au regard d'un droit consubstantiel au droit fondamental d'asile. En refusant de faire peser sur la collectivité une obligation d'établir ou de rétablir les conditions matérielles d'accueil lorsque le bénéficiaire n'a pas accepté ou ne s'est pas conformé à une condition d'octroi, le législateur met en place un dispositif qui semble porter atteinte à la substance du droit d'asile dans la mesure où est bloquée toute possibilité de jouir du droit à des conditions matérielles d'accueil, qui est pourtant l'une des concrétisations essentielles du droit d'asile.

460. La renonciation par non-exercice d'un droit à l'aide sociale ou de prestations de sécurité sociale à vocation assistancielle est révocable, à la différence de la renonciation par non-exercice de prestations « classiques » de sécurité sociale dont l'objet est l'indemnisation d'un risque social pour laquelle des cotisations ont préalablement été versées. Les renonciations par lesquelles le bénéficiaire d'un droit à l'aide sociale s'engage à ne pas en bénéficier ne sont en revanche, pour l'heure, que partiellement révocables. Cette différence quant au caractère révocable des différentes formes de renonciation à l'exercice d'un droit trouve une explication dans le fait que, si, en principe, le droit subjectif à l'aide sociale perdure tant que l'état de besoin existe - « Le particulier peut exercer ou non les droits qui lui sont conférés, mais non pas [...] disposer lui-même de ces droits, en libérant ainsi l'État, par sa déclaration de renonciation, des obligations correspondantes qui lui incombent »[1943] -, par son intervention, le législateur peut rendre la renonciation irrévocable en affranchissant l'État de ses obligations à la suite de la renonciation réelle ou présumée du bénéficiaire.

SECTION II. L'IRRÉVOCABILITÉ DE LA RENONCIATION À UN DROIT ACQUIS

461. La doctrine classique, prêtant à la renonciation un caractère unilatéral, n'hésitait pas à tenir « pour ferme la règle qu'une renonciation est irrévocable, du moment même de la manifestation de volonté de son auteur »[1944]. En raison de la remise en cause par la doctrine contemporaine de l'unilatéralité comme critère de définition de la notion de renonciation, en droit privé comme en droit public, certaines renonciations apparaissaient désormais être révocables durant un certain laps de temps après que le titulaire du droit a manifesté sa volonté d'y renoncer. Bien qu'elles aient pu être appréhendées comme « une nouvelle forme de renonciation, spécifique au droit public », elles ne sont plus, en réalité, l'apanage des renonciations en droit administratif. En droit de l'aide sociale, la renonciation à un droit

---

1943 OSWALD (W.), « Les renonciations au bénéfice de la loi en droit public suisse », *op. cit.*, p. 556.

1944 SIBICIANO (N.), *Théorie générale des renonciations en droit civil français*, *op. cit.*, p. 102.

acquis à l'aide sociale devient irrévocable dès que la décision l'ayant octroyé a été retirée ou abrogée par l'administration (§ 1). Les effets de cette irrévocabilité sont néanmoins fortement atténués par le fait que le bénéficiaire, s'il remplit toujours les conditions, pourra à tout moment demander à bénéficier, pour l'avenir, du droit précédemment abandonné (§ 2).

§ 1. L'irrévocabilité de la renonciation à un droit acquis à l'aide sociale

462. À l'instar de la renonciation au bénéfice d'un acte administratif (A), la renonciation à un droit acquis à l'aide sociale ne devient irrévocable qu'après que l'administration a conféré à la volonté du bénéficiaire d'un acte administratif un effet juridique par le retrait ou l'abrogation de l'acte ou par l'adoption d'un acte contraire (B).

A. La révocabilité temporaire de la renonciation au bénéfice d'un acte administratif

463. Lors de son étude sur la renonciation au bénéfice d'un acte administratif, alors que la renonciation était jusqu'alors invariablement considérée comme irrévocable, Claude Blumann constatait qu'elle était révocable quand elle portait sur un acte administratif unilatéral tant que l'administration n'avait pas retiré l'acte en question[1945]. L'arrêt *Brandstetter* avait certes pu laisser penser que la renonciation prenant la forme d'une demande de retrait d'un acte administratif unilatéral, en l'occurrence d'un décret de nomination, ne pouvait être révoquée puisque le requérant, qui avait demandé au sous-secrétaire d'État aux postes et télégraphes par lettre en date du 15 février 1922 de faire rapporter sa nomination au poste de directeur régional des PTT à Marseille, était revenu sur sa demande. Le juge avait alors considéré qu'il « devait être regardé, à partir de cette date, comme ayant renoncé définitivement au bénéfice du décret du 23 juin 1921, le nommant à Marseille »[1946] et, ce faisant, avait reconnu la licéité du retrait de l'acte de nomination par l'administration qui n'avait pas tenu compte de la seconde manifestation de volonté du sieur Brandstetter. La position du juge administratif a toutefois évolué dans les années qui ont suivi cette décision. Il reconnaît désormais la possibilité au renonçant de revenir sur une demande de retrait ou d'abrogation tant qu'elle n'a pas été acceptée par l'administration. Il a notamment considéré que l'administration ne pouvait, par un décret en date du 6 septembre 1956, rapporter le décret ayant promu le sieur Augé Commandeur de la Légion d'Honneur en se basant sur sa renonciation, alors qu'il avait fait savoir par deux lettres envoyées les

---

1945 BLUMANN (C.), *La renonciation en droit administratif français, op. cit.*, p. 111 et suiv.
1946 CE, 20 février 1924, *Sieur Brandstetter, Rec. CE*, p. 194.

10 juillet et 7 août 1956 qu'il revenait sur sa renonciation[1947]. La différence entre ces deux solutions jurisprudentielles a été, un temps, justifiée par le fait que l'intérêt général paraissait faiblement affecté par les changements d'avis du bénéficiaire d'une promotion dans un ordre honorifique alors qu'il l'était beaucoup plus quand il s'agissait d'une nomination dans la fonction publique[1948]. Mais, l'arrêt *Augé* n'est en rien une exception limitée aux demandes de retrait ou d'abrogation d'une promotion dans un ordre honorifique : la solution sera réaffirmée par le juge administratif, y compris dans le domaine de la fonction publique. Dans l'arrêt *Ternon*, par exemple, la Haute juridiction administrative admet que le requérant pouvait se prévaloir des droits découlant de l'arrêté du 30 décembre 1983 quand bien même il aurait, dans un premier temps, exprimé son refus d'être titularisé et sa volonté de rester contractuel par une lettre adressée au président du conseil régional[1949]. Alors que la cour d'appel avait jugé qu'il n'était pas fondé à se prévaloir de ces droits « dès lors que, par lettre du 16 février 1984 adressée au président du conseil régional dans le délai du recours contentieux, il avait exprimé son refus d'être titularisé et sa volonté de rester contractuel », le Conseil d'État estime « qu'à supposer que cette lettre du 16 février 1984 ait constitué un recours administratif contre l'arrêté du 30 décembre 1983, ce recours n'a pas été accueilli avant que l'intéressé n'y ait renoncé », le président du conseil régional ne pouvait donc pas légalement prononcer le retrait de cet arrêté.

464. La révocabilité caractérise également la renonciation du fonctionnaire à son statut, car la démission peut s'analyser comme une renonciation temporairement révocable. N'étant pas régie par les règles générales de sortie de vigueur des actes administratifs unilatéraux, mais par des dispositions spécifiques, la décision de l'administration acceptant la démission d'un fonctionnaire est un acte contraire. Pour autant, un parallèle peut être fait avec les renonciations « classiques » au bénéfice d'un acte administratif[1950]. En la matière, il est également fait application du principe selon lequel la démission peut être retirée par celui qui l'a offerte tant qu'elle n'a pas été régulièrement acceptée[1951], alors qu'elle devient irrévocable après une telle acceptation[1952], principe désormais énoncé aux articles 96 de la loi du 26 janvier 1984 et 59 du décret du 16 septembre 1985 qui précisent que « L'acceptation de la démission rend celle-ci irrévocable »[1953]. Parce que

---

1947 CE sect., 25 mars 1960, *Sieur Augé*, *Rec. CE*, p. 220 ; *RDP*, 1960, p. 850, note Drago.

1948 BLUMANN (C.), *La renonciation en droit administratif français*, *op. cit.*, p. 127.

1949 CE ass., 26 octobre 2001, *Ternon*, req. n° 197018, *Rec. CE*, p. 497 ; *RFDA*, 2002, p. 77, concl. Séners.

1950 La renonciation du fonctionnaire à son statut peut être pure et simple ou conditionnelle : CE, 24 mars 1922, *Sieur Villeuneuve*, *Rec. CE*, p. 273.

1951 CE, 14 janvier 1916, *Docteur Magé*, *Rec. CE*, p. 29.

1952 CE, 6 juin 1873, *Lambert*, *Rec. CE*, p. 501 ; CE sect., 15 juillet 1932, *Dame Veuve Jan*, *Rec. CE*, p. 736 ; CE, 5 mai 1976, *Sieur Simon*, *AJDA*, 1977, p. 321.

1953 Loi n° 84-53 du 26 janvier 1984 portant dispositions statutaires relatives à la fonction publique territoriale, *JO* du 27 janvier 1984 p. 441 et Décret n° 85-986 du 16 septembre 1985

l'offre de démission n'est qu'une sollicitation adressée au chef de service en vue d'obtenir une décision de désinvestiture[1954], jusqu'à ce que l'administration accepte sa démission, le fonctionnaire peut la retirer sans qu'aucun formalisme ne soit exigé. Il peut le faire par écrit, par un appel téléphonique[1955] ou par un comportement manifestant clairement son intention de se rétracter[1956].

465. Un rapprochement peut également être fait avec les désistements, d'instance et d'action, puisqu'ils nécessitent comme la renonciation au bénéfice d'un acte administratif « l'intervention conjuguée de plusieurs volontés »[1957]. Or, la révocabilité en est aussi un trait spécifique. Dans le cadre du recours pour excès de pouvoir, le désistement est unilatéral. Le juge doit cependant donner acte du désistement du demandeur pour qu'il produise ses effets. Alors que son acceptation par l'administration n'a pas pour effet de rendre la renonciation irrévocable, ce n'est pas le cas de l'intervention du juge qui est tenu de donner acte du désistement si la volonté du demandeur est conforme aux conditions de fond et de forme exigées[1958]. Tant que le juge ne l'a pas fait, le requérant peut se rétracter. Dans son arrêt *Société Dockès frères*, la Haute juridiction administrative a d'ailleurs affirmé que le recours pour excès de pouvoir introduit par la société n'ayant pas fait naître un litige entre deux parties, l'acceptation du désistement par l'administration « n'a pas été de nature à lui conférer un caractère irrévocable » et que, par conséquent, la « société *Dockès frères* a pu valablement retirer son

---

relatif au régime particulier de certaines positions des fonctionnaires de l'État et à certaines modalités de mise à disposition et de cessation définitive de fonctions, *JO* du 20 septembre 1985 p. 10813.

1954 JÈZE (G.), « Théorie juridique de la démission », *RDP*, 1928, p. 724-735.
Voir également BENELBAZ (C.), « Les règles de démission dans la fonction publique : droit spécifique ou droit commun ? », *AJFP*, 2011, p. 236-337.

1955 CE, 30 avril 2004, *Société Ubifrance*, req. n° 232264, *Rec. CE*, p. 749.

1956 CAA Nantes, 11 décembre 1996, *CCAS de Saint-Mathurin-sur-Loire*, req. n° 95NT00522, *Rec. CE* (tables), p. 992 ; *AJDA*, 1997, p. 307 et 280 chron. Cadenat (P.) (Le fait que la requérante qui avait adressé à son employeur une lettre de démission ait repris ses fonctions et continué à les exercer à l'issue de son congé de maladie révèle son intention de revenir sur sa démission).

1957 BLUMANN (C.), *La renonciation en droit administratif français*, *op. cit.*, p. 129.

1958 CE sect., 7 avril 1967, *Ministre de l'Équipement c/ Monschein*, req. 70432, *Rec.* CE, p. 152.
En l'espèce, après avoir introduit un recours pour excès de pouvoir contre les décisions du ministre des Travaux publics refusant de mettre fin à son détachement en Algérie, le sieur Monschein a été muté en métropole. Alors que la Haute juridiction administrative considère que la demande du sieur Monschein n'est pas devenue sans objet dans la mesure où la décision de mutation n'a pas rapporté les décisions attaquées, elle précise que les conclusions à fin de non-lieu à statuer présentées par le requérant devant le tribunal administratif devaient être regardées comme équivalant à un désistement pur et simple. Elle en conclut que rien ne s'opposant à ce qu'il ne soit donné acte de ce désistement, « c'est à tort qu'au lieu de donner acte dudit désistement, le Tribunal administratif de Versailles a annulé, par son jugement en date du 29 mars 1966, les décisions précitées ».

désistement »[1959]. Dans le cadre du recours de plein contentieux, face à la manifestation de volonté de désistement du demandeur, le consentement du défendeur est possible, mais n'est jamais obligatoire[1960]. Si l'administration défenderesse accepte l'offre de désistement du demandeur, celui-ci devient irrévocable[1961], tandis que l'offre de désistement est révocable[1962] jusqu'à l'accord ou, à défaut d'acceptation[1963], jusqu'à l'intervention du juge. Cela vaut d'ailleurs également devant le juge d'appel de l'aide sociale. La Commission centrale d'aide sociale a refusé de donner acte du désistement d'une requérante au motif que, si elle avait effectivement manifesté sa volonté de se désister par un mémoire enregistré le 10 juin 2013 avant de revenir sur son désistement postérieurement à son acceptation par le président du conseil général du Nord dans son mémoire du 29 janvier 2014, elle avait saisi, le 17 juillet 2013, le bureau d'aide juridictionnelle d'une demande d'aide juridictionnelle afférente à l'instance dont elle s'était désistée et devait donc être « dans les circonstances de l'espèce regardée comme ayant renoncé dans la présente instance au désistement qu'elle avait formulé directement à la commission centrale d'aide sociale le 6 juin 2013, antérieurement à l'acceptation dudit désistement par le président du conseil général du Nord »[1964].

466. La rétractation de la renonciation au bénéfice d'un acte administratif est donc possible tant que l'administration n'a pas conféré à la volonté du destinataire d'une décision créatrice de droits légale son effet juridique en la retirant, en l'abrogeant ou en adoptant un acte contraire. La renonciation à un droit acquis à l'aide sociale se traduisant par le retrait, l'abrogation de l'acte en ayant permis l'acquisition ou l'adoption d'un acte contraire, après que son bénéficiaire a manifesté expressément sa volonté d'en abandonner le bénéfice, elle est également révocable temporairement.

B. La révocabilité temporaire de la renonciation à un droit acquis à l'aide sociale

467. En droit de l'aide sociale, la renonciation à un droit acquis est révocable tant que l'administration n'en a pas tiré les conséquences de la volonté du bénéficiaire du droit en rapportant l'acte. Une fois la décision

---

1959 CE ass., 21 avril 1944, *Société Dockès frères*, *Rec. CE* p. 120. Dans le même sens voir : CE, 9 avril 1950, *Sieur de Villèle*, *Rec. CE*, p. 214.

1960 CHAPUS (R.), *Droit du contentieux administratif*, Paris, Montchrestien, coll. Domat droit public, 13e éd., 2008, p. 953.

1961 CE, 6 novembre 1959, *Époux Huet*, *Rec. CE* (tables), p. 1068 ; CE, 18 septembre 1998, *Pantaleo*, req. n° 169338, *Rec. CE* (tables), p. 855 et 1102-1103.

1962 CE, 4 novembre 1932, *Séguala*, *Rec. CE*, p. 912.

1963 Le fait que le défendeur n'ait pas accepté l'offre de désistement ne fait pas obstacle à ce qu'il en soit donné acte. CE, 29 novembre 1937, *Sieur X.*, *Rec. CE*, p. 973 ; CE sect., 5 mai 1915, *Riousse*, *Rec. CE*, p. 64 ; CE sect., 5 mars 1971, *Ville de Toulouse c/ Sieur Roumengou*, *Rec. CE*, p. 196.

1964 Comm. centr., 26 juin 2014, *M. X.*, dossier n° 120884, *CJAS*, n° 2015/1.

retirée ou abrogée, la renonciation est irrévocable. Cette révocabilité temporaire s'explique par le fait que la renonciation au bénéfice d'un acte administratif est une opération complexe qui se déroule en deux temps : la manifestation de la volonté du particulier - « la renonciation proprement dite » - et l'intervention de l'autorité administrative - le retrait ou l'abrogation de l'acte[1965]. Il ne saurait cependant être considéré que la renonciation est révocable, et constitue, avec le désistement d'instance, une exception au principe consacré à plusieurs reprises par le Conseil d'État selon lequel la renonciation est irrévocable, car elle ne se résume pas à la seule manifestation de volonté du bénéficiaire d'un acte, mais à l'opération dans son ensemble. La manifestation par le bénéficiaire de sa volonté de renoncer au bénéfice de l'acte est une condition nécessaire, mais insuffisante pour anéantir l'acte en cause[1966]. Si le renonçant peut se rétracter pendant un certain laps de temps, il ne pourra donc pas revenir sur sa renonciation une fois l'acte rapporté par l'administration. En ce sens, la renonciation est irrévocable. Jean-Marie Auby envisage d'ailleurs la possibilité que le renonçant soit engagé dès qu'il a manifesté sa volonté, explicitement ou implicitement lorsque la renonciation est unilatérale, ou une fois l'accord des parties établi lorsque la renonciation est conventionnelle[1967]. Dans ce dernier cas, il considère que le renonçant peut retirer son offre tant qu'elle n'a pas été acceptée[1968].

468. En définitive, comme pour le consentement abdicatif en droit pénal[1969], la révocabilité de la renonciation au bénéfice d'un acte administratif est étroitement liée au moment où se produit l'effet abdicatif. Or, un particulier n'étant pas en mesure, par sa seule volonté, de faire disparaître de l'ordonnancement un acte administratif, l'intervention de l'administration est nécessaire pour que l'effet abdicatif découlant de la manifestation de sa volonté de renoncer se réalise. La demande de retrait ou d'abrogation d'une décision créatrice de droits étant uniquement une condition de sa disparition, l'effet abdicatif ne se réalisera qu'avec la décision de retrait ou d'abrogation de l'administration. Par conséquent, la révocabilité de la renonciation est temporaire : à la suite du retrait ou de l'abrogation de l'acte par l'administration, la renonciation devient irrévocable. Si en permettant au destinataire d'une décision de se rétracter durant un certain laps de temps, les modalités de la renonciation au bénéfice d'un acte administratif se montrent, de fait, protectrices vis-à-vis des administrés, il n'en reste pas moins que cette renonciation abdicative est une

---

[1965] BLUMANN (C.), *La renonciation en droit administratif français*, *op. cit.*, p. 128.

[1966] Cela a conduit certains auteurs à refuser d'y voir une renonciation. DEHAUSSY (J.), « Rapport général sur les renonciations au bénéfice de la loi en droit public », Paris, Dalloz, TAHC, 1959-1960, t. XIII, p. 503.

[1967] AUBY (J.-M.), « La renonciation au bénéfice de la loi en droit public français », Paris, Dalloz, TAHC, 1959-1960, t. XIII, p. 523.

[1968] *Ibid.*

[1969] PIN (X.), *Le consentement en matière pénale*, *op. cit.*, p. 351 et suiv., n°s 411 et suiv.

renonciation, *in fine*, irrévocable sur laquelle il ne pourra revenir une fois l'effet abdicatif réalisé.

§ 2. L'atténuation des effets de l'irrévocabilité de la renonciation

469. La renonciation à un droit acquis à l'aide sociale est irrévocable et les droits ouverts par l'acte sont définitivement perdus dès que l'administration a retiré ou abrogé l'acte en ayant permis l'acquisition ou adopté un acte contraire. Tant que les conditions pour obtenir un droit à l'aide sociale sont remplies, le renonçant est toutefois toujours à même de faire à nouveau valoir son droit en adressant une nouvelle demande en ce sens à l'administration. L'irrévocabilité de la renonciation n'est pas remise en question puisqu'il ne s'agit pas d'une révocation de l'abdication. L'acquisition nouvelle du droit abdiqué en tempère cependant la gravité des effets. Dans la décision *Vivier*, la Commission centrale d'aide sociale a d'ailleurs considéré que le requérant bénéficiaire de l'allocation mensuelle et de l'allocation de compensation, qui en avait demandé la suppression pour l'avenir, n'était pas fondé à se plaindre que le retrait de ces aides ait été prononcé sans que la mainlevée de l'hypothèque prise sur ses biens ait été réalisée puisque, contrairement à ce qu'il affirmait, « des termes employés par lui, il ne ressort pas qu'il ait subordonné sa demande de radiation à la condition que l'hypothèque soit levée ». Elle précise que, « bien que le requérant paraisse continuer à remplir les conditions mises à l'octroi des prestations d'aide sociale auxquelles il renonce, il ne réclame pas, à défaut de mainlevée de l'hypothèque, le rétablissement desdites prestations ; qu'il y a donc lieu de confirmer les décisions susvisées en tant qu'elles ont, conformément à la demande, prononcé le retrait de l'allocation mensuelle et de l'allocation de compensation ». Ce faisant, elle laisse entendre que s'il en avait exprimé le souhait, les prestations auraient pu être rétablies pour l'avenir.

470. Néanmoins, le législateur ou le pouvoir règlementaire impose parfois un délai avant que le renonçant puisse à nouveau bénéficier de son droit. Le bénéficiaire de l'aide à la réinsertion familiale et sociale des anciens migrants dans leur pays d'origine qui renonce à cette aide, par exemple, ne pourra déposer une nouvelle demande avant l'expiration d'un délai de six mois à compter de la notification de la suppression de l'aide versée précédemment[1970]. Si, lorsque la perte du droit résulte du seul fait que le bénéficiaire ne remplisse plus les conditions d'octroi, il peut en solliciter le bénéfice dès qu'il les remplit à nouveau, ce n'est pas le cas lorsque la perte du droit est une conséquence de son refus de répondre à ses obligations légales. Il peut alors en être privé durant un certain laps de temps. Quand le demandeur d'emploi n'a pas renouvelé son inscription, il cesse d'être inscrit sur la liste des demandeurs d'emploi. Alors qu'une instruction de 2012

[1970] Article R. 117-29 du CASF.

prévoyait que la cessation prenait effet le dernier jour du mois précédent la constatation et interrompait le versement du revenu de remplacement pour le mois concerné[1971], une instruction de 2016 prévoit désormais la possibilité « de réinscription “immédiate” suite à un défaut d'actualisation ». Dès lors, « le demandeur d'emploi en absence de pointage qui demande sa réinscription dans le mois suivant celui qui n'a pas été actualisé, fait l'objet “d'une réinscription rétroactive” au dernier jour du mois non actualisé »[1972]. Passé ce délai, à défaut d'être rétroactive, dans la mesure où le juge considère que les dispositions du Code du travail, « qui soumettent le travailleur inscrit sur la liste des demandeurs d'emploi tenue par Pôle emploi à des obligations telles que, notamment, le renouvellement de la demande d'inscription, l'acceptation d'emploi ou d'action de formation proposés, ou la réponse à des convocations, font obstacle à ce que cette inscription ait un caractère rétroactif », sa réinscription sera immédiate si toutes les conditions sont remplies[1973]. Par contre, lorsque qu'il est radié de la liste des demandeurs d'emploi, il ne pourra pas obtenir une nouvelle inscription pendant une période variable en fonction, non seulement du caractère répété ou non du manquement, mais aussi de l'objet du manquement[1974]. Il en va de même pour le revenu de solidarité active : si le bénéficiaire ne remplit plus une condition d'ouverture, il pourra prétendre à son droit dès qu'il apportera la preuve que cette condition est à nouveau remplie. S'il est, par contre, suspendu ou radié de la liste des bénéficiaires pour ne pas avoir respecté les obligations auxquelles il doit se conformer en contrepartie du bénéfice de sa prestation d'aide sociale, il ne pourra prétendre immédiatement à la réouverture de son droit. Lorsqu'il s'agit d'une suspension totale ou partielle, l'allocation de revenu de solidarité active est définitivement perdue le temps de la durée de la suspension, mais elle sera à nouveau versée au bénéficiaire une fois le délai de suspension écoulé. Lorsqu'il est radié de la liste des bénéficiaires du revenu de solidarité active à la suite d'une décision de suspension[1975] et qu'il perd, de ce fait, la qualité de bénéficiaire de cette aide sociale, le bénéfice du RSA, dans l'année qui suit la décision de

[1971] Instruction Pôle emploi n° 2012-120 du 30 juillet 2012, *BOPE* n° 81 du 14 août 2012.

[1972] Instruction Pôle emploi n° 2016-33 du 6 octobre 2016, *BOPE* n° 80 du 17 novembre 2016.

[1973] Hormis « les cas où l'exécution d'une décision prononçant l'annulation pour excès de pouvoir de la décision portant radiation ou cessation d'inscription d'un travailleur de la liste des demandeurs d'emploi ou le retrait par l'autorité administrative d'une telle décision impliquerait nécessairement la réinscription de l'intéressé ». CAA Nantes, 24 janvier 2012, *Mme Viviane X.*, req. n° 10NT02080, *AJDA*, 2012, p. 904. Dans le même sens : CE, 14 octobre 1994, *M. Guérin*, req. n° 88929, *Rec. CE* (tables), p. 772.

[1974] Article R. 5412-5 du Code du travail.

[1975] La radiation de la liste des bénéficiaires du RSA peut ne pas constituer une sanction en matière de RSA. Elle peut avoir lieu au terme d'une période, définie par décret, sans versement du RSA et de la prime d'activité (lorsque les conditions d'ouverture du droit cessent d'être réunies ou lorsque les ressources du foyer sont d'un montant supérieur à celui du montant forfaitaire par exemple). Articles L. 262-38 et R. 262-40 du CASF.

suspension, est subordonné à la signature préalable d'un PPAE ou de l'un des contrats prévus par les articles L. 262-35 et L. 262-36 du CASF[1976]. Passé ce délai, il pourra redemander le bénéfice du RSA dans les conditions de droit commun.

471. Que la perte d'un droit acquis à l'aide sociale soit le fait d'une démarche volontaire du bénéficiaire ou soit présumée, il ne peut cependant jamais en être privé définitivement « pour l'avenir ». Cette possibilité pour le bénéficiaire de jouir à nouveau de son droit ne remet pas en cause le caractère irrévocable de la renonciation à un droit acquis à l'aide sociale une fois que l'administration a retiré ou abrogé la décision l'ayant attribué puisque, sauf retrait de la décision de retrait ou d'abrogation, le bénéficiaire acquiert un nouveau droit à l'aide sociale, mais elle en atténue fortement la portée.

472. La renonciation à un droit acquis à l'aide sociale est temporairement révocable. Elle emprunte cette spécificité au régime juridique des demandes de retrait et d'abrogation des décisions administratives. Le bénéficiaire, destinataire d'un acte administratif lui ayant permis l'acquisition d'un droit à l'aide sociale, peut revenir sur sa renonciation tant que l'acte n'a pas été rapporté par l'administration, puisque sa volonté de renoncer au bénéfice d'une décision créatrice de droits légale est une condition à laquelle est subordonnée la légalité de l'intervention de l'autorité administrative. Une fois l'acte retiré ou abrogé, la renonciation est irrévocable dans la mesure où, même si le bénéficiaire peut à nouveau faire valoir son droit s'il remplit toujours les conditions d'attribution, il ne peut pas exiger de l'administration qu'elle revienne sur le retrait ou l'abrogation de l'acte.

* * *

473. Alors qu'il a pu être considéré que « La renonciation ne mérite son nom que si elle vise à la disparition définitive du droit ou de l'avantage légal qu'elle concerne »[1977], sauf lorsque le législateur en dispose autrement, la renonciation à l'exercice d'un droit est en principe révocable. Est révocable non seulement la renonciation par non-exercice d'un droit puisque le bénéficiaire pourra à tout moment en solliciter l'octroi s'il remplit les conditions d'attribution, mais encore la renonciation par engagement lorsque les conditions dans lesquelles elle a été manifestée ont été modifiées à tel point que le bénéficiaire se trouve dans une très grande précarité. Pour autant, le législateur peut, en faisant de la renonciation antérieure du bénéficiaire une condition de refus de l'ouverture d'un nouveau droit, conférer à la renonciation un caractère irrévocable. Le bénéficiaire ne peut alors compter que sur la bienveillance de l'administration au regard de sa

---

[1976] Article L. 262-38 du CASF.

[1977] YUNG (W.), « La renonciation au bénéfice de la loi en droit privé suisse », Paris, Dalloz, TAHC, 1959-1960, t. XIII, p. 334.

situation, sur les dispositifs d'action sociale ou, si sa situation s'aggrave au point d'être constitutive d'une situation de détresse, sur les dispositifs d'aide sociale d'urgence.

474. La renonciation à un droit acquis, en revanche, est toujours irrévocable. Le renonçant peut toutefois se rétracter tant que l'effet abdicatif *via* le retrait ou l'abrogation de la décision ayant permis l'acquisition du droit ne s'est pas produit. Cette possibilité de rétractation s'apparente à une mesure protectrice pour le bénéficiaire qui est en mesure de revenir temporairement sur sa renonciation. Cette modalité protectrice est renforcée par le fait que le bénéficiaire ne perd jamais définitivement la faculté de solliciter à nouveau les droits auxquels il a renoncé. Le bénéficiaire d'un droit acquis à l'aide sociale qui en a perdu le bénéfice par son abdication peut ultérieurement en être réinvesti. Il ne s'agit pas, alors, d'une révocation de l'abdication, mais d'une acquisition nouvelle du droit abdiqué[1978]. L'irrévocabilité de la renonciation à un droit acquis à l'aide sociale n'est donc pas remise en cause, mais ses effets s'en trouvent atténués.

[1978] SEILLAN (Y.), « L'acte abdicatif », *RTD civ.*, 1966, p. 690.

CONCLUSION DU TITRE II

475. La renonciation se caractérise par la gravité de ses conséquences. En droit de l'aide sociale, quoique toujours lourdes de conséquences pour le bénéficiaire, certaines particularités de son régime juridique en atténuent la rigueur. Si le bénéficiaire ne dispose d'aucun moyen pour moduler les effets de sa renonciation à l'exercice d'un droit, celle-ci n'engendre pas la perte définitive des prérogatives non acquises. Lorsque le bénéficiaire renonce à un droit acquis - renonciation qui lui fait perdre définitivement le bénéfice du droit qu'il avait acquis -, il est, en revanche, en mesure de moduler les effets de sa renonciation en demandant, soit l'abrogation de la décision lui ayant octroyé le droit qu'il souhaite abandonner, soit son retrait. La gravité des répercussions de la renonciation ne doit, pour autant, en aucun cas être amoindrie puisqu'elle conduit toujours à la perte définitive des prérogatives attachées à un droit, concomitamment au non-exercice d'un droit ou à la suite de l'engagement à ne pas l'exercer, ainsi qu'à la perte définitive du droit une fois que la décision l'ayant octroyé a été retirée ou abrogée à la demande du bénéficiaire.

476. La gravité des effets de la renonciation pour le bénéficiaire de l'aide sociale est également atténuée par les aménagements que connaît le principe d'irrévocabilité de la renonciation en la matière. La renonciation à l'exercice d'un droit, sauf dispositions contraires, est révocable : le droit à l'aide sociale peut, après qu'il y a été renoncé, de nouveau être sollicité et octroyé si les conditions d'attribution sont remplies. La renonciation à un droit acquis est, quant à elle, irrévocable après que l'administration a retiré ou abrogé la décision ayant permis son acquisition, mais la portée de la renonciation est limitée dans la mesure où le bénéficiaire pourra à nouveau demander à bénéficier, pour l'avenir, du droit précédemment abandonné. Cependant, le législateur peut conférer à la renonciation à l'exercice d'un droit un caractère irrévocable ou prolonger dans le temps les effets de la renonciation à la titularité d'un droit à l'aide sociale. Bien que le Conseil d'État ait atténué le caractère irrévocable de la renonciation au bénéfice de l'aide sociale du titulaire d'une carte de résident en tant qu'ascendant pris en charge et de la renonciation du demandeur d'asile à son droit à des conditions matérielles d'accueil, le fait que le législateur puisse conférer à la renonciation à l'exercice d'un droit un caractère irrévocable n'est pas sans poser question au regard de droits concrétisant les droits sociaux créances et entretenant un lien étroit avec les principes de dignité et de fraternité. Le fait qu'il puisse prolonger dans le temps les effets de la renonciation à la titularité d'un droit à l'aide sociale, alors même que le droit à l'aide sociale a pu être qualifié « de droit de la vulnérabilité ou du moins de droit des personnes vulnérables »[1979], est en revanche moins problématique, car les délais aujourd'hui retenus paraissent raisonnables. Toujours est-il que, en droit de l'aide sociale, les conséquences de la renonciation à l'exercice d'un droit ou à sa titularité sont intimement liées aux contenus des dispositifs mis en place par le législateur ou par le pouvoir règlementaire.

[1979] FABERON (F.), « Vulnérabilité et besoin dans le droit de l'aide et de l'action sociales », *in* PAILLET (E.) et RICHARD (P.) (dir.), *Effectivité des droits et vulnérabilité de la personne*, Bruxelles, Bruylant, 2014, p. 50.

CONCLUSION DE LA PARTIE II

477. L'étude de la renonciation en droit de l'aide sociale renseigne sur la manière dont est perçu le bénéficiaire. Alors que l'examen des modalités de sa mise en œuvre a mis en exergue la volonté des pouvoirs publics de promouvoir un bénéficiaire autonome en le laissant libre de renoncer à exercer ses droits ou en faisant de la renonciation un instrument de sa liberté de choix, cette autonomie paraît bien souvent fictive. Il peut, certes, être considéré que le bénéficiaire qui préfère renoncer à son droit plutôt que d'accepter les conditions auxquelles son octroi ou sa conservation sont subordonnés fait usage de son autonomie. Cette « autonomie » s'inscrit cependant dans le cadre de dispositifs le privant assez largement de sa liberté de choix et présumant, en assimilant son comportement à un choix, qu'il renonce à son droit. Aussi, en droit de l'aide sociale, la renonciation peut-elle tout aussi bien traduire la liberté du titulaire du droit que sa soumission à l'administration qui, à défaut d'accepter les conditions d'octroi et de conservation d'un droit, le contraint à renoncer ou présume sa renonciation. L'autonomie prônée et sous-tendant la mise en place de bon nombre de dispositifs d'aide sociale depuis une trentaine d'années se résume alors en pratique, souvent, « en une injonction »[1980] à l'adresse des bénéficiaires. Dès lors, si en droit de l'aide sociale, comme dans l'ensemble des autres branches du droit, la renonciation peut consister en « la manifestation d'une volonté qui ne procéderait que d'elle-même »[1981], la perte d'une prérogative ou d'un droit est bien souvent un effet de la loi, que cet effet soit volontairement recherché par le bénéficiaire ou qu'il lui soit imposé en raison de sa volonté présumée de renoncer à ses prestations. Or, bien qu'en principe un bénéficiaire qui a renoncé à l'exercice d'un droit ou à sa titularité puisse toujours le faire valoir dans le futur s'il remplit les conditions d'attribution, il arrive que le législateur, après avoir présumé la renonciation du bénéficiaire à son droit, l'en prive « pour l'avenir » temporairement ou définitivement : temporairement lorsqu'il ouvre la possibilité à

[1980] FABERON (F.), « Vulnérabilité et besoin dans le droit de l'aide et de l'action sociales », *in* PAILLET (E.) et RICHARD (P.) (dir.), *Effectivité des droits et vulnérabilité de la personne*, Bruxelles, Bruylant, 2014, p. 58.

[1981] HYDE (A.-A.), *Les atteintes aux libertés individuelles par contrat. Contribution à la théorie de l'obligation*, Paris, IRJS Éditions, 2015, p. 99.

l'administration de refuser l'octroi d'un droit pendant une certaine période au bénéficiaire qui a renoncé ou est présumé avoir renoncé à son droit acquis, définitivement lorsqu'il fait de la renonciation à un droit ou du refus d'une condition de l'octroi dudit droit un élément permettant à l'administration d'en refuser le bénéfice à l'avenir. Par le caractère irrévocable « pour l'avenir » qu'elle confère à la renonciation réelle ou présumée du bénéficiaire, la loi qui a pour finalité de protéger les personnes vulnérables, les prive alors définitivement de leurs droits à l'aide sociale et, ce faisant, amoindrit l'effectivité des droits sociaux créances qu'ils concrétisent.

CONCLUSION GÉNÉRALE

478. Bien qu'il soit difficilement concevable que le bénéficiaire, davantage pris en considération à travers le développement des projets et contrats tels que le « contrat d'insertion » dans le cadre du revenu minimum d'insertion[1982] ou du revenu de solidarité active[1983] ou encore le « contrat de séjour »[1984], renonce à ses droits, l'étude de la renonciation conduit à relativiser le constat suivant lequel cette « ingénierie contractuelle » serait la forme la plus à même de placer l'usager dans un rapport symétrique face à l'administration afin que soient écartés « les risques de réification des personnes inhérents à toute médiation collective et que soit garanti le respect de ses droits par les services »[1985]. Les instruments contractuels n'affectant pas fondamentalement la logique unilatérale de la relation entre le bénéficiaire et la collectivité, « Le nouveau paradigme de l'action sociale ne se réduit [...] pas à renverser purement et simplement un ordre intérieur, considéré comme dominateur parce que d'essence tutélaire, pour lui substituer une logique de pure libération "d'usagers" enfin pris en compte dans leurs aspirations et leurs singularités »[1986]. Aussi la renonciation, malgré le mouvement de subjectivisation du droit de l'aide sociale, est-elle envisageable.

479. Si le seul fait d'écarter les doutes concernant l'existence d'un phénomène de renonciation en droit de l'aide sociale et, *a fortiori*, concernant la pertinence d'une étude sur la renonciation en la matière ne suffit pas pour affirmer que la notion de renonciation est susceptible de constituer un objet d'étude juridique, la recherche a permis de démontrer la possibilité tant conceptuelle que juridique de renoncer aux droits à l'aide sociale alors même, qu'en la matière, la notion de renonciation est tantôt

---

1982 Loi n° 88-1088 du 1er décembre 1988 relative au revenu minimum d'insertion, *JO* du 3 décembre 1988, p. 15119.

1983 Loi n° 2008-1249 du 1er décembre 2008 généralisant le revenu de solidarité active et réformant les politiques d'insertion, *JO* n° 0281 du 3 décembre 2008, p. 18424.

1984 Loi n° 2002-2 du 2 janvier 2002 rénovant l'action sociale et médico-sociale, *JO* du 3 janvier 2002, p. 124.

1985 LAFORE (R.), « Un nouveau paradigme pour l'action sociale. L'usager, la personne, le citoyen », *in* LAFORE (R.) (dir.), *Refonder les solidarités. Les associations au cœur de la protection sociale*, Paris, Dunod, 2016, p. 203.

1986 *Ibid.*, p. 212.

rejetée par la doctrine, tantôt utilisée sans qu'en soit préalablement donnée une définition juridique. Envisager la possibilité conceptuelle de renoncer aux droits à l'aide sociale était un préalable indispensable dans la mesure où cette question prime celle de la licéité de la renonciation. Ayant fait le choix non seulement de ne pas privilégier d'emblée une définition de la notion de renonciation par rapport à une autre - à savoir de ne pas opter entre la renonciation comprise comme un acte juridique ayant pour seul but et pour seul effet direct l'abandon irrévocable d'un droit et la renonciation comprise comme un engagement « à ne pas exercer un droit ou une liberté fondamentale ou à l'exercer dans un sens déterminé »[1987] -, mais aussi de ne pas exclure le fait que la notion de renonciation puisse embrasser certains phénomènes de non-usage d'un droit[1988], l'objet commun à ces différentes conceptions de la notion de renonciation devait être identifié. La notion de droits subjectifs présentait un intérêt certain puisque la libre disposition du droit - qui est une condition pour concevoir la renonciation qu'elle soit ou non abdicative -, même lorsqu'elle est comprise de façon suffisamment large pour ne pas renvoyer uniquement aux actes de disposition par lesquels le patrimoine d'une personne est entamé ou engagé, mais pour renvoyer également, de façon moins absolue, à la possibilité pour le titulaire d'un droit de l'exercer ou de ne pas l'exercer, en est un élément inhérent. Elle doit alors, bien qu'elle ait fait l'objet de nombreuses définitions doctrinales, eu égard à la fonction qu'elle devait avoir dans le cadre de la théorie de la renonciation - l'identification de l'objet commun à l'ensemble des renonciations -, être comprise comme le pouvoir d'exiger, reconnu par une norme générale ou individuelle, un certain comportement, notamment de la part des personnes publiques, afin de se procurer un certain avantage moral ou matériel que l'ordre juridique a considéré comme licite[1989].

480. La mise en évidence du rôle déterminant de la notion de droits subjectifs dans la délimitation du domaine conceptualisable de la renonciation a permis de lever les doutes quant à la possibilité de concevoir

---

[1987] ARROYO (J.), *La renonciation aux droits fondamentaux. Étude de droit français*, Paris, éd. Pedone, coll. Publications de l'Institut international des droits de l'homme, 2016, p. 30 ; DUPRÉ DE BOULOIS (X.), *Droits et libertés fondamentaux*, Paris, PUF, coll. Licence droit, 2010, p. 46-47 ; GATHEM (G.), STROWEL (A.), « La renonciation aux droits de la personnalité : l'indice d'obligations ? », *in* DUMONT (H.), OST (F.) et VAN DROOGHENBROECK (S.) (dir.), *La responsabilité, face cachée des droits de l'homme ?*, Bruxelles, Bruylant, 2005, p. 504 et suiv.

[1988] Conception pour l'heure assez rare, mais qui est celle défendue par certains auteurs : SCHUTTER (O. de) et RINGELHEIM (J.), « La renonciation aux droits fondamentaux. La libre disposition du soi et le règne de l'échange », *in* DUMONT (H.), OST (F.) et VAN DROOGHENBROECK (S.) (dir.), *La responsabilité, face cachée des droits de l'homme*, Bruxelles, Bruylant, 2005, p. 445 ; MATHIEU (C.), « La renonciation du salarié au juge prud'homal », *in* DONIER (V.) et LAPÉROU-SCHENEIDER (B.) (dir.), *L'accès au juge. Recherche sur l'effectivité d'un droit*, Bruxelles, Bruylant, 2013, p. 815 et p. 823 et suiv.

[1989] FOULQUIER (N.), *Les droits publics subjectifs des administrés. Émergence d'un concept en droit administratif français du XIXe au XXe siècle*, Paris, Dalloz, coll. Nouvelle bibliothèque de thèses, 2003, p. 405.

la renonciation en droit de l'aide sociale. Si la doctrine, et parfois le juge, ont longtemps refusé de faire découler des obligations pesant sur les personnes publiques en matière d'assistance de véritables droits au profit des bénéficiaires, les prestations d'aide sociale sont désormais généralement perçues par la doctrine et par les juges comme des véritables droits subjectifs. Cette qualification, confirmée par l'application de la définition de droits publics subjectifs énoncée par Norbert Foulquier, a rendu la renonciation aux droits à l'aide sociale pleinement concevable, et ce, alors même que la fraternité, la solidarité et la dignité de la personne humaine constituent les fondements de la législation de l'aide sociale. Ces fondements, loin d'empêcher toute possibilité de concevoir la renonciation, influent en revanche sur sa licéité et, plus spécifiquement, sur la validité des renonciations abdicatives entraînant la perte définitive de la titularité d'un droit qui ne peuvent porter que sur des droits à l'aide sociale préalablement acquis par leur bénéficiaire.

481. La renonciation en droit de l'aide sociale peut ainsi porter sur l'exercice d'un droit comme sur sa titularité. Dans ce dernier cas, le droit public subjectif à une aide sociale doit cependant avoir fait l'objet d'une appropriation par un acte administratif individuel. Outre qu'elle confère à son titulaire une certaine maîtrise « matérielle » de son droit indispensable à toute renonciation abdicative, l'acquisition d'un droit limite les conséquences de la renonciation et, par là même, la rend compatible avec le caractère d'ordre public de la législation de l'aide sociale. La renonciation à un droit acquis emprunte alors la voie du retrait ou de l'abrogation de l'acte administratif unilatéral ayant permis l'acquisition du droit, soit à la demande du bénéficiaire, soit à l'initiative de l'administration cherchant à sanctionner un comportement assimilé à une renonciation à son droit. Lorsque le retrait ou l'abrogation découle d'une demande du bénéficiaire, quoiqu'elle présente les deux traits caractéristiques de la renonciation abdicative - l'existence d'une volonté abdicative et la manifestation de cette volonté -, elle a un caractère original, car l'administration étant libre d'apprécier l'opportunité de la demande de retrait ou d'abrogation d'une décision créatrice de droits légale, la volonté du bénéficiaire n'est pas en mesure, à elle seule, d'engendrer l'extinction d'un droit acquis à l'aide sociale. La renonciation à l'exercice d'un droit, quant à elle, recouvre une forme spécifique. Si elle prend quelquefois la forme classique de l'engagement à ne pas bénéficier d'un droit, elle prend le plus souvent celle du non-exercice d'un droit par non-demande qui acquiert la qualification de renonciation en raison de l'existence d'une présomption de renonciation.

482. À ce premier enseignement relatif à la notion même de renonciation, sans doute transposable dans d'autres branches du droit[1990], s'en ajoute un

[1990] Par exemple, Aude Lapoyade-Deschamps considérait qu'en droit de la famille « Deux hérésies doivent ainsi être dénoncées : d'une part, renonciation n'est pas forcément abdication ; d'autre part, il est possible de renoncer à un droit qui n'est pas acquis ».

second relatif à la conception et à la place du bénéficiaire au sein du droit de l'aide sociale. À travers l'étude de la mise en œuvre de la renonciation sont dévoilées les différentes « figures » du bénéficiaire de l'aide sociale tour à tour appréhendé comme un usager autonome ou assujetti, car la renonciation semble constituer un instrument de liberté aussi bien qu'un instrument de contrainte ou de sanction lorsqu'elle est subie ou présumée.

483. La renonciation-liberté est intrinsèquement liée au fait que les droits à l'aide sociale sont des droits subjectifs issus de normes permissives. Leurs titulaires sont supposés autonomes et, ce faisant, libres d'y renoncer, puisqu'il est généralement admis que la liberté que renferme tout droit subjectif s'accompagne « du principe de responsabilité à l'égard de soi-même et de la collectivité. L'exercice comme l'appropriation dépend[ent] donc de la volonté responsable de chacun »[1991]. Aussi les droits à l'aide sociale n'échappent-ils pas à l'idée couramment véhiculée selon laquelle la mise en œuvre des droits subjectifs est laissée à la seule appréciation d'individus rationnels et autonomes qui peuvent choisir d'y renoncer[1992]. À cette renonciation se superpose une renonciation imposée au bénéficiaire de l'aide sociale qui résulte du fait que le développement d'une « politique active de la singularité »[1993] « s'est accompagné d'une visée de plus en plus intrusive de la puissance publique »[1994]. Or, l'abandon d'une logique « indemnitaire-réparatrice » - logique qui renvoie au modèle réparateur développé à partir des années 1950 se référant à la notion « d'inadaptation » et dans lequel la puissance publique « répare les désavantages liés à la distance de certaines personnes par rapport à la normalité individuelle et sociale » en définissant des catégories d'inadaptations et en construisant pour chacune d'elles un statut protecteur[1995] - au profit d'une logique dans laquelle se trouve instrumentalisées les prestations afin d'inciter les personnes à s'engager dans une dynamique « d'insertion »[1996] n'est pas sans incidence sur la renonciation en droit de l'aide sociale. Se dessinent alors les

---

LAPOYADE-DESCHAMPS (A.), « Les renonciations en droit de la famille », *D.*, 1993, p. 264.

1991 FOULQUIER (N.), *Les droits publics subjectifs des administrés. Émergence d'un concept en droit administratif français du XIXe au XXe siècle*, *op. cit.*, p. 342.

1992 ROMAN (D.), « Les enjeux juridiques du non-recours au droit », *RDSS*, 2012, n° 4, p. 605.

1993 ROSANVALLON (P.), *La société des égaux*, Paris, Éditions du Seuil, 2011, p. 366 et suiv.

1994 MAUREL (E.), « Le non-recours aux prestations sociales : les enjeux révélés par le vécu des usagers », *RDSS*, 2012, p. 622-629.

1995 Ce modèle se distingue du modèle tutélaire qui ramenait la question de la pauvreté à des situations d'impécuniosité vécues par des vieillards, des incurables, des invalides ou encore des enfants.

LAFORE (R.), « La pauvreté saisie par le droit : la construction juridique de l'assistance en France », *in* DU CHEYRON (P.) et GÉLOT (D.) (dir.), *Droit et pauvreté*, ONPES et DREES-MiRe, 2008, p. 25 et suiv.

1996 LAFORE (R.), « Un nouveau paradigme pour l'action sociale. L'usager, la personne, le citoyen », *op. cit.*, p. 237.

causes de l'ineffectivité des droits sociaux puisque la renonciation constitue, en elle-même, une cause d'ineffectivité des droits à l'aide sociale et, par voie de conséquence, des droits sociaux dont ils sont la concrétisation. Cette étude ne permet certes pas de dire si les normes dont les droits à l'aide sociale découlent, ou qu'ils concrétisent, sont effectives ou ineffectives, car « l'ineffectivité de la règle est susceptible de degrés »[1997] : « Entre l'état d'effectivité et l'état d'ineffectivité, il existe une multitude d'états intermédiaires, de normes partiellement effectives ou partiellement ineffectives »[1998]. En questionnant la pertinence des offres[1999], de même que la logique consistant à « assortir la protection sociale de toujours plus d'accompagnement individualisé »[2000], ainsi que certaines pratiques administratives accentuant le problème de la capacité différentielle des acteurs sociaux à mobiliser les ressources juridiques[2001], « à se saisir de règles et à les mobiliser à leur profit »[2002], elle invite néanmoins à une réflexion qui dépasse la question de l'information des bénéficiaires de l'aide sociale quant à leurs droits et, par conséquent, celle de l'accès à la connaissance des offres sur lesquelles les pouvoirs publics ont concentré l'essentiel de leurs efforts dans le cadre des démarches initiées depuis quelques années pour lutter contre le non-recours.

484. Le régime juridique, dévoilé par l'étude de la mise en œuvre de la renonciation, porte les marques de la particularité de la situation de vulnérabilité des bénéficiaires de l'aide sociale de même que celles de la particularité de la matière étroitement liée à la solidarité et à la dignité de la personne humaine. Que la renonciation porte sur l'exercice du droit ou qu'elle affecte sa titularité, elle occasionne assurément la perte des prérogatives attachées au droit. Ses effets sont pourtant encadrés. Dans le premier cas, la renonciation provoque la perte définitive des prérogatives non acquises du bénéficiaire. Soit il en perd le bénéfice concomitamment à

1997 CARBONNIER (J.), « Effectivité et ineffectivité de la règle de droit », *L'année sociologique*, 1957, p. 14.

1998 PHILIPPE (C.-M.) « Entre effectivité et validité du droit : l'exemple du droit du public à l'information », *in* CHAMPEIL-DESPLATS (V.) et LOCHAK (D.) (dir.), *À la recherche de l'effectivité des droits de l'homme*, Nanterre, Presses universitaires de Paris Nanterre, coll. Sciences juridiques et politiques, 2008, p. 70.
Voir également CARBONNIER (J.), « Effectivité et ineffectivité de la règle de droit », *op. cit.*, p. 3.

1999 MAZET (P.), « La non demande de droits : prêtons l'oreille à l'inaudible », *La Vie des idées* (revue en ligne), 2010, http://www.laviedesidees.fr/La-non-demande-de-droits-pretons-l.html

2000 MAUREL (E.), « Le non-recours aux prestations sociales : les enjeux révélés par le vécu des usagers », *op. cit.*, p. 628.

2001 LASCOUMES (P.), « L'analyse sociologique des effets de la norme juridique : de la contrainte à l'interaction », *in* LAJOIE (A.) et *al.* (dir.), *Théories et émergence du droit : pluralisme, surdétermination et effectivité*, Montréal, Thémis, Bruxelles, Bruylant, 1998, p. 158.

2002 SAYN (I.), « Accès au juge et accès au droit dans le contentieux de la protection sociale », *RFAS*, 2004, n° 3, p. 115.

son non-exercice, soit il en perd le bénéfice pour l'avenir s'il s'est engagé à ne pas bénéficier de son droit. Dans le second cas, parce que le droit a été préalablement acquis par un acte administratif individuel, il peut moduler les effets de sa renonciation afin qu'elle produise ses effets juridiques pour l'avenir uniquement ou, au contraire, de façon rétroactive en demandant, soit l'abrogation, soit le retrait de la décision. La renonciation ne peut donc pas avoir un effet rétroactif sans que le renonçant n'ait expressément manifesté sa volonté de faire disparaitre son droit *ab initio*. Bien qu'elle ait longtemps été considérée comme un attribut de la renonciation, l'irrévocabilité est, en outre, fortement amoindrie en la matière. Non seulement la renonciation à l'exercice d'un droit est en principe révocable, c'est-à-dire qu'à la suite d'une renonciation à l'exercice d'un droit à l'aide sociale le bénéficiaire pourra à nouveau en solliciter le bénéfice et se le voir octroyer s'il remplit les conditions d'attribution, mais encore, la renonciation à un droit acquis est révocable tant que l'effet abdicatif ne s'est pas produit, c'est-à-dire tant que l'administration n'a pas retiré ou abrogé la décision ayant permis son acquisition. Mais, surtout, le bénéficiaire ne perd jamais la faculté de solliciter à nouveau un droit qu'il a renoncé à exercer ou dont il a abandonné la titularité. Il a toujours la possibilité de demander à bénéficier, pour l'avenir, d'un droit précédemment abandonné, sauf lorsque le législateur a fait de la renonciation du bénéficiaire un motif de refus, pour l'avenir, dudit droit. Aussi les effets juridiques de la renonciation en droit de l'aide sociale attestent-ils de la particularité des fondements des droits à l'aide sociale et de la situation du bénéficiaire.

En dévoilant la nature et les soubassements du droit de l'aide sociale, l'étude de la renonciation ouvre la voie à une réflexion sur les moyens juridiques susceptibles d'être mis en place afin de renforcer l'effectivité des droits sociaux en limitant la renonciation. Certes, il ne va pas de soi qu'il faille nécessairement limiter la renonciation, dès lors qu'elle manifeste, en théorie, « le pouvoir d'autodétermination de son auteur en ce sens qu'il lui permet de fixer sa propre règle de conduite »[2003]. Dans la mesure où, en droit de l'aide sociale, la renonciation est souvent le résultat de l'absence de choix du bénéficiaire, une réflexion sur la manière de réduire la renonciation-imposée semble cependant devoir être menée afin d'améliorer l'effectivité des droits sociaux. Cela implique, sans doute, de s'intéresser au basculement de l'autonomie des bénéficiaires de l'aide sociale à leur responsabilité opéré par les dispositifs d'aide sociale, en particulier lorsqu'ils concernent la lutte contre l'exclusion sociale. Facilité par le fait que la notion de responsabilité est une notion « à double foyer » dans la mesure où créditer l'individu d'une responsabilité c'est non seulement « lui attribuer, au-dedans, le plein

[2003] ARROYO (J.), *La renonciation aux droits fondamentaux. Étude de droit français*, p. 571.

gouvernement de lui-même », c'est-à-dire reconnaître son autonomie[2004], mais aussi, « pour le dehors », « imputer à cet individu doté du gouvernement de lui-même, la totalité de ce qu'il fait et de ce qu'il est »[2005], ce basculement questionne. Comme le souligne Michel Borgetto, l'État-providence est aujourd'hui à la peine notamment parce que, « sur son versant éthique et philosophique, l'idée de responsabilité personnelle n'a pas totalement disparu, loin s'en faut, de la conception que l'on se fait du principe de solidarité : cette idée étant présente soit - côté négatif - sous la forme d'une stigmatisation d'un pauvre toujours soupçonné de ne pas produire les efforts nécessaires pour sortir de sa situation, soit - côté positif - sous la forme d'une "responsabilisation" de l'exclu censée lui permettre de se réinvestir dans les liens de sociabilité et de se réinsérer dans le circuit social et économique »[2006].

2004 HURPY (H.), *Fonction de l'autonomie personnelle et protection des droits de la personne humaine dans les jurisprudences constitutionnelles et européennes*, Bruxelles, Buylant, coll. Droit de la Convention européenne des droits de l'homme, 2015, p. 29 et suiv.

2005 GAUCHET (M.), « À la charnière de l'individuel et du collectif », *in* BEC (C.), PROCACCI (G.) (dir.), *De la responsabilité solidaire. Mutations dans les politiques sociales d'aujourd'hui*, Paris, Éd. Syllepse, 2003, p. 24.

2006 BORGETTO (M.), « La solidarité, l'égalité et la responsabilité face aux transformations de l'État-providence », *in* BEC (C.), PROCACCI (G.) (dir.), *De la responsabilité solidaire. Mutations dans les politiques sociales d'aujourd'hui*, Paris, Éd. Syllepse, 2003, p. 42.

BIBLIOGRAPHIE

I. OUVRAGES

A. Ouvrages généraux, traités et manuels

ALFANDARI (E.) et TOURETTE (F.), *Action et aide sociales*, Paris, Dalloz, coll. Précis, 5e éd., 2011, 862 p.

AUBIN (E.), *Droit de l'aide et de l'action sociales*, Issy-les-Moulineaux, Gualino, 4e éd., 2014, 521 p.

AUBY (J.-M.) et DRAGO (R.), *Traité des recours en matière administrative*, Paris, Litec, 1992, 686 p.

AUBY (J.-M.), AUBY (J.-B.), DIDER (J.-P.), TAILLEFAIT (A.), *Droit de la fonction publique*, Paris, Dalloz, coll. Précis, 7e éd., 2012, 895 p.

BARREYRE (J.-Y.) et BOUQUET (B.), *Nouveau dictionnaire critique d'action sociale*, Paris, Bayard, 2006, 638 p.

BELORGEY (J.-M.), *Le droit d'asile*, Issy-les-Moulineaux, Lextenso Éditions, coll. Systèmes, 2e éd., 2016, 263 p.

BERGEL (J.-L.), *Théorie générale du droit*, Paris, Dalloz, coll. Méthodes du droit, 5e éd., 2012, 399 p.

BERTHÉLEMY (H.), *Traité élémentaire de droit administratif*, Paris, Rousseau et cie, 13e éd., 1933, 1186 p.

BONNARD (R.), *Précis de droit public*, Paris, Recueil Sirey, 6e éd., 1944, 444 p.

BORGETTO (M.) et LAFORE (R.),

- *Droit de l'aide et de l'action sociales*, Paris, Montchrestien, coll. Domat droit public, 1996, 394 p.
- *Droit de l'aide et de l'action sociales*, Issy-les-Moulineaux, LGDJ, coll. Domat droit public, 9e éd., 2015, 778 p.

BOT (O. le), *Contentieux administratif*, Bruxelles, Larcier, coll. Paradigme, 3e éd., 2016, 352 p.

BROYELLE (C.), *Contentieux administratif*, Issy-les-Moulineaux, LGDJ, coll. Manuel, 3e éd., 2015, 464 p.

CARBONNIER (J.), *Droit civil. Les biens, Les obligations,* Paris, PUF, coll. Quadrige, 2004, v. II, 2574 p.

CHAPUS (R.),
- *Droit administratif général*, Paris, Montchrestien, coll. Domat droit public, 14e éd., 2000, t. 1, 1399 p.
- *Droit du contentieux administratif*, Paris, Montchrestien, coll. Domat droit public, 13e éd., 2008, 1540 p.
CORNU (G.), *Vocabulaire juridique*, Association Henri Capitant, Paris, PUF, coll. Quadrige, 10e éd., 2014, 1099 p.
COSTA (D.), *Contentieux administratif*, Paris, LexisNexis, coll. Objectif droit, 2e éd., 2014, 356 p.
DEROUIN (H.), GORY (A.) et WORMS (F.),
- *Traité théorique et pratique d'assistance publique*, Paris, L. Larosse, 1re éd., 1900, 824 p.
- *Traité théorique et pratique d'assistance publique*, Paris, Recueil Sirey, 3e éd., 1914, t. 1, 641 p.
DISANT (M.), *Droit de la question prioritaire de constitutionnalité. Cadre juridique, Pratiques jurisprudentielles*, Rueil-Malmaison, Lamy, coll. Lamy Axe du droit, 2011, 420 p.
DUGUIT (L.),
- *Traité de droit constitutionnel*, Paris, E. de Boccard, 3e éd., 1927, t. I, 763 p.
- *Traité de droit constitutionnel*, Paris, E. de Boccard, 3e éd., 1927, t. II, 888 p.
- *Traité de droit constitutionnel*, Paris, E. de Boccard, 3e éd., 1930, t. III, 856 p.
- *L'État, le droit objectif et la loi positive,* Paris, Dalloz, rééd. 2003 (version de 1901), 623 p.
DUPRÉ DE BOULOIS (X.), *Droits et libertés fondamentaux*, Paris, PUF, coll. Licence droit, 2010, 302 p.
FAVOREU (L.) et *al.*, *Droit des libertés fondamentales*, Paris, Dalloz, coll. Précis, 6e éd., 2012, 701 p.
FAVOREU (L.) et RENOUX (T. S.), *Le contentieux constitutionnel des actes administratifs*, Paris, Sirey, coll. Droit public, 1992, 206 p.
GAUDEMET (Y.), *Traité de droit administratif. Droit administratif général*, Paris, LGDJ, 16e éd., 2001, t. 1, 918 p.
GHESTIN (J.) et GOUBEAUX (G.), *Traité de droit civil. Introduction générale*, Paris, LGDJ, 1990, 3e éd., 821 p.
GUGLIELMI (Gilles J.), KOUBI (G.), *Droit du service public*, Paris, Montchrestien, coll. Domat droit public, 3e éd., 2011, 804 p.
HAURIOU (M.),
- *Principes de droit public*, Paris, LGDJ, 2e éd., 1916, 828 p.
- *Précis de droit administratif et de droit public*, Paris, Dalloz, 12e éd., 2002, 1150 p.

JÈZE (G.),
- *Les principes généraux du droit administratif. La notion de service public. Les individus au service public. Le statut des agents publics*, Paris, Marcel Giard, 3e éd., 1930, t. 2, 848 p.
- *Les principes généraux du droit administratif. Le fonctionnement des services publics*, Paris, Dalloz, rééd. 2011 (version de 1926), t. 3, 519 p.

KNAPP (B.), *Précis de droit administratif*, Bâle, Éditions Helbing et Lichtenhahn, coll. Théorie et pratique du droit, 4e éd., 1991, 748 p.

LAUBADÈRE (A. de), *Traité de droit administratif*, Paris, 1980, 8e éd., LGDJ, 783 p.

LHUILLIER (J.-M.), *Le droit des usagers dans les établissements et services sociaux et médico-sociaux*, Rennes, Presses de l'EHESP, 5e éd., 2015, 281 p.

MAILLARD DESGRÉES DU LOÛ (D.), *Droit des relations de l'administration avec ses usagers*, Paris, PUF, coll. Thémis droit public, 2000, 567 p.

MALAURIE (P.) et AYNÈS (L.), *Droit civil. Introduction générale*, Paris, Éditions Cujas, 1994, 390 p.

MATHIEU (B.) et VERPEAUX (M.), *Contentieux constitutionnel des droits fondamentaux*, Paris, LGDJ, coll. Manuel, 2002, 791 p.

MELLERAY (F.), *Droit de la fonction publique*, Paris, Economica, coll. Corpus, 2e éd., 2010, 395 p.

MESCHERIAKOFF (A.-S.), *Droit des services publics*, Paris, PUF, coll. Droit administratif, 1991, 389 p.

MILLARD (É.), *Théorie générale du droit*, Paris, Dalloz, coll. Connaissance du droit, 2006, 136 p.

ODENT (R.), *Contentieux administratif*, Paris, Dalloz, 2007, t. 1, 1051 p.

PLANIOL (M.) et RIPERT (G.), *Traité élémentaire de droit civil*, Paris, LGDJ, 11e éd., 1928, t. I, 1112 p.

POINSOT (O.), *Le droit des personnes accueillies ou accompagnées. Les usagers dans l'action sociale et médico-sociale*, Bordeaux, LEH Édition, 2016, 407 p.

PONTIER (J.-M.), *Droits fondamentaux et libertés publiques*, Paris, Hachette, coll. Les fondamentaux, 4e éd., 2010, 158 p.

PRÉTOT (X.), *Les grands arrêts du droit de la sécurité sociale*, Paris, Dalloz, 1998, 2e éd., 707 p.

ROCHFELD (J.), *Les grandes notions du droit privé*, Paris, PUF, coll. Thémis droit, 2013, 2e éd., 562 p.

ROLLAND (L.), *Précis de droit administratif*, Paris, Dalloz, coll. Petits précis Dalloz, 8e éd., 1943, 711 p.

SUDRE (F.), *Droit européen et international des droits de l'homme*, Paris, PUF, coll. Droit fondamental Classiques, 10e éd. revue et augmentée, 2011, 925 p.

SUDRE (F.), MARGUÉNAUD (J.-P.), ANDRIANTSIMBAZOVINA (J.), GOUTTENOIRE (A.) et LEVINET (M.), *Les grands arrêts de la Cour*

européenne des droits de l'homme, Paris, PUF, coll. Thémis droit, 6e éd., 2011, 902 p.
TERRÉ (F.), *Introduction générale au droit*, Paris, Dalloz, coll. Précis, 9e éd., 2012, 652 p.
VEDEL (G.), *Manuel élémentaire de droit constitutionnel*, Paris, Recueil Sirey, 1949, 616 p.
VEDEL (G.) et DELVOLVÉ (P.), *Droit administratif*, Paris, PUF, coll. Thémis droit public, 12e éd., 1992, t. 1, 716 p.
ZENATI-CASTAING (F.) et REVET (T.), *Manuel de droit des personnes*, Paris, PUF, coll. Droit fondamental Manuels, 2006, 339 p.

B. Ouvrages spécialisés

BEC (C.), *Assistance et République*, Paris, Les Éditions de l'Atelier, coll. Le social en acte, 1994, 254 p.
BORGETTO (M.), *La devise « Liberté, égalité, fraternité »*, Paris, PUF, coll. Que sais-je ?, 1997, 127 p.
BORGETTO (M.) et LAFORE (R.), *La République sociale. Contribution à l'étude de la question démocratique en France*, Paris, PUF, coll. La politique éclatée, 2000, 367 p.
BOURGEOIS (L.), *Solidarité*, Villeneuve-d'Ascq, Presses universitaires du Septentrion, 1998, 110 p.
BRAIBANT (G.), *La Charte des droits fondamentaux de l'Union européenne*, Paris, Seuil, coll. Points-essais, 2001, 330 p.
CAPITANT (R.), *Écrits constitutionnels*, Paris, Éditions du CNRS, 1982, 485 p.
CARBONNIER (J.), *Flexible droit. Pour une sociologie du droit sans rigueur*, Paris, LGDJ, 10e éd., 2001, 493 p.
CASSIA (P.), *Dignité(s) : une notion juridique insaisissable ?*, Paris, Dalloz, coll. Les sens du droit, 2016, 148 p.
CAYLA (O.) et THOMAS (Y.), *Du droit de ne pas naître. À propos de l'affaire Perruche*, Gallimard, coll. Le débat, 2002, 175 p.
DABIN (J.), *Le droit subjectif*, Paris, Dalloz, 1952, 313 p.
DAVID (M.), *Les fondements du social. De la IIIe République à l'heure actuelle*, Paris, Anthropos, coll. Historiques, 1993, 298 p.
DELVOLVÉ (P.), *L'acte administratif*, Paris, Sirey, coll. Droit public, 1983, 294 p.
DUFOUR (P.), BOISMENU (G.) et NOËL (A.), *L'aide au conditionnel. La contrepartie dans les mesures envers les personnes sans emploi en Europe et en Amérique du Nord*, Montréal, Presses de l'Université de Montréal, coll. Politique et économie, 2003, 248 p.
OST (F.), *Droit et intérêt. Entre droit et non-droit : l'intérêt*, GÉRARD (P.), OST (F.) et VAN DE KERCHOVE (M.) (dir.), Bruxelles, Publications des Facultés universitaires Saint-Louis, 1990, vol. 2, 201 p.

PURIÈRE (A.), *Assistance sociale et contrepartie. Actualité d'un débat ancien*, Paris, L'Harmattan, 2008, 136 p.
ROSANVALLON (P.), *La société des égaux*, Paris, Éditions du Seuil, 2011, 427 p.
ROUBIER (P.), *Droits subjectifs et situations juridiques*, Paris, Dalloz, coll. Philosophie du droit, 1963, 451 p.
SIMMEL (G.), *Les pauvres*, Paris, PUF, coll. Quadrige grands textes, 2011 (rééd.), 102 p.
WARIN (P.), *Le non-recours aux politiques sociales*, Fontaine, PUG, coll. Libres cours politique, 2016, 243 p.
WIENER (C.), *Vers une codification de la procédure administrative*, Paris, PUF, Travaux et recherches de l'université de droit, d'économie et des sciences sociales de Paris, 1975, 454 p.

II. THÈSES

ALFANDARI (E.), *Le droit aux aliments en droit privé et en droit public. Unification des notions et des contentieux de l'obligation alimentaire et de l'aide sociale*, 2 vol., Poitiers, 1958, dactyl., 471 p.
ARROYO (J.), *La renonciation aux droits fondamentaux. Étude de droit français*, Paris, éd. Pedone, coll. Publications de l'Institut international des droits de l'homme, 2016, 669 p.
BADEL (M.), *Le droit social à l'épreuve du revenu minimum d'insertion*, Talence, Presses universitaires de Bordeaux, 1996, 638 p.
BALLOT (E.), *Les insuffisances de la notion de droits fondamentaux*, Paris, éd. Mare et Martin, coll. Bibliothèque des thèses droit privé et sciences criminelles, 2014, 554 p.
BARTHÉLEMY (J.), *Essai d'une théorie des droits subjectifs des administrés dans le droit administratif français*, Paris, Librairie de la société du recueil général des lois et des arrêts, 1899, 204 p.
BÉTAILLE (J.), *Les conditions juridiques de l'effectivité de la norme en droit public interne : illustrations en droit de l'urbanisme et en droit de l'environnement*, thèse soutenue à l'Université de Limoges le 7 décembre 2012, *Norme permissive et droit public*, thèse soutenue à l'Université de Limoges le 9 décembre 2006, dactyl., 755 p.
BLUMANN (C.), *La renonciation en droit administratif français*, Paris, LGDJ, coll. Bibliothèque de droit public t. CXIII, 1974, 498 p.
BORGETTO (M.), *La notion de fraternité en droit public français. Le passé, le présent et l'avenir de la solidarité*, Paris, LGDJ, coll. Bibliothèque de droit public t. 170, 1993, 689 p.
BOYER-CAPELLE (C.), *Le service public et la garantie des droits et libertés*, thèse soutenue à l'Université de Limoges le 10 juillet 2009, dactyl., 732 p.

CAMAJI (L.-E.), *La personne dans la protection sociale. Recherche sur la nature des droits des bénéficiaires de prestations sociales*, Paris, Dalloz, coll. Nouvelle bibliothèque de thèses, 2008, 502 p.

CARBAJO (J.), *L'application dans le temps des décisions administratives exécutoires*, Paris, LGDJ, coll. Bibliothèque de droit public t. CXXXIV, 1980, 293 p.

CAROTENUTO (S.), *La disparition non contentieuse des actes administratifs. Contribution à la théorie du retrait et de l'abrogation des actes administratifs*, thèse soutenue à l'Université d'Aix-Marseille, 2000, dactyl., 458 p.

CARSIN (X.), *La renonciation en droit du travail*, thèse soutenue à l'Université Panthéon-Sorbonne le 2 février 2006, dactyl., 667 p.

COLLIN (A.), *Pour une conception renouvelée de la prescription*, Paris, Defrénois, coll. Doctorat & notariat t. 46, 2010, 542 p.

COLOMBET (H.), *L'obligation d'information sur les règles de droit*, thèse soutenue à l'Université Jean-Monnet de Saint-Étienne, 2015, dactyl., 753 p.

COUMAROS (N.), *Le rôle de la volonté dans l'acte juridique (Étude critique de la conception classique)*, Paris, Recueil Sirey, 1931, 332 p.

CROUZATIER-DURAND (F.), *La fin de l'acte administratif unilatéral*, Paris, L'Harmattan, coll. Logiques juridiques, 2003, 434 p.

DIJOUX (R.), *La contractualisation des droits fondamentaux*, Paris, L'Harmattan, coll. Logiques juridiques, 2012, 582 p.

DONIER (V.), *Le principe d'égalité dans l'action sociale des collectivités territoriales*, Aix-en-Provence, PUAM, coll. Collectivités locales, 2005, 508 p.

DREIFUSS-NETTER (F.), *Les manifestations de volonté abdicatives*, Paris, LGDJ, coll. Bibliothèque de droit privé t. 185, 1985, 245 p.

DU BOIS DE GAUDUSSON (J.), *L'usager du service public administratif*, Paris, LGDJ, coll. Bibliothèque de droit public t. CXV, 1974, 318 p.

DUCOIN (C.), *Essai d'une théorie générale de la renonciation en droit civil français*, Lyon, J. Poncet, 1913, 192 p.

ESPLUGAS (P.), *Conseil constitutionnel et service public*, Paris, LGDJ, coll. Bibliothèque constitutionnelle et de science politique t. 80, 1994, 321 p.

FOULQUIER (N.), *Les droits publics subjectifs des administrés. Émergence d'un concept en droit administratif français du XIXe au XXe siècle*, Paris, Dalloz, coll. Nouvelle bibliothèque de thèses, 2003, 805 p.

FRUMER (P.), *La renonciation aux droits et libertés. La Convention européenne des droits de l'homme à l'épreuve de la volonté individuelle*, Bruxelles, Bruylant et Éditions de l'Université de Bruxelles, Collection de droit international, 2001, 752 p.

GAY (L.), *Les « droits-créances » constitutionnels*, Bruxelles, Bruylant, Collection de droit public comparé et européen, 2007, 826 p.

GIGON (É.), *La volonté des personnes privées en droit administratif*, thèse soutenue à l'Université Paris 1 Panthéon-Sorbonne le 8 décembre 2017, dactyl., 507 p.

GODÉ (P.), *Volonté et manifestations tacites*, Paris, PUF, 1977, 275 p.

GOUNOT (E.), *Le principe de l'autonomie de la volonté en droit privé. Contribution à l'étude critique de l'individualisme juridique*, Paris, éd. Arthur Rousseau, 1912, 470 p.

GRAMMATIKAS (G.), *Théorie générale de la renonciation en droit civil. Étude parallèle du droit français et du droit hellénique*, Paris, LGDJ, 1971, 194 p.

GROULIER (C.), *Norme permissive et droit public*, thèse soutenue à l'Université de Limoges le 9 décembre 2006, dactyl., 652 p.

HAMEL (M.-P.), *Les politiques d'accès aux droits sociaux : entre rationalisation budgétaire et lutte contre la pauvreté. Une comparaison France, Pays-Bas, Royaume-Uni*, thèse soutenue le 7 décembre 2009 à l'Institut d'Études Politiques de Paris, 2009, dactyl., 502 p.

HURPY (H.), *Fonction de l'autonomie personnelle et protection des droits de la personne humaine dans les jurisprudences constitutionnelles et européennes*, Bruxelles, Bruylant, coll. Droit de la Convention européenne des droits de l'homme, 2015,1019 p.

HYDE (A.-A.), *Les atteintes aux libertés individuelles par contrat. Contribution à la théorie de l'obligation,* Paris, IRJS Éditions, 2015, 653 p.

LE GARS (A.), *La déchéance des droits en droit privé français*, Thèse soutenue à l'Université de Toulouse I le 4 décembre 2003, dactyl., 679 p.

LEROY (Y.), *L'effectivité du droit au travers d'un questionnement en droit du travail*, Paris, LGDJ, coll. Bibliothèque de droit social t. 55, 2011, 493 p.

LOISEAU (G.), *Le nom. Objet d'un contrat*, Paris, LGDJ, coll. Bibliothèque de droit privé t. 274, 1997, 542 p.

MAGORD (C.), *Le parcours contentieux de l'aide sociale*, thèse soutenue à l'Université Jean-Monnet-Saint-Étienne le 12 mai 2015, dactyl., 544 p.

MAISONNASSE (F.), *L'articulation entre la solidarité collective et la solidarité familiale*, Issy-les-Moulineaux, LGDJ, coll. Bibliothèque de droit social t. 67, 2016, 485 p.

MARTIN de la MOUTTE (J.), *L'acte juridique unilatéral. Essai sur sa notion et sa technique en droit civil*, Paris, Recueil Sirey, 1951, 343 p.

MAURER (B.), *Le principe de respect de la dignité humaine et la Convention européenne des droits de l'homme*, Paris, La documentation française, coll. Monde européen et international, 1999, 555 p.

MAURIN (L.), *Contrat et droits fondamentaux*, Paris, LGDJ, coll. Bibliothèque de droit privé t. 545, 2013, 514 p.

MEINDL (T.), *La notion de droit fondamental dans les jurisprudences et doctrines constitutionnelles françaises et allemandes*, Paris, LGDJ,

coll. Bibliothèque constitutionnelle et de science politique t. 112, 2003, 514 p.
MELLERAY (F.), *Essai sur la structure du contentieux administratif français. Pour un renouvellement de la classification des principales voies de droit ouverte devant les juridictions à compétence générale*, Paris, LGDJ, coll. Bibliothèque de droit public t. 212, 2001, 466 p.
MEYER (N.), *L'ordre public en droit du travail. Contribution à l'étude de l'ordre public en droit privé*, Paris, LGDJ, coll. Bibliothèque de droit privé t. 461, 2006, 375 p.
MICHELET (K.), *Les droits sociaux des étrangers*, Paris, L'Harmattan, coll. Logiques juridiques, 2002, 494 p.
MIRABAIL (S.), *La rétractation en droit privé français*, Paris, LGDJ, coll. Bibliothèque de droit privé t. 284, 1997, 348 p.
NAJJAR (I.), *Le droit d'option. Contribution à l'étude du droit potestatif et de l'acte unilatéral*, Paris, LGDJ, 1967, 361 p.
PÉRÈS-DOURDOU (C.), *La règle supplétive*, Paris, LGDJ, coll. Bibliothèque de droit privé t. 421, 2004, 680 p.
PICHARD (M.), *Le droit à. Étude de la législation française*, Paris, Economica, coll. Recherches juridiques, 2006, 566 p.
PIN (X.), *Le consentement en matière pénale*, Paris, LGDJ, coll. Bibliothèque des sciences criminelles t. 36, 2002, 724 p.
RANAIVO (A.-S.), « Sans domicile fixe et droit », thèse soutenue à l'Université Paris 1 Panthéon-Sorbonne le 29 novembre 2018, dactyl., 607 p.
RAYNAUD (J.), *Les atteintes aux droits fondamentaux dans les actes juridiques privés*, Aix-en-Provence, PUAM, 2003, 439 p.
RENARD (S.), *L'ordre public sanitaire (Étude de droit public interne)*, thèse soutenue à l'Université de Rennes I le 24 juin 2008, dactyl., 727 p.
REVIL (H.), *Le « non-recours » à la Couverture maladie universelle. Émergence d'une catégorie d'action et changement organisationnel*, Thèse soutenue à l'Université Grenoble Alpes le 16 janvier 2014, dactyl., 601 p.
ROMAN (D.), *Le droit public face à la pauvreté*, Paris, LGDJ, coll. Bibliothèque de droit public t. 221, 2002, 494 p.
ROULHAC (C.), *L'opposabilité des droits et libertés*, thèse soutenue à l'Université Paris Nanterre le 16 novembre 2016, dactyl., 674 p.
SAUNIER (S.), *Recherche sur la notion de formalisme en droit administratif français*, Aix-en-Provence, PUAM, coll. Centre de recherches administratives, 2007, 1033 p.
SÉVELY-FOURNIÉ (C.), *Essai sur l'acte juridique extinctif en droit privé. Contribution à l'étude de l'acte juridique*, Paris, Dalloz, coll. Nouvelle bibliothèque de thèses t. 100, 2010, 738 p.
SIBICIANO (N.), *Théorie générale des renonciations en droit civil français*, Paris, R. Pichon et R. Durand-Auzias, 1932, 263 p.

SOURZAT (C.), *La renonciation en procédure pénale*, Paris, LGDJ, coll. Bibliothèque des sciences criminelles t. 56, 2013, 447 p.

TALLINEAU (L.), *Les actes particuliers non créateurs de droits. Essai critique de la théorie des droits acquis en droit administratif*, thèse soutenue à l'Université de Poitiers le 8 juillet 1972, dactyl., 504 p.

THERON (S.), *La notion de condition. Contribution à l'étude de l'acte administratif*, Paris, L'Harmattan, coll. Logiques juridiques, 640 p.

VINCENT-LEGOUX (M.-C.), *L'ordre public. Étude de droit comparé interne*, Paris, PUF, coll. Grandes thèses du droit français, 2001, 558 p.

WEILL (P.-E.), *Sans toit ni loi ? Genèse et conditions de la mise en œuvre de la loi DALO*, Rennes, Presses universitaires de Rennes, coll. Res publica, 2017, 296 p.

YANNAKOPOULOS (C.), *La notion de droits acquis en droit administratif français*, Paris, LGDJ, coll. Bibliothèque de droit public t. 188, 1997, 604 p.

III. ARTICLES ET CONTRIBUTIONS DANS DES OUVRAGES COLLECTIFS

A. Contributions dans des ouvrages, colloques et mélanges

AUBY (J.-M.), « La renonciation au bénéfice de la loi en droit public français », Paris, Dalloz, TAHC, 1963, t. XIII, p. 511-536.

AUVERGNON (P.),

- « Introduction », *in* AUVERGNON (P.) (dir.), *Union européenne et cohésion sociale*, Talence, MSHA, 1998, p. 9-14.
- « Une approche comparative de la question de l'effectivité du droit du travail », *in* AUVERGNON (P.) (dir.), *L'effectivité du droit du travail : à quelles conditions ?*, Actes du séminaire international de droit comparé du travail, des relations professionnelles et de la sécurité sociale, 2006, p. 7-31.

BELORGEY (J.-M.),

- « Le contrat d'insertion », *in* ERBÈS-SEGUIN (S.) (dir.), *Le contrat. Usages et abus d'une notion*, Paris, Desclée de Brouwer, coll. Sociologie économique, 1999, p. 171-180.
- « La dépendance punie », *in Drôle(s) de droit(s). Mélanges en l'honneur d'Élie Alfandari*, Paris, Dalloz, 2000, p. 219-229.
- « La part des usagers », *in* BORGETTO (M.) et CHAUVIÈRE (M.) (dir.), *Qui gouverne le social ?*, Paris, Dalloz, coll. Thèmes et commentaires, 2008, p. 121-126.

BERTHÉLEMY (H.),

- « Préface de la première édition », DEROUIN (H.), GORY (A.) et WORMS (F.), *Traité théorique et pratique d'assistance publique*, Paris, L. Larosse, 1re éd., 1900, p. I-XII.

- « Préface de la troisième édition. L'organisation de l'assistance intégrale », DEROUIN (H.), GORY (A.) et WORMS (F.), *Traité théorique et pratique d'assistance publique*, Paris, Recueil Sirey, 3e éd., 1914, t. 1, p. I-XXII.

BIOY (X.), « Rapport introductif. Le concept de dignité », *in* BURGORGUE-LARSEN (L.) (dir.), *La dignité et les juges en Europe*, Bruxelles, Bruylant, 2010, p. 13-51.

BOCCADORO (N.), « Le droit au logement : un droit fondamental », *in Environnement et renouveau des droits de l'homme. Actes du colloque de Boulogne-sur-Mer 20-21 novembre 2003*, Paris, La documentation française, coll. Travaux de la CEDECE, 2006, p. 51-64.

BÖNKER (F.) et WOLLMANN (H.), « L'activation des minima sociaux entre national et local. Royaume-Uni, Allemagne, Suède », *in* BORGETTO (M.) et CHAUVIÈRE (M.) (dir.), *Qui gouverne le social ?*, Paris, Dalloz, coll. Thèmes et commentaires, 2008, p. 127-141.

BONNET (B.), « L'ordre public en France : de l'ordre matériel et extérieur à l'ordre public immatériel. Tentation de définition d'une notion insaisissable », *in* DUBREUIL (C.-A.) (dir.), *L'ordre public*, Paris, Éditions Cujas, coll. Actes et études, 2013, p. 117-139.

BONNET (J.), « La QPC et l'intérêt du justiciable », *in* ARLETAZ (J.) et BONNET (J.) (dir.), *L'objectivation du contentieux des droits et libertés fondamentaux. Du juge des droits au juge du droit ?*, Paris, éd. Pedone, coll. Publications de l'Institut international des droits de l'homme, 2015, p. 23-42.

BORELLA (F.), « Le concept de dignité de la personne humaine », *in* PÉDROT (P.) (dir.), *Éthique, droit et dignité de la personne. Mélanges Christian Bolze*, Paris, Economica, 1999, p. 29-38.

BORGETTO (M.),

- « Vingt ans de jurisprudence en matière d'aide sociale. Histoires drôles, drôles d'histoires », *in Drôle(s) de droit(s). Mélanges en l'honneur d'Élie Alfandari*, Paris, Dalloz, 2000, p. 3-19.
- « Solidarité », *in* ALLAND (D.) et RIALS (S.) (dir.), *Dictionnaire de la culture juridique*, Paris, Lamy, PUF, 2003, p. 1427-1430.
- « La solidarité, l'égalité et la responsabilité face aux transformations de l'État-providence », *in* BEC (C.), PROCACCI (G.) (dir.), *De la responsabilité solidaire. Mutations dans les politiques sociales d'aujourd'hui*, Paris, Éd. Syllepse, 2003, p. 35-49.
- « Le Conseil constitutionnel, le principe d'égalité et les droits sociaux », *in Frontières du droit, critique des droits. Billets d'humeur en l'honneur de Danièle Lochak*, Paris, LGDJ, 2007, p. 239-246.
- « La notion de service public constitutionnel face au droit de la protection sociale », *in Mélanges en l'honneur de Jean-François Lachaume. Le droit administratif : permanence et convergence*, Paris, Dalloz, 2007, p. 83-100.

- « L'accès aux droits sociaux : quelle effectivité ? », *in* DU CHEYRON (P.) et GÉLOT (D.) (dir.), *Droit et pauvreté*, ONPES et DREES-MiRe, 2008, p. 105-125.
- « Fraternité et solidarité : un couple indissociable ? », *in* HECQUARD-THÉRON (M.) (dir.), *Solidarité(s). Perspectives juridiques*, Toulouse, Presses de l'Université de Toulouse, coll. IFR Mutation des normes juridiques Actes de colloques n° 6, 2009, p. 11-33.
- « Conclusion. Des droits de l'homme aux politiques sociales », *in* ROMAN (D.) (dir.), *Les droits sociaux, entre droits de l'homme et politiques sociales. Quels titulaires pour quels droits ?*, Paris, LGDJ, 2012, p. 177-183.
- « Propos introductifs : la vulnérabilité saisie par le droit », *in* DONIER (V.) et LAPÉROU-SCHENEIDER (B.) (dir.), *L'accès à la justice de la personne vulnérable en droit interne*, Toulouse, Éditions L'Épitoge-Lextenso, coll. L'unité du droit, 2015, p. 11-25.

BREDIN (J.-D.), « Les renonciations au bénéfice de la loi en droit privé français », Paris, Dalloz, TAHC, 1963, t. XIII, p. 355-380.

BUGNON (C.), « Vulnérabilité et accès au juge : l'accès au juge de l'aide sociale », *in* DONIER (V.) et LAPÉROU-SCHENEIDER (B.) (dir.), *L'accès au juge. Recherche sur l'effectivité d'un droit*, Bruxelles, Bruylant, 2013, p. 474-485.

CARBONNIER (J.), « Les renonciations au bénéfice de la loi en droit privé. Rapport général », Paris, Dalloz, TAHC, 1963, t. XIII, p. 283-297.

CHAMPEIL-DESPLATS (V.),
- « Droit à la protection de l'environnement et droits fondamentaux », *in Environnement et renouveau des droits de l'homme. Actes du colloque de Boulogne-sur-Mer 20-21 novembre 2003*, Paris, La documentation française, coll. Travaux de la CEDECE, 2006, p. 17-26.
- « Effectivité et droits de l'homme : approche théorique », *in* CHAMPEIL-DESPLATS (V.) et LOCHAK (D.) (dir.), *À la recherche de l'effectivité des droits de l'homme*, Nanterre, Presses universitaires de Paris Nanterre, coll. Sciences juridiques et politiques, 2008, p. 11-26.
- « Les droits sociaux : éléments de définition », *in* ROMAN (D.) (dir.), *La justiciabilité des droits sociaux : vecteurs et résistances*, Paris, éd. Pedone, 2012, p. 15-27.

CHEVALLIER (J.), « Figures de l'usager », *in Psychologie et science administrative*, Paris, PUF, coll. CURAPP, 1985, p. 35-69.

COHENDET (M.-A.) « Le système des variables déterminantes » *in Mélanges en l'honneur de Jean Gicquel*, Paris, Montchrestien, 2008, p. 119-134.

COMBACAU (J.), « Conclusions générales », *in* REDOR (M.-J.) (dir.), *L'ordre public : ordre public ou ordres publics ? Ordre public et droits fondamentaux*, Bruxelles, Bruylant, coll. Droit et justice, 2001, p. 415-434.

DEHAUSSY (J.), « Rapport général sur les renonciations au bénéfice de la loi en droit public », Paris, Dalloz, TAHC, 1963, t. XIII, p. 495-510.

DEMAZIÈRE (D.), « Les droits des chômeurs : des mesures déstabilisatrices », *in L'envers de la fraude sociale. Le scandale du non-recours aux droits sociaux*, Paris, La découverte, 2012, p. 139-156.

DENIZEAU (C.), « La vulnérabilité dans la jurisprudence constitutionnelle de la France et du Royaume-Uni », *in* BURGORGUE LARSEN (L.) (dir.), *La vulnérabilité saisie par les juges en Europe*, Paris, éd. Pedone, coll. Cahiers européens, 2014, n° 7, p. 117-150.

DONIER (V.) et ICARD (P.), « Propos introductifs », *in* DONIER (V.) et LAPÉROU-SCHENEIDER (B.) (dir.), *L'accès au juge. Recherche sur l'effectivité d'un droit*, Bruxelles, Bruylant, 2013, p. 21-50.

DONIER (V.), « L'adaptation du juge administratif à la particularité des contentieux sociaux », *in* DONIER (V.) et LAPÉROU-SCHENEIDER (B.) (dir.), *L'accès à la justice de la personne vulnérable en droit interne*, Toulouse, Éditions L'Épitoge-Lextenso, coll. L'unité du droit, 2015, p. 127-137.

DREYER (E.), « Dignité (droits fondamentaux et) », *in* CHAGNOLLAUD (D.) et DRAGO (G.) (dir.), *Dictionnaire des droits fondamentaux*, Paris, Dalloz, 2006, p. 249-261.

DU BOIS DE GAUDUSSON (J.), « Introduction », *in Les droits publics subjectifs des administrés*, Travaux de l'AFDA, LexisNexis, coll. Colloques et débats, 2011, p. 189-190.

DUBOUT (É.), « Section 2. Quelle efficacité structurelle du procès constitutionnel ? », *in* CARTIER (E.) (dir.), *La QPC, le procès et ses juges. L'impact sur le procès et l'architecture juridictionnelle*, Paris, Dalloz, coll. Méthodes du droit, 2013, p. 208-237.

DUGUIT (L.), « De la situation juridique du particulier faisant usage d'un service public », *in Mélanges Maurice Hauriou*, Paris, Recueil Sirey, 1929, p. 253-284.

DUPRÉ DE BOULOIS (X.), « Le contentieux administratif entre identité objective et conversion subjective », *in* ARLETAZ (J.) et BONNET (J.) (dir.), *L'objectivation du contentieux des droits et libertés fondamentaux. Du juge des droits au juge du droit ?*, Paris, éd. Pedone, coll. Publications de l'Institut international des droits de l'homme, 2015, p. 9-22.

DUPUIS (G.), « La présentation de l'acte administratif », *in* DUPUIS (G.) (dir.), *Sur la forme et la procédure de l'acte administratif*, Paris, Economica, 1979, p. 9-29.

EDELMAN (B.), « La dignité de la personne humaine, un concept nouveau », *in* PAVIA (M.-L.) et REVET (T.) (dir.), *La dignité de la personne humaine,* Paris, Economica, coll. Études juridiques, 1999, p. 25-34.

EVEILLARD (G.), « La citoyenneté administrative, vecteur de nouveaux droits publics subjectifs des administrés ? », *in Les droits publics subjectifs des administrés*, Travaux de l'AFDA, LexisNexis, coll. Colloques et débats, 2011, p. 97-113.

FABERON (F.), « Vulnérabilité et besoin dans le droit de l'aide et de l'action sociales », *in* PAILLET (E.) et RICHARD (P.) (dir.), *Effectivité des droits et vulnérabilité de la personne*, Bruxelles, Bruylant, 2014, p. 49-60.

FIECHTER-BOULVARD (F.), « La notion de vulnérabilité et sa consécration par le droit », *in* COHET-CORDEY (F.) (dir.), *Vulnérabilité et droit. Le développement de la vulnérabilité et ses enjeux en droit*, Grenoble, PUG, 2000, p. 13-32.

FOULQUIER (N.), « Rapport de synthèse », *in Les droits publics subjectifs des administrés*, Travaux de l'AFDA, LexisNexis, coll. Colloques et débats, 2011, p. 231-238.

GATHEM (G.), STROWEL (A.), « La renonciation aux droits de la personnalité : l'indice d'obligations ? », *in* DUMONT (H.), OST (F.) et VAN DROOGHENBROECK (S.) (dir.), *La responsabilité, face cachée des droits de l'homme ?*, Bruxelles, Bruylant, 2005, p. 501-522.

GAUCHET (M.), « À la charnière de l'individuel et du collectif », *in* BEC (C.), PROCACCI (G.) (dir.), *De la responsabilité solidaire. Mutations dans les politiques sociales d'aujourd'hui*, Paris, Éd. Syllepse, 2003, p. 23-33.

GAY (L.), « Les droits sociaux constitutionnels en France : particularisme ou "normalisation"? », *in* GAY (L.), MAZUYER (E.), NAZET-ALLOUCHE (D.) (dir.), *Les droits sociaux fondamentaux. Entre droits nationaux et droit européen*, Bruxelles, Bruylant, coll. À la croisée des droits, 2006, p. 75-115.

GIRARD (C.) et HENNETTE-VAUCHEZ (S.), « Introduction », *in* GIRARD (C.) et HENNETTE-VAUCHEZ (S.) (dir.), *La dignité de la personne humaine. Recherche sur un processus de juridicisation*, Paris, PUF, coll. Droit et justice, 2005, p. 17-33.

GUSY (C.), « Les droits sociaux sont-ils nécessairement injusticiables ? », *in* GREWE (C.) et BENOÎT-ROHMER (F.) (dir.), *Les droits sociaux ou la démolition de quelques poncifs*, Strasbourg, Presses universitaires de Strasbourg, Collections de l'Université Robert Schuman, 2003, p. 33-46.

GUTMANN (D.), « Droit subjectif », *in* ALLAND (D.) et RIALS (S.) (dir.), *Dictionnaire de la culture juridique*, Paris, Lamy, PUF, 2003, p. 529-533.

HERRERA (M.-C.), « L'engagement de la doctrine : l'exemple des débats sur la catégorie des droits sociaux », *in* DOCKÈS (dir.), *Au cœur des combats juridiques. Pensées et témoignages de juristes engagés*, Paris, Dalloz, coll. Thèmes et commentaires, 2007, p. 71-82.

HEUSCHLING (L.), « "effectivité", "efficacité", "efficience" et "qualité" d'une norme / du droit. Analyse des mots et des concepts », *in* FATIN-ROUGE STEFANINI (M.), GAY (L.), PINI (J.) (dir.), *Autour de la qualité des normes*, Bruxelles, Bruylant, 2010, p. 27-59.

JEAMMAUD (A.), « Le concept d'effectivité du droit », *in* AUVERGNON (P.) (dir.), *L'effectivité du droit du travail : à quelles conditions ?*, Actes du séminaire international de droit comparé du travail, des relations professionnelles et de la sécurité sociale, 2006, p. 35-56.

KESSLER (F.) et GÉA (F.), « Le principe de subsidiarité dans le droit de l'aide sociale. Quelques éléments de réflexion », *in Drôle(s) de droit(s). Mélanges en l'honneur d'Élie Alfandari*, Paris, Dalloz, 2000, p. 303-335.

LACHAUME (J.-F.), « Quels droits publics subjectifs pour les usagers des services publics ? », *in Les droits publics subjectifs des administrés*, Travaux de l'AFDA, LexisNexis, coll. Colloques et débats, 2011, p. 115-129.

LAFORE (R.),

- « Services publics sociaux et cohésion sociale », *in* DECRETON (S.) (dir.), *Service public et lien social*, Paris, Montréal, L'Harmattan, coll. Logiques juridiques, 1999, p. 369-398.
- « Variation sur la frontière du social », *in Drôle(s) de droit(s). Mélanges en l'honneur d'Élie Alfandari*, Paris, Dalloz, 2000, p. 353-368.
- « La pauvreté saisie par le droit : la construction juridique de l'assistance en France », *in* DU CHEYRON (P.) et GÉLOT (D.) (dir.), *Droit et pauvreté*, ONPES et DREES-MiRe, 2008, p. 17-37.
- « La résurgence énigmatique de "l'usager" dans le droit de l'action sociale », *in Espace du service public. Mélanges en l'honneur de Jean du Bois de Gaudusson*, Contributions réunies par Ferdinand Mélin-Soucramanien, Presses universitaires de Bordeaux, 2013, t. II, p. 1119-1131.
- « Un nouveau paradigme pour l'action sociale. L'usager, la personne, le citoyen », *in* LAFORE (R.) (dir.), *Refonder les solidarités. Les associations au cœur de la protection sociale*, Paris, Dunod, 2016, p. 197-214.

LAGRAVE (C.), « Le caractère concret du contrôle de constitutionnalité *a posteriori* dans les modèles espagnol, italien et français », *in* GAY (L.) (dir.), *La question prioritaire de constitutionnalité. Approche de droit comparé*, Bruxelles, Bruylant, coll. À la croisée des droits, 2014, p. 237-262.

LASCOUMES (P.), « L'analyse sociologique des effets de la norme juridique : de la contrainte à l'interaction », *in* LAJOIE (A.) et *al.* (dir.), *Théories et émergence du droit : pluralisme, surdétermination et effectivité*, Montréal, Thémis, Bruxelles, Bruylant, 1998, p. 151-160.

LÉVY (J.) et LAUMET (D.), « Le DALO : La fraude morale de l'État », *in L'envers de la fraude sociale. Le scandale du non-recours aux droits sociaux*, Paris, La découverte, 2012, p. 83-102.

LÉVY (J.) et VIAL (B.), « Les raisons du non-recours, une critique de l'autonomie instituée », *in* OTERO (M.), DUMAIS MICHAUD (A.-A.) et PAUMIER (R.) (dir.), *L'institution éventrée, de la socialisation à l'individuation*, Québec, Presses de l'Université de Québec, 2017, p. 195-208.

LIGNEAU (Ph.), « L'aide médicale moribonde ? », *in Drôle(s) de droit(s). Mélanges en l'honneur d'Élie Alfandari*, Paris, Dalloz, 2000, p. 389-403.

LOCHAK (D.), « Quand l'administration fait de la résistance. Les prestations non contributives et les étrangers », *in Drôle(s) de droit(s). Mélanges en l'honneur d'Élie Alfandari*, Paris, Dalloz, 2000, p. 405-416.

MAGORD (C.), « La condition de ressources, critère d'accès aux prestations d'aide sociale », *in* ROMAN (D.) (dir.), *Les droits sociaux, entre droits de l'homme et politiques sociales. Quels titulaires pour quels droits ?*, Paris, LGDJ, 2012, p. 97-118.

MATHIEU (C.), « La renonciation du salarié au juge prud'homal », *in* DONIER (V.) et LAPÉROU-SCHENEIDER (B.) (dir.), *L'accès au juge. Recherche sur l'effectivité d'un droit*, Bruxelles, Bruylant, 2013, p. 812-825.

MAZET (P.),

- « La non demande sociale : reconnaitre l'enjeu de la reconnaissance », *in Le non-recours à l'offre publique : analyse des phénomènes et réponses institutionnelles. Un état de la question*, Premières Journées Scientifiques ODENORE des 24-25 juin 2010, p. 18-20, (accessible en ligne sur le site de l'ODENORE).
- « Les tarifs sociaux de l'énergie : les pauvres doublement pénalisés », *in L'envers de la fraude sociale. Le scandale du non-recours aux droits sociaux*, Paris, La découverte, 2012, p. 105-122.

MOLFESSIS (N.), « La dignité de la personne humaine en droit civil », *in* PAVIA (M.-L.) et REVET (T.) (dir.), *La dignité de la personne humaine*, Paris, Economica, coll. Études juridiques, 1999, p. 107-136.

MOULY (J.), « La renonciation du salarié entre ordre public social et déréglementation : un nouvel état des lieux », *in* SACHS (T.) (dir.), *La volonté du salarié*, Paris, Dalloz, coll. Thèmes et commentaires, 2012, p. 113-131.

OKBANI (N.), « Le non-recours, révélateur d'une redistribution manquée », *in* EYDOUX (A.) et GOMEL (B.) (coord.), *Apprendre (de l'échec) du RSA. La solidarité active en question*, Rueil-Malmaison, Wolters Kluwer, coll. Liaisons sociales, 2014, p. 145-153.

OKBANI (N.) et WARIN (P.), « Le RSA : où sont les assistés ? », *in L'envers de la « fraude sociale ». Le scandale du non-recours aux droits sociaux*, Paris, La découverte, coll. Cahiers libres, 2012, p. 45-63.

OSWALD (W.), « Les renonciations au bénéfice de la loi en droit public suisse », Paris, Dalloz, TAHC, 1963, t. XIII, p. 545-567.

PHILIPPE (C.-M.) « Entre effectivité et validité du droit : l'exemple du droit du public à l'information », *in* CHAMPEIL-DESPLATS (V.) et LOCHAK (D.) (dir.), *À la recherche de l'effectivité des droits de l'homme*, Nanterre, Presses universitaires de Paris Nanterre, coll. Sciences juridiques et politiques, 2008, p. 59-71.

PLANTEY (A.), « Définition et principes de l'ordre public », *in* POLIN (R.) (dir.), *L'ordre public*, Paris, PUF, coll. Politique d'aujourd'hui, 1996, p. 27-45.

PLESSIX (B.), « Droits publics subjectifs des administrés et doctrine de la IIIe République », *in Les droits publics subjectifs des administrés*, Travaux de l'AFDA, LexisNexis, coll. Colloques et débats, 2011, p. 33-50.

PRÉTOT (X.), « La protection sociale est-elle soluble dans le droit de propriété ? », *in Drôle(s) de droit(s). Mélanges en l'honneur d'Élie Alfandari*, Paris, Dalloz, 2000, p. 163-179.

RANGEON (F.), « Réflexions sur l'effectivité du droit », *in Les usages sociaux du droit*, Paris, PUF, coll. CURAPP, 1989, p. 126-149.

RAPOPORT (C.), « L'opposabilité des "droits-créances" constitutionnels en droit public français », VIe Congrès Français de Droit Constitutionnel. 50e Anniversaire de la Constitution de 1958, Association Française de Droit constitutionnel, 26-27 septembre 2008, p. 1-19,
accessible en ligne :
http://www.droitconstitutionnel.org/congresParis/comC8/RapoportTXT.pdf

RIGAUX (F.), « Les renonciations au bénéfice de la loi en droit civil Belge », Paris, Dalloz, TAHC, 1963, t. XIII, p. 385-440.

RIVERO (J.), « Sur l'effet dissuasif de la sanction juridique », *in Mélanges offerts à Pierre Raynaud*, Paris, Dalloz, 1985, p. 675-685.

ROBLOT-TROIZIER (A.), « L'applicabilité directe du Préambule de la Constitution de 1946 », *in* GAUDEMET (Y.) (dir.), *Le Préambule de la Constitution de 1946*, Paris, Éditions Panthéon-Assas, 2008, p. 29-44.

ROMAN (D.),

- « Le principe de dignité dans la doctrine de droit social », *in* GIRARD (C.) et HENNETTE-VAUCHEZ (S.) (dir.), *La dignité de la personne humaine. Recherche sur un processus de juridicisation*, Paris, PUF, coll. Droit et justice, 2005, p. 70-87.
- « Les droits sociaux : des droits à part entière ? Éléments pour une réflexion sur la nature et la justiciabilité des droits sociaux », *in* DU CHEYRON (P.) et GÉLOT (D.) (dir.), *Droit et pauvreté*, ONPES et DREES-MiRe, 2008, p. 39-57.
- « La justiciabilité des droits sociaux ou les enjeux de l'édification d'un état de droit social », *in* ROMAN (D.) (dir.), *« Droits des pauvres, pauvres droits ? ». Recherches sur la justiciabilité des droits sociaux*, Paris, Mission de recherche droit et justice, novembre 2010, p. 1-40.
- « La réciprocité des droits et des devoirs en matière d'assistance », *in* GÉLOT (D.) (dir.), *L'assistance dans le cadre de la solidarité nationale*, ONPES, 2012, p. 93-103.
- « Introduction. Les droits sociaux, "droits des pauvres" ou droits de l'homme ? », *in* ROMAN (D.) (dir.), *Les droits sociaux, entre droits de*

l'homme et politiques sociales. Quels titulaires pour quels droits ?, Paris, LGDJ, 2012, p. 1-24.

SAYN (I.),

- « La place des outils procéduraux dans l'accès au droit et à la justice des plus pauvres », *in* DU CHEYRON (P.) et GÉLOT (D.) (dir.), *Droit et pauvreté*, ONPES et DREES-MiRe, 2008, p. 138-159.

- « Les juridictions sociales », *in* DONIER (V.) et LAPÉROU-SCHENEIDER (B.) (dir.), *L'accès à la justice de la personne vulnérable en droit interne*, Toulouse, Éditions L'Épitoge-Lextenso, coll. L'unité du droit, 2015, p. 111-126.

SCHUTTER (O. de) et RINGELHEIM (J.), « La renonciation aux droits fondamentaux. La libre disposition du soi et le règne de l'échange », *in* DUMONT (H.), OST (F.) et VAN DROOGHENBROECK (S.) (dir.), *La responsabilité, face cachée des droits de l'homme*, Bruxelles, Bruylant, 2005, p. 441-481.

SLAMA (S.), « Les nouvelles frontières des droits sociaux des étrangers non européens », *in* ROMAN (D.) (dir.), *Les droits sociaux, entre droits de l'homme et politiques sociales. Quels titulaires pour quels droits ?*, Paris, LGDJ, 2012, p. 57-96.

STIRN (B.), « La tradition républicaine dans la jurisprudence du Conseil d'État », *in* MATHIEU (B.) et VERPEAUX (M.) (dir.), *La République en droit français*, Economica, coll. Droit public positif, Paris, 1996, p. 214-218.

SUDRE (F.), « Droits intangibles et/ou droits fondamentaux : y a-t-il des droits prééminents dans la Convention européenne des droits de l'homme ? », *in Liber amicorum. Marc-André Eissen*, Bruxelles, Bruylant, Paris, LGDJ, 1995, p. 381-398.

VÉRON (P.), « Étude n° 14 : Les aménagements de la liberté d'aller et venir de la personne en institution », *in* VIALLA (F.) (dir.), *Jurisprudences du secteur social et médico-social*, Paris, Dunod, 2012, p. 233-248.

WALINE (M.), « Le retrait des actes administratifs », *in L'évolution du droit public. Études offertes à Achille Mestre*, Paris, Sirey, 1956, p. 563-572.

WARIN (P.), « Chapitre 5 : Le non-recours par désaccord. *Welfare stigma* et catégorie du non-recours », *in* JAEGER (M.) (dir.), *Usagers ou citoyens. De l'usage des catégories en action sociale et médico-sociale*, Paris, Dunod, 2011, p. 117-136.

YUNG (W.), « La renonciation au bénéfice de la loi en droit privé suisse », Paris, Dalloz, TAHC, 1963, t. XIII, p. 321-354.

B. Articles de revues, Fascicules

ADAM-FERREIRA (B.), « La renonciation est-elle compatible avec la protection des droits fondamentaux ? La renonciation aux droits procéduraux dans la jurisprudence du Conseil d'État et de la Cour européenne des droits de l'homme », *RFDA*, 2007, p. 744-753.

ALFANDARI (E.),
- « Aide et action sociales. Jurisprudences », *RDSS*, 1981, p. 110-112.
- « Revenu minimum, insertion, activité : logique économique et/ou logique sociale ? », *RDSS*, 2004, p. 3-13.
ALHAMA (F.), « Transaction et renonciation à l'exercice du recours pour excès de pouvoir », *RFDA*, 2017, p. 503-515.
ALIPRANTIS (N.), « Les droits sociaux sont justiciables ! », *Dr. soc.*, 2006, p. 158-164.
ANCEL (P.), « Force obligatoire et contenu obligationnel du contrat », *RTD civ.*, 1999, p. 771-810.
ARDANT (G.), « La double origine du formalisme », *RA*, 1952, p. 499-502.
AUBY (J.-M.), « L'abrogation des actes administratifs », *AJDA*, 1967, p. 131-139.
AUVRET (P.), « La notion de droits acquis en droit administratif français », *RDP*, 1985, p. 53-101.
AVENEL (M.) et DAMON (J.), « Les contacts avec les intervenants sociaux des sans-domicile usagers des services d'hébergement et de distribution de repas chauds. Quel recours aux institutions, aux prestations et aux professionnels des secteurs sanitaire et social ? », *Études et Résultats*, 2003, n° 277, p. 1-8.
BADEL (M.),
- « Les relations entre la puissance publique, les associations prestataires de services et les usagers des services sociaux », *Journal du droit des jeunes,* 2004, n° 236, p. 24-35.
- « La participation de l'usager », *RDSS*, 2004, p. 804-818.
- « Subsidiarité et aide sociale : quelle actualité ? », *RDSS*, 2007, p. 1077-1087.
BARANGER (D.), « Retour sur Dieudonné », *RFDA*, 2014, p. 525-530.
BARTHE-GAY (C.), « Les normes permissives en droit administratif français », *RRJ*, 2004, p. 233-259.
BARTHÉLEMY (J.), « L'effort charitable de la troisième République », *RDP*, 1910, p. 334-369.
BÉCHILLON (D. de), « Le contrat comme norme dans le droit public positif », *RFDA*, 1992, p. 15-35.
BELORGEY (J.-M.),
- « Du handicap à la dépendance : la trappe ? », *Dr. soc.*, 1999, p. 700-704.
- « RMI : le retour de la contrepartie », *RDSS*, 2004, p. 48-52.
BENELBAZ (C.), « Les règles de démission dans la fonction publique : droit spécifique ou droit commun ? », *AJFP*, 2011, 232-238.
BERGEL (J.-L.), « Différence de nature (égale) différence de régime », *RTD civ.*, 1984, p. 255-272.
BERNAUD (V.) et PRÉTOT (X.), « Droit constitutionnel social », *JCl. Administratif*, fasc. n° 1443.

BERTHET (P.), « Solidarité *intra* familiale et action sociale », *AJ fam.*, 2012, p. 186-189.
BON (P.), « Le "burkini" au Conseil d'État », *RFDA*, 2016, p. 1227-1233.
BONNARD (R.),
- « Les recours juridictionnels des administrés », *in Annuaire de l'Institut international de droit public*, Paris, PUF, 1932, p. 43-125.
- « Les droits publics subjectifs des administrés », *RDP*, 1932, p. 695-728.
BONNIN (V.), « La récupération des prestations sociales en question », *RDSS*, 2005, p. 993-1007.
BORGETTO (M.),
- « La réforme du système d'indemnisation du chômage : vers un retour en force de la logique d'assistance ? », *Dr. soc.*, 2001, p. 355-363.
- « Le droit de la protection sociale dans tous ses états : la clarification nécessaire, *Dr. soc.*, 2003, p. 636-648.
- « Les devoirs sociaux », *RDSS*, 2009, p. 3-4.
- « L'articulation des droits et des devoirs dans le champ de la protection sociale », *RDSS*, 2009, p. 5-17.
- « L'activation de la solidarité : d'hier à aujourd'hui », *Dr. soc.*, 2009, p. 1043-1053.
- « Le non-recours aux droits », *RDSS*, 2012, p. 601-602.
- « Aide et action sociales : définitions, principes, orientation », *JCl. Administratif*, fasc. n° 218-10.
- « Le concept de fraternité et la protection sociale », *Inf. soc.*, 2018, n° 198, p. 18-26.
BOT (O. le), « La justiciabilité des droits sociaux dans le cadre des procédures d'urgence », *RDSS*, 2010, p. 812-822.
BOTTEGHI (D.) et LALLET (A.), « "*I'll be back*" : le désistement d'instance prime le désistement d'action », *AJDA*, 2010, p. 2202-2207.
BRAIBANT (G.), « L'environnement dans la Charte des droits fondamentaux de l'Union européenne », *Cahiers du Conseil constitutionnel*, 2003, n° 15, p. 159-161.
BRETON (A.), « Théorie générale de la renonciation aux droits réels. Le déguerpissement en droit civil français », *RTD civ.*, 1928, p. 261-364.
BRUNELLE (C.), « La dignité dans la Charte des droits et libertés de la personne : de l'ubiquité à l'ambiguïté d'une notion fondamentale », *Revue du barreau du Québec*, numéro thématique hors série, 2006, p. 143-174.
CAMERLYNCK (G.-H.), « La renonciation du salarié », *Dr. soc.*, 1960, p. 628-632.
CARBONNIER (J.), « Effectivité et ineffectivité de la règle de droit », *L'année sociologique*, 1957, p. 3-28.
CAROTENUTO (S.), « La théorie de l'"acte contraire" en droit administratif français », *RRJ*, 2002, p. 1419-1436.

CATRICE-LOREY (A.), « Inégalités d'accès aux systèmes de protection sociale et pauvreté culturelle », *RFAS*, 1976, vol. 30, n° 4, p. 127-137.

CHAMPEIL-DESPLATS (V.),

- « L'affirmation des droits fondamentaux : quelles significations. Quelles conséquences ? », *Cahiers français*, 2010, n° 354, p. 19-23.
- « Dignité de la personne », *JCL Libertés*, Fasc. 540, 2011.

CHAUCHARD (J.-P.), « Variations sur les droits sociaux », *Dr. soc.*, 2010, p. 947-953.

CLERC (F.) et DONIER (V.), « La récupération par les départements des aides versées aux personnes âgées », *AJDA*, 2013, p. 278-281.

COHENDET (M.-A.), « Cohabitation et constitution », *Pouvoirs*, 1999, n° 91, p. 33-57.

COING (H.), « Signification de la notion de droit subjectif », *APD*, 1964, t. 9, p. 1-15.

COLIN (F.),

- « La perte de droits des administrés », *RFAP*, 2013, n° 1, p. 163-174.
- « La renonciation, moyen d'assouplissement du droit administratif », *LPA*, 2015, n° 23, p. 6-13.

DEBENE (M.), « Le Conseil Constitutionnel et "les principes particulièrement nécessaires à notre temps" », *AJDA*, 1978, p. 531-542.

DESFONDS (L.), « La notion de mesure préparatoire en droit administratif français », *AJDA*, 2003, p. 12-20.

DESWARTE (M.-P.), « Droits sociaux et État de droit », *RDP*, 1995, p. 951-985.

DEVILLE (C.), « Le non-recours au RSA des exploitants agricoles. L'intégration professionnelle comme support de l'accès aux droits », *Politiques sociales et familiales*, 2015, n° 119, p. 41-50.

DIJOUX (R.), « La renonciation contractuelle aux droits fondamentaux », *LPA*, 2011, n° 214, p. 12-16.

DONIER (V.), « Le droit d'accès aux services publics dans la jurisprudence : une consécration en demi-teinte », *RDSS*, 2010, p. 800-811.

DREYER (E.),

- « Les mutations du concept juridique de dignité », *RRJ*, 2005, n° 1, p. 19-44.
- « La dignité opposée à la personne », *D.*, 2008, p. 2730-2737.

DUGUIT (L.), « De la situation des particuliers à l'égard des services publics », *RDP*, 1907, p. 411-439.

DUPEYROUX (J.-J.), « Quelques réflexions sur le droit à la sécurité sociale », *Dr. soc.*, 1960, n° 5, p. 288-307.

DUPRÉ DE BOULOIS (X.), « La QPC comme supermarché des droits fondamentaux ou les dérives du contentieux objectif des droits », *RDLF*, 2014, chron. n° 2.

ELETA DE FILIPPIS (R.), « La mise en œuvre du droit au logement opposable : une observation de terrain », *RDSS*, 2011, p. 950-956.

EVEILLARD (G.), « La codification des règles de retrait et d'abrogation des actes administratifs unilatéraux », *AJDA*, 2015, p. 2474-2484.

FABRE (A.), « Du nouveau chez Pôle emploi : la radiation n'est désormais plus rétroactive », *RDT*, 2013, p. 106-108.

FABRE-MAGNAN (M.), « La dignité en Droit : un axiome », *RIEJ*, 2007, n° 1, vol. 58, p. 1-30.

FATOUX (C.), SERRANO (C.), MAGINOT (V.), CASANO (J.-Y.), « PLANIR, une démarche concrète de l'Assurance Maladie pour favoriser l'accès aux droits et aux soins et mieux accompagner les situations à risques », *Regards*, 2014, n° 2, p. 99-106.

FÉVRIER (J.-M.), « Remarques sur la notion de norme permissive », *D.*, 1998, chron., p. 271-274.

FLAUSS (J.-F.), « Les droits sociaux dans la jurisprudence du Conseil constitutionnel », *Dr. soc.*, 1982, p. 645-656.

FOUCHER (K.), « La consécration du droit de participer par la Charte de l'environnement : quelle portée juridique ? », *AJDA*, 2006, p. 2316-2321.

FRANÇOIS-LUBIN (B.), « L'effectivité des droits sociaux au prisme du non-recours », *LPA*, 2018, n° 7, p. 5-14.

GACON-ESTRADA (H.), « Étrangers : la Sécurité sociale se moque de la justice », *Dr. soc.*, 1996, p. 709-718.

GAUTIER (A.), « Sens juridique du mot faculté dans l'article 2232 du Code civil », *RCLJ*, 1877, p. 49-55.

GAXIE (L.), « Du "droit individualiste" au "droit social". Une histoire de la juridicisation du social (1789-1939) », *Raison publique* (revue en ligne), 2012, http://www.raison-publique.fr/article496.html

GAY (L.),

- « L'égalité et la protection sociale dans les premières décisions QPC du Conseil constitutionnel : un bilan mitigé », *RDSS*, 2010, n° 6, p. 1061-1076.
- « Reconnaissance du droit constitutionnel à la protection sociale dans le cadre de la QPC », *RFDC*, 2011, p. 833-838.
- « Droit à la protection sociale (dont droit de la sécurité sociale) dans les QPC », *Nouveaux cahiers du Conseil constitutionnel*, 2012, n° 34, p. 186-192.

GESLOT (C.), « Prostitution, dignité... Par ici la monnaie ! », *D.*, 2008, p. 1292-1299.

GIMENO (V.), « Les apports de la décision IVG au traitement jurisprudentiel du principe de sauvegarde de la dignité de la personne humaine », *RDP*, 2001, n° 5, p. 1483-1494.

GLENARD (G.), « La dignité de la personne humaine : un ordre de valeurs ? », *RFDA*, 2015, p. 869-875.

GOGUEL (F.), « Conseil constitutionnel français », *RIDC*, 1981, n° 2, p. 433-447.

GOMEL (B.) et MÉDA (D.), « Le RSA : un dispositif inadapté », *La Vie des idées* (revue en ligne), 2014, http://www.laviedesidees.fr/Le-RSA-un-dispositif-inadapte.html

GOMEL (B.) et SERVERIN (É.), « La prime pour l'emploi, le RSA-activité, et au-delà. À la recherche d'un mécanisme de soutien aux bas revenus d'activité », *Politiques sociales et familiales*, n° 113, 2013, p. 63-67.

GRÜNDLER (T.), « Le juge et le droit à la protection de la santé », *RDSS*, 2010, p. 835-846.

HAURIOU (M.), « Des services d'assistance », *Revue d'économie politique*, 1891, p. 615-623.

HENNETTE-VAUCHEZ (S.), « Une *dignitas* humaine ? Vieilles outres, vin nouveau », *Droits*, 2008, n° 48, p. 59-86.

HOUTCIEFF (D.), « Renonciation », *Répertoire de droit civil Dalloz*, 2016.

IMBERT (P.-H.), « Droits des pauvres, pauvre(s) droit(s) ?. Réflexions sur les droits économiques, sociaux et culturels », *RDP*, 1989, p. 739-754.

JEAMMAUD (A.),

- « La règle de droit comme modèle », *D.*, 1990, p. 199-210.
- « La renonciation du salarié », *Droit ouvrier*, 1997, p. 535-543.

JÈZE (G.), « Théorie juridique de la démission », *RDP*, 1928, p. 724-735.

JORION (B.),

- « La possibilité pour toute personne de disposer d'un logement décent est un objectif de valeur constitutionnelle », *AJDA*, 1995, p. 455-462.
- « La dignité de la personne humaine ou la difficile insertion d'une règle morale dans le droit positif », *RDP*, 1999, n° 1, p. 197-233.

JOUBERT (S.), « Le droit au logement versus loi DALO : enseignements contentieux pour la justiciabilité des droits sociaux », *RDSS*, 2010, p. 823-834.

KNETSCH (J.), « La solidarité nationale, genèse et signification d'une notion juridique », *RFAS*, 2014, n° 1, p. 32-43.

LABORDE (J.-P.), « RMI et liberté éléments pour une première approche », *Dr. soc.*, 1990, p. 33-36.

LACHARME (B.), « Le non-recours dans le domaine du droit au logement », *RDSS*, 2012, p. 646-656.

LACHAUME (J.-F.), « Le formalisme », *AJDA*, 1995, p. 133-146.

LAFORE (R.),

- « Les trois défis du RMI, à propos de la loi du 1er décembre 1988 », *AJDA*, 1989, p. 563-585.
- « Les contrôles d'ordre social préalables à l'attribution des prestations familiales : logique protectrice et logique intégratrice », *RDSS*, 1994, p. 640-654.
- « Les pratiques d'individualisation des dispositifs d'aide et de soutien, du contrat d'insertion au droit des usagers », *Inf. soc.*, 2003, n° 108, p. 26-36.
- « Obligations contractuelles et protection sociale », *RDSS*, 2009, p. 31-41.

- « Le “souci de l’usager” et les modes de gestion des établissements et services sociaux et médico-sociaux », *RDSS*, 2012, p. 466-476.
LALLET (A.), « Le juge administratif face à la fraude sociale », *Dr. soc.*, 2011, p. 529-532.
LAPORTE (A.), « La réforme de la législation sur l’aide sociale », *Dr. Soc.*, 1954, p. 102-111.
LAPOYADE-DESCHAMPS (A.), « Les renonciations en droit de la famille », *D.*, 1993, p. 259-264.
LATOURNERIE (R.), « Essai sur la classification des diverses situations juridiques », *RDP*, 1933, p. 327-370.
LAVAUD-LEGENDRE (B.), « La paradoxale protection de la personne vulnérable par elle-même : les contradictions d’un “droit de la vulnérabilité” en construction », *RDSS*, 2010, p. 520-534.
LEROY (Y.), « La notion d’effectivité du droit », *Droit et société*, 2011, n° 3, p. 715-732.
LESSONA (S.), « Essai d’une théorie générale de la renonciation en droit civil », *RTD civ.*, 1912, p. 361-387.
LÉVY (J.), « L’urgence sociale à l’épreuve du non-recours », *Plein droit*, 2015, n° 106, p. 7-10.
LIGNEAU (Ph.), « Travail social et contrat avec l’usager dans le nouveau service public du RMI », *RDSS*, 1991, p. 175-182.
LIMA (L.) et TROMBERT (C.), « L’assistance-chômage des jeunes sous condition d’accompagnement. De quelques mécanismes du non-recours par éviction », *Lien social et Politiques*, 2013, n° 70, p. 37-38.
LOGÉAT (C.), « Le régime de disparition des décisions octroyant le revenu minimum d’insertion », *JCP A*, 2010, n° 2117.
LOMBART (L.), « Typologie de la radiation des cadres de la fonction publique : les cas de constatation à connotation disciplinaire », *AJFP*, 2008 p. 319-325.
LONGCHAMPS (F.), « Quelques observations sur la notion de droits subjectifs dans la doctrine », *APD*, 1964, t. 9, p. 45-70.
LYON-CAEN (A.), « Sur la transaction en droit administratif », *AJDA*, 1997, p. 48-53.
MAILLE (D.), TOULLIER (A.) et VOLOVITCH (P.), « L’aide médicale d’État : comment un droit se vide de son sens faute d’être réellement universel », *RDSS*, 2005, p. 543-554.
MALAURIE (P.), « La dignité de la personne humaine, la liberté sexuelle et la Cour européenne des droits de l’homme », *LPA*, 2006, n° 152, p. 6-7.
MARTINEL (A.), « La fraude sociale devant le juge administratif », *Dr. soc.*, 2014, p. 943-947.
MATH (A.), « Le non-recours en France : un vrai problème, un intérêt limité », *Recherches et prévisions*, 1996, n° 43, p. 23-31.
MAUREL (E.), « Le non-recours aux prestations sociales : les enjeux révélés par le vécu des usagers », *RDSS*, 2012, p. 622-629.

MAZET (P.), « La non demande de droits : prêtons l'oreille à l'inaudible », *La Vie des idées* (revue en ligne), 2010, http://www.laviedesidees.fr/La-non-demande-de-droits-pretons-l.html

MEIFFRET-DELSANTO (K.), « L'adaptation de la répression des fraudes aux prestations », *AJ pénal*, 2016, p. 363-366.

MEYNIAL (E.), « Des renonciations au Moyen-Âge et dans notre ancien droit », *Nouvelle Revue historique de droit français et étranger*, 1900, p. 108-142 ; 1902, p. 649-710 ; 1904, p. 698-746.

MICHELET (K.),

- « Ordre public, pauvreté et étrangers », *RDSS*, 2008, p. 163-174.
- « Le droit des demandeurs d'asile à des conditions matérielles d'accueil décentes : un droit en perte d'effectivité ? », *AJDA*, 2013, p. 1633-1636.

MINCKE (C.), « Effets, effectivité, efficience et efficacité du droit : le pôle réaliste de la validité », *RIEJ*, 1998, p. 115-151.

MODERNE (F.), « Sous le signe du subjectivisme juridique. Regard sur l'œuvre d'Eduardo Garcia de Enterria », *RFDA*, 2004, p. 101-107.

MOLFESSIS (N.), « Les illusions de la codification à droit constant et la sécurité juridique », *RTD civ.*, 2000, p. 186-194.

NGUYEN-DUY (P.), « Droit au logement opposable, acte II. Application du recours juridictionnel institué par la loi Dalo : modalités, limites… et avancées », *AJDA*, 2009, p. 514-520.

OKBANI (N.), « Les travailleurs pauvres face au RSA activité, un rendez-vous manqué ? », *RFAS*, 2013, n° 4, p. 34-55.

ORIF (V.), « Les nouveaux blocs de compétences », *Dr. soc.*, 2017, p. 618-623.

PAQUET (M.), « Logique familiale de soutien auprès des personnes âgées dépendantes et réticence à recourir aux services formels », *Ruptures*, 1996, vol. 3, p. 209-223, accessible en ligne : http://www.medsp.umontreal.ca/ruptures/pdf/articles/rup032_209.pdf

PEISER (G.), « Incidents de procédure », *Répertoire de contentieux administratif*, 2007.

PESET (M.), « Philosophie et science dans l'œuvre de Léon Duguit », *RDP*, 1971, p. 353-386.

PETERSELL (L.), « Prestations sociales : la dissuasion organisée », *Plein droit*, 2015, n° 3, p. 11-14.

PONTIER (J.-M.), « De la solidarité nationale », *RDP*, 1983, p. 899-928.

PRÉTOT (X.), « Des droits sociaux au droit au procès. L'importance de la garantie juridictionnelle des droits », *Inf. soc.*, 2004, n° 120, p. 116-125.

PUCCI (M.) et DOMINGO (P.), « Les vecteurs du non-recours au revenu de solidarité active du point de vue de l'usager », *Politiques sociales et familiales*, 2013, n° 113, p. 92-97, accessible en ligne : http://www.persee.fr/doc/caf_2101-8081_2013_num_113_1_2940

RADÉ (C.), « L'ordre public social et la renonciation du salarié », *Dr. soc.*, 2002, p. 931-938.

RAIN (E.), « La réforme des lois d'assistance », *RA*, 1953, p. 350-352.

RAYNAUD (P.), « La renonciation à un droit. Sa nature et son domaine en Droit civil », *RTD civ.*, 1936, p. 763-809.
RAYNAUT (M.) ET DESSAINT (L.), « La réforme de l'aide médicale », *Santé publique*, 1993, n° 4-5, p. 5-12.
REBOUL MAUPIN (N.), « Renonciation tacite à une servitude *non altius tollendi* », *D.*, 2004, p. 2470-2471.
REDOR (M.-J.), « Garantie juridictionnelle et droits fondamentaux », *Cahier de la recherche sur les droits fondamentaux*, 2002, n° 1, p. 91-101.
RENARD (D.), « Assistance publique et bienfaisance privée, 1885-1914 », *Politiques et management public*, 1987, v. 5, n° 2, p. 107-128.
REY (J.-L.), « La double nature des décisions d'exclusion des demandeurs d'emploi », *RJS*, 1998, n° 11, p. 808-812.
RIBÉMONT (T.), « Sous conditions et sous contraintes : l'hébergement des demandeurs d'asile en France. Retour sur la loi du 29 juillet 2015 », *Sens-Dessous*, 2016, n° 1, p. 5-14.
RIGAUDIAT (J.), « Le revenu social d'activité : une réforme en faux-semblants », *Esprit*, 2009, n° 1, p. 110-124.
RIHAL (H.),
- « L'aide médicale d'État aux étrangers : restriction des droits et juridiction compétente », *AJDA*, 2006, p. 944-947.
- « RSA : halte au bénévolat forcé ! », *AJDA*, 2017, p. 226-230.
RIVERO (J.),
- « Rapport de synthèse. La protection des droits fondamentaux par les juridictions constitutionnelles en Europe », *RIDC*, 1981, n° 2, p. 659-671.
- « L'administré face au droit administratif », *AJDA*, 1995, p. 147-150.
RIVERO (J.) et VEDEL (G.), « Les principes économiques et sociaux de la Constitution : Le Préambule », *Dr. Soc.*, coll. Droit social, 1947, Fasc. XXXI, p. 13-36.
ROMAN (D.),
- « "À corps défendant". La protection de l'individu contre lui-même », *D.*, 2007, chron., p. 1284-1293.
- « Les sans-abri et l'ordre public », *RDSS*, 2007, p. 952-964.
- « Devoir de travailler et protection sociale : d'une problématique de la dette sociale à la question des "devoirs sociaux" », *RDSS*, 2009, p. 63-78.
- « Le juge et les droits sociaux : vers un renforcement de la justiciabilité des droits sociaux ? », *RDSS*, 2010, p. 793-799.
- « Les enjeux juridiques du non-recours au droit », *RDSS*, 2012, n° 4, p. 603-613.
ROUBIER (P.), « Le rôle de la volonté dans la création des droits et des devoirs », *APD*, 1957, p. 1-69.
SANTULLI (C.), « Les droits acquis », *RFDA*, 2001, p. 87-92.
SAUTEL (O.), « Sur la déchéance en droit privé (contribution à la théorie de la permanence de la cause) », *D.*, 1999, p. 487-495.

SAYN (I.),

- « L'introduction problématique de l'obligation alimentaire dans les caisses d'allocations familiales », *RDSS*, 2000, p. 163-180.

- « Accès au juge et accès au droit dans le contentieux de la protection sociale », *RFAS*, 2004, n° 3, p. 115.

- « Le non-recours, vu du droit », mars 2007, accessible en ligne : http://halshs.archives-ouvertes.fr/halshs-00195205/en/

SEILLAN (Y.), « L'acte abdicatif », *RTD civ.*, 1966, p. 686-735.

SEILLER (B.),

- « La notion de police administrative », *RFDA*, 2015, p. 876-889.

- « La sortie de vigueur des actes administratifs », *RFDA*, 2016, p. 58-68.

SERVERIN (É.), « Causes et effets du non-recours au RSA-activité », *RDSS*, 2012, p. 637-645.

SLAMA (S.), « Le droit à des conditions matérielles d'accueil décentes : une nouvelle forme de justiciabilité pour quelle effectivité ? », *RDSS*, 2010, p. 858-869.

SPIRE (A.), « Ces étrangers qui renoncent à leurs droits », *Plein droit*, 2015, n° 3, p. 3-6.

SYMCHOWICZ (N.), « Les renonciations de la personne publique à l'application du contrat », *AJDA*, 1998, p. 770-779.

TABUTEAU (D.), « Topologie des politiques sociales », *Dr. soc.*, 2012, p. 620-628 et p. 655-671.

TAURAN (T.), « Les règles de prescription en matière de sécurité sociale », *RDSS*, 2011, p. 927-939.

THOMAS (J.), « Une étude générationnelle des relations du public avec l'administration », *Jurisdoctoria,* 2010, n° 4, p. 51-72.

TOULLIER (A.), « Aide médicale d'État : les droits sociaux fondamentaux bafoués », *Dr. soc.*, 2005, p. 1011-1017.

VACARIE (I.), « La renonciation du salarié », *Dr. soc.*, 1990, p. 757-768.

VACARIE (I.), ALLOUACHE (A.), GINON (A.-S.), FERKANE (Y.), LEROY (S.), « Crise de l'État-providence ou crise de la régulation économique ? », *Dr. soc.*, 2008, p. 1103-1114.

VAN OORSCHOT (W.) et MATH (A.), « La question du non-recours aux prestations sociales », *Recherches et Prévisions*, 1996, n° 43, p. 5-17.

VIALETTES (M.), « Les juridictions sociales : vers un grand aggiornamento ? », *RFDA*, 2017, p. 25-28.

VINCENT (J.-Y.), « Acte administratif unilatéral. Application dans le temps », *JCl. Administratif*, fasc. 108-30.

WARIN (P.),

- « Qu'est-ce que le non-recours aux droits sociaux ? », *La Vie des idées* (revue en ligne), 2010, http://www.laviedesidees.fr/Qu-est-ce-que-le-non-recours-aux.html

- « Le non-recours : définition et typologies », Odenore, Working paper n° 1, juin 2010, http://odenore.msh-alpes.fr

- « Le non-recours de comparaison au RSA : des éléments de comparaison », *working paper*, 2011, http://odenore.msh-alpes.fr
- « Le non-recours aux droits sociaux, entre vulnérabilité sociale et citoyenneté active », *Cahiers français*, 2016, n° 390, p. 54-58.

WILLMANN (C.),
- « La renonciation du chômeur : entre tolérance/ignorance et interdiction/sanction », *RDSS*, 2012, n° 4, p. 657-667.
- « Politiques de l'emploi, prestations sociales : existe-t-il un modèle vertueux ? À propos de la "conditionnalité" des revenus de remplacement et autres minima sociaux ? », *Dr. soc.*, 2012, p. 79-86.

WOEHRLING (J.-M.), « Mesures gracieuses : le maintien regrettable d'un archaïsme. À propos de l'arrêt du Conseil d'État du 15 juin 2007, Denance », *Dr. adm.*, 2007, n° 11, p. 16-19.

IV. NOTES, CHRONIQUES ET CONCLUSIONS

ABRAHAM (R.), concl. sur CE, 17 mai 1991, *Quintin*, *RDP*, 1991, p. 1429.

AGUILA (Y.), concl. sur CE ass., 3 octobre 2008, *Commune d'Annecy*, req. n° 297931, *RFDA*, 2008, p. 1147.

ALFANDARI (E.),
- note sur Comm. centr., 1er février 1978, *Directeur de l'Hôpital psychiatrique Marchant*, *RDSS*, 1980, p. 557.
- note sur Comm. centr., 21 mai 1979, *Directeur du Centre hospitalier de Gisors*, *RDSS*, 1980, p. 557.
- « Aide et action sociales. Jurisprudences », note sur Comm. centr., 15 février 1978, *Dame Noguiera da Silva, RDSS*, 1981, p. 110.
- note sur Comm. centr., 19 janvier 1981, *RDSS*, 1982, p. 489.
- note sur Comm. centr., 29 février 1980, *RDSS*, 1982, p. 489.

ARROYO (J.), « Transaction et renonciation à l'exercice du recours pour excès de pouvoir », note sous CE, 5 juin 2019, Centre hospitalier de Sedan, n° 412732 ; RFDA, 2019, p. 1056.

BARBET, concl. sur Comm. centr., 20 mars 1959, *Dame Dumont*, *Revue de l'aide sociale*, 1959, p. 159.

BOULOUIS (N.), concl. sur CE sect., 14 mars 2008, *Portalis*, req. n° 283943, *RFDA*, 2008, p. 482.

CAPITANT (H.), note sous Cass. civ., 12 décembre 1921, *Dame Harguindeguy c/ cons. Barrière*, *Dalloz jurisprudence générale*, 1922, p. 153.

CASSIA (P.), « Nouvelles variations sur la hiérarchie et l'agencement des normes internes, internationales et de l'Union européenne », note sous CE, 6 décembre 2012, *Société Air Algérie*, req. nos 347870 et 347871, *RFDA*, 2013, p. 653.

CHATELIER (G. Le), concl. sur CE, 17 mars 1993, *Mme Gabeur*, req. n° 94562, *RDSS*, 1993, p. 493.

COSTA (J.-P.), « Principe de non-rétroactivité des peines et Convention européenne des droits de l'homme », note sous CrEDH, 22 novembre 1995, *S.W. c/ RU* et *C.R. c/ RU*, req. n° 20190/92, *AJDA*, 1996, p. 445.

COURRÈGES (A.), concl. sur CE, 23 mars 2009, *UDAF de la Dordogne*, req. n° 303888, *RDSS*, 2009, p. 532.

DALMBERT (O.), note sous CA Rouen, 19 janvier 1905, *S.*, 1905, II, p. 273.

DAUSSUN (A.), concl. sur CE sect., 27 mars 1997, *Département de la Saône et Loire et Centre communal d'action social de La Rochelle*, 2 espèces, *RDSS*, 1998, p. 560.

DECOUT-PAOLINI (R.), concl. sur CE, 15 décembre 2015, *M. Allilaire*, req. n° 377138, *RDSS*, 2016, p. 182.

DESSAINT (L.), concl. sur Comm. centr., 21 décembre 1999, *Département de la Haute-Saône*, *RDSS*, 2001, p. 395.

DEVYS (C.), concl. sur CE, 23 avril 2007, *Département du Territoire de Belfort*, req. n° 282963, *RDSS*, 2007, p. 714.

DONIER (V.),

- « Les clairs-obscurs du contentieux relatif au droit au logement opposable. À propos de l'avis du Conseil d'État du 21 juillet 2009, *Mme Idjihadi* », *RFDA*, 2010, p. 167.
- « Expulsion locative, droit au logement et référé-liberté : réflexions sur quelques incohérences. Note sous CE, ordonnance, 5 novembre 2014, *Mme C.*, n° 385431 », *RDSS*, 2015, p. 170.

EVEILLARD (G.),

- « L'abrogation des décisions administratives créatrices de droits », note sous CE sect., 6 mars 2009, *Coulibaly*, req. n° 306084, *RFDA*, 2009, p. 439.
- « Le Conseil d'État et l'affaire Dieudonné », comm. sous CE ord., 9 janvier 2014, *Ministre de l'Intérieur c/ Société Les Productions de la Plume*, req. n° 374508, *DA.*, mai 2014, n° 5, comm. 33.

FOMBEUR (P.), concl. sur CE, 27 juin 2001, *Mme Haddad*, *RDSS*, 2002, p. 165.

FROMENT (B. de), concl. sur CE, 28 décembre 1992, *Treviglio*, *Dr. soc.*, 1993, p. 376.

FRYDMAN (P.), « L'atteinte à la dignité de la personne humaine et les pouvoirs de police municipale. À propos des "lancers de nains" », concl. sur CE ass., 27 octobre 1995, *Commune de Morsang-sur-Orge*, req. n° 136727, *RFDA*, 1995, p. 1204.

GLASER (E.), « La situation des agents publics contractuels », concl. sur CE sect., 31 décembre 2008, *M. Cavallo*, req. n° 283256, *RFDA*, 2009, p. 89.

GUIOMARD (F.), note sous Cass. civ. 2e, 23 octobre 2008, *Mouslamkhanov c/ CAF de l'Aude et a.*, n° 07-11328, *Droit Ouvrier*, Février 2009, p. 106.

HAURIOU (M.), note sous CE, 19 février 1909, *Élections d'Ille-sur-Tet*, *S.*, 1909, III, p. 33.
JAGERSCHMIDT, concl. sur CE, 10 mars 1899, *Hospices du Havre* (deux espèces), *S.*, 1900, III, p. 33.
JÈZE (G.), note sous CE, 25 juin 1909, *Sieur Sembat*, *RDP*, 1909, p. 474.
LENICA (F.), concl. sur CE avis, 16 février 2009, *Mme Hoffman-Glemane*, req. n° 315499, *Rec. CE*, p. 43.
LOMBOIS (C.), note sur Cass. civ. 1re, 18 décembre 1962, *Camboulives*, *Revue de l'aide sociale*, 1963, p. 117.
MAHÉ (S.) et ROUSTAN DE PÉRON (J.), « Le décret d'application du "RSA jeunes" à l'épreuve du Conseil d'État », comm. sous CE, 27 octobre 2011, *Confédération française démocratique du travail et autres*, req. n° 343943, *JCP A*, 2012, n° 10-11, p. 2080.
MAUGÜÉ (C.), concl. sur CE ass., 5 mars 1999, *M. Rouquette, Mme Lipietz et autres*, *RFDA*, 1999, p. 357.
PRÉTOT (X.), note sous Comm. centr., 26 juillet 1956, *Sieur R.*, GASS, Paris, Dalloz, 1988, 2e éd., n° 74, p. 609.
ROMAN (D.) et SLAMA (S.), « "La loi de la *jungle*" : protection de la dignité et obligation des pouvoirs publics dans le camp de Calais », note sous CE ord., 23 novembre 2015, req. nos 394540 et 394568, *RDSS*, 2016, p. 90.
SEILLER (B.), « Droit mal acquis ne devrait pas toujours profiter », note sous CE sect., 14 mars 2008, *Portalis*, req. n° 283943, *RFDA*, 2008, p. 931.
STRUILLOU (Y.), concl. sur CE avis, 21 juillet 2009, *Mme Mariama Idjihadi*, req. n° 324809, *RFDA*, 2010, p. 157.
SUDRE (F.), note sous Cass. soc., 14 janvier 1999, *M. Bozkurt*, n° 97-12487, *JCP*, 1999, II, 10082.
TARDIEU, concl. sur CE, 10 avril 1908, *Ministre de l'Intérieur et sieur Garde*, *Rec. CE*, p. 410.
TOURETTE (F.), note sous CE, 23 avril 2007, *Département du Territoire de Belfort*, req. n° 282963, *AJDA*, 2007, p. 1611.
VIEL (M.-T.), « Le recours administratif, passé le délai de retrait », comm. sous CE, 5 mai 2011, *Min. d'État, min. Écologie, Énergie, Développement durable et Mer, en charge des technologies vertes et des négociations sur le climat*, req. n° 336893, *Dr. adm.*, 2011, n° 7, comm. 71.
VUGHT,
- concl. sur Comm. centr., 22 février 1974, *Soleilhavoup*, *RTDSS*, 1975, p. 95.
- note sous Comm. centr., 19 mars 1965, *Dame Podda*, *RTDSS*, 1965, p. 157.

V. RAPPORTS ET ÉTUDES

BASSET (C.), *L'obligation alimentaire : des formes de solidarité à réinventer*, Rapport présenté au nom de la section des affaires sociales, 14 mai 2008, 106 p.

BELORGEY (J.-M.), *Minima sociaux, revenus d'activité, précarité*, Rapport pour le Commissariat général du Plan, mai 2000, 254 p.

BIÈMOURET (G.) et COSTES (J.-L.), *Rapport d'information du comité d'évaluation et de contrôle des politiques publiques sur l'évaluation des politiques publiques en faveur de l'accès aux droits sociaux*, Assemblée nationale, n° 4158, 2016, 368 p.

BORGETTO (M.), CHAUVIÈRE (M.), FROTIÉE (B.) et RENARD (D.), *Les débats sur l'accès aux droits sociaux entre lutte contre les exclusions et modernisation administrative*, Dossier d'études de la CNAF, septembre 2004, n° 60, 77 p.

BOURGUIGNON (F.), *Comité national d'évaluation du RSA. Rapport final : décembre 2011*, Paris, La documentation française, 2011, 150 p.

CNAF – DSER, *Paname, le panel des allocataires des Caf : un nouvel outil d'études et d'analyses*, Dossier d'Étude, 2012, n° 155, 93 p.

Comité de suivi de la loi DALO, *Le Bilan du droit au logement opposable pour la période 2008-2014*, 2015, n° 10, 83 p.

Comité interministériel de lutte contre les exclusions, *Plan pluriannuel contre la pauvreté et pour l'inclusion sociale*, 2013, 51 p.

Comité présidé par VEIL (S.), *Redécouvrir le Préambule de la Constitution*, Rapport au président de la République, Paris, La documentation française, 2008, 209 p.

Conseil d'État, *Perspectives pour la fonction publique*, Paris, La documentation française, coll. EDCE, 2003, p. 227-386.

Conseil d'État, *Sécurité juridique et complexité du droit*, Paris, La documentation française, coll. EDCE, 2006, p. 229-337.

Conseil d'État, *Droit au logement, droit du logement*, Paris, La documentation française, coll. EDCE, 2009, 459 p.

Conseil d'État, section du rapport et des études, *Étude relative aux possibilités juridiques d'interdiction du port du voile intégral*, 2010, 46 p.

Conseil d'État, *Rapport public 2010. Activité juridictionnelle et consultative des juridictions administratives*, La documentation française, coll. EDCE, 2010, 448 p.

Cour des comptes, *La décristallisation des pensions des anciens combattants issus de territoires anciennement sous la souveraineté française : une égalité de traitement trop longtemps retardée*, Rapport public, 2010, p. 566-581.

Cour des comptes, *La « décristallisation » des pensions des ressortissants des territoires autrefois sous souveraineté française*, Rapport public, 2011, t. 2, p. 63-68.

DAUBRESSE (M.-P.), *Mission présidentielle sur l'amélioration du rSa et le renforcement de son volet insertion*, 2011, 111 p.
Défenseur des droits, *Rapport annuel d'activité 2016*, 150 p.
DENOIX DE SAINT MARC (R.), *Le service public. Rapport au Premier ministre*, Paris, La documentation française, Collection des rapports officiels, 1996, 88 p.
ESGAULX (M.-H.), DENIAUD (Y.) et BONREPAUX (A.), *Rapport d'information de la commission des finances, de l'économie générale et du plan sur l'évolution des coûts budgétaires des demandes d'asile (hébergement, contentieux, contrôle aux frontières)*, Assemblée nationale, n° 2448, 2005, 165 p.
GONZALEZ (L.) et NAUZE-FICHET (E.) (coord.), *Le non-recours aux prestations sociales Mise en perspective et données disponibles*, Les dossiers de la DREES, juin 2020, n° 57.
Haut Conseil pour la Famille, *La place des familles dans la prise en charge de la dépendance des personnes âgées*, 16 juin 2011, 160 p.
LAROQUE (M.), ZEGGAR (H.), AMGHAR (Y.-G.) et GEFFROY (L.), *Modalités de mise en œuvre de l'aide sociale à l'hébergement*, IGAS, 2011, 91 p.
Médiateur national de Pôle emploi, *Rapport annuel 2012*, avril 2013, 70 p.
Ministère de l'Égalité des territoires et du Logement, *Droit au logement opposable - Bonnes pratiques des commissions de médiation*, février 2014, 76 p.
RAMOS-GORAND (M.), *Le non-recours à l'APA à domicile vu par les professionnels de terrain. Entre contraintes et expression du choix des personnes âgées*, Les dossiers de la Drees, décembre 2016, n° 10, 51 p.
SIRUGUE (C.), *Réforme des dispositifs de soutien aux revenus d'activité modestes*, Rapport au Premier ministre, juillet 2013, 104 p.
SIRUGUE (C.), *Repenser les minima sociaux. Vers une couverture socle commune ?*, Rapport au Premier ministre, avril 2016, 170 p.
VIEILLERIBIÈRE (J.-L.), *Les difficultés administratives des personnes les plus démunies face au système de protection sociale. Synthèse de divers documents de source administrative*, Les travaux de l'Observatoire 2000, 2000, p. 229-256.
WARSMANN (J.-L.), *Rapport fait au nom de la Commission des lois constitutionnelles, de la législation et de l'administration générale de la République sur le projet de loi organique (n° 1599) relatif à l'application de l'article 61-1 de la Constitution*, Assemblée nationale, n° 1898, 3 septembre 2009, 210 p.

INDEX THÉMATIQUE

(L'index thématique renvoie aux numéros de paragraphes)

A

Aide médicale de l'État 344, 407, 416
Aide personnalisée au logement 409, 410
Allocation aux adultes handicapés 11, 74, 186, 350, 401, 403
Allocation compensatrice pour tierce personne 178, 286-291, 318-319, 447
Allocation personnalisée d'autonomie 11, 95, 158, 174, 247, 287-290, 318-319, 338, 354, 377, 391, 416
Allocation pour demandeur d'asile 223-224, 366
Allocation temporaire d'attente 329, 409, 459
Autonomie 21, 267-297

B

Bénéficiaire de l'aide sociale 73, 266-270, 272-297, 322-325, 379-391

C

Condition 341-357, 367-374, 431-435, 436-440
Contrepartie
Renonciation 23, 180-184
En droit de l'aide sociale *Voir Devoirs*
Couverture maladie universelle 186, 229, 328, 336, 343, 407, 416

D

Déchéance 313, 317, 359-391, 436-440
Désistement d'instance et désistement d'action 112, 120-124, 304, 319, 466
Devoirs 355-359, 363-364, 368-378, 382, 436-440
Dignité de la personne humaine
Notion 255-257
Fondement de l'aide sociale 143-147
Limitation à la renonciation 253, 258-261
Disponibilité 25, 28, 30, 39, 44-46, 47, 49, 90
Droits acquis
Notion 162-169
Droits acquis à l'aide sociale 170-174
Droits à l'aide sociale
Droits civils au sens de l'article 6 § 1 de la de la CEDH 74

Droits incessibles et insaisissables 90, 183
Droit patrimonial au sens de l'article 1er du Protocole n° 1 de la CEDH 74
Droits subjectifs 71-74, 90-98
Fondements *Voir Fraternité, Solidarité, Dignité*
Droit à des conditions matérielles d'accueil 223-224, 246, 345, 366, 457-460
Droit à un logement ou à un hébergement opposable 223, 245, 356, 365, 390, 457
Droit quérable 282, 327, 333
Droits subjectifs 24-25, 27-37, 47-41
Voir Droits à l'aide sociale - Droits subjectifs
Voir Droits sociaux créances -Qualification
Droits sociaux créances
Qualification 79-89
Droits sociaux créances et Conseil constitutionnel 81-83
Droits sociaux créances et Conseil d'État 84-89

E

Effectivité 15-20, 266, 275, 478, 484, 486
Effet de la renonciation 396-442
Voir Irrévocabilité

F

Finalité de la législation de l'aide sociale 121-154
Fonctionnaires 152-156, 166, 168, 240, 306, 385, 465
Forme de la renonciation
Unilatérale 111-113
Conventionnelle 115-124
Acte-condition 185-192
Fraternité 136-142

I

Irrévocabilité/Révocabilité 116-121, 443-475

J

Justiciabilité normative/subjective 19, 79-89

M

Manifestation de volonté
Manifestation de volonté expresse/tacite (définition) 108-109, 300-301
Manifestation de volonté de renoncer en droit administratif 302-307
Manifestation de volonté de renoncer en droit de l'aide sociale 228-231, 238-243, 308-321

N

Non-recours
Définition 3, 225-226
Non-recours par non-connaissance 230, 236, 329
Non-recours par non-demande 227-236, 281
Non-recours par non-réception 137-248
Normes permissives 274-282

O

Objet de la renonciation 26-37, 38-51
Voir Droits acquis
Voir Droits subjectifs
Ordre public
Notion 131-134
Ordre public et licéité de la renonciation 149-160
Ordre public et licéité de la renonciation en droit à l'aide sociale 161-175, 249-263
Législation de l'aide sociale et ordre public *Voir Fraternité, Solidarité, Dignité*

P

Prescription 233, 400-401, 409-413, 446-451
Présomption de renonciation
Principe 109
En droit de l'aide sociale 193-195, 232-236, 244-247, 359, 379-391, 436-440
Prestation de compensation du handicap 287, 290, 318, 377, 378, 403, 408
Prestation spécifique dépendance 287, 291
Prime d'activité 188, 280, 329, 403
Prime pour l'emploi 328-331

R

Renonciation
Théorie classique de la renonciation 7, 14, 25, 31-33, 104-107, 11-113, 178, 180, 443
Renonciation abdicative 103-197, 283-298, 316-326, 354-357, 423-442, 462-473
Voir *Renonciation - Théorie classique de la renonciation*
Renonciation à l'exercice d'un droit (renonciation non abdicative) 198-264, 273-282, 309-315, 326-340, 342-353, 398-488, 445-461
Renonciation aux droits fondamentaux 199-214
Renonciation présumée : *Voir Présomption de renonciation*
Revenu de solidarité active 76, 86, 95, 188, 194, 229, 281, 356, 364, 369-378, 382, 385, 388-399, 412-417, 428, 431, 439-440, 471
Revenu minimum d'insertion 21,178, 220-221, 242, 252, 314, 355-356, 364, 367, 385, 389, 402, 412, 417, 420, 447, 455

S

Sanction 360-379, 436-440
Sécurité sociale 11-12, 74, 159, 400-401, 448-451
Solidarité 136-142
Subsidiarité 334-340

V

Volonté
Interne 108, 228, 232-233, 298
Extériorisée *Voir Manifestation de volonté*
Fictive *Voir Présomption de renonciation*
Vulnérabilité 266-269, 298, 312, 315

W

Workfare 355

TABLE DES MATIÈRES

Sommaire **11**

Table des abréviations **13**

Préface **17**

Introduction **19**

§ 1. La détermination du champ de l'étude 22
A. La délimitation de l'objet de l'étude 23
B. La délimitation du champ matériel de l'étude : le droit de l'aide sociale *stricto sensu* 28
§ 2. L'intérêt de l'étude 30
A. Contribuer à la théorie de la renonciation 30
B. Contribuer aux réflexions sur l'effectivité des droits sociaux 31
§ 3. Les finalités de l'étude 38

Partie I
L'existence de la renonciation en droit de l'aide sociale **41**

Titre I
La possibilité de conceptualiser la renonciation aux droits à l'aide sociale **43**

Chapitre I
La recherche d'un critère pour conceptualiser la renonciation **45**

Section I. Les incertitudes entourant l'objet de la renonciation 46
§ 1. Le lien traditionnel entre les notions de droits subjectifs et de renonciation 46
A. La renonciation, élément d'identification des droits subjectifs 46
B. Les droits subjectifs *stricto sensu* objets exclusifs de la renonciation 48
§ 2. La remise en cause du lien entre les notions de droits subjectifs et de renonciation, la diversification de l'objet de la renonciation 50

Section II. L'identification de l'objet de la renonciation : un droit subjectif lato sensu 52
§ 1. L'unité de l'objet de la renonciation 52
A. L'objet de la renonciation, une prérogative 52
B. La particularité de l'objet de la renonciation, la libre disposition 55
§ 2. La qualification juridique de l'objet de la renonciation 57

Chapitre II
L'application du critère identifié en droit de l'aide sociale...59

Section I. Le processus de reconnaissance d'un droit subjectif aux prestations d'aide sociale...61
§ 1. Le refus de la reconnaissance de droits au profit des bénéficiaires de l'assistance.....61
A. Les obstacles idéologiques à la reconnaissance d'un droit à l'assistance 62
B. Les obstacles juridiques à la reconnaissance d'un droit de l'assistance.................66
§ 2. La reconnaissance progressive d'un droit subjectif aux prestations d'aide sociale.....73
A. La reconnaissance d'un droit aux prestations d'aide sociale 74
B. La reconnaissance d'un droit subjectif aux prestations d'aide sociale...................78

Section II. L'application de la définition fonctionnelle de la notion de droits subjectifs en droit de l'aide sociale 84
§ 1. La qualification juridique des droits sociaux créances 86
A. La justiciabilité normative des droits sociaux créances devant le Conseil constitutionnel 87
B. Le refus de la justiciabilité subjective des droits sociaux créances par le Conseil d'État...93
§ 2. La qualification juridique des droits à l'aide sociale 99
A. La prestation d'aide sociale, un avantage matériel 99
B. Le pouvoir d'exiger la délivrance d'une prestation d'aide sociale.......................100

Conclusion du Titre I...106

Titre II
Les possibilités juridiques de renoncer aux droits à l'aide sociale.................................107

Chapitre I
La renonciation abdicative : une renonciation à un droit acquis 109

Section I. Les caractéristiques de la renonciation abdicative...109
§ 1. La renonciation, manifestation d'une volonté abdicative 110
A. L'existence de la volonté abdicative..111
B. La manifestation de la volonté abdicative 112
§ 2. L'éviction de l'unilatéralité comme critère de la renonciation 114
A. L'unilatéralité, critère formel de la renonciation pour la doctrine classique.........114
B. La volonté abdicative : critère exclusif de la renonciation.................................116
1. L'unité du régime juridique des actes juridiques ayant pour but l'extinction d'un droit par son titulaire 117
2. L'élargissement du domaine de la renonciation..122

Section II. La renonciation abdicative à un droit à l'aide sociale 124
§ 1. L'objet de la renonciation abdicative en droit de l'aide sociale...............................125
A. Les liens étroits entre la législation de l'aide sociale et l'ordre public 125
1. La législation de l'aide sociale : une législation qui intéresse l'ordre public ..126
a. La définition de la notion d'ordre public...127
b. Les fondements des droits à l'aide sociale révélateurs de leur lien avec l'ordre public 128
I. La fraternité et la solidarité, fondements historiques de la législation de l'aide sociale 129
II. La dignité, fondement moderne de la législation de l'aide sociale...........136
2. La délimitation par l'ordre public des contours de la renonciation abdicative en droit de l'aide sociale 142

a. Une renonciation rendue possible par la finalité de la législation de l'aide sociale : l'intérêt des bénéficiaires 144
b. Une possibilité de renoncer limitée aux droits acquis à l'aide sociale 147
B. L'objet de la renonciation abdicative à un droit à l'aide sociale : un droit acquis 152
1. Une définition rénovée de la notion de droit acquis 152
2. L'identification des droits acquis dans le domaine de l'aide sociale 161
§ 2. Les formes de la renonciation abdicative en droit de l'aide sociale 164
A. La renonciation « réelle » à un droit acquis à l'aide sociale 164
1. La volonté d'abandonner un droit acquis à l'aide sociale 164
2. La sanction de la volonté abdicative en droit de l'aide sociale 171
B. La renonciation présumée à un droit acquis à l'aide sociale 176

Chapitre II
La renonciation non abdicative : une renonciation à l'exercice d'un droit subjectif.....179

Section I. L'émergence d'une nouvelle conception de la renonciation dans le domaine des droits fondamentaux 180
§ 1. La renonciation aux droits fondamentaux : une renonciation non abdicative 182
A. Les modalités de la renonciation, traduction de l'impossibilité d'abandonner définitivement un droit fondamental 183
B. L'acceptation de l'existence d'une renonciation non abdicative 185
§ 2. Éléments de définition de la notion de renonciation aux droits fondamentaux 187
A. La renonciation aux droits fondamentaux : un engagement juridique 188
B. La renonciation aux droits fondamentaux : une renonciation portant sur l'exercice d'un droit 189

Section II. La renonciation à l'exercice d'un droit à l'aide sociale 191
§ 1. Les formes de la renonciation à l'exercice d'un droit à l'aide sociale 192
A. L'engagement à ne pas bénéficier d'un droit à l'aide sociale 192
1. L'engagement à ne pas bénéficier de l'aide sociale, condition de l'obtention d'une carte de résident de plein droit 193
2. L'engagement du demandeur d'asile à ne pas bénéficier du droit à des conditions matérielles d'accueil 197
B. Le non-exercice d'un droit à l'aide sociale 198
1. Le non-recours par non-demande : une renonciation présumée 199
a. Les obstacles à l'assimilation du non-recours par non-demande à une renonciation à l'exercice d'un droit 199
b. L'intégration du non-recours par non-demande dans le champ de la renonciation à l'exercice d'un droit 204
2. Le non-recours par non-réception : une renonciation tacite ou une renonciation présumée à l'exercice d'un droit 208
a. L'inaction à la suite d'une demande, manifestation d'une renonciation tacite 209
b. L'inaction à la suite d'une demande, une renonciation présumée à l'exercice d'un droit 214
§ 2. La renonciation à l'exercice d'un droit à l'aide sociale, une renonciation limitée....215
A. L'ordre public, une limite à la renonciation par engagement à ne pas bénéficier de l'aide sociale 216
B. La dignité, une limite à la renonciation par non-exercice d'un droit à l'aide sociale 219

Conclusion du titre II 227

Conclusion de la partie I 229

Partie II
La mise en œuvre de la renonciation en droit de l'aide sociale 231

Titre I
La mise en œuvre de la renonciation, reflet de l'ambivalence de la figure de l'usager..233

Chapitre I
La renonciation-liberté ou la figure de l'usager autonome 237

Section I. La renonciation vecteur de liberté pour le bénéficiaire de l'aide sociale 238
§ 1. La renonciation à l'exercice des droits à l'aide sociale : liberté et autonomie des bénéficiaires de l'aide sociale 238
A. Normes permissives et liberté de renoncer à l'exercice d'un droit à l'aide sociale...239
B. Normes permissives et conception des bénéficiaires de l'aide sociale 242
§ 2. L'utilisation de la renonciation comme instrument de liberté de choix du bénéficiaire..245
A. Le droit d'option, liberté de choix des bénéficiaires de l'aide sociale 245
1. Le droit d'option en droit de l'aide sociale 246
2. L'exercice du droit d'option : la renonciation à une aide sociale 248
B. La renonciation, liberté de choix des usagers des établissements sociaux et médico-sociaux 251

Section II. La manifestation de la volonté de renoncer à un droit à l'aide sociale : la recherche d'un équilibre entre la liberté et la vulnérabilité du bénéficiaire 255
§ 1. La manifestation de la volonté de renoncer en droit administratif..........................256
A. La distinction entre manifestation de volonté expresse et manifestation de volonté tacite 256
B. Le principe en droit administratif : l'indifférence du mode de manifestation de la volonté de renoncer 257
§ 2. La manifestation de la volonté de renoncer en droit de l'aide sociale 261
A. La manifestation de la volonté de renoncer à l'exercice d'un droit à l'aide sociale...262
B. La manifestation de la volonté de renoncer à un droit acquis à l'aide sociale 268

Chapitre II
La renonciation-imposée ou la figure de l'usager-assujetti 275

Section I. La renonciation subie en droit de l'aide sociale..277
§ 1. La renonciation subie à l'exercice des droits, conséquence des caractéristiques des droits à l'aide sociale..279
A. Le caractère quérable des droits à l'aide sociale : un facteur déterminant de la renonciation subie à l'exercice des droits à l'aide sociale...............................279
1. L'influence du caractère quérable des droits à l'aide sociale sur la renonciation..279
2. L'obstacle de la formalisation de la demande 283
B. La subsidiarité comme facteur de renonciation subie à l'exercice des droits à l'aide sociale...287
1. La marginalisation du principe de subsidiarité en droit de l'aide sociale........288
2. Le principe de subsidiarité comme obstacle à l'exercice des droits 290
§ 2. La renonciation subie, conséquence du caractère dissuasif des conditions d'obtention et de conservation des droits à l'aide sociale 293
A. Les conditions posées pour l'obtention des droits à l'aide sociale : causes de renonciation...293
1. Les conditions dissuasives d'entrée dans certains dispositifs d'aide sociale...293

2. Les conditions supplémentaires à l'obtention des droits imposées par l'administration 297
B. Le refus des conditions encadrant le maintien d'un droit acquis à l'aide sociale..301

Section II. La renonciation présumée en droit de l'aide sociale 307
§ 1. Les déchéances instaurées par le législateur en droit de l'aide sociale 308
A. Les refus, suspensions et suppressions de droits à l'aide sociale ayant le caractère de sanction 308
1. Le refus du bénéfice d'un droit à l'aide sociale : sanction du demandeur d'une aide sociale 309
2. La suspension et la suppression du bénéfice d'un droit à l'aide sociale : sanctions du bénéficiaire 312
a. La sanction du non-respect de ses obligations par le bénéficiaire du revenu de solidarité active 313
b. La sanction du refus d'une proposition de logement par le demandeur d'un logement social reconnu prioritaire 317
B. La perte d'un droit à l'aide sociale découlant des refus, suspensions ou suppressions de droits 318
§ 2. Les déchéances en droit de l'aide sociale, présomptions légales de renonciation.....320
A. L'information du bénéficiaire : un élément révélateur de l'existence de présomptions légales de renonciation 320
B. Un choix du bénéficiaire ne pouvant être justifié par un « motif légitime » 322
1. Le choix présumé du demandeur d'un droit à l'aide sociale de se placer dans une situation de besoin 322
2. Le choix présumé du bénéficiaire de se soustraire aux conditions auxquelles est subordonné le maintien d'un droit acquis à l'aide sociale 325

Conclusion du Titre I 331

Titre II
Les effets de la renonciation aux droits à l'aide sociale 333

Chapitre I
La perte encadrée d'une prérogative ou d'un droit 335

Section I. Les effets de la renonciation à l'exercice d'un droit 336
§ 1. Les effets de la renonciation par non-exercice d'un droit à l'aide sociale 336
A. La perte des prérogatives attachées aux droits non demandés 336
B. L'atténuation des effets de la renonciation par non-exercice d'un droit : la rétroactivité organisée 341
1. La rétroactivité organisée pour certaines prestations d'aide sociale en nature 341
2. La rétroactivité organisée pour certaines prestations d'aide sociale en espèce 344
§ 2. Les effets de la renonciation par non-réception des droits à l'aide sociale demandés, mais non acquis 347
A. La perte des prérogatives attachées aux droits demandés en raison du caractère incomplet du dossier ou de la demande 347
B. La perte des prérogatives attachées aux droits demandés en raison de l'inaction du bénéficiaire à compléter son dossier 349

Section II. Les effets de la renonciation à un droit acquis à l'aide sociale 351
§ 1. La modulation des effets de sa renonciation par le bénéficiaire 352
§ 2. Les effets « pour l'avenir » de la renonciation tacite ou présumée à un droit acquis à l'aide sociale 356

A. Les effets juridiques des renonciations tacites et présumées en raison du non-respect des conditions d'acquisition des droits acquis 356
B. Les effets juridiques des renonciations présumées en raison du non-respect de ses obligations par le bénéficiaire 360

Chapitre II
L'irrévocabilité de la renonciation en question 367

Section I. L'irrévocabilité partielle de la renonciation à l'exercice d'un droit 368
§ 1. La révocabilité de la renonciation par non-exercice d'un droit à l'aide sociale 368
§ 2. L'irrévocabilité relative de la renonciation par engagement à l'exercice d'un droit. 374
A. L'irrévocabilité de la renonciation du bénéficiaire d'une carte de résident en tant qu'ascendant pris en charge 374
B. L'irrévocabilité de la renonciation du demandeur d'asile à son droit à des conditions matérielles d'accueil 377
Section II. L'irrévocabilité de la renonciation à un droit acquis 381
§ 1. L'irrévocabilité de la renonciation à un droit acquis à l'aide sociale 382
A. La révocabilité temporaire de la renonciation au bénéfice d'un acte administratif 382
B. La révocabilité temporaire de la renonciation à un droit acquis à l'aide sociale... 385
§ 2. L'atténuation des effets de l'irrévocabilité de la renonciation 387

Conclusion du titre II 391

Conclusion de la partie II 393

Conclusion générale 395

Bibliographie 403

I. Ouvrages 403
A. Ouvrages généraux, traités et manuels 403
B. Ouvrages spécialisés 406

II. Thèses 407

III. Articles et contributions dans des ouvrages collectifs 411
A. Contributions dans des ouvrages, colloques et mélanges 411
B. Articles de revues, Fascicules 419

IV. Notes, chroniques et conclusions 429

V. Rapports et études 432

Index thématique 435

Structures éditoriales du groupe L'Harmattan

L'Harmattan Italie
Via degli Artisti, 15
10124 Torino
harmattan.italia@gmail.com

L'Harmattan Hongrie
Kossuth l. u. 14-16.
1053 Budapest
harmattan@harmattan.hu

L'Harmattan Sénégal
10 VDN en face Mermoz
BP 45034 Dakar-Fann
senharmattan@gmail.com

L'Harmattan Cameroun
TSINGA/FECAFOOT
BP 11486 Yaoundé
inkoukam@gmail.com

L'Harmattan Burkina Faso
Achille Somé – tengnule@hotmail.fr

L'Harmattan Guinée
Almamya, rue KA 028 OKB Agency
BP 3470 Conakry
harmattanguinee@yahoo.fr

L'Harmattan RDC
185, avenue Nyangwe
Commune de Lingwala – Kinshasa
matangilamusadila@yahoo.fr

L'Harmattan Congo
67, boulevard Denis-Sassou-N'Guesso
BP 2874 Brazzaville
harmattan.congo@yahoo.fr

L'Harmattan Mali
ACI 2000 - Immeuble Mgr Jean Marie Cisse
Bureau 10
BP 145 Bamako-Mali
mali@harmattan.fr

L'Harmattan Togo
Djidjole – Lomé
Maison Amela
face EPP BATOME
ddamela@aol.com

L'Harmattan Côte d'Ivoire
Résidence Karl – Cité des Arts
Abidjan-Cocody
03 BP 1588 Abidjan
espace_harmattan.ci@hotmail.fr

Nos librairies en France

Librairie internationale
16, rue des Écoles
75005 Paris
librairie.internationale@harmattan.fr
01 40 46 79 11
www.librairieharmattan.com

Librairie des savoirs
21, rue des Écoles
75005 Paris
librairie.sh@harmattan.fr
01 46 34 13 71
www.librairieharmattansh.com

Librairie Le Lucernaire
53, rue Notre-Dame-des-Champs
75006 Paris
librairie@lucernaire.fr
01 42 22 67 13

www.ingramcontent.com/pod-product-compliance
Lightning Source LLC
LaVergne TN
LVHW021149061026
849535LV00002B/396
* 9 7 8 2 3 4 3 2 1 5 1 0 5 *